本研究得到国家社科基金一般项目"古汉语心理活动概念场词汇系统演变研究"（14BYY104）的资助。

古汉语心理活动概念场词汇系统演变研究

孙淑娟 著

中国社会科学出版社

图书在版编目（CIP）数据

古汉语心理活动概念场词汇系统演变研究 / 孙淑娟著 . —北京：
中国社会科学出版社，2022.12
ISBN 978-7-5227-1228-4

Ⅰ.①古… Ⅱ.①孙… Ⅲ.①古汉语－词汇－研究
Ⅳ.① H131

中国国家版本馆 CIP 数据核字（2023）第 022353 号

出 版 人　赵剑英
责任编辑　王丽媛
责任校对　马婷婷
责任印制　王　超

出　　　版　中国社会科学出版社
社　　　址　北京鼓楼西大街甲 158 号
邮　　　编　100720
网　　　址　http://www.csspw.cn
发 行 部　010-84083685
门 市 部　010-84029450
经　　　销　新华书店及其他书店

印　　　刷　北京君升印刷有限公司
装　　　订　廊坊市广阳区广增装订厂
版　　　次　2022 年 12 月第 1 版
印　　　次　2022 年 12 月第 1 次印刷

开　　　本　710×1000　1/16
印　　　张　31.5
字　　　数　485 千字
定　　　价　168.00 元

序

喜闻淑娟有新著将问世，欣欣然也，并乐而为序。

披阅孙文一过，觉本文述古创新，具有条理，出色当行，其胜处盖有以下几端。

选题很有意义。自 20 世纪 60 年代初以来，国外语言学的研究重点由句法向语义转移，语义学成为显学。在我国，对语义的研究尽管有着悠久的历史，但传统的语义研究局限于对具体词语的解释，而没有把各种语义关系集中起来加以探讨和研究。近年来，概念场理论在汉语研究、语言教学、翻译及计算语言研究等领域得到广泛应用，蒋绍愚等学者将概念场理论引入古汉语研究中，使这一领域的研究呈方兴未艾之势。作者选择古汉语心理概念场中忧虑、思念、猜度、思谋、意欲五个小类作为研究对象，作为一种探索，诚如作者所言："运用概念场理论研究汉语词汇史，不仅可以了解词汇的系统性和动态性，而且可以把握词义的层次性和渐变性，是汉语词汇史研究的新路径。"

资料很丰富。作者用力甚勤，广泛阅读有关文献资料，博采前贤时修之说，着力爬梳整理五个子场从古到今的语料，钩稽比勘，溯源补正，进而描绘古汉语心理概念场这五个小类的语词概貌，力图正确呈现心理概念场词汇发展演变的真实面貌。

方法较科学。作者从词汇系统与词义系统相结合的角度，运用概念场理论，考察相关心理概念词用法、义域及语义的演变，比较情绪心理动词、认知心理动词和意愿心理动词用法的异同，揭示相关概念场主导词更替的特点及主导义位与主导词的关系。具体来说，由典型成员在不同历史时期的用法、义域及词频变化入手，并验之于各系统成员在现代汉语方言的共时分布，描述这五个心理概念场词汇系统及其历史变革，并借鉴认知语言学的理论对词义演变进行分析，以探索古汉语心理动词演变的一些规律。本书大体上做到了四个结合：描写和解释相结合，共时研究与历时研究相结合，定量统计与定性分析相结合，古汉语研究和现代方言研究相结合。

结论颇具启发性。本书的一些观点和结论值得重视，如作者通过研究发现：概念场主导词的更替过程有其特定的规律，一方面新旧成员存现着义域的扩大与缩小、使用频率的增加或减少，另一方面还伴随着新旧成员在用法上的完备与萎缩，因此主导词界定除了义域宽、频率高这两项标准外，还要增加用法是否完备这一重要的参照标准。主导义位与主导词关系密切，前者是后者的必要条件而非充分条件；义位在义位系统中所处地位的高低、概念在概念场中所占系统份额的多少以及词形所承载语义负担的轻重是制约词在相关概念场中获得主导词资格的主要因素。另外，作者还归纳了概念场主导词的主导义位演变的四种类型：A-B-C-D……型、A-B-A 型、A-B-A-B 型以及 A-A 型。

概而言之，本书完善了主导词界定标准，归纳了主导义位演变的类型，从语义角度探讨了各概念场非典型成员来源上所呈现的规律，凡此皆推进了汉语语义学研究，有助于汉语词汇史体系的建立；本书的研究还具有实际功用，文中的一些词例有助于汉语语文辞书的补充和修订。

尽管运用现代语义理论例之古汉语，可能还有不少地方"水土不服"，但是这种探索应被予以充分肯定。

文中尚有一些欠缺和不足，但瑕不掩瑜。本书的不足之处是理论的提升不够，对一些现象的解释尚不够到位，如阐述"心理概念场词汇研究的意义"，基本上停留在"功用分析"的层面上，缺乏汉语历史发展高度的观照；此外，定量统计中样本抽取、样本统计的科学性，还有待加强。

淑娟为人忠厚，尊敬师长，团结同学，本科毕业于南昌大学，硕士毕业于江西师范大学，研究方向为现代汉语，2009 年考入浙江大学攻读汉语史博士学位，师从于我，2012 年获浙江大学博士学位。

在攻读博士学位期间，淑娟受到了规范、严格的学术训练，先后主修了语义学（浙江大学彭利贞教授）、词汇语义学（浙江大学方一新教授）、Syntax and Morphology（香港中文大学潘海华教授）、历史语言学（浙江大学黄笑山教授）、历史词汇学（北京大学蒋绍愚教授）、汉语词汇史（浙江大学汪维辉教授）、佛教史料学（浙江大学颜洽茂教授）、训诂研究（浙江大学王云路教授）、近代汉语研究（浙江大学汪维辉教授）、敦煌文献选读（浙江大学张涌泉教授）、隐喻研究（浙江大学黄华新教授）等多门课程，奠定了良好的专业基础。她治学异常刻苦认真，潜心阅读专业书籍，涉猎广泛，视野开阔，钻研精神强，经常与导师讨论学术问题，最后顺利完成了博士学位论文并获得好评。淑娟科研态度踏实严谨，具有良好的学术道德和团队合作精神，在攻读博士学位期间，参与我主持的多项科研项目并圆满完成了相关的研究任务；参加工作后，顺利获得国家社科基金项目和省级科研项目，发表多篇学术论文。

我相信，新著的成功出版，必将对她学术事业的进一步发展产生积极的影响。

是为序。

颜洽茂

2021 年 9 月于杭州紫金文苑

凡　　例

1. 行文使用简体。此外，为凸显所论及的字、词，下加着重号标示，其所关涉的对象亦加粗。

2. 凡引例中有缺字者，用"□"表示。若对引文中用字有不同看法，则加按语。

3. 为求行文简洁，引用常见古籍及文章所重点考察的典型语料均不标作者，如《西游记》等，不常见的文献出现时则标注著者及年份。

4. 征引文献或资料一般使用全称，仅部分采用习惯上的简称，如《说文解字》简称《说文》，《汉语大词典》简称《大词典》，《汉语大字典》简称《大字典》等。

5. 文末的征引文献按经、史、子、集四部的顺序排列，同一类别的，大体按时间先后顺序排列；参考文献则按作者姓氏音序排列。

6. 为求行文简洁，文中称引前贤时修之说时，皆直书姓名，不赘"先生"字样，敬请谅解。

目　录

第 1 章　绪论

1.1　选题缘由

在中国语言学发展史上，与音韵学和语法学相比，词汇学有着更悠久的历史。但由于"词汇比语音、语法要复杂得多"及"词汇系统没有语音系统、语法系统那样严密"①使得词汇研究滞后了。时至今日，"在汉语史的研究中，词汇的研究却比不上音韵、语法的研究"②。这种研究上的不足已引起学者们的注意。近年来，随着词汇研究队伍的壮大和研究向纵深发展，专书词汇与断代词汇、词汇专题研究屡有新作问世，汉语词汇研究呈现一派欣欣向荣的景象。然而"最近 20 年的词汇研究侧重于对疑难词语的考释，对常用词、某一历史时期词汇系统的研究很少着力"③，这很不利于汉语历史词汇学的建立，因为常用词是词汇的主体，"不对常用词作史的研究，就无从窥见一个时期的词汇面貌，也无以阐明不同时期之间词汇的发展变化，无以为词汇史分期提供科学的依据"④，故我们选取常用词作

---

① 蒋绍愚：《〈论衡〉与东汉佛典词语比较研究·序》，载胡敕瑞《〈论衡〉与东汉佛典词语比较研究》，巴蜀书社 2002 年版，第 1 页。
② 蒋绍愚：《〈论衡〉与东汉佛典词语比较研究·序》，载胡敕瑞《〈论衡〉与东汉佛典词语比较研究》，巴蜀书社 2002 年版，第 1 页。
③ 江蓝生：《东汉—隋常用词演变研究·序》，载汪维辉《东汉—隋常用词演变研究》（修订本），商务印书馆 2017 年版，第 1 页。
④ 张永言、汪维辉：《关于汉语词汇史研究的一点思考》，《中国语文》1995 年第 6 期。

为我们研究的对象。

动词是"所有词类中最具活力的一种"①，是语法研究的关键。胡裕树和范晓指出，"动词研究是语法研究中的第一等重要课题，也是语法研究中最复杂的问题。……动词研究得好不好、透不透，对整个语法体系的建立，有极其重大的意义"②。两位先生所强调的虽然是动词在现代汉语语法研究中的重要性，但这话对于古汉语语法研究也是适用的。动词不仅是语法研究的关键，从词汇历时演变的角度来说，也具有重要的研究价值，因为"词汇演变中许多微妙的现象和规律在动词身上体现得最为生动和具体"③。心理动词作为动词中有着自己独特语法特征的一个小类，无论是形态还是语法功能从古代汉语到现代汉语都发生了巨大的变化。如上古汉语心理动词以单音节为主，现代汉语心理动词则以双音节为主；上古汉语中心理动词大部分具有致使义，可以直接以词汇使役化的方式表达使役义，属于无标记表达式，而现代汉语中心理动词句使役义的表达则要借助使令动词构成兼语式，属于有标记表达式；上古汉语中心理动词对动作结果的概念化往往采取不同的动词，而现代汉语中其对动作结果的概念化则往往采取动补结构。这些变化发生于何时、如何发生以及促使这些变化发生的动因和机制是什么等相关问题都值得我们作深入的考察和探究。故我们选取古汉语中的心理动词作为本书的研究对象。

"语言是一个系统，语言的词汇也不例外。……在词义研究的模式上，要对一组词、一类词或相似类型的词语作整体考察。"④可见，系统观点在词汇研究中的重要性。因此，我们拟以概念场的相关理论为指导，选取心理概念场中的忧虑、思念、猜度、思谋、意欲五个子场作为考察对象，以期呈现五个子场主导词演变及更替情况的总体特征，以探究概念场主导词演变规律。

---

① 胡敕瑞：《〈论衡〉与东汉佛典词语比较研究》，巴蜀书社 2002 年版，第 40 页。
② 胡裕树、范晓：《动词研究》，河南大学出版社 1995 年版，第 1 页。
③ 汪维辉：《东汉—隋常用词演变研究》（修订本），商务印书馆 2017 年版，第 105 页。
④ 王云路：《百年中古汉语词汇研究述略》，《浙江大学学报》（人文社会科学版）2001 年第 4 期。

1.2 研究综述

本书拟运用概念场的相关理论探讨古汉语心理动词的历史演变，故可以从以下两方面对本论题研究现状进行简单述评。

1.2.1 心理动词研究现状

最早把"心理动词"作为动词的一个次类提出来讨论的是马建忠，他在《马氏文通》的"实字卷之五"中提出："凡动字记内情所发之行者，如'恐''惧''敢''怒''愿''欲'之类，则后有散动以承之者，常也。"[①]随后，陈承泽在《国文法草创》中把"'喜''怒''哀''乐''哭''笑'等表示心理感觉或其见于外之状态之字列出，作为'状态自动字'"[②]；黎锦熙在《新著国语文法》中把诸如"爱""恶""希望""忧虑""赞成""佩服""欢喜""害怕"等动词称为"情意作用"动词[③]；首次使用"心理动词"概念者乃吕叔湘先生，他在《中国文法要略》中把诸如"想""忆""爱""恨""感激""害怕"等词称为"心理活动"动词[④]。之后的现代汉语教材和研究汉语动词的相关著作大都会涉及心理动词，前者如张志公（1958）、邢福义（1991）、胡裕树（2003）等，后者如范晓、杜高印、陈光磊（1987），胡裕树、范晓（1995），等等。也有少数学者对心理动词独列一类持反对意见[⑤]。心理动词作为动词中独具特色的一小类，自 20 世纪 70 年代始，就一

---

① 马建忠：《马氏文通》，商务印书馆 1983 年版，第 214 页。
② 陈承泽：《国文法草创》，商务印书馆 1982 年版，第 30 页。
③ 黎锦熙：《新著国语文法》，商务印书馆 1992 年版，第 96—97 页。
④ 吕叔湘：《中国文法要略》，商务印书馆 2017 年版，第 22 页。
⑤ 袁义林提出，所谓心理动词是从动词的概念性意义方面的语义特征出发划分出来的类别，它对心理动词的语法分析无直接作用，而划分词类应以词的类别意义方面的语义特征和以此为基础的语法特征为依据，这样的分类对语法分析才是有用的，依照这种标准，心理动词可以分为动作动词、状态动词和过程动词，动作动词、状态动词分别是两个独立的类别，而过程动词只能作为状态动词的一个兼类而存在。……而从词的概念意义方面的语义特征出发划分出的心理动词，也可用于一般动词的标准，分别把它的三类归入整个动词系统中，这样，"心理动词"这一名称是否也该考虑隐退了。（《心理动词刍议》，《烟台师范学院学报》（社会科学版）1988 年第 1 期）

直是学界研究的热点之一,涌现出了不少成果。就其内容可大致归纳为以下几方面。

一是关于心理动词界定问题的探讨。据界定所采用的标准不同可以归为两大派:一派是语言学标准,具体而言,又可细分为三小类:(1)语义标准:代表者有黄伯荣、廖序东(2017)等。尽管各家都采用语义标准,但由于语义的模糊性及主观性,所以在判定一些具体词的归属上仍存有分歧。(2)语法标准:代表者有周有斌、邵敬敏(1993)等。周有斌、邵敬敏提出以"主(人)+{很+动词}+宾语"框架为检验是否为心理动词的形式标准,并据能否转换为"主(人)+对+O+很+动词"格式而将心理动词分为真心理动词和次心理动词。(3)语义语法相结合标准:代表者有胡裕树、范晓(1995)等。如胡裕树、范晓提出语义上主要表示情感、意向、认知、感受等方面的心理活动或心理状态,形式上可以进入"(很+_)+O"或"_+O"框架的动词是心理动词。另一派是心理学标准,如张积家、陆爱桃(2007)等从实证的角度,运用自由分类和多维标度方法,将汉语的心理动词分为认知心理动词、积极情绪心理动词、消极情绪心理动词、积极意愿心理动词和消极意愿心理动词五类。我们认为,既然词类是词的语法功能的类,所以可以按照词类划分标准来界定心理动词。研究目的不同,划分出来的类的大小也不一,不必强求统一。本书取广义心理动词定义,即表示人类心理活动的动词,包括情感、感知、思维、意愿、认知等。

二是对心理动词语义、语法特点的探讨。目前学界对心理动词的研究主要集中在现代汉语,层次深、角度多,取得了丰硕的成果。过去几十年现代汉语心理动词的研究成果,王红厂[1]、范利和梅晶[2]有专文介绍。在这里我们只对古汉语心理动词研究状况作一简要回顾。较之于现代汉语心理动词研究的众多成果,古汉语心理动词研究则显薄弱。概而言之,研究主要涉及以下三个方面。

一是对专书中的心理动词进行考察。如刘青(2002)全面考察了《易经》中心理动词的语法功能,并通过同义词语义与语法的探析揭示了语义

---

① 王红厂:《近十年心理动词研究综述》,《青海师专学报》2004年第3期。

② 范利、梅晶:《汉语心理动词研究综述》,《湖南科技学院学报》2007年第5期。

对语法功能的制约。于正安（2002）分析了《荀子》中心理动词的特点。李索、高小立（2003）考察了《左传》中"愧耻"义心理动词的语义特点和结构功能。苗守艳（2005，2010）运用语义学理论，对《列子》中心理动词的语义和语法特点进行了分析。龙慧（2007）将《世说新语》中的心理动词分为情绪类、认知类及意志类进行研究，发现情绪类所占的数量最多，认知类的数量最少，越高级的认知活动，其相应的动词越少。张晓玲（2008）着重分析了《醒世姻缘传》中单音节心理动词的语法特征，并通过与《荀子》《列子》中心理动词的比较探讨近代汉语心理动词的特点。朱芳毅（2008）运用语义学理论及元语言理论提取《说文解字》中 178 个心理动词词群义征 228 个，据此构建了《说文解字》心理动词语义网络。朱文豪（2008）分析了《说苑》一书中心理动词的同义连用特点及其作用。张晶晶（2009）运用研究现代汉语动词的方法研究《论语》中心理动词的语义分类及语法功能。武艳茹（2010）运用语义场理论探讨了《容斋随笔》一书中 96 个心理动词的语义及语法特点，并重点分析了该书中同义连用现象出现的原因及作用。张萍（2010）运用现代语义学理论及量级理论对《史记》一书中的 190 个心理动词的语义构成及量级特征进行探究，并从心理学角度将书中的心理动词分成情绪类、意志类及认知类。

二是对某个时段中的心理动词进行专题考察。如陈克炯（2000）综合考察了先秦负面心理动词作谓语的功能形态，揭示了其带宾语所存在的内在制约关系，提出了负面心理动词带状语或补语的显著功能特点及其在语气和句式方面的适应能力，对先秦心理动词探讨的文章还有章新传（2002）、武振玉（2009）等。张雁（2004）主要从构词的角度探讨了近代汉语"料想"语义场中复合动词的特点。陈练文（2005）将上古甲骨文中的心理动词分为感知类和情态类，并对其语法功能进行了全面探讨。李长云（2005）全面考察了唐五代敦煌变文中"惧怕"类心理动词的使用情况，并就其繁多的原因进行了探讨。梅晶（2005，2009）分析并考察了魏晋南北朝的小说中心理动词带宾语特点及历时演变。张庆庆（2007a）主要考察了"思""想""思量""寻思""思想""思索"等词在近代的演变。谌瑞霞（2014）对周秦两汉"揣测"义动词的宾语搭配和语义特点进行了探析。刘曼（2019）对近代汉语"喜爱"义常用词的演变及其动因进行了考察。

　　三是对心理动词某一方面的特点进行通时考察及其他。前者如李启文（1985）探讨了古汉语中心理动词作述语带上小句宾语较之一般动词作述语带小句宾语的不同特点；汪维辉（2008）从音、形、义、词性、组合关系、聚合关系、方言差异等全方位地考察了"知／知道"的演变。蒋思聪（2013）考察了"恐惧"类心理动词的历史演变；赵倩（2014）对"谋划"语义场成员进行共时描写和历时演变分析；翟希钰（2015）探讨了"愤怒"类语义场核心动词的演变特点，并探究其发展演变的规律和原因；罗香锋（2018）对不同时期"思考"义动词的成员组成及历时演变进行了考察。后者如方文一（2002）就古汉语中"耻""辱"语法功能异同进行辨析；张家合（2007）在评述汉语心理动词研究的基础上，提出心理动词研究应该从及物性、语义场理论、程度量级、过程结构表达和认知等几个方面进行拓展研究，属于古汉语心理动词研究方法上的有益探讨。

　　综观古汉语心理动词研究成果，不难发现，已有的研究往往局限于对某部专书或某个时期的描写和统计，对某些现象无法作出合理解释。这种研究的不足已引起研究者的注意，如邵丹的《汉语情绪心理动词语义场的历史演变研究》就运用语义场理论，选择了上古到现代的 24 种语料，以词义分析和句法格式比较相结合的方法，分四个时期五个考察段，考察了汉语"喜悦""喜爱""愤怒""怨恨""惊骇""惧怕"六类情绪心理动词从古至今的历史演变，并就现代汉语中一些常见心理动词的来源进行探讨，开了心理动词演变历史研究的先河。历史性考察虽已肇其端，但还不多，且情绪心理动词与认知心理动词关系密切，如"怕"在"惧怕"和"恐怕"（表疑虑）两义位上属于情绪心理动词，在"恐怕"（表猜测）义位上则属于认知心理动词。这两类动词在演变上如何影响、有什么异同，却未见探究。本书拟在前人研究成果的基础上，就相关的问题作些探讨。

1.2.2　概念场研究现状

现代语义学的理论核心是语义场理论（有的学者也称为"概念场"）。

该理论在汉语研究、语言教学、翻译及计算语言学研究等领域都得到了运用，也取得了不少成果。现代汉语研究方面的成果主要有：郭伏良（1995）分析了现代汉语亲属和下肢运动语义场；金石（1995）比较了"穿戴"语义场在汉、朝、日、英四种语言中的个性与共性；符淮青（1996）分析了普通话和闽南方言文昌话表示人头各部位的词群、汉语中表"红"颜色及眼睛活动的词群；贾彦德（2001）分析了人体上身动作语义场；王福堂、王洪君（2000）分析了浙江绍兴方言蒸制面食"实心馒头"语义场归属变化；王洪君（2005，2010）以义场为基点，探讨转义模式、语义特征及语义层级特点；朱坤林（2006）运用类义词群的研究方法，对现代汉语"猜测"类词进行语义、句法、语用三个平面的分析；白云（2009）考察了 20 世纪以来现代汉语表"外貌形状"类词汇的演变。

　　将语义场理论引入古汉语研究的第一人当推蒋绍愚先生，他于 1998 年在《古汉语词汇纲要》一书中介绍了语义场理论，并在"词在语义场中的关系"一节中简要分析了一些古汉语的聚合、组合语义场。之后，又在《白居易诗中与"口"有关的动词》一文中对白居易诗中与"口"有关的四组动词从六朝到五代的历史演变作了聚合、组合分析；在《汉语词义和词汇系统的历时演变初探——以"投"为例》一文中以概念场为背景，考察了"投"的各个概念域中的成员及其分布在不同历史时期的演变；在《打击义动词的词义分析》一文中也采用以概念场为背景的"概念要素分析法"，对上古汉语、现代汉语和英语中用手的"打击"义动词作了分析和比较。在蒋先生的大力倡导和身体力行下，运用概念场理论研究汉语史的人越来越多，成果颇丰，可概括为以下七方面的内容。

　　一是对人体部位概念场词语历史演变的研究。如解海江、张志毅（1993）详细考察了母场面部及其子场额部、颊部、腮部、颏部中各成员"能指"的历史演变，总结了其历时演变脉络，并揭示了各子场内多元体存在的原因是基于其语义和语用价值的不同，讨论"面部"概念场相关文章的还有解海江、章黎平（1999）。李云云（2004）较为详尽地描写了古汉语下肢语义场内各义位的使用情况，分析了各语义子场内多元体存在的价值，探讨了下肢语义场演变的特点及其原因，与此相类的论文还有王建喜（2006）考察了先秦至魏晋南北朝腿部语义场的演变。吴宝安（2006）运用语义场理论对西汉"头"语义场成员使用特点进行了分析。龙丹（2007a，2007b，2011）先后考察了魏晋时期"颈""牙齿""胸"语义场的使用情况及其历时演变。李慧贤（2007）运用概念场理论考察了汉语中47个人体部位词汇场主要成员的历史演变①。王毅力等（2009b）考察了"颈"语义场的历时演变及其在现代方言中的分布，讨论"颈"概念场成员演变的相关文章还有管锡华（2000）、方云云（2010）。

二是对人体动作概念场词语历史演变的研究。如崔宰荣（2001）尝试通过研究指称"吃喝"动作概念的词语，来探讨汉语词汇发展的特点，与此相类的论文还有吕传峰（2005），霍生玉、陈建初（2009），王国珍（2010）。吕东兰（1998）穷尽性调查了《史记》《世说新语》等著作中指称"观看"概念的语词及其使用频率，以探讨汉语历史词汇发展的某些特点，与此相类的论文还有尹戴忠（2008a，2008b，2009，2010）。杜翔（2002）考察了支谦译经中与口、目、手、足有关的15个动作语义场成员的分布情况，并从历时层面分析相关义位的组合、演变乃至语义场演变的情况。以汉译佛经为语料，考察人体动作语义场的相关论文还有金素芳（2002）、谭代龙（2007a，2007b，2008）、焦毓梅（2007）、姜兴鲁（2011）。刘新春（2003）考察并探讨了睡觉类动词的演变特点及其原因，探讨睡觉类动词的还有张婷（2015）、殷晓杰等（2019）。宋新华（2003）考察了汉语"穿戴"语义场的历史演变，与此相类的论文还有陈秀兰（2001）。汪维辉（2003，2010）从历时与共时相结合的角度，考察了"说类词"和"站立"义词的历史演变过程和现代方言中的分布情况，令人耳目一新，讨论"说类词"的相关论文还有王枫（2004，2007）。杨荣贤（2006）考察了"背类""挑类"等六组关涉肢体词的历时演变和共时分布。朱莹莹（2007）比较了上古汉语与现代汉语中徒手动作语义场中常用词的继承与演变状况。甘小明（2008）分析了《高僧传》建造概念场词汇系统成员指称上的排斥互补性及其入场途径和活动时间上的层次性特点。高龙（2008）分先

---

① 李慧贤另有专文讨论了"额部"词语的历史演变。

秦、汉魏晋南北朝、隋唐五代、宋元明清四个时期考察了"切割"语义场的历史演变。王洋（2008）考察并探讨了"烹煮"语义场的历史演变特点及原因。钟明立（2008b）考察了"持拿"义语义场从上古汉语至现代汉语的历时演变，相类的研究还有石睿（2013）等。安沙沙（2009）分先秦、两汉及魏晋南北朝三个时段考察了"偷窃"义词"窃""盗""偷"之间的历时替换，与此相关的论文还有王毅力（2009a）。常媛媛（2009）考察了表示"用鼻子闻"这一概念的"闻"对"嗅（臭、齅）"的替换，与此相类的文章还有戚年升等（2010）。陈练军（2009）分四个阶段考察了"到达"语义场中"至"与"到"的历时更替，与此相关的讨论还有田启涛（2010）。双丹丹（2009）分先秦、汉魏晋南北朝及唐宋三个时段考察了"种植"义词的历史演变。蔡晓（2010）分先秦、汉魏六朝、唐宋及元明四个时期考察了"等候"义词"俟""待""候""等"的历时替换。郭晓妮（2010）考察了"搬移类"等四类物体位移概念场词汇系统的历时演变情况，并运用概念要素分析法对各概念场的典型成员进行共时的微观解剖，辨别义位之间的异同。凌瑜、秦桦林（2010）从分析"洗"语义场成员的演变入手，考证出《史记》中的"洗足"当作"洗"，与"洗涤"语义场讨论相关的论文还有闫春慧（2006，2011）、钟明立（2008a）。徐磊（2010）考察并总结了"跌倒"类动词的演变过程及特点。杨琴（2010）考察并探讨了"责怪"类动词的更替过程及其语义引申的语用机制。董玉芝（2011）考察了汉语"挖掘"义动词在不同历史时期的消长变化，相关的研究还有孙淑娟（2015，2016b）。杨明泽（2011a，2011b）考察了"哭泣"义词及"追逐"义词的历时演变，类似的讨论还可见黄成（2011）。曾石飞（2011）考察了中古汉语视觉、听觉、嗅觉、味觉及触觉五类感官感知动词的历史演变。孙颖颖（2014）对"跳跃"类常用词的演变进行了考察。汤传扬（2019）对汉语"夹菜"概念表达方式的现状与历史进行了考察。陈佳佳（2017）考察了上古汉语"停止"概念域词在句法功能与概念要素方面的特征。

三是对关系概念场词语的研究。如段炼采取先中间后两端的方法，先比较分析中古译经等与《三国志》中"给予"语义场用词的异同及原因①，而后考察其在上古和近代的变化。吕文平（2006）考察了汉语"买卖"类动词语义场的历史演变，与此相类的论文还有张荆萍（2008）、武歌（2019）。程云峰（2006）考察并探讨了与佛教修行有关的"忏悔""礼拜"两语义场的演变过程、特点及原因。李丽（2007）从语义场的角度对《魏书》和《宋书》中的授官词汇进行调查和分析，以比较南北朝时期南北方地区语言使用上的不同。姜黎黎（2010）考察了《摩诃僧祇律》中指称"借贷""偿还""雇赁""贸易""治疗""逮捕""拘囚"等概念的相关词汇的分布情况，并追溯其来源。刘晓静（2010a）考察了"男"所属的泛称、兼称等五个概念域在东汉的使用情况。任科雄（2010）以概念场为视角对《朱子语类》中的"诛杀"概念词"诛""杀""弑""戮"的组合情况进行观察和描写。黄英（2011）就敦煌社会经济文献中"借贷"概念场成员的语义性质、语义特点及聚合关系展开分析，并探讨其发展演变的原因。钟明立（2011）考察了"胜—败"义语义场的历时演变。雷丝雨（2019）与李倩（2019）分别从语义特征、组合形式、用法功能、使用频率等层面对南北朝至唐五代"欺骗"和"指责"义概念场南北用词差异进行了探讨。

四是对具体名物概念场词语的研究。如梁冬青（2000）考察了"锅"类词"鼎""镬""锅"的历时演变及其在现代方言中的地理分布，与此相关的讨论还有徐时仪（2002）。王建喜（2003）考察了"陆地水"语义场的演变，并提出"同义语素叠置"的观点。滕华英（2005）运用语义场理论分析了先秦汉语服饰词汇系统所包含的次语义场及其与之组配的动词的使用情况。吴宝安、黄树先（2006）运用语义场理论对先秦汉语"皮"语义场成员的使用特点进行分析。龙丹（2007c，2008）分别考察了魏晋时期"油"语义场和"羽毛"语义场的演变情况，考察"羽毛"语义场的相关论文还有施真珍（2009）。董玉芝（2009）考察了"鞋"类词"屦""履""鞋"的历时演变与更替过程，与此相类的文章还有管锡华（2000）。郭晓妮（2009a）考察了"栉发用具"类名词"梳""篦""栉"

---

① 中古译经具体指《六度集经》《生经》《贤愚经》（段炼：《中古佛经"给予"语义场初探——以〈六度集经〉、〈生经〉、〈贤愚经〉的单音动词为例》，硕士学位论文，浙江大学，2005年，第3页）。

的历时更替情况，相关的讨论还可见杨明泽（2011a）。王彤伟（2010）考察了"猪"类词的历史演变，并纠正传统同义词辨析所谓"猪"指小猪观点的错误。施真珍等（2011）考察了《后汉书》中"树"语义场的使用情况，并探讨了"树"与"木"在表义倾向性上所存有的不同，相类的研究还有王荣（2019）。陈思等（2019）对"盒子"概念场的历时演变与共时分布进行了研究。

五是对性质概念场词语的研究。如金颖（2008）分先秦两汉、魏晋南北朝及唐以后三个时期考察了"错误"义词的历史演变与更替。王盛婷（2007，2010）分东汉前、东汉至隋、唐宋及元明清四个时段考察了汉语史上"干湿"义反义词聚合及"冷类语义场"的变迁，前者从反义关系角度探讨，一改学界主要从同义关系探讨概念场的做法。李春燕（2010）考察了"人体肥胖"概念词"胖"替换"肥"的过程、动因及方言中的现时分布。刘晓静（2010b，2010c）先后考察了上古汉语"红"语义场及与东汉"黑"语义场中所属成员的使用情况。赵永超（2010）考察了"快速"语义场单音节成员的产生、发展或消亡过程。王家璐（2011）对中古汉语五个感官形容词子语义场的演变过程和语义特征进行分析和阐述，并从总语义场的角度对汉语感官形容词的词汇系统做历时的考察和总结。徐时仪（2017）对《朱子语类》词义系统中表达"执拗"这一概念的词类类聚及其语义关系进行了探讨。杨振华（2017）考察了"愚痴"类语义场成员的历时演变与共时分布。潘晓晶（2018）对"蠢"与"笨"的历时演变进行了考察。殷晓杰等（2018）考察了"饿"对"饥"的历时替换。

六是对顺序概念场词语的研究。如马丽（2004）运用语义场理论，从心理习惯、语用背景等角度探讨了"婴儿""童子""少年"的义域由交叉模糊到互补明确的演变，以及由此而引起的未成年人语义场由二分到三分的古今变化。

七是多个概念场词语演变的综合研究。如吕传峰（2006）既考察了人体部位概念场中"口/嘴""齿/牙（齿）""舌/舌头"的历时更替，也探讨了人体动作概念场中"饮/喝""啮、齕、噬、咬""歌/唱"的历时更替。

运用概念场理论研究汉语词汇史，不仅可以了解词汇的系统性和动态性，而且可以把握词义的层次性和渐变性，是汉语词汇史研究的新路径，值得我们借鉴，但仍有需要完善之处：（1）研究范围过于集中。人体运动概念场词语研究是学者们措意的重点，相对而言，对顺序、性质概念场词语演变的研究，学者们关注不多。同是人体运动概念场，其内部各子场备受关注的程度也不一，指称"肢体运动"概念的词语学者注目最多，指称"心理运动"概念的词语则关注较少。（2）研究角度较单一。已有研究主要从同义关系的角度考察某一概念场的历时演变，较少从反义关系的角度关注。只关注场内成员间的相互影响，忽视场外成员（相关概念场）间的相互影响。只关注场内成员间的相互影响，忽视成员自身语义系统的演变对其地位的影响。研究概念场成员的演变时，往往只注目于其组合关系的变化，而不太关注其聚合关系的演变。同义概念场的研究大都只涉及单音词的历时替换，不大关注单音词与复音词的互动。其实，历时层面上概念场成员的更替不仅仅是单音词的替换，也包括复音词取代单音词。因此，运用概念场理论，考察相关心理概念词用法、义域及语义的演变，比较情绪心理动词、认知心理动词和意愿心理动词用法的异同，呈现相关概念场主导词更替的特点及主导义位与主导词的关系，将是我们所要从事的主要工作。

1.3　心理概念场词汇研究的意义

选择心理概念场词汇研究，不仅是因为此项研究还很薄弱，更重要的是这项研究于汉语词汇史的建设、辞书编纂、古籍整理均具有重要价值[①]。下面分别论述。

（1）有助于汉语词汇史体系的构建

"汉语历史词汇的主体工程是汉语历史词汇学"，它包括"对各个时期

[①] 汪维辉指出："在汉语词汇史领域里，常用词历时演变研究是一项亟需加强的工作，现阶段尤其需要做大量的个案研究（Case Study）。如果我们能把一批常用词在历史上更替演变的来龙去脉描写得清清楚楚，不但对词汇史的建设是一种实实在在的贡献，于辞书编纂、古籍整理特别是疑伪古籍的鉴别和断代等也将大有帮助。"（《常用词历时更替札记》，《语言研究》1998 年第 2 期）

汉语词汇系统的描写以及汉语词汇系统历史演变的研究"和"对汉语词汇历史演变的规律以及其他有关理论问题的研究"两部分①。由于"汉语词汇学面对的是数量庞大的语词材料"②，因此"从不同的角度分成若干专题从事微观分析"③，进而把若干个这样的专题综合起来的合零为整、集腋成裘之法势在必行。唯有这样，才有可能对整个汉语词汇发展的历史有一个全面完整的认识，才谈得上科学的、系统的汉语词汇史体系的构建。本论题正是基于此，选取情绪心理动词、认知心理动词和意愿心理动词中的"忧虑""思念""猜度""思谋""意欲"五个小类，以概念场理论为依据，探讨汉语史上各自典型成员主导词地位的更替及其主导义位的演变，以期能为古汉语词汇史的研究提供一些可靠的基本资料和研究结论，为汉语词汇史体系的构建尽绵薄之力。

（2）有助于辞书编纂质量的提高

"搞好辞书编纂，是语言建设的一项重要任务，不仅反映了辞书事业的兴旺与否，更体现了语言研究水平的高低。"④心理活动作为人类的基本层次范畴之一，各大语文辞书对其相关概念的表达式都有收录。然而由于心理概念词自身主观性强、差异繁复，不易把握，再加上此项研究相对薄弱，导致了现行大型辞书在有关条目的处理上存在这样那样的失误。因此，对心理概念场词汇系统进行研究将有助于辞书编纂质量的提升。具体而言可在以下三方面作为：一是为辞书增补义项，二是提供恰当例证，三是纠正辞书释义不当。下各举一例略加说明。

《大字典》根据《玉篇·心部》："忧，愁也"，释"忧"为"忧虑；担忧"⑤，这固然不错，倘如认为"忧"仅有此义，则误矣。且看下面例句，

---

① 蒋绍愚：《二十世纪的古汉语词汇研究》，载蒋绍愚《汉语词汇语法史论文集》，商务印书馆 2000 年版，第 352 页。

② 符淮青：《汉语词汇学史》，安徽教育出版社 1996 年版，第 401 页。

③ 刘又辛：《〈左传〉词汇研究·序》，载毛远明《〈左传〉词汇研究》，西南师范大学出版社 1999 年版，第 2 页。

④ 王云路：《辞书失误考略》，《古汉语研究》1993 年第 1 期（又载王云路《词汇训诂论稿》，北京语言文化大学出版社 2002 年版，第 208 页）。

⑤ 汉语大字典编辑委员会：《汉语大字典》（缩印本），四川辞书出版社、湖北辞书出版社 2010 年版，第 2341—2342 页。

《诗·邶风·绿衣》：“心之忧矣，曷维其已！”《玉台新咏·双白鹄》：“乐哉新相知，忧来生别离。”唐代许浑《闻韶州李相公移拜郴州因寄》：“恩回玉宸人先喜，道在金縢世不忧。”这三个例子中的“忧”当是指主体自身的忧愁之情，而非主体对客体的担忧。后两例中的“忧”分别与“乐”“喜”对举，“忧”之“忧愁”义显矣。再看《大字典》所举“忧道不忧贫”“心忧炭贱”例句，“忧”的对象“道”、“贫”及“炭贱”都出现，也就是说在表“忧虑；担忧”义时，“忧”是个二元谓词，需带客体论元（即使隐而不现，亦可据前后文补出）；而在表“忧愁”义时，它是个一元谓词，如所举“心之忧矣，曷维其已”例，故“忧”释为“忧愁”义与“担忧”义比较妥帖。

提供恰当例证包括两种情形，一是补充例证。“虑”之“怀疑”义《大词典》（7/692）与《大字典》（第2342页）均无书证，可补。如《战国策·楚策一》：“昭奚恤与彭城君议于王前，王召江乙而问焉。江乙曰：‘二人之言皆善也，臣不敢言其后。此谓虑贤也。’”一是提前首见例时间。如“想”之“像；如同”义《大词典》（7/606）及《大字典》（第2321页）均首引唐例，偏晚。此义较早见于南北朝，如北魏《洛阳伽蓝记》卷一“景林寺”：“（景林寺）加以禅阁虚静，隐室凝邃，嘉树夹牖，芳杜匝阶，虽云朝市，想同岩谷。”

“虑”之“大概”义，《大词典》引《论语·颜渊》：“夫达也者，质直而好义，察言而观色，虑以下人，在邦必达，在家必达。”（7/692）

按，《大词典》将“虑以下人”之“虑”释为“大概”，误；俞樾《群经平议·论语二》“虑以下人”条：“虑以下人之虑乃无虑之虑，言察言观色大氐以下人也。”俞将“虑”看成“无虑”之“虑”，亦非。试申说之：从前后组合关系来看，“虑以下人”的结构当与“质直而好义”“察言而观色”结构同，故“虑以下人”中的“以”亦当是个表承接关系的连词，相当于“而”。若将“虑”理解为“大概”的话，则其是个副词，从语法功能的角度来说，副词只能修饰谓词性成分，不能修饰连词，故将“虑”解释为“大概”，于语法上是说不通的。《论语·颜渊》：“虑以下人。”邢昺疏：“其念虑常欲以下人。”“念虑”即考虑之谓，也即从思想上对别人愿

14

意退让。

（3）有助于古籍点校结论的精审

常用词研究在古籍辨伪上的价值前贤时修多有强调，此不赘言。其除了可以协助断定古籍成书时代及判定古籍语料的性质外，还可为古籍点校提供丰富的资料，使点校结论更精当。仅举 1 例：

《三国志·魏志·董昭传》："昭上疏陈末流之弊曰：'……合党连群，互相褒叹，以毁訾为罚戮，用党誉为爵赏，附己者则叹之盈言，不附者则为作瑕衅。至乃相谓"今世何忧不度邪，但求人道不勤，罗之不博耳；又何患其不知己矣，但当吞之以药而柔调耳"。'"

《三国志全译》将"今世何忧不度邪"译为"当今世上有什么忧愁不能度过呢"。① 今按，将是例中的"忧"理解为"忧愁"义，恐误。如前所论，在表"忧愁"义时，"忧"是不及物动词，即不能带宾语；唯有表"忧虑"义时，它才能带对象宾语。从语法功能来看，"今世何忧不度邪"中的"忧"当是个及物动词，其主体当为"人"，承前省，其客体为"不度"，故其当以释为"忧虑"为宜；再者"忧""患"对举，亦明"忧"当为"忧虑"义。整句可意译为"当今世上何必担忧有解决不了的问题呢"，而非"当今世上有什么忧愁不能度过呢"。

1.4　本书的研究方法

语言史的研究途径主要有两条：一条是由古到今沿着历史的顺序追踪演变过程的"前瞻"法，一条是以今证古的"回顾"法。② 本书将在"前瞻"法与"回顾"法总原则的指导下，力争做到四结合。

（1）描写和解释相结合

"在语言研究中，描写至为重要，科学、全面、细致的描写本身就是一种研究。然而，描写并不是研究的全部，描写并不等于解释。"③ 语言研

① 许嘉璐主编：《三国志全译》，汉语大词典出版社 2004 年版，第 245 页。
② 徐通锵：《历史语言学》，商务印书馆 1991 年版，第 6 页。
③ 胡敕瑞：《〈论衡〉与东汉佛典词语比较研究》，巴蜀书社 2002 年版，第 131 页。

究的终极目的是要探寻语言演变的规律并对其作出合理的解释。因此，详尽描写古汉语心理动词概念场演变过程，并对此作出合理的解释是我们的主要任务。由于本论题研究的是心理动词，该类词词义引申分析除了要考虑词义本身之外，还需考虑人的认知心理因素对词义的影响。故我们将借鉴认知语言学的转喻、隐喻等理论进行词义演变分析。

（2）共时研究与历时研究相结合

"语言是一个系统，它的任何部分都可以而且应该从它们共时的连带关系方面加以考虑。"① 因此，要构建科学、完整的词汇系统，就应该从共时研究入手，对每一时段的词汇演变作详尽的研究。然而，"语言总是处在不停的变化之中，它的某个共时状态只是存在于历时演变长河中的瞬间，稍纵即逝。语言共时的变异现象（variation）是历时演变过程（change）的反映"。② 因此，共时研究与历时研究相结合是我们研究古汉语心理概念场历史演变应坚持的分原则之一。

（3）定量统计与定性分析相结合

由于"常用词演变研究的目的则是为了明变，它要求把问题放到更广阔的语言背景中加以考察，调查语言的资料的量很大"③，限于时间和精力，我们只能以典型语料中的统计数据和典型例句为窗口，抽取样本，通过样本频度、比率等相关数据的分析，以管窥相关成员的演变历程。

（4）古汉语研究和现代方言研究相结合

方言往往是语言的活的历史化石。因为词义处于不断的发展变化之中，某些词的古义在共同语中业已消失，但在方言中却仍有保留。因而"结合现代方言来研究历史上常用词的变迁，是一个行之有效的办法"④。

---

① ［瑞士］索绪尔：《普通语言学教程》中译本，高名凯译，商务印书馆 1980 年版，第127 页。

② 沈家煊：《不对称和标记论》，江西教育出版社 2004 年版，第 17 页。

③ 汪维辉：《东汉—隋常用词演变研究》（修订本），商务印书馆 2017 年版，第 21 页。

④ 汪维辉：《东汉—隋常用词演变研究》（修订本），商务印书馆 2017 年版，第 21 页。

1.5　本书研究的重点及难点

1.5.1　本书研究的重点

着重考察忧虑、思念、猜度、思谋、意欲五个概念场主导词更替及其主导义位演变情况，辨析场内成员语义及其用法上的细微差别，呈现五类概念词用法上的共性与个性、概念场主导词更替的某些特点、主导义位演变的类型及其与主导词的关系。并从认知、心理上就某些特殊演变现象进行解释。如忧虑概念场的成员在来源上呈现一定的规律性：来源于惧怕义动词，如"恐""怕""畏""惧"等。猜度概念场成员在来源上亦呈现一定的规律性：有的来源于与思索、考虑义相关的动词，如"忖""意""想"等；也有的来源于与度量、计量义相关的具体动作动词，如"度""量""测"等；还有的来源于言语义动词，如"谓""道""言"等。关于忧虑概念场成员来自惧怕义动词的原因可以从认知心理学角度解释：在心理学看来，"忧虑"与"惧怕"密不可分。英国心理学家弗朗西斯·威尔克斯指出忧虑"存在于畏惧和兴奋这两者之间"[①]，其根源"在于对未知的畏惧"[②]，也即畏惧是忧虑产生的原因，二者互为因果，故"恐""怕""畏""惧"等词由"惧怕"义引申出"忧虑"义是转喻的结果。本书除了总结各概念场演变上的规律外，还要对规律产生的原因进行阐释。再如"谓""道""言"等言语义动词引申出猜度义的原因可以从语用的角度解释：最初，三者后面的客体论元一般是确定事件，随着三者语域的扩大，其客体论元也可以是可能事件。当客体论元由确定事件变为可能事件时，则引申出猜度义。这是非叙实性语境影响语义的结果。

1.5.2　本书研究的难点

为了辨别各概念场内成员在语义上的细微差别，就得有一套区别性特

---

① 参见简·奥斯丁《理智与情感》，孙致礼译，世界知识出版社 2001 年版，第 101 页。
② 参见简·奥斯丁《理智与情感》，孙致礼译，世界知识出版社 2001 年版，第 105 页。

征，如何提取合适的区别性特征，是本书的一个难点；词的多义性使得同一个词隶属于多个概念场的现象在我们论题中较常见，如"想"一词，在"思考、思索"义位上，和"思、维、虑"等同属思谋概念场；在"料想、猜想"这一义位上，又和"意、度、猜"等同属猜度概念场。因义位与义位之间的联系性，加之心理动词所表达概念的相对主观性，在语境不是很清晰的情况下，义位的判定具有一定的模糊性，这将影响概念场成员归属的断定。如何处理这些中间地带上的成员，是本书的又一难点。

1.6　本书的语料选择

"在语言的历史研究中，最主要的是资料的选择。资料选择得怎样，对研究的结果起着决定性的作用。"① 可见，语料的选择对研究结果起着关键的作用。在对古汉语心理动词的研究过程中，我们也同样会面临如何选择合适语料的问题。大凡选择就得有个标准，标准确定好了，选择才会有保障。结合我们研究论题的特点，本书要调查的语料包括两部分，一是历史文献，一是现代方言资料。

历史文献的选择依据口语性强、典型性高、年代著者明确及版本可靠标准，每个时期选取有代表性的作品若干部。由于上古、中古、近代也是很长的历史时期，每个时期语料的选取尽量兼顾前、中、后期，有些资料是兼跨时代的。具体如下：

1. 上古汉语时期 ②

主要选用《诗经》《论语》《左传》《孟子》《韩非子》《吕氏春秋》《战国策》《史记》《淮南子》《盐铁论》等典籍作为考察的重点。

2. 中古汉语时期

中古汉语语料的选取分两部分：一是本土撰述，主要考察《论衡》

---

① ［日］太田辰夫：《中国语历史文法跋》（修订译本），蒋绍愚、徐昌华译，北京大学出版社2003年版，第373页。

② 关于古汉语的分期，采用王云路、方一新《中古汉语语词例释》（吉林教育出版社1992年版，第7—8页）的观点。

《太平经》《汉书》《抱朴子》(内篇)《三国志》《法显传》《陶渊明集》《世说新语》《南齐书》《齐民要术》《洛阳伽蓝记》《颜氏家训》等；一是汉译佛经，主要考察《修行本起经》《中本起经》《六度集经》《大明度经》《生经》《妙法莲华经》《四分律》《百喻经》《贤愚经》《杂宝藏经》《佛本行集经》等。

3. 近代汉语时期

主要选用《白居易诗集》《王梵志诗校注》《朝野佥载》《敦煌变文校注》《入唐求法巡礼行记》《唐摭言》《祖堂集》《五灯会元》《朱子语类》《三朝北盟会编》《小孙屠》《南村辍耕录》《新校元刊杂剧三十种》《原本老乞大》《老乞大谚解》《老乞大新释》《重刊老乞大谚解》《水浒全传》《训世评话》《朴通事谚解》《朴通事新释谚解》《西游记》《金瓶梅词话》《儒林外史》《红楼梦》《三侠五义》和明民歌等典籍。

如果所考察的对象在上述文献中用例不多，为如实客观反映语言使用实际，我们会根据需要扩大检索范围，并随文标注。

现代方言资料主要来自《现代汉语方言大词典》(42 个分卷)、《汉语方言大词典》(五卷本)《汉语方言词汇》(第二版)《汉语方言地图集》(词汇卷)及《普通话基础方言基本词汇集》等工具书及方言志。

第2章 古汉语"忧虑"概念场词汇系统及其历史演变

词义结构由"［动作：愁闷与牵挂］＋［对象：人或事物］＋［原因：无助］"这几个要素组成的词称为"忧虑"概念词，汉语中表达该概念的词的聚合称"忧虑概念场"。古汉语"忧虑"概念场词汇系统的典型成员有"患"、"忧"、"虑"及"愁"。下面概要叙述其"忧虑"义来源、句法表现与充当谓语时主客体论元的性质及其句法位置。

2.1 概述

2.1.1 概念场典型成员"忧虑"义来源及语义差别

患

"患"之本义为"忧虑；担心"。《说文·心部》："患，忧也。"《论语·里仁》："不患无位，患所以立；不患莫己知，求为可知也。"《世说新语·自新》："清河曰：'……且人患志之不立，亦何忧令名不彰邪？'"清代曾朴《孽海花》卷二九："一仙道：'周至哉！绸缪惨淡之革命军理财家！哈！哈！本会有如许英雄崛起，怪杰来归，羽翼成矣！股肱张矣！洋洋中土，何患不雄飞于二十世纪哉！'"

忧（憂）

"憂"为"忧"的本字。《说文·心部》："憂，愁也。从心，从页。徐锴曰：'忧形于颜面，故从页。'"《释名·释乐器》："吟，严也。其声本出于忧愁。"毕沅疏证："忧，本作憂。"

"忧"，《说文·夊部》："和之行也。从夊，憂声。《诗》曰：'布政忧忧。'"徐灏注笺："许云'和之行'者，以字从夊也。凡言优游者，此字之本义。今专为憂愁字。"据此可知，"忧"之本义为"悠闲自得"。朱骏声《通训定声》："忧，叚借为憂。"《诗·周南·卷耳序》："朝夕思念，至于忧勤也。"马瑞辰《传笺通释》："憂，愁也。今经传作忧者，皆恖之假借。""忧"借为"憂"，属同音假借。二者上古均属影纽幽部，音同可通。后世"忧"行而"憂"废。由于忧虑是忧愁的原因之一，故通过结果转指原因，"忧"可引申出"忧虑"义①。《孟子·滕文公上》："尧独忧之，举舜而敷治焉。"焦循正义："忧，亦念也。"《世说新语·规箴》："觊答曰：'我病自当差，正忧汝患耳！'"《敦煌变文校注·捉季布列传文》："朱解忽闻称季布，战灼{勺}唯忧祸入门。"《金瓶梅词话》第七四回："惟忧晓鸡唱，尘里事如麻。"

虑

"虑"本是"为谋划事情而进行反复思考"的意思。《说文·思部》："虑，谋思也。"《大戴礼记·保傅》："则四圣维之，是以虑无失计，而举无过事。"王聘珍解诂："虑，谋思也。""虑"作思虑讲时，其所带的客体论元常常是各种难题、忧患及灾难②，如《荀子·仲尼》："故知者之举事也，满则虑嗛，平则虑险，安则虑危，曲重其豫，犹恐及其祸，是以百举而不陷也。"难题、忧患及灾难是令人忧虑的原因之一，当这种依存于语境的滋生特征变为固有特征时，通过原因转指结果，"虑"可引申出"忧虑；担心"义。《增韵·御韵》："虑，忧也。"就目前所掌握的文献资料来看，"虑"表"忧虑；担心"义当不晚于先秦③。《孟子·尽心上》："独孤臣孽子，其操心也危，其虑患也深，故达。"《汉书·贾谊传》："地制一

---

①　孙淑娟：《大型辞书"忧"、"愁"条义项分合商兑》，《南昌工程学院学报》2014 年第 5 期。
②　参看王凤阳《古辞辨》"虑谋谟计图"条（中华书局 2011 年版，第 822 页）。
③　"虑"之"担心；忧虑"义，《大词典》首引银雀山汉墓竹简（7/692），《大字典》首引《汉书·沟洫志》（第 2342 页），偏晚。

定，宗室子孙莫虑不王，下无倍畔之心，上无诛伐之志，故天下咸知陛下之仁。"《文选·刘琨〈答卢谌〉》："不虑其败，唯义是敦。"刘良注："虑，忧也。"《红楼梦》第九七回："薛姨妈心里也愿意，只虑着宝钗委屈，便道：'也使得，只是大家还要从长计较计较才好。'"

愁

"愁"本是"忧愁；愁苦"的意思。《说文·心部》："愁，忧也。从心，秋声。"《左传·成公六年》："（献子）对曰：'……易觏则民愁，民愁则垫隘，于是乎有沉溺重膇之疾。'"由于担心是忧愁的原因之一，故通过结果转指原因，"愁"可引申出"忧虑；担心"义[①]。《增韵·尤韵》："愁，虑也。"就目前所掌握的文献资料来看，"愁"表"忧虑；担心"义当不晚于东汉，如《太平经·己部之五·冤流灾求奇方诀》："夫天地比若影响，不欺人，乃愁愚人各自欺自轻自忽，大咎在此。"《敦煌变文校注·伍子胥变文》："不虑东西抗天塞，唯愁渴乏渡荒州（洲）。""虑""愁"对举，二者义同。明冯梦龙《古今小说》卷四："我心里也道罢了，只愁大哥与老官人回来怨畅，怎的了。"

以上各词在义域或语域上存有细微差别："患"一般表示对外在事物的担心[②]，如："二十五年春，齐崔杼帅师伐我北鄙，以报孝伯之师也。公患之，使告于晋。"（《左传·襄公二十五年》）"忧"则既可以是忧虑他物，也可以是忧虑自身，前者例如："伯州犁曰：'子姑忧子皙之欲背诞也。'"（《左传·昭公元年》）后者例如："其次莫若善于乐成，常悒悒欲成之，比若自忧身，乃可也。"（《太平经·丙部之六·乐生得天心法》）"虑"则是对各种难题、灾难的担忧，如《三国志·魏志·邓艾传》："艾言景王曰：'……况恪才非四贤，而不虑大患，其亡可待也。'""愁"义域与"忧"类同，忧虑他物例如："夫教其为仁，尚愁其不仁，及教其学为不仁之路"（《太平经·丙部之十五·急学真法》）。忧虑自身例如："达人所以不愁死者，非不欲求，亦固不知所以免死之术"（《抱朴子·勤求》）。二者的区别主要在语域范围上，就目前所掌握的资料来看，前者主要见于宗教文献及

---

① 孙淑娟：《大型辞书"忧"、"愁"条义项分合商兑》，《南昌工程学院学报》2014 年第 5 期。
② 参看王凤阳《古辞辨》"忧 患 愁 悒"条（中华书局 2011 年版，第 837 页）。

农书等俚俗作品，后者则举凡俚俗的宗教文献、农书、文人作品及文辞典雅的高文典册均有用例，出现文体范围更宽泛。

2.1.2 "忧虑"概念场典型成员句法功能

古汉语中，"忧虑"概念场典型成员句法功能丰富多样，据考察，主要有以下 5 种：

A. 作主语。既可以单独充当主语，也可以分别与"所"、"者"或者"的"组成"所"字结构、"者"字结构、"的"字结构或"所"字结构糅合"者"字结构作主语，如：

（1）大夫曰："诸侯以国为家，其忧在内。"（《盐铁论·园池》）

（2）魏文子、田需、周宵相善，欲罪犀首。犀首患之，谓魏王曰："今所患者，齐也。"（《战国策·魏策二》）

（3）忧悔吝者存乎介，震无咎者存乎悔。（《易·系辞上》）

（4）懒步红尘，倦到山村，入的宅门，愁的是母亲问。（无名氏《小张屠焚儿救母》第四折）

（5）柔上疏曰："……况今所损者非惟百金之费，所忧者非徒北狄之患乎？"（《三国志·魏志·高柔传》）

例（1）"忧"直接作主语；例（2）"患"与"所"组成"所"字结构作句子的主语；例（3）"忧"与对象"悔吝"构成动宾短语，再与"者"组成"者"字结构作句子的主语；例（4）"愁"与"的"组成"的"字结构作句子的主语；例（5）"忧"先与"所"组成"所"字结构，整个"所"字结构再与"者"组成"者"字结构作"非徒北狄之患"的主语。

B. 作宾语。既可单独充当，亦可组成"所"字结构后充当。如：

（1）母……反书责侃曰："汝为吏，以官物见饷，非唯不益，乃增吾忧也。"（《世说新语·贤媛》）

（2）策薨，权年少，初统事，太妃忧之，引见张昭及袭等，问江东可保安否，袭对曰："江东地势，有山川之固，……万无所忧。"（《三国志·吴志·董袭传》）

（3）贤良曰："……则执事亦何患何耻之有？"（《盐铁论·能言》）

例（1）"忧"直接充当"增"的宾语；例（2）"忧"与"所"组成"所"字结构后，一起充当"无"的宾语；例（3）是个宾语前置句，"患"充当"有"的宾语。

C. 作定语，如：

（1）先生云："如何闻击磬而知有忧天下之志？"（《朱子语类》卷四四《论语·子击磬于卫》）

该例"忧"与客体论元"天下"构成动宾短语，一起修饰中心语"志"。

D. 作状语，如：

（1）当时开了监门提出，八戒愁道："今日又不知怎的打哩。"（《西游记》第九七回）

是例"愁"修饰谓语动词"道"，表示方式。

E. 作谓语。例多不再举。

2.1.3 "忧虑"概念场典型成员充当谓语时主客体论元的性质及其句法位置

从论元结构（argument structer）看，"忧虑"概念词属于二元谓词(two place predicate)，在句中须带两个必有论元(argument)：a. 主体论元，即体验者、经验者、感知者，一般为人（或变相的人[①]）和心。b. 客体论元，即体验对象或感知对象，既可是人，也可是物，或者是事。施之于句法，二者可以同现，或只出现其中一个，未出现的往往可据前后文补出。如：

（1）可怜身上衣正单，心忧炭贱愿天寒。（白居易《卖炭翁》）

（2）其母……泣泪重报儿曰："……汝今再三，弃吾游学，努力勤心，早须归舍，莫遣吾忧。"（《敦煌变文校注·秋胡变文》）

（3）唯我罪浓忧性命，究竟如何向此身！（《敦煌变文校注·捉季布列传文》）

例（1）"忧"的主体论元"心"与客体论元"炭贱"同现，例（2）只出现"忧"的主体论元"吾"，例（3）只出现"忧"的客体论元"性

---

① "变相的人"的说法参见汪维辉《汉语"说类词"的历时演变与共时分布》（《中国语文》2003 年第 4 期）。

命"。尽管例（2）（3）分别只出现"忧"的一个论元，但所隐含的均可据前文补出，当分别为"汝（儿）"与"我"。

在这两个必有论元中，主体论元句法功能较简单，一般在句中充当主语，偶也见充当宾语的，如"奢之子材，若在吴，必忧楚国"（《左传·昭公二十年》）（码化为 $NP_{客体}$+V+$NP_{主体}$，简称 S_0）[1]。较之于主体论元，客体论元的句法位置则更灵活多样，既可直接充当宾语，亦可用介词引进后充当状语或补语，或作主语，可进入如下句法槽：

（1）$NP_{主体}$+V+$NP_{客体}$，简称 S_1。根据宾语的性质，可将其分为 6 小类：①代词性宾语（简称 $S_{1.1}$）。由于代词既可指代人或物，还可指代事[2]，据此，可将其再细分为两小类：指代人或物的，如"今由余，圣人也，寡人**患**之"（《韩非子·十过》），简称 $S_{1.1.1}$；指代事的，如"齐国好厚葬，布帛尽于衣衾，材木尽于棺椁。桓公**患**之，……"（《韩非子·内储说上七术》），简称 $S_{1.1.2}$；②名词性宾语，如"**患**戎师"（《左传·隐公九年》），简称 $S_{1.2}$；③谓词性宾语，如"亦不**患**燥湿"（《左传·襄公三十一年》），简称 $S_{1.3}$；④小句宾语，如"非□……□实**虑**尚书征兵来伐"（《敦煌变文校注·张淮深变文》），简称 $S_{1.4}$；⑤"之"字性宾语，如"**虑**王妃之勿信"（《敦煌变文校注·八相变文》），简称 $S_{1.5}$[3]；⑥时量宾语，如"直**愁**了一更"（《歧路灯》第一百回）），简称 $S_{1.6}$。

（2）$NP_{主体}$+P+$NP_{客体}$+V，如"豫为臣**忧**"（《汉书·陈汤传》），简称 S_2。

（3）$NP_{主体}$+V+P+$NP_{客体}$，如"**患**于垂上而力不足"（《抱朴子·极言》），简称 S_3。

（4）$NP_{客体}$+$NP_{主体}$+V，如"德之不修，学之不讲，闻义不能徙，不善不能改，是吾**忧**也"（《论语·述而》），简称 S_4。

此外，还有两种特殊情形：一是客体论元不出现者；一是客体论元出现在使令句者。

---

①　"$NP_{主体}$"表示主体论元，"$NP_{客体}$"表示客体论元，"V"表示动词，下同。

②　代词可指代人和事物。"事物"一般不分，但本书为了讨论"忧虑"概念典型成员在客体论元优选上的差异，将代词分成指代人和物的及指代事的两类。

③　"'之'字性宾语"一术语参见李佐丰《古代汉语语法学》（商务印书馆 2004 年版，第 109 页）。

码化如下：

（5）NP$_{主体}$+V，如"君勿**患**也"（《战国策·东周策》），简称 S$_5$。

（6）NP$_{1主体}$+使+NP$_{2主体}$+V+NP$_{客体}$，如"闻和哀苦过礼，使人**忧**之"（《世说新语·德行》），简称 S$_6$。

2.2 "忧虑"概念场主导词历时替换考

在古代汉语的历史上，"忧虑"概念场的典型成员有"患"、"忧"、"虑"及"愁"，这几者之间的主导词地位先后有过历时替换关系。本节主要依据"忧虑"类词上述用法的演变，并辅之以义域及频率变化等参数，分先秦至西汉、东汉至五代、宋元、明清四个时段来考察几者之间的历时更替过程。

2.2.1 先秦至西汉时期

先秦至西汉时期，指称本概念场的"愁"未见文献用例，"忧虑"概念场的典型成员有"患、忧、虑"。下面分别讨论三者在此期的用法特点。

此期，"患"的句法功能多样，可作主语、宾语、定语及谓语。作主语时，既可单独充当，也可组成"所"字结构充当，或者"所"字结构糅合"者"字结构充当。如"患之所生，污而不治，难而不守，所由来也"（《左传·昭公元年》）；"所患独吕产，今已诛，天下定矣"（《史记·吕太后本纪》）；"王所患者上地也"（《战国策·魏策三》）。作宾语时，既可直接充当，亦可组成"所"字结构充当。如"公曰：'又有患焉。谓寡人必以而子，与大夫之子为质'"（《左传·定公八年》）；"叔向曰：'……曰弭兵以召诸侯，而称兵以害我，吾庸多矣，非所患也'"（《左传·襄公二十七年》）。作定语成分例如"丞相所患者独高"（《史记·李斯列传》）。作谓语时，其主体论元为人或心，一般充当主语，例多不举；偶见充当宾语者，如"祸福利害，千变万化，孰足以患心"（《淮南子·精神》）。其客体论元主要为外在事物，类型丰富：既可是人、物，或者是事；如"盗""楚""诸大夫""三桓""汉""骧马""术""王之无厌""国之贫""楚衷甲""紫贵"

等①。性质多样：有代词性的、名词性的、谓词性的、小句及"之"字性短语；句法位置亦灵活：S_1 至 S_4 的各种用法均有用例，如：

（1）（秦）王曰："……今荆王之**使者**甚贤，寡人患之。"（《韩非子·内储说下六微》）（$S_{1.1.1}$）

（2）**郑子孔之为政也专**。国人患之，……（《左传·襄公十九年》）（$S_{1.1.2}$）

（3）玉人之所患，患**石之似玉者**；相剑者之所患，患**剑之似吴干者**；贤主之所患，患**人之博闻辩言而似通者**。（《吕氏春秋·疑似》）（$S_{1.2}$）

（4）子曰："鄙夫可与事君也与哉？其未得之也，患**得之**；既得之，患**失之**；苟患**失之**，无所不至矣。"（《论语·阳货》）（$S_{1.3}$）

（5）王曰："……齐者，我仇国也，故寡人之所于伐也，直患**国弊**，力不足矣。"（《战国策·燕策一》）（$S_{1.4}$）

（6）子曰："不患**人之不己知**，患**不知人**也。"（《论语·学而》）（$S_{1.5}$/$S_{1.3}$）

（7）秦、韩为一国，魏之亡可立而须也，此臣之所以**为大王患**也。（《战国策·魏策一》）（S_2）

（8）大夫曰："……故使言而近，则儒者何患**于治乱**，而盲人何患**于白黑哉**？"（《盐铁论·能言》）（S_3）

（9）故有以聪明听说则妄说者止；无以聪明听说则尧、桀无别矣。**此忠臣之所患**也，……（《吕氏春秋·别类》）（S_4）

与"患"一样，此期"忧"也可充当主语、宾语、定语，但形式简

---

① 季康子患**盗**，问于孔子。（《论语·颜渊》）

子产见左师曰："吾不患**楚**矣，汏而愎谏，不过十年。"（《左传·昭公四年》）

卫侯欲叛晋，而患**诸大夫**。（《左传·定公八年》）

夏，哀公患**三桓**，将欲因诸侯以劫之，三桓亦患公作难，故君臣多间。（《史记·鲁周公世家》）

项王方北忧齐、赵，西患**汉**，……（《史记·黥布列传》）按，"忧""患"对举义同。

安得无桓公之忧索官，与宣王之患**耀马**乎？（《韩非子·外储说左下》）

田骈谓齐王曰："孟贲庶乎患**术**，而边境弗患。"（《吕氏春秋·用众》）

民患**王之无厌**也，故从乱如归。（《左传·昭公十三年》）

（成侯卿）对曰："……举此数良人者，王枕而卧耳，何患**国之贫哉**？"（《说苑·臣术》）

赵孟患**楚衷甲**，以告叔向。（《左传·襄公二十七年》）

齐王好衣紫，齐人皆好也。齐国五素不得一紫。齐王患**紫贵**。（《韩非子·外储说左上》）

单，不如"患"多样。主语例如"人臣之忧在不得一，故曰：右手画圆，左手画方，不能两成"（《韩非子·功名》）；宾语例如"景公曰：'彗星出东北，当齐分野，寡人以为忧'"（《史记·齐太公世家》）；定语成分例如"纵难被坚执锐，有北面复匈奴之志，又欲罢盐铁、均输，扰边用，损武略，无忧边之心，于其义未便也"（《盐铁论·本议》）。作谓语时，其主体论元既可是人，也可是心，一般充当主语，例多不备举；亦偶见作宾语的，如"昔智伯瑶攻范、中行氏，杀其君，灭其国，又西围晋阳，吞兼二国，而忧一主，此用兵之盛也"（《战国策·齐策五》）。与"患"不同的是，其客体论元既可是他物，如"苦民""民（萌）""黔首""强秦""驩兜""异姓""匈奴""疲疾（疲弱患病的人）""天下""颛臾""洪水""天下之害""百姓之祸""宗周之陨""天下之不宁""民之利""百里（海内／人）之患""其不返""天下之乱""国家之危败""河决"等①，亦可是自身，如"病""死""万岁之后不全""其系累""其死不焚""命之短"等②。客体论元的性质及句

---

① 威利敌，而忧**苦民**、行可知者王。（《吕氏春秋·壹行》）

故贤王秀士之欲忧**黔首**者，不可不务也。（《吕氏春秋·听言》）

能危山东者，强秦也。不忧**强秦**，而递相罢弱，而两归其国于秦，此臣之所以为山东之患。（《战国策·齐策一》）

禹曰："……能知能惠，何忧乎**驩兜**？"（《史记·夏本纪》）

太史公曰：汉兴，孝文施大德，天下怀安，至孝景，不复忧**异姓**，……（《史记·孝景本纪》）

上……曰："嗟乎！吾独不得廉颇、李牧时为吾将，吾岂忧**匈奴**哉！"（《史记·冯唐列传》）

其令曰：……惠孤寡，忧**疲疾**。（《淮南子·时则》）

大夫曰："……此季孙之所以忧**颛臾**，有句贱之变而为强吴之所悔也。"（《盐铁论·险固》）

文学曰："……是以尧忧**洪水**，伊尹忧民，管仲束缚，孔子周流，忧**百姓之祸**而欲安其危也。"（《盐铁论·论儒》）

对曰："……抑人亦有言曰：'螫不恤其纬，而忧**宗周之陨**，为将及焉。'"（《左传·昭公二十四年》）按，"恤"与"忧"同义。

汤乃惕惧，忧**天下之不宁**，欲令伊尹往视旷夏，恐其不信，汤由亲自射伊尹。（《吕氏春秋·慎大》）

上世之王者众矣，而事皆不同。其当世之急、忧**民之利**、除民之害同。（《吕氏春秋·爱类》）

夫不忧**百里之患**而重千里之外，计无过于此者。（《战国策·燕策一》）

兵出之日而王忧**其不返**也，是王以兵资于仇雠之韩、魏也。（《史记·春申君列传》）

自身以上，……以数杂之寿，忧**天下之乱**，犹忧河水之少，泣而益之也。（《淮南子·诠言》）

② 神君言："天子毋忧**病**。"（《史记·孝武本纪》）

赵高曰："人臣当忧**死**而不暇，何变之得谋！"（《史记·李斯列传》）

是后戚姬子如意为赵王，年十岁，高祖忧**即万岁之后不全也**。（《史记·周昌列传》）

法位置亦丰富多样，S_1 至 S_4 的各种用法均有用例，如：

（1）（贯珠）对曰："……寡人忧劳**百姓**，而单亦忧之。'"（《战国策·齐策六》）（$S_{1.1.1}$）

（2）桓公谓管仲曰："**官少而索者众**，寡人忧之。"（《韩非子·外储说左下》）（$S_{1.1.2}$）

（3）子曰："……君子忧**道**不忧**贫**。"（《论语·卫灵公》）（$S_{1.2}$/$S_{1.3}$）

（4）（翟黄）曰："……得中山，忧**欲治之**。"（《韩非子·外储说左下》）（$S_{1.3}$）

（5）是时上方忧**河决**，……乃拜大为五利将军。（《史记·孝武本纪》）（$S_{1.4}$）

（6）天有明，不忧**民之晦也**，百姓穿户凿牖，自取照焉。（《淮南子·诠言》）（$S_{1.5}$）

（7）（弦高）曰："……大国不至，寡君与士卒窃**为大国**忧，日无所与焉，惟恐士卒罢弊与糗粮匮乏。"（《吕氏春秋·悔过》）（S_2）

（8）文学曰："……为政务以德亲近，何忧**于彼之不改**？"（《盐铁论·和亲》）（S_3）

（9）**君威之不立**，小国之忧也。（《左传·哀公七年》）（S_4）

"虑"在上古主要是表示"思考；谋划"及"思想；意念"的意思，战国已见其表达本概念的用例，不过是"虑患"连用，如前举"其虑患也深"。就目前所检索的文献资料来看，其指称本概念场的单个文献用例当不晚于西汉后期出现，但见次率很低（如在我们所检索的 10 种先秦及西汉文献中，指称本概念的"虑"仅 4 见），且用法简单，或作主语，如"天子以八极为境，其虑在外"（《盐铁论·园池》）；或作谓语，如"若是，虽汤、武生存于世，无所容其虑"（《盐铁论·禁耕》）。作谓语时，只有 S_5 用法，如"夫蛮貊之人，不食之地，何足以烦虑而有战国之忧哉"（《盐铁论·忧边》）。S_1 至 S_4 的各种用法均未见用例。

（接上页）氏羌之民，其虏也，不忧**其系累**，而忧**其死不焚也**。（《吕氏春秋·义赏》）

且夫圣人者，不耻身之贱，而愧道之不行；不忧**命之短**，而忧**百姓之穷**。（《淮南子·修务》）

表2.1　　　　先秦、西汉部分文献中"忧虑"概念场典型成员用法调查

用法\文献	患·论	左	孟	韩	吕	战	史	淮	盐	总计	忧·论	左	孟	韩	吕	战	史	淮	盐	总计	虑·盐	总计
S_0							1			1	1						1			2		
$S_{1.1.1}$		11	4		2	2				19	3		2		4	6	2	1		18		
$S_{1.1.2}$		23	1	12	11	27	46	1	2	123		1	2	1	1	3	8	1		17		
$S_{1.2}$	2	5		1	4		5			17	2	1	1	8	2	14	16	4	9	57		
$S_{1.3}$	9	4		1	1	3	11		11	40	1		2				2		1	6		
$S_{1.4}$	1	1		2	2	2	15		3	26			1				5	1	2	9		
$S_{1.5}$	3	5		1	6	2	7	1	9	34	2			3	4	1	13			23		
S_2						5	4			9						1	1			2		
S_3	2				1					3	2						1	1		4		
S_4				1	2	4	1			8									7	17		
S_5				1	2	5	3			11	1			4	1	9	18	2	3	38	3	3
作谓语（总计）										297										193		3
作主语		2	2		3	2	2			11	1		2				1		2	6	1	1
作宾语		4	1	1			5		1	13	14	4				1	3	4	3	29	1	1
作定语	1	1				1				3			3				1	1	1	6		
作状语																						

表2.2　　　　10种先秦、西汉文献中"忧虑"概念场典型成员出现次数

词项	用例数	诗	论	左	孟	韩	吕	战	史	淮	盐	总计
患	单	0	17	58	3	27	32	59	99	3	23/4①	321/4
患	连	0	0	1	0	0	0	0	0	0	0	1
忧	单	0	4	30	7	19	13	38	64	28	30	233
忧	连	5	0	2	0	0	0	4	3	1	0	15
虑	单	0	0	0	0	0	0	0	0	0	4	4
虑	连	0	0	0	1	0	0	0	1	0	1	3

　　约之，"忧虑"概念场典型成员在先秦西汉时期发展充分的是"患"与"忧"，S_0 至 S_5 的各种用法二者均有用例；"虑"则用法受限，仅有 S_5 用例。尽管"患"与"忧"在此期均发展充分，但前者在数量上要多于后者（10种先秦、西汉文献中二者的单用出现比例为325∶233，详细数据参见表2.2），故此期"忧虑"概念场的主导词当为"患"。但"忧"的义域要比"患"宽：前者既可以是忧虑他物，亦可是忧虑自身；后者则主

---

① "/"前的数据为本文实际使用例数，"/"后的数据为引用前代书例数，本文4例均引自《论语·季氏》，下同。

要是对外在事物的担忧；义域的宽泛，为其日后主导词地位的争取奠定了基础。

2.2.2 东汉至五代时期

东汉至五代，"忧虑" 概念场发生了如下明显变化："患" 使用萎缩；"忧" 用法进一步完备；"虑" 开始活跃及 "愁" 的出现。下面详析之。

与先秦西汉时期相比，东汉魏晋时期，"患" 某些用法的使用语域受限，如前期很常见的 $S_{1.1.1}$、S_2 及 S_4 用法此期只见于文辞较典雅的史书中；南北朝以后，其用法进一步萎缩，只有 S_1 中的 $S_{1.1.2}$、$S_{1.3}$、$S_{1.4}$ 及 $S_{1.5}$ 用法，未见 $S_{1.1.1}$、$S_{1.2}$、S_2、S_3 及 S_4 用例 [①]。

"忧" 的情形则刚好与 "患" 相反，此期其句法功能更趋完备。作主语时，除了单独充当外，还可与客体论元一起组成动宾短语充当，如 "忧之久矣"（《汉书·东方朔传》）。亦可与 "所" 组成 "所" 字结构再糅合 "者" 字作主语，如 "夫所忧者莫过乎死"（《抱朴子·至理》）。作宾语时，除了充当及物动词的宾语外，还可充当双宾语的直接宾语，如 "朝有阙政，遗王之忧，陛下甚恨之"（《汉书·严助传》）。除了单独充当宾语外，还可组成 "所" 字结构作宾语，如 "今卦中见象而不见其凶，知非妖咎之征，自无所忧也"（《三国志·魏志·管辂传》）。此外，还出现了新兴用法。上古汉语时期，"忧" 使役义的表达主要是通过主体论元充当宾语的方式，如前举 "必忧楚国" 例。此期，其使役义则主要通过使令词构成使

---

① 酌举此期部分用例：司马曰："君弟去，臣亦且亡，辟吾亲，君何患！"（《汉书·袁盎传》）（$S_{1.1.1}$）

百姓愦乱，其货不行。民私以五铢钱市买。莽患之，……（《汉书·食货志下》）（$S_{1.1.2}$）

古者帝王未尝患财货，乃患贫于士。（《太平经·丙部之十二·道无价却夷狄法》）（$S_{1.2}$/$S_{1.3}$）

旧法，军征士亡，考竟其妻子。太祖患犹不息，更重其刑。（《三国志·魏志·高柔传》）（$S_{1.3}$）

黄帝且战且学仙，患百姓非其道，乃断斩非鬼神者。（《汉书·郊祀志》）（$S_{1.4}$）

今主君有革车百乘，不忧（德）义之薄也，唯患车之不足也。（《论衡·解除》）（$S_{1.5}$）

今夫谗谀之臣为大王计者，不论骨肉之义，民之轻重，国之大小，以为吴祸，此臣所以为大王患也。（《汉书·枚乘传》）（S_2）

患于闻之者不信，信之者不为，为之者不终耳。（《抱朴子·至理》）（S_3）

若使善策必出于亲贵，亲贵固不犯四难以求忠爱，此古今之所常患也。（《三国志·魏志·杜畿传附杜恕》）（S_4）

役句来表达，如"天亦不独使六子忧之也"（《太平经·己部之八·国不可胜数诀》）。此期与"忧"匹配的客体论元类型与先秦西汉时期类似[①]，其句法位置亦是灵活多样，S_1 至 S_6 的各种用法均有用例，显示了强大的竞争力。酌举部分用例：

（1）臣知其君老，有天期而忧之，为其索殊方大贤之助，……（《太平经·辛部》）（$S_{1.1.1}$）

（2）前日长病，陛下心忧之，使使者赐枣脯，长不肯见拜使者。（《汉书·淮南厉王刘长传》）（$S_{1.1.1}$）

（3）上报曰："间者，**河水滔陆，泛滥十余郡，堤防勤劳，弗能陻塞**，朕甚忧之。"（《汉书·万石君石奋传》）（$S_{1.1.2}$）

（4）**长夜沸海，洄流轮转，毒加无救**。菩萨忧之，犹至孝之丧亲矣。（《六度集经》卷6，3/32a[②]）（$S_{1.1.2}$）

（5）心思道，则忘事；忧事，则害性。（《论衡·道虚》）（$S_{1.2}$）

（6）且秦始皇不筑道德之基，而筑阿房之宫，不忧萧墙之变，而修长

---

① 忧虑他物例如：武伯善忧**父母**，故曰"唯其疾之忧"。武伯忧**亲**，懿子违礼。（《论衡·问孔》）

平内忧**山**等。（《汉书·霍光传》）按，"山"指"霍山"。

及当出廷议，尤固言匈奴可且以为后，先忧**山东盗贼**。（《汉书·王莽传》）

衍功侯喜素善卦，莽使筮之，曰："忧**兵火**。"（《汉书·王莽传》）

云雨布施，民忧**司农事**，……（《太平经·庚部之十·不忘诚长得福诀》）

临河傍井，常忧**漂溺之危**；弄犬捻刀，每虑啮伤之苦。（《敦煌变文校注·维摩诘经讲经文》）按，"忧""虑"对举同义。

我皇［□］（帝）每临美膳，常念耕夫；忧**水旱之不调**，恐赋租之难办。（《敦煌变文校注·长兴四年中兴殿应圣节讲经文》）按，"忧""恐"对义同。

忧虑自身例如：是故古者大圣贤共治事，但旦夕专以民为大急，忧其民也，若家人父母忧**无子**，……（《太平经·丙部之十四·三合相通诀》）

神人言："子持心志坚如此，何忧**不得上九天**？"（《太平经·戊部之三·直道九首得失文诀》）

大神言："有行乃如是，何忧**不前乎**？"（《太平经·庚部之八·大功益年书出岁月戒》）

用是生者，何忧**不寿乎**？（《太平经·庚部之十二·不孝不可久生诫》）

但作轻薄，衒卖尽财，狂行首罚，无复道理，从岁至岁，不忧**家事**，游放行戏，殊不知止。（《太平经·庚部之十二·不可不祠诀》）

只忧**身命片时**，阿那里有心语话。（《敦煌变文校注·父母恩重经讲经文》）

② 本书译经语料出自台北新文丰出版公司1985年影印出版的《大正新修大藏经》，简称《大正藏》。数字及字母依次表示佛典引例在《大正藏》中的册数、页码、栏数，下同。

城之役。(《三国志·魏志·高堂隆传》)(S$_{1.2}$)

（7）辅相又曰："须提罗王，欲合兵众，来伐我国。若当来者，我等强壮，虽能逃避，**犹忧残戮**，况汝无目？"(《贤愚经》卷6，4/391c)(S$_{1.3}$)

（8）子欲知其审实，比若一家父子夫妇，但独忧**其家不富**，不肯忧**他家**也。(《太平经·己部之八·国不可胜数诀》)(S$_{1.4}$/S$_{1.2}$) 按："其家（自家）"与"他家"相对而出，能很好地说明"忧"的对象既可是自身，亦可是他人。

（9）(眹摩迦)而白王言："今我此身，不计苦痛，但忧**父母年老目冥，从今饥困，无人供养耳**。"(《杂宝藏经》卷1，4/448b)(S$_{1.4}$)

（10）或曰："……**忧德之不丰**，不患爵之不尊；耻名之不白，不恶位之不迁。"(《论衡·自纪》)(S$_{1.5}$) 按，"忧""患"同义。

（11）曹公忧**国家之危败**，愍百姓之苦毒，率义兵为天下诛残贼，功高而德广，可谓无二矣。(《三国志·魏志·凉茂传》)(S$_{1.5}$)

（12）陛下闻之，岂不惕然恶其如此，以为难卒讨灭，而**为国忧乎**？(《三国志·魏志·高堂隆传》)(S$_{2}$)

（13）(权)又曰："司马懿所向无前，**深为弟忧也**。"(《三国志·魏志·公孙度传》注引《汉晋春秋》)(S$_{2}$)

（14）抱朴子答曰："……但患志之不立，信之不笃，何忧**于人理之废乎**？"(《抱朴子·释滞》)(S$_{3}$)

（15）阶曰："……内怀死争，外有强救，大王案六军以示余力，何忧**于败**而欲自往？"(《三国志·魏志·桓阶传》)(S$_{3}$)

（16）大神言："……**是有心之人**，诸神忧之，但仰成辩而已。"(《太平经·庚部之十二·天报信成神诀》)(S$_{4}$) 按，客体论元"是有心之人"置于句首充当主语，后面用"之"来指代。

（17）锯陀语言："**此事**莫忧。我皮易得……"(《贤愚经》卷3，4/366c)(S$_{4}$)

比之于先秦西汉时期，此期"虑"用法有所扩充。出现了充当宾语的用法，如"穷通靡攸虑"(陶渊明《岁暮和张常侍》)，此为"所（攸）"字结构作宾语；"此不知虑其大危"(《三国志·吴志·诸葛恪传》)是为与对

33

象一起构成动宾短语作宾语。还出现了诸如"无风波之虑""无风吹亏损之虑""无颓毁之虑"这样的"无＋客体论元＋之＋虑"新形式，如"又有十八字以著衣中，远涉江海，终无风波之虑也"（《抱朴子·遐览》）。"父兄虽逆，终无剿绝之虑"（《三国志·魏志·高柔传》注引孙盛《有司豫定明帝庙号》）。作谓语时，与之组配的客体论元主要是各种难题和灾难，如"（后／大／毒）患""祸难""倾身之祸""其有变""封刚猛，易世之后终难制御""魏或承衰取蜀""大塔破坏，无人修补""水、旱、风、虫之灾""匈奴之害"等①，客体论元的性质多样：有代词性的、名词性的、谓词性的、小句及"之"字性短语；其句法位置较灵活，新生了 S_1 及 S_3 用法。举例如下：

（1）肃云："建平相我逾七十，位至三公，今皆未也，将何虑乎！"（《三国志·魏志·朱建平传》）（$S_{1.1.1}$）

（2）若令诸绝谷者转羸极，常虑之，恐不可久耳。②（《抱朴子·杂应》）（$S_{1.1.2}$）

（3）唯须一人守护，指挥，处分，……不虑水、旱、风、虫之灾，比

---

① 树神欢然，得离毒难，众树长安，花果茂盛，不虑毒患，诸罪皆散。（《生经》卷4，3/95c）

评曰：王凌风节格尚，毌丘俭才识拔干，诸葛诞严毅威重，钟会精练策数，咸以显名，致兹荣任，而皆心大志迂，不虑祸难，变如发机，宗族涂地，岂不谬惑邪！（《三国志·魏志》）

且夫要功之伦，陵肆之类，莫不背情任计，昧利忘亲，纵怀慈孝之爱，或虑倾身之祸。（《三国志·魏志·高柔传》注引孙盛《有司豫定明帝庙号》）

署发后一日，俨虑其有变，乃自追至斜谷口。（《三国志·魏志·赵俨传》）

诸葛亮虑封刚猛，易世之后终难制御，劝先主因此除之。（《三国志·蜀志·刘封传》）

及亮卒，吴虑魏或承衰取蜀，增巴丘守兵万人，一欲以为救援，二欲以事分割也。（《三国志·蜀志·宗预传》）

（王）复虑大塔破坏，无人修补，即解珠网，以铜镬盛之。（《洛阳伽蓝记》卷五"闻义里"）

② 顾久《抱朴子内篇全译》将此句译为"如果诸多断谷者都变得羸弱疲乏，我常忧心，怕他们不会活得很长久"（贵州人民出版社1995年版，第373页）；又《中国历代文化丛书·抱朴子内篇》将其译为"假若让那些断绝五谷的人都显得羸弱无力，忧心忡忡的样子，大概也是不会活很长时间的了"（华龄出版社2002年版，第213页）。按：联系前文来看，此句中的"令"当和"若"一样，是表示假设关系的连词，因此"虑"的主体应是"转羸极绝谷者"，而非"我"；"虑"后面带了宾语"之"，所以当训为"担心；忧虑"，而非"忧愁"。整句可译为："假使断绝五谷者日渐羸弱，并为此忧心的话，那么他们活的时日也不可能长。"

之谷田，劳逸万倍。(《齐民要术》卷五"种桑、柘")($S_{1.2}$)

（4）不乐前以顾轩，不就后以虑**轻**。(《三国志·蜀志·郤正传》)($S_{1.3}$)

（5）国王敬重顶骨，虑**人抄夺**，乃取国中豪姓八人，人持一印，印封守护。(《法显传·那揭国》)($S_{1.4}$)

（6）作黄蒸法：……亦勿飏之，虑**其所损**。(《齐民要术》卷八"黄衣、黄蒸及糵")($S_{1.5}$)

（7）又或虑**于求长生**，恍其不得，恐人笑之，以为暗惑。(《抱朴子·金丹》)(S_3)

就目前所知，"愁"上古已见，主要表"忧愁；愁苦"义，进入本概念场那是东汉的事。"愁"在词义上和"忧"比较接近，但出现的语域比"忧"窄，主要见于宗教文献及农书，五代以前，其支配的对象主要为抽象事物，如"贫""穷""死""位之卑"等，不能是人和具体事物。对象的句法位置也较单一，只有 S_1 中的部分用法；五代始，其支配的对象才扩展到人和具体事物，如"君""其姊""社稷"①"珠玉"等。对象的句法位置亦更多样，新生了 $S_{1.2}$、S_2 及 S_4 用法。如：

（1）此父母贫极，则子愁**贫**矣，与王治相应。(《太平经·丙部之一·分别贫富法》)($S_{1.3}$)比较：不患**贫**而患不安。(《论语·季氏》)

（2）(古者帝王)愁**大贤不至，人民不聚，皆欲外附，日以疏少，以是不称皇天之心**。(《太平经·丙部之十二·道无价却夷狄法》)($S_{1.4}$)

（3）夫人求道，如忧家之贫，如愁**位之卑**者，岂有不得耶？(《抱朴子·登涉》)($S_{1.5}$)按，"忧""愁"同义。

（4）天下所重，莫若己身，但得身安，何愁**珠玉**。(《敦煌变文校注·双恩记》)($S_{1.2}$)

（5）劝君所赐酒，过后**为君愁**。(《敦煌变文校注·苏武李陵执别词》)(S_2)

（6）官职王郎莫愁，从此富贵到老。(《敦煌变文校注·金刚丑女

---

① 主曰："……师兄但去，莫愁**其姊**。"(《祖堂集》卷三"一宿觉和尚")

皇帝闻语，亦(一)见衾虎年登一十三岁，妳腥未落，有日(若)大胸今(襟)，阿奴何愁社稷！(《敦煌变文校注·韩擒虎话本》)

缘》）（S_4）

表2.3　东汉至五代部分文献中"忧虑"概念场典型成员"患""愁"用法调查

用法	词项	患														愁									
		衡	太	汉	抱	三	生	世	齐	杂	白	金	敦	唐	总计	太	抱	齐	佛	白	王	敦	唐	祖	总计
作谓语	S_0																								
	$S_{1.1.1}$			1		1									2										
	$S_{1.1.2}$	1	1	22		6	1	1			1		1		34										
	$S_{1.2}$	1	1	6	2	2						1			13					2	3		1		6
	$S_{1.3}$	2	2	13	1	7		1	1						27	2	1			1	5	2		1	12
	$S_{1.4}$	3	2	9	3	5		1		1			1		25	3			1	1	5	4	1	1	16
	$S_{1.5}$	5		10	2	6		1							24	3	1	1							5
	S_2			2											2										
	S_3		1		1	3	4								9										
	S_4			2		1									3						1				1
	S_5	1	1												2				2						2
	S_6																								
作主语						1	1								2										
作宾语					1	1	1								3										
作定语																									
作状语																									

（患·S_1合计 141；愁·S_1合计 43）

表2.4　东汉至五代部分文献中"忧虑"概念场典型成员"忧"用法调查

用法	词项	忧																							
		衡	太	汉	修	中	抱	三	六	大	妙	世	齐	颜	贤	杂	佛	白	王	金	敦	入	唐	祖	总计
作谓语	S_0																								
	$S_{1.1.1}$	2	2	9		1		6	1			3						1	1				1		27
	$S_{1.1.2}$	1	10	12				9	3									1							36
	$S_{1.2}$	9	14	21				8	2			5				2	10	1	1		19				92
	$S_{1.3}$		11	4	1	1	1	7	1			1				1	1	1	5	1	1	3	2	1	43
	$S_{1.4}$		4	3								2			1		1				19	1			31
	$S_{1.5}$	4		4			2							2				2							14
	S_2							1																	1
	S_3						1	3																	4
	S_4		1	2											1			1	1						6
	S_5	3	5	33	3		1	15				1				3	1	4					1		70
	S_6		1									1						1							3
作主语		1	2	2		1		8										1					1		17
作宾语		1	3	10				9		1		3				1		1							29
作定语				2																					2
作状语																									

（忧合计 327）

表2.5　　　　东汉至五代部分文献中"忧虑"概念场典型成员"虑"用法调查

用法	词项/用法\文献	虑																				总计
		汉	抱	三	法	陶	生	妙	世	齐	洛	颜	百	贤	佛	白	王	金	敦	唐	祖	
作谓语	S_0																					
	$S_{1.1.1}$			1												1						2
	$S_{1.1.2}$		1	2																		3
	$S_{1.2}$			2			1		1													4
	$S_{1.3}$	2	2	1							1			1		3	1	6				17
	$S_{1.4}$			6	1			1	1	1			3	2		2	2	5	5	1		30
	$S_{1.5}$			2						1	1							1				5
	S_2																					
	S_3		1																			1
	S_4																	1				1
	S_5			4			1							1								6
	S_6																					
作主语				2						1	1							1				5
作宾语		2	4		2		4	1	1			1				2	1					18
作定语																						
作状语																						

（作谓语合计：69）

表2.6　　　　28种东汉至五代文献中"忧虑"概念场典型成员出现次数

词项	文献/用例数	衡	太	汉	汉译①	抱	三	法	陶	魏译	世	齐	洛	颜	北译	白	王	金	敦	入	唐	祖	总计
患	单	14	6	69	0	12	34	0	0	1	4	1	0	0	1	1	0	1②	1	0	1	0	146
	连	0	0	0	0	0	1③	0	0	0	0	0	0	0	0	0	0	0	0	0	0	0	1

---

　　① 后汉译经 2 种（记为汉译，具体为《修行本起经》和《中本起经》）、魏晋译经 4 种（记为魏译，分别为《六度集经》《大明度经》《生经》及《妙法莲华经》）、北朝隋译经 4 种（记为北译，分别为《百喻经》《贤愚经》《杂宝藏经》及《佛本行集经》）。

　　② 此例出现在《补辑》中。

　　③ 此例为"忧""患"连言，如"晋车骑将军羊祜率师向江陵，诸将咸以抗不宜上，抗曰：'江陵城固兵足，无所忧患。假令敌没江陵，必不能守，所损者小。如使西陵槃结，则南山群夷皆当扰动，则所忧虑，难可竟言也。'"（《三国志·吴志·陆逊传附陆抗》）此例前言"忧患"，后言"忧虑"，明二者义同，当为"担忧"义。类似的还有"（王）便得见之，即向求哀，种种自说，国无继嗣，忧深虑重，贪屈大仙，来生我家，绍继国嗣，去我忧患。"（《贤愚经》卷 9，4/410b）此例"忧患"，细味文意亦不难揣知当为"担忧"义。然就目前所掌握的文献资料来看，"忧""患"连言表"担忧"义的例子并不多见，故逐录之以俟达者进而教正。

续表

词项	文献/用例数	衡	太	汉	汉译	抱	三	法	陶	魏译	世	齐	洛	颜	北译	白	王	金	敦	入	唐	祖	总计
忧	单	23	53	100	5	8	68	0	0	9	15	2①	0	1	11	19	3	4	51	3	3	1	379
	连	13	7	21	4	0	34②	0	0	11	2	1	0	0	1	9	0	0	36	0	1	0	140
虑	单	0	0	2	0	6	24	1	2	6	3	4	1	9	1	2	8	4	13	0	5	1	92
	连	0	0	0	0	1	10	0	0	3	1	0	0	17	0	1	0	0	32	1	0	1	67
愁	单	0	8	0	0	2	0	0	0	0	0	1	0	3	0	2	12	0	11	0	1	3	43
	连	0	0	1	0	0	0	0	0	0	0	0	0	0	0	0	0	0	0	0	0	0	1

概之，东汉至魏晋时期，"患"的 $S_{1.1.1}$、S_2 及 S_4 用法有语域限制。南北朝以后，其用法大量萎缩，只有 $S_{1.1.2}$、$S_{1.3}$、$S_{1.4}$ 及 $S_{1.5}$ 用法；"忧"的用法则更趋齐备，除先秦西汉时期的原有用法外，此期还新生了 S_6 用法；"虑"尽管魏晋以后取得了长足发展，但由于其支配的对象只能是事物，不能是人，因而用法受限，未见 S_2 及 S_4 用法；"愁"是本概念场的新增成员，其词义和客体论元的类型与"忧"大致相近，但出现语域比"忧"窄，主要见于宗教文献及农书；此期已有 $S_{1.2}$、$S_{1.3}$、$S_{1.4}$、$S_{1.5}$、S_2 及 S_4 用法。据此，我们可以推测，"忧"当为此期"忧虑"概念场的主导词。这里有两个统计数据能支撑我们的说法：一是后汉的《修行本起经》和《中本起经》及五代的《入唐求法巡礼行记》中"忧虑"概念的表达概用"忧"（后汉 2 种译经中共 5 见，《入唐求法巡礼行记》中 3 见）；二是 28 种东汉至五代文献中，"患""忧""虑""愁"的单个出现比例为 146：379：92：43（详细数据参见表2.6），"忧"的数量最多。此期还有一个值得注意的现象：魏晋时期，本土撰述中，"虑""患"展开激烈竞争，而在此期的汉译佛经中，上演的却是另外一场"忧""虑"的角逐。此角逐直到南北朝时期才在本土撰述中拉开序幕。同一概念场成员"忧""患""虑"在本土撰述和汉译佛经中主导词地位竞争的不同步性，再一次说明了"跟佛经相比，中土文献在反映口语方面总要慢一个节拍"③的特点。

---

① 此 2 例出现在《齐民要术序》中，且均引自《淮南子》。
② 其中有 1 例为"忧""患"连言，见本书第 37 页的注③。
③ 汪维辉：《东汉—隋常用词演变研究》（修订本），商务印书馆 2017 年版，第 150 页。

2.2.3　宋元时期

宋元时期,"患"主要见于一些具有南方方言背景或书面色彩较浓的文献中,如《五灯会元》中指称本概念单用的"患"(6 次)要高于"忧"(2 次);《朱子语类》中指称本概念的"患"(29 次)要高于"忧""虑""愁"的用例数("忧"17 次,"虑"21 次,"愁"4 次);《三朝北盟会编》中指称本概念的单用"患"(2 次)也高于"忧"(1 次)。就《五灯会元》和《朱子语类》两书中 35 例"患"使用者的方言背景来看,其中有 33 例使用者的方言背景是南方方言,1 例使用者可能受过南方方言的影响,1 例使用者是否有过南方方言影响的经历尚不确定,故两书中"患"的大量复现可能是方言背景使然[①];《三朝北盟会编》由于是"编年体的史书"[②],史书文辞一般较典雅,书面色彩更浓,故该书中这种新旧成分之间的拉锯竞争、并存现象可能是"书面语在反映新兴口语成分上的滞后性及对旧成分使用上的保守性特点"[③]所致的结果。另外,由于言文分化,有的文人出于仿古需要,偶尔也会使用些旧词,所以在近代汉语文献中,还偶见"患"表"忧虑"的用例[④],不过都是较书面语的说法,且多是对旧有用法的沿袭,

---

①《五灯会元》及《朱子语类》中指称本概念的"患"例句使用者的籍贯及方言区:前书"患"的使用情况:浙江籍吴方言区者:圆智证悟 1 例、志逢 1 例;江西籍赣方言区者:行思 1 例;广东籍客家话者:如会 1 例;山东籍官话区者:休复 1 例;印度者:不如密多 1 例。后书"患"的使用情况:福建籍闽语区者:陈淳 1 例、吴雉 2 例;浙江籍吴方言区者:叶贺孙 3 例、沈僴 1 例、辅广 1 例、潘时举 1 例;江西籍赣方言区者:黄义刚 1 例、程端蒙 2 例;福建籍吴方言区者:杨道夫 2 例、杨骧 1 例;福建籍客家话者:杨方 2 例;福建籍赣方言区者:李方子 1 例;湖南籍赣方言区者:李儒用 3 例、龚盖卿 4 例;湖北籍可能属赣方言区者:万人杰 2 例;信息不明者:陈枅 2 例。两书中指称本概念的"患"共 35 例,其中使用者为南方方言背景的共 31 例,剩下的 4 例中,有 1 例的使用者为山东籍休复,尽管他是北方人,但他后来生活在崇寿寺(故治今浙江省宁波市的百丈街),所以不排除吴方言对他可能有的影响;信息不明者陈枅记录的 2 例是直接引用朱熹语,故也应属于南方方言背景人语;只有 1 例使用者不如密多是否有过南方方言影响的经历尚不能确定。

② 刘坚:《近代汉语读本》,上海教育出版社 2005 年版,第 85 页。

③ 杨荣贤:《汉语六组关涉肢体的基本动词发展史研究》,博士学位论文,南京大学,2006 年,第 82 页。

④ 弟子曰:"我等各有咒术,可以动天地,入水火,**何患哉**?"(《景德传灯录》卷二"不如密多")(S$_{1.1.1}$)

仆对:"大王若往真定,**何患无兵**?"(马扩《茅斋自叙》)(S$_{1.3}$)

未见新用法的产生。

"忧"用法则开始萎缩，未见 S_6 用例 ①，丧失了此前的竞争力。"虑"及"愁"则获得了新发展。下面详细讨论"虑"用法的发展。"愁"用法在此期的发展与明清时期联系紧密，故放在明清时期一起讨论。

宋代为"虑"发展的毕备期，具体表现在：一是用法的进一步扩展。作主语时，除了与"所"组成"所"字结构作主语外，还可与"者"组成"者"字结构作主语，如"虑者心冥昧"（《五灯会元》卷二）。此外还产生了 S_4 用法，如"上曰：'止是淮、扬有舟船来运麦。闻今春得麦甚多。此不足虑'"（王绘《绍兴甲寅通和录》）。二是义域的扩大。此期其支配的对象除物或事外，还可以是人，如"太上只是虑房人，故任之如此"（《朱子语类》卷一三一《本朝》）。元代始，其支配的对象除了指人名词外，还出现了指人代词，如"上感宸聪，忧臣以处极多危，虑臣以防微不至，遂开圣泽"（《南村辍耕录·钱武肃铁券》）。略举此期部分用例：

（1）今二圣恭俭，安静无为，四海之富，与祖宗无异。何忧何虑，而欲以青苗富国乎。（苏辙《栾城集》卷四〇《右司谏论时事·三乞罢青苗

（接上页）道理只要人自识得，虽至恶人，亦只患他顽然不知省悟。（《朱子语类》卷一一七《朱子·训门人五》）（S1.4）

先生骂曰："……若用力久，亦自有个入头处，何患其难！"（《朱子语类》卷一一九《朱子·训门人七》）（S1.5）

其论画体工用楬写曰：夫画物特忌形貌采章，历历具足，甚谨甚细，而外露巧密。所以不患不了而患于了。（《南村辍耕录·叙画》）（S1.3/S3）

① 酌举部分用例：若未到这个田地，更忧甚底？（《朱子语类》卷七三《易九·丰》）（S1.1.1）

绘曰："绘辈此行，人或以为使路通矣，无足虑者，绘独忧之，非前日之比。"（王绘《绍兴甲寅通和录》）（S1.1.2）按，该"之"指代使路是否通这件事。

你爷娘在生时常忧饭，死去后奠甚茶。（郑廷玉《看钱奴买冤家债主》第一折）（S1.2）

此日忧太康，我待谏昌邑王。（杨梓《霍光鬼谏》第一折）（S1.3）

所以行如履薄，动若持盈，惟忧福过祸生，敢忘慎初护末。（《南村辍耕录·钱武肃铁券》）（S1.4）

记中所载魏公之言曰："……至于成败，天也，岂可豫忧其不成，遂辍不为哉！"（《朱子语类》卷一百六《朱子·漳州》）（S1.5）

乌乎竟死奸邪手，颠沛谁为社稷忧。（《南村辍耕录·岳鄂王》）（S2）

惟其忧以天下，疑以天下，故无一己之忧疑。（《朱子语类》卷一三七《战国汉唐诸子》）（S3）

玉壶美酒不须忧，鱼腹熊蹯弃如土。（《南村辍耕录·赵办官钱》）（S4）

状》)（S_{1.1.1}）

（2）春山映秋波暗动情，何须虑**孤衾闲枕**？（《小孙屠》第三出）（S_{1.2}）

（3）卢益、马扩……曰："诸人闻已达京师，若悉还之，不唯失燕人之心，且彼必见衔，尽告吾国虚实，所系非细。况今已四月，虏亦难留，何虑**不交**？"（赵良嗣《燕云奉使录》）（S_{1.3}）

（4）贯惊，因云："吾窃虑**常胜军将来为患**，欲与削了，如何？"（马扩《茅斋自叙》）（S_{1.4}）

（5）师曰："汝虽心语，我已意知。但办出家，何虑**吾之不圣**？"（《景德传灯录》卷一"迦毗摩罗"，51/210a）（S_{1.5}）

（6）有客告之云，其党魁乃胡文定，可逐去，则秦不足虑。（《朱子语类》卷一三一《本朝·中兴至今日人物上》）（S_4）

表2.7　宋元部分文献中"忧虑"概念场典型成员"患""虑"用法调查

用法	词项		患 五	朱	朝	南	元	总计	虑 五	朱	朝	小	南	元	总计
作谓语	S_1	S_0						40							46
		S_{1.1} S_{1.1.1}	1										1		1
		S_{1.1.2}													
		S_{1.2}								2		1			3
		S_{1.3}	2	18	1	3		24	3	1	2		2		8
		S_{1.4}	3	7				10	5	7	3		1		16
		S_{1.5}		3			1	4	1	4		1			6
	S_2														
	S_3					1		1							
	S_4									2	1				3
	S_5								1	3	1	2	1	1	9
	S_6														
作主语			1	1				2	1	1					2
作宾语										1					1
作定语															
作状语															

表2.8　　　　　宋元部分文献中"忧虑"概念场典型成员"忧""愁"用法调查

用法 / 文献	忧 五	忧 朱	忧 朝	忧 小	忧 南	忧 元	忧 总计	愁 五	愁 朱	愁 南	愁 元	愁 原	愁 总计
作谓语 S_1 $S_{1.1}$ $S_{1.1.1}$		6					6						
$S_{1.1.2}$		5	1				6						
$S_{1.2}$	1	8			2	2	13	6	2	1			9
$S_{1.3}$		6				1	7	2	2	1	1		6
$S_{1.4}$	1			1		1	3	2		1	3		6
$S_{1.5}$		2					2						
S_2					1	1	2	1					2
S_3		1					1						
S_4		4			1		5						
S_5		3	1		4	3	11						
S_6													
作谓语总计							56						23
作主语	4						4		1				1
作宾语	6						6						
作定语	1				1		2						
作状语													
作补语											1		1

注：S_0 行为作谓语大类下首项，无数据。

表2.9　　　　　　　7种宋元文献中"忧虑"概念场典型成员出现次数

词项	用例数	五	朱	朝①	小	南	元	原	总计
患	单	6	29	2	0	4	0/1②	0	41/1
患	连	0	2	0	0	0	0	0	2
忧	单	2	27/19③	1	1	5/5④	8	0	44/24
忧	连	4	29	0	6	3	7	0	49
虑	单	11	21	7	4	5	1	0	49
虑	连	6	23	0	9	2	4	0	44
愁	单	11	4	0	0	1	8	1	25
愁	连	1	0	0	0	0	0	0	1

① 《三朝北盟会编》共6篇，分别为：《燕云奉使录》(赵良嗣)、《茅斋自叙》(马扩)、《靖康城下奏使录》(郑望之)、《靖康大金山西军前和议录》(李若水)、《绍兴甲寅通和录》(王绘)及《采石战胜录》(员兴宗)，出自《近代汉语语法资料汇编(宋代卷)》，下同。

② 引《论语·学而》。

③ 引《周易》3例，引《论语》12例，引《孟子》4例。

④ 引《尔雅》、《广韵》及伯几《湖边曲》各1例，引《风俗通》2例。

简言之，宋元时期，"患"主要见于南方方言背景文献中，且多是对旧有用法的沿袭，未见新用法的产生；"忧"则由盛而衰，渐入隐退期；"虑"用法则处于完备期，除原有用法外，此期还出现了 S_4 用例。据此可以推测，"虑"当为此期"忧虑"概念场的主导词。表 2.9 中的统计数据可以佐证我们的观点。在所考察的此期 7 种文献中，单用于本概念的"患"、"忧"、"虑"及"愁"分别为 42 次、68 次、49 次、25 次。"忧"在总数上要多于"虑"，但这 68 例中有 24 例是引用《周易》、《论语》及《孟子》等，属于引用古语，另有 10 例分别为解释、化用、引用古语或拆字，这些都不能代表当时口语的实际使用情况，故宜将其排除。若除去引用古语例及解释、化用、引用或拆字例，"忧"在此期的实际用例数为 34 次，少于"虑"。需说明的是，尽管此期"虑"已取代"忧"的主导词地位，但"忧"在文献中的用例仍不在少数，这是因为新词在替换旧词的过程中，"新词不一定都把原存者赶走，人的心理会适应同义词和对似词的存在，一般给他们派上不同的用途"①。

2.2.4　明清时期

明清时期，"患"已基本退出本概念场；"忧"则主要降格为语素，如在所考察的此期 14 种文献中，单用的 23 见，作为构词语素出现的 94 见，后者是前者的 4 倍多（具体数据参见表 2.12）。单用的主要见于"多忧""勿忧""休忧""必忧""不须忧"等固定组合中，或文人仿古用例中，几乎都用于 $S_5$②。《水浒全传》及《西游记》中，"忧""愁"并用，《水浒全传》中前者数量或者多于后者（单用"忧"13 次，"愁"11 次），与其前后或

---

① ［法］房德里耶斯：《语言》，岑麒祥、叶蜚声译，商务印书馆 1992 年版，第 215 页。
② 酌举数例：孔明又曰："蜀中诸道，皆不必多忧；惟阴平之地，切须仔细。此地虽险峻，久必有失。"（《三国演义》第一○四回）

行者笑道："师父莫怕，兄弟勿忧。等老孙去问他一问。"（《西游记》第九七回）

宿太尉道："先锋休忧! 元景回朝，天子前必当重保。"（《水浒全传》第八九回）

臣料马超积祖西川人氏，素得羌人之心，羌人以超为神威天将军，臣已先遣一人，星夜驰檄，令马超紧守西平关，伏四路奇兵，每日交换，以兵拒之：此一路不必忧矣。（《三国演义》第八五回）

（全）因曰："可竹君岂无后者! 不须忧。"（明王锜《寓圃杂记》卷七）

同期作品的用"愁"不用"忧"呈现出很大差异[①]，这可能与作品的方言背景有关。《老乞大》《训世评话》《朴通事》《金瓶梅词话》等都是以北方话为背景的作品，而《水浒全传》及《西游记》则以江淮方言为背景。这或许是北方方言与南方方言在新词吸收差异上的反映。《红楼梦》中仍有少量"忧"用例，这可能与作者尚雅的用词风格有关。就此，我们可以大致推测，"忧"让位于"虑"当不晚于宋代，其完全退出本概念场当不早于《朴通事新释谚解》时代（18世纪后半期）[②]。

表2.10　　明清部分文献中"忧虑"概念场典型成员"忧""虑"用法调查

用法＼文献／词项			忧							虑								
			水	西	金	红$_1$	红$_2$	新	总计	水	西	金	儒	红$_1$	红$_2$	通	侠	总计
作谓语	S_1	S_0																
		$S_{1.1}$ $S_{1.1.1}$											1					1
		$S_{1.1}$ $S_{1.1.2}$						1	1									
		$S_{1.2}$				1			1		1			2				3
		$S_{1.3}$								1								1
		$S_{1.4}$		1					1	2					1			3
		$S_{1.5}$							17									39
		$S_{1.6}$																
		S_2																
		S_3																
		S_4								2								2
		S_5	11	2		1			14	2	9	4	1	5	3	1	4	29
		S_6																
作主语																		
作宾语			1	1	2	1			5	1	1							2
作定语			1						1									
作状语																		
作补语																		

[①]《金瓶梅词话》第七四回中的"惟忧晓鸡唱，尘里事如麻"是引用唐李中《宿青溪米处士幽居》诗句，属引用古语。

[②]《朴通事新释谚解》修订于1765年（汪维辉：《朝鲜时代汉语教科书丛刊》（全四册），中华书局2005年版，第339页）。

表2.11 明清部分文献中 "忧虑" 概念场典型成员 "患" "愁" 用法调查

用法	词项 / 文献	患 训	患 总计	愁 水	愁 训	愁 乞	愁 朴	愁 西	愁 金	愁 明	愁 儒	愁 红$_1$	愁 红$_2$	愁 侠	愁 总计
作谓语	S_0														
	$S_{1.1}$ — $S_{1.1.1}$						1		1	1		3			6
	$S_{1.1}$ — $S_{1.1.2}$														
	$S_{1.2}$								3	1		1			5
	$S_{1.3}$	1	1	4	1	1		6	13	3	5	3	3	1	40
	$S_{1.4}$			6				7	14	3		5	1	4	42
	$S_{1.5}$		1												115
	$S_{1.6}$											1			1
	S_2									1			1		2
	S_3														
	S_4			1			1		2						4
	S_5				2		3		3			4	1	2	15
	S_6														
作主语															
作宾语															
作定语															
作状语										1					1
作补语															

表2.12 14种明清文献中 "忧虑" 概念场典型成员出现次数

词项	用例数	水	训	乞	朴	西	金	明①	儒	红$_1$	红$_2$	新	通	重	侠	总计
患	单	0	0/1②	0	0	0	0	0	0	0	0	0	0	0	0	0/1
	连	0	0	0	0	0	0	0	0	0	0	0	0	0	0	0
忧	单	13	0	0	0	3	0	0/1	0	3	2	1③	0	0	0	22/1
	连	33	2	0	1	21	11	0	1	7	6	0	0	0	10	94
虑	单	8	0	0	0	11	5	0	0	7	3	0	1	0	4	40
	连	16	0	0	0	14	2	0	0	10	2	0	2	0	5	51
愁	单	11	3	1	2	20	30	11	9	16	6	0	0	0	7	116
	连	0	0	0	0	0	0	0	0	0	0	0	0	0	0	0

---

① 明民歌指《夹竹桃》《山歌》《挂枝儿》，下同。

② "患" 出现于文言部分，白话部分已改成 "愁"。

③ 此例出现在序言中。

受"愁"的推挤，"虑"由显而微，主要表现在：一是用法有所萎缩，未见 $S_{1.5}$ 用法①。二是语素化进程有加速趋势，如表2.12所示，指称本概念的"虑"共91见，其中单用的40见，作为构词语素出现的51见，后者首次多于前者。单用的主要出现在"勿虑""莫虑""休虑""多虑""何虑""何足虑""何足为虑"等固定组合中②。

明清时期"愁"用法的完备，可上溯到元代，呈现如下特点：一是用法的进一步扩充。出现了作主语、状语及补语成分的用法，主语及状语例分别如前举的"愁的是母亲问"与"八戒愁道"，补语成分例如"都是贼子奏，奏得您断母焦，奏得您父王愁"（狄君厚《晋文公火烧介子推》第二折）。除了带宾语外，"愁"后还可带补语，如"宝钗笑道：'哥哥果然要经历正事，正是好的了。只是他在家时说着好听，到了外头旧病复犯，越发难拘束他了。但也愁不得许多'"（《红楼梦》第四八回）。二是与新兴语法形式共现，呈现出强大的竞争力。（1）与动态助词"着"共现，表示动作或状态的持续，如"（教我）颠倒愁着你"（《挂枝儿·从良》）。（2）与趋向动词"来""出来""起来"等共现，表事件、过程的结果或起始，如"你只用心伏侍我，愁养活不过你来"（《金瓶梅词话》第六五回），"包兴听了此言，又见相公形景可惨，恐怕愁出病来"（《三

---

① 酌举部分用例：（西门庆）哭道："我的姐姐，你所言我知道，你休挂虑**我**了。"（《金瓶梅词话》第六二回）（$S_{1.1.1}$）按，"挂""虑"近义连言。

这正是：遭魔遇苦怀三藏，着难临危虑**圣僧**。（《西游记》第七五回）（$S_{1.2}$）

梁中书道："武夫比试，何虑**伤残**？但有本事，射死勿论。"（《水浒全传》第一三回）（$S_{1.3}$）

吕枢密抚慰道："若得制置如此用心，何虑**国家不安**？"（《水浒全传》第一一二回）（$S_{1.4}$）

童枢密道："**鼠窃狗偷之徒**，何足虑哉！"（《水浒全传》第七五回）（S_4）

② 各举一例：妖王道："勿虑，他就是铁胆铜心，也不敢近我门来也。"（《西游记》第四二回）

行者道："师父莫虑，且请上马。那斧子有些懒惰，断然走的迟慢。你把马打动些儿，我们定赶上他，一同去罢。"（《西游记》第三三回）

到无妨来到无妨，休虑尊公和令堂。（《襄炉咒》第三二回）

蒋平笑道："公公但请放心，不要多虑。有水靠求借一件。"（《三侠五义》第四九回）

宋江道："我日间只在客店里藏身，夜晚上城看灯，有何虑焉？"（《水浒全传》第七一回）

昭曰："此乃无谋之辈，明公何足虑也。"（《三国演义》第一四回）

王庆听了这句，心下思想："山寨中只有这个主儿，先除了此人，小喽罗何足为虑？"（《水浒全传》第一百四回）

侠五义》第三回），"他这一得了官，正该你乐呢，反倒愁起这些来"（《红楼梦》第四五回）。（3）与"把"字句共现，如"只因国事操心，日夜焦劳，把个大人愁得没有困了"（《三侠五义》第四二回）。（4）与时量宾语共现，产生了 $S_{1.6}$ 用法，如"替你愁了这几年了，……"（《红楼梦》第五七回）。三是客体论元句法位置的丰富，新生了 $S_{1.1.1}$ 用法，如"宝玉笑道："原来是你愁这个，所以你是傻子"（《红楼梦》第五七回）。酌举部分用例[①]：

（1）休那般道，你高官里转除的有，愁**甚么**? 常言道："命来铁也争光，运去黄金失色。"（《朴通事谚解》中）（$S_{1.1.1}$）

（2）伯爵道："我头里不说的，我愁**甚么**? 死了一个女儿会拣泡螺儿孝顺我，如今又钻出个女儿会拣了。"（《金瓶梅词话》第六七回）（$S_{1.1.1}$）

（3）上堂："归元性无二，方便有多门。但了归元性，何愁**方便门**?"（《五灯会元》卷一四"法成禅师"）（$S_{1.2}$）

（4）布曰："吾匹马纵横天下，何愁**曹操**! 待其下寨，吾自擒之。"（《三国演义》第一一回）（$S_{1.2}$）试比较：蒙乃密陈计策曰："令征房守南郡，潘璋住白帝，蒋钦将游兵万人，循江上下，应敌所在，蒙为国家前据襄阳，如此，何忧**于操**?"（《三国志·吴志·吕蒙传》）

（5）人生幻化比芳菲，人愁**老花怕春归**。（马致远《马丹阳三度任风子子》第三折）（$S_{1.3}$）

（6）宋江听了，说与丞相褚坚道："俺连日攻城，不愁**打你这个城池不破**，……"（《水浒全传》第八九回）（$S_{1.3}$）

（7）别殿弓刀响，仓皇接郑王。尚愁**宫正怒**，含泪强添妆。（《南村辍耕录·记宋宫殿》）（$S_{1.4}$）

（8）李虞候便道："不成全好事，也不愁**你这伙贼飞上天去了**。"（《水浒全传》第七五回）（$S_{1.4}$）

（9）问："如何是衲衣下事?"师曰："天旱**为民愁**。"（《五灯会元》卷一八"守卓禅师"）（S_2）

---

① 宋元部分用例在此一并举。

（10）李纨道："……我先前**替他**愁，这会子幸喜大老爷不在家才躲过去了，不然他有什么法儿。"（《红楼梦》第一一○回）（S_2）

（11）李师师道："今晚定教你见天子一面，你却把些本事动达天颜，**赦书**何愁没有？"（《水浒全传》第八一回）（S_4）

（12）母亲道："我儿，你历年卖诗卖画，我也积聚下三五十两银子，**柴米**不愁没有。"（《儒林外史》第一回）（S_4）

要之，明清时期，"患"已基本退出本概念场；"忧"主要出现在固定组合或文人仿古用例中，几乎都用于 S_5；"虑"由显而微，亦主要见于固定组合中，未见 $S_{1.1.2}$ 及 $S_{1.5}$ 用法，主要用于 S_5；"愁"用法趋于完备，除原有的用法外，此期还新生了 $S_{1.1.1}$ 及 $S_{1.6}$ 用例。就此，我们可以推测，"愁"当为此期"忧虑"概念场的主导词。以下两种材料可证明我们的结论：一是在朝鲜时代汉语口语教科书《原本老乞大》与《训世评话》中[1]，"忧虑"义只用"愁"（《原本老乞大》1 见；《训世评话》中 3 见），如"新罗参呵更好，愁甚卖"（《原本老乞大》）；"商回说这等缘故，娘子说：'丈夫，你的用心好，这等有阴德，愁甚么无儿子'"（《训世评话》下）。[2] 这就使我们有理由相信，元代后期（14 世纪后半期），在当时的实际口语中，"愁"已取代"虑"，晋升为本概念场的主导词。二是 14 种明清文献中，指称本概念的"愁"共 116 见，几近其他三者的两倍（具体数据参见表 2.12）。

2.2.5 小结

以上分先秦至西汉、东汉至五代、宋元、明清四个时段讨论了"忧虑"概念场典型成员用法的演变情况，其演变脉络见表 2.13 与表 2.14。

---

[1] 李泰洙认为《老乞大》的著作年代应在 1346 年前一至几年"（《〈老乞大〉四种版本语言研究》，语文出版社 2003 年版，第 19—20 页）。汪维辉先生认为《原本》反映的是元代后期的北方地区官话"（《朝鲜时代汉语教科书丛刊》（全四册），中华书局 2005 年版，第 545 页）。汪维辉指出《训世评话》是继《老乞大》、《朴通事》之后又一重要的朝鲜时代汉语教科书，成书于 1473 年（朝鲜成宗四年，明成化九年）[《朝鲜时代汉语教科书丛刊》（全四册），中华书局 2005 年版，第 401 页]。

[2] 试比较"（商）具故以告。妻曰：'君用心如此，阴德厚矣，何患无子！'"

表2.13　　　　"忧虑"概念场典型成员各时段充当谓语时客体论元性质及句法位置调查

时段 词项＼用法	先秦至西汉	东汉至五代		宋元	明清	
		东汉－魏晋	南北朝－五代		明代	清代
患	S_0、$S_{1.1.1}$、$S_{1.1.2}$、$S_{1.2}$、$S_{1.3}$、$S_{1.4}$、$S_{1.5}$、S_2、S_3、S_4、S_5	$S_{1.1.1}$、$S_{1.1.2}$、$S_{1.2}$、$S_{1.3}$、$S_{1.4}$、$S_{1.5}$、S_2、S_3、S_4、S_5	$S_{1.1.2}$、$S_{1.3}$、$S_{1.4}$、$S_{1.5}$、S_5	$S_{1.1.1}$、$S_{1.2}$、$S_{1.3}$、$S_{1.4}$、$S_{1.5}$、S_3		
忧	S_0、$S_{1.1.1}$、$S_{1.1.2}$、$S_{1.2}$、$S_{1.3}$、$S_{1.4}$、$S_{1.5}$、S_2、S_3、S_4、S_5	$S_{1.1.1}$、$S_{1.1.2}$、$S_{1.2}$、$S_{1.3}$、$S_{1.4}$、$S_{1.5}$、S_2、S_3、S_4、S_5、S_6		$S_{1.1.1}$、$S_{1.1.2}$、$S_{1.2}$、$S_{1.3}$、$S_{1.4}$、$S_{1.5}$、S_2、S_3、S_4、S_5	$S_{1.1.2}$、$S_{1.2}$、$S_{1.4}$、S_5	
虑	S_5	$S_{1.1.1}$、$S_{1.1.2}$、$S_{1.2}$、$S_{1.3}$、$S_{1.4}$、$S_{1.5}$、S_3、S_5		$S_{1.1.1}$、$S_{1.1.2}$、$S_{1.2}$、$S_{1.3}$、$S_{1.4}$、$S_{1.5}$、S_3、S_4、S_5	$S_{1.1.2}$、$S_{1.2}$、$S_{1.3}$、$S_{1.4}$、S_4、S_5	$S_{1.2}$、$S_{1.3}$、$S_{1.4}$、$S_{1.4}$、S_5
愁		$S_{1.3}$、$S_{1.4}$、$S_{1.5}$	$S_{1.2}$、$S_{1.3}$、$S_{1.4}$、$S_{1.5}$、S_2、S_4	$S_{1.2}$、$S_{1.3}$、$S_{1.4}$、S_2、S_4	$S_{1.1.1}$、$S_{1.2}$、$S_{1.3}$、$S_{1.4}$、$S_{1.6}$、S_2、S_4、S_5	

表2.14　　　　　　"忧虑"概念场典型成员各个时段句法功能考察

时段 词项＼句法	先秦至西汉	东汉至五代	宋元至明清		
			宋	元	明清
患	谓语、主语、宾语、定语	谓语、主语、宾语	谓语、主语		
忧	谓语、主语、宾语、定语	谓语、主语、宾语、定语	谓语、主语、宾语、定语		谓语、宾语、定语
虑	谓语、主语	谓语、主语、宾语	谓语、主语、宾语		谓语、主语、宾语
愁		谓语	谓语	谓语、主语、状语、补语	

　　据以上统计分析，我们可以归纳出：（1）古汉语"忧虑"概念场主导词的更替伴随着新旧成员用法的完善与萎缩。先秦西汉时期，"患"以用法较齐备及出现比例最高，成为本概念场的主导词。东汉始，"患"用法有所萎缩，"忧"用法则更趋完备，最后代替"患"取得本概念场的主导词资格。宋代始，"忧"的用法开始萎缩，"虑"用法则趋于齐备，最后将"忧"推挤出本概念场的主导词位置。在"忧""虑"展开激烈角逐的同时，"愁"也在不断完善自我，至元代后期（14世纪后半期），取代"虑"成为"忧虑"概念场的主导词，此种格局一直持续到现在。（2）"忧

虑"概念场典型成员用法上的差别：①句法功能有别。"忧虑"概念词可以充当主语、谓语、宾语、定语、状语及补语六种句法成分。因各自语义上的微别，句法表现上也不尽一致："患"与"忧"不能充当状语及补语；"虑"除了不能充当状语及补语外，亦不能充当定语；"愁"则不能充当宾语及定语。除了自身充当句法成分上有别外，各自在后接成分上也有别，如"忧"及"愁"后可带补语，如"官里无贪淫贪欲贪成性，都子为忧民忧国忧成病"（郑光祖《辅成王周公摄政》第一折）；"宝钗笑道：'将来也不过多费得一副嫁妆罢了，如今也愁不到这里'"（《红楼梦》第四五回）。"患""虑"则不备此种功能。②使役义的表达有别。"忧虑"概念词使役义的表达有词汇使役结构（S_0用法）和句法使役表达（S_6用法）两种。其中"患"只有S_0用法；"忧"则兼备S_0及S_6两种用法；"虑"及"愁"则既未见S_0用法，亦未见S_6用法。③介词引进客体论元的方式有别。"忧虑"概念词所支配的对象除了作宾语或置于句首充当受事主语外，还可用介词引进置于动词前作状语或置于动词后充当补语。但四者在引进方式上不尽相同："患"及"忧"客体论元用介词引进后或充当状语，或充当补语（S_2及S_3均有用例）；"虑"的客体论元用介词引进后则只能充当补语（未见S_2用法），"愁"的客体论元用介词引进后则只能充当状语（未见S_3用法），二者形成互补分布。④客体论元的性质有别。与"忧虑"概念词所匹配的客体论元有代词性的、名词性的、谓词性的、小句、"之"字性短语及时量性成分。其中只有"愁"可带时量宾语，其他三者均不具此功能（未见$S_{1.6}$用法）。⑤客体论元优选上有别。尽管"患""忧""虑"我"愁"客体论元的性质都可以是代词性的、名词性的、谓词性的、小句及"之"字性短语，但各自在优选上存有不同："患"倾向于选择指代事的代词宾语，"忧"倾向于选择名词性宾语，"虑"及"愁"倾向于选择小句宾语。如表2.15所示，我们分别对用于本概念场的424例"患"、413例"忧"、103例"虑"与154例"愁"直接带客体论元的句子进行分析，其中"患"用于$S_{1.1.2}$的最多，共158例，占已知用例的37.26%；"忧"用于$S_{1.2}$的最多，共163例，占已知用例的39.47%；"虑"及"愁"用于$S_{1.4}$的最多，分别为

49 见及 64 见，分占各自已知用例的 47.57% 及 41.56%。

表2.15 "忧虑"概念场典型成员客体论元优选调查

词项 \ 客体论元	$S_{1.1.1}$	$S_{1.1.2}$	$S_{1.2}$	$S_{1.3}$	$S_{1.4}$	$S_{1.5}$	$S_{1.6}$	总计
患	22	158	30	91	61	62	0	424
忧	51	60	163	56	44	39	0	413
虑	4	3	10	26	49	11	0	103
愁	6	0	20	58	64	5	1	154

2.3 "忧虑"概念场词汇系统非典型成员

汉语史上，"忧虑"概念的表达，除了"患""忧""虑""愁"等典型成员外，据不完全统计，还有"病""悥（惛）"等非典型成员，下简要介绍。

2.3.1 上古汉语"忧虑"概念场词汇系统非典型成员

［病］

"病"本指"重病"。《说文·疒部》："病，疾加也。"《书·顾命》："疾大渐，惟几，病日臻。"蔡沈集传："统言曰疾，甚言曰病。""病"由名词通过转喻可以衍生出动词"患病"的意思。辞书已释，不赘举。遭受疾病亦是人忧虑的原因之一，故通过原因转指结果，"病"可引申出"忧虑"义。《广韵·映韵》："病，忧也。"《左传·襄公二十七年》："卢蒲嫳曰：'彼，君之雠也。天或者将弃彼矣。彼实家乱，子何病焉！'"《礼记·杂记下》："视不明，听不聪，行不正，不知哀，君子病之。"郑玄注："病，犹忧也。"后代仍有用例，如《太平经·己部之七·三光蚀诀》："故天地开辟以来，常有此厄也，人皆不得知之。今甚病之忧之，……"此例"病""忧"同义。陶渊明《感士不遇赋并序》："伊古人之慷慨，病奇名之不立。"清代顾炎武《日知录》卷三"孔子删诗"条："真希元《文章正宗》，其所选诗一扫千古之陋，归之正旨。然病其以理为宗，不得诗人之趣。"

［惥、悺］

"惥"本是"忧虑"的意思。《说文·心部》："惥，忧也。"《广韵·换韵》："惥，忧也。"汉贾谊《新书·匈奴》："天子不忧，人民惥之。"又作"悺"。《集韵·换韵》："惥，《说文》：'忧也。'或书作悺。"朱骏声《通训定声》："惥，字亦作悺。"《后汉书·孝桓帝纪》；"及中常侍单超、徐璜、具瑗、左悺。"李贤注："《说文》曰：'惥，忧也。'今作心旁官，即惥字也。"然两字文献用例均罕见。

［恩、惆］

《说文·心部》："恩，忧也。"《玉篇·心部》："恩，患也，忧也。"《左传·昭公六年》："舍不为暴，主不恩宾。"杜预注："恩，患也。"《史记·陆贾传》："陆生……谓其子曰：'与汝约：过汝，汝给吾人马酒食，极欲，十日而更。所死家，得宝剑车骑侍从者。一岁中往来过他客，率不过再三过，数见不鲜，无久恩公为也。'"司马贞索隐："恩，患也。"又作"惆"，《集韵·图韵》："恩，或书作惆。"然文献用例罕见。

［疾］

《说文·疒部》："疾，病也。"段玉裁注："析言之则病为疾加，浑言之则疾亦病也。"据此可知，"疾""病"当为同义词，皆可指疾病。故与"病"一样，"疾"亦可引申出"忧虑"义，引申途径当与之同。《玉篇·疒部》："疾，患也。"《论语·卫灵公》："君子疾没世而名不称焉。"《淮南子·说山》："草食之兽，不疾易薮；水生之虫，不疾易水。"高诱注："疾，患也。"后代仍见沿用，如《文选·鲍照〈放歌行〉》："今君有何疾，临路独迟回。"张铣注："疾，患也。"宋代王应麟《玉海》卷五三《艺文·诸子》："百姓之群居，苦纷杂而莫显；君子之处世，疾名德之不章。"

［惧］

《说文·心部》："惧，恐也。从心，瞿声。愳，古文。"许氏以"恐"训"惧"，知二者为同义词，为"恐惧；害怕"之义。故与"恐"一样，"惧"亦可引申出"忧虑"义[①]，引申途径当与之同。慧琳《一切经音义》

---

① 《大字典》"惧"条失收此义（第 2371 页）。

卷八"怯惧"条注引《考声》:"惧,忧也。"(54/355c)又卷四一"怯惧"条注引《广雅》:"惧,忧也。"(54/578c)《孟子·滕文公下》:"杨墨之道不息……充塞仁义也。仁义充塞,则率兽食人,人将相食。吾为此惧,闲先圣之道,距杨墨,放淫辞,邪说者不得作。"后代仍有用例,如《汉书·武帝纪》:"今水潦移于江南,迫隆冬至,朕惧其饥寒不活。"唐韩愈《题哀辞后》:"凡愈之为此文,盖欧阳生之不显荣于前,又惧其泯灭于后也。"清代沈曰霖《晋人麈·捏骨相》:"见油篓微破,惧其溢也,别以他篓过之。"

[恐]

"恐"本是"畏惧;害怕"的意思。辞书已释,恕不赘举。由于畏惧是忧虑的根源,故通过原因转指结果,"恐"可引申出"恐怕;担心"的意思。《广韵·用韵》:"恐,疑也。"① 《论语·季氏》:"吾恐季孙之忧,不在颛臾,而在萧墙之内也。"《荀子·子道》:"孔子曰:'……小人者其未得也,则忧不得,既已得之,又恐失之。'"② 《楚辞·离骚》:"恐年岁之不吾与。"洪兴祖补注:"恐,疑也。"后代仍见沿用,如《颜氏家训·风操》:"梁武小名阿练,子孙皆呼练为绢;乃谓销炼物为销绢物,恐乖其义。"《敦煌变文校注·父母恩重经讲经文》:"近火专忧红焰烧,临河恐坠清波死。"《老乞大新释》:"恐后无凭,立此文契为照。"金庸《神雕侠侣》第一八回:"他(杨过)手上密密层层的包着粗布,唯恐为情花所伤。"

[闵]

"闵"有"哀怜;怜悯"的意思。《玉篇·门部》:"闵,伤痛为闵。"《诗·周颂·闵予小子》:"闵予小子,遭家不造。"郑玄笺:"闵,悼伤之言也。"由于所闵的对象常是遭遇死亡、灾祸或陷于苦难者③,如上举之例,再如《文选·王褒〈四子讲德论〉》:"闵耄老之逢辜,怜缧绁之服事。"李周翰注:"闵,怜辜罪也。"境遇不幸是人忧虑的原因之一,当这种依存于

① 《集韵·用韵》:"恐,疑也。"
② 试比较《论语·阳货》:"鄙夫……其未得之也,患得之,既得之,患失之。"
③ 参看王凤阳《古辞辨》"怜 矜 闵悯 愍恤"条(中华书局2011年版,第829—830页)。

语境的滋生特征变为固有特征时，通过原因转指结果，"闵"可引申出"忧虑；担心"义。《孟子·公孙丑上》："宋人有闵其苗之不长而揠之者，芒芒然归，谓其人曰：'今日病矣，予助苗长矣。'"朱熹集注："闵，忧也。"后代仍沿用，如《论衡·对作》："夫论说者闵世忧俗，与卫骖乘者同一心矣。"《汉书·陈汤传》："窃见关内侯陈汤，前使副西域都护，忿郅支之无道，闵王诛之不加……"颜师古注："闵，忧也。"李大钊《警告全国父老书》："爱人类之平和，闵友邦之殃厉。"

〔勤〕

《说文·力部》："勤，劳也。"段玉裁注："慰其勤亦曰勤。"据此可知，"勤"由"辛苦"义可引申出"慰劳"义。《书·康诰》："周公咸勤，乃洪大诰治。"旧题孔安国传："周公皆劳勉五服之人。"由于对慰问对象状况的不放心是慰问的原因之一，故通过结果转指原因，"勤"可引申出"忧虑"义。《集韵·稕韵》："勤，忧也。"俞樾《群经平议·周书》"年饥则勤"条："勤之言忧勤也。"《谷梁传·僖公二年》："不雨者，勤雨也。"①《吕氏春秋·不广》："事若不成，补周室之阙，勤天子之难，成教垂名，于此乎在矣。"高诱注："勤，忧也。"后代仍见用，如《论衡·道虚》："夫修道求仙，与忧职勤事不同。"唐代李德裕《次柳氏旧闻》："臣尝欲上言，太子不许。云：'无以勤上念。'"

〔畏〕

《说文·甶部》："畏，恶也。从甶，虎省。鬼头而虎爪，可畏也。㟴，古文省。"李孝定《甲骨文字集释》按："契文象鬼执仗之形，可畏之象也。"据此可知，"害怕；恐惧"是其本义。由于畏惧是忧虑的根源，故通过原因转指结果，"畏"可引申出"忧虑；担心"义。张相《诗词曲语辞汇释》卷五"畏"条："防虑之辞。"《史记·项羽本纪》："宋义乃谏项梁曰：'战胜而将骄卒惰者败。今卒少惰矣，秦兵日益，臣为君畏之。'"后代仍有用例，如唐代元稹《雉媒》："畏我未肯来，又啄嶷前粟。"宋代陈师道《别

---

① 《谷梁传·僖公二年》："不雨者，勤雨也。"王引之《经义述闻》："《诗序》曰：始于忧勤，终于逸乐。《楚辞·七谏》曰：居愁勤其谁告兮，独永思而忧悲。是古谓忧为勤也。"

三子》诗:"有女初束发,已知生离悲。枕我不肯起,畏我从此辞。"

[衋、恤]

"衋"为"恤"的本字,本指"忧虑"的意思。《说文·血部》:"衋,忧也。从血,卩声。"《国语·晋方言三》:"吾君惭焉,其亡之不衋,而群臣是忧,不亦惠乎?"韦昭注:"衋,忧也。"《后汉书·班超传》:"内省不疚,何衋人言?"李贤注:"衋,忧也。"《新唐书·杜如晦传》:"人不衋无官,患才不副。"

"恤"为后起字。《说文·血部》:"衋,忧也。"段玉裁注:"忧当作𢠵,愁也。……衋与心部恤音义皆同,古书多用衋字,后人多改为恤。"《尔雅·释诂上》:"恤,忧也。"郝懿行义疏:"恤,与衋同。"《诗·邶风·雄雉序》:"淫乱不恤国事。"陆德明释文"恤,本亦作衋。"《书·汤誓》:"我后不恤我众,舍我穑事,而割正夏?"孙星衍《今古文注疏》引《释诂》云:"恤,忧也。"后代仍沿用,如《敦煌变文校注·双恩记》:"虽居尘俗情高黲,恤物忧贫无暂歇。"《新唐书·张廷珪传》:"廷珪谓:'两道倚大河,地雄奥,股肱走集,宜得其欢心,安可不恤其患而殚其力?'"明代冯梦龙《东周列国志》第二回:"叔带曰:'天子不恤国政,任用佞臣,我职居言路,必尽臣节以谏之。'"后代"恤"行而"衋"废。

[恙]

"恙"本是"忧虑"的意思。《说文·心部》:"恙,忧也。从心,羊声。"《史记·平津侯主父列传》:"君不幸罹霜露之病,何恙不已。"司马贞索隐:"恙,忧也。言罹霜露寒凉之疾,轻,何忧于病不止。"后代仍有用例,如《资治通鉴·周纪五》:"须贾惊曰:'范叔固无恙乎!'"胡三省注:"恙,忧也。"明代沈德符《万历野获编》卷六《内监》"冯保之败"条:"时鲸尚在御前供事,且官爵家产俱无恙。"清代魏源《圣武记·征抚朝鲜记》:"则三百年宗社,数千里封疆,保尔无恙。"

[虞]

"虞"有"猜度;料想"义。《玉篇·虍部》:"虞,度也。"《书·大禹谟》:"儆戒无虞,罔失法度。"旧题孔安国传:"虞,度也。"料想是根据已有知识经验对未知事件的可能性进行分析、推测。当认知主体认为未知状况是自己能力所无法控及时，便会产生忧虑的情绪。故通过原因转指结果，"虞"则可引申出"忧虑"义。《左传·昭公四年》："君若苟无四方之虞，则愿假宠以请于诸侯。"王引之《经义述闻》卷一九引王念孙曰："虞，忧也。"《大戴礼记·文王官人》："营之以物而不虞，犯之以卒而不惧。"王聘珍解诂："虞，忧也。"后代仍见用，如《三国志·魏志·高柔传》："柔上疏曰：'……夫农广则谷积，用俭则财畜，畜财积谷而有忧患之虞者，未之有也。'"白居易《马上作》："高有矰缴忧，下有陷阱虞。"郑望之《靖康城下奉使录》："望之云：'……太师若论三关地，政是塘泺地所在。不若问朝廷多增岁币，又无水旱之虞，岂不永远？'"明代梅禹生《青泥莲花记》卷八《西阁寄梅记》："盛意既浓，阻之则近无情，从之则虞有辱。"金庸《碧血剑》第三回："这门功夫虽然费时甚久，见效极慢，但修习时既无走火入魔之虞，练成后又是威力奇大。"

2.3.2 中古汉语"忧虑"概念场词汇系统非典型成员

［焦］

"焦"本是"烧焦"的意思。《说文·火部》："爨，火所伤也。从火，雥声。隽，或省。"《荀子·富国》："若是则万物失宜，事变失应，上失天时，下失地利，中失人和，天下敖然，若烧若焦。"由于人忧虑时常伴随心急如焚的心理状态，此与物体受巨热时的状态具有相似性，故通过隐喻，"焦"可引申出"担忧"义。三国魏阮籍《咏怀》之三三："终身履薄冰，谁知我心焦？"元代尚仲贤《汉高皇濯足气英布》第二折："心中焦，意下憎，气如虹，汗似倾。"《儒林外史》第二一回："假如你焦他没有房屋，何不替他娶上一个孙媳妇，一家一计过日子？"

［念］

"念"本是"思念；怀念"的意思。《尔雅·释言》："谂，念也。"郭璞注："念，相思念。"由于对人事的怀想常伴随着对其状况的不放心，故引申之，"念"则可表"忧虑"义①。就目前我们所检索的文献资料而言，

---

① 《大字典》"念"条失收此义（第 2274 页）。

当"忧虑"讲的"念"当不晚于东汉 [①]。《论衡·语增》:"夫言圣人忧世念人,身体羸恶,不能身体肥泽,可也。"此例"忧""念"对举同义。《后汉书·黄琼传》:"故太尉李固、杜乔,忠以直言,德以辅政,念国亡身,陨殁为报,而坐陈国议,遂见残灭。"后代仍有用例,如《敦煌变文校注·维摩诘经讲经文》:"贪欢未肯忧身老,逐乐谁能念死生。"元代戴良《怀宋庸庵》:"祖逖念时空击楫,仲宣多难但登楼。"清代王夫之《读通鉴论》卷二四"德宗"条:"诚恶墨吏之横征,恤民困而念国之匮也,句勘得实,以抵来岁之赋,可以纾一时之急,而民亦苏矣,民知税有定额,而吏亦戢矣,斯则句勘之善政与!"

2.3.3　近代汉语"忧虑"概念场词汇系统非典型成员

[担心]

"担"本是"肩挑;肩扛"的意思。《集韵·谈韵》:"儋,《说文》:'何也。'或从手。"段玉裁《说文解字注·人部》:"儋,俗作担。"《国语·齐语》:"负、任、担、荷,服牛、轺马,以周四方。"韦昭注:"背曰负,肩曰挑。"通过特殊转指一般,"担"可泛指一般的"背负;负载"义。《玉篇·手部》:"担,负也。"晋代干宝《搜神记》卷一六"宋定伯"条:"鬼便先担定伯数里。"故"担""心"连言可表"放心不下"义。据所掌握的文献资料来看,"担心"组合当不晚于清代出现,如《红楼梦》第一百回:"我想哥哥闹了事,担心的人也不少。"又刘鹗《老残游记》第一四回:"齐二叔说:'……大哥这两天没见,敢是在庄子上么?可担心的很呢!'"现代汉语仍沿用,如《骆驼祥子》一五:"新旧的器物合在一处,使他想起过去,又担心将来。"

[怕]

"怕"有"害怕;畏惧"义 [②]。《玉篇·心部》:"怕,恐怕也。"《广韵·杩

---

①《大词典》"念"之"忧虑"义首引《后汉书·孔融传》(7/421),偏晚。

② 关于表"害怕;畏惧"义之"怕"的来源,目前学界有两种观点:一种观点认为"怕"源自"怖",是"怖"的音转,代表者有王念孙(《广雅疏证》,江苏古籍出版社 2000 年版,第 114 页),王力[龙虫并雕斋文集](第 3 册),中华书局 1982 年版,第 176 页],徐时仪(《"忙"和"怕"词义演变探微》,《中国语文》2004 年第 2 期);一种观点认为"怕"源自"迫",代表者有李长云(《敦煌变文惧怕类心理动词研究》,硕士学位论文,河南大学,2005 年,第 30—34 页)。

韵》："怕，怕惧。"旧题晋郭璞《葬书》："高垅之地，天阴自上而降，生气浮露，最怕风寒，易为荡散。"由于惧怕是忧虑的根源①，故通过原因转指结果，"怕"可引申出"担心"义。就我们所检索的文献资料来看，此类"怕"的文献用例当不晚于唐代出现②。如唐代施肩吾《杂曲歌辞古别离二首》："不愁寒无衣，不怕饥无粮。惟恐征战不还乡，母化为鬼妻为孀。"唐代牟融《有感二首》："有兴不愁诗韵险，无聊只怕酒杯干。"又陆龟蒙《袭美以公斋小宴见招因代书寄之》："依方酿酒愁迟去，借样裁巾怕索将。"再罗邺《自遣》："不愁世上无人识，唯怕村中没酒沽。"以上诸例皆"愁""怕"互文对举，"怕"之"担心"义显豁。《山歌·风雨》："老天不肯随人意，这样风，那样雨，要他（做）甚的，把情人阻住在中途内，愁他身上冷，怕他腹中饥。"王朔《浮出海面》下篇："'着什么急？'小伙子说，'不全好不能出院，你还怕我付不起医药费？'"

由上述对"忧虑"概念场非典型成员的梳理不难发现，其成员来源有如下特点：一是由"疾病"义成员通过原因转指结果引申出"忧虑"义，如"疾"和"病"。二是由"畏惧"义成员通过原因转指结果引申而来，如"惧""恐""怕""畏"。三是由"怜悯、挂念"义成员通过结果转指原因引申而来，如"闵""念""勤"。由此可见"忧虑"与"疾病"、"畏惧"及"挂念"之间的因果联系。

2.4 "忧虑"概念场词汇系统成员在现代汉语方言的共时分布

"方言调查记录语言的现状，方言比较反映语言的历史。"③本节拟概要讨论现代汉语方言"忧虑"概念场词汇系统成员的分布情况，据《现代汉语方言词典》《现代汉语方言大词典》（42个分卷）、《汉语方言大词典》（五

---

① ［英］简·奥斯丁指出："忧虑的根源在于对未知的畏惧。"（［英］简·奥斯丁：《理智与情感》，孙致礼译，世界知识出版社2001年版，第105页）

② 二典"怕"之"恐怕，表疑虑"义皆首引《儒林外史》，偏晚。

③ 李荣：《分地方言词典总序》，载李荣主编《现代汉语方言大词典》，江苏教育出版社1997年版，第1页。

卷本）及《北京方言词典》等相关资料，将其归纳如下：

表 2.16　"忧虑"概念场词汇系统成员在 43 个现代汉语方言点的分布

方言区	方言点	患[①]	忧	虑	愁	其他	方言区	方言点	患	忧	虑	愁	其他
东北	哈尔滨					揪心、不落体儿	南部吴方言	崇明				+	
北京	北京				+[②]			苏州					
冀鲁	济南							上海					担心
胶辽	牟平					喝险		杭州				+	
中原	洛阳				+			宁波				+	掉勿落、上心事
	万荣					熬煎		金华					担心机
晋方言	太原							温州					
	忻州					担心	赣方言	南昌				+	
西北	西安				+			黎川					担挂
	西宁					扯心、牵心		萍乡					怕、革、着革、担心
	银川					生怕、扯心	湘方言	长沙					革、着革、担心
	乌鲁木齐							娄底					怕

① 许宝华、宫田一郎《汉语方言大词典》卷 4 "患得之"条指出"担心"义的"患"属于古南方方言（中华书局 1999 年版，第 5488 页）。但我们在《现代汉语方言词典》、《汉语方言词汇》（第二版）、《汉语方言地图集》（词汇卷）、《普通话基础方言基本词汇集》及《现代汉语方言大词典》（42 个分卷）中均未查考到具体用例。

② 《现代汉语方言词典》、《汉语方言大词典》（五卷本）、《汉语方言词汇》（第二版）、《汉语方言地图集》（词汇卷）、《普通话基础方言基本词汇集》及《北京方言词典》等辞书均未收释"忧虑"义的"愁"，但《北京方言词典》"足档儿"条，举"你们家可是个足档儿富有的人家，还愁这点儿钱"（第 343 页）为例，据前后文可知，"愁"当为"担心；忧虑"义，据此补。

续表

方言区	词项方言点	患	忧	虑	愁	其他	方言区	词项方言点	患	忧	虑	愁	其他
西南	成都					焦、焦心①、揣了根红苕	闽方言	建瓯				慌愁	
	贵阳②			+		焦		福州			+	+	惊、会惊
	柳州					愁气		厦门					
江淮	徐州					揪心、把攥个蛋		雷州					
	武汉							海口					惊、心纳、口纳、[□□] nek⁵⁵ nap⁵⁵
	南京			+		怕	粤方言	广州		+③			愁、忧心
	扬州					烦、揪心		东莞		+④			
徽方言	绩溪			+		担心事	客家	于都					担心
北部吴方言	丹阳							梅县⑤					担心、劳心
							平话	南宁		+⑥			怕、忧心、挂虑

2.4.1 基本情况

2.4.1.1 "忧虑"概念场典型成员在现代汉语方言中的使用分析

"忧"的使用

"忧"在现代方言中分布范围不广，主要行用于广州、东莞及南宁三

---

① 蒋宗福：《四川方言词语考释》，巴蜀书社 2002 年版，第 317 页。

② 方言词典未收贵阳点"忧虑"概念场用词情况，此结果系贵州人吴倩华博士见告。

③《现代汉语方言词典》"忧"条，温州、南宁平话、广州、东莞，"忧愁"，但举广州例时释为"担心"，如"唔使忧别担心"（第六册，第 5428 页）；《广州方言词典》"忧"条，释为"忧虑，忧愁"（第 213 页），今从后者。

④《现代汉语方言词典》"忧"条，温州、南宁平话、广州、东莞，"忧愁"，但举广州例时释为"担心"，如"唔使忧别担心"（第六册，第 5428 页）；《东莞方言词典》释"忧"为"愁"及"担心"（第 112 页），今从。

⑤《现代汉语方言大词典》"愁"条指出梅县"耽心；忧虑"概念用"愁"（第 5 册，第 4872 页）。今按，就其所举例证"看你满面愁容，到底有脉个事"来看，"愁"当为"忧愁"义，而非"耽心；忧虑"义，故表中未列出。

⑥《现代汉语方言词典》"忧"条，温州、南宁平话、广州、东莞，"忧愁"，但举广州例时释为"担心"，如"唔使忧别担心"（第六册，第 5428 页）；《南宁平话词典》释"忧"为"忧虑；担心"（第 51 页），今从。

个方言点。除了单用外，还可和主体论元"心"一起组成"忧心"固定组合表示"放心不下，发愁"，详见表 2.16。

方言中除了表示"担心；忧虑"外，还有用"忧"表示"忧愁"义的，属古语的遗留，如温州方言："何乜缘故你该两三日三条眉夹拢恁忧？""忍得一时气，免得百日忧。"[①] 亦有在传承古义基础上发展的，如厦门话中"忧"引申出"脸部肌肉紧缩"义，比如"面忧面虬_{愁眉苦脸的。}"[②] 在一些方言点，"忧"或者产生了与其古义无关的新义，如在昆明话中，表"纠缠"义和"开玩笑；起哄"义的"忧"，前者例如"你不给我解决问题，我就忧着你。"[③] 后者例如"他两个的好事，硬是大家开玩笑忧成的。"[④] 在阳江话中，表"搔"义的"忧"，如"我忧痒"。[⑤]

"虑"的使用

"虑"的使用范围较窄，只用于绩溪、福州两方言点。如"尔日朝尔的瞎担心事也要虑煞了哇。"[⑥] 除单用外，其还可和近义语素组成复音词表示忧虑的意思，如南宁平话。

方言中"虑"除了表"担忧；发愁"义外，还可表"思考"义，属古语的承继，如福州方言。有些方言在承用古义的基础上，有新创，如在广东揭阳，"虑"指"预备；提防"的意思。在有些方言点，"虑"还出现了新义，如在南京话中，"虑"是指"细物勒伤或利物擦伤"的意思，比如"细铁丝把我的手虑了一道口子"。[⑦] 在洛阳话中，"虑"可表"用棍打"的意思，如"这孩子拿根棍儿，见人就虑。"[⑧] 从词义引申的角度看，这些新义与其本义"思考；谋划"之间已看不出任何联系，当是同形字。

---

① 例句引自《现代汉语方言大词典》第 6 册，第 5428 页。
② 例句引自许宝华、宫田一郎《汉语方言大词典》卷 2，第 2850 页。
③ 例句引自许宝华、宫田一郎《汉语方言大词典》卷 2，第 2849 页。
④ 例句引自许宝华、宫田一郎《汉语方言大词典》卷 2，第 2849—2850 页。
⑤ 例句引自许宝华、宫田一郎《汉语方言大词典》卷 2，第 2850 页。
⑥ 例句引自《绩溪方言词典》，第 53 页。
⑦ 例句引自《现代汉语方言大词典》第 6 册，第 5435 页。
⑧ 例句引自《现代汉语方言大词典》第 6 册，第 5435 页。

"愁"的使用

"愁"在现代方言中的分布范围最广，南北方言点都用，如官话、南部吴方言、赣方言三大方言区的部分方言点都有用例。其支配的客体论元可以是人、物及事。如"小囡勒外头，我愁来_{小孩在外，我很忧虑}（崇明）。""不愁喫，不愁穿（南昌）。""这件事你不要愁，我来帮你办（南京）。"①

有些方言点在承继"愁"古义的基础上，有了新发展，如在绩溪话中，"愁"指"挂念，牵挂"的意思，比如"出去尔一将_{这么长时间}，愁尔人都愁煞了。"在成都话中，"愁"表"不怕"的意思，如"哼！愁你不去。"②可见心理概念场词汇系统的交叉。在有些方言中还新生了与其本义无关的意义，如在苏州话中，"愁"指"拉"的意思，比如"愁藤瓜_{把瓜藤拉掉时留在藤上的瓜。}"③

与古文献中"愁"用法不同的是，方言中出现了不少用"愁"表示"忧虑；担心"的固定组合。如"愁气"（柳州）、"慌愁"（建瓯）等。

2.4.1.2 "忧虑"概念场非典型成员在现代汉语方言中的使用分析

"担心"的使用

忻州、崇明、南昌、黎川、萍乡、于都、梅县的"担心"指"放心不下"的意思。据前文的考察，"担心"一词当不晚于清代出现，如"园中姊妹和李纨迎春惜春等人，皆为凤姐是好意，然宝黛一干人暗为二姐担心"（《红楼梦》第六九回）。其支配的客体论元可以是人、物或事，如"众人见严奇来到，一个个俱替那军官担心，以为太岁不是好惹的。"（《七侠五义》第四四回）"夫人笑道：'这个不消老爷担心，辛苦不辛苦，倒在其次。'"（《孽海花》第八回）"倘又叨登起来这事，咱们虽不怕，也终担心。"（《红楼梦》第六八回）此期其客体论元的句法位置较单一，只有S_2的用法，如前举例，再如"胜佛口里祝颂他们的成功，心里着实替他们担心！"（《孽海花》第三四回）方言在继承"担心"已有用法的基础上，产生了$S_{1.1.1}$新用法，如忻州方言："他走的时候再三吩咐他波_{母亲}，不要担心他。"④结合文

---

① 例句引自《现代汉语方言大词典》第5册，第4872页。
② 例句引自许宝华、宫田一郎《汉语方言大词典》卷5，第6603页。
③ 例句引自许宝华、宫田一郎《汉语方言大词典》卷5，第6603页。
④ 例句引自《忻州方言词典》，第190页。

献用例和现代汉语方言的情况看，"担心" 大概是兴起于北方而后渐次流行于南方的词。

在现代汉语方言中，"担心" 亦有 "担心机"（杭州）、"担心事"（绩溪）等固定组合表示 "担心；放心不下"。

"怕" 的使用

南京、南昌、长沙、娄底、南宁的 "怕" 含有担心的意思。如 "我怕你摸不着门，叫人在巷子口等他。"[①] "不是不舍得酒，是怕你喫多了伤身体。"[②] "冇理渠，你怕渠会死啊！"[③] 此外，"怕" 还有 "生怕"（银川）固定组合也表 "担心" 的意思，如 "下雨着呢，我生怕你淋到雨里头了，给你送把伞来。"[④] 据上文的考察，"怕" 表 "担心" 义当不晚于唐代出现，如 "不愁麦不熟，不怕少谷米。"（《王梵志诗校注·暂时自来生》）可见 "惧怕" 概念与 "忧虑" 概念的密切联系。

"烦""惊""恼" 的使用

扬州用 "烦"，如 "他听到这话有的个烦了，其实他是多烦的，跟他不相干。"[⑤] "烦" 本是热头痛的意思《说文·页部》："烦，热头痛也。" 引申之，则有 "烦躁；烦闷" 的意思。辞书已释，不赘举。由于忧虑是人烦闷的原因之一，故通过结果转指原因，"烦" 可引申出 "担心；担忧" 义。福州及海口用 "惊"。如 "伊会惊侬人家笑。""乞让雨沃去淋了，惊会病。"[⑥] "惊伊一个人去夜头夜里路上无安全。"[⑦] "惊" 本是马因突然来的刺激而精神紧张、行动失常的意思。《说文·马部》："惊，马骇也。"《礼记·檀弓上》："马惊，败绩，公队，佐车授绥。" 引申之，"惊" 则有 "惊慌；恐惧" 义。辞书已释，恕不赘举。由于恐惧是忧虑的根源，故通过原因转指结果，"惊" 可引申出 "忧虑；担心" 义。广州用 "恼"，如 "恼到我心都

① 例句引自《南京方言词典》，第 53 页。
② 例句引自《南昌方言词典》，第 41 页。
③ 例句引自《南宁平话词典》，第 44 页。
④ 例句引自《银川方言词典》，第 294 页。
⑤ 例句引自《扬州方言词典》，第 222 页。
⑥ 例句引自《福州方言词典》，第 281—282 页。
⑦ 例句引自《海口方言词典》，第 55 页。

懋晒。"① "懋"有忧伤的意思。《说文·心部》："懋，忧也。"《诗·小雅·小弁》："我心忧伤，懋焉如捣。"毛传："懋，思也。"孔颖达疏："懋焉悲闷，如有物之捣心也。"《明史·后妃传一·宪宗孝穆纪太后》："孝穆皇太后早弃朕躬，每一思念，懋焉如割。"由于忧虑是使人忧伤的原因之一，故通过结果转指原因，"懋"可引申出"忧虑；担心"义。尽管从心理的角度不难理解其均可引申出"忧虑；担心"义，但就我们目前所掌握的文献资料来看，还未发现实际文献用例，姑且存疑待考。

根据上边的分析，我们可以统计出十大方言区的主要用词情况，如表2.17 所示。

表2.17　　　　　　　十大方言区"忧虑"概念主要用词情况

| | 官话 | | | | | | | | 晋方言 | 吴方言 | | 徽方言 | 湘方言 | 赣方言 | 客家话 | 粤方言 | 闽方言 | 平话 |
	北京	东北	冀鲁	胶辽	中原	兰银	西南	江淮		北部	南部							
忧	－	－	－	－	－	－	－	－	－	－	－	－	－	－	－	＋	－	＋
虑	－	－	－	－	－	－	－	－	－	－	－	＋	－	－	－	－	＋	－
愁	＋	－	－	＋	＋	＋	＋	－	－	－	＋	－	－	＋	－	－	＋	－
怕	－	－	－	－	－	－	－	＋	－	－	－	－	＋	＋	－	－	－	＋
担心	－	－	－	－	－	－	－	＋	－	－	＋	－	－	＋	＋	－	－	－

"愁"的行用范围最广，见于官话、南部吴方言、赣方言及闽方言内的9个方言点；其次是清代才进入本概念场的"担心"，其主要见于晋方言、南部吴方言、赣方言、客家话内的7个方言点；唐代进入本概念场的"怕"使用范围也较广，主要用于官话、湘方言、赣方言及平话内的5个方言点；"忧"的使用范围较窄，主要行用于粤方言及平话内的3个方言点；"虑"的使用范围最窄，据考察，只有徽方言及闽方言内的2个方言点将其作为"忧虑"概念的常用词。现代汉语方言中"忧虑"概念场词汇系统格局在承继元代后期格局的基础上有了新发展。

2.4.2　主要特点

"忧虑"概念场词汇系统成员在现代汉语方言中的分布非常复杂，呈

---

① 例句引自《广州方言词典》，第481页。

现如下特点：

（1）方言点之间用词差异大。一是不同方言点具体用词呈现差异，详参表 2.16；二是各个方言点用词的数量也呈现差异，有五个者，如南昌；有 4 个者，如福州、南宁；有 3 个者，如成都、黎川、萍乡、广州；有 3 个者，如绩溪、杭州等；有 1 个者，如北京。

（2）既有对古语的承继，亦有自己的新创。"忧、虑、愁、焦、怕、忧心、焦心、熬煎、担心、揪心"等古语词在方言中都有使用；有的在方言中除了指称本概念场外，还产生了新义，详见上文，此不赘举。还有一批词古语已见，但其"忧虑"义在目前所掌握的文献中还未见到实例，在方言中有用例，如上举之"烦"等。此外，各方言还有自己的一批特色词，如"不落体儿"（哈尔滨）、"喝险"（牟平）、"扯心"（西宁、银川）、"揣了根红苕"（成都）、"掉勿落"（上海）、"𢝱"、"着𢝱"（南昌、黎川）、"𢝱到"、"喫𢝱"（萍乡）等。

（3）共时分布大致反映了历史演变的层次。"忧虑"概念场的典型成员"患""忧""虑""愁"之间先后有过历时替换关系。尽管上古时期本概念场的主导词"患"在 43 个方言点中没有反映，其他三者在方言中的分布还是反映了演变的历史层次：第一，广州、东莞、南宁处于演变的第一层次，保留着"忧"。这一层保留了东汉至五代的词汇现象，演变速度较慢，为较为古老的一层。据上文考察，"忧"上古已进入本概念场，直至东汉才成为本概念场的主导词，宋以前其一直是通语中的一个常用词，相当于现代汉语的"担心"，18 世纪后期退出本概念场，但是它在以上几个方言点中存留了下来。在以上几个方言点中，"忧"的对象既可是他物，亦可是自身。前者例如："你忧佢唔识咩不会吗？"[1] 后者例如"皇帝女，唔忧嫁。"[2]"你有使不要忧，有饭吃就得喇。"[3] 这是古汉语"忧"的用法在现代方言中的沉淀。第二，绩溪和福州处于演变的第二层次，用"虑"。"虑"虽然上古已进入本概念场，但见次率不高，魏晋开始，其

---

① 例句引自《东莞方言词典》，第 113 页。

② 例句引自《广州方言词典》，第 213 页。

③ 例句引自《南宁平话词典》，第 51 页。

使用才激增，但义域比"忧"窄，其客体论元只能是物或事件，如"时贵戚慕安高行，多有与书者，辄不发，以虑后患，常凿壁藏书。"(《三国志·魏志·杜袭传》注引《先贤行状》)"小庾临终，自表以子园客为代。朝廷虑其不从命，未知所遣，乃共议用桓温。"(《世说新语·识鉴》)直至宋代，其所虑对象才扩展到人。随着义域的扩大及用法的发展，宋元之际，其获得本概念场主导词资格，但持续的时间不长，元代后期，让位于"愁"。以上方言点"担心"概念的表达用"虑"，基本上遗留了宋元之际兴起的词汇现象。如"过虑了""虑年长虑年短_{杞人忧天}"。[1]第三，北京、洛阳、西安、贵阳、南京、崇明、杭州、宁波、南昌处于演变的第三层次，只用"愁"。"愁"是中古汉语时期才迈入"忧虑"概念场的新成员。如"古今天文圣书贤人辞已备足，但愁其集居，各长于一事耳。"(《太平经·丙部之七·件古文名书诀》)但用例不多见。唐五代时期，其用例渐多，直至元代后期，才成为本概念场的主导词。以上方言点反映了元代后期"忧虑"概念场词汇的变化，是演变最快的一层。值得注意的是，不同层次之间并不是截然分开，有的方言点可能跨越几个层次。如福州"虑""愁"并用。

　　以上是就汉语"忧虑"概念场词汇系统在现代汉语方言中分布情况的大致整理。但仍有些悬而未决的疑惑："忧虑"作为人类的基本心理活动之一，表达与之相关概念的词当属于基本词汇范畴，但北京、济南、太原、乌鲁木齐、贵阳、武汉、苏州、金华、雷州、厦门10个方言点未见相关概念用词的记录；"患"作为本概念场上古汉语时期的主导词，许宝华、宫田一郎曾提出表忧虑义的"患"属于"古南方方言"[2]，但在我们查考的相关方言材料中均未见反映，个中细况值得进一步探究。

---

① 例句引自《福州方言词典》，第51页。
② 许宝华、宫田一郎:《汉语方言大词典》(卷4)，中华书局1999年版，第5448页。

第3章 古汉语"思念"概念场词汇系统及其历史演变

词义结构由"〔动作：追忆回想〕+〔对象：人或环境〕+〔原因：景仰或离别〕"这几个要素组合成的词称为"思念"概念词，汉语中表达该概念的词的聚合称为"思念"概念场。古汉语"思念"概念场的典型成员有"思""念""忆""想"。下面概要叙述其"思念"义来源、句法表现与充当谓语时主客体论元的性质及其句法位置。

3.1 概述

3.1.1 概念场典型成员"思念"义来源及语义差别

思

"思"本是"思考"的意思。《说文·思部》："思，容也。"《六书总要》："思，念也，虑也；绎理为思。"《荀子·劝学》："吾尝终日而思矣，不如须臾之所学也。"由于主体在思辨、探讨等认知活动中，往往也伴随着对往事的回想，故通过动作转指方式，"思"可引申出"思念；怀念"义。《诗·邶风·绿衣》："我思古人，俾无讹兮！"《世说新语·言语》："刘尹云：'清风朗月，辄思玄度。'"《三侠五义》第五八回："韩爷听了，暗暗忖道：'我看此老颇觉诚实，而且老来思子；若九如留在此间，他必加倍疼爱小孩子，断不至于受苦。'"

念

"念"本是"思念；怀念"的意思。《说文·心部》："念，常思也。从心，今声。"《尔雅·释诂下》："念，思也。"《诗·秦风·小戎》："言念君子，温其在邑。"陶渊明《示周祖谢三郎》："药石有时闲，念我意中人。"《水浒全传》第二四回："英雄只念连枝树，淫妇偏思并蒂莲。"

忆（意、憶）

"忆"本是"思念；怀念"的意思。《广韵·职韵》："忆，念也。"《集韵·职韵》："忆，思也。"《木兰辞》："问女何所思？问女何所忆？女亦无所思，女亦无所忆。"① 白居易《五弦弹》："第三第四弦泠泠，夜鹤忆子笼中鸣。"《水浒全传》第三二回："且说宋江自别了武松，转身望东，投清风山路上来，于路只忆武行者。"

"忆"，又写作"意"与"憶"。《字汇·心部》："意，忆本字。"《正字通·心部》："忆，尹昔切，音亦，思也。泝原作憶。"

想

"想"本是"想象"的意思。《说文·心部》："想，冀思也。"徐锴系传："希冀所思之。"《史记·孔子世家》："余读孔氏书，想见其为人。"由于对人事进行想象时，亦包含主体对往事的追想，故通过整体指代部分，"想"可引申出"想念；思念"义。南朝宋刘铄《拟明月何皎皎》："结思想伊人，沈忧怀明发。"关汉卿《闺怨佳人拜月亭》第二折："较了数个贼汉把我相侵傍，阿马想波，这恩临怎地忘？"②《红楼梦》第二七回："先时还有人解劝，怕他思父母，想家乡，受了委曲，只得用话宽慰解劝。"

以上各词在表示追忆已知事物的意义上相近，但侧重点不同③："思"用得比较宽泛，与其匹配的对象可以是敬仰的人、离别的人、山川景物、地方、功业、德行、法度、恩怨和风气等；"念"的义域与"思"类似，但其突出对对象不断的、时时刻刻的、翻来覆去的怀想，如《三国演义》

---

① 前言"思"，后言"忆"，"忆"之"思念；怀念"义显矣。

② "波"为方言词，是对老人的一种尊称。

③ 参看王凤阳《古辞辨》"思 想 怀念"条（中华书局 2011 年版，第819—820 页）。

第二五回："公曰：'深感丞相厚意。只是吾身虽在此，心念皇叔，未尝去怀。'"该例中的"未尝去怀"就很好地诠释了关羽对刘备的想念是牢记于心，时刻不忘的；"忆"所支配的对象可以是景仰的人、离别的人、山川景物、地方和恩惠等，但其侧重于对人与地方的思念；"想"则侧重于对故人的音容相貌、对故国的山川景物的怀念。

3.1.2　"思念"概念场典型成员句法功能

据考察，先秦至清代"思念"概念场典型成员的句法功能有如下 4 种：

A. 作主语。既可单独充当，亦可与支配对象一起构成动宾短语充当；既可组成"所"字结构充当，也可组成"者"字结构充当，还可是"所"字结构糅合"者"字结构充当。如：

（1）思若流波，怛兮在心。（《汉书·外戚传上·孝武李夫人》）

（2）去德滋永，思德滋深。（《南齐书·谢朓传》）

（3）空床常达旦，所思终不归。（《金瓶梅词话》第八八回）

（4）师曰："能思者是心，所思者是境。（《五灯会元》卷九"沩山灵祐禅师"）

例（1）"思"直接作"若流波"的主语；例（2）"思"与支配的对象"德"一起构成动宾短语充当"滋深"的主语；例（3）"思"与"所"构成"所"字结构一起作"终不归"的主语；例（4）中的前例"思"与"者"构成"者"字结构充当"是"的主语，后例中的"思"则先与"所"构成"所"字结构再糅合"者"字结构一起作"是"的主语。

B. 作宾语。既可单独充当，也可构成"所"字结构充当；既可与支配对象一起构成动宾短语充当，还可与动作主体一起构成主谓短语充当。如：

（1）朕惟不见诸王十有二载，悠悠之怀，能不兴思！（《三国志·魏志·明帝纪》）

（2）女亦无所思，女亦无所忆。（《木兰辞》）

（3）郑卫皆淫奔之诗，风雨狡童皆是。又岂是思君子，刺忽？（《朱子语类》卷八一《诗二》）

（4）金莲道："梦是心头想，喷嚏鼻子痒。饶他死了，你还这等念

他。"(《金瓶梅词话》第六七回）

上举例（1）—（4）"思""忆"和"想"均作谓词的宾语，其中例（1）中"思"直接充当"兴"的宾语，例（2）中的"思"与"忆"分别与"所"构成"所"字结构后充当"无"的宾语，例（3）中"思"与支配对象"君子"构成动宾短语后充当"是"的宾语，例（4）中"想"与动作主体"心头"构成主谓短语后充当"是"的宾语。

C. 作定语。既可单独修饰中心语，也可与支配对象一起构成动宾短语修饰中心语，还可组成"所"字结构修饰中心语。如：

（1）思心欲碎，愁泪难收，又是黄昏。（柳永《诉衷情》）

（2）今寇虏作害，民被荼毒，思汉之士，延颈鹤望。（《三国志·蜀志·张飞传》）

（3）我有所念人，隔在远远乡。（白居易《夜雨》）

例（1）"思"修饰中心语"心"，例（2）与支配对象"汉"构成动宾结构充当"士"的定语，例（3）"念"与"所"组成"所"字结构修饰中心语"人"。

D 作谓语，例多不备举。

3.1.3 "思念"概念场典型成员充当谓语时主客体论元的性质及其句法位置

从论元结构来看，"思念"概念词亦属于二元谓词，在句中需带两个必有论元：主体论元追忆者和客体论元追忆对象。施之于句法，二者可以同现，也可以同隐；或只呈现其中一个，未呈现的往往可以据前后文补出，如：

（1）我甚思母，恶负盟，奈何？（《史记·郑世家》）

（2）尚悲感，发病恍惚，既葬埋姜，不胜思见，复出视之。（《三国志·魏志·夏侯尚传》）

（3）是岁也，张汤死而民不思。（《史记·平准书》）

（4）陈轸适至秦，惠王曰："子去寡人之楚，亦思寡人不？"（《史记·张仪列传附陈轸列传》）

例（1）"思"的主体论元"我"与客体论元"母"同现；例（2）中"思"的主客体论元均隐去，据前后文当知其主客体论元应分别为"尚"与"妾"；例（3）与（4）分别只出现"思"的主体论元"民"或客体论元"寡人"，据前文可知前者的客体论元当为"张汤"，后者的主体论元应是"陈轸"。

在这两个必有论元中，主体论元的句法位置较简单，一般在句中充当主语，偶尔也见其充当宾语的，如"那长老认得他的声音道：'悟空啊，想杀我也！你在那里叫我哩'"（《西游记》第二一回）。客体论元的句法功能则更多样，既可以作宾语，亦可用介词引进作状语或补语，还可作主语，可以进入 $S_{1.1.1}$、$S_{1.2}$、$S_{1.3}$、$S_{1.4}$、$S_{1.5}$、$S_{1.6}$、S_2、S_3、S_4、S_5 和 S_6[①]句法格式，各举一例：

（1）甘棠且思之，况其人乎？（《史记·燕召公世家》）（$S_{1.1.1}$）

（2）遗腹子不思其父，无貌于心也。（《淮南子·说林》）（$S_{1.2}$）

（3）至南郑，诸将及士卒多道亡归，士卒皆歌思东归。（《史记·高祖本纪》）（$S_{1.3}$）

（4）梦里尚思江北好，悔将夫骨葬江南。（《南村辍耕录·项节妇》）（$S_{1.4}$）

（5）昔楚思子文之治，不灭斗氏之祀。（《三国志·魏志·钟会传》）（$S_{1.5}$）

（6）秋纹未及答言，只见紫鹃道："你快喝了茶去罢，人家都想了一天了。"（《红楼梦》第八二回）（$S_{1.6}$）

（7）（我为你）耐着心，含着苦，淘尽多少气，（我为你）思着前，想着后，何日（有个）了期。（《挂枝儿·咒》）（S_2）

（8）太子……咨启大母，愿莫大愁，莫生苦恼，莫忆于我。（《佛本行集经》卷一九，3/740b)（S_3）

（9）何世无其人，来者亦可思。（白居易《和〈阳城驿〉》）（S_4）

71

（10）妻云："罪人，阿家莫念。"（《宋书·范晔传》）（S₅）

（11）谢太傅道安北："见之乃不使人厌，然出户去，不复使人思。"（《世说新语·赏誉》）（S₆）

例（1）—（5）中的代词"之"、名词性短语"其父"、谓词性短语"东归"、小句"江北好"和"之"字性短语"子文之治"分别作"思"的宾语。例（6）中的时量短语"一天"作"想"的宾语。例（7）中"思"的对象"你"用介词"为"引进构成介词短语充当状语。例（8）中"忆"的对象"我"则用介词"于"引进构成介词短语充当补语。例（9）客体论元"来者"作"思"的主语。例（10）客体论元"罪人"承前省。例（11）为使令句，客体论元"安北"承前省。

此外，"思念"概念场还可以进入如下两种句法格式：

（1）与动量宾语共现，如"（宝玉）我知道林妹妹死了，那一日不想几遍"（《红楼梦》第一〇九回），简称 S₁.₇。

（2）与动态助词共现，进入"V+动态助词+NP客体"格式，如"见此溪上色，忆得山中情"（白居易《新栽竹》），简称 S₇。

3.2 "思念"概念场主导词历时替换考

汉语史上，"思念"这一概念的表达，魏晋以前主要用"思"，魏晋至隋主要用"念"，唐宋主要用"忆"，元以后主要用"想"。下面分先秦至东汉、魏晋至隋、唐宋、元明清四个时期考察各自的演变递嬗过程。

3.2.1 先秦至东汉时期

先秦至东汉时期，表达"思念"这一意义的典型成员有"思""念""忆""想"，下面具体分析四者在此期的使用特点。

此期，指称本概念的"思"主要作谓语，偶见其作主语和宾语的。作主语时既可单独充当，如前举"思若流波"例；亦可与对象一起构成动宾短语充当，如"思仁故致东方"（《太平经·乙部不分卷·阙题》）。宾语例如"没世遗爱，民有余思"（《汉书·叙传下》）。作谓语时，其主体论元主要为人，一般充当主语，例多不举。其客体论元主要为人和环境等，类型较丰富：既可是人，也可是物和事，如"田氏""远方珍怪之物""迹"等①。人既可是景仰的人，如"尧""舜""盘庚""文后稷""武臣""封疆之臣""志义之臣""畜聚之臣""将帅之臣""孔子""士""贤人""世尊""娈季女""瑶台之逸女"等②，也可是离别的人，如"古人""远人""旧姻""行者"等③。环境既可是周围的地方，如"肥泉""须与漕""沛""故处""家"等④，也可是周围的情况影响或势力，如"功业""德行""法度""恩怨""风

---

① 由此田氏得齐众心，宗族益强，民思**田氏**。（《史记·田敬仲完世家》）

为梏，则必思**远方珍怪之物**而御之矣。（《史记·宋微子世家》）

从臣思**迹**，本原事业，祗诵功德。（《史记·秦始皇本纪》）按，"迹"指"往事"。

② 三年，四方莫举乐，以思**尧**。（《史记·五帝本纪》）

我思**舜**正郁陶！（《史记·五帝本纪》）

百姓思**盘庚**，乃作《盘庚》三篇。（《史记·殷本纪》）

思**文后稷**，克配彼天，立我烝民，莫匪尔极。（《史记·周本纪》）

君子听钟声则思**武臣**。（《史记·乐书》）

君子听磬声则思**死封疆之臣**。（《史记·乐书》）

君子听琴瑟之声则思**志义之臣**。（《史记·乐书》）

君子听竽笙箫管之声则思**畜聚之臣**。（《史记·乐书》）

君子听鼓鼙之声则思**将帅之臣**。（《史记·乐书》）

季氏用冉有有功，思**孔子**，孔子自卫归鲁。（《史记·鲁周公世家》）

桓公思**士**，作庭燎而夜坐，以思致士，反以白日负妇人见诸侯乎？（《论衡·书虚》）

圣人之精思**贤人**，致贤人之神来佑之。（《太平经·乙部不分卷·阙题》）

忧陀白佛："大王无恙，唯思**世尊**。"（《中本起经》卷上，4/154b）

间关车之辖兮，思**娈季女**逝兮。（《诗·小雅·车辖》）

初累弃彼虙妃兮，更思**瑶台之逸女**，抨雄鸠以作媒兮，何百离而曾不一耦！（《汉书·扬雄传》）

③ 我思**古人**，俾无讪兮！（《诗·邶风·绿衣》）按，"古人"即"故妻"之谓。

无思**远人**，劳心忉忉。（《诗·齐风·甫田》）按，"远人"即"远去之人"之意。

不思**旧姻**，求尔新特。（《诗·小雅·我行其野》）按，"旧姻"即"原先的配偶"。

临淄之女，织纨而思**行者**，为之悖戾。（《淮南子·说林》）按，"行者"即"远行的人"。

④ 我思**肥泉**，兹之永叹。思**须与漕**，我心悠悠。（《诗·邶风·泉水》）

（高祖）谓沛父兄曰："游子悲故乡。吾虽都关中，万岁后吾魂魄犹乐思**沛**。"（《史记·高祖本纪》）

殷整甲徙宅西河，犹思**故处**，实始作为西音。（《吕氏春秋·音初》）

忽然思**家**，到天帝前，谒拜失仪，见斥来还，令当更自修积，乃可得更复矣。（《抱朴子·祛惑》）

气"等①。性质多元，有代词性的、名词性的、谓词性的和"之"字性成分；句法位置亦较灵活：S_1、S_3、S_4 和 S_6 均有用例，如：

（1）岂不尔思？畏子不敢。（《诗·王风·大车》）（$S_{1.1.1}$）

（2）讯予不顾，颠倒思予。（《诗·陈风·墓门》）（$S_{1.1.1}$）

（3）（友）和集周民，周民皆说，河雒之间，人便思之。（《史记·郑世家》）（$S_{1.1.1}$）按，"友"是郑桓公的名，受封前称王子友，故"之"指代"郑桓公"。

（4）（陈骈）对曰："臣之处于齐也，粝粱之饭，藜藿之羹，冬日则寒冻，夏日则暑伤。自唐子之短臣也，以身归君，食刍豢，饭黍粱，服轻暖，乘牢良，臣故思之。"（《淮南子·人间》）（$S_{1.1.1}$）

（5）孔子在陈，何思鲁之狂士？（《孟子·尽心下》）（$S_{1.2}$）

（6）当今之世，为人主忠计者，必无使燕王说鲁人，无使近世慕贤于

---

① （杜泄）不可，曰："夫子受命于朝，而聘于王。王思旧勋而赐之路。"（《左传·昭公四年》）（思念功业）

召公卒，而民人思召公之政，怀棠树不敢伐，哥咏之，作《甘棠》之诗。（《史记·燕召公世家》）（思念功业）

今余思虞舜之勋，适余将以其胄女孟姚配而七世之孙。（《史记·赵世家》）（思念功业）

言成王常思祖考之业，而鬼神祐助其治也。（《汉书·匡衡传》）（思念功业）

天子思敞功效，使使者即家在所召敞。（《汉书·张敞传》）（思念功业）

布历燕、齐，叔亦相鲁，民思其政，或金或社。（《汉书·叙传下》）（思念功业）

上思股肱之美，乃图画其人于麒麟阁，法其形貌，署其官爵、姓名。（《汉书·苏建传附苏武传》）（思念德行）

至于宣王，思昔先王之德，兴滞补弊，明文、武之功业，周道粲然复兴。（《汉书·董仲舒传》）（思念德行）

故自建武以来，西域思汉威德，咸乐内属。（《汉书·西域传下·车师后国》）（思念声威与德行）

明主之道忠法，其法忠心，故临之而治，去之而思。（《韩非子·安危》）（思念法度）

忘我大德，思我小怨。（《诗·小雅·谷风》）（思念怨恨）

子西曰："子常唯思旧怨以败，君何效焉？"（《左传·定公五年》）（思念怨恨）

有虞思夏德，于是妻之以二女而邑之于纶，有田一成，有众一旅。（《史记·吴太伯世家》）（思念恩惠）

后方进竟代为丞相，思宣旧恩，宣免后二岁，荐宣明习文法，练国制度，前所坐过薄，可复进用。（《汉书·薛宣传》）（思念恩惠）

是时，人皆得其所，后世思其仁恩，至乎不伐甘棠，《甘棠》之诗是也。（《汉书·王吉传》）（思念仁义恩惠）

既祭，行游介山，回安邑，顾龙门，览盐池，登历观，陟西岳以望八荒，迹殷、周之虚，眇然以思唐、虞之风。（《汉书·扬雄传》）（思念风气）

古，无思**越人**以救中国溺者。(《韩非子·用人》)($S_{1.2}$)

（7）赵王迁流于房陵，思**故乡**，作为《山水》之讴，闻者莫不殒涕。(《淮南子·泰族》)($S_{1.2}$)

（8）大将军霍光薨，上思**其功德**，以其子禹为右将军。(《汉书·魏相传》)($S_{1.2}$)

（9）故帝王思**靖**，其治亦静，以类召也。(《太平经·乙部不分卷·阙题》)($S_{1.3}$)

（10）汉王既至南郑，诸将及士卒皆歌讴思**东归**，多道亡还者。(《汉书·高帝纪上》)($S_{1.3}$)

（11）王思**子文之治楚国也**，曰："子文无后，何以劝善？"(《左传·宣公四年》)($S_{1.5}$)

（12）夷狄灭息，垂拱而治，刑罚自绝，民无兵革，帝王思**善之证**，可不知哉？(《太平经·乙部不分卷·阙题》)($S_{1.5}$)

（13）公私喜于阳谷而思**于鲁**，曰："务人为此祸也。且后生而为兄，其诬也久矣。"(《左传·昭公二十九年》)(S_3)

（14）孟尝君问之曰："夫子（陈骈）生于齐，长于齐，夫子亦何思**于齐**？"(《淮南子·人间》)(S_3)

（15）**精神者**可不思而致，尚可得而食之。(《太平经·丙部之二·三急吉凶法》)(S_4)

（16）豹曰："……今父老子弟虽患苦我，然百岁后期令父老子孙思**我言**。"(《史记·滑稽列传》)(S_6)

与"思"一样，此期"念"也可充当主语和宾语，不过形式简单，不如"思"多样。主语例如"圣人之好学也，且死不休，念在经书"(《论衡·别通》)；宾语例如"今事少闲，君其存精神，止念虑，辅助医药以自恃"(《汉书·公孙弘传》)。作谓语时，其主体论元主要是人，一般充当主语，例多不举。其客体论元主要为景仰的人（变相的人）①、离别的

---

① 念**彼共人**，涕零如雨。(《诗·小雅·北山之什·小明》)（思念景仰的人）按，"共人"即恭谨的人，指同像。

人①、周围的地方②和周围的情况影响或势力③等，类型丰富：可以是人、物和事，如"耆老之人""食物""俗事"等④；性质较多样，有代词性的、名词性的、小句和"之"字性短语；句法位置较单一，主要作宾语，只有 S_1 中的部分用法和 S_6 用法，酌举部分用例：

（1）方何为期？胡然我念之？（《诗·秦风·小戎》）（$S_{1.1.1}$）按，"之"指代"君子"。

（2）念子懆懆，视我迈迈。（《诗·小雅·鱼藻之什·白华》）（$S_{1.1.1}$）

（3）先斋戒，居闲善靖处，思之念之。（《太平经·戊部之四·斋戒思神救死诀》）（$S_{1.1.1}$）按，"思""念"对举义同，"之"指代"神灵"。

（4）汝今念我，是故复来。（《中本起经》卷1，4/151c）（$S_{1.1.1}$）

（5）王之尽臣，无念尔祖。（《诗·大雅·文王》）（$S_{1.2}$）

（6）忾我寤叹，念彼京师。（《诗·曹风·下泉》）（$S_{1.2}$）

（7）常念法度，则无羞辱矣。（《史记·三王世家》）（$S_{1.2}$）

（8）夫人情莫不贪生恶死，念亲戚，顾妻子，至激于义理者不然，乃有不得已也。（《汉书·司马迁传》）（$S_{1.2}$）

啸歌伤怀，念彼硕人。（《诗·小雅·鱼藻之什·白华》）按，"硕人"即美人。（思念景仰的人）

时念上古得仙度世之人，何从起念。（《太平经·庚部之九·大圣上章诀》）（思念景仰的人）

① 言念君子，温其在邑。（《诗·秦风·小戎》）（思念离别的人）

媪之送燕后也，持其踵而为之泣，念悲其远也，亦哀之矣。（《战国策·赵策四》）（思念离别的人）

② 忾我寤叹，念彼周京。（《诗·曹风·下泉》）（思念地方）

忧心殷殷，念我土宇。（《诗·大雅·桑柔》）（思念地方）

③ 念兹戎功，继序其皇之。（《诗·周颂·烈文》）（思念业绩）

至于不及下车，德念深矣。（《汉书·高惠高后文功臣表》）（思念德行）按，"德""念"组合已见，后世文献中成为固定搭配。

成帝太后下诏曰："孝宣王皇后，朕之姑，深念奉质共修之义，恩结于心。"（《汉书·外戚传上·孝宣王皇后》）（思念恩惠）

④ 至孝宣元康四年，又下诏曰："朕念夫耆老之人，发齿堕落，血气既衰，亦无逆乱之心，今或罗于文法，执于囹圄，不得终其年命，朕甚怜之。"（《汉书·刑法志》）

或不及春时种之，至冬饥念食，乃欲种谷，种之不生，此岂能及事活人邪？（《太平经·戊部之四·不用大言无效诀》）

见有心之人，不念俗事，贪进求生，故神告其心，出之耳。（《太平经·庚部之九·大圣上章诀》）

（9）无有心志，念众口当食求利，衣温饭饱，礼费相随，驱使贫弱，自以高明，非天腹心也。（《太平经・庚部之九・大圣上章诀》）（S$_{1.4}$）

（10）诏曰："……朕甚念年岁未咸登，饬躬斋戒，丁酉，拜况于郊。"（《汉书・武帝纪》）（S$_{1.4}$）

（11）心念大神之疏相通文，所进所白，不敢自以心意评之。（《太平经・庚部之九・有心之人积行补真诀》）（S$_{1.5}$）

（12）有一臣言："宜令太子监农种植，役其意思，使不念道。"（《修行本起经》卷2，3/467b）（S$_6$）

就所掌握的文献资料来看，"忆"当不晚于战国出现，如《国语・楚语下》："庶忆惧而鉴前恶乎？"该"忆"当为"回忆"义。指称本概念的"忆"当不晚于东汉出现，如《中本起经》卷1："王问忧陀：'吾子在国，思陈正治，助吾安民，动顺礼节，莫不承风；今者独处，思忆何等？'"（4/154c）但见次率极低（如在所考察的15种先秦至东汉文献中仅索得1例），且与"思"连用。

跟"忆"一样，指称本概念的"想"在此期的使用频率也不高（如在所考察的15种先秦至东汉文献中，表"思念"义的"想"6例），且句法功能较简单，主要作谓语。作谓语时，其支配对象的类型、性质和句法位置也较简单，只有S$_{1.1.1}$和S$_{1.2}$用法，如：

（1）尹需学御，三年而无得焉。私自苦痛，常寝想之。（《淮南子・道应》）（S$_{1.1.1}$）

（2）中和为赤子，子者乃因父母而生，其命属父，其统在上托生于母，故冤则想君父也。（《太平经・已部・和三气兴帝王法》）（S$_{1.2}$）

（3）功大施，想大恩，忍不及，使得苏息之间深厚，非辞所报。（《太平经・庚部之八・大功益年书出岁月戒》）

（4）当此之时，寇贼并起，军旅数发，父战死于前，子斗伤于后，女子乘亭障，孤儿号于道，老母寡妇饮泣巷哭，遥设虚祭，想魂乎万里之外。（《汉书・贾捐之传》）（S$_{1.2}$）

（5）呜呼哀哉，想魂灵兮。（《汉书・外戚传》）（S$_{1.2}$）

表3.1　　先秦至东汉部分文献中"思念"概念场典型成员"思""忆"用法调查

用法	词项	思															忆	
文献		诗	论	左	孟	韩	吕	战	史	淮	盐	衡	太	汉	修	中	总计	中	总计
作谓语 S1 S1.1	S0																		
	S1.1.1	17	2	1			2		2	2	1		10	2			39	1	1
	S1.1.2																		
	S1.2	11		6	3	1	2		29	4	2	6	30	27		1	122		
	S1.3								1				1	1			3		
	S1.4																		
	S1.5			1									1				2		1
	S2																		
	S3								1								2	198	
	S4												1				1		
	S5	7				1		6	2	1			4	6①	1		28		
	S6								1								1		
作主语													3	1			4		
作宾语		1												1			2		
作定语																			

表3.2　　先秦至东汉部分文献中"思念"概念场典型成员"念""想"用法调查

用法	词项	念												想			
文献		诗	论	左	战	史	盐	衡	太	汉	修	中	总计	淮	太	汉	总计
作谓语 S1 S1.1	S0																
	S1.1.1	2							2			1	5				
	S1.1.2													1			1
	S1.2	15	1	3		2	1		12	9			43		2	2	4
	S1.3																
	S1.4								1	1			2				
	S1.5								1				1				
	S2																
	S3												57				6
	S4																
	S5			1	1				2	1			5		1		1
	S6									1			1				
作主语						1			2				3				
作宾语									1				1				
作定语																	

---

① 其中有 2 例用于"被"动句中。

表3.3 15种先秦至东汉文献中"思念"概念场典型成员出现次数

词项	文献 用例数	诗	论	左	孟	韩	吕	战	史	淮	盐	衡	太	汉	修	中	总计
思	单	36	2	9	3	2	4	6	35	8	3	6	50①	38	1	1	204
	连	4	0	2	0	0	0	1	8	4	3	7	10	34	3	1	77
念	单	17	1	4②	0	0	0	1	2	0	1③	1	18	14	1	1	61
	连	0	0	0	0	0	0	0	0	0	0	0	5	2	1	0	8
忆	单	0	0	0	0	0	0	0	0	0	0	0	0	0	0	1	1
	连	0	0	0	0	0	0	0	0	0	0	0	0	0	0	0	0
想	单	0	0	0	0	0	0	0	0	1	0	0	3	2	0	0	6
	连	0	0	0	0	0	0	0	0	0	0	0	1	0	0	0	1

简而言之，先秦至东汉时期，"思念"概念场的典型成员发展充分的是"思"与"念"，二者的义域基本一致：支配的对象既可是景仰的人，也可是离别的人；支配的环境既可以是周围的地方，也可以是周围的情况影响和势力，但前者的用法要较后者丰富：前者 $S_{1.1.1}$、$S_{1.2}$、$S_{1.3}$、$S_{1.5}$、S_3、S_4、S_5 和 S_6 用法均有用例，后者则未见 $S_{1.3}$、$S_{1.5}$、S_3 和 S_4 用法。此外前者的见次率也较后者高，如在所考察的 15 种先秦至东汉文献中二者单用的比例是 204：61（具体数据详参表 3.3）。跟"思"与"念"相比，此期的"忆"与"想"则处于萌芽期，见次率极低，如在所考察的 15 种先秦至东汉文献中前者仅 1 见，后者 6 见；用法也简单：只有 $S_{1.1.1}$ 和 $S_{1.2}$ 用法，据此，我们可以推测"思"当为本期本概念场的主导词。

3.2.2 魏晋至隋时期

魏晋至隋代，"思念"概念场的发展呈如下特点：一是"念"与"忆"快速发展，与"思"形成三足鼎立之势；二是"想"的平波缓进。下面详细论述。

此期"思"在沿袭前代用法的基础上显现如下变化：一是义域有所萎

---

① 其中《附录》中有 1 例。

② 均为引用《诗经》例。

③ 引用《诗经》。

缩。尽管此期其客体论元的类型与先秦至东汉时的大致相似，有景仰的人（或变相的人）、离别的人、周围的地方、周围的情况影响与势力等①，但未见其施及风气。二是用法也有所萎缩。作谓语时，其支配对象主要作宾语（$S_{1.1.1}$、$S_{1.2}$、$S_{1.3}$、$S_{1.5}$ 和 S_6 用法②），未见充当补语（S_3 用法）和主语例（S_4 用法）。不过新生了作定语的用法，如："今寇虏作害，民被荼毒，思汉之士，延颈鹤望"。（《三国志·蜀志·张飞传》）

魏晋至隋代为"念"的进一步发展期，显现出以下特点：一是义域的扩大。此期其支配的对象除了前见的景仰的人、离别的人、周围的地方和周围情况的影响和势力外③，还可以是山川景物，如"别有王孙公子，逊遁容仪；

---

① 或思**脾中神名**，名黄裳子，但合口食内气，此皆有真效。（《抱朴子·杂应》）（思念景仰的人）

将军既帝室之胄，信义著于四海，总揽英雄，思**贤**如渴，若跨有荆、益，保其岩阻，西和诸戎，南抚夷越，外结好孙权，内修政理。（《三国志·蜀志·诸葛亮传》）（思念景仰的人）

父严车马，疾行迎女，到其乡土，具喻姤婷："女母悲泣，夙夜思**女**，故遣迎之，当听相见，不久来还。"（《生经》卷4，3/96c-97a）（思念离别的人）

《搜神记》曰："太古时，有人远征。家有一女，并马一匹。女思**父**。乃戏马云：'能为我迎父，吾将嫁于汝。'"（《齐民要术》卷五"种桑、柘"条）（思念离别的人）

羁鸟恋旧林，池鱼思**故渊**。陶渊明（《归园田居五首之一》）（思念地方）按，"恋""思"对举同义。

我向大家，思**父母舍**。（《贤愚经》卷11，4/428c）（思念地方）

处大无患者恒多慢，处小有忧者恒思**善**；多慢则生乱，思善则生治，理之常也。（《三国志·蜀志·谯周传》）（思念德行）

是时中夜，（优波斯那）于高屋上，思**佛功德**，读诵法句。（《贤愚经》卷4，4/373b）（思念功业与德行）

感《四牡》之遗典，思**饮至之旧章**。（《三国志·吴志·诸葛恪传》）（思念法度）

心不思**法**，不系意在明，失不净，是为五。（《四分律》卷59，22/1005c）（思念法度）

华夏思**美**，西伯其音，开庆来世，历载攸兴。（《三国志·蜀志·杨戏传》）（思念恩惠）按，"美"即思泽。

其诗本云："平平白符，思**我君惠**，集我金堂"。（《南齐书·乐志》）（思念恩惠）

② 唯**王**死不烧，置之棺中，远葬于野，立庙祭祀，以时思**之**。（《洛阳伽蓝记》卷五"宋云宅"）（$S_{1.1.1}$）

父在郢州病亡，颐忽思**父**涕泣，因请假还，中路果得父凶问。（《南齐书·乐颐传》）（$S_{1.2}$）

（王丞相）自叹曰："人言我愦愦，后人当思**此愦愦**。"（《世说新语·政事》）（$S_{1.3}$）

昔楚思**子文之治**，不灭斗氏之祀。（《三国志·魏志·钟会传》）（$S_{1.5}$）

王公熟视，谓客曰："**使人思安丰**！"（《世说新语·任诞》）（S_6）

③ 衔觞念**幽人**，千载抚尔诀。（陶渊明《和郭主簿二首其二》）（思念仰慕的人）按，"幽人"即贤隐士。

愚生三季后，慨然念**黄虞**。（陶渊明《赠羊长史并序》）（思念仰慕的人）按，"黄虞"指传说中的上古帝王黄帝和虞舜。

思山念水，命驾相随"（《洛阳伽蓝记》卷二"正始寺"条）此为思念山水例；"（长者）自见定是天身，心生欢喜，常念塔寺，以天眼观所作塔寺"（《杂宝藏经》卷5，4/473 b）是为思念塔寺例；"恐怖皆舍励心意，余事莫想唯念林"（《佛本行集经》卷38，3/830b）该为思念森林例。二是句法功能的丰富。此期它除了充当主语、宾语和谓语外，还可以充当定语，如"念妇在前，面类形貌，坐起举动"（《生经》卷1，3/70a）是为单独修饰中心语例，"（净饭王）为念子故，忧愁苦恼，逼切于心"（《佛本行集经》卷25，3/768a）此为与对象一起构成动宾短语修饰中心语例。三是支配对象的性质更多样，除了代词性成分与名词性成分外，还可以是谓词性成分和小句，新兴起了 $S_{1.3}$ 和 $S_{1.4}$ 用法，前者例如"世世莫有念恶如斯人也"（《六度集经》卷5，3/27b）；后者例如"（我）念妇人恶露不净，非我净法"（《大明度经》卷4，8/495b）。四是客体论元的位置较灵活，除了作宾语外，还可用介词引进构成介词短语作补语或作主语，新生了 S_3 和 S_4 用法，酌举此期部分用例：

（1）青龙中，帝东征，乘辇入逴祠，诏曰："昨过项，见**贾逵**碑像，念之怆然。"（《三国志·魏志·贾逵传》）（$S_{1.1.1}$）

（2）龙母子与王诀别："若大王念**我**呼名，吾则来，无憔悴矣。"（《六度集经》卷5，3/29 b）（$S_{1.1.1}$）

（3）权曰："……孤念**公瑾**，岂有已乎？"（《三国志·吴志·周瑜传附周胤传》）（$S_{1.2}$）

（4）（世间之人）既得出家，还复念**其妻子眷属**。（《百喻经》卷2，4/546c）（$S_{1.2}$）

（5）阿难白佛言："心所念**恶**，宁可悔不？乃当却就尔所劫？"（《大

（接上页）母以社日亡，来岁邻里社，修感念**母**，哀甚。《三国志·魏志·王修传》）（思念离别的人）

父母念**子**，与子离别五十余年，而未曾向人说如此事。《妙法莲华经》卷2，9/16c）（思念离别的人）

（檀腻羁）复白王言："道见女人，倩我白王，我在夫家，念**父母舍**；若在父舍，复念**夫家**，不知所以，何缘乃尔？"（《贤愚经》卷11，4/429b）（思念地方）

于时和尚，心念**弟子功德性行**，愁忧感结，泣涕雨泪，不能自解。《生经》卷3，3/92c）（思念业绩与德行）

81

明度经》卷5，8/500b）（S₁.₃）

（6）重炎灼体，不念**狐白之温**。（《南齐书·刘祥传》）（S₁.₃）

（7）王见诸子，欢喜踊跃，恡迟念想**于大夫人**。（《贤愚经》卷2，4/364 c）（S₃）按，"念""想"组合已见，后世文献中"念想"成为固定组合。

（8）（夫）从天上没，即到妇边，而语之言："汝大忧愁，念**于我**也。"（《杂宝藏经》卷5，4/473 bc）（S₃）

（9）即之事实，非败之谓，唯**龄石等**可念尔。（《宋书·郑鲜之传》）（S₄）

东晋以后，"忆"呈现快速发展之势：一是使用数量的激增。如在所考察的9种东晋至隋代文献中，指称本概念的"忆"凡38见，较先秦至东汉时期增长了37倍。二是句法功能的完备。此期其除了作谓语外，还可以作主语、宾语和定语。主语例如"忆念不舍"（《佛本行集经》卷36，3/823a）；宾语例如"即舍一切忆念忧愁。"（《佛本行集经》卷18，3/735b）；定语例如"（长者）以忆念子耶输陀故，遣使速往智慧人边……"（《佛本行集经》卷35，3/818a）。三是义域的明确。东汉时期，我们仅在译经中索得1例"思忆何等"例，此例中的"何等"既可指人，也可指物，还可指事，到底指代什么，不同的人可以有不尽相同的理解，所以具有一定的模糊性。魏晋以后，其所支配的对象明确可指，既可以是仰慕的人（或变相的人），如"菩萨""迦业舍利""释孙陀利"等①，还可以是离别的人，如"儿子""丈夫""戴安道""高帝"等②；既可以是周围的地方，如"家乡"等③，也可以

----

① （白净王）若忆**菩萨**，抱罗睺罗，用解愁念。（杂宝藏经》卷10，4/497b）

　于彼时间，弥勒世尊，忆念**是大迦叶舍利**。（《佛本行集经》卷47，3/870b）

　时彼难陀报言："世尊，我于今者，……兼复忆**彼释孙陀利**，是故不乐行于梵行。"（《佛本行集经》卷56，3/913c）

　（难陀）忆**孙陀利五欲之事**。（《佛本行集经》卷57，3/915a）

② （父母）是以殷勤每忆**其子**，复作是念："我若得子，委付财物，坦然快乐，无复忧虑。"（《妙法莲华经》卷2，9/16c）

　（妇）昼夜忆**夫**，忧愁苦恼。（《杂宝藏经》卷5，4/473b）

　（王子猷）因起彷徨，咏左思《招隐》诗。忽忆**戴安道**。（《世说新语·任诞》）

　永明元年元日，有小人发白虎樽，既醉，与笔札，不知所道，直云"忆**高帝**"。敕原其罪。（《南齐书·五行志》）

③ 乍至中土，思忆**本乡**。（《洛阳伽蓝记》卷二"景宁寺"）

是周围的情况影响或势力，如"缠绵时""旧养育之时"等①。四是客体论元性质的多样，除了代词性成分外，还有名词性成分，新兴了 $S_{1.2}$ 用法，如："（车匿）谏言：'大妃，莫生如是酸切懊恼，莫大悲苦，应须暂停，莫忆圣子。'"（《佛本行集经》卷 19，3/742a）五是客体论元的句法位置更灵活，除了直接作宾语外，还可与介词一起构成介宾短语作补语，同时还可以用在使令句中，新生了 S_3 和 S_6 用法。部分用例如：

（1）汝等忆念**我**故，汝等若闻此法门者，应生欢喜。（《佛本行集经》卷 6，3/680b）（$S_{1.1.1}$）

（2）（耶输陀父）见已而告耶输陀言："子耶输陀，汝母忆**汝**受大苦恼。"（《佛本行集经》卷 35，3/818c）（$S_{1.1.1}$）

（3）（太祖）即封所饮酒赐义康，并书曰："会稽姊饮宴忆**弟**，所余酒今封送。"（《宋书·武二王传·彭城王刘义康》）（$S_{1.2}$）

（4）巇曰："风景殊美，今日甚忆**武陵**。"（《南齐书·高帝十二王传·武陵昭王萧晔》）（$S_{1.2}$）

（5）诸天忆念**于仁**者，是彼三十三天王。（《佛本行集经》卷 44，3/859b）（S_3）

（6）车匿！汝至我父净饭王边，作如是等多种语言，令王意定。汝至彼处，善作如是方便慰喻，莫令忆**我**。（《佛本行集经》卷 18，3/735b）（S_6）
按，据前文可知，"忆"的主体当为"我父净饭王"。

相比于"忆"的大步流星，此期的"想"可谓是鹅行鸭步，具体呈现如下特点：一是使用数量增长缓慢，如在所考察的 16 种魏晋至隋代文献中，指称本概念的"想"仅 11 见，还不足"忆"的 1/3。二是句法功能更趋多样。此期，它除了充当谓语外，还可充当宾语和定语，前者例如"韩寿美姿容，贾充辟以为掾。充每聚会，贾女于青中看，见寿，说之。恒怀存想，发于吟咏"（《世说新语·惑溺》）；后者例如"是人为热病所逼，常思寒冷之处，念想之时，便堕此狱"（《贤愚经》卷 4，4/378b）。三是义域更趋丰富，除了前见的人和事外，还可以是山川景物和人的德行，"想庭

---

① 得络逐胜去，颇忆缠绵时。（《洛阳伽蓝记》卷三"正觉寺"）
圣子，亦成无恩义人，而不忆旧育养之时。（《佛本行集经》卷 18，3/735c）

藿之余馨"(《南齐书·苏侃传》)是为思念霍草作香例;"粲指庭中柳树谓巘曰:'人谓此是刘尹时树,每想高风'"(《南齐书·刘瓛传》)此为思念刘尹时高尚风范例。四是客体论元性质更趋多元,除了代词性和名词性成分外,还有谓词性成分,新兴了 $S_{1.3}$ 用法。五是客体论元的句法位置更趋灵活,除了作宾语外,还可以用介词引进作补语,出现了 S_3 用法。下面是此期的部分用例:

(1)族姓子闻之心即生念:"与**妇**相娱乐时,夫妇之礼,戏笑放逸。"心常想**此**,不去须臾,念妇在前,面类形貌,坐起举动。(《生经》卷1,3/70,a)($S_{1.1.1}$)

(2)复次,若有深着想念**如来**,随所想便为着。(《大明度经》卷3,8/488c)($S_{1.2}$)

(3)于是族姓子,弃家牢狱,银铛杻械,想着**妻子**,而自系缚,不乐梵行。(《生经》卷1,3/70b)($S_{1.2}$)

(4)尔时太子,遥见父王,下车步进,头面礼拜,问讯父母;父母亦下,便共抱持,别久念想**与子相见**,一悲一喜。(《贤愚经》卷9,4/414c)($S_{1.3}$)

(5)王见诸子,欢喜踊跃,悒迟念想**于大夫人**。(《贤愚经》卷2,4/364c)(S_3)

表3.4　魏晋至隋代部分文献中"思念"概念场典型成员"思""忆"用法调查

用法	文献	思													忆							
	词项	抱	三	陶	六	生	世	书	洛	颜	百	贤	佛	总计	妙	世	书	洛	贤	杂	佛	总计
作谓语	S_0																					
	S_1 $S_{1.1}$ $S_{1.1.1}$	1	3				3	1			2			10							2	2
	$S_{1.1.2}$																					
	$S_{1.2}$	8	12	4	1	2	2	8	1			1	3	42	1	1	2	2	2	4	12	24
	$S_{1.3}$		1			1						2		4								
	$S_{1.4}$																					
	$S_{1.5}$		1											1								
	S_2																					
	S_3													72							2	2 / 31
	S_4																					
	S_5		4	2	1				3			3		13					1	1		2
	S_6					2								2							1	1
作主语		1	1	2			2					1		7							1	1
作宾语		1	3				2	3						9							1	1
作定语			1											1							5	5

84

表3.5　　魏晋至隋代部分文献中"思念"概念场典型成员"念""想"用法调查

用法	词项	念 抱	三	法	陶	六	大	生	妙	书	洛	百	贤	杂	佛	总计	想 陶	大	生	世	书	百	贤	总计
作谓语	S_0																							
	$S_{1.1}$ $S_{1.1.1}$		1			1	3						1		4	10	1							1
	$S_{1.1.2}$																							
	$S_{1.2}$	1	2	1	3	4	2	6	2	4	1	1	7	2	15	51	1	1		2				4
	$S_{1.3}$						2	2		1					1	6							1	1
	$S_{1.4}$							1								1								
	$S_{1.5}$																							
	S_2																							
	S_3											1	1	1		3 (92)							1	1 (9)
	S_4																							
	S_5		2		1	1						1	3	2	11	21	1					1		2
	S_6																							
作主语			1									1		2		4								
作宾语					2			1							1	4					1			1
作定语								1					5			6							1	1

表3.6　　　　　　16种魏晋至隋代文献"思念"概念场典型成员出现次数

词项	用例数	抱	三	法	陶	六	大	生	妙	世	书	洛	颜	百	贤	杂	佛	总计
思	单	11	26	0	8	2	0	2	0	5	15	2	6	1	7	0	4	89
	连	2	26	0	8	0	0	4	1	4	5	2	3	0	7	1	14	77
念	单	1	6	1	4	12	6	8	2	0	5	1	0	2	13	4	41	106
	连	0	1	1	0	0	2	2	1	2	1	0	1	0	11	3	8	33
忆	单	0	0	0	0	0	0	0	0	1	2	2	0	0	5	25		38
	连	0	0	0	0	0	0	0	0	0	0	0	0	0	0	2	0	2
想	单	0	0	0	0	0	0	1	0	1	2	0	0	1	3	0	0	11
	连	0	0	0	0	0	0	0	0	0	0	0	0	0	0	0	0	0

　　概而言之，魏晋至隋代，尽管"思"的句法功能有所完备，但在"念"与"忆"的强势竞争下，其义域和用法均有所萎缩，未见 S_3 和 S_4 用法；"念"的义域和用法则更趋丰富，除了魏晋以前的原有用法外，此期还新增了 $S_{1.3}$、$S_{1.4}$、S_3 和 S_4 用法；"忆"尽管东晋以后发展迅速，但

其义域和用法不及"念"多样，未见 $S_{1.3}$、$S_{1.4}$ 和 S_4 用法；"想"尚处于缓慢发展期，未见 $S_{1.4}$ 和 S_4 用法。据此，我们可以推测，"念"当为此期"思念"概念场的主导词。这里有两个材料可以佐证我们的推测：一是东晋的佛教撰述《法显传》中"思念"概念的表达均用"念"，凡 2 见，如"商人、贾客皆悉惶怖，法显而时亦一心念观世音及汉地众僧。"《法显传》中的 2 个用例还有助于我们进一步推测"念"取代"思"当不晚于 5 世纪初[①]。二是 16 种魏晋至隋代文献中，"思""念""忆""想"的单个出现比例为 89：106：38：11（具体数据见表 3.6）。需要提及的是，以上我们是就整个魏晋至隋代的 16 种文献所作的推断，未考虑文献的性质。若将其分成本土撰述和汉译佛经来考察，会发现：本土撰述中，"思"仍占据着本概念场的主导词位置；汉译佛经中，"思"则已让位于"念"。如在所考察的 8 种本土撰述中，"思"是"念"的 4 倍多（二者单用分别为 73 见与 18 见）；而在所考察的 8 种汉译佛经中，"思"则不足"念"的 1/5（前者单用 88 见，后者 16 见），甚至不如"忆"多（"忆"33 见）。同一概念场成员"思"与"念"在本土撰述和汉译佛经中更迭的不同步性，再一次证明了"跟佛经相比，中土文献在反映口语方面总要慢一个节拍"[②]的特点。

3.2.3 唐宋时期

唐宋时期，"思"与"念"渐入式微；"忆"进一步发展；"想"则仍身单力薄，还不具备与其他成员抗衡的实力。请见下面详细论述。

此期，"思"主要见于诗词等书面语色彩较浓和南方方言背景的文献中。如《白居易诗集》和《敦煌歌辞总编》中指称本概念的"思"的使用与"忆"势均力敌（二者单用分别为 44 见与 46 见）；《三朝北盟汇编》中"思念"概念的表达用"思"不用"忆"；《祖堂集》中指称本概念的

---

① 邵天松根据《法显传》的结语和跋推断该书的成书年代在公元 416 年前后（《〈法显传〉词汇研究——兼谈汉译佛典词汇的中土化》，硕士学位论文，南京师范大学，2007 年，第 2 页）。

② 汪维辉：《东汉—隋常用词演变研究》（修订本），商务印书馆 2017 年版，第 150 页。

"思"（8 次）高于"念"（3 次）及"忆"（1 次）的用例数；《张协状元》中"思念"概念的表达用"思"不用"念"。《白居易诗集》和《敦煌歌辞总编》是诗辞，《三朝北盟汇编》是编年体史书，诗歌和史书的言辞一般比较典雅，书面语色彩较浓，故三书中这种新旧成分之间的拉锯战现象可能是"书面语在反映新兴口语成分上的滞后性及对旧成分使用上的保守性特点"① 所致的结果。就《祖堂集》中 8 例使用者的方言背景来看，有 6 例的使用者是南方人 ②，另外 2 个例句的使用者尽管是北方人，但他们在南方生活过 ③，所以不排除南方方言对他们影响的可能性；《张协状元》属于南方文献，故两书中"思强它弱"可能是方言影响的结果。另外，由于修辞或仿古的需要，偶尔还会使用旧词，所以在唐宋文献中，还可见"思"表"思念"的用例 ④，不过都是对前代用法的承袭，未见新用法的产生。

唐以后，"念"渐趋式微，进入退隐期，其使用语域受限，主要见于文辞较典雅的诗辞和史书中或具有南方方言背景的文献中，前者例如《白居易诗集》《王梵志诗校注》《敦煌歌辞总编》《三朝北盟会编》中，指称本概念的单用"念"共 21 见；后者例如《祖堂集》《五灯会元》《朱子语类》中，指称本概念的单用"念"22 见，除去引用《尚书》的 1 例外，其中有 17 例使用者的方言背景是南方方言，3 例使用者可能受过南方方言的影响，只有 1 例使用者是否有过南方方言影响的经历尚不确定，故三书中

---

① 杨荣贤：《汉语六组关涉肢体的基本动词发展史研究》，博士学位论文，南京大学，2006 年，第 82 页。

② 1 例的使用者为"福先招庆"，5 例的使用者为"仰山"。前者为泉州仙游县人，当属闽方言区；后者为韶州怀化人，当属湘方言区。

③ 2 个例句的使用者分别为"华严"和"南泉"，一个是洛京人，一个是新郑人。其中前者师从洪州高安县的洞山，后者师从江西的马大师。

④ 上曰："**俊臣**于国有功，朕思之耳。"（《朝野佥载》卷二）（S₁.₁.₁）

思**故**乡兮愁难止，临水登山情不已。（《敦煌变文校注·伍子胥变文》）（S₁.₂）

在劳则念息，处静已思喧。（白居易《答崔侍郎、钱舍人书问，因继以诗》）（S₁.₃）按，"念""思"对举义同。

《昆明春水满》，思**王泽**之广被也。（白居易《新乐府并序》）（S₁.₅）

何世无其人，**来者**亦可思。（白居易《和〈阳城驿〉》）（S₄）

教我行思坐想，肌肤如削。（柳永《凤凰阁》）（S₆）按，"思""想"对举义同。

"念"的使用可能是方言影响的结果^①。伴随着使用范围的缩小，其所支配对象的重心有所倾斜。此期其所施及对象的类型与魏晋至隋代时大致类似，可以是景仰的人、离别的人、周围的地方、周围的情况影响及势力和山川景物等^②，不过最主要的还是对人的思念，如"贵妃""君""二 / 慈亲""子""耕夫""观音 / 观世音""故疆旧民""秦楼彩凤""翠娥""解配"等^③。与此同时，用法也有所萎缩，未见 S₄ 用法，下面是此期"念"的部分用例。

---

① 《祖堂集》、《五灯会元》和《朱子语类》中使用本概念的单用"念"使用者里籍及方言区分布：福建籍闽方言区者：百丈 2 例、兴福可勋禅师 1 例、林夔孙 1 例；江西籍赣方言区者：归宗 1 例、洪州法达禅师 1 例、江西志彻禅师 1 例、显道 1 例；江苏籍吴方言区者：智威禅师 2 例；浙江籍吴方言区者：称心省倧禅师 1 例、叶贺孙 1 例、潘时举 3 例；湖南籍湘方言区者：华林善觉禅师 2 例；山东籍华北官话者：香严 1 例；河南籍华北官话：法云杲禅师 1 例；信息不明者：三祖僧璨鉴智禅师 1 例、侍郎张九成居士 1 例。三书中指称本概念的 21 例"念"，使用者为南方方言背景的 17 例，剩下的 4 例中，有 2 例使用者为籍贯不详的三祖僧璨鉴智禅师和侍郎张九成居士，尽管二者不知何许人，但前者隐于舒州的皖公山，往来于太湖县司空山，后者去净慈（位于杭州市西湖南岸）向宝印楚明禅师学道，所以不排除吴方言对他们可能有的影响；有 1 例的使用者为河南籍的法云杲禅师，尽管他是北方人，但他自妙年游方，到过韶山等地方，故也不排除湘方言等对他影响的可能性；只有 1 例使用者香严是否有过南方方言影响的经历尚不明确。

② 夹山问："远闻和尚念观音，是否？"（《五灯会元》卷三 "华林善觉禅师"）（思念景仰的人）

吴王曰："朕自别卿之后，恋念不离心怀。"（《敦煌变文校注·伍子胥变文》)(思念离别的人) 按，"恋""念"组合已见，后世文献中"恋念"成为固定搭配。

如今沦弃念故乡，悔不当初放林表。（《敦煌歌辞总编·胡笳十八拍又一拍》第八拍）（思念地方）

远行忆念恩（《敦煌歌辞总编》）（思念恩德）按，该为题名。

师曰："但念水草，余无所知。"（《五灯会元》卷十八 "法云杲禅师"）（思念山川景物）

③ 又不见泰陵一掬泪，马嵬坡下念贵妃。（白居易《李夫人》）

自念因念君，俱为老所逼。（白居易《寄元九》）

无心念二亲，有意随恶伴。（王梵志《天下浮逃人》）

其母闻儿此语，唤言秋胡："我念子不以（已）为言作隔生，何其（期）面叙！"（《敦煌变文校注·秋胡变文》）

我皇 [□]（帝）每临美膳，常念耕夫；忧水旱之不调，恐赋租之难办。（《敦煌变文校注·长兴四年中兴殿应圣节讲经文》）

不念观世音，争知普门入。（《五灯会元》卷十 "兴福可勋禅师"）

今者女真逼燕，燕人如在鼎镬，皇帝念故疆旧民，不忍坐视，是以兴师援救。（马扩《茅斋自叙》）

因念秦楼彩凤，楚观朝云，往昔曾迷歌笑。（柳永《满朝欢》）

因念翠娥，香隔音尘何处，相望同千里。（柳永《佳人醉》）

念解佩、轻盈在何处。（柳永《夜半乐》）按，"解配"代指所爱的女子。

（1）朋母忆之，心 [中] 烦恼；其妻念之，内自发心。（《敦煌变文校注·韩朋赋》）（$S_{1.1.1}$）按，"忆""念"对举义同。

（2）又说："（采薇）二章则既出而不能不念其家；三章则竭力致死而无还心，不复念其家矣；四章五章则惟勉于王事，而欲成其战伐之功也；卒章则言其事成之后，极陈其劳苦忧伤之情而念之也。其序恐如此。"（《朱子语类》卷八一《诗二·采薇》）（$S_{1.2}$/$S_{1.2}$/$S_{1.1.1}$）

（3）虽然身畅逸，却念世间人。（《拾得诗校注·若论》）（$S_{1.2}$）

（4）因举旧有人作仁人之安宅赋一联云："智者反之，若去国念田园之乐；众人自弃，如病狂昧宫室之安。"（《朱子语类》卷一百三九《论文上》）（$S_{1.3}$）

（5）阿郎见此箱中物，念此女人织文章。（《敦煌变文校注·董永变文》）（$S_{1.4}$）

（6）祖曰："吾久念于汝，汝来何晚！"（《五灯会元》卷二"江西志彻禅师"）（S_3）

唐宋时期是"忆"发展的进一步完备期，呈现如下特点：一是主体论元的类型更多样，除了"人"外，还可是变相的人，如"第三第四弦泠泠，夜鹤忆子笼中鸣"（白居易《五弦弹》）。二是义域的进一步扩大。此期其所支配的对象除了前见的景仰的人、离别的人、周围的地方、周围的情况影响和势力外[1]，还可以是山川景物，如"松上风""西省松""南宫菊""白云""城中春""款冬""树物"等[2]。三是客体论元的性质更多样，除了代词性、名

---

[1] 经云：不观是菩提，无忆念故，即是自性空寂心。（《神会语录》）（思念景仰的人）

皇帝别无报答，再设大斋一筵，满座散香，咸忆三藏。（《大唐三藏取经诗话》下）（思念景仰的人）

忽至冬年节岁，六亲悉在眼前，忽忆在外之男，遂即气咽填凶（胸），此即名为"爱别离苦"。（《敦煌变文校注·庐山远公话》）（思念离别的人）

罗袖班班（斑斑）新泪点，一心专忆外头儿。（《敦煌变文校注·父母恩重经讲经文（二）》）（思念离别的人）

哀哉百年内，肠断忆咸京。（《寒山诗校注·去年》）（思念周围的地方）

春风细雨需衣湿。何时恍忽忆扬州。（《敦煌歌辞总编·泛龙舟（游江乐）》）（思念周围的地方）

远行忆念恩（题名）（思念恩惠）

爱别离苦继心肠。忆念是寻常。（《敦煌歌辞总编·十恩德（报慈母十恩德　十首）》）（思念恩惠）

[2] 鸿思云外天，鹤忆松上风。（白居易《见萧侍御忆旧山草堂诗，因以继和》）按，"思""忆"对举义同。

词性成分外，还可以是谓词性和小句，出现了 $S_{1.3}$ 和 $S_{1.4}$ 的用法。四是尽管此期未见 S_3 用法，但受动补结构产生的影响①，出现了"忆＋动态助词＋对象"的 S_7 用法，如前举的"见此溪上色，忆得山中情"例。列举此期部分用例：

（1）父母眼干枯，良由我忆你。（王梵志《怨家煞人贼》）（$S_{1.1.1}$）

（2）耶输忆我向门看，眼应穿。（《敦煌歌辞总编·五更转（太子入山修道赞　十五首）》）（$S_{1.1.1}$）

（3）时物感人情，忆我故乡曲。（白居易《孟夏思渭村旧居寄舍弟》）（$S_{1.2}$）

（4）对曰："忆师兄，哭太煞，失却一只眼，下世去。"（《祖堂集》卷四"道吾和尚"）（$S_{1.2}$）

（5）一朝囹圄里，方始忆清贫。（王梵志《官职莫贪财》）（$S_{1.3}$）

（6）思薄幸，忆多情，玉纤弹处暗销魂。（《话本选·万秀娘仇报山亭儿》）（$S_{1.3}$）按，"思""忆"对举同义。

（7）会先生为寿昌题手中扇云："长忆江南三月里，鹧鸪啼处百花香。"（《朱子语类》卷一一八《朱子门人十五》）（$S_{1.4}$）

（8）边塞忽然闻此曲，令妾愁肠每意（忆）归。（《敦煌变文校注·王昭君变文》）（S_6）

（9）争不教人忆，怕郎心自偏。（《敦煌歌辞总编·南歌子（心自偏）》）（S_6）

（10）长因送人处，忆得别家时。（《唐摭言》卷一三"矛盾"条）（S_7）

唐宋时期，"想"的见次率仍然极低，如在所考察的 13 种唐宋文献中，指称本概念的单用"想"仅 6 见（具体数据见表 3.9），但显现出了如下值得关注的变化：一是句法功能有所扩大。除了作谓语外，此期还偶尔可见

（接上页）不忆西省松，不忆南宫菊。（白居易《思竹窗》）

始怜涧底色，不忆城中春。（白居易《寄题周至厅前双松　两松自仙游山移植县厅》）

唯有王居士，知予忆白云。（白居易《翰林院中感秋怀王质夫》）

披岩巴载，数值柴胡，乃忆款冬。（《敦煌变文校注·伍子胥变文》）按，"款冬"为多年生草本植物。

三十三天，九十九那由天女，忆念树物，随意而出。（《酉阳杂俎》卷三）

① 石毓智指出"动补结构作为一种能产的语法手段是在十二世纪左右产生的"（《古今汉语动词概念化方式的变化及其对语法的影响》，《汉语学习》2003 年第 4 期）。

其充当主语的用例,如"包显道问:'远祖时人不解更有追念之意,想只是亲'"(《朱子语类》卷二二《论语·学而篇下》),该例中"想"直接作"是"的主语。二是义域有所扩大,除了前见的人、山川景物外,还可以是具体的地方,如"于是四天大梵,思法会而散下云头;六欲诸天,相(想)菴(庵)园而趋瞻圣主"(《敦煌变文校注·维摩诘经讲经文》),此为思念具体地方例。尽举此期用例:

（1）皆呈法曲,尽捧名衣,思大圣之情专,**想慈尊**而意切。(《敦煌变文校注·维摩诘经讲经文》)($S_{1.2}$)(思念仰慕的人)

（2）每想**夫人**辞家出,夜夜寻看房卧路。(《敦煌变文校注·欢喜国王缘》)($S_{1.2}$)(思念离别的人)

（3）翠莲便道:"丈夫丈夫你休气,听奴说得是不是,多想**那人**没好气,故将豆麦撒满地。"(《话本选·快嘴李翠莲记》)($S_{1.2}$)(思念人)

（4）长思道行,每想**英聪**,修书而无雁可凭,显恋而有梦频托。(《敦煌变文校注·维摩诘经讲经文》)($S_{1.3}$)(思念仰慕的人)

（5）迢迢**香炉峰**,心存耳目想。(白居易《登香炉峰顶》)(S_5)(思念山川景物)

表3.7　唐宋部分文献中"思念"概念场典型成员"思""想"用法调查

用法	项	思 白	王	金	敦	唐	祖	煌	藏	碧	朝	张	话	总计	想 白	敦	张	总计
作谓语	S_0																	
	$S_{1.1}$ $S_{1.1.1}$			2	3	1	2	1					3	12				
	$S_{1.1.2}$																	
	$S_{1.2}$	15		17		4	7	1	1	1				46		4		4
	$S_{1.3}$	1	1					2					1	5				
	$S_{1.4}$													(68)				(6)
	$S_{1.5}$	1												1				
	S_2																	
	S_3																	
	S_4	1												1				
	S_5			1		2								3	1		1	2
	S_6																	
作主语		5						5						10				

（注:"思"作谓语合计为68,"想"作谓语合计为6。）

词项 / 用法 文献	思												想			
	白	王	金	敦	唐	祖	煌	藏	碧	朝	张	话	总计	白	敦	张	总计
作宾语	2			2	1		2						7				
作定语				1				2					3				

表3.8　　　　唐宋部分文献中"思念"概念场典型成员"念""忆"用法调查

用法 文献			词项	念						忆											
				白	王	敦	祖	煌	朝	总计	白	王	金	敦	唐	祖	煌	藏	碧	门	张	话	总计
作谓语	S₁		S₀																				
		S₁.₁	S₁.₁.₁	2		2				4	1			1			1				1		4
			S₁.₁.₂																				
			S₁.₂	3	2	3	2	3	1	14	15	2	2	20	1	2	13	3				2		60
			S₁.₃		1					1	2	1		2								1		6
			S₁.₄		1					1									1					1
			S₁.₅							26														106
		S₂																						
		S₃																						
		S₄																						
		S₅		3		2	1			6	6		1	9	1		1		5		1		29
		S₆											1			2						3
		S₇									1					1		1				3
作主语				3		1		1		5						2							2
作宾语				1						1									1		1		1
作定语				2		2				4	1			1									2

表3.9　　　　13种唐宋文献中"思念"概念场典型成员出现次数

词项	用例数 文献	白	王	金	敦	唐	祖	煌	藏	碧	门	朝	张	话	总计
思	单	25	1	2	24	2	8	19	1	1	0	1	3	1[①]	88
	连	10	2	2	36	1	1	16	1	0	0	3	5	0	75
念	单	14	2	0	13	0	3	4	0	0	0	1	0	0	37
	连	1	0	0	17	0	0	0	1	0	0	1	0	0	20
忆	单	25	4	3	34	3	2	25	3	5	1	0	5	1	111
	连	0	0	0	6	0	0	2	0	1	0	0	0	0	10
想	单	1	0	0	4	0	0	0	0	0	0	0	1	0	6
	连	0	0	0	4	0	0	0	0	0	0	1	0	0	5

① 该例"思"与"忆"对举。

要之，唐以后"思"与"念"的使用语域受限，优势不明显。伴随着使用范围的缩小，其用法也有所萎缩，前者未见 S_3 用法，后者未见 S_4 用法；"忆"则义域和用法更趋多样，除了前见的原有用法之外，此期还新增了 $S_{1.3}$、$S_{1.4}$ 和 S_7 用法；"想"尽管句法功能和义域有所扩大，但见次率仍极低，不具备竞争力。据此，我们可以推测，"忆"当为此期本概念场的主导词。这里有两个材料可以佐证我们的推测：一是《白居易诗集》中索得 4 例指称本概念的"忆"用于诗题中，如"见萧侍御忆旧山草堂诗，因以继和""西明寺牡丹花时忆元九""忆洛下故园"等，无论是对山川景物的思念，还是对人或地方的思念，都用"思"，这足见其当时是很地道的口语词。二是《大唐三藏取经诗话》中"思念"概念的表达只用"忆"不用"念"，凡 3 见，如"长者一日思念考妣之恩，又忆前妻之分"（《大唐三藏取经诗话》下），该例前言"思念"，后言"忆"，"忆"之思念义显豁；"今日中酒，心内只忆鱼羹，其他皆不欲食"（《大唐三藏取经诗话》下）[1]。这个材料有理由让我们相信，南宋后期（13 世纪中后期），在当时的实际口语中，"忆"已取代"念"成为本概念场的主导词。三是"忆"在数量上要较其他三者有优势，如在所考察的 13 种唐宋文献中，单用的"思""念""想"分别为 88 见、37 见、6 见，"忆" 111 见（具体数据详见表 3.9）。

3.2.4 元明清时期

元明清时期，"思"与"念"主要降格为语素；"忆"由显而微；"想"则由微而显。下面具体论述。

此期，"思"与"念"主要降格为语素，如在所考察的此期 11 种文献中，单用的"思" 74 见，作为构词语素出现的 296 见，后者是前者的 4 倍；单用的"念" 24 见，作为构词语素出现的 118 见，后者是前者的近 5 倍（具体数据参见表 3.12）。单用的"思"与"念"主要见于诗文、文

---

① 关于《大唐三藏取经诗话》成书年代学界聚讼纷纭：有南宋说、晚唐五代说、北宋晚期说和元代或元代前后说，汪维辉从文献学的角度证明其刊刻当不晚于 1250 年，是南宋刻本（《〈大唐三藏取经诗话〉〈新雕大唐三藏法师取经记〉刊刻于南宋的文献学证据及相关问题》，《语言研究》2010 年第 4 期），今从。

人仿古用例和具有南方方言背景的文献中，如 74 例"思"，用于诗文中的 13 例，用于标题中的 2 例，仿词的 1 例，用于具有南方方言背景文献中的 41 例；24 例"念"，用于诗文中的 8 例，用于具有南方方言背景文献中的 11 例。还有部分是修辞上对举之用，如"思"与"念"对举的有 3 例，"思"与"忆"对举的 1 例，"思"与"想"对举的有 6 例，"念"与"想"对举的 1 例（具体数据详参表 3.12）。《南村辍耕录》中指称本概念的单用"思" 11 见，多于其他三者之和（"念" 4 见、"忆" 2 见、"想" 3 见），与其前后或同期作品主要用"想"呈现出很大的不同，这反映了南方方言在新词吸收上更趋保守的特点。伴随着使用范围的变化，"思"的用法出现了萎缩，未见 $S_{1.5}$、S_3、S_4 和 S_6 用例[①]；"念"的义域出现了萎缩，其支配对象主要为人，未见其对周围情况的影响及势力和山川景物的施及。且句法位置比较简单，主要作宾语，未见 S_3 用例[②]。

受"想"的排挤，此期"忆"由显而微，具体表现在：一是使用语域受限，主要行用于具有南方方言背景的文献和诗文中。前者例如《小孙屠》《南村辍耕录》《水浒全传》《西游记》、明民歌五书中指称本概念的单用"忆"共 17 例；后者例如《金瓶梅词话》和《红楼梦》中的 9 例均用于诗文中。二是句法功能有所萎缩，未见作主语和宾语的用例。三是用法也有所萎缩，未见 $S_{1.3}$、S_6 和 S_7 用例[③]。

---

① 人或以为不死，公思之。（《南村辍耕录·李玉溪先生》）（$S_{1.1.1}$）按，"之"指代李玉溪。

相伴宋江住了十数日，武松思乡，要回清河县看望哥哥。（《水浒全传》第二三回）（$S_{1.2}$）

（敬济酒）道："我兄弟思想姐姐，如渴思浆，如热思凉，想当初在丈人家，怎的在一处下棋抹牌，同坐双双，似背盖一般。"（《金瓶梅词话》第九二回）（$S_{1.2}/S_{1.3}$）

梦里尚思江北好，悔将夫骨葬江南。（《南村辍耕录·项节妇》）（$S_{1.4}$）

（我为你）思着前，想着后，何日（有个）了期。（《挂枝儿·咒》）（S_2）

② 金莲道："梦是心头想，喷嚏鼻子痒。饶他死了，你还这等念他。"（《金瓶梅词话》第六七回）（$S_{1.1.1}$）按，"之"指代李瓶儿。

至中途，兄念妻子不置，辞母归。（《南村辍耕录·奉母避难》）（$S_{1.2}$）

加絮念征徭，坳垤审夷险。（《红楼梦》第五〇回）（$S_{1.3}$）

想伊聪惠，伊伶俐，伊冷戏，今日里怎如是？念奴娇媚，奴风韵，奴占俏，谁和我手同携。（《小孙屠》第九出）（$S_{1.4}$）按，"想""念"对举同义。

③ 宝钗道："起首是《忆菊》，忆之不得，故访。"（《红楼梦》第三七回）（$S_{1.1.1}$）

昔年绣阁迎仙客，今日桃源忆故人。（《南村辍耕录·妓妾守节》）（$S_{1.2}$）

比之于前期的蜗步龟移，此期的"想"可谓流星追月，呈现出如下特点：一是使用数量的骤增，如在所考察的 11 种元明清文献中，指称本概念的单用"想"210 见（具体数据详参表 3.12），较之于唐宋时期增长了 34 倍（11 种唐宋文献中单用的"想"仅 6 见，详见表 3.9）。二是语法功能的完备。作定语时除了直接修饰中心语外，还可与支配对象一起构成动宾短语修饰中心语，如"（宝玉）便把想宝钗的心暂且搁开"（《红楼梦》第九二回）中"想"与对象"宝钗"一起构成动宾短语修饰中心语"心"。除了带宾语外，"想"后还可以带补语，如"想冤家，想得我恹恹憔瘦"（《挂枝儿·相思》）此为结果补语例；"（那四筹好汉）说道：'俺弟兄四个只闻山东及时雨宋公明大名，想杀也不能够见面'"（《水浒全传》第四一回）此为程度补语例。作谓语时除了单用外，还可以用在表短时少量的"V 了一 V"和表反复问的"VO 不 V"新型结构中①，前者例如"（薛如卞）把他父亲想了一想，不觉伤痛悲酸"（《醒世姻缘传》第六三回）；后者例如"老樊方扯得悟果与奶奶磕头，说：'奶奶想你哩，你想奶奶不想？'"（《歧路灯》第八七回）。三是与新兴的语法形式共现，显现出强大的竞争力。（1）与"把"字句共现，如"相公把孩儿儿腹内想，越交妾小鹿儿心头撞"（石君宝《诸宫调风月紫云亭》第四折）。（2）与表动作或状态持续的动态助词"着"共现，如"谁似我，自子时直想到亥时，没黄昏，没白日，（把）心脾碎，一月三十日，一日十二时，（那）十二时的中间也，（又）刻刻想着你"（《挂枝儿·相思》）。（3）与表动作行为起始的趋向动词"起""来""起来"等共现，如"忽闻得水声聒耳，大圣在那半空里看时，原来是东洋大海潮发的声响。一见了，又想起唐僧，止不住腮边泪坠"（《西游记》第二七回）；"（西门庆）道：'怪小淫妇，你想着谁来？兀那话湿搭搭的'"（《金瓶梅词话》第五三回）；"内中紫鹃一时痴意发作，便想起黛玉来"（《红楼梦》第一一五回）。四是义域

（接上页）团圆莫忆**春香到**，一别西风又一年。《红楼梦》第五一回）（S₁.₄）

① 张美兰指出：VO 不 V 是清代尤其是北方汉语反复问句的主要形式（《反复问句结构的历时演变与南北类型关联制约——以〈官话指南〉及其沪语粤语改写本为例》，《语言研究》2018 年第 3 期）。

的扩大。此期其所支配的对象除了前见的人、地方和山川景物等外①，还可以是物，如"总名曰'想肉'，以为食之而使人想之也"（《南村辍耕录·想肉》）此为思念肉例；"这细茶的嫩芽，……绝品清奇，难描难画。口儿里常时呷，醉了时想他，醒来时爱他"（《金瓶梅词话》第一二回）此为思念茶叶例；"贾珍笑道：'他们那里是想我。这又到了年下了，不是想我的东西，就是想我的戏酒了'"（《红楼梦》第五三回）此为思念戏酒例。五是客体论元的性质更多样，除了前见的代词性、名词性成分外，还可以是小句、时量短语和动量短语，新增了 $S_{1.4}$、$S_{1.6}$ 和 $S_{1.7}$ 用法。其句法位置也更灵活，除了充当宾语外，还可以充当主语，S_0、S_1、S_6 用法均有用例。下面是此期的部分用例：

（1）（蒋爷）又听得女音悄悄说："先生，**你**可想煞**我**也！"（《三侠五义》第九五回）（S_0）

（2）钟麟哭着说道："伯南哥，**你**想煞**我**了。"（《三侠五义》第一一九回）（S_0）

（3）宜春小姐性贪花，思忆**子情郎**心里麻，凄凉风景，想**他**念他，……（《夹竹桃·月钩初上》）（$S_{1.1.1}$）按，"想""念"对举义同。

（4）一日潜斋说道："几个月不见**孔耘轩**，心中有些渴慕。"孝移道："近日也甚想**他**。"（《歧路灯》第四回）（$S_{1.1.1}$）

（5）自家暗想**李氏**，在先我在它家中来往，多使了些钱。（《小孙屠》第九出）（$S_{1.2}$）

（6）（姊）谓不韦曰："此虽王孙美意，有劳尊客远涉。今王孙在赵，未审还想**故士**否？"（《东周列国志》第九九回）（$S_{1.2}$）

---

① 暗想**文君**，何时遇得知音？（《小孙屠》第三出）（思念仰慕的人）
原来西门庆心中只想着**何千户娘子蓝氏**。（《金瓶梅词话》第七九回）（思念仰慕的人）
武大道："**二哥**，你去了许多时，如何不寄封书来与我？我又怨你，又想**你**。"（《水浒全传》第二四回）（思念离别的人）
唱毕，应伯爵见西门庆眼里酸酸的，便道："哥教唱此曲，莫非想起**过世嫂子**来？"（《金瓶梅词话》第六五回）（思念离别的人）
常言道："娶淫妇，养海青，食水不到想**海东**。"（《金瓶梅词话》第八〇回）（思念地方）
先时还有人解劝，怕他思父母，想**家乡**，受了委曲，只得用话宽慰解劝。（《红楼梦》第二七回）（思念地方）按"思""想"义同。
（卓氏女）它被这睡魔王厮禁持，……全不想**花间云雨期**。（《小孙屠》第九出）（思念山川景物）

（7）想**伊聪惠**，**伊伶俐**，**伊冷戏**，今日里怎如是？（《小孙屠》第九出）（S$_{1.4}$）

（8）（卓氏女）它被这睡魔王厮禁持，则想**醉里乾坤大**。（《小孙屠》第九出）（S$_{1.4}$）

（9）（美娘）这一日因害酒，辞了客在家将息，千个万个孤老都不想，倒把秦重整整的想了**一日**。（《醒世恒言》卷三）（S$_{1.6}$）

（10）（彩云）如此翻来覆去，直想了**一夜**，等天一亮，偷偷儿叫贵儿先去约定了。（《孽海花》第三〇回）（S$_{1.6}$）按，据前文可知，"想"的对象为"三儿"。

（11）（韩夫人）翻来覆去，一片春心，按捺不住。自言自语，想**一回**，定一回："适间尊神降临，四目相视，好不情长！怎地又瞥然而去？想是聪明正直为神，不比尘凡心性，是我错用心机了！"（《醒世恒言》卷一三）（S$_{1.7}$）

（12）妇人道："……你就是医奴的药一般，一经你手，**教奴没日没夜只是想你**。"（《金瓶梅词话》第一九回）（S$_6$）

（13）贾母笑道："猴儿，我在这里同着姨太太想**你林妹妹**，你来怄个笑儿还罢了，怎么臊起皮来了。你不**叫**我们想**你林妹妹**，你不用太高兴了，你林妹妹恨你，将来不要独自一个到园里去，提防他拉着你不依。"（《红楼梦》第九九回）（S$_{1.2}$/S$_6$）

表3.10　元明清部分文献中"思念"概念场典型成员"思""念"用法调查

用法	词项／文献		思											念											
			南	元	水	西	金	明	儒	红$_1$	红$_2$	侠	总计	小	南	元	水	训	西	金	明	儒	红$_1$	红$_2$	总计
作谓语		S$_0$																							
	S$_{1.1}$	S$_{1.1.1}$	1							1			2			1	3	1							5
		S$_{1.1.2}$																							
	S$_1$	S$_{1.2}$	6		3	8	8	5	2	5	2	3	42		3		1	1	2	1	1	1	1	1	12
		S$_{1.3}$				2	1						3										1		1
		S$_{1.4}$	2										2	1											1
		S$_{1.5}$												58												23
	S$_2$							1					1												
	S$_3$																								
	S$_4$																								
	S$_5$		1	1		1	3	1	1				8		1								1	1	4
	S$_6$																								

续表

词项 用法\文献	思											念											
	南	元	水	西	金	明	儒	红1	红2	侠	总计	小	南	元	水	训	西	金	明	儒	红1	红2	总计
作主语				1	2	2			2	1	8												
作宾语	1			1		1					3	1											1
作定语		1		3	1						5												

表3.11　　元明清部分文献中"思念"概念场典型成员"忆""想"用法调查

用法\文献	词项		忆									想												
			小	南	水	训	西	金	明	红1	总计	小	南	元	水	训	西	金	明	儒	红1	红2	侠	总计
作谓语	S0													1	1	1							6	9
	S1	S1.1 S1.1.1							1		1			2	11	9	5	3	4	3		1		38
		S1.1.2																						
		S1.2		1	2	3	2	2	7	4	21	3	1	2	2	3	10	23	10		12	20		86
		S1.3																						
		S1.4		1					1		2	2												2
		S1.5																						
		S1.6									27										1			1 |195
		S1.7																			1			1
	S2																							
	S3																							
	S4																							
	S5		2				1				3	1		5	1		14	24	2		5			52
	S6													1				2			3			6
	S7																							
作主语														1	1									2
作宾语															1			2	1					4
作定语							2				2			2				1	1		4			8

98

表3.12　　　　　　11种元明清文献中"思念"概念场典型成员出现次数

词项＼文献·用例数		小	南	元	水	训	西	金	明	儒	红1	红2	侠	总计
思	单	0	11	2[1]	3[2]	0	13[3]	17[4]	10[5]	4[6]	5[7]	5[8]	4[9]	74
	连	5	7	22	26	1[10]	45	57	88	7	23	7	8	296
念	单	1[11]	4	1[12]	1[13]	2[14]	2[15]	5[16]	3	1	3[17]	1	0	24
	连	0	2	8	26	3	12	7	2	6	11	15	26	118
忆	单	2	2	0	2[18]	3[19]	2	3[20]	9	0	6[21]	0	0	29
	连	0	0	0	4	0	4	1	6	0	0	0	0	15
想	单	6	3	7	7	3	22	53	43	5	16	37	7	209
	连	0	0	6	12	3	2	27	7	7	6	6	16	92

简言之，元明清时期，"思"与"念"主要主要见于诗文、文人仿古用例和具有南方方言背景的文献中，前者未见 $S_{1.5}$、S_3、S_4 和 S_6 用例，后者未见 S_3 用例；"忆"由显而微，使用语域受限，用法萎缩，未见 $S_{1.3}$、S_6 和 S_7 用例；"想"的用法则更趋齐备，除了前见的用法外，此期还新增了

----

① 其中1例为"思""念""想"对举使用。

② 其中1例为"思""念"对举使用。

③ 其中有2例出现于诗词中，2例为"思""想"对举，1例为"思""念"对举。

④ 其中有8例出现于诗词中，2例为"思""想"对举，1例为仿词。

⑤ 2例为"思""想"对举。

⑥ 1例为标题之用，1例为诗词之用。

⑦ 1例用于标题。

⑧ 2例用于诗赋中。

⑨ 其中1例为"思""想"对举。

⑩ 该例"追思"出现在引文中。

⑪ 该例为"念""想"对举。

⑫ 该例为"思""念"对举。

⑬ 该例为诗歌中"思""念"对举。

⑭ 单用与连用均出现在注文中，引文未见"念"字。

⑮ 其中有1例"思""念"对举。

⑯ 5例均用于诗词中。

⑰ 2例用于对联中。

⑱ 其中1例用于诗歌中。

⑲ 3例均出自引文中，其注文1例改成"想念"，2例改成"想"。

⑳ 3例均用于诗歌中。

㉑ 6例均用于诗歌中。

S_0、$S_{1.4}$、$S_{1.6}$、$S_{1.7}$ 和 S_6 用法。就此，我们可以推测"想"当为此期本概念场的主导词。朝鲜时代汉语口语教科书《训世评话》中的 3 个例子能很好说明这一问题。

（1）原文：大夫人以忆子之故，遂得重疾，伏枕在床。

注文：那母亲想他儿子，得重病了。（《训世评话》下）

（2）原文：苍头曰："郎君何以来之迟也？夫人忆君成疾，今已辞堂；娘子亦已殁矣。"

注文：那老汉回说："官人，官人，怎么来的迟！老娘长想官人，成病死了，罗妳妳也死了。"（《训世评话》下）

（3）原文：王知县官南昌时，一日凌晨，见一婢子堂中执箒而泣。诘其故，乃云："忆旧事，不觉泪垂。"

注文：古时，王令道的官人知县南昌时，有一日晨早，见一小妮子堂前拿者苕帚啼哭。王令问："你怎么啼哭？"小妮子告说："想念旧事，不觉流下眼泪。"（《训世评话》上）

以上 3 个例子，原文中指称本概念用"忆"，注文则将其改为"想"与"想念"，这一改动也就让我们有理由相信"忆"让位于"想"当不晚于 15 世纪后半期[①]。此外，11 种元明清文献中，指称本概念的单用"想"209 见，是其他三者的 1.6 倍多（具体数据参见表 3.12），这也足以说明"想"在当时口语中的频率优势。

3.2.5　小结

综上所述，在古汉语的历史上，"思念"概念场的主导词经历了三次更替：东汉以前，"思"以义域广、用法丰富和使用频率高位居本概念场的主导词位置；魏晋以后，其义域和用法均出现了萎缩，"念"的义域和用法则进一步扩张，最后于 5 世纪初取代"思"成为本概念场的主导词；唐以后，"念"的使用语域受限，用法也收缩，"忆"经过魏晋至隋代时期

---

① 汪维辉指出：《训世评话》是继《老乞大》《朴通事》之后又一重要的朝鲜时代汉语教科书，成书于 1473 年（朝鲜成宗四年，明成化九年）《朝鲜时代汉语教科书》（全四册），中华书局 2005 年版，第 401 页）。

的蓄势，此期其义域和用法则更趋多样，最后于 13 世纪中后期代替"念"成为本概念场的主导词；元代以后，"忆"渐趋式微，"想"则疯狂扩张，最后于 15 世纪末期取代"忆"成为本概念场的主导词，此种格局一直持续到现代。为了更直观地显示四个典型成员用法和句法功能的演变轨迹，我们将其图示为表 3.13 和表 3.14。

表3.13　　"思念"概念场典型成员各个时段充当谓语时客体论元性质及句法位置调查

时段 词项　用法	先秦至东汉			魏晋至隋代	唐宋	元明清
	先秦	西汉	东汉			
思	$S_{1.1.1}$、$S_{1.2}$、$S_{1.3}$、$S_{1.5}$、S_3、S_4、S_5、S_6			$S_{1.1.1}$、$S_{1.2}$、$S_{1.3}$、$S_{1.5}$、S_5、S_6	$S_{1.1.1}$、$S_{1.2}$、$S_{1.3}$、$S_{1.5}$、S_4、S_5、S_6	$S_{1.1.1}$、$S_{1.2}$、$S_{1.3}$、$S_{1.4}$、S_2、S_5
念	$S_{1.1.1}$、$S_{1.2}$、S_5、S_6			$S_{1.1.1}$、$S_{1.2}$、$S_{1.3}$、$S_{1.4}$、S_3、S_4、S_5	$S_{1.1.1}$、$S_{1.2}$、$S_{1.3}$、$S_{1.4}$、S_3、S_5	$S_{1.1.1}$、$S_{1.2}$、$S_{1.3}$、$S_{1.4}$、S_5
忆			$S_{1.1.1}$	$S_{1.1.1}$、$S_{1.2}$、S_3、S_5、S_6	$S_{1.1.1}$、$S_{1.2}$、$S_{1.3}$、$S_{1.4}$、S_5、S_6、S_7	$S_{1.1.1}$、$S_{1.2}$、$S_{1.4}$、S_5
想		$S_{1.1.1}$、$S_{1.2}$		$S_{1.1.1}$、$S_{1.2}$、$S_{1.3}$、S_5	$S_{1.2}$、$S_{1.3}$、S_5	S_0、$S_{1.1.1}$、$S_{1.2}$、$S_{1.4}$、$S_{1.6}$、$S_{1.7}$、S_5、S_6

表3.14　　　　　　　"思念"概念场典型成员各个时段句法功能考察

时段 词项　句法	先秦至东汉	魏晋至隋代	唐宋	元明清
思	主语、谓语、宾语	主语、谓语、宾语、定语	主语、谓语、宾语、定语	主语、谓语、宾语、定语
念	主语、谓语、宾语	主语、谓语、宾语、定语	主语、谓语、宾语、定语	谓语、宾语
忆	谓语	主语、谓语、宾语、定语	主语、谓语、宾语、定语	谓语、定语
想	谓语	谓语、宾语、定语	主语、谓语	主语、谓语、宾语、定语

由表 3.13 和表 3.14 不难看出"思念"概念场典型成员用法上的区别：（1）客体论元的性质有别。与"思念"概念词所匹配的对象有代词性的、名词性的、谓词性的、小句、"之"字性短语、时量性成分和动量性成分。其中"想"可带时量宾语和动量宾语（$S_{1.6}$ 和 $S_{1.7}$ 用法），但其不能带"之"字性短语（未见 $S_{1.5}$ 用法）；"思"则有 $S_{1.5}$ 用法，未见 $S_{1.6}$ 和 $S_{1.7}$ 用法，二

者形成互补分布；"念"与"忆"则未见 $S_{1.5}$、$S_{1.6}$ 和 $S_{1.7}$ 用法。（2）客体论元的句法位置有别。"思念"概念词所支配的对象既可以直接作宾语（S_1用法），也可以用介词引进位于动词前作状语（S_2用法）或置于动词后作补语（S_3用法），还可以作主语（S_4用法）。但四者不尽相同："思"支配的对象可以作宾语、状语、补语和主语，S_1、S_2、S_3 和 S_4 用法均有用例；"念"支配的对象只能作宾语、补语和主语，只有 S_1、S_3 和 S_4 用法；"忆"支配的对象只能作宾语和补语，只有 S_1 和 S_3 用法；"想"支配的对象则仅能作宾语，只有 S_1 用法。（3）使役义的表达有别。使役义的表达有词汇使役结构（S_0用法）和句法使役表达（S_6用法）两种方式。其中"思"与"忆"只有 S_6 用法；"想"则兼具 S_0 与 S_6 用法；"念"则既未见 S_0 用法，也未见 S_6 用法。（4）后接成分有别。"思念"概念词在句法上都可以充当主语、谓语、宾语和定语。但在充当谓语时，各自在后接成分上有别，如"想"后可以带补语，如"俏冤家，你怎么去了一向，不由人心儿里想得慌"（《挂枝儿·痴想》）。"思""念""忆"则不具备这个功能。

3.3 "思念"概念场词汇系统非典型成员

汉语史上，"思念"概念的表达除了"思""念""忆""想"等典型成员外，还有"存""感""怀（裛）""谂"等非典型成员，下面简单介绍[①]。

3.3.1 上古汉语"思念"概念场词汇系统非典型成员

［悲］

"悲"有"哀痛；伤心"义。《说文·心部》："悲，痛也。从心，非声。"《诗·小雅·鼓钟》："鼓钟喈喈，淮水湝湝，忧心且悲。"毛传："悲，犹伤也。"由于人在哀痛、伤心时往往会伴有对往事的追忆回想，故通过方式转指动作，"悲"则可以表"思念；怀念"义。《大戴礼记·诰志》："民之悲

---

① 因文献资料不足，对于只著录于字书、韵书而未见文献用例者，录之以待考：《广雅·释诂二》："忷，思也。"《玉篇·心部》："惗，暗声忆也。"《广韵·怗韵》："惗，相忆。"《集韵·帖韵》："惗，思也。"《玉篇·心部》："怬，想也。"《广韵·狝韵》："怬，思也。"《玉篇·心部》："惕，念也。"

色，不远厥德。"《史记·高祖本纪》："（高祖）谓沛父兄曰：'游子悲故乡。吾虽都关中，万岁后吾魂魄犹乐思沛。'"该例前言"悲"，后言"思"，"悲"之"思念"义显豁。后代仍见用，如晋代陆机《赠从兄车骑》："孤兽思故薮，离鸟悲旧林。"唐代郑谷《巴賓旅寓寄朝中从叔》："哀荣悲往事，漂泊念多年。"《三国演义》第一一九回："不学陶朱隐，游魂悲故乡。"

　　[存]

　　《说文·子部》："存，恤问也。从子，才声。"段玉裁改为："从子，在省。"并注云："在，亦存也。"据此可知，"存"本是"慰问"的意思。《墨子·亲士》："入国而不存其士，则亡国矣。"孙诒让间诂引《说文》："存，恤问也。"由于安慰问候过程中含有对往事的追忆回想，故通过整体转指部分，"存"可引申出"思念"义。《诗·郑风·出其东门》："出其东门，有女如云。虽则如云，匪我思存。"后代仍有用例，如《礼记·祭义》："致爱则存，致悫则著。"郑玄注："存、著，则谓其思念也。"三国魏吴质《在元城与魏太子笺》："东接钜鹿，存李齐之流。"南北朝谢灵运《道路忆山中》："存乡尔思积，忆山我愤懑。"

　　[服]

　　"服"本是"从事、做"的意思。《尔雅·释诂上》："服，事也。"《诗·小雅·六月》："有严有翼，共武之服。"郑玄笺："服，事也。"由于人在做事时需要根据已有的认识去分析、去综合、去判断、去推理，要对往事进行追忆回想，故通过整体事件转指分事件，"服"可引申出"思念"义，如《诗·周南·关雎》："窈窕淑女，君子好逑。求之不得，寤寐思服。"朱熹集传："服，犹怀也。"《庄子·田子方》："吾服女也甚忘，女服吾也亦甚忘。"郭象注："服者，思存之谓也。"后代仍见用，如三国魏曹植《九愁赋》："骖盘桓而思服，仰御骧以悲鸣。"谢灵运《燕歌行》："谁知河汉浅且清，展转思服悲明星。"清代黄遵宪《人境庐诗草·三用前韵》："当璧咸尊十阿父，折棰思服小单于。"

　　[怀（褱）]

　　"褱"为"怀"的本字。《说文·心部》："褱，夹也。从衣，眔声。"段玉裁注："今人用怀挟字，古作褱夹。"《书·尧典》："四岳，汤汤洪水方割，荡荡怀山襄陵，浩浩滔天。"刘逢禄今古文集解："怀作襄，汉地理志作襄。"段玉裁《说文解字注》："古文又多叚怀为襄。""怀"借为"襄"，属同音假借。二者上古同属匣纽皆部，音同可通。后世"怀"行而"襄"废。

"怀"，《说文·心部》："念思也。从心，襄声。"段玉裁注："念思者，不忘之思也。"据此可知"怀"的本义为"思念"。《诗·小雅·常棣》："死丧之威，兄弟孔怀。"毛传："怀，思也。"《论语·里仁》："君子怀德，小人怀土。"朱熹注："怀，思念也。"向秀《思旧赋并序》："惟古昔以怀今兮，心徘徊以踌躇。"李善注引《说文》曰："怀，念也。"《资治通鉴·周纪二》："楚威王薨，子怀王槐立。"胡三省注："怀，思也。"明洪楩《清平山堂话本·风月相思记》："夜深独坐对残灯，默默怀人百感增。"鲁迅《两地书·致许广平十》："就是在抒情文，则多用好看字样，多讲风景，多怀家庭，见秋花而心伤，对明月而泪下之类。"

［慕］

《说文·心部》："慕，习也。从心，莫声。"解释为"模拟；仿效"，应是引申义。"慕"字由"莫"和"㣺"两部分组成，其下方的"㣺"是"心"字的变形，作为形旁，表示和人的心理活动有关；"莫"字从艹从日，表示太阳离开了，故据"慕"从㣺从莫，取义推断，本义当是心理想念离开的人，即"思念"义。《玉篇·心部》："慕，思也。"《广韵·莫韵》："慕，思慕也。"《孟子·离娄上》："巨室之所慕，一国慕之；一国之所慕，天下慕之。"赵岐注："慕，思也。"后代仍见用，如南朝宋江淹《杂体诗三十首》："高谈玩四时，索居慕俦侣。"吕延济注："慕，思也。"清代顾炎武《日知录》卷六："（人）能以慕少艾之心而慕父母，则其诚无以加矣。"

［谂］

"谂"本义是"规谏，劝告"的意思。《说文·言部》："谂，深谏也。从言，念声。"段玉裁注："深谏者，言人之所不能言也。"《国语·鲁语上》："使有司藏之，使吾无忘谂。"韦昭注："谂，告也。"由于规谏劝告是通过讲事实摆道理使人听从，而讲事理既包含言者的分析、综合、判断和推理，也包含言者对过往的追忆回想，故通过整体转指部分，"谂"可引申出"思念"义。《尔雅·释言》:"谂,念也。"郭璞注:"相思念。"
《诗·小雅·四牡》:"岂不怀归? 是用作歌,将母来谂。"毛传:"谂,念
也。"三国魏邯郸淳《汉鸿胪陈纪碑》:"思齐古公,邠土是因,不忘谂国,
惠我无垠。"

　　[思念]

　　"思"与"念"都有思念的意思,故二者连言可表"想念;怀念"义。
据目前所知,指称本概念的"思念"当不晚于西汉出现,如《史记·秦
本纪》:"寡人思念先君之意,常痛于心。"后代仍见用,如《三国志·魏
志·文昭甄皇后》:"帝思念舅氏不已。"《朱子语类》卷二二《论语·父在
观其志》:"孝子之心,三年之间只思念其父,有不忍改之心。"《三侠五义》
第一○六回:"展爷道:'略觉好些,只是思念五弟,每每从梦中哭醒。'"
碧野《名城颂》:"我思念黄河上游的名城——兰州。"

　　[愿(願)]

　　《说文·页部》:"願,大头也。从页,原声。"段玉裁注:"本义如此,
故从页。今则本义废矣。"据此可知,"願"的本义为"大头",但现在其
本义废而不用,仅见于韵书,如《集韵·换韵》:"願,头大貌"。简体的
"愿"多指"愿望;心愿"。《广韵·愿韵》:"愿,欲也。"《诗·郑风·野有
蔓草》:"邂逅相遇,适我愿兮。"由于符合心愿的东西往往容易成为别人仰
慕与追忆回想的对象,故通过对象转指动作,"愿"可引申出"倾慕"义与
"思念"义。前者例如《大戴礼记·曾子大孝》:"君子之所谓孝者,国人皆
称愿焉。"王聘珍解诂:"愿,犹慕也。"就所掌握的文献资料来看,表思念
义的"愿"先秦已见,如《诗·邶风·终风》:"寤言不寐,愿言则嚏。"朱
熹集传:"愿,思也。"后代仍有用例,如《大戴礼记·哀公问五义》:"躬
为匹夫而愿富贵,为诸侯而无财。"王聘珍解诂引《尔雅》:"愿,思也。"
元代无名氏《连环记·从驾》:"愿焉报国撼忠荩,振颓纲早树奇绩。"

　　[著]

　　"著"字晚出,始见于隶书,篆文有"箸"无"著",《说文·竹部》:
"箸,饭攲也。"段注:"假借为箸落、为箸明。古无去入之别,字亦不从
艸也。"为了分化字义,后俗将竹头改作艸头,写作"著",可见"著"是

"箸"的换旁分化字。篆文中的"箸"是个会意字，从竹，从者，者为燎柴形，故就"箸"从者取义推断，"箸"的本义当为拨火棍而非筷子[①]。此义如今由"箸"来表示。拨火则旺，故"著"字可引申出"明显；显著"义。《小尔雅·广诂》："著，明也。"《楚辞·九辩》："惟著意而得之。"洪兴祖补注："著，明也。"由于显著的东西容易凸显出来，故"著"又可引申出"表现；显露"义。《汉书·朱云传》："此臣素著狂直于世。"颜师古注："著，表也。"思念是将追忆回想的对象显现在心理，故又引申指"思念"。《小尔雅·广言》："著，思也。"《礼记·祭义》："致爱则存，致悫则著。"郑玄注："存、著，则谓其思念也。"

3.3.2　中古汉语"思念"概念场词汇系统非典型成员

［感］

"感"的本义是"感动"的意思。《说文·心部》："感，动人心也。"《战国策·韩策二》："夫贤者以感忿睚眦之意而亲信穷僻之人，而政独安可嘿然而止乎？"鲍彪注："感，言动心。"由于感动是一种触动对方情感、引起其同情、支持或仰慕的心理活动，故引申之，"感"则可表"感应；相互影响"义。《素问·痹论》："故骨痹不已，复感于邪，内舍于肾。"王冰注："感，谓感应也。"思念也是一种受外界影响而引起主体对客体追忆回想的心理反应，故通过整体转指部分，"感"可引申出"思念"义。《后汉书·赵咨传》："周能感亲，啬神养福。"李贤注："感，思也。"南朝梁江淹杂体诗《卢牛郎》："羁旅去旧乡，感遇喻琴瑟。"《文选·何晏〈景福殿赋〉》："感物众而思深，因居高而虑危。"李善注："感，犹思也。"

［挂（掛）］

"挂"本是"区别，区分"之义。《说文·手部》："挂，画也。"段玉裁注："古本多作画者，此等皆有分别画出之意。"《淮南子·泛论》："伯余之初作衣也，緂麻索缕，手经指挂，其成犹网罗。"由于涂画就是以五彩挂物上，故"挂"可引申出"涂画；涂抹"义。《释名·释书契》："画，

---

① 谷衍奎：《汉字源流字典》，语文出版社 2008 年版，第 1188 页。

挂也。以五色物挂物上也。"涂画是用笔等工具、颜料等材料，在纸张等上面画图或作其他的可视形象，这实际上也是将某物放置于某处，故通过部分转指整体，"挂"可引申出"放置；悬挂"义。《广韵·卦韵》："挂，悬挂。"《楚辞·招魂》："砥室翠翘，挂曲琼些。"王逸注："挂，悬也。"挂念是把东西放在心里，故通过整体转指部分，则"挂"可引申出"牵挂，挂念"义。《三国志·魏志·陈思王植传》："今臣无德可述，无功可纪，若此终年无益国朝，将挂风人'彼其'之讥。"《祖堂集》卷六"洞山"："师曰：'荡荡无边表。''如何是虚空之心？'师曰：'不挂物。'"《张协状元》第一出："谢得尊神呵周全我，今宵免得心肠挂。"闽西民歌《挂念阿哥莫隔时》："手摘豆业十二皮，一日挂哥十二时。"又作"掛"。《集韵·卦韵》："掛，通作挂。"朱骏声《通训定声》："掛，字亦作挂。"《素问·离合真邪论》："不可掛以发者，待邪之至时而发针泻矣。"张志聪集注："掛、挂同。"

［恋］

"恋"有"爱慕而不忍分离"的意思。《玉篇·心部》："恋，慕也。"《玄应音义》卷一九"恋嫪"条注引《声类》："恋，惜不能去也。"《后汉书·姜肱传》："及各娶妻，兄弟相恋，不能别寝。"不忍分离终究还是要分离，所以当爱慕对象一旦离开，那就发展为对对方的思念，故引申之，"恋"可表"思念"义。汉代苏武《诗四首》："征夫怀远路，游子恋故乡。"《宋书·乐志》："慊慊思归恋故乡，君何淹留寄它方。"唐代孟郊《鸦路溪行，呈陆中丞》："疲马恋旧秣，羁禽思故栖。"清代赵翼《陔馀丛考》卷一七："抑何其恋旧君，而仍拜新朝封爵也？"

［惡］

"惡"本是"思念；念及"的意思。《广雅·释诂二》："惡，思也。"《广韵·寝韵》："惡，念也。"《后汉书·班彪传》："若然受之，宜亦勤惡旅力，以充厥道。"李贤注引《说文》曰："惡，念也。"北宋王安石《酬王伯虎》："徂年幸未暮，此意可勤惡。"

［思想］

据前文所述，"思"与"想"都有思念义，故二者同义连言可表"想念；怀念"义。就目前所掌握的文献资料来看，指称本概念的"思想"当不晚于东汉出现。《公羊传·桓公二年》"纳于大庙"汉代何休注："庙之言貌也，思想仪貌而事之。"后代仍沿用，如三国魏应璩《与侍郎曹长思书》："足下去后，甚相思想。"元代关汉卿《闺怨佳人拜月亭》第二折："自认都下对尊堂，走马离朝，阿马间别无恙？则恁的由自常思想，可更随车驾南迁汴梁，教俺去住徊徨！"《红楼梦》第一六回："当今自为日夜侍奉太上皇，皇太后，尚不能略尽孝意，因见宫里嫔妃才人等皆是入宫多年，抛离父母音容，岂有不思想之理？"

［想念/念想］

"想"与"念"均有思念义，故二者连言可表"思念；怀念"义。就目前所知，"想念"组合当不晚于东汉出现，如《楚辞·大司命》："羌愈思兮愁人。"王逸注："言己乘龙冲天，非心所乐，犹结木为誓，长立而望，想念楚国，愁且思也。""念想"组合则不晚于北魏出现①，如《贤愚经》卷2："王见诸子，欢喜踊跃，恳迟念想于大夫人"（4/364c）。二者后代仍见沿用，"想念"例如"听的道儿替爷烧香交我情惨伤，又见这校椅儿上戴顶着亲娘，交我千般想念，万种恓惶，百倍思量"（元代郑廷玉《看钱奴买冤家债主》第三折）；"大哥尤为伤怀，想念二哥"（《三侠五义》第六四回）；"相公啊，自从你走后，我日夜想念"（老舍《荷珠配》第六场）。"念想"例如"憔悴鬓点吴霜，念想梦魂飞乱"（周邦彦《玲珑四犯》）；"不争你这等念想，倘若其身有失，如何是了"（元代白朴《东墙记》第一折）；"听说，现在他更衰老了些，而且也时常念想到他久客他乡的儿子"（李广田《悲哀的玩具》）。

［悬］

"悬"为"县"的后起分化字。《说文·県部》："县，系也。从系持県。"据此可知"县"的本义是悬首示众的意思。后来"县"假借为州县之县的专用字，《广韵·先韵》："县，相假借为州县之县。"其本义便另加义符"心"写作"悬"来表示。"悬"由"悬首示众"引申泛指"吊挂"

---

① 《大词典》首引元代例，偏晚，可提前。

义，《周礼·夏官司马》："正月之吉，始和布政于邦国都鄙，乃悬政象之法于象魏，使万民观政象。"由于想念牵挂某人或某物时的心也是悬着的，这与物体的悬挂极为相似，故通过隐喻，"悬"可引申出"挂念"义。《南史·昭明太子萧统传》："武帝又敕曰：'闻汝所进过少，转就羸瘦。我比更无余病，政为汝如此，胸中亦填塞成疾。故应强加馔粥，不俟我恒尔悬心。'"唐代李贺《老夫采玉歌》："村寒白屋念娇婴，古台石磴悬肠草。"王琦注："悬肠草，一名思子蔓，南中呼为离别草。"明代许仲琳《封神演义》第二〇回："幼子孤臣，无不日夜悬思。"老舍《四世同堂·惶惑》："你的岁数已经不小了，别老教妈妈悬着心哪！"

3.3.3　近代汉语"思念"概念场词汇系统非典型成员

［忖］

"忖"有思量义，《广韵·混韵》："忖，思也。"后秦鸠摩罗什译《大庄严论经》卷 3："王闻是已而自思忖，我先聚集一切宝物，望持此宝至于后世。彼父一钱尚不能得赍持而去，况复多也。"（4/273a）由于人在分析、综合、判断、推理时往往含有对往事的追忆回想，故引申之，"忖"则可表思念义，如清代和邦额《夜谭随录·陆水部》："方忖念间，忽见一老翁，年约七旬，方袍古冠，扶筇而至。"后代仍见用，如《越剧戏考》："三场会试要专心，不用将我为姊忖。"

［惦］

《中华大字典·心部》："惦，俗以思念为惦记，或云惦念。"就此可知"惦"有"思念"义。《红楼梦》第九八回："（贾母）虽是不放心惦着宝玉，却也挣扎不住，回到自己房中睡下。"清代石玉昆《七侠五义》第二三回："（范生）心中好生气闷，又惦念着妻子，更搭着两腿酸疼，只得慢慢踱将回来。"曹禺《北京人》第三幕："你在家里就不惦着他？"

［惦记］

"记"本是记录的意思。《说文·言部》："记，疋也。"段玉裁注："疋今字作疏，谓分疏而识之也。"《战国策·齐策四》："后孟尝君出记。"鲍彪注："记，疏也。"记挂是把印象记在脑子里，故通过整体转指部分，"记"可表不忘义。《广雅·释诂二》："记，识也。"《吕氏春秋·任数》："弟子记之，知人固不易矣。""惦"有思念义，故二者近义连言可表"思念；记挂"义。《孽海花》第三〇回："贵儿道：'不遇见，我也不说了。昨天三爷还请我喝了四两白干儿，说了一大堆的话，他正惦记着你呢！'"后代仍见用，如朱自清《背影》："最近两年的不见，他终于忘却我的不好，只是惦记着我。"

　　［惦念］

　　"惦"与"念"均有思念义，故二者同义连言亦可表思念义。如《七侠五义》第二三回："（范生）心中好生气闷，又惦念着妻子，更搭着两腿酸疼，只得慢慢踱将回来。"后代仍见用，如曹禺《日出》第九场："我心里老惦念着您行里的公事，所以总不想回去。"陈廷一《宋氏家族全传》："想起当初在美国留学时，其姐弟之间的手足情谊，宋子文更加想念二姐了——二姐眼下怎么样呢？宋子文无言地惦念着。"

　　［记挂］

　　如上所论，"记"有记住、不忘义，"挂"有牵挂义，故二者近义连言可表"惦记；挂念"义。就所掌握的文献资料来看，"记挂"组合当不晚于明代出现。如《型世言》第四回："若是女儿，女生外向，捧了个丈夫，那里记挂你母亲？"后代仍沿用，如《红楼梦》第一五回："凤姐儿因记挂着宝玉，怕他在郊外纵性逞强，不服家人的话，……因此便命小厮来唤他。"张爱玲《桂花蒸 阿小悲秋》："她还在那里记挂李小姐，弯倒腰，一壁搓洗，一壁气喘吁吁说……"

　　［缅］

　　"缅"本指"细丝"。《说文·糸部》："缅，微丝也。"由于细丝绵邈纤长，这与空间上的远和时间上的久具有相似性，故通过隐喻，"缅"可引申出"遥远；久远"义。《广韵·狝韵》："缅，远也。"《国语·楚语上》："彼惧而奔郑，缅然引领南望。"韦昭注："缅，邈也。"空间上的遥远和时间上的久远是追忆回想的原因之一，故通过原因转指结果，"缅"可引申出"思念"义。唐代李白《去妇词》："自从结发日未几，离君缅山川。"唐代权德舆《伏蒙十六叔寄示喜庆感怀三十韵因献之》："受氏自有殷，树功缅前秦。"

［忺］

"忺"有"高兴"义。如唐代韦应物《寄二严》："丝竹久已懒，今日遇君忺。"宋代吴文英《尾犯·绀海掣微云》："江氾冷、冰绡乍洗，素娥忺，菱花再拭。"一般而言，称心的人或事总能给人留下深刻的印象，让人追忆回想，故引申之，"忺"可表"牵挂；思念"义。宋代张炎《菩萨蛮》："愁把残更数，泪落灯前雨。歌酒可曾忺，情怀似去年。"元代曾瑞《斗鹌鹑·凡情》："小姨夫统镘紧沾粘，新人物冤家忺。"明代孙仁孺《东郭记·为衣服》："朝来饮食都不忺，问刀环应也难占。"

　　简而言之，就其本义而言，"思念"概念场的非典型成员有的来自本义，如"惦""恁""慕""怀"等，还有部分来源于其他，具体有：一是"言说"义动词通过整体转指部分引申出"思念"义，如"存""谂"等。二是"吊挂"义动词通过隐喻的方式引申出"思念"义，如"挂（掛）"、"悬"等。三是"悲欢"义动词通过动作转指方式或原因转指结果引申出"思念"义，如"悲""忺"等。四是"恋慕"义动词引申而来，如"恋"等。五是由具有"细长"语义特征的名物词通过整体转指部分或原因转指结果引申而来，如"著""缅"等。

3.4　"思念"概念场词汇系统成员在现代汉语方言的共时分布

　　"共时中包含着历时因素，历时中包含着共时因素，所以探讨共时差异和历时演变规律及二者的联系，是语言研究的应有之义。"[①]本节拟要探讨现代汉语方言"思念"概念场词汇系统成员的分布情况，根据《现代汉语方言词典》、《现代汉语方言大词典》（42 个分卷）、《汉语方言词汇》（第二版）、《普通话基础方言基本词汇对照表》等资料的调查统计，43 个方言点中"思念"概念表达的用词情况如表 3.15 所示。

---

① 章黎平、解海江：《论汉语词汇共时和历时比较研究的意义》，《同济大学学报》（社会科学版）2018 年第 1 期。

表3.15　　　　　"思念"概念场词汇系统成员在43个现代汉语方言点的分布

方言区	方言点	思	念	忆	想	其他	方言区	方言点	思	念	忆	想	其他
东北	哈尔滨		挂念 惦念			挂	南部吴语	崇明	想思	+			牵肠挂肚
北京	北京				+	挂		苏州				+	
冀鲁	济南				+			上海				+	
胶辽	牟平				+			杭州					记挂
中原	洛阳					惦记		宁波					忖
中原	万荣				+			金华				+	忖
晋语	太原				+	牵肠挂肚		温州	思想				
晋语	忻州				想望		赣语	南昌			+		欠kʻi˧, 牵肠挂肚
西北	西安				+			黎川				+	
西北	西宁					心放不下、扯心、牵心		萍乡					革到
西北	银川		念想				湘语	长沙				+	歉tɕʻiẽ˩
西北	乌鲁木齐					惦（记），记挂		娄底				+	
西南	成都				+	欠tɕʻien˩	闽语	建瓯				+	
西南	贵阳				+			福州	思想	+			
西南	柳州				+			厦门			+	+①	心念
西南	徐州				+②			雷州			+		
江淮	武汉				+	欠tɕʻien˧		海口		惦念			挂爹、挂碍、挂心
江淮	南京					记挂	粤语	广州			+	+	
江淮	扬州		+		+			东莞					记住、挂住
徽语	绩溪		+		+		客家	于都			挂念		挂记
北部吴语	丹阳					记挂	客家	梅县	思念			+	
							平话	南宁				+	

---

① 厦门方言材料中未见单用的"忆"表思念义，但见其组合表此义，如"忆着"就表示因感激、感动或感恩而怀念的意思，其中"着"的注音为-tioʔ，当是"忆"的结果补语，据此我们认为厦门方言中"忆"可表思念义。

② 徐州方言材料中未见单用的"想"表思念义，但见其组合表该义，如"想的哄"就表想念得很、非常思念的意思，如"小孩儿走三天，心来里就想的哄"；"多少年没见俺叔了，多想的哄啵"。就此我们推断徐州方言中该义的表达当用"想"。

3.4.1　基本情况

3.4.1.1 "思念"概念场典型成员在现代汉语方言中的使用分析

"思"的使用

就目前所掌握的方言材料来看，现代汉语方言点中"思念"义表达未见"思"的单用，它一般与其他表思念义的语素一起构成复合词表示本义，如梅县的"思念"、福州和温州的"思想"、崇明的"想思"等①。

"念"的使用

"念"在现代方言中的分布范围较广，南北方言点都有用例，如西南官话、江淮官话、徽语、南部吴语、赣语、闽语、粤语六大方言区的部分方言点均有用例。其所匹及的对象主要为人和情，前者例如"丫头弗勒身面，我念来女儿不在身边，我很思念（崇明）。""你无在咧你不在，伊规日咧念你他整天在想念着你（厦门）。"②后者例如"佢唔念旧情，见到我都唔睬（广州）。"③除了单用外还可与主体论元"心"一起组成"心念"固定组合表示怀念、思念义，如"囝儿儿女出外，爸母父母真心念"④；也可与"惦""挂""想"等同义语素组成复音词表想念义，如银川的"惦念"、于都的"挂念"和银川的"念想"等。

方言中"念"除了表"思念；想念"义外，还可以表"二十的俗称"⑤、"记忆"⑥和"学生在校学习"⑦等义，这属于古语的遗留。也有在继承古义的基础上创新的，如福州、厦门和海口等地的"念"引申出"念叨；惦念"义，如"小萍无转来回家，依妈剃了一直念。"⑧贵阳、金华和长沙等地的"念"

---

① "想病"就是"相思病"，因思念恋人而得的病。（李荣主编：《现代汉语方言大词典》卷5，江苏教育出版社1997年版，第4741页）

② 例句引自《现代汉语方言大词典》卷3，第2303页。

③ 例句引自《现代汉语方言大词典》卷3，第2303页。

④ 例句引自《厦门方言词典》，第184页。

⑤ 如上海话"她今年念四岁，生得勿长勿短，皮肤虽然黑一些，倒是个黑里俏。"（徐宝华、宫田一郎：《汉语方言大词典》卷2，第3479页）

⑥ 如天津话"我一辈子念你的好处。"（徐宝华、宫田一郎：《汉语方言大词典》卷2，第3479页）

⑦ 如崇明话"念中学、念大学"。（《崇明方言词典》，第47页）

⑧ 例句引自《福州方言词典》，第345页。

引申出"叨唠"义，如"这个老太婆太念得_{太能叨唠}。"① 浙江苍南金乡的"念"引申出"责备"义，如"瓶捣了拨_被姆妈念两句。"② 温州话的"念"引申出"交谈；谈话"义，如"我伉你念两句添。"③ 厦门、雷州等地的"念"引申出"出声地读"和"特指背诵"义，前者例如"念下该副对子_{对联}"④；后者例如"读几遍念会得来𣍐_{背得起来吗}？"⑤ 以上各方言点中"念"义引申的机制当为转喻。而在有些方言点中，"念"之所指与其本义"思念；想念"义之间看不出任何联系，应是同形字。如在广东潮州话中，"念"可表"咬"的意思，例如"马踢牛，踢着角，胶蚤念木虱，木虱走去店。"⑥ 崇明和温州等地中的"念"还可表"瘾头；癖好；兴趣"的意思，例如浙江苍南金乡"嬉了一天还未过念"⑦。浙江诸暨王家井的"念"可以作程度副词，广东海康的"念"还可以作量词，相当于"令"，如"一念纸"⑧。

"忆"的使用

就所掌握的材料来看，指称本概念的"忆"仅见于厦门话中，如"忆着某引囝_{妻子儿女}，伊骨力做他_{努力干活}，加趁淡薄钱互某囝用_{多挣点钱给妻子儿女用}。"⑨ 方言中除了表"思念"义外，还可以用"忆"表"记住"和"回忆"的意思，前者例如广东揭阳"伊个记池好，以前个事拢总忆得_{他的记性好，以前的事通通记得}"；后者例如福建潮阳的"忆苦餐"。这些都是对古语的继续，除此之外，方言中的"忆"还引申出了"思考"义，如福建将乐的"忆个下"就是盘算盘算的意思。⑩ 现代汉语方言中"忆"主要行用于闽语区。

"想"的使用

"想"在现代汉语方言中的使用范围最广，官话、晋语、徽语、吴语、

---

① 例句引自《贵阳方言词典》，第224页。
② 例句引自徐宝华、宫田一郎《汉语方言大词典》卷2，第3479页。
③ 例句引自《温州方言词典》，第37页。
④ 例句引自《萍乡方言词典》，第350页。
⑤ 例句引自《厦门方言词典》，第198页。
⑥ 例句引自徐宝华、宫田一郎《汉语方言大词典》卷2，第3479页。
⑦ 例句引自徐宝华、宫田一郎《汉语方言大词典》卷2，第3479页。
⑧ 参见徐宝华、宫田一郎的相关论述（《汉语方言大词典》卷2，第3479页）。
⑨ 例句引自《厦门方言词典》，第356页。
⑩ 例句均引自徐宝华、宫田一郎《汉语方言大词典》卷1，第895页。

赣语、湘语、闽语、粤语、客家话和平话十大方言区的 28 个方言点均有用例。其所匹配的对象主要为人、钱、和家等，如 "妈想儿路样长，儿想妈只一场"；"想钱想疯啦"；"𠊎十分想屋下_家" 等。^① 其对象的性质较多样，有名词性的、代词性的和时量成分，比如 "心里想渠个崽"；"眼睛跳，脸发烧，有人在想你"；"佢老公去台湾，佢想了四十年再见到_{他丈夫去台湾，她想念}_{了四十年才见到}" 等。^② 其除了带宾语外，还可以带补语，如 "这几天我想你想得不行。"^③ 此外，它还可用在 "V 不 V" 结构中，如 "侬想弗想侬个小丐儿个呢？"^④ 除了单用外，"想" 也和其他表思念、希望义语素一起构成复合词表想念的意思，如念想（银川）、想思（崇明）、思想（温州和福州）、想望（忻州）等。

方言中除了表 "思念" 义外，还可用 "想" 来表 "思索" 的意思（哈尔滨、北京、济南、牟平、洛阳、万荣、太原等 37 个方言点^⑤），表 "希望" 的意思^⑥（梅县、贵阳、万荣、娄底、萍乡、绩溪、牟平、武汉、福州、上海、金华、黎川、南昌、西安），表 "推测；认为" 的意思^⑦（万荣、娄底、绩溪、武汉、贵阳、福州、上海、南昌、西安），这些均属于古语的遗留。也有在继承古义的基础上引申出新义者，如金华、绩溪话中的 "想" 引申出 "想要；想得到" 义，例如 "小娘子儿想老公_{姑娘想丈夫}。"^⑧ 万荣、海口话中的 "想" 引申出 "羡慕" 义，例如 "有人做官，有人生财，佢都尽想。""见侬有室头_{房子}生活过得好，伊真想。"^⑨ 万荣、娄底话中的 "想" 引申出 "回忆" 义，例如 "我想不起我把眼镜搁到哪达啦。"^⑩ 贵阳话中的 "想"

---

① 例句分别引自《牟平方言词典》，第 310 页；《万荣方言词典》，第 354 页；《梅县方言词典》，第 230 页。

② 例句分别引自《黎川方言词典》，第 179 页；《南昌方言词典》，第 226 页；《建瓯方言词典》，第 223 页。

③ 例句引自《万荣方言词典》，第 354 页。

④ 例句引自《金华方言词典》，第 186 页。

⑤ 具体论述见第 5 章。

⑥ 大人想种田，小人小孩子想过年。（《金华方言词典》，第 186 页）

⑦ 我想个时间_{这会儿}渠一定在屋里_{在家}。（《南昌方言词典》，第 226 页）

⑧ 例句引自《金华方言词典》，第 186 页。

⑨ 例句分别引自《建瓯方言词典》，第 223 页；《海口方言词典》，第 119 页。

⑩ 例句引自《万荣方言词典》，第 354 页。

引申出"疼爱；钟爱"义，例如"她最想她家老幺的。"^①有些方言点中，"想"还进一步虚化成副词，如海口及南宁平话中表"将要；快要"义的"想"，"天想落雨喇_{天要下雨了}。""扁担挑起好 [sã²¹]_弯，想断了。"^②

3.4.1.2　"思念"概念场非典型成员在现代汉语方言中的使用分析

"忖"的使用

宁波和金华话中的"忖"除了表"想；思考"的意思外，还可表"思念"义。就目前所掌握的材料来看，指称本概念的"忖"当不晚于清代出现，其所支配的对象主要为人，如前举例。现代汉语方言用例既有对其古语的继承，如"阿伯出差介多日脚，侬有忖渠哦？"^③也有新的发展，如其所支配的对象可以是"家"，比如"忖屋里"。结合文献用例和现代汉语分布来看，指称本概念的"忖"主要见于南部吴语区和闽语区，如除了前举的宁波和金华外，余姚、福建福鼎澳腰、福安等地的"忖"也表思念义。^④

"挂"及其组合的使用

哈尔滨和北京等地的"挂"表示"挂念"的意思，如"妈妈总是挂着在外读书的哥哥。""他挂家挂得要命，又恨自己不该挂。"^⑤现代汉语方言中本概念的表达除了单见的"挂"外，还可见其与表思念义、不忘记义等语素组合指称本概念，如"挂念"（哈尔滨、于都）、"记挂"（南京、丹阳、杭州、乌鲁木齐）^⑥、"挂记"（于都）^⑦、"挂住"（东莞）^⑧、"挂牵""挂碍""挂心"（海口）^⑨等。

---

① 例句引自《贵阳方言词典》，第 285 页。

② 例句分别引自《南宁平话词典》，第 260 页；《柳州方言词典》，第 330 页。

③ 例句引自《现代汉语方言大词典》卷 3，第 4003 页。

④ 参见徐宝华、宫田一郎的相关论述（《汉语方言大词典》卷 1，第 2180 页）。

⑤ 例句分别引自徐宝华、宫田一郎《汉语方言大词典》卷 2，第 3985 页和 3988 页。

⑥ 你搬走以后我们一直记挂你。（《南京方言词典》，第 25 页）

⑦ 侄㡷小鬼_㑚十六岁就去出远门，又冇陪_{没有伴}，舞倒㑷日日挂心挂肚挂记渠。（《于都方言词典》，第 55 页）

⑧ 个个都挂住你。（《东莞方言词典》，第 14 页）

⑨ 即大个侬_{这么大的人}出门，汝挂牵伊作乜_{你还挂念他干甚么}？

心挂碍即件事，食无芳眽无甜_{吃不香睡不甜}。

挂心去上学，天无光_亮就醒。（《海口方言词典》，第 68 页）

"念想"的使用

银川话中思念概念的表达用"念想"。就所掌握的文献材料来看，指称本概念的"念想"当不晚于北魏出现，其用法比较简单，主要作谓语，且施及的对象主要为人，如"自从别了兄长之后，屈指又早五六年矣，常常念想"（《水浒全传》第三三回）。现代汉语方言在沿袭古汉语用法的基础上有了新创，如其所支配的对象除了人外①，还可以是"家"，如"人在外头呢，可心里老念想着家里"②。除了带宾语外，还可以带补语，如"娘老子的心在儿女上呢，儿子丫头一出外，当娘老子的就念想得不行"③。

"思想"的使用

温州和福州话中的"思想"表示"思念；想念"的意思。据前文可知，指称本概念的"思想"当不晚于东汉出现，古汉语中其支配的对象主要为情色、恩惠、人等，如"（那赖）问于王曰：'大王何故意在爱欲、劳思多念、思想情色，不能自谏'"（《生经》卷1，3/70b）此为思念情色例；"思想慈亲这个恩，门徒争忍生孤负"（《敦煌变文校注·父母恩重经讲经文》）该为思念恩惠例；"月夜无眠思想个郎"（《山歌·跳窗盘》）此为思念人例。现代汉语方言中其所支配的对象主要为人和地方，前者例如"女个㜭思个你指女的不爱你，你阿不用对渠空思想"④；后者例如"漂洋过海去番邦外国，日夜思想祖家邦"⑤。

"惦记"的使用

乌鲁木齐和洛阳话的"惦记"表"心里一直想着，放心不下"的意思。就所掌握的文献资料来看，"惦记"一词的出现当不晚于清代，其所支配的对象主要为人、事和地方，如"你知道哥哥惦记你，你就不惦记我"（《品花宝鉴》第一六回）此为挂念人例；"凤姐因那一夜不好，恹恹的总没精神，正是惦记铁槛寺的事情"（《红楼梦》第九三回）是为挂念事情例；"刘

---

① 你念想儿子呢，谁念想你呢是？（《银川方言词典》，第247页）
② 例句引自《银川方言词典》，第247页。
③ 例句引自《银川方言词典》，第247页。
④ 例句引自《温州方言词典》，第11页。
⑤ 例句引自《福州方言词典》，第47页。

姥姥惦记着贾府，叫板儿进城打听"（《红楼梦》第一一九回）该为挂念地方例。现代汉语方言继承了其对人和事的挂念，前者例如"丫头_{姑娘}在外地上大学底呢，当妈底咋能不惦记呢？"① 后者例如"他老惦记去他舅家，就是太忙，一直没有去成"②。现代汉语方言中，"惦记"主要见于北方方言区。

"惦念"的使用

哈尔滨和海口话中"惦念"表示"思念；牵挂"的意思。据目前所知，"惦念"组合当不晚于清代出现，其所支配的对象主要为人和事等，挂念人的例如"琴言道：'我在华府很好，华公子那人也是极正经的，且府中上上下下都待我极好，你很不必惦念'"（《品花宝鉴》第二九回）；挂念事情的例如"韩生哪里睡得着，翻来覆去，胡思乱想，好容易心血来潮，入了梦乡，总是惦念此事"（《七侠五义》第一〇回）。现代汉语方言主要了承继其对人的挂念，如"儿子一出差，老太太就惦念"③。

"欠"与"歉"的使用

成都、武汉、南昌还用"欠"，其支配对象可是人、事和地方等，如"芳妹子欠你茶不思饭不想，瘦得剩把骨头了"此为对人的想念；"那件事没做完，他心头总是欠倒在"该为对事的想念；"她欠家"是为对地方的想念。④《说文·欠部》："欠，张口气悟也。"桂馥义证："张口气悟也者，《御览》引作'张口出气也'。"据此可知，"欠"本是打呵欠的意思。气出则不足，故通过原因转指结果，"欠"可引申出"缺乏；不足"义。《集韵·验韵》："欠，不足也。"五代孙光宪《北梦琐言》卷一三："建章则以帛包麦屑置于水中，摸而读之，不欠一字。"由于分开是挂念产生的原因之一，故引申之，则"欠"可表挂念义。宋代李流谦《踏莎行·灵泉重阳作》："灯前点检欠谁人，惟有断鸿知此意。"长沙话用"歉"，如"小英刚进学校的时候还有点歉妈妈"⑤。《说文·欠部》："歉，歉食不满。"《玉篇·欠部》：

---

① 例句引自《乌鲁木齐方言词典》，第 260 页。
② 例句引自《洛阳方言词典》，第 195 页。
③ 例句引自《哈尔滨方言词典》，第 291 页。
④ 三个例句均引自徐宝华、宫田一郎《汉语方言大词典》卷 1，第 889 页。
⑤ 例句引自徐宝华、宫田一郎《汉语方言大词典》卷 3，第 6946 页。

"歉，食不饱。"由此可知"歉"本是吃不饱的意思。吃不饱与想念之间的引申理据不甚明了，它可能是"欠"的借字。"歉"上古属于溪纽忝部，与"欠"同声部，二者音近可形成通假关系。朱骏声《说文通训定声》："欠，叚借为歉，按今亏欠字盖即歉字之转注也。"

"牵肠挂肚"的使用

崇明、太原和南昌话的"牵肠挂肚"表"思念；想念"的意思。如"小囡出外子信也弗来，我是牵肠挂肚来交关_{小孩出外了信也没有，我是想得很}（崇明）。"① "牵"本是拉、牵引向前的意思。《说文·牛部》："牵，引前也。"《仪礼·聘礼》："宰夫朝服，牵牛以致之。"由于牵拉必关涉彼此，故引申之，"牵"则可表牵连、关联义。《广雅·释诂四》："牵，连也。"《易·小畜》："牵复，吉。"孔颖达疏："牵谓牵连。"挂念也是一种牵连，故通过整体转指部分，"牵"则可表挂念义。唐代殷尧藩《赠龙阳尉马戴》："向来名姓茂，空被外情牵。""挂"也有挂念义，所以二者可分别与"肠""肚"组合表挂念义，前者例如"几番抛却又牵肠"（洪升《长生殿》第四十出）；后者例如"只为父亲这一事，悬肠挂肚，坐卧不安"（《水浒全传》第四二回），故"牵肠""挂肚"两个同义动宾短语连言也可表挂念义。如《孽海花》第三二回："要是这样，还是趁早和他一刀两段的好，省得牵肠挂肚不爽快！"

就此，十大方言区"思念"概念用词情况可归纳为表3.16。

表3.16　　　　　　　　十大方言区"思念"概念主要用词情况

	官话							晋语	吴语		徽语	赣语	湘语	客家话	闽语	粤语	平话
	北京	东北	冀鲁	胶辽	中原	兰银	西南	江淮		北部	南部							
念	—	—	—	—	—	—	—	+	—	—	+	+	+	—	—	+	+	—
忆	—	—	—	—	—	—	—	—	—	—	—	—	—	—	—	—	+	—
想	+	—	+	+	+	—	+	+	—	+	+	+	+	+	+	+	+	+
思念	—	—	—	—	—	—	—	—	—	—	—	—	—	—	+	—	—	—
思想	—	—	—	—	—	—	—	—	—	+	—	—	—	—	—	—	—	—
记挂	—	—	—	—	—	+	—	+	—	+	+	—	—	—	—	—	—	—

---

① 例句引自《现代汉语方言大词典》卷2，第1551页。

由表 3.15 和表 3.16 不难看出，"想"的分布范围最广，十大方言区的 27 个方言点均有用例；其次是"念"，其主要分布于官话（江淮）、吴语（南部）、徽语、赣语、闽语和粤语六大方言区的 8 个方言点；明代出现的"记挂"分布也较广，其主要见于官话（兰银、江淮）和吴语区的 4 个方言点；东汉进入本概念场的"思想"主要见于吴语（南部）和闽语区的 2 个方言点；"忆"和"思念"的使用范围最窄，二者分别见于闽语区的厦门和客家话的梅县。

3.4.2 主要特点

现代汉语方言"思念"概念场词汇系统在继承明初格局的基础上有了新的发展，呈现如下特点。

（1）方言点之间用词存在差异。一是不同方言点的概念域不尽相同。如哈尔滨、洛阳、西宁、乌鲁木齐、南京、杭州、萍乡、海口、建瓯、东莞和于都这 11 个方言点"思念"与"挂念"属于同一个系统，用词一样（详见表 3.15）；济南等 27 个方言点"思念"与"挂念"则分属两个不同的概念系统，用词也不同（"挂念"概念用词具体见表 3.17）。二是不同方言点之间的用词数量也不尽相同。最多的有 4 个，如厦门、南昌等，也有 3 个的，如福州、崇明等，还有 2 个的，如广州、扬州等，只有 1 个的也不在少数，如建瓯等 21 个方言点，几近总数的一半。

表3.17 　　　　　　　　　济南等方言点"挂念"概念用词

方言点	词项	方言点	词项	方言点	词项	方言点	词项
济南	惦记、挂着、挂挂着	柳州	挂心	上海	牵记	福州	挂碍、悬望、数念、纠心、挂心
牟平	虑虑、惦记、挂挂	徐州	挂心、备念、念思	宁波	记挂	厦门	记挂、挂碍
万荣	渴记	武汉	念记、羁	金华	觅挂	雷州	挂怀
太原	结记、牵肠挂肚	扬州	记挂	温州	记挂	广州	挂住、挂意、挂带、挂望
忻州	依心、急记	绩溪	愁	南昌	挂记、牵到	梅县	挂心、挂念
成都	勾勾挂挂	崇明	挂心、牵记	长沙	挂碍、挂牵、牵	南宁	挂念
贵阳	挂欠	苏州	牵记	娄底	挂及		

（2）既有对古语的继承，又有新的发展。"念""忆""想""忖""挂""思念""思想"等古语词在现代汉语方言中均见使用；有的在方言中还引申出了新义，如上举的 "念" 与 "想" 等；有的义域在方言中有所扩大，如前举之 "思想" 与 "念想" 等。此外，各方言还出现了自己的一批特征词，如 "歉"（长沙）、"挂牵""挂碍"（海口）、"心放不下"（西宁）等。

（3）共时分布部分反映历时演变的层次。"思念" 概念场的典型成员 "思""念""忆""想" 先后有过历时替换关系，尽管单用的 "思" 未在 43 个方言点中留下使用的痕迹，但其他三者在现代汉语方言的分布反映了魏晋至清代本概念场的演变层次：①崇明、雷州、福州、广州、扬州、绩溪和南昌等处于演变的第一层，保留着 "念"。这一层反映了魏晋至隋代的词汇现象，为较古老的一层，演变速度较慢。指称本概念的 "念" 先秦已见，随着义域和用法的扩展，其于 5 世纪初取代 "思" 成为本概念场的主导词，并于元代退出本概念场，如今在吴语、闽语和粤语等六大方言区还见使用，如 "去番到国外几年无声无信，父母在厝数冥日夜念"[①]。②厦门处于演变的第二层，保留着 "忆"。这一层反映的是唐宋时期的词汇现象，演变速度较快。指称本概念的 "忆" 当不晚于东汉出现，经过魏晋至唐的飞速发展，并于南宋后期取代 "念" 成为本概念场的主导词，并一直持续到明初。③北京、济南、牟平、万荣、太原、西安等 21 个方言点处于演变的第三层，保留着 "想"。这一层反映的是元明清时期的词汇现象，演变速度最快。"想" 进入本概念场当不晚于西汉，但元代以前一直发展缓慢，经过元代的疯狂扩张，于 15 世纪末期取得本概念场的主导词资格，并一直持续到现代。以上方言点 "思念" 概念的用词反映了元明清时期该概念场的这一变化。需要说明的是，以上层级划分依据的是方言中保留的汉语史上最早出现的词汇。现代汉语方言用词的层级远没有如上简单，不同层次之间并不是截然分开，有的方言点有可能同时跨越好几个层次，如厦门 "念""忆""想" 并用；贵阳、扬州、绩溪、南昌、福州和广州则 "念""想"

---

① 例句引自《雷州方言词典》，第 223 页。

并用。

　　总之，现代汉语方言"思念"概念场词汇系统的分布既反映了历史演变的层次，也呈现了现代的共时关联。

第4章　古汉语"猜度"概念场词汇系统及其历史演变

词义结构由"〔动作：认知〕+〔对象：人或事物〕+〔方式：线索或想象〕+〔结果：认识可能性〕"等要素组成的词称为"猜度"概念词，汉语中表达该概念的词的聚合称为"猜度概念场"。古汉语"猜度"概念场的典型成员有"意""度""料""猜"等。下面简要叙述其"猜度"义来源、句法表现与充当谓语时主客体论元的性质及其句法位置。

4.1　概述

4.1.1　概念场典型成员"猜度"义来源及语义差别

意（亿、隐）

"意"本指"心思；意图"，《说文·心部》："意，志也。""心思；意图"是心想的结果，若着眼于心想的过程，则"意"就是用思维器官进行思索或对事物进行揣测，故通过结果转指过程，"意"可引申出考虑义和料想义 [1]。《战国策·魏策三》："臣愿以鄙心意公，公无以为罪。"鲍彪注："意，犹度。"《史记·朝鲜列传》："左将军心意楼船前有失军罪，今与朝鲜私善而又不降，疑其有反计，未敢发。" [2]《三国志·魏志·公孙瓒传》注引《魏

---

① "意"之"考虑"义参本书第5章的相关论述。
② 此亦载于《资治通鉴·汉纪十三》，胡三省注："意，亿度也，料也。"

略》："绍候者得之，使陈琳更其书曰：'盖闻在昔衰周之世，僵尸流血，以为不然，岂意今日身当其冲！'"《南村辍耕录·漱芳亭》："真人终日不见伯雨，深以为忧，意其出外迷失街道也。"清代三余氏《明末纪事补遗》卷四："遥想当年论澍，偶出一时意气，岂复意澍后来有借题翻身、回身皈正、抗阻王命一事？"

"亿"本是"安宁；安定"的意思①。《说文·人部》："亿，安也。"《左传·隐公十一年》："（郑伯）曰：'……寡人唯是一二父兄不能共亿，其敢以许自为功乎？'"杜预注："亿，安也。""亿"借为"意"属音同假借。二者上古均属影纽职部，音同可通。《说文·心部》："意，志也。"段玉裁注："意之训为测度，……字俗作亿。"《汉书·货殖传》："意则屡中。"颜师古注："意，读曰亿。"《管子·小问》："君子善谋，而小人善意。"尹知章注："善以意度之也。"王念孙《读书杂志》卷五："意，读为亿，即度也。尹注非。"《广韵·职韵》："亿，度也。"《荀子·赋》："暴至杀伤而不亿忌者与？"杨倞注："亿，谓以意度之。"②《公羊传·昭公十二年》："如尔所不知何？"何休注："不欲人妄亿措也。"徐彦疏："亿，谓有所儗度。"《史记·吴王濞列传》："今吴王自以为与大王同忧，愿因时循理，弃躯以除患害于天下，亿亦可乎？"

"隐"本指"隐蔽；潜藏"。《说文·阜部》："隐，蔽也。"徐灏注笺："隐之本义盖谓隔阜不相见，引申为凡隐蔽之称。""隐"借为"意"属音近假借。"隐"上古属于影纽文部；与"意"同声部，可形成通假关系。《广雅·释诂一》："隐，度也。"王念孙疏证："隐之言意也。《礼运》云：'圣人耐以天下为一家，以中国为一人者，非意之也。'意隐古同声。"《书·盘庚下》："邦伯师长，百执事之人，尚皆隐哉。"孔颖达疏："隐谓隐审也。"《管子·禁藏》："是故君于上观绝理者，以自恐也。下观不及者，以自隐也。"尹知章注："隐，度也。"《淮南子·俶真》："有无者，视之不见其

---

① 周法高主编《金文诂林》卷八："《说文》：'亿，安也。从人声。'金文字不从心，从人。按，《说文·心部》下曰：'满也。从心，声。一曰十万曰薏'金文正用为万薏本字。亿本义废而后世假借为万薏字耳。"（香港中文大学出版社 2000 年版，第 370—371 页）

② "亿"即度也。杨注非。

形，……储与扈治，浩浩瀚瀚，不可隐仪揆度而通光耀者。"《文选·蔡邕
〈郭有道碑文〉》："贞固足以干事，隐括足以矫时。"李善注引刘熙《孟子
注》曰："隐，度也。"吕向注："隐，占也。"知是"隐"为占度义。^①

度

"度"本是"计量长短"的意思。《广韵·铎韵》："度，度量也。"《字
汇·广部》："度，计也。"《孟子·梁惠王上》："度，然后知长短。"《庄
子·则阳》："比于大泽，百材皆度。"成玄英疏："度，量也。""度"由可
量的物扩展到不可量的事件时，就引申出"推测；估计"义。《尔雅·释
言》："茹，度也。"郭璞注："度，测度也。"《玉篇·又部》："度，揆
也。"《国语·晋方言二》："君不度而贺大国之袭，于己也何瘳？"韦昭注：
"度，揆也。"《晋书·庾峻传附庾敳传》："越甚悦，因曰：'不可以小人之
虑度君子之心。'"《清史稿·德穆图传》："四年，从上伐明，围松山，树
云梯攻城。会明兵自锦州赴援，德穆图度不能克，弃云梯引还。"

料（撩）

《说文·斗部》："料，量也。从斗，米在其中。"段玉裁注："量者，
称轻重也。称其轻重曰量，称其多少曰料，其义一也。"据此可知，"用斗
斛之类的器具量粮食"是其本义^②。由于量时需计数，故引申之，"料"则
有"计数"义。《玉篇·斗部》："料，数也。"《增韵·啸韵》："料，计
也。"《国语·周语上》："宣王既丧南国之师，乃料民于太原。"韦昭注：
"料，数也。"较之于现代精密称重工具，古代斗斛之类器具只能大致量
定粮食重量，故其所计数目也只是一种约数。这与比较双方实力以预测未
来的可能情况及根据已知情况来推测未知可能情况具有相似性，故通过隐
喻，"料"可引申出"估量；揣度"义^③。《广韵·啸韵》："料，度量也。"《鬼
谷子·飞箝》："用之于人，则量智能、权财力、料气势，为之枢机，以迎

① 蔡镜浩《魏晋南北朝词语例释》"隐/隐度"条可参（江苏古籍出版社1990年版，第394页）。
②《大词典》"料"字条未收此义。
③《大词典》"料"字条引《国语·楚语上》："及鄢之役……雍子与于军事，谓栾书曰：'楚
师可料也，在中军王族而已。'"韦昭注："料，数也。"唐刘知几《史通·言语》："若选言可以效古
而书，其难类者，则忽而不取，料其所弃，可胜纪哉？"释为"估计其数"。（7/331）今按，"估计
其数"亦是一种"估量；忖度"，当与义项②合并。

之、随之。"《汉书·贾谊传》："臣窃料匈奴之众不过汉一大县，以天下之大困于一县之众，其为执事者羞。"颜师古注："料，量也。"《文选·袁宏〈三国名臣序赞〉》："公瑾卓尔，逸志不群，总角料主，则素契于伯符。"刘良注："料，度也。"《老乞大新释》："这话我不能料。万一天可怜见，身体平安，想来也可到了。"《红楼梦》第二一回："林黛玉早已醒了，觉得有人，就猜着定是宝玉，因翻身一看，果中其料。"

"撩"本指"整理；料理"。《说文·手部》："撩，理也。""撩"古借为"料"属音同假借。二者上古均属来纽宵部，音同可通。《灵枢经·经水》："其少、长、大、小、肥、瘦，以心撩之。"[①] 张志聪集注："撩，料同。"明代张介宾《类经·十二经水阴阳刺灸之度》："刺法大概虽如上文所云。然人有不同，如少者、盛长者、衰大者、广小者、狭肥者、深瘦者，浅有不可，以一例论者，故当以心撩之。"

猜

"猜"有怀疑义[②]《广雅·释言》："猜，疑也。"《左传·昭公三年》："君若不有寡君，虽朝夕辱于敝邑，寡君猜焉。"杜预注："猜，疑也。"由于不明客观情况而心生疑隙，与不知未然情况而心怀猜想在对情况的不确定性上具有相似性，故通过隐喻，"猜"可引申出"猜测；猜想"义。《字汇·犬部》："猜，测也。"《篇海类编·鸟兽类·犬部》："猜，测也。"就目前所检索的文献资料来看，用作此义的"猜"当不晚于南北朝出现[③]。旧题北齐刘昼《刘子·慎隙》："怨之所生，不可类推；祸之所延，非可猜测。"[④] 又《殊好》："然而嗜好有殊绝者，则偏其反矣。非可以类推，弗得以猜测。颠

---

① 亦载于明代汪机《针灸问对》及张介宾《类经》。
② 徐时仪指出"'猜'的本义未见文献记载，似应与犬有关……犬可豢养来看家，'猜'的本义似指护家犬的警惕戒备，进而移以言人引申有'怀疑、防范'义"。(《〈朱子语类〉若干口语词源流考探》，载于浙江大学汉语史研究中心：《汉语史学报》(第12辑)，上海教育出版社2012年版，第21页)
③ "猜"之"猜测；猜想"义《大词典》和《大字典》皆首引宋代例，偏晚；王凤阳认为："'猜'的猜测义可能起于唐代以后"(《古辞辨》(修订本)，中华书局2011年版，第822页)。徐时仪亦认为"此(笔者按，'猜'的'估量揣测'义)为宋代产生的新义"(《〈朱子语类〉若干口语词源流考探》，载于浙江大学汉语史研究中心：《汉语史学报》(第12辑)，上海教育出版社2012年版，第21页)。
④ 关于《刘子》一书的作者及成书时代，学界有不同意见，今据余嘉锡考定，此书当是北齐刘昼所著(《四库提要辨证》，中华书局2007年版，第707—719页)。

倒好丑，良可怪也。"唐代玄奘译《瑜伽师地论》卷 11："又于去来今及苦等谛，生惑生疑，心怀二分，迷之不了，犹豫猜度。"（30/329c）

以上各词在表示对未知或未然事物的推断上意义相近，但推断特征有别[①]："意"是纯凭想象，不据事实，如"齐桓公与管仲谋伐莒，谋未发而闻于国，……管仲曰：'我不言伐莒，子何故言伐莒？'（东郭牙）对曰：'……臣窃意之'"（《吕氏春秋·重言》）；"度"和"料"则有事实为据，但前者侧重对事情、事实的估计；后者则侧重于对各方力量的估量与对比。如"臣窃以天下地图案之，诸侯之地，五倍于秦，料诸侯之卒，十倍于秦"（《战国策·赵策二》），"郦生入，揖沛公曰：'……且吾度足下之智不如吾，勇又不如吾'"（《史记·郦生陆贾列传》）；"猜"则是据迹象去设想、猜度，如"王庆听他两个出言吐气，也猜着是黄达了"（《水浒全传》第一百三回）。

4.1.2　"猜度"概念场典型成员句法功能

古汉语"猜度"概念场典型成员句法功能较多样，据考究，主要有以下 5 种：

A.作主语。既可以单独充当，也可与支配对象一起构成动宾短语充当，还可与"所"组成"所"字结构充当，如：

（1）吴用道："关将军料无差误。然敌兵出我之后，不可不做准备。"（《水浒全传》第九四回）

（2）故汤、武之师不再战而克，诚重民劳而度时审也。（《三国志·蜀志·谯周传》）

（3）况乎心之所度，无形无声，其难察尤甚于视听。（《抱朴子·塞难》）

例（1）"料"直接充当句子主语；例（2）"度"与对象"时"一起构成动宾短语作"审"的主语；例（3）"度"与"所"组成"所"字结构充当句子的主语。

B.作宾语。既可以充当谓词宾语，亦可充当介词宾语。充当谓词宾语

[①]　参看王凤阳《古辞辨》"度忖料揣测意臆猜"条（中华书局 2011 年版，第 820—822 页）。

时，既可单独充当，亦可组成"所"字结构或"者"字结构充当，如：

（1）贤圣之才，皆能先知；其先知也，任术用数，或善商而巧意，非圣人空知。（《论衡·知实》）

（2）约莫有二更时候，去的军汉背剪绑得宋江到来。刘知寨见了，大喜道："不出吾之所料！"（《水浒全传》第三三回）

（3）岂想风波，果应了他心料者。（《金瓶梅词话》第二三回）

（4）汤妄以意相谓且复发徒，虽颇惊动，所流行者少，百姓不为变，不可谓惑众。（《汉书·陈汤传》）

上举例（1）－（3）的"意""料"均充当谓词宾语，其中例（1）为"意"直接充当"巧"的宾语，例（2）"料"与"所"组成"所"字结构充当"出"的宾语，例（3）"料"与"者"组成"者"字结构充当"应"的宾语成分；例（4）的"意"充当介词"以"的宾语。

C. 作定语。如：

（1）婆子道："有甚难猜处？自古'入门休问荣枯事，观着容颜便得知'，老身异样跷蹊古怪的事，不知猜勾多少。"（《金瓶梅词话》第二回）

上举例之"猜"直接修饰中心语"处"。

D. 作状语。如：

（1）昶陈治略五事：……其二，欲用考试，考试犹准绳也，未有舍准绳而意正曲直，废黜陟而空论能否也。（《三国志·魏志·王昶传》）

是例"意"修饰谓词"正"，表示方式。

E. 作谓语，例多不备举。

4.1.3 "猜度"概念场典型成员充当谓语时主客体论元的性质及其句法位置

从论元结构看，"猜度"概念词亦属于二元谓词，在句中需带两个必有论元：主体论元感知者和客体论元感知对象。措之于句法，二者可以同现，或只呈现其中一个，未映现的往往可据前后文补出，如：

（1）金莲只猜玉箫和西门庆在此私狎，便顶进去。（《金瓶梅词话》第二二回）

（2）国王道："这和尚无礼！敢笑我国中无宝，猜甚么流丢一口钟！"

（《西游记》第四六回）

（3）周瑞家的笑道："……你这会子跑了来，一定有什么事。"他女儿笑道："你老人家倒会猜。"（《红楼梦》第七回）

例（1）"猜"的主体论元"金莲"及客体论元"玉箫和西门庆在此私狎"同现；例（2）及（3）分别只出现"猜"的客体论元"流丢一口钟"或主体论元"你老人家（指周瑞的太太）"，据前文可知前者的主体论元当是"和尚（指唐僧）"，后者的客体论元当为"你（指周瑞的女儿）这会子跑了来，一定有什么事"。

在这两个必有论元中，主体论元的句法位置较单一，一般充当主语；客体论元的句法位置则较多样，既可作宾语，亦可作主语，可进入 $S_{1.1.1}$、$S_{1.1.2}$、$S_{1.2}$、$S_{1.3}$、$S_{1.4}$、$S_{1.5}$、$S_{1.6}$、S_4、S_5 及 S_6[①] 句法格式。略举数例：

（1）圣人上知千岁，下知千岁，非意之也，盖有自云也。（《吕氏春秋·观表》）（$S_{1.1.1}$）

（2）桓公曰："子奚以意之？"（《管子·小问》）（$S_{1.1.2}$）

（3）量吏禄，度官用，以赋于民。（《史记·平准书》）（$S_{1.2}$）

（4）（郑当时）言曰："异时关东漕粟从渭中上，度六月而罢，而漕水道九百余里，时有难处。引渭穿渠起长安，并南山下，至河三百余里，径，易漕，度可令三月罢。"（《史记·河渠书》）（$S_{1.3}$）

（5）窃料匈奴之众，不过汉一千石大县，以天下之大，而困于一县之正，甚窃为执事羞之。（西汉贾谊《新书·势卑》）（$S_{1.4}$）

（6）曰："圣人做时，须惊天动地。然卒于不往者，亦料其做不得尔。"（《朱子语类》卷四七《论语·公山弗扰》）（$S_{1.5}$）

（7）大家猜了一回，皆不是。（《红楼梦》第五一回）（$S_{1.6}$）

（8）（小大姐）一时喜怒人难料，一时甜如蜜，一时辣似椒，没定准的冤家也，（看你）者到何时了。（《挂枝儿·者妓》）（S_4）

（9）圣心未委宣何法，人意难思莫测猜。（《敦煌变文校注·维摩诘经讲经文》）（S_5）按，"测""猜"同义连文。

[①] $S_{1.1.1}$、$S_{1.1.2}$、$S_{1.2}$、$S_{1.3}$、$S_{1.4}$、$S_{1.5}$、$S_{1.6}$、S_4、S_5 及 S_6 句法格式参见本书第 2 章概述"'忧虑'概念场典型成员充当谓语时主客体论元的性质及其句法位置"的相关介绍。

（10）忽然人报，娘娘差人送出一个灯谜儿，命你们大家去猜。（《红楼梦》第二二回）（S₆）

例（1）及例（2），代词"之"均作"意"的宾语，所不同的是，前者指代"千岁"，后者指代"齐桓公将讨伐莒国"这件事。例（3）及例（4），名词"官用"及状中短语"六月而罢"与兼语短语"可令三月罢"分别作"度"的宾语。例（5）及例（6），小句"匈奴之众，不过汉一千石大县"与"之"字性短语"其做不得"分别作"料"的宾语。例（7）时量短语"一回"作"猜"的宾语。例（8）客体论元"喜怒"作"人难料"的主语。例（9）客体论元"人意"承前省。例（10）为使令句，客体论元"灯谜儿"承前省。

另外还有"V+动态助词+NP客体"格式，简称S₇。如"柏公猜着是新住的客，手执拐杖相迎"（《歧路灯》第七回）。

4.2　"猜度"概念场主导词历时替换考

汉语史上，"猜度"概念场的主导词几经易主：西汉以前"意""度""料"竞争，"意"占有优势；西汉以后，"意"让位于"度"；唐五代时期，战国末期进入本概念场的"料"取代"度"成为本概念场的主导词；明代初期以后，"料"又让位于南北朝时期才进入本概念场的"猜"。下面分先秦、西汉至隋、唐至明初、明中期至清末四个时段考察其间主导词地位的历时更替过程。

4.2.1　先秦时期

先秦时期，"猜度"概念场的典型成员有"意""度""料"，下面具体讨论三者在此期的用法特点。

先秦时期，指称本概念的"意"主要作谓语，偶见作宾语的，如"（东郭牙）对曰：'臣闻君子善谋，小人善意'"（《吕氏春秋·重言》）。作谓语时，其主体论元主要为人，一般充当主语，例多不举。其客体论元主要为意图、目的、个人喜好及情况、局势等，类型较丰富：既可是人，亦可是事，如"人""子学古之道而以餔啜"等①；性质较多样：有代词性的、名词性的、小句及"之"字性短语；句法位置单一：只有 S_1 中的部分用法，如：

（1）申子曰："慎而言也，人且知女；慎而行也，人且随女。而有知见也，人且匿女；而无知见也，人且意**女**。"（《韩非子·外储说右上》）（$S_{1.1.1}$）

（2）管仲曰："我不言**伐莒**，子何以意**之**？"（《吕氏春秋·重言》）（$S_{1.1.2}$）

（3）（那人）对曰："臣愿以鄙心意**公**，公无以为罪。"（《战国策·魏策三》）（$S_{1.2}$）

（4）其弟曰："为王视齐寇。不意**其近而国人恐如此也**。"（《吕氏春秋·壅塞》）（$S_{1.4}$）

（5）公孙龙曰："窃意**大王之弗为也**。"（《吕氏春秋·应言》）（$S_{1.5}$）

比之于"意"，此期"度"的句法功能更单一，主要充当谓语。作谓语时，其主体论元也是人，一般作主语，例多不举。与"意"不同的是，其客体论元既可是意图、目的、情况、局势等，如"其心"②"功"③"情""神之来至""其国危"等，亦可是品行、能力等，如"德"④"人力"⑤等，类型也更多样：除了是人及事外，还可是物，如"类"（笔者按，"类"指同类的事物）；不过客体论元的性质不及"意"的多样：主要为名词性的、小句及"之"字性短语，但句法位置较其灵活：既可作宾语，亦可作主语（S_1 及 S_4 均有用例），如：

（1）故以人度**人**，以情度**情**，以类度**类**，以说度**功**，以道观尽，古今一度也。（《荀子·非相》）（$S_{1.2}$）

（2）淳于公如曹。度**其国危**，遂不复。（《左传·桓公五年》）（$S_{1.4}$）

---

① 意指之人也，非意人也。（《墨子·大取》）

孟子谓乐正子曰："子之从于子敖来，徒餔啜也。我不意**子学古之道而以餔啜也**。"（《孟子·离娄上》）

② 维此王季，帝度**其心**。（《诗·大雅·皇矣》）

③ 度**功**而行，仁也。（《左传·昭公二十一年》）

④ 君子谓："……许无刑而伐之，服而舍之，度**德**而处之，量力而行之，相时而动，无累后人，可谓知礼矣。"（《左传·隐公十一年》）

⑤ 量地而立国，计利而畜民，度**人力**而授事，使民必胜事，事必出利，利足以生民。（《荀子·富国》）

（3）且以不爱其身，度**其不爱其君**，是将以管仲之不能死公子纠，度**其不死桓公也**，是管仲亦在所去之域矣。(《韩非子·难一》[269])（S$_{1.5}$/S$_{1.5}$）

（4）**神之格思**，不可度思，矧可射思！（《诗·大雅·抑》）（S$_4$）

就目前所知，指称本概念的"料"当不晚于战国出现。与"度"一样，此期其亦主要充当谓语。作谓语时，其主体论元也是人，一般作主语，恕不赘举。其客体论元除了情况、局势外，如"天下"（笔者按，"天下"指天下形势）[①]、"境内之资"等，还可是数量、实力及结果等，如"赵国守备亦以十倍"、"兵之能"及"以楚当秦，未见胜"等[②]；尽管其客体论元的性质与"度"的类似：主要为名词性的、小句及"之"字性短语，但句法位置不及"度"的多样，只有 S$_1$ 的部分用法，如：

（1）大心而无悔，国乱而自多，不料**境内之资**而易其邻敌者，可亡也。（《韩非子·亡征》）（S$_{1.2}$）

（2）料**大王之卒，悉之不过三十万**，而厮徒负养在其中矣，为除守徼亭障塞，见卒不过二十万而已矣。（《战国策·韩策一》）（S$_{1.4}$）

（3）是故明主外料**其敌国之强弱**，内度其士卒之众寡、贤与不肖，不待两军相当，而胜败、存亡之机节固已见于胸中矣。（《战国策·赵策二》）（S$_{1.5}$）按，"料""度"对举同义。

表4.1　　　先秦部分文献中"猜度"概念场典型成员用法调查表

用法 \ 文献		词项	意					度					料		
			论	孟	韩	吕	战	总计	诗	左	韩	战	总计	韩	战	总计
作谓语	S$_1$	S$_{1.1}$ S$_{1.1.1}$			1	1		2								
		S$_{1.1.2}$				2		2								
		S$_{1.2}$					1	1	1	3			4	2	2	4
		S$_{1.3}$														
		S$_{1.4}$		1		1	3	5			1		1		7	7
		S$_{1.5}$				1	1	2			2	1	3	1	1	
		S$_4$							1				1			
		S$_5$	1		2			3								
总计								15					9			12

[①] 中期伏琴而对曰："王之料天下过矣"（《韩非子·难三》）

[②] 武安君曰："……今王发军虽倍其前，臣料赵国守备亦以十倍矣。"（《战国策·中山策》）
臣闻，善为国者，顺民之意，而料兵之能，然后从于天下。（《战国策·齐策五》）
楚王曰："……寡人自料，以楚当秦，未见胜焉。"（《战国策·楚策一》）

续表

词项 用法＼文献	意						度					料		
	论	孟	韩	吕	战	总计	诗	左	韩	战	总计	韩	战	总计
作主语														
作宾语				2		2								
作定语														

表4.2　　　　　　　　　7种先秦文献中"猜度"概念场典型成员出现次数

词项	文献 用例数	诗	论	左	孟	韩	吕	战	总计
意	单	0	1	0	1	3	7	5	17
	连	0	0	0	0	7	2	2	11
度	单	2	0	4	0	2	0	1	9
	连	1	0	1	0	5	0	1	8
料	单	0	0	0	0	2	0	10	12
	连	0	0	0	0	0	0	2	2

要之，先秦时期，"猜度"概念场典型成员"意""度""料"三者的发展比较均衡，其中"意"的句法功能较后两者更多样：既可作谓语，亦可作宾语；后两者则主要作谓语。作谓语时，前者所支配的客体论元性质较后两者的更多元：$S_{1.1}$、$S_{1.2}$、$S_{1.4}$ 及 $S_{1.5}$ 均有用例，后两者则未见 $S_{1.1}$ 用例。不过，"度"所支配对象的范围及类型要较"意"广："意"所支配的对象主要为意图、目的、情况及局势，类型主要为人和事；"度"所支配的对象除此之外，还可以是品行、能力，其对象类型除了人和事外，还包括物。再者其所支配对象的句法位置亦较"意"灵活：既有 S_1 用法，亦有 S_4 用法；"意"则只有 S_1 用法。"料"所支配客体论元的性质及类型与"度"相似，但句法位置亦不及"度"多样。尽管三者在此期均发展较充分，但"意"在数量上占有优势（7 种先秦文献中"意""度""料"单用出现比率为 17：9：12，具体数据参见表 4.2），据此我们认为此期"猜度"概念场的主导词应为"意"。不过，此期"度"所呈现出来的义域及用法优势已为其日后取代"意"的主导词地位埋下了伏笔。

4.2.2　西汉至隋时期

西汉至隋，"猜度"概念场有如下变化值得关注：一是两汉时期"意"

的句法功能及义域有趋于完备和扩大之势，所支配对象的类型及性质也更多样，但在整个概念场中却不具优势，二是"度"的充分发展，三是"料"的自我完善，四是"猜"的萌生。下详析之。

与先秦时期相比，此期"意"的句法功能有所完善，除了作谓语和宾语外，还出现了作状语用法，如"考试犹准绳也，未有舍准绳而意正曲直，废黜陟而空论能否也"（《三国志·魏志·王昶传》）。义域有所扩大：其支配的对象除了意图、目的及情况、局势[①]外，还可以是原因及结果等，如"且凡造作之过，意其言妄而谤诽也"（《论衡·对作》）是作者对书写错误原因的推测；"鲁君曰：'……今卫君朝于吴王，吴王囚之，而欲流之于海，孰意卫君之仁义而遭此难也'"（《淮南子·人间》）是鲁君对卫君命运结果的推测。[②] 其支配对象类型更丰富：除了支配人及事外，还可以是物，如"夫意而中藏者，圣也"（《淮南子·道应》）是对别人家中所藏财物的猜测。支配对象的性质更多样：除了代词性的、名词性的、小句及"之"字性短语外，还可以是谓词性的，新生了$S_{1.3}$用法，酌举部分用例[③]：

（1）（孔子）罢子贡善居积，意**贵贱之期**，数得其时，故货殖多，富比陶朱。（《论衡·知实》）（$S_{1.2}$）

（2）正监以为博苟强，意**未必能然**，即共条白焉。（《汉书·朱博传》）（$S_{1.3}$）

（3）豫登城谓门曰："卿为公孙所厚而去，意**有所不得已也**；今还作贼，乃知卿乱人耳。"（《三国志·魏志·田豫传》）（$S_{1.3}$）

（4）平言曰："周鼎亡在泗水中，今河溢通泗，臣望东北汾阴直有金宝气，意**周鼎其出乎**？"（《史记·封禅书》）（$S_{1.4}$）

（5）臣意**王之计，欲少出师而悉韩、魏**之兵也。（《史记·范雎列传》）（$S_{1.4}$）

---

① 汝阴侯滕公心知朱家大侠，意**季布匿其所**，乃许曰："诺。"（《史记·季布列传》）（估量形势）

② 尽管该例表示的是鲁君对卫君遭流亡厄运的始料不及，但这也恰恰说明了鲁君对卫君的命运结果有过自己的猜想，只不过实际结果与自己所料不同而已。

③ 就我们检索的文献资料来看，此期代词性宾语共2例，均引自《吕氏春秋·重言》，恕不赘举。

（6）陛下绝匈奴不与和亲，臣窃意**其冬来南**也，壹大治，则终身创矣。（《汉书·晁错传》）（S$_{1.5}$）

（7）意**夫人之在兹**，托行云以送怀。（陶渊明《闲情赋并序》）（S$_{1.5}$）

西汉至隋，"度"的发展呈现如下特点：一是句法功能进一步完备。除了作谓语外，此期已见其作主语成分与宾语成分例，充当主语成分如前举"况乎心之所度"与"诚重民劳而度时审也"例。充当宾语成分例如"（太祖）遂遣猛将在前，大军在后，至则克策，如晔所度"（《三国志·魏志·刘晔传》），此是"所"字结构作宾语。二是作谓语时，其主体论元除了人外，还可以是动物，如"渊中之鱼，递相吞食，度口所能容，然后咽之"（《论衡·效力》）是例"度"的主体为"鱼"。三是义域进一步扩大。此期其所支配的对象除了先秦已见的意图、目的、情况、局势、品行、能力等外[①]，又扩大到数量、时间、原因、结果及情理等，如"孝文欲作一台，度用百金，重民之财，废而不为"（《汉书·翼奉传》）此为估量费用开支例；"廉颇送至境，与王诀曰：'王行，度道里会遇之礼毕，还，不过三十日'"（《史记·廉颇蔺相如列传》）是为估量时日例；"（蒙）度此家不得外问，谓援可恃，故至于此耳"（《三国志·吴志·吕蒙传》）此为估量原因例；"或度绍终不能成大事，时太祖为奋武将军，在东郡，初平二年，或去绍从太祖"（《三国志·魏志·荀彧传》）是为估量结果例；"（嶷）又启曰：'……比日禁断整密，此自常理，外声乃云起臣在华林，辄捉御刀，因此更严。度情推理，必不容尔'"（《南齐书·豫章文献王萧嶷传》）该为估量情理例。四是客体论元的性质更多元。除了名词性的、小句及"之"

---

①（爽）谓诸从驾群臣曰："我度**太傅意**，亦不过欲令我兄弟向己也。"（《三国志·曹真传附曹爽传》注引《魏略》）（估量意图）

后有人向庾道此，庾（子嵩）曰："可谓以小人之虑，度**君子之心**。"（《世说新语·雅量》）（估量意图）

淮度**势不利**，辄拔军出，故不大败。（《三国志·魏志·郭淮传》）（估量战争形势）

嶷度**其鸟散，难以战禽**，乃诈与和亲，克期置酒。（《三国志·蜀志·张嶷传》）（估量战争形势）

郦生入，揖沛公曰："……且吾度**足下之智不如吾，勇又不如吾**。"（《史记·陆贾列传》）（估量智勇）

兼覆盖而并有之，度**伎能**而裁使之者，圣人也。《淮南子·缪称》）（估量才能）

字性短语外，如"功用"[①]"万民之力"[②]"纣终不可谏"[③]"赵王终不可说"[④]"楚王不足事"[⑤]"其为变"[⑥]等，还可是代词性的及谓词性的，如"我""已失期"[⑦]"能制桀之死命"[⑧]"弗及"[⑨]等；客体论元的句法位置与先秦类似，S_1 与 S_4 均有用例，下面列举部分用例：

（1）（母）答曰："……彼以心度**我**，谓我必言，固将先我；事由彼发，顾不快耶！"（《三国志·魏志·钟会传》注引《生母张夫人传》）（$S_{1.1.1}$）

（2）揆而度**之**，使自索之。（《汉书·东方朔传》）（$S_{1.1.1}$）按，"之"代情理。

（3）汉嘉郡界旄牛夷种类四千余户，其率狼路，欲为姑婿冬逢报怨，遣叔父离将逢众相度**形势**。（《三国志·蜀志·张嶷传》）（$S_{1.2}$）按，"相""度"组合已出现，后世文献中"相度"成为固定组合。

（4）昔周武伐殷，旋师孟津，汉祖征隗嚣，还军高平，皆知天时而度**贼情**也。（《三国志·魏志·文帝纪》注引《魏书》）（$S_{1.2}$）

（5）度**可作瓢**，以手摩其实，从蒂至底，去其毛——不复长，且厚。（西汉氾胜之《氾胜之书》卷下"种瓠"）（$S_{1.3}$）

（6）及臣所在，既自多马，加以羌胡常以三四月中美草时，驱马来出，隐度**今者，可得三千余匹**。（《三国志·吴志·胡综传》）（$S_{1.3}$）按，"隐""度"近义连言。

（7）夫手指之物器也，度**力不能举**，则不敢动。（《论衡·状留》）（$S_{1.4}$）

（8）豫度**贼船垂还，岁晚风急，必畏漂浪，东随无岸，当赴成山**。

---

① （御史）白博士许商治《尚书》，善为算，能度**功用**。（《汉书·沟洫志》）

② 夫不度**万民之力**，以从耳目之欲，未有不亡者也。（《三国志·魏志·杨阜传》）

③ 于是微子度**纣终不可谏**，欲死之，及去，未能自决，乃问于太师、少师曰……（《史记·宋微子世家》）

④ 虞卿度**赵王终不可说**，乃解其相印，与魏齐亡。（《史记·范雎列传》）

⑤ （斯）学已成，度**楚王不足事**，而六国皆弱，无可为建功者，欲西入秦。（《史记·李斯列传》）

⑥ 林卿素骄，惭于宾客，并度**其为变**，储兵马以待之。（《汉书·何并传》）

⑦ 会天大雨，道不通，度**已失期**。（《史记·陈涉世家》）

⑧ （张良）曰："昔者汤伐桀而封其后于杞者，度**能制桀之死命**也。"（《史记·留侯世家》）

⑨ 汉兵追至塞，度**弗及**，即罢。（《史记·韩长孺列传》）

（《三国志·魏志·田豫传》）（S$_{1.4}$）

（9）时，羌降者万余人矣。充国**度其必坏**，欲罢骑兵屯田，以待其敝。（《汉书·赵充国传》）（S$_{1.5}$）

（10）宠**度其必袭西阳而为之备**，权闻之，退还。（《三国志·魏志·满宠传》）（S$_{1.5}$）

（11）柔胜出于己者，**其力不可度**。（《淮南子·诠言》）（S$_4$）

（12）国曰："……**兵难逾度**，臣愿驰至金城，图上方略。"（《汉书·赵充国传》）（S$_4$）

"料"在西汉至隋时期的突出变化主要表现为：一是支配对象范围有所扩大。此期其所支配的对象除了先秦已见的情况、局势、数量、实力及结果外[①]，还可是事理，如"涉览篇籍助教之书，以料人理之近易"（《抱朴子·塞难》）。二是支配对象性质更趋多样。除了先秦已见的名词性的、小句及"之"字性短语外[②]，还可是谓词性的[③]。客体论元的句法位置亦主要作宾语，有 S$_1$ 及 S$_6$ 用法，下面酌举一些例子：

（1）须内教既立，徐料**寇形**。（《宋书·周朗传》）（S$_{1.2}$）

（2）牧曰："……向使吾不料**时度宜**，苟有所陈，至见委以事，不足兵势，终有败绩之患，何无不成之有？"（《三国志·吴志·钟离牧传》注引《会稽典录》）（S$_{1.2}$）

（3）或以告宣王，宣王曰："吾能料**生**，不便料**死**也。"（《三国志·蜀

[①] 郃识变量，善处营陈，料**战势地形**，无不如计。（《三国志·魏志·张郃传》）（估量形势）

窃料**匈奴控弦大率六万骑**。（《新书·匈奴》）（估量数量）

今料**王玄谟等未逾两将，六军之盛，不过往时**。（《宋书·沈庆之传》）（估量实力）

潜曰："……以势料之，**代必复叛**。"（《三国志·魏志·裴潜传》）（估量结果）

[②] 济上疏："……夫欲大兴功之君，先料**其民力**而燠休之。"（《三国志·魏志·蒋济传》）（S$_{1.2}$）

阶独曰："大王以仁等为足以料**事势**不也？"（《三国志·魏志·桓阶传》）（S$_{1.2}$）

良曰："料**大王士卒足以当项王乎？**"（《史记·项羽本纪》）（S$_{1.4}$）

时寿已围城，欲逆拒之。黑曰："料**城中食少**，霍彪等虽至，赍粮不多，宜令人人城，共消其谷。犹嫌其少，何缘拒之？"（晋常璩《华阳国志·李雄志》）（S$_{1.4}$）

妇料**其此出无复入理**，便捉裾停之。（《世说新语·贤媛》）（S$_{1.5}$）

[③] 青龙四年，诏"欲得有才智文章，谋虑渊深，料**远若近**，……卿校己上各举一人"。（《三国志·魏志·王昶传》）

志·诸葛亮传》注引《汉晋春秋》)（$S_{1.3}$/$S_{1.3}$）

（4）桓公问桓子野："谢安石料**万石必败**，何以不谏？"（《世说新语·方正》)（$S_{1.4}$）

（5）安都料**众寡不敌**，率壮士辛灵度等，弃弘农归国。(《宋书·薛安都传》)（$S_{1.4}$）

（6）仆窃不自料**其卑贱**，见主上惨凄怛悼，诚欲效其款款之愚。(《汉书·司马迁传》)（$S_{1.5}$）

（7）翻……谓歆曰："君自料**名声之在海内**，孰与鄙郡故王府君？"(《三国志·蜀志·虞翻传》注引《吴书》)（$S_{1.5}$）

（8）（文帝）诏问群臣，令料**刘备当为关羽出报吴不**？（《三国志·魏志·刘晔传》)（S_6）

就目前所掌握的文献资料来看，"猜"战国已见，主要表示"怀疑"义。其指称本概念当不晚于南北朝，如前举"祸之所延，非可猜测"及"（嗜好）非可以类推，弗得以猜测"例，但用例罕见（在我们所查考的文献里仅此 2 见）。就这两例来看，此期其主要作谓语，且是与"测"近义连言；其支配的对象可是形势及个人喜好（前者为对祸害可能触及范围的估计；后者为对个人嗜好的估计）；对象的句法位置单一，主要充当主语。

表4.3　西汉至隋部分文献中"猜度"概念场典型成员"意""猜"用法调查

用法 \ 文献（词项）			意											猜	
			史	淮	衡	太	汉	抱	三	陶	书	颜	总计		刘	总计
作谓语	S_1	$S_{1.1}$ $S_{1.1.1}$												26		2
		$S_{1.1.2}$				2							2			
		$S_{1.2}$			1								1			
		$S_{1.3}$					2	1					3			
		$S_{1.4}$	4	1	2		3	1		2	1		14			
		$S_{1.5}$					1			1			2			
	S_3															
	S_4														1	1
	S_5		1				2						4		1	1
作主语																
作宾语				1	1		2	1			1		6			
作定语																
作状语									1				1			

表4.4　西汉至隋部分文献中"猜度"概念场典型成员"度""料"用法调查

用法		词项	度											（S₁）	料								（S₁）
	文献		史	淮	盐	衡	汉	抱	三	世	书	齐	总计		史	盐	衡	汉	抱	三	世	总计	
作谓语	S₁	S₁.₁　S₁.₁.₁					1						1										
		S₁.₁.₂																					
		S₁.₂	1	1			2	4	1	1			10		1					4		5	
		S₁.₃	11			2	15	1		1	1		31							1		1	
		S₁.₄	20		1	5	12		7		2		47	97	7	1		4		5	1	18	33
		S₁.₅					2	2					4		1			1		1	1	4	
	S₄			2			1						3										
	S₅			1									1				1	1		2		4	
	S₆																			1		1	
作主语							1	1					2										
作宾语									2				2										
作定语																							

表4.5　27种西汉至隋文献中"猜度"概念场典型成员出现次数

词项	用法（用例数）	史	淮	简	盐	衡	太	汉	抱	三	法	陶	世	书	齐	洛	颜	译①	总计
意	单	5	3	0	0	6	0	10	1	3	0	1	0	3	0	0	1	0	33
	连	14	5	0	4	8	7	21	0	25	0	1	6	5	0	2	1	6	105
度	单	32	4	2	1	7	0	33	1	17	0	0	1	4	1	0	0	0	103
	连	19	4	0	0	2	0	20	0	14	0	0	2	1	1	0	0	2	65
料	单	9	0	0	0	1	0	13	1										33
	连	6	0	0	0	2	0	3	0	5	0	0	1	0	0	0	0	0	17
猜	单	0	0	0	0	0	0	0	0	0	0	0	0	0	0	0	0	0	0
	连	0	0	0	0	0	0	0	0	0	0	0	0	0	0	0	0	0	0

　　约之，两汉时期，"意"的句法功能仍有所完备，所支配对象的范围、类型及性质亦有所扩大，新生了 S₁.₃ 用法。但在"度"与"料"的推挤下，魏晋始，其用法受限，未见 S₁.₁.₂ 及 S₁.₂ 用法。南北朝时只见其 S₁.₄用法；"度"的用法则更趋齐全，除了先秦时期的原有用法外，此期还新

---

　　① 11 种中古译经（记为译），具体篇目为：《修行本起经》《中本起经》《六度集经》《大明度经》、《生经》《妙法莲华经》《四分律》《百喻经》《贤愚经》《杂宝藏经》《佛本行集经》。

添了 $S_{1.1.1}$ 及 $S_{1.3}$ 用法;"料"尽管在此期有所发展,但其支配对象的性质与句法位置仍不如"度"多样,未见 $S_{1.1.1}$ 及 S_4 用法;"猜"尚处于萌生阶段,用法受限,只见 S_4 及 S_5 用法。就此,我们可以推测,"度"当为此期"猜度"概念场的主导词。这里有两个材料可以佐证我们的推测:一是西汉的《张家山汉简》中"猜度"概念的表达概用"度",共 2 见,如"发传□□□□,度其行不能至者□□□□□长官皆不得释新成"(《二年律令》"传食律"238)此为对情况的推测;"史猷曰:炙中发,臣度之,君今旦必游而炙至,肉前,炙火气□人而署,君令人扇,而发故能飞入炙中"(《奏谳书》173)是为对原因的推测。《二年律令》及《奏谳书》中的两个用例还有助于我们进一步推测"意"让位于"度"当不晚于公元前 2 世纪初①。二是 27 种西汉至隋文献中,"意""度""料""猜"的单个出现比例为 33∶103∶33∶0(具体数据参见表 4.5),"度"的数量是其他三者总和的 1.5 倍多。

4.2.3　唐至明初

唐至明初,"猜度"概念场典型成员的演变呈现如下特点:"意"与"度"退隐;"料"侵占概念场其他成员的义域;"猜"发展迅速,但仍不具备与"料"匹敌的实力。

此期,"意"主要见于具有南方方言背景的文献中。如《五灯会元》

---

① 关于《二年律令》中的"二年"具体所指学界有不同意见:(1)高祖二年说,以张建国(《试析汉初"约法三章"的法律效力——兼谈"二年律令"与萧何的关系》,《法学研究》1996 年第 1 期)、曹旅宁(《张家山 247 号墓汉律制作新考》,载于中国文物研究所《出土文献研究》(第 6 辑),上海古籍出版社 2004 年版,第 118 页)及王树金(《〈二年律令〉法律内容制定年代考——兼谈"二年"的时间问题》,http://www.jianbo.org/admin3/2005/zhoubo001.htm,2005 年 5 月 9 日)为代表;(2)惠帝二年说,以邢义田(《张家山汉简〈二年律令〉读记》,载于侯仁之主编《燕京学报》新第 15 期,北京大学出版社 2003 年版,第 39 页)为代表;(3)吕后二年说,以张家山二四七号汉墓竹简整理小组(《张家山汉墓竹简[二四七号汉墓]》(释文修订本),文物出版社 2006 年版,第 7 页)和朱红林等为代表。朱红林指出:"竹简整理小组根据简中有优待吕后之父吕宣王的内容,认为二年当指吕后二年(公元前 186 年),得到学术界大多数学者的认同。"(《张家山汉简〈二年律令〉研究》,黑龙江人民出版社 2008 年版,第 2 页)今从"吕后二年说"。《奏谳书》的编订年代,蔡万进认为:"当在汉高祖十一年八月至吕后二年九月这十年间",也即公元前 196 年至公元前 186 年(《张家山汉简〈奏谳书〉研究》,广西师范大学出版社 2006 年版,第 51 页)。

中指称本概念的"意"的使用（单用 3 次）多于"猜"（2 次）；《朱子语类》中指称本概念的"意"（16 次）高于"料"及"猜"的用例数（"料"10次，"猜"3 次）；《南村辍耕录》中指称本概念的"意"（6 次）亦高于"度"的用例数（5 次）。就《五灯会元》及《朱子语类》中 19 例"意"使用者的方言背景来看，有 17 例使用者是南方人，另外 2 个句例的使用者尽管是北方人，但他们先后在南方生活过，所以并不排除南方方言对他们可能有的侵蚀；《南村辍耕录》属于南方文献，故三书中所呈现的"意强于它"状况可能是方言背景的结果①。这一发展差异甚至延续到现在，如福州话中"意""料""猜"并用。"意"主要存留于南方文献，与同期或前后期北方文献中指称本概念主要用"料"的格局不同，反映了南北方在新词吸收速度上的差异。此期"意"所支配对象的类型、性质及句法位置与魏晋以前类似，部分用例如：

（1）易本卜筮之书，后人以为止于卜筮。至王弼用老庄解，后人便只以为理，而不以为卜筮，亦非。想当初伏羲画卦之时，只是阳为吉，阴为凶，无文字。某不敢说，窃**意如此**。（《朱子语类》卷六六《易·纲领上之下》）（$S_{1.1.2}$）

（2）凡生毛发须髯的，自堪宠命；岂**意绯袍紫绶**；并加妇人、浪子、和尚、行者之身。（《水浒全传》第八二回）（$S_{1.2}$）

（3）时伯颜以飞放为名，挟持皇太子在柳林，**意将犯分**。（《南村辍耕录·圣聪》）（$S_{1.3}$）

（4）蜀主孟昶纳徐匡璋女，拜贵妃，别号花蕊夫人。**意花不足拟其色，似花蕊之翾轻也**。（《南村辍耕录·花蕊夫人》）（$S_{1.4}$）

---

① 《五灯会元》与《朱子语类》中指称本概念的单用"意"使用者里籍及方言区分布：福建籍闽方言区者：陈淳 3 例、刘砥 2 例、廖德明 1 例；浙江籍吴方言区者：沈僴 3 例；江西籍赣方言区者：周谟 1 例、黄义刚 2 例、吕焘 1 例、董铢 1 例、金去伪 1 例；山西籍西北官话者：惟俨 1 例、吕洞宾 1 例；江苏籍吴方言区者：二灵知和庵主 1 例；福建籍吴方言区者：杨道夫 1 例。两书中 19 个句例 13 个使用者分属 5 省 4 大方言区，其中使用者籍贯属于南方方言区者 11 人，使用句例共 17 次；另外 2 个句例的 2 位使用者"惟俨"及"吕洞宾"尽管籍贯所在地属北方官话区，但前者曾先后在潮阳、衡山、漕溪及澧州等地生活，后者曾先后到过庐山、黄龙山及潭州等地，故不排除南方生活经历对他们语言的可能影响。

（5）堂倾，父母意**其必死**，师瞑目自若。(《五灯会元》卷一八"二灵知和庵主")（S$_{1.5}$）

唐以后，"度"渐趋衰微，进入隐退期，主要出现于具有南方方言背景文献或书面语色彩较浓的文献中，前者例如《朱子语类》中，指称本概念的单用"度"共34见，使用者分属闽方言、吴方言及赣方言三大南方方言区[①]；《南村辍耕录》亦属于南方文献，指称本概念的单用"度"5见。后者例如"编年体史书"《三朝北盟会编》中指称本概念的单用"度"3见。伴随着行用范围的缩减，其句法功能亦在衰微：主要充当谓语。作谓语时，其所支配对象的性质范围有所缩小，未见代词宾语例（S$_{1.1.1}$用法）；支配对象的句法位置亦趋单一：主要作宾语，未见充当主语例（S$_4$用法）。不过，受动补结构产生的影响[②]，此期还出现了诸如"度得是时终不可为，其人终不可与有为""度得如此""度得事势不能谏"之类的S$_7$用法，其中"度"先与表结果的动态助词"得"构成动补结构再带宾语，如"某之诸生，度得他脚手，也未可与拈尽许多，只是且教他就切身处理会"（《朱子语类》卷八四《礼·论考礼纲领》）；"如今度得未可尽晓其意，且要识得大纲"（《朱子语类》卷八四《礼·论考礼纲领》）。下面是"度"在此期的部分用例：

（1）问："吕曰：'货殖之学，聚所闻见以度**物**，可以屡中，而不能悉中。'"（《朱子语类》卷三九《论语·先进上》）（S$_{1.2}$）试比较：赐不受命，而货殖焉，亿则屡中。（《论语·先进》）

（2）望之度**不可见**，即语王汭云……（郑望之《靖康城下奏使录》）（S$_{1.3}$）

（3）当时佛教虽隆，禅宗未开，圆觉以大通五年至，以是年去，留台城十九日，度**君不及相见**。（《南村辍耕录·陶氏二谱》）（S$_{1.4}$）

（4）曰："让国二子同心，度**其当时，必是有怨恶处**。"（《朱子语类》

---

① 《朱子语类》指称本概念的"度"使用者籍贯及方言区分布：福建籍闽方言区者：周明作2例、陈淳1例、郑可学1例；浙江籍吴方言区者：沈僩4例、叶贺孙13例、徐㝢4例、潘时举1例、辅广1例；江西籍赣方言区者：周谟1例、黄义刚2例、包扬1例、吕焘1例；江苏籍吴方言区者：钱木之1例；江西籍吴方言区者：余大雅1例。

② 石毓智指出"动补结构作为一种能产的语法手段是在十二世纪左右产生的"（《古今汉语动词概念化方式的变化及其对语法的影响》，《汉语学习》2003年第4期）。

卷二九《论语·公冶长下》)(S$_{1.5}$)

(5)"这也是度得**高祖必不能下士**,故先说许多话,教高祖亦自知做不得了,方说他本谋来,故能使人听信。"(《朱子语类》卷一三四《历代一》)(S$_7$)

唐至明初为"料"发展的完备期,呈现如下特点:一是句法功能的完备。此期"料"除了可充当谓语外,还可充当主语成分和宾语成分。前者例如"(顾大嫂)到于衙前,打听得果然史进陷在牢中,方知吴用智料如神"(《水浒全传》第六九回);后者例如前举"不出吾之所料"。二是义域的进一步扩大。此期其所支配的对象除了前期已见的情况、局势、数量、时间、结果及事理外①,还可是意图、目的、能力、品行及原因等。如"仆料虏人之意,西京在其西南数千里,彼必不能守,将必归我,姑少迟之"(马扩《茅斋自叙》)是为估量意图例;"料汝承当不得"(《五灯会元》卷八"安国慧球禅师")此为估量能力例;"脢料庞涓是个絮底人,必看无疑"(《朱子语类》卷一三四《历代一》)是为估量品行例;"仆窃料四军以昨日王师小衄,故有留使人之意"(马扩《茅斋自叙》)此为估量原因例;三是客体论元的性质更多样,出现了代词宾语例(S$_{1.1.2}$用法);四是客体论元的句法位置更灵活,新生了S$_4$及S$_7$用法。酌举此期部分用例:

(1)独唐武氏一玺,玉色莹白,制作如官印,璞仅半寸许,因不可它用,遂付艺文监收之,**竟获永存**。岂武氏之智能料之乎?(《南村辍耕录·毁前朝玉玺》)(S$_{1.1.2}$)

(2)相传朐山海门水中,流积堆淤江沙,其长无际。浮海者以竿料**浅深**,……(《南村辍耕录·朱张》)(S$_{1.2}$)

(3)光严,我见汝常亲佛会,早入法门,准承已悟于无为,谁料**由(犹)贪于有相**。(《敦煌变文校注·维摩诘经讲经文》)(S$_{1.3}$)

---

① 统精兵直指潼关,料**唐家无计遮拦**。(白朴《梧桐雨》第二折)(估量形势)

初,益公任内,只料**用钱七万**。(《朱子语类》卷一百六《朱子三·潭州》)(估量数量)

宋江爬将起来看时,月影正午,料**是三更时分**。(《水浒全传》第四二回)(估量时间)

混江龙李俊料着贼与大兵厮杀,若败溃下来,必要奔投巢穴。(《水浒全传》第一百九回)(估量结果)

自贫穷,不叹命,岂料**荣枯皆分定**。(《敦煌变文校注·维摩诘经讲经文》)(估量事理)

（4）应是生降回鹘，……岂料蜂虿有毒，豺性难驯，天使才过酒泉，回鹘王子，领兵西来，犯我疆场。（《敦煌变文校注·张淮深变文》）（S_{1.4}）

（5）少顷，度方见其所致，意彼遗忘，既不可追，然料其必再至，因为收取。（《唐摭言·节操》）（S_{1.5}）

（6）今晨从此过，明日安能料？（白居易《清调吟》）（S₄）

（7）人生谁能料，堪悲处、身落柳陌花丛。（陆游《风流子》）（S₄）

（8）我已料着你神行的日期，专等你回报。（《水浒全传》第三九回）（S₇）

（9）朱仝故意延迟了半晌，料着雷横去得远了，却引众人来县里出首。（《水浒全传》第五一回）（S₇）

唐至明初为"猜"的完善期，主要表现为：一是语法功能的完善。作谓语时，除了带宾语外，还可带补语，如"您二人或揣着或搭着折末甚物，俺哥哥十猜十个着"（无名氏《诸葛亮博望烧屯》第四折）此为结果补语例；"蔡福是个公人，早猜了八分"（《水浒全传》第六六回）此为程度补语例。作谓语时除了单用外，还出现了表尝试义的"V一V"型动词重叠新兴组合，如"王婆大笑道：'不是。若是他的时，也又是好一对儿。大官人再猜一猜'"（《水浒全传》第二四回）。二是与新兴语法形式处置句共现，如"不把我人也似觑，可将我谜也似猜"（武汉臣《散家财天赐老生儿》第一折）。三是义域的扩大。此期其所支配的对象除了形势外①，还可是年岁、身份、意图、目的、原因、结果及谜等，如"睹相猜其岁"（唐义净译《根本说一切有部毗奈耶颂》，24/618c）是为估量年岁例；"二十余年用意猜，几番曾把此心灰。而今潦倒逢知己，李白元来是秀才"（《五灯会元》卷一二"净住居说禅师"）此为估量身份例；"猜着我师父的意"（马致远《马丹阳三度任风子》第三折）是为估量意图例；"州官也七分猜着，是因信赏钱弄出这事来"（《水浒全传》第九四回）此为估量原因例；"我猜着你两个多时不见，以定要早睡"（《水浒全传》第二一回）是为估量结果例；"却是圣人做一个谜与后人猜搏"（《朱子语类》卷六七《易·论后世易象》）此为猜谜例；四是支配对象的性质多样，有代词性的、名词性

---

① 智深道："俺猜这个撮鸟，是个剪径的强人，正在此间等买卖。"（《水浒全传》第六回）

的、谓词性的及小句。其句法位置亦多元，S_1、S_4、S_6 及 S_7 用法均有用例，呈现出强劲的发展势头。下面是此期的部分用例：

（1）师久与南泉同道，神彩奇异，时人猜**之**，合有一人之分。（《祖堂集》卷一五"归宗和尚"）（$S_{1.1.2}$）

（2）似你这般狂心记，一番家搓揉人的样势，休胡猜**人**短命黑心贼！（关汉卿《诈妮子调风月》第二折）（$S_{1.2}$）

（3）那妇人道："前日他醉了骂我，我见他骂得跷蹊，我只猜**是叔叔看见破绽说与他**。"（《水浒全传》第四六回）（$S_{1.3}$）

（4）衙内道："你猜**我心中甚事不乐**？"（《水浒全传》第七回）（$S_{1.4}$）

（5）**你说的这话**，我猜着也啰。（关汉卿《闺怨佳人拜月亭》第三折）（S_4）

（6）臣今歌舞有词乖？王忽延（筵）中泪落来。为复言词相触悟（牾）？为当去就拙旋回？希王善恶如（于）今说，莫**使**宫嫔总乱猜。（《敦煌变文校注·欢喜国王缘》）（S_6）按，此例"猜"的客体当是大王忽然泪落的原因，承前省。

（7）且说王秀归家去，老婆问道："大哥，你恰才教人把金丝罐归来。"王秀道："不曾。"老婆取来道："在这里，却把了几件衣裳去。"王秀没猜道**是谁**。（《宋四公大闹禁魂张》）（S_7）

表4.6 唐至明初部分文献中"猜度"概念场典型成员"意""猜"用法调查

用法	词项		意					总计	猜							总计
			唐	五	朱	南	水		敦	祖	五	朱	朝	元	水	
作谓语	S_1 $S_{1.1}$	$S_{1.1.1}$														
		$S_{1.1.2}$		1						1						1
	$S_{1.2}$					1								1		1
	$S_{1.3}$			1	1	2									2	2
	$S_{1.4}$		2	1	8	3		68				1			5	6
	$S_{1.5}$			1	6	1										56
	S_4													1	1	2
	S_5				40			40	1		2	3		6	23	35
	S_6								1							1
	S_7													2	6	8

续表

用法＼文献＼词项	意						猜							
	唐	五	朱	南	水	总计	敦	祖	五	朱	朝	元	水	总计
作主语														
作宾语														
作定语														

表4.7　唐至明初部分文献中"猜度"概念场典型成员"度""料"用法调查

用法	词项		度				料													
			朱	朝	南	总计	白	敦	入	唐	祖	五	朱	朝	小	南	元	水	训	总计
作谓语	S₁ S₁.₁	S₁.₁.₁				42														61
		S₁.₁.₂															1			1
		S₁.₂	7	1		8											1			1
		S₁.₃	5	1		6		2					1	3	1			1	8	16
		S₁.₄	8	1	5	14	1	5	1	2		1	2	5	1	4		1	5	30
		S₁.₅	6			6			1				2							3
	S₄						1													1
	S₅		2			2	1						2					1		4
	S₆																			
	S₇		6			6											1	4		5
作主语																	2			2
作宾语									1				1	1				1		4
作定语																				

表4.8　16种唐至明初文献中"猜度"概念场典型成员出现次数

词项	用例数	白	王	金	敦	入	唐	祖	五	朱	朝	小	南	元	原	水	训	总计
意	单	0	0	0	0	0	2	0	3	16/40①	0	0	6	0	0	1	0	28/40
	连	2	0	0	2	0	3	0	2	25	2	0	6	1	0	4	0	47
度	单	0	0	0	0	0	0	0	0	34	3	0	5	0	0	0	0	42
	连	0	0	0	8	0	0	1	12	52	4	0	2	0	0	1	0	80
料	单	3	0	0	7	1	4	1	3	10	7	1	7	2	0	20	0	66
	连	0	0	0	7	0	0	0	0	18	0	2	2	6	0	19	1	57
猜	单	0	0	0	2	0	0	1	2	3	1	0	10②	0	0	37	0	56
	连	0	0	0	0	0	0	0	0	0	0	0	1	0	0	4	0	5

---

① 《朱子语类》中指称本概念场的"意"共56例，其中有1例引用《论语·子罕》，有39例是对引用句子的解释，可以看间接引用，不能反映当时的口语实际，故排除40例直接和间接引用者，《朱子语类》中反映当时口语实际的用例数为16例。

② 该10例均出自唱词部分，此外宾白部分有4例"猜"亦指称本概念，未计入。

从以上调查结果来看，唐至明初，"意"与"度"进入退隐期，二者主要行用于具有南方方言背景或书面语色彩较浓的文献中。前者用法主要是对魏晋以前的沿袭；后者用法则出现萎缩，未见 $S_{1.1.1}$ 及 S_4 用法。不过，受动补结构产生的影响，"度"在宋代还新生了 S_7 用法。"猜"则进入完善期，元以前，其义域和用法有所扩大，但见次率不高；元以后，优势渐显。唐至明初它还新生了 $S_{1.1.1}$、$S_{1.2}$、$S_{1.3}$、$S_{1.4}$、S_6 及 S_7 用法，显示了强劲的发展势头，但仍不具备与"料"竞争的实力。"料"则进入质变期，一是强行侵蚀"意"与"度"的某些义域。二是用法进一步完备，此期它除原有用法外，还新生了 $S_{1.1.2}$、S_4 及 S_7 用法。随着义域的扩大及用法的完备，最终取代"度"成为此期本概念场的主导词。这里有个典型语料能很好说明这一问题，日僧圆仁的《入唐求法巡礼行记》（838—847 年）中，"猜度"概念的表达概用"料"，如"〔六月〕五日，……访知明州本国人早已发去，料前程趁彼船的不及。仍嘱刘大使，谋请从此发送归国"。这就让我们有理由相信："料"取代"度"的主导词资格当不晚于 9 世纪中期。此外，表4.8 中的 16 种唐至明初文献中"意""度""料""猜"的单个出现比例（四者单个出现比例为：28：42：66：56）也可佐证我们的推测。

4.2.4　明中期至清末

明中期始，"意"与"度"进入消退期，二者除了在明民歌、《西游记》及《红楼梦》（前 80 回）中有极少用例外，表达本概念的"意"与"度"主要降格为语素，如表 4.11 所示，在所考察的 10 种此期文献中，单用的"意"2 见，作为构词语素出现的 60 见，后者是前者的 30 倍；单用的"度"7 见，作为构词语素出现的 17 见，后者是前者的 2 倍多。"意"单用时主要见于"岂意"等固定组合中，用法简单，只见 $S_{1.3}$ 及 $S_{1.5}$ 用法[①]；"度"用法亦简单，只见 $S_{1.2}$ 及 $S_{1.4}$ 用法[②]。明民歌及《西游记》中，仍存

---

①　贾政亦含泪启道："臣，草莽寒门，鸠群鸦属之中，岂意**得征凤鸾之瑞**。"（《红楼梦》第一七一—一八回）（$S_{1.3}$）

余少时从狎邪游，得所转赠诗帨甚多，夫赠诗以帨，本冀留诸箧中，永以为好也，而岂意其旋作长条赠人乎？（《挂枝儿·扯汗巾》）（$S_{1.5}$）

②　话说林黛玉与宝玉角口后，也自后悔，但又无去就他之理，因此日夜闷闷，如有所失。紫

有少量"意"或"度"用例，与其同期或前后期作品用"料""猜"，不用"意""度"呈现出不同，这或许与作品的方言背景有关。《朴通事》、《金瓶梅词话》、《红楼梦》（后 40 回）、《老乞大新释》、《三侠五义》等都是以北方话为背景的作品，而明民歌则具有吴方言色彩，《西游记》则是以江淮官话为背景。这说明"意"与"度"在南方的撤退速度比北方慢。《红楼梦》（前 80 回）中存有"意""度"用例，或许与作者趋雅的用词风格有关。据此我们可以大致推测，"意"让位于"度"当不晚于公元前 2 世纪初，"度"让位于"料"当不晚于 9 世纪中期，但二者完全退出本概念场当不早于《老乞大新释》时代（即 18 世纪中后期）①。

随着"意"与"度"的消退，"猜度"概念场主导词资格的竞争主要在"料"与"猜"之间进行，整体趋势为"猜强料弱"。下详论之。

较之于唐至明初，此期"料"发生了如下变化：一是义域的缩小。此期与其匹配的客体论元主要是意图、目的、能力、品行、情况、局势、原因、结果、时间及事理等②，未见对数量的估量。二是用法的萎缩，未见作主语用例及 $S_{1.1}$、$S_{1.2}$ 与 $S_{1.5}$ 用法。略举此期部分用例：

（接上页）鹃度**其意**，乃劝道……（《红楼梦》第三十回）（$S_{1.2}$）

行者度**他匣内必有甚么柬札**，……揭开匣儿观看，果然是一封请帖。（《西游记》第一七回）（$S_{1.4}$）

① 汪维辉指出《老乞大新释》不分卷，边宪编，刊行于 1761 年（朝鲜英祖 37 年，清乾隆 26 年）"（《朝鲜时代汉语教科书丛刊》（全四册），中华书局 2005 年版，第 103 页）。

② 袭人从来不曾受过大话的，今儿忽见宝玉生气踢他一下，……待要怎么样，料**宝玉未必是安心踢他**，少不得忍着说道："没有踢着。还不换衣裳去。"（《红楼梦》第三〇回）（估量意图、目的）

那老者见白玉堂这番形景，料**非常人**，口称……（《三侠五义》第一三回）（估量能力）

老爷听罢，暗暗点头道："看此道不是**作恶之人**，果然不出所料。"（《三侠五义》第二一回）（估量品行）

安老爷听了，料**这事也得大大的费一番说词**，今日不得就走，便道："如此甚好，只是打搅了。"（《儿女英雄传》第一五回）（估量形势）

（安老爷）今又见他如此举动，满面惨惶，更加不忍，且料**其中必另有一段原故**，却也断想不到公子竟遭了这等一场大颠险。（《儿女英雄传》第一二回）（估量原因）

行者道："……我料**那妖精还不敢伤我师父**，我们且找上大路，寻个人家住下，过此一宵。"（《西游记》第二一回）（估量结果）

料**只在今日**，管取拿他。（《西游记》第二一回）（估量时间）

（十三妹）心里只有张金凤的愿不愿，张老夫妻的肯不肯，那安公子一边，直不曾着意，料**他也断没个不愿不肯的理**。（《儿女英雄传》第一〇回）（估量事理）

148

（1）行者见他关防得紧，宝贝又随身，不肯除下，**料**偷他的不得。（《西游记》第五二回）（S$_{1.3}$）

（2）这娄潜斋父子，还只**料**王隆吉感念师弟之谊，今日来送贺礼，心中过意不去，加倍厚待。（《歧路灯》第一五回）（S$_{1.4}$）

（3）你这个月底能到北京么到不得呢？**这话**我不能**料**。（《老乞大新释》）（S$_4$）

（4）槽疥有甚难？医他时便是。**料着**你那细详时，是买不得马。（《朴通事谚解》上）（S$_7$）

较之于"料"的由显而微，"猜"则显现出强势，表现如下：第一，句法功能的进一步完备。除了可作谓语外，此期还可充当定语成分，如"太监又将颁赐之物送与猜着之人"（《红楼梦》第二二回）。第二，与新兴语法形式共现，显现出强大的竞争力：（1）与趋向动词"出"共现，表示动作的结果，如"刘立保今儿受了谁的气来到这里借此发泄呢？（众人）俱各猜不出是什么缘故"（《三侠五义》第一百四回）；（2）与事态助词"着"共现，表动作行为的持续。如"我猜，大哥是棒槌，二哥是运（熨）斗，三哥是剪子，四哥是针线。你再说我猜着"（《朴通事谚解》上）；（3）与"被"字句共现，如"结识私情要放乖，弗要眉来眼去被人猜"（《山歌·瞒人》）；（4）与"把"字句共现，如"昨日与姐把拳猜"（《山歌·猜拳》）；（5）与时量宾语共现，如"这个灯谜我猜了多时，总未猜着"（《镜花缘》第八一回）。第三，义域的扩大。除了此前已有的对年岁、身份、意图、目的、情况、局势、原因及结果等的猜测外 ①，此期还可是对数量及来源等

---

① 公公道："你年几岁了？"行者道："你猜猜看。"（《西游记》第七四回）（估量年岁）

杨执中恍然醒悟道："……柳者，娄也，我那里猜的到是娄府？只疑惑是县里原差。"（《儒林外史》第一一回）（估量身份）

贾珍笑道："婶子的意思侄儿猜着了，是怕大妹妹劳苦了。"（《红楼梦》第一一三回）（估量意图、目的）

这样一宗大事别人可瞒过，惟有公孙先生心下好生疑惑，却又猜不出是什么底细。（《三侠五义》第一六回）（估量情势）

探春也就猜着必有原故，所以引出这等丑态来，遂命众丫鬟秉烛开门而待。（《红楼梦》第七四回）（估量原因）

金莲道："我猜他已定往院中李桂儿那淫妇家去了。"（《金瓶梅词话》第二一回）（估量结果）

的推测，如"这的几托？满七托。你猜的么"（《朴通事谚解》上）此为估量段子长短例；"宝琴笑道：'你猜是谁做的？'宝玉笑道：'自然是潇湘子稿'"（《红楼梦》第七〇回）是为估量书稿来源例。另外，除了作为游戏活动之一的"猜谜"组合常见外，此期"猜字""猜拳""猜枚"等组合亦非常普遍，例多不备举。第四，支配对象的性质更趋多样，新生了 $S_{1.1.1}$ 及 $S_{1.6}$ 用法，酌举此期部分用例：

（1）老爷道："管他，横竖我是个局外人，于我无干，去瞎费这心猜**他**作甚么！"（《儿女英雄传》第一三回）（$S_{1.1.1}$）按，"他"指代钦差来的目的。

（2）松曰："是欲如此。兄试猜**之，合献与谁**？"（《三国演义》第六〇回）（$S_{1.1.2}$）

（3）行者道："那和尚看见你进柜来了，他若猜**个道儿**，却不又输了？是特来和你计较计较，剃了头，我们猜**和尚**罢。"（《西游记》第四六回）（$S_{1.2}/S_{1.2}$）

（4）（行者）钉在唐僧耳朵上道："师父，只猜**是个桃核子**。"（《西游记》第四六回）（$S_{1.3}$）

（5）宝玉陪笑道："你猜**我往那里去了**？"（《红楼梦》第四三回）（$S_{1.4}$）

（6）众人猜了**半日**，宝琴笑道："这个意思却深，不知可是花草的'花'字？"（《红楼梦》第五〇回）（$S_{1.6}$）

（7）**风月中的事儿**难猜难解，风月中的人儿个个会弄乖。（《挂枝儿·怕闪》）（S_4）

（8）三藏道："他**教**猜宝贝哩，流丢是件甚宝贝？"（《西游记》第四六回）（S_6）

（9）贾母忙道："怪道叫作《凤求鸾》。不用说，我猜着了，**自然是这王熙凤要求这雏鸾小姐为妻**。"（《红楼梦》第五四回）（S_7）

（接上页）请各位猜一猜**这哑谜儿**如何？（《海上花列传》第一回）（猜谜）

表4.9　　　　　　　明中期至清末部分文献中"猜度"概念场
典型成员"意""料"用法调查

用法	文献	意·明	意·红$_1$	意·总计	意合计	料·朴	料·西	料·金	料·明	料·儒	料·红$_1$	料·红$_2$	料·新	料·通	料·侠	料·总计	料合计
作谓语	S_1 $S_{1.1}$ $S_{1.1.1}$																
	$S_{1.1.2}$																
	$S_{1.2}$																
	$S_{1.3}$		1	1			14	6	2	2	11	5			1	41	
	$S_{1.4}$					1	8	7	2		10	2		1	3	34	
	$S_{1.5}$	1		1	2												106
	$S_{1.6}$																
	S_4								3		1	1				5	
	S_5							1	1							2	
	S_6																
	S_7					1	3	1			8	8			3	24	
作主语																	
作宾语								1			1				2	4	
作定语																	

表4.10　　　　　　　明中期至清末部分文献中"猜度"概念场
典型成员"度""猜"用法调查

用法	文献	度·西	度·明	度·红$_1$	度·总计	度合计	猜·朴	猜·西	猜·金	猜·明	猜·儒	猜·红$_1$	猜·红$_2$	猜·通	猜·侠	猜·总计	猜合计
作谓语	S_1 $S_{1.1}$ $S_{1.1.1}$						1									1	
	$S_{1.1.2}$																
	$S_{1.2}$			2	2		1	4				1	2		1	9	
	$S_{1.3}$							3	6	2			5	1	3	20	
	$S_{1.4}$	1	1	3	5		3	2	11			1	2	4		23	
	$S_{1.5}$					7											188
	$S_{1.6}$												2			2	
	S_4									1	1	3			1	6	
	S_5						7	12	26	6		39	3	5	2	103	
	S_6							2								5	
	S_7							2	6	1		9	1			19	
作主语																	
作定语							1					1			2	

（"猜"栏标题处有脚注标记①）

---

① 在我们所抽样的文献中，未反映"猜"的 $S_{1.1.2}$ 用法。该用法此期仍见，如上举"兄试猜之"例。

表4.11　　　　10种明中期至清代文献中"猜度"概念场典型成员出现次数

词项	文献 用例数	朴	西	金	明	儒	红₁	红₂	新①	通	侠	总计
意	单	0	0	0	1	0	1	0	0	0	0	2
	连	0	4	9	0	3	22	5	0	0	17	60
度	单	0	1	0	1	0	5	0	0	0	0	7
	连	0	0	0	0	0	7	1	0	0	9	17
料	单	2	25	16	8	2	31	15	1	1	9	110
	连	0	14	38	4	26	29	26	0	1	63	201
猜	单	12	26	51	9	6	64	4	0	12	6	190
	连	0	12	23	4	2	9	0	0	0	2	52

　　要之，明中期至清末，"意"与"度"由隐而退，渐次由词降格为语素；"料"由强而弱，义域与用法有所萎缩，未见 $S_{1.1.2}$、$S_{1.2}$ 及 $S_{1.5}$ 用法；"猜"由微而显，义域与用法有所扩充，除原有用法外，此期还新增了 $S_{1.1.1}$、$S_{1.6}$ 及 S_6 用法。据此，我们可以大致推测，"猜"当为此期"猜度"概念的主导词。表 4.11 中的统计数据可以佐证我们的推断：10种明中期至清末文献中，指称本概念的单用"猜"（190 见）多于其他三者的单用之和（"意" 2 见，"度" 7 见，"料" 110 见，具体数据详参表 4.11）。

4.2.5　小结

　　下面用简表对以上各节内容加以归纳，通过这个表，一方面可以了解"猜度"概念场各典型成员用法的演变状况，另一方面也便于同一概念场各成员之间的比较，从而更准确地把握"猜度"概念场典型成员主导词地位更替的层次及各自用法上的差异。

---

　　①《老乞大新释》与《重刊老乞大谚解》在"猜度"概念场典型成员的使用上无别，故只统计《老乞大新释》一种。

表4.12　　　　　　"猜度"概念场典型成员各时段充当谓语时客体论元性质及句法位置调查

时段 词项＼用法	先秦	西汉至隋			唐至明初		明中期至清末
		两汉	魏晋	南北朝至隋	唐宋	元至明初	
意	$S_{1.1.1}$、$S_{1.1.2}$、$S_{1.2}$、$S_{1.4}$、$S_{1.5}$、S_5	$S_{1.1.2}$、$S_{1.2}$、$S_{1.3}$、$S_{1.4}$、$S_{1.5}$、S_5	$S_{1.3}$、$S_{1.4}$、$S_{1.5}$	$S_{1.4}$	$S_{1.1.2}$、$S_{1.2}$、$S_{1.3}$、$S_{1.4}$、$S_{1.5}$、S_5		$S_{1.3}$、$S_{1.5}$
度	$S_{1.2}$、$S_{1.4}$、$S_{1.5}$、S_4	$S_{1.1.1}$、$S_{1.2}$、$S_{1.3}$、$S_{1.4}$、$S_{1.5}$、S_4、S_5			$S_{1.2}$、$S_{1.3}$、$S_{1.4}$、$S_{1.5}$、S_5、S_7		$S_{1.2}$、$S_{1.4}$
料	$S_{1.2}$、$S_{1.4}$、$S_{1.5}$	$S_{1.2}$、$S_{1.3}$、$S_{1.4}$、$S_{1.5}$、S_5、S_6			$S_{1.1.2}$、$S_{1.2}$、$S_{1.3}$、$S_{1.4}$、$S_{1.5}$、S_4、S_5、S_7		$S_{1.3}$、$S_{1.4}$、S_4、S_5、S_7
猜			S_4、S_5		$S_{1.1.2}$、$S_{1.4}$、S_5、S_6	$S_{1.2}$、$S_{1.3}$、$S_{1.4}$、S_4、S_5、S_7	$S_{1.1.1}$、$S_{1.1.2}$、$S_{1.2}$、$S_{1.3}$、$S_{1.4}$、$S_{1.6}$、S_4、S_5、S_6、S_7

表4.13　　　　　　　　　"猜度"概念场典型成员各个时段句法功能考察

时段 词项＼句法	先秦	西汉至隋			唐至明初		明中期至清末
		两汉	魏晋	南北朝至隋	唐宋	元至明初	
意	谓语、宾语	谓语、宾语	谓语、宾语、状语		谓语		谓语
度	谓语	谓语、主语、宾语			谓语		谓语
料	谓语	谓语			谓语、主语、宾语		谓语、宾语
猜			谓语		谓语	谓语、主语	谓语、主语、定语

　　分析表格中的统计结果，不难勾勒出：（1）"猜度"概念场典型成员主导词地位更替的序次：先秦时期，"意"以支配对象性质及句法功能优势取得本概念场的主导词资格；两汉时期，尽管其义域与用法有扩大之势，但在"度"与"料"的强力排挤下，于公元前2世纪初将主导词资格让位于"度"；在"意""度"展开激烈竞争的同时，"料"也在蓄势，并于9世纪中期前后将"度"挤压出本概念场的主导词位次；"猜"进入本概念场当不晚于南北朝，经过唐至明初的完善，于明中后期取代"料"成为本概念场的主导词。至此，现代汉语"猜度"概念场主导词格局业已形成。（2）"猜度"概念场典型成员用法上的差异：①句法功能有别。"猜度"概念词可以充当主语、谓语、宾语、定语及状语五种句法功能。受各自语义的制约，四者句法功能不尽相同："意"不能充当主语与定语；"度"与"料"不能充当定语和状语；"猜"则既不能充当主语和状语，亦不能充当宾语。②客体论元的

性质有别。"猜度"概念词所支配对象的性质有代词性的、名词性的、谓词性的、小句、"之"字性短语及时量性成分。"意"所支配的对象不能是时量性成分（未见 $S_{1.6}$ 用法）；"度"与"料"的支配对象除了不能是时量性成分外，前者还不能是指代事的代词性成分（未见 $S_{1.1.2}$ 用法），后者则不能是指代人或物的代词性成分（未见 $S_{1.1.1}$ 用法），二者在后接代词性宾语上形成互补分布；"猜"的支配对象则不能是"之"字性短语（未见 $S_{1.5}$ 用法）。③客体论元的句法位置有别。"猜度"概念词所支配的对象或作主语，或作宾语。"意"的客体论元只能充当宾语，未见充当主语的 S_4 用法；其他三者的客体论元则既可充当宾语，亦可充当主语。（3）"猜度"概念场典型成员在对动作结果概念化方式上有差异。"猜度"概念词在概念化动作结果上或采取不同的动词，如"夫意而中藏者，圣也"（《淮南子·道应》），该例中"意"表示动作行为，"中"表示该动作行为的结果，动作行为与动作行为的结果分别采取不同动词来概念化。类似的例子还有"赐不受命，而货殖焉，意则屡中"（《汉书·货殖传》）；或采取动补结构，如"这段子一匹足勾袍料二件，你猜是甚么价钱？我猜。这大红段真是南红颜色，经纬匀净，虽比不得上用段子，却也比寻常的不同，若不是十二两银子，恐不肯卖与你哩！你真猜着了"（《朴通事新释谚解》卷一），该段对话中，前两个"猜"表示动作行为，后一个动补结构"猜着"表示该动作行为的结果。在动作结果的概念化方式上，"意"则主要采取前者（未见 S_7 用法）；"度""料""猜"则主要采取后者。"意"与"度""料""猜"在对动作结果概念化方式上的差异或许与汉语史上动补结构的产生有关。

4.3 "猜度"概念场词汇系统非典型成员

汉语史上，"猜度"概念场除了"意""度""料""猜"等典型成员外，还有"测""揣""忖""揆"等非典型成员，下概要介绍。

4.3.1 上古汉语"猜度"概念场词汇系统非典型成员
［卜］
《说文·卜部》："卜，灼剥龟也。"段玉裁注："灼剥者，谓灸而

裂之。"据此可知，"卜"本是指用火灼龟甲取兆，以预测吉凶的行为。《诗·卫风·氓》："尔卜尔筮，体无咎言。"通过特殊转指一般，"卜"可泛指各种占卜吉凶的行为。辞书已释，恕不赘举。由于占卜是事件发生前对吉凶的推算，故通过特殊转指一般，"卜"可泛指对事件可能性的推算，即"推测；预料"。就我们检索的文献资料来看，"卜"之此义当不晚于战国出现①。《左传·宣公十二年》："以我卜也，郑不可从。"旧题汉黄石公《三略·上略》："用兵之要，必先察敌情：视其仓库，度其粮食，卜其强弱，察其天地，伺其空隙。"后代仍见用，如《唐摭言·起自寒苦》："观、愈等既去，复止绛、群，曰：'公等文行相契，他日皆振大名；然二君子位极人臣，勉旃！勉旃！'后二贤果如所卜。"陈毅《失题》："五年胜利今可卜，稳渡长江遣粟郎。"

［裁］

"裁"本是"裁制；剪裁"的意思。《说文·衣部》："裁，制衣也。"段玉裁注："裁者，衣之始也。"辞书已释，恕不赘举。当它用于对人事的裁制、裁剪时就有了裁断、裁决的含义了。《左传·僖公十五年》："若晋君朝以入，则婢子夕以死；夕以入，则朝以死。唯君裁之。"对人事裁断的先决条件是裁断者对人事要有个全面的认识和了解，故通过动作转指条件，"裁"由"裁断"义可引申出"估量"义。《篇海类编·衣服类·衣部》："裁，裁度也。"《淮南子·主术》："及至乱主，取民，则不裁其力。"高诱注："裁，度。"后代仍沿用，如《敦煌变文校注·父母恩重经讲经文》："思量人世事难裁，父母恩深不可背。"

［策］

"策"在先秦可以指计数的小筹。《广韵·麦韵》："策，筹也。"《说文解字注·竹部》："策犹筹，筹犹策。"《老子》第二七章："善数不用筹策。"王弼注："因物之数，不假形也。""策"由计数小筹，通过一般转指特殊，可特指古代卜筮用的蓍。《集韵·麦韵》："策，蓍也。"《战国策·秦策

---

①《左传》的成书时间参见杨伯峻《〈春秋左传注〉前言》为前 403—前 389（《春秋左传注》（修订本），中华书局 2016 年版，第 1 页）。"卜"之"推测；预料"义《大词典》首引《史记·孙子吴起列传》（1/983），《大字典》首引《三国志·吴志·孙权传》（第 91 页），偏晚。

一》："（赵）襄主错龟，数策占兆。"高诱注："策，蓍也。"由于蓍是人们占卜吉凶祸福的工具，故通过工具转指动作，"策"可引申出"测度"义。《孙子·虚实》："故策之而知得失之计。"孟氏注："策度敌情，观其施为，则计数可知。"后代仍有用例，如北魏郦道元《水经注》卷一四"鲍邱水"条："光武策其必败，果为宠所破，遗壁故垒存焉。"明代张岱《石匮书·土木死事诸臣传总论》："己巳秋，扈从北征，（铣）将行，策其必败，遣仆归，贻其家人诗曰……"

[测]

"测"本义是"量水深"的意思[①]。《说文·水部》："测，深所至也。"王筠句读："深，动字，谓之测也……《玉篇》：'测，度也，广深曰测。'案：当作'度深曰测'。……深所至者，谓深其深之几何也。"《荀子·劝学》："不道礼宪，以《诗》《书》为之，譬之犹以指测河也……不可以得之矣。"《文选·东方朔〈答客难〉》："语曰'以管窥天，以蠡测海，以莛撞钟'，岂能通其条贯，考其文理，发其音声哉！"张铣注："测，量也。"通过特殊转指一般，"量"可引申为泛指一般的"量度"义。如《周礼·地官·大司徒》："以土圭之法测土深。"郑玄注："测，犹度也。不知广深，故曰测。"水深和土深都是具体可测的，若"测"的对象为抽象物或未然事件时，则为"猜测"义[②]，如《国语·晋方言一》："君之使我，非欢也，抑欲测吾心也。"韦昭注："测，犹度也。"后代仍见用，如《三国志·魏志·王基传》："方今外有强寇，内有叛臣，若不时决，则事之深浅未可测也。"《三侠五义》第二回："贤人独坐房中，心里暗想：'叔叔婶婶所做之事，深谋密略，莫说三弟孩提之人难以揣度，就是我夫妻二人也难测其阴谋。'"前言"揣度"，后言"测"，义同。周而复《上海的早晨》第四部四三："他测出潘信诚的心事，这次同业申请合营，唯一

---

① 《大词典》及《大字典》将"量水深"义囊括在了"测量；测度"义内，为了更好地凸显词义引申过程，宜将其独列。

② 王凤阳指出："'测'的对象是天、地、水之类难以用度量衡加以衡量的东西，只能估算，因而"测"的引申用法总是关系到难以预计或难以测定的事物。"[《古辞辨》（修订本），中华书局2011年版，第571页]

的顾虑是那些小厂烂厂，如果分配到通达名下，尽是些烂厂包袱，潘家要吃亏的。"

〔揣（楇、抟、团）〕

"揣"本是"量度高低"的意思。《说文·手部》："揣，量也。从手，耑声。度高曰揣。"《左传·昭公三十二年》："士弥牟营成周，计丈数，揣高卑，度厚薄。"杜预注："度高曰揣。"因受限于测量工具的精确度，古人对高低的测量往往含有很大的主观成分在内，常见于古书中的"百仞""千仞""万仞"高度表达法，就是古人测高含有主观性的具体体现。在主观性这点上，与根据已知来推测未知的估量有相似性，故通过隐喻，"揣"可引申出"估量；忖度"义。《广雅·释诂一》："揣，度也。"是辞书对此义的较早著录。《韩非子·八说》："尽思虑，揣得失，智者之所难也。"后代仍沿用，如《三国志·吴志·陆逊传》："逊曰：'所以不听诸君击班者，揣之必有巧故也'"《明史·杨继盛传》："嵩揣帝意必杀二人，比秋审，因附继盛名并奏，得报。"俞平伯《赋得早春》："听说友人中并有接到别的字的，揣书局老板之意岂将把我配在四季花名，梅兰竹菊乎？"

"楇"本指"马鞭"。《说文·木部》："楇，棰也。"因"木旁与扌旁形近混用"[1]，故"楇"字或作"揣"《正字通·木部》："《说文》楇度与揣溷误。"明代王同轨《耳谈类增》卷四八《外纪冤偿》"茅山港舟师"条："蕲水茅山港舟师徐某，载客蕲水人黄某往江右贩木，楇其身单而赀重，因乘便推客堕水。"清周济《晋略·州郡表》："北方堂奥，山东关右，楇其物力，实相钧敌。"黄遵宪《日本国志》卷四："余楇其意。"

"抟"本指捏聚成团的意思。《说文·手部》："抟，圜也。从手专声。"《广雅·释诂三》："抟，著也。"王念孙疏证："抟者，聚之著也。"据徐时仪考察："因耑、专古音相近，'抟'假借为'揣'"，"由于表揉捏使聚合成圆形的'抟'多借用'揣'，后'抟'可能感染'揣'的'估量推测'义，由'揉捏的反复使聚合'义引申为'掂量揣摩'义。"因"'抟'又作'团'"，故"'抟'有'揣'的'估量推测'义，'团'也可表'揣'的'估

---

① 张涌泉：《汉语俗字研究》（增订本），商务印书馆 2010 年版，第 53 页。

量推测'义。"① 前者例如《两浙金石志》(三编):"殊不知本分事恣情识,
抟量便为高见,此大病也。"② 后者例如金董解元《西厢记诸宫调》卷六:
"我团着,这妮子做破大手脚。"

[忖(刌、寸)]

"忖"本是"忖度"的意思。《说文新附·心部》:"忖,度也。"《慧琳
音义》之《金光明最胜王经》卷一音义"思忖"条注引《考声》:"忖,度
也。"(54/500a)《汉书·律历志上》:"忖为十八,《易》十有八变之象也。"
《晋书·郗鉴传》:"后以寝疾,上疏逊位曰:'臣疾弥留,遂至沈笃,自忖
气力,差理难冀。'"清代章学诚《文史通义》卷二:"庶几他有心而予忖,
亦足阐幽微而互著。"

"刌"本是"切断"的意思。《说文·刀部》:"刌,切也。"《广雅·释
诂一》:"刌,断也。"清代钱大昕《说文答问》:"刌,即'予忖度之'之
忖。"《诗·小雅·巧言》:"他人有心,予忖度之。"马瑞辰《传笺通释》:
"忖度,即刌剸之叚借。""刌"假借为"忖"属音同通假。二者上古同属
清纽文部,音同可通。然古籍用例罕见。

古籍中或以"寸"通"忖",亦属音同假借。"寸"上古亦属于清纽文
部,与"忖"音同可通。《诗·小雅·巧言》"他人有心,予忖度之。"唐代
陆德明释文:"忖,本又作寸,同。"

[见]

"见"本是"看见;看到"的意思。《说文·见部》:"见,视也。"
段玉裁注:"析言之,有视而不见者;浑言之,则视与见闻与听一也。"
《易·艮》:"行其庭,不见其人。"见由可见之对象扩大到不可见之对象时,
则引申出"预料"义。《孙子·形》:"见胜不过众人之所知,非善之善者
也。"《三国志·魏志·武帝纪》注引《魏书》:"欲尽诛之,事必宣露,吾
见其败也。"此为后代用例。

---

① 徐时仪:《〈朱子语类〉若干口语词源流考探》,载浙江大学汉语史研究中心《汉语史学报》
(第12辑),上海教育出版社2012年版,第23页。

② 例句转引自徐时仪《〈朱子语类〉若干口语词源流考探》,载浙江大学汉语史研究中心《汉
语史学报》(第12辑),上海教育出版社2012年版,第23页。

[揆、揆（葵）]

"揆"为本字，"估量；揆度"之谓。《说文·揆部》："揆，冬时水土平，可揆度也。"《尔雅·释言》："揆，揆也。"《史记·律书》："揆之为言揆也，言万物可揆度，故曰揆。"

"揆"或俗加"扌"旁作"揆"。《说文·手部》："揆，度也。"《易·系辞下》："初率其辞，而揆其方，既有典常。"《世说新语·假谲》："袁绍年少时，曾遣人以剑掷魏武，少下，不着。魏武揆之，其后来必高。因帖卧床上，剑至果高。"《镜花缘》第一二回："往往贫寒家子女多享长年，富贵家子女每多夭折，揆其所以，虽未必尽由于此，亦不可不以为戒。"后代"揆"行而"揆"废矣。

"葵"本指葵菜。《说文·艹部》："葵，菜也。""葵"假借为"揆"，二者上古同属群纽脂部，音同可通。《尔雅·释言》："葵，揆也。揆，度也。"朱骏声《通训定声》："葵，叚借为揆。"《诗·小雅·采菽》："乐只君子，天子葵之。"毛传："葵，揆也。"又《大雅·板》："民之方殿屎，则莫我敢葵。"毛传："殿屎，呻吟也。"郑玄笺："葵，揆也。"朱熹注："民方愁苦呻吟，而莫敢揆度其所以然者。"

[量]

"量"之本义为"用特定的标准工具测定事物的长短、轻重、多少或其他性质"。《说文·重部》："量，称轻重也。"《庄子·胠箧》："为之斗斛以量之，则并与斗斛而窃之。"量由可量之物扩展到不可量之物或事时，则引申出"估计"义。《广韵·阳韵》："量，量度。"《史记·苏秦列传》："臣窃量大王之国不下楚。"[①] 后代仍见用，如《颜氏家训·名实》："（韩晋明）疑彼制作，多非机杼，遂设宴言，面相讨试。竟日欢谐，辞人满席，属音赋韵，命笔为诗，彼造次即成，了非向韵。……韩退叹曰'果如所量！'"明代王守仁《与刘元道》："元道自量其受病之深浅，气血之强弱，自可如其所云者而斟酌为之，亦自无伤。"老舍《龙须沟》第二场："量你也不敢！"

---

① 《资治通鉴·周纪三》："臣窃量大王之国不下楚。"胡三省注："量，量度也。"

［论］

"论"有考虑义①。《荀子·性恶》："不恤是非，不论曲直。"当所论之事为不可知的未然事件时，则只能是根据既有的条件去虑及可能出现的状况，这与根据已知推想未知的推知具有相似性，故通过隐喻，"论"可引申出"推知"义。《荀子·解蔽》："坐于室而见四海，处于今而论久远。"②《淮南子·说山》："见一叶落，而知岁之将暮；睹瓶中之冰，而知天下之寒；以近论远。"高诱注："论，知也。"后代仍有用例，如清代陶贞怀《天雨花》第一一回："顺贞笑道：'姊姊在深闺内院，有何横事，却要防身。'仪贞道：'人生在世，那里论得着'"。

［拟（擬）］

《说文·手部》："拟，度也。"段玉裁注："今所谓揣度也。"可知"拟"之本义为"揣度"义。就目前所掌握的材料来看，"拟"之"揣度"义先秦已见用例，如《易·系辞上》："圣人有以见天下之赜，而拟诸其形容，象其物宜，是故谓之象。"焦循章句："拟，度也。"后代仍沿用，如《文选·陈琳〈为袁绍檄豫州〉》："夫非常者，故非常人所拟也"。吕延济注："拟，度也。言非常之事，则非常平之人能度之强暴也。"宋代秦观《淮海文粹二·奇兵》："臣闻万物莫不有奇，……鹰隼将击，必匿其形；虎拟而后动，动而有获。"《红楼梦》第九四回："究竟那些人能够回家不能，未知着落，亦难虚拟。"

"擬"本指"言语迟钝"。《说文·言部》："擬，驥也。从言，疑声。"徐锴系传："言多碍也。""擬"借为"拟"属音同假借。二者上古同属疑纽之部，音同可通。故《集韵·止韵》云："拟，《说文》：'度也。'或从言。"然用例罕见。

［逆］

《说文·辵部》："逆，迎也。从辵，屰声。关东曰逆，关西曰迎。"罗振玉《增订殷墟书契考释》："（甲骨文）象（倒）人自外而入，而辵以迎之，或省彳，或省止。"知"逆"本是"迎接"的意思。由于迎接的对象

---

① 关于"论"之"考虑"义的引申分析可参见本书第 5 章"论"条的相关论述。
② 王念孙《读书杂志》卷九："论久远，谓知久远也。"

和时日是可以预知的，故"逆"可引申出"预料；猜度"的意思。就目前所知，"逆"之此义当不晚于先秦出现^①。《玉篇·辵部》："逆，度也。"《易·说卦》："数往者顺，知来者逆，是故《易》，逆数也。"韩康伯注："作《易》以逆睹来事，以前民用。"《论语·宪问》："子曰：'不逆诈，不亿不信，抑亦先觉者，是贤乎！'"是"逆""亿"对举同义。《战国策·秦策二》："计听知覆逆者，唯王可也。"吴师道注："逆，谓逆料。"汉扬雄《太玄·玄掜》："知阴者逆，知阳者流。"范望注："逆，谓逆知也。"

〔期〕

"期"本是"约会"的意思。《说文·月部》："期，会也。"段玉裁注："会者，合也。期者，要约之意，所以为会合也。"《国语·周语中》："期于司里。"韦昭注："期，会也。"引申之，"期"则可表"一定的时日；期限"义，《玉篇·月部》："期，时也。"辞书已释，恕不赘举。由于约会的日期是可以预知和料想的，故"期"可引申出"预知；料想"义。《荀子·不苟》："天不言而人推高焉，地不言而人推厚焉，四时不言而百姓期焉。"杨倞注："期，谓知其时候。"后代仍见用，如《洛阳伽蓝记》卷三"大统寺"："饮讫辞还，老翁送元宝出，云：'后会难期。'"《镜花缘》第六七回："武后道：'适才朕览你家国王表章，并细问来使，才知你因避难到此；不期如今倒在我朝中了才女。'"苏童《我的帝王生涯》第二章："黎明时分官军登筏渡河，不期所有竹筏都在河心松散分离。"

〔茹〕

《尔雅·释言》："茹，度也。"《玉篇·艹部》："茹，度也。"《诗·邶风·柏舟》："我心匪鉴，不可以茹。"毛传："鉴，所以察形也。茹，度也。"郑玄笺："鉴之察形，但知方圆白黑，不能度其真伪。"又《小雅·六月》："猃狁匪茹，整居焦获。"郑玄笺："茹，度也。……言猃狁之来侵，非其所当度为也。"《读通鉴论》卷一二"惠帝"条："匈奴自款塞以来，蕃育于西河有年矣。渊匪茹而逞，不再世而子孙宗族及其种类骈死于靳准，无孑遗焉。"是为后代例。

古汉语心理活动概念场词汇系统演变研究

［商（謪）］

"商"本是估量的意思①。《说文·冏部》："商，从外知内也。"王筠句读："谓由外以测其内也。"《广雅·释诂一》："商，度也。"《易·兑》："商兑未宁，介疾有喜。"郑玄注："商，隐度也。"《书·费誓》："我商贲尔。"旧题孔安国传："我则商度汝功赐与汝。"后代仍见用，如《汉书·赵充国传》："虏必商军进退，稍引去，逐水中，入山林。"颜师古注："商，计度也。"

又俗作"謪"。《字汇·言部》："謪，与商同。度也。"《正字通·言部》："謪，俗商字，……度也。"《荀子·儒效》："若夫謪德而定次，量能而授官。"杨倞注："謪与商同，古字。商度其德而定位次。"②《太平天国·天父下凡诏书一》："小子自心未醒，得去四城楼观探情形，其时小子既得謪度此城易攻之话，此是小子被妖魔迷惷，实无本心行奸，求天父开恩赦罪。"

［图］

"图"本指"地图"。杨树达《积微居小学述林》："依形求义，图当训地图。从囗者，许君于同下云：'囗象国邑。'是也。""从啚者……啚为鄙之初字……物具国邑，又有边鄙，非图而何哉？"由名词"地图"义通过转喻引申出动词"绘画；描绘"义。《广雅·释诂四》："图，画也。"《史记·司马相如传》："众物居之，不可胜图。"裴骃集解引郭璞曰："图，画也。""绘画；描绘"是对客观现实的摹写。摹写作为一种艺术创作，需要摹写者对摹写对象进行规画和设计，这与针对特定情况或局面规划出方法的谋虑有一定的相似性，故通过隐喻，"图"可引申出"谋虑"义。《说文·囗部》："图，画计难也。"段玉裁注："《左传》曰：'咨难为谋。'画计难者，谋之而苦其难也。"辞书已释，不赘举。由于"图"的对象多是

---

① 《大词典》"商"条引《汉书·食货志上》："时大司农中丞耿寿昌以善为算，能商功利，得幸于上。"颜师古注："商，度也。"与宋司马光《辞知制诰第三状》："臣闻明主商德而序位，忠臣量能而受职。"（2/370）释为"计量；计算"，恐未确。又"謪"字条，同"商₁"，释为"计量；估量"，且引例"謪德而定次，量能而授官"与《辞知制诰第三状》之"商德而序位，忠臣量能而受职"句例相似，亦可证训"商"为"计量；计算"未确。

② 杨倞注"謪与商同，古字"恐不确，从产生先后来说，当"商"是古字，"謪"为今字。

未来情况或事件，有一定的或然性，故可引申出"料想"义①。《广雅·释诂一》："图，度也。"《论语·述而》："不图为乐之至于斯也。"后代仍有用例，如《三国志·魏志·袁绍传》裴注引《汉晋春秋》："何图凶险谗慝之人，造饰无端，诱导奸利，至令将军翻然改图……"《儒林外史》第三三回："只道闻名不能见面，何图今日邂逅高贤？"

［想］

《说文·心部》："想，冀思也。"徐锴系传："希冀所思之。"由此可知"想"是含有希望的思考。希望常含有理想的成分，故"想"也含有假设的理想成分。当用于未然事件或假设事件时，"想"则有"料想；猜想"义。《史记·孔子世家》："余读孔氏书，想见其为人。"②后代仍见用，如《后汉书·党锢传·李膺》："方今天地气闭，大人休否，智者见险，投以远害，虽匮人望，内合私愿。想甚欣然，不为恨也。"《洛阳伽蓝记》卷四"开善寺"："入其后园，见沟渎蹇产，石磴礁嶤，朱荷出池，绿萍浮水，飞梁跨阁，高树出云，咸皆啧啧，虽梁王兔苑想之不如也。"《华音启蒙谚解》下："满船的人快要见龙王爷的时候儿，谁想老天爷可怜几条人命儿，风站雨住，船就站住了。"老舍《青蛙骑手》第四场："三姐呀，蛙郎想是不能来，快随老父回家转！"

［悬］

"悬"本是"吊挂、系挂"的意思。《广韵·先韵》："县，《说文》云：'系也。'相承借为州县字。悬，俗，今通用。"《正字通·心部》："悬，挂也。"《韩非子·十过》："城中巢居而处，悬釜而炊。"由于悬于空中的东西常给人没有着落的感觉，这与猜测未知事件的可能性不能给人以踏实感

---

① 《大词典》"图"字条：⑩料想。《论语·述而》："不图为乐之至于斯也。"三国魏曹植《平原懿公主诔》："何图奄忽，摧天之殃。"《陈书·宣帝纪》："岂图王室不造，频谋乱阶；天步艰难，将倾宝历。"清蒲松龄《聊斋志异·嘉平公子》："妾初以公子世家文人，故蒙羞自荐。不图虚有其表！以貌取人，毋乃为天下笑乎！"⑪猜度；推测。汉《论衡·解除》："形既不可知，心亦不可图。"（3/665）今按，"料想"及"猜度，推测"都是根据已知推测未知，当属同义，将"料想"和"猜度，推测"分列两个义项，恐未妥。

② 《大字典》"想"字条释此例之"想"为"想象"，不确（第 2320 页）。《大词典》"想"之"料想；猜想"义首引《后汉书·党锢传·李膺》（7/606），偏晚。王凤阳将此例中的"想见"释为"希望见到"［《古辞辨》（修订本），中华书局 2011 年版，第 820 页］，不确。

具有相似性，故通过隐喻，"悬"可引申出"凭空设想；揣测"义。《韩非子·八经》："事智犹不亲，而况于悬乎？"陈奇猷集释："此文谓人君者智犹不亲事，况于悬揣乎？"后代仍有用例，如宋代陈师道《独坐》："衰疾悬知此，霜毛不更除。"任渊注："悬，谓遥度也。"清代赵翼《瓯北诗话》卷七："惟入蜀以前少年之作，所存无几，难于悬揣。"

［仪］

"仪"本指"法度"①。《说文·人部》："仪，度也。"段玉裁注："度，法制也。"徐锴系传："度，法度也。"辞书已释，例不举。由名词"法度；准则"义通过转喻可引申出动词"效法"义。《诗·大雅·文王》："仪刑文王，万邦作孚。"朱熹集传："仪，象也。""法度；准则"是衡量人行为活动是否合乎规范的标准，由于规范本身具有不易确定性，所以人们在效法时，亦只能取相对值，行为活动愈接近准则则愈规范，反之则不然。这与根据已知情况推测未知情况具有一定的相似性，故通过隐喻，"仪"可引申出"推测；忖度"义。《正字通·人部》："仪，又拟度。"《易·系辞上》："拟之而后言，仪之而后动，拟仪以成其变化。"惠栋述："仪，度也。"后代仍沿用，如《汉书·外戚传·许皇后》："公卿议更立皇后，皆心仪霍将军女。"《读通鉴论》卷三〇"五代下"条："士之慧而失教者，闻有性命之说，心仪其必有可以测知而不知所从，浮屠以浮动乍静之囷光示之，遂若有所依据。"

［疑］

"疑"本是"疑惑；不确定"的意思。《说文·疋部》："疑，惑也。"《玉篇·子部》："疑，不定也。"辞书已释，不赘举。由于对客观情形的不

---

① 关于"仪"的本义各家说法不一：《说文·人部》："仪，度也。"陈邦福《殷契辨疑》："此字当释义。仪之省。《说文·我部》：'义，己之威仪也。'卜辞义下从字。"马叙伦《〈说文解字〉六书书证》卷十五："钮树玉曰：'《韵会》作从人义，义亦声。'翟云升曰：'《类编》引度也，上有容也二字。'……伦按，从人义声。仪次似上。而训度也者《诗·柏舟》：'实维我仪。'毛传：'仪，匹也。'伦谓仪即今言拟之拟本字。《国语·楚语》：'其智能上下比义。'比义即比仪，亦即比拟也。是其证。然实似之转注字。'似'从'㠯'得声。'㠯'音喻纽四等。'仪'从'义'得声。'义'从'羊'得声。'羊'音亦喻四也。……度也者，非本义，亦非本训。《类编》引作'容也者'，盖校者依《广韵·释诂》（今按，《广韵·释诂》当为《广雅·释诂》之误）加之。"（李圃主编：《古文字诂林》卷七，上海教育出版社 2011 年版，第 359 页）今从《说文》。

确定是心生疑隙的原因之一，故通过原因转指结果，"疑"可引申出"怀疑；不相信"义。辞书已释，不备举。由于不明客观情况而心生疑隙，与不知未然情况而心怀料想在对情况的不确定性上具有相似性，故通过隐喻，"疑"可引申出"猜度；估计"义。《类篇·子部》："疑，度也。"《仪礼·士相见礼》："凡燕见于君，必辩君之南面。若不得，则正方，不疑君。"郑玄注："疑，度之。"贾公彦疏："不可预度君之面位，邪立向之。"《战国策·秦策一》："秦王曰：'……今先生俨然不远千里而庭教之，愿以异日。'苏秦曰：'臣固疑大王不能用也。'"

［臆］

"臆"本指"胸骨"的意思。《说文·肉部》："肊，胸骨也。……或从意。"《广雅·释亲》："肊，匈也。"王念孙疏证："肊、臆，一字也。"通过部分转指整体，"臆"可引申出"胸部；心间"义。汉代焦赣《易林·屯·旅》："为矢所射，伤我胸臆。"因心是思惟的器官，故通过工具转指动作，"臆"可引申出"意料；推测"义。汉代贾谊《鹏鸟赋》："鹏乃叹息，举首奋翼，口不能言，请对以臆。"后代仍见用，如《抱朴子·论仙》："乃知天下之事，不可尽知，而以臆断之，不可任也。"《新唐书·渤海王李奉慈传附李戡传》："若乃百药推天命、佑言郡县利百姓而主胙促，乃臆论也。"明代沈德符《万历野获编》卷一《列朝》"太庙功臣配享"条："然则夏贵溪之议，固未可非也。尝妄臆之，仁宗朝如黄淮、蹇义等。"

［虞］

《说文·虍部》："虞，驺虞也。"段玉裁注："此字假借多而本义隐矣。凡云乐也、安也者，娱之假借也；凡云规度也者，以为度之假借也。"据此可知，"虞"本是一种兽名，今"猜度；料想"之"虞"当为其假借。《尔雅·释言》："茹、虞，度也。"郭璞注："皆测度也。"《易·萃》："君子以除戎器，戒不虞。"来知德注："虞者，度也。"后代仍沿用，如《汉书·赵充国传》："（充国）遂上屯田奏曰：……又恐它夷卒有不虞之变，相因并起，为明主忧，诚非素定庙胜之册。"《资治通鉴·唐纪四十四》："上自朝列，下达烝黎，日夕族党聚谋，咸忧必有变故，旋属泾原叛卒，果如众庶所虞。"胡三省注："虞，度也。"苏青《烫发》："我获得许多不虞之誉以后，心里真觉得自己有些了不得起来，对人家烫发的鄙夷之唯恐不及。"

[占]

"占"本是特指"（问卜时）察看甲骨上坼裂的兆象以揣度吉凶"的意思。《说文·卜部》："占，视兆问也。"《易·系辞上》："是故君子居则观其象而玩其辞，动则观其变而玩其占。"通过特殊转指一般，"占"可泛指各种占卜吉凶的活动。《荀子·王制》："相阴阳，占祲兆，……知其吉凶妖祥，伛巫、跛击之事也。"杨倞注："占，占候也。"由于占卜是事件发生之前的占算①，故通过特殊转指一般，"占"可引申出对事件可能性的占算，即"估计"义②。《尔雅·释言》："隐，占也。"郝懿行义疏："占者，亿度之辞。"《大戴礼记·文王官人》："以其前，占其后，以其见，占其隐。"王聘珍解诂："占，度也。"后代仍有用例，如宋代沈括《梦溪笔谈》卷五："高邮人桑景舒，性知音，听百物之声，悉能占其灾福。"陈毅《元夜抵胡家坪》："点点花灯当户照，齐占胜利在今年。"

[知]

"知"有"知道；了解"义。辞书已释，不赘举。由于"知"常与否定词"不"及反问词"岂"等连用，表示一种与人期望相反的意义③，所以由"知道；了解"义引申出"料想"义是很自然的：与人期望相反的结果实际上也就是人事先没有"料想"到的，是一种"不知道；不了解"。就目前所检索的文献资料来看，表料想义的"知"当不晚于西汉出现，《庄子·徐无鬼》："择疏鬣，自以为广宫大囿；奎蹄曲隈、乳间、股脚，自以为安室利处。不知屠者之一旦鼓臂、布草、操烟火，而己与豕俱焦也。"

---

① 参看王凤阳《古辞辨》"卜 筮 占"条（中华书局 2011 年版，第 663 页）。

②《大字典》"占"条下分列"推测"和"估计；揣度"两义项（第 92—93 页）。今按，依据已知测度未知的推测是料想的一种，根据情况，对事物的性质、数量、变化等做大概推断的估计亦是料想的一种，故从义项概括的角度而言，两义项当归并为一个。

③ 唐代独孤及《敕与吐蕃赞普书》："自我国家有安禄山史思明之难，朕谓言赞普必有恤邻救患之意。岂知乘我之衅，恣其侵轶。"此句说的是唐与吐蕃本已建立互助友好关系，所以当安史之乱发生时，唐以为吐蕃会出兵相助，可吐蕃并未出兵相助，与唐的期望相反。此例前言"谓言"，后言"岂知"，"知"之"料想"义显豁。

成玄英疏："择疏长之毛鬣，将为广大宫室苑囿；蹄脚奎隈之所，股脚乳旁之闲，蹄用为温暖利便。岂知屠人忽操汤火，攘臂布草雨杀之乎？即已与豕俱焦烂者也。"成先生训"不知"为"岂知"，可证"知"为"料想"义 [①]。其大量出现当在唐代以后。白居易《禽虫十二章》："岂知飞上未半空，已作乌鸢口中食。"元代陈栎《答樵阳地理熊心泉》："只道寻龙解识真，岂知诗亦尽惊人。"清代百一居士《壶天录》卷中："仆童某窃所绘春册，引诱之，遂私焉。岂知无心插柳柳竟成阴。不逾时，已孕。"

　　[准]

　　《说文·水部》："准，平也。"段玉裁注："谓水之平也。天下莫平于水。水平谓之准，因之制平物之器亦谓之准。"由此可知"准"本是"用水取平"的意思，由此引申出"平物的量器"之义。《管子·水地》："准也者，五量之宗也。"由"平物的量器"引申出"标准、准则"是很自然的：标准、准则实际上也是一种"平物的量器"，只不过是一种抽象的平物量器而已 [②]。《淮南子·本经》："故谨于权衡准绳，审乎轻重，足以治其境内矣。"高诱注："准，法也。"通过工具转指动作，"准"由"标准；准则"义可引申出"衡量"义。如《韩非子·难二》："以刑名收臣，以度量准下，此不可释也。""标准；准则"是衡量人们行事好坏的标尺。由于好坏本身具有不易确定性，所以人们在衡量事物时只能取相对标准，而不可能是绝对标准，一般而言是接近标准的程度越高就越好，反之则不然。在取相对标值这点上，与据已知测未知的揣度有一定的相似性，故通过隐喻，"准"可引申出"揣度"义 [③]。《篇海类编·地理类·水部》："准，拟也。"是对此义的较早记录。"准"字表"揣度"义的文献用例如，《大戴礼记·千乘》："司空司冬，以制度制地事，准揆山林，规表衍沃。"孔广森

---

① 杨柳桥释"不知"为"不料"，亦可证"知"为"料想"义（《庄子译注》上，上海古籍出版社 2007 年版，第 419 页）。

② 王凤阳指出："因为'准'和'绳'是衡量平直的工具，所以通过比喻它们常引申来表示社会上衡量人的行事的标准、人所应遵守的法度。"[《古辞辨》（修订本），中华书局 2011 年版，第 233 页] 今按，"准"和"绳"由衡量平直的工具引出"标准；法度"义当属转喻，而非隐喻。

③《大字典》"准"字条"揣度"义与"衡量；比照"义同列一个义项（第 1702 页）。今按，从词义引申的角度来看，"准"之"揣度"义应是其"衡量"义隐喻的结果，当分属不同的义项。

补注："准揆，度其形势也。"《淮南子·览冥》："大夫隐道而不言，群臣准上意而怀当。"高诱注："准，望也。"后代仍见用，如李白《明堂赋并序》："盖身在远方，闻其事而赋之，固未亲至东都，得之目见。以古准今，约当如是以修辞焉耳。"

4.3.2　中古汉语"猜度"概念场词汇系统非典型成员

［筹（祷）］

《说文·竹部》："筹，壶矢也。"可见"筹"本是古代投壶用箭的意思。作为投壶时计算胜负之具的"筹"引申出博局时计算胜负的筹码则是很自然的。如《仪礼·乡射礼》："箭筹八十。"郑玄注："筹，算也。"对博局胜负结果的预测只能是根据双方既有实力作一种可能推测，这与根据已知推测未知有相似性，故通过隐喻的方式，"筹"则可引申出"忖度；推测"义[①]，如《后汉书·杨震传附杨修传》："修又尝出行，筹操有问外事，乃逆为答记，敕守舍儿：'若有令出，依次通之。'既而果然。"《三国志·魏志·王烈传》注引《傅子》："辽东之死者以万计，如宁所筹。"后代仍有用例，如《慧琳音义》之《金光明最胜王经》卷一音义"筹议"条注："筹议（甲本作'讥'）者，筹度谋议未萌事之可否，然后行之。"（54/503c）此例是"筹"释作"忖度；猜测"义的佳证。

"祷"本是"诅咒"的意思。《说文·言部》："祷，詶也。"桂馥义证："詶也者，《一切经音义》六云：'祝诅之祝，《说文》作詶。之授反。詶，诅也。今皆作咒。'""祷"借为"筹"属音近假借。上古"祷"属端纽幽部，"筹"属定纽幽部，二者音近可通。《后汉书·虞诩传》："诩曰：'初除之日，士大夫皆见吊勉，以诩祷之，知其无能为也。'"李贤注："祷，

---

　　①《大词典》"筹"条引《后汉书·邓禹传》："光武筹赤眉必破长安，欲乘衅并关中，而方自事山东，未知所寄，以禹沈深有大度，故授以西讨之略。"唐张九龄《南郊敕书》："存者可筹其官荣，逝者当录其胤嗣，使幽明同庆，知有令长。"宋陈亮《酌古论二·薛公》："吾以是筹之，布出上策亦败也。"《天雨花》第八回："贱人那有人气息，筹来难以理言论。"（8/1727）释为"算计"，太过笼统。就其引例来看，"算计"当包含"计算"和"估计"两义，《南郊敕书》句中的"筹"当以解作"计算"为宜，而《后汉书·邓禹传》及《酌古论二·薛公》例中的"筹"当为"估计"义（《天雨花》例未检索到）。故当以分为"计算"和"估计"两义项为宜。"筹"字此两义项《大字典》（第3024页）皆未收释。

当作筹也。"

[揣测]

"揣""测"都可表"猜度"义，前文已论，不赘举。故"揣""测"连言亦可表"揣度；推测"义。就所掌握的材料来看，此组合当不晚于魏晋出现，如《抱朴子·勤求》"其聪明不足以校练真伪，揣测深浅。"后代仍见用，如《镜花缘》第九〇回："来除归揣测，默运计盈亏"。王朔《许爷》一七："主人公……心中作何感想，作者没有提供，我也不便妄加揣测。"

[分]

"分"有"理；道理"义 ①，《三国志·魏志·文帝纪》注引《献帝传》："臣闻天之去就，固有常分，圣人当之，昭然不疑。"通过结果转指过程，"分"则可引申出"按理"义。《后汉书·郎颉传》："若政变于朝而天不雨，则臣为诬上，愚不知量，分当鼎镬。"由于料想是主体按照常理就未知情况的可能性进行推测，与"分"之"按理（该当如何）"的推断具有相似性，故通过隐喻，"分"由"按理"义可以引申出"料想"义。张相《诗词曲语辞汇释》卷四"分"条："意料之辞。"晋代袁宏《后汉纪·顺帝纪》："婴虽为大贼，起于狂暴，自分必及祸。"后代仍见用，如宋代苏轼《正月八日招王子高饮》："昨想玉堂空冷彻，谁分银椀送清醇。"清代李渔《闲情偶寄》卷五"鳖"条："予囊无一钱，自分必死，延颈受诛，而盗不杀。"②

[计]

"计"有"计虑；考虑"义 ③。《管子·中匡》："计得地与宝，而不计失诸侯；计得财委，而不计失百姓。"当所计之事为未然事件或假设事件时，则只能是对事件可能有的利弊及得失进行分析，这与根据已有知识经验去推测未知的可能情况的料想具有相似性，故通过隐喻，"计"可引申

---

① 参看方一新《东汉魏晋南北朝史书词语笺释》"分"条（黄山书社 1997 年版，第 41—42 页）。

② "自分必死"义可参王云路、方一新《中古汉语语词例释》"分死"条（吉林教育出版社 1992 年版，第 155 页）。

③ 关于"计"之"计虑；考虑"义引申分析，可参本书第 5 章"计"条的相关论述。

出"估计；料想"义。《三国志·魏志·王基传》："基以为：'……军宜速进据南顿，南顿有大邸阁，计足军人四十日粮。'"后代仍沿用，如《敦煌变文校注·降魔变文》："掩擒须达问根由：'数日因何不相见？ 更闻外国引胡神，计卿罪过难容免'"。《聊斋志异·婴宁》："徒步于野，必非世家；如其未字，事固谐矣，不然，拼以重赂，计必允遂。"

[况]

"况"有比拟的意思。《广韵·漾韵》："况，匹拟也。"《汉书·高惠高后文功臣表》："以往况今，甚可悲伤。"师古注："况，譬也。"由"比拟"义引申出"推及；推测"义则比较自然：因为根据已知推测未知本身也是一种比拟。《太平经·丙部之十七·校文邪正法》："子前所记，吾书不云乎，以一况十，十况百，百况千，千况万，万况亿，正此也。"《抱朴子·塞难》："天有日月寒暑，人有瞻视呼吸，以远况近，以此推彼，人不能自知其体老少痛痒之何故，则彼天亦不能自知其体缩灾祥之所以。"

[谅、亮]

"谅"之本义为诚信。《说文·言部》："谅，信也。"《论语·宪问》："友直，友谅，友多闻，益矣。"邢昺疏："谅，谓诚信。""谅"表诚信义时，是对主语所具有信实品格的描述说明，是一种性状义。当其后面带宾语时，"谅"就转为对宾语信实的相信，即引申出行为义。《诗·邶风·柏舟》："母也天只，不谅人只。"毛传："谅，信也。母也天也尚不信我。""谅"表相信义时，其客体论元往往是施事有足够理由认为会出现的状况或事件；当其客体论元为可能事件或假设条件时，施事只能是根据已有的条件对状况或事件出现的可能性进行推测，当这种依存于语境的滋生特征成为固有特征时，则"谅"引申出"想必；料想"义。汉代郑玄《诗谱序》："诗之兴也，谅不于上皇之世。"《乐府诗集·鼓吹曲辞·战城南》："野死谅不葬，腐肉安能去子逃？"后代仍见用，如《资治通鉴·后周纪五》："（使者）诏报以'……如此，则于卿笃始终之义，于朕尽柔远之宜，惟乃通方，谅达予意。'"胡三省注："谅，想也。"《三侠五义》第六九回："外答道：'谅你也猜不着。我告诉你，我比安人小，比丫环大。'"曹禺《北京人》第一幕："有人说她阴狠，又有人说她不然。……看她不然的，是谅她胆小如鼠，怕贼，怕穷，怕死，怕一切的恶人和小小的灾难。"

"亮"本指"明亮"。《玉篇·儿部》："亮，朗也。"《说文解字注·儿部》："亮，明也。从儿，高省。各本无，今依《六书故》所据唐本补。"辞书已释，不再举。《说文·言部》："谅，信也。"段玉裁注："经传或假亮为谅。""亮"借为"谅"属同音假借。二者上古同属来纽阳部，音同可通。晋陆机《饮马长城窟行》："猃狁亮未夷，征人岂徒旋。"唐代柳宗元《吊乐毅文》："谅遭时之不然兮，匪谋虑之不长。"蒋之翘辑注："谅，一作亮。"宋代吴曾《能改斋漫录·记事二》："今日以人望我，必为翰墨致身，以我自观，亮是当时一言之报也。"《醒世姻缘传》第九一回："今因女婿娶妾，似这等生气着恼，一定还要家反宅乱。叫人传将出去，亮也没人牵我的头皮。"

［算］

"算"本是计算的意思。《说文·竹部》"算，数也。"王筠《释例》："算计曰算。"由"计算"义可引申出"谋划"义。《孙子·计》："多算胜，少算不胜，而况于无算乎？""谋划"是人根据已有认识去分析、判断、思考而后得出解决问题的可能办法，这与人根据已知情况去推测可能情况具有相似性，故通过隐喻，"算"可引申出"推测；料想"义。清代刘淇《助字辨略》卷四："算，猜意之辞，犹料也。"就目前我们所检索的文献资料来看，"算"之"料想"义当不晚于东晋出现[①]。《华阳国志·刘先主志》："今算渊、郃才略，不胜吾将率。举众往讨，则必可擒。"[②]《南史·蔡廓传附兴宗传》："兴宗曰：'今米甚丰贱，而人情更安，以此算之，清荡可必。'"[③]《敦煌变文校注·维摩诘经讲经文（四）》："未委道场何寺宇，算应供养有幡花。"宋代李昉《太平御览》第一六四"歧州"条（出《水经注》）："青

---

① "算"之"推测；料想"义《大字典》首引唐孟贯诗例（第 2982 页），《大词典》首引宋姜夔词例（8/1191），偏晚。

② 试比较："今策渊、郃才略，不胜国之将帅，举众往讨，则必可克。"（《三国志·蜀志·法正传》）

③ 试比较："兴宗曰：'逆之与顺，臣无以辨。今商旅断绝，而米甚丰贱，四方云合，而人情更安，以此卜之，清荡可必。'"（《宋书·蔡廓传附兴宗》）及"兴宗曰：'今米甚丰贱，而人情更安，以此筹之，清荡可必'"（清张英《渊鉴类函》卷三七二《服饰部三·筹二》）。

龙二年，诸葛亮出斜谷，与司马宣王屯渭南。郭泊算亮必争比原，遂先据之。"①《元史·外夷传（日本）》："帝疑其国主使之来，……诏翰林承旨和礼霍孙以问姚枢、许衡等，皆对曰：'诚如圣算，彼惧我加兵，故发此辈伺吾强弱耳。'"

［谓］

"谓"之本义为评论。《说文·言部》："谓，报也。从言，胃声。"段玉裁注："凡论人论事得其实谓之报。谓者，论人论事得其实也。"《论语·八佾》："孔子谓季氏：'八佾舞于庭，是可忍也，孰不可忍也。'"邢昺疏："谓者，评论之称。"对事物评论的前提是评论者对所评对象有一定的了解、认识，故通过动作转指条件，"谓"可引申出"以为；认为"义。《书·仲虺之诰》："能自得师者王，谓人莫己若者亡。"《助字辨略》卷四"谓"条："《周语》：'谓君其何德之布，以怀柔之，使无有远志。'《世说》：'谢公云："訏谟定命，远犹辰告，谓此句偏有雅人深致。"'此谓字，犹云以为也。"由"以为；认为"义引申出"意料；料想"义则比较自然：根据已知情况对未知情况进行推测也是一种"认为"。《洛阳伽蓝记》卷一"永宁寺"："帝初以黄河奔急，未谓兆得济，不意兆不由舟楫，凭流而渡。"《敦煌变文校注·维摩诘经讲经文》："那堪疾瘵尩（尪）龟（羸）苦，岂谓缠痾惹患迍。"《南村辍耕录·贞烈》："本期固封疆，谁谓如画饼。"《聊斋志异·新郑讼》："石公为诸生时，恂恂雅饬，意其人翰苑则优，簿书则诎。乃一行作史，神君之名，噪于河朔。谁谓文章无经济哉！"

［言］

"言"本是自陈己见。《说文·言部》："言，直言曰言，论难曰语。"由于与人谈论亦是自陈己见的一种，故通过整体转指部分，"言"可引申出"议论；谈论"义。《战国策·秦策五》："今王破宜阳，残三川，而使天下之士不敢言。"高诱注："言，议也。"对事理进行评说的前提是对事件有一定的认识，故通过动作转指条件，"言"可引申出"以为"义②。《宋

---

① 试比较："青龙二年，诸葛亮出斜谷，司马懿屯渭南。雍州刺史郭淮，策亮必争北原而屯，遂先据之。亮至，果不得上。"（《水经注》卷一七"渭水"条）

② 参见江蓝生《魏晋南北朝小说词语汇释》"言"条（语文出版社1998年版，第242页）；

书·五行志》："晋海西公生皇子，百姓歌云：'凤凰生一雏，天下莫不喜，本言是马驹，今定成龙子。'"作"以为"义解的"言"与反问词"何、岂、可"等连用时，常含有一种出人意料的语用义，故"言"由"以为"义引申出"意料；料想"义是极其自然的：出人意料的结果实际上就是主体事先所"不认为"的。《洛阳伽蓝记》卷一"城内"："昔来闻死苦，何言身自当！"后代仍有用例，如《隋书·李德林传》："武帝尝于云阳宫作鲜卑语谓群臣云：'我常日唯闻李德林名，及见其与齐朝作诏书移檄，我正谓其是天上人。岂言今日得其驱使，复为我作文书，极为大异。'"唐代刘商《行营病中》："心许征南破虏归，可言赢病卧戎衣！"

4.3.3　近代汉语"猜度"概念场词汇系统非典型成员

［猜想］

"猜"与"想"均有"猜测；料想"义，前面已述，恕不赘论。故"猜""想"近义连言亦可表"猜测"义，就目前所掌握的文献材料来看，"猜想"一词当不晚于清代出现，如无名氏《青楼梦》第九回："（月素）说道：'这个乃是老令。这盆子内摆着骰子，骰子乃摆成一个式样，或分相、或不同、或五子、或全色，用古诗一句，令人猜想。如今吾已摆着一个式儿在内，我说句古诗，你且猜一猜看。'"现代仍见用，如《骆驼祥子》一七："祥子能猜想得出，老头子的岁数到了，没有女儿帮他的忙，他弄不转这个营业。"

［道］

"道"有"品题；评价"义[①]。《世说新语·德行》："桓常侍闻人道深公者，辄曰：'此公既有宿名，加先达知称，又与先人至交，不宜说之。'"对人物品题的前提是品题者对所品对象有一定的了解、认识，故通过动作转指条件，"道"可引申出"以为；料想"义。张相《诗词曲语词汇释》

（接上页）王云路、方一新《中古汉语语词例释》"言"条（吉林教育出版社 1992 年版，第 420—421 页）。

　　① 参王云路、方一新《中古汉语语词例释》"道"条（吉林教育出版社 1992 年版，第 120—121 页）。

卷四"道"条:"道,估量之辞,犹料也;想也。"唐代孟浩然《裴司士员司户见寻》:"谁道山公醉,犹能骑马回。"《敦煌变文校注·八相变(一)》:"太子生下瑞灵颜,诸臣猜道是妖奸。"《七侠五义》第七四回:"这位小姐搭救我主仆逃生,不想见了火光,只道是有人追来,却又失散……"

[估]

"估"有"估量物品价值或数目"的意思。《玉篇·人部》:"估,估价也。"《晋书·南蛮传·林邑国》:"至刺史姜壮时,使韩戢领日南太守,戢估较太半,……由是诸国恚愤。"《旧唐书·王忠嗣传》:"忠嗣之在朔方也,每至互市时,即高估马价以诱之,诸蕃闻之,竞来求市,来辄买之。"通过特殊转指一般,"估"可泛指对一般事物的估计、揣测。如宋代李昉《太平广记》卷二三九"薛盈珍"条(出《谭宾录》):"时监军薛盈珍估势,干夺军政。"《西游记》第三二回:"行者道:'我估出他是这等,不信,等我跟他去看看,听他一听。'"《红楼梦》第二四回:"(作粗活听唤的丫头)估着叫不着他们,都出去寻伙觅伴的玩去了。"现代仍见用,如沈从文《新湘行记》:"溪水流到这里后,被四围群山约束成个小潭,一眼估去大小直径约半里样子。"

[估量]

如上文所考,"估"与"量"都可表"估计"义,故二者连言亦可表"估计"义。就所掌握的文献资料来看,"估量"一词当不晚于元代出现,《马可·波罗游记》卷三:"这些岛上的金子和其它物品的数量简直无法估量。"《红楼梦》第四六回:"凤姐儿道:'太太必来这屋里商议。依了还可,若不依,白讨个臊,当着你们,岂不脸上不好看。你说给他们炸鹌鹑,再有什么配几样,预备吃饭。你且别处逛逛去,估量着去了再来。'"现代仍见用,如《牛天赐传》一四:"他也学会怎样估量人的价值:班上有几个永不得志的人,屈死鬼似的永远随着人家屁股后头。"

[估摸]

"摸"有"探求"义。如《五灯会元》卷一四"归喜禅师":"师曰:'半句也摸不着。'"故"估""摸"连言可表"估计"义。据目前所知,"估摸"一词当不晚于清代出现。如《孽海花》第一六回:"克兰斯睁眼打量一回，估摸自己还跳得过去，紧把刀子插插好，猛然施出一个燕子翻身势，往上一掠。"现代仍沿用，如王朔《我是你爸爸》第一二章："跟了几天实在也没必要再在路上惊心动魄了，估摸着时间差不多，直接扑到铁军家找就是了——准在。"

[看]

《说文·目部》："看，睎也。从手下目。"徐锴系传："以手翳目而望也。"知"以手加额遮目而望"为"看"之本义。通过特殊转指一般，"看"可引申出泛指视线接触人或物的行为。《颜氏家训·养生》："庾肩吾常服槐实，年七十余，目看细字。"察看情况并对情势有所判断当是注目某物的目的之一，故通过动作转指目的，"看"可引申出"估量"义。张相《诗词曲语词汇释》卷三"看"条："看，亦估量辞。"唐代杜甫《赠韦左丞》："赋料扬雄敌，诗看子建亲。"唐代赵冬曦《灉湖作》："君讶今时尽陵陆，我看明岁更沦涟。"现代仍有用例，如鲁迅《书信集·致萧军、萧红》："被压迫的时候，大抵有这现象，我看是不足悲观的。"

[悝、匡]

"悝"之本义为"胆怯；恐惧"。《说文·心部》："悝，怯也。从心匡，匡亦声。"《玉篇·心部》："悝，怖也。"《正字通·心部》："悝，恐也。古借匡，义同。"《文选·王仲宝〈褚渊碑文〉》："公之云亡，圣朝震悼于上，群后悝恸于下；岂惟哀缠一国，痛深一主而已哉！"李善注引郑玄《礼记注》曰："悝，恐也。"由于人处于"惧怕"状态时，常会感觉自己对应激状态的局面无法控制，对所临事件的结果到底如何也没绝对把握，这与根据已知情况推测未知情况的不确定性上相似，故通过隐喻，"悝"可引申出"料想"义。张相《诗词曲语辞汇释》卷五："悝，犹料也。"就目前所掌握的资料来看，"悝"表料想义当不晚于元代，且主要用于否定句和疑问句中。如元代张国宾《合汗衫》第一折："被我搣过那年纪小的来则打的一拳，不悝就打杀了。"明代毛晋《六十种曲·赠书记》第十四出："他听得这个消息，哭了半日，走出园来。我连忙赶他，不悝他已投河死了。"又《节侠记》第十一出："料来已作炎荒鬼，那悝他如鱼得水。"

"匡"本指盛饭用器。《说文·匚部》："匡,饭器,筥也。"朱骏声《通训定声》:"匡,叚借为恇。"《说文·心部》"恇"字,段玉裁注:"《乐记》:众不匡惧。此假匡为恇也。"《广雅·释诂四》:"恇,怯也。"王念孙疏证:"匡,与恇通。""匡"借为"恇"属同音假借,二者上古均属溪纽阳部,音同可通。明代吴门啸客《孙庞斗智演义》卷一三:"邹纲道:'我说抢亲原要抢苏小姐,那匡抢这样个东西?'"《六十种曲·春芜记》第十一出:"近来听得说到与那西邻宋秀才有些缘故,不匡这块好羊肉,到落在狗口里。"明代齐东野人《隋炀帝艳史》卷二:"二人在背后谈论,不匡早有人报知炀帝。"

〔约〕

"约"的本义是用绳索捆束缠绕的意思。《说文·糸部》:"约,缠束也。"段玉裁注:"束者,缚也。"当它用于对人际关系的束缚、约束时就有约定的含义了。《汉书·匈奴传》:"令大将军青、骠骑将军去病中分军,大将军出定襄,骠骑将军出代,咸约绝幕击匈奴。"颜师古注:"约,谓为其要。"由于约定的对象和日期都是可以预料的,故"约"可引申出"估量"义。白居易《自题小草亭》:"绿醅量盏饮,红稻约升炊。"宋代杨万里《泊冷水浦》:"前夕放船湘口步,约到衡州来日午。"

〔约摸(莫)〕

如前文所论,"约"有"估量"义,"摸"有"探求"义,故二者连言亦可表"估计"义。就目前所知,"约摸(莫)"组合当不晚于宋代出现。宋代刘辰翁《疏影》:"党家人在销金帐,约莫是、打围归际。"《朱子语类》卷一八《大学五或问下》:"若只一时恁地约摸得,都不与自家相干,久后皆忘却。"现代仍见用,如《牛天赐传》一四:"他拿准了时间,约摸着快上堂了,他才到。"

由上述考察不难发现,就其本义而言,"猜度"概念场成员主要来自:(1)由"考虑"义动词引申而来,如"想"等。(2)由与"度量、计量"义相关的具体动作动词引申而来,如"量""测""准"等。(3)由"言语"义动词通过动作转指条件引申而来,如"谓""道""言"等。(4)由"视觉"义动词通过特殊转指一般引申而来,如"看""见"等。

4.4 "猜度"概念场词汇系统成员在现代汉语方言的共时分布

"方言的现实分布有助于理清词汇演变的脉络和新旧词更替的线索"[1]，本节拟从现代汉语方言中"猜度"概念表达的分布情况来管窥古汉语"猜度"概念场典型成员主导词地位的历时更替层次。据《现代汉语方言词典》、《现代汉语方言大词典》(42个分卷)、《汉语方言大词典》及《普通话基础方言基本词汇对照表》等相关资料，43个方言点中"猜度"概念表达的用词情况如下：

表4.14　"猜度"概念场词汇系统成员在43个现代汉语方言点的分布

方言区	方言点	意	度	料	猜	其他	方言区	方言点	意	度	料	猜	其他
东北	哈尔滨				猜想	揣测、估摸		崇明		+		+	猜想
北京	北京				猜想	估巴、估量		苏州			料煞	+	估
冀鲁	济南			+		想、估、估计、估量、估摸、揣摩、[□]mu⁵⁵量		上海				+	猜想、估计、想、捉摸、[□]ŋi³⁵
胶辽	牟平			料瞧	+	㪺量、断猜	南部吴方言	杭州				猜想	估估看
中原	洛阳					揣测、揣摩、估量		宁波					估、料着
	万荣					想、想情、器约、母约、觉、吃摸		金华				+	估
晋方言	太原				+	猜想、约预、估摸、估计、约摸、要约		温州					估
	忻州					相、详情、详估、估划、约预		南昌			料到	+	估、谅、想、猜想、母量
	西安				+	估、想、颟目、颠摸、煤	赣方言	黎川				+	寒
西北	西宁				+	估、揣摸、目量		萍乡					估、团
	银川				+	猜想、揣测、估量、约摸	湘方言	长沙					估、估堆、谅心
	乌鲁木齐				+	揣测、估、估摸、算、算计		娄底			+	+	估、详、想、谅想、料想

---

[1] 汪维辉、秋谷裕幸:《汉语"站立"义词的现状与历史》,《中国语文》2010年第4期。

方言区	方言点（词项）	意	度	料	猜	其他	方言区	方言点（词项）	意	度	料	猜	其他
西南	成都				+	谙、估、谙倒、谙乎、猜想	闽方言	建瓯			料着		想、谅想
	贵阳				+	估、想、[□]ŋan^{51}		福州	+		+	+	估、估看、估量、量、量看、卯、黎、想、冈想、约、准、准过
	柳州				猜想、猜测	估、估堆、估计、断估、谂估、模（量）		厦门			+	+	按、按算、掠、掠算、约
江淮	徐州				猜寻	估估、估（计）、约估、约摸、约莫		雷州					谅想、[□]am^{35}
	武汉				猜想	估、估堆、估计、量（想）、算倒、想		海口				+	估计
	南京			+	估猜	揣测	粤方言	广州	+		+		测度、估、想话、罢、罢数
	扬州				+	猜猜、忖忖、估、估猜、估估、量、详预		东莞					估、思疑
徽方言	绩溪				+	估、想、估堆	客家	于都				+	估计
北部吴方言	丹阳				猜想	估计		梅县				猜到	估、估计、估量、传、蒙
							平话	南宁				猜想	估、估计、谂

4.4.1 基本情况

4.4.1.1 "猜度"概念场典型成员在现代汉语方言中的使用分析

"意"的使用

"意"在 18 世纪中后期以后已基本退出"猜度"概念场词汇系统，其在现代汉语方言中的行用范围很窄，仅见于福州一个方言点。

方言中，"意"除了表示"料想"义外，还可表"愿望"义，属于古语的遗留，如福州方言。有些方言中，"意"还引申出"准；同意"等新义项（广东阳江[①]），或者进一步虚化为介词，如广东从化吕田"意"表"到"的介词用法。有些方言点"意"的意义来源不明，可能是同形字，如广东澄海、揭阳及潮州等地，砚台称"意"[②]。

"度"的使用

与"意"一样，"度"于 18 世纪中后期退出本概念场词汇系统，其在现代汉语方言中的使用范围也很窄，除广州还遗留其曾经行用的痕迹外，其余地方已不见使用。除单用外，其还可与"测"近义连言，表示"猜测；揣度"义，详参表 4.14。

方言中除了表"揣度"义外，还有用"度"表"量（长短）"者（广州、东莞、南宁），表"琢磨"义者（广州），此均属古语遗留，前者例如南宁平话："亚块地有几多亩，度一下就识喇就知道了。"[③]后者例如"度到好桥琢磨出好办法来。"[④]

"料"的使用

"料"在现代汉语方言中的分布范围较广，南北方言点都用，如官话、吴方言、湘方言、闽方言及粤方言五大方言区的部分方言点均有用例。其支配对象主要为情况、局势、原因及结果等，如"渠侬下头一着棋子会咋走走，单超只要料料渠好嘴"[⑤]"儃料得出伊故是總款其侬。"[⑥]"哪个料得到会劏出只咯路来啰。"[⑦]支配对象的句法位置既可作宾语，如："没料到他会来。"[⑧]亦可作主语，如"这事我料儃出。"[⑨]除可单用外，其还可以和其他表猜度义、视觉义或表结果义的语素一起构成复合词表示料想的意思，如料想（娄底）、料瞧（牟平）、料煞（苏州）、料到（南昌、杭州）、料着（金华、宁波、建瓯）。

---

① 我无意你去。（许宝华、宫田一郎：《汉语方言大词典》卷 5，第 6665 页。）

② 清嘉庆十年《澄海县志》："砚曰意。"

③ 例句引自《南宁平话词典》，第 363 页。

④ 例句引自许宝华、宫田一郎《汉语方言大词典》卷 3，第 4348 页。

⑤ 例句引自《宁波方言词典》，第 111 页。

⑥ 例句引自《福州方言词典》，第 192 页。

⑦ 例句引自《娄底方言词典》，第 139 页。

⑧ 例句引自《西安方言词典》，第 163 页。

⑨ 例句引自《福州方言词典》，第 192 页。

古汉语心理活动概念场词汇系统演变研究

方言中"料"除了表示"料想"义外，还有用作"料理"义者（济南、广州）、"原料；材料"义者（济南、南京、柳州、西安、万荣、杭州、温州、萍乡、广州、厦门）、"饲料"义者（济南、南京、洛阳、西安、万荣、厦门）、喻指人的质量者（厦门）、"量词，犹剂"者（上海、苏州、雷州）及"量词，犹次"者（西安、万荣），这些均属于继承古语。亦有在承继古义基础上发展者，如南京话中"料"还引申出肥料义，例如"种田没料，一场空跳。"① 柳州话中"料"引申指"好的内容"，比如"留我吃饭有点什吗_{什么}料？"② 厦门话中"料"引申指"菜肴"，例如"今仔下昼_{今天中午}食好料。"③ 福州话中"料"还泛指食物，比如"煮什乇料？"④ 广州话中"料"还引申指"人才"义，例如"我估你帮得下手，谁知唔做得料。"⑤ 柳州、广州、海口及厦门话中"料"又引申指"学识、才干"，比如"同他谈了，见他没得料，我喊他莫来。""你唔好睇衰人地，人地有料嘅嘛。""伊肚里有料。""伊无甚物料。"⑥ 长沙、娄底及萍乡话中"料"还引申指"棺材"，例如"不看十八岁大姐上轿，要看八十岁婆婆进料。"⑦ 福州及厦门话中"料"还引申指秤杆上手提的部分。以上各方言点中"料"义引申的机制当为转喻或隐喻。有些方言点中，"料"之所指与其本义之间已看不出有什么联系，当是同形字。如厦门话中"缠绕"义的"料"及海口话中"画；随便涂画"义的"料"，前者例如"料索_{绳子}"，后者例如"嫒用笔料墙。"⑧

"猜"的使用

"猜"在现代汉语方言中的行用范围最广，官话、徽方言、吴方言、赣方言、湘方言、闽方言及客家话七大方言区的20个方言点都说"猜"。其支配对象主要为身份、年岁、意图、目的、情况、局势、结果及谜等，如

---

① 例句引自《现代汉语方言大词典》第4册，第3395页。
② 例句引自《现代汉语方言大词典》第4册，第3395页。
③ 例句引自《现代汉语方言大词典》第4册，第3396页。
④ 例句引自《福州方言词典》，第173页。
⑤ 例句引自《广州方言词典》，第258页。
⑥ 例句分别引自《柳州方言词典》，第181页；《广州方言词典》，第258页；《海口方言词典》第166页；《厦门方言词典》，第174页。
⑦ 例句引自《长沙方言词典》，第157页。
⑧ 例句分别引自《厦门方言词典》，第174页；《海口方言词典》，第166页。

180

"汝猜看底侬_谁来了。""我猜你有三十岁嘞。""我侬猜弗着。""就你说底这个情况，我猜这个买卖还能做，黄不掉_{失败不了}。""你猜下着，我今个在街上撞见哪个？""我给你说个谜儿你猜。"① 对象的句法位置亦是既可作宾语，如"猜天不会落雨"②。亦可作主语，如"�谜语真难猜嘞。"③ 不过在这些支配对象中，使用范围最广、出现频率最高的当是"谜"，几乎每个方言点都用。有些方言点还有专门指称"猜谜"这个游戏活动的名称，如牟平（猜梦儿）、于都（猜古）、崇明等地（猜谜谜子）、绩溪等地（猜闷）、柳州（猜谜子）、温州（猜寓）、扬州（猜枚枚子）等。有些方言点的"猜谜"甚至引申出了新义，如哈尔滨话的"猜谜儿"和武汉话的"猜谜子"可喻指"推测说话人的真意和事情的真相"，比如"有么事说么事，莫要别个猜谜子。"④ 除单用外，"猜"亦和其他表估计、寻找及结果义语素一起构成复合词表猜度的意思，如猜想（哈尔滨等）、猜测（柳州）、估猜（南京、扬州）、猜猜（扬州）、猜寻（徐州）、断猜（牟平）、猜到（梅县）等。方言中除了表示"猜测"义外，还有用"猜"表"起疑心"义者，属古语的遗留，如牟平、成都、西宁、扬州等地。⑤ 有些方言在继承古义的基础上有所创新，如厦门话中"猜"通过动作转指对象引申出"谜儿"义，如"出猜""灯猜"；赣方言中"猜"还引申出"对唱"义，如愚民《山歌原始的传说及其他》："有谁和我猜山歌，猜得我赢的，我便嫁给他。"⑥

4.4.1.2 "猜度"概念场非典型成员在现代汉语方言中的使用分析

"猜想"的使用

哈尔滨、北京、太原、银川、成都、柳州、武汉、丹阳、崇明、上海、杭州、南昌及南宁平话的"猜想"指"猜测；凭想象估计"的意思。

---

① 例句分别引自《福州方言词典》，第 155 页；《崇明方言词典》，第 85 页；《金华方言词典》，第 119 页；《乌鲁木齐方言词典》，第 157 页；《扬州方言词典》，第 112 页；《西宁方言词典》，第 120 页。

② 例句引自《海口方言词典》，第 130 页。

③ 例句引自《太原方言词典》，第 102 页。

④ 例句引自《武汉方言词典》，第 151 页。

⑤ 他不是恶意，你不要瞎猜。（《扬州方言词典》，第 112 页）

⑥ 例句转引自《汉语方言大词典》卷 4，第 5615 页。

就前文考察可知，"猜想"一词当不晚于清代出现。此期其所支配的客体论元主要为身份、意图、原因及结果等，如"彩云一路猜想：'这太太的行径，实在奇怪，到底是何等样人'"（《孽海花》第一二回）此为猜测身份例；"（克兰斯）一回又猜想她临行替他要小照儿的厚情，一回又揣摸她不别而行的深意"（《孽海花》第一六回）是为猜测意图例；"铁公子猜想道：'水小姐既吩咐他托我上本，怎敢不来？莫非他驴子慢，到得迟，寻下处歇了，明早定来见我'"（名教中人《侠义风月传》第一一回）此为猜测原因例；"（彩云）一会儿猜想菊笑接洽的结果，……"（《孽海花》第三一回）是为猜测结果例。现代汉语方言继承了"猜想"对心理、原因及结果推测的用法，如"我猜想夷心里弗大开心。""今日渠有来，我猜想有是病，是有事喇。""这种事太蹊跷了，叫人么样猜想得到！"[1]

"揣测"的使用

哈尔滨、洛阳、银川、乌鲁木齐及南京的"揣测"指"猜测；推求"的意思。就考察可知，"揣测"组合当不晚于魏晋出现，如前举"揣测深浅"例。古汉语中，其支配对象一般为意图、目的及情况、局势等，前者例如"这乃是妖狐的巧计，欲叫人揣测不来的心意"（清醉月山人《狐狸缘全传》第一〇回）；后者例如"寮本无序目，于是谈者妄生揣测，以为即真赏斋之一百六十卷本而佚其半者"（傅增湘《藏园群书经眼录》卷一三）。现代汉语方言中"揣测"主要用来对情况及局势的猜测，如"我揣测他是不敢去，要是敢，他早去了"[2]。

"估"的使用

"估"在现代汉语方言的使用范围非常广，除晋方言外，其他九大方言区的部分方言点均用（详参表4.14）。就4.3节考察，"估"指称本概念当不晚于唐代，其义域经历了由对物品价值或数量到一般事物的泛化。现代汉语方言中除了继承"估"的既有义域外[3]，其还进一步扩大到对身份及

---

① 例句分别引自《崇明方言词典》，第85页；《南宁平话词典》，第99页；《武汉方言词典》，第151页。

② 例句引自《洛阳方言词典》，第118页。

③ 估估看，该眼老家生家具值几钿？（《宁波方言词典》，第48页）（估量价格）

谜的揣测, 前者例如 "你估 (下) 乜嚟谁敝_{谁来了?}?"[1] 后者例如 "我们来估谜子好啵?"[2] 不仅义域有所发展, 其支配对象的句法位置亦有所创新。唐至清代, "估" 的支配对象主要作宾语, 如 "夫人躬设典肆, 垂帘纳物而估其直"(《聊斋志异·云梦公主》)。方言中, 其则既可作宾语, 亦可作主语, 前者例如 "我估唔到你会来。"[3] 后者例如 "明朝会不会落雨, 大家人估估觊。"[4] 除单用外, "估" 还可与其他近义语素一起构成复合词表示估计义, 如估量、估计 (济南、太原、南京、梅县、南宁平话等)、估猜 (南京、扬州)、估估 (徐州、扬州)、估估看 (杭州)、估摸等。

现代汉语方言中, 还新兴了像 "估巴" (北京)、"估划" (忻州)、估谙 (成都)、估堆 (柳州、武汉、绩溪、长沙、南宁平话)、详估 (忻州)、谂估 (柳州)、估看 (福州) 之类的固定组合表示 "估计; 猜想" 的意思。

"量" 的使用

扬州、福州的 "量" 指 "估计; 估量" 的意思。方言继承了 "量" 已有的对胆量及数量的估计, 前者例如 "我量他没得这个胆子。"[5] 后者例如 "汝量量有若伙_{多少}?"[6] 此外, 还出现了诸如 "量看" (福州)、[□] mu⁵⁵ 量 (济南)、撧量 (牟平)、目量 (西宁) 及母量 (南昌) 之类的固定组合表示 "估计" 的意思。

"谅" 的使用

南昌的 "谅" 表示 "料想" 的意思, 如 "我谅你也不敢搦我_{郎样}_{把我怎么}_{样。}"[7] 除单用外, 还出现了像 "谅心" (长沙) 及 "谅想" (娄底、建瓯、雷

(接上页) 俤估估骱袋米阿有几斤? ——吾估勿出。(《苏州方言词典》, 第 175 页)(估量数量)
我估依□ [tɕɛ⁵⁵]_{不会}来了。(《金华方言词典》, 第 21 页)(揣测情况、局势)

我估咧一下, 你这趟生意少说也能赚个万儿八千底莫问题。(《乌鲁木齐方言词典》, 第 62 页)(揣测结果)

① 例句引自《东莞方言词典》, 第 51 页。
② 例句引自《长沙方言词典》, 第 29 页。
③ 例句引自《广州方言词典》, 第 69 页。
④ 例句引自《温州方言词典》, 第 60 页。
⑤ 例句引自《扬州方言词典》, 第 326 页。
⑥ 例句引自《福州方言词典》, 第 314 页。
⑦ 例句引自《南昌方言词典》, 第 223 页。

州）之类的复合词表示"料想"的意思。

"估量"的使用

北京、济南、洛阳、银川、福州、梅县的"估量"指"根据某些情况，对事物的性质、数量、变化等做大概的推断"的意思。据前文所知，"估量"一词当不晚于元代出现。古汉语中其支配对象一般为情况、局势、实力及数量等，如"（尹澹然）告诉太守说：'……萧裕的宅眷，乃是新郑县北门的老狐狸精，化身为女子，迷惑了很多人，如果不立即除去，其祸害实在不可估量'"（李昌祺《剪灯余话》卷三）是为估计情势例；"只有贤明智慧之人才能正确估量敌我力量的对比"（无名氏《百战奇法》卷八）此为估计实力例。现代汉语方言除了承袭"估量"已有的对实力及数量的估计外①，还发展出了对时日的估计，如"你估量他啥时候能来？""你估量这粮食能吃到啥时候儿？"②

"估摸"的使用

济南、太原、乌鲁木齐的"估摸"指估计的意思。就所掌握的文献资料来看，"估摸"一词当不晚于清代出现。其支配的对象一般是情况、局势、数量及时日等，如"宋知县得了信儿，算了日期，估摸金公要到来，派儿子宋涛拜见岳父母"（尹湛纳希《泣红亭》第五八回）此为估计情势例；"虽然看不见，估摸着约有数丈有余"（石玉昆《小五义》第一五二回）是为估计井桶深度例；"这件事同院诸前辈说，估摸总得五六年才能成工"（《红楼幻梦》第一三回）该为估计时日例。现代汉语方言在承继"估摸"既有支配对象的基础上③，还新扩到对价值的估计，如"你估摸估摸这车多少钱！"④

"算"的使用

乌鲁木齐的"算"指推测的意思。"我算底你今天该回来咧，看来是

---

① 我无估量伊其本事就相信伊了。（《福州方言词典》，第30页）（估量实力）
  你估量这辆车能装多少？（《洛阳方言词典》，第45页）（估量数量）
② 例句引自《洛阳方言词典》，第45页。
③ 你估摸着这事儿行啊罢？（《济南方言词典》，第60页）（估计情势）
  估摸这一堆西瓜少说也得五百公斤。（《乌鲁木齐方言词典》，第63页）（估计数量）
  我估摸着他明天能回来。（《太原方言词典》，第29页）（估计时日）
④ 例句引自《济南方言词典》，第60页。

莫算错。"① 除单用外，其还与近义语素一起构成复合词表估计的意思，如 "算计"（乌鲁木齐）、"算倒"（武汉）等。结合古汉语文献及现代方言用例来看，"算" 主要行用于西北一带。

"约摸（莫）" 的使用

太原、银川及徐州的 "约摸（莫）" 指估计的意思。就目前所知，"约摸（莫）" 一词当不晚于宋代出现。古汉语中其支配的对象一般是情况、局势、数量及时间等，如 "然也约摸是见得，直到物格、知至，那时方信得及"（《朱子语类》卷二八《大学二·经下》）是为估计情势例；"只听得人喝么么六六，约莫也有五六人在那里投骰"（《宋四公大闹禁魂张》）此为估计数量例；"他见那星移斗转，约莫有三更时分，心中想道……"（《西游记》第三〇回）该为估计时间例。现代汉语方言继承了 "约摸（莫）" 的全部用法。②

"想" 的使用

济南、万荣、西安、贵阳、武汉、绩溪、上海、娄底及福州的 "想" 指 "推测" 的意思。据考察，指称本概念的 "想" 当不晚于西汉出现，其一般是对情况、局势的推测，主要用于对话中，常隐含委婉的情态义。如 "行者笑道：'你这呆子，想是错了路，走向别处去。'"（《西游记》第六八回）现代汉语方言承继了 "想" 的这种用法。③

与古汉语文献不同的是，现代汉语方言中出现了诸如 "想情"（万荣）、"想话"（广州）、"谅想"（娄底、建瓯）及 "罔想"（福州）之类的固定组合表 "推测" 的意思。

"约" 的使用

福州及厦门的 "约" 指 "估量；估摸" 的意思。据前文考察，"约" 指称本概念当不晚于唐代，其一般是对数量及时日的估计。如前举 "约升

---

① 例句引自《乌鲁木齐方言词典》，第 274 页。

② 我约莫着他不会来了。（《徐州方言词典》，第 164 页）（估计情势）

　这批货我约摸着总值个十万八万呢。（《银川方言词典》，第 143 页）（估计数量）

　我约摸他一两天就能回来。（《银川方言词典》，第 143 页）（估计时间）

③ 我想他会来。（《济南方言词典》，第 285 页）

　雨兀么大，你想我能起身？（《万荣方言词典》，第 354 页）

炊"及"约到衡州来日午"。现代汉语方言除继承"约"既有的对数量估计外[1]，还可以是对东西性质的猜测，如"里面贮_装甚物，你约看瞠。"[2]

现代汉语方言中，还新兴了诸如"约估"（徐州）、"约预"（太原、忻州）、"器约"（万荣）及"母约"（万荣）此类的固定组合表示"猜想"的意思。

"准"的使用

福州的"准"有"猜"的意思。其对象可是身份、数量及谜等，如"昨暝_{昨天}同厝侬_{邻居}讲有一只女界_{一个女人}来讨_找我，我准过就是汝"为猜测身份例；"汝准有若伙_{多少}"为猜测数量例；"准灯谜"为猜谜例[3]。除单用外，其还可和其他语素一起构成复合词表示"猜想"义，如"准过"（福州）。结合古汉语文献用例的考察可知，"准"指称本概念当不晚于西汉，如《大戴礼记·少闲》："君度其上下，咸通之，权其轻重，居之；准民之色，目既见之。"王聘珍解诂："准，望也。"可见"猜度"概念与"度量"概念的密切联系。

"谠""谠""怲"的使用

万荣话用"谠"，如"你谠我包儿合里有色_{什么}哩？""我说个呱嘴儿_{谜语}你谠。"[4]"谠"本是说话中理、善言的意思。《广韵·宕韵》："谠，言中。"曾巩《胡太傅挽词二首》"谠言留简册，恭德载闺门。"善言与猜测之间也看不出意义上有什么关联，二者可能是同形字。梅县话用"怲"，如"你博一下，系脉个东西？"[5]《尔雅·释训》："怲怲，忧也。"就此可知"怲"本是忧愁的意思。忧愁与猜测之间的引申理据亦不明，二者有可能也是同形关系。

"谙""谂"的使用

成都话用"谙"，如"我早就谙你今天要来"[6]《说文·言部》："谙，

---

① 你约看多若伙_{多少}?（《福州方言词典》，第422页）

② 例句引自《厦门方言词典》，第417页。

③ 例句分别引自《福州方言词典》，第236、237页。

④ 例句引自《万荣方言词典》，第273页。

⑤ 例句引自《梅县方言词典》，第188页。

⑥ 例句引自《成都方言词典》，第274页。

悉也。"《玉篇·言部》:"谙,知也。"据此可知"谙"本是熟悉、知道的意思。因受限于文献资料,"谙"之二义如何引申不得而知,录之以待考。南宁平话用"谂",如"我谂今日渠有会来喇。"[①]"谂"本是规谏、劝告的意思。《说文·言部》:"谂,深谏也。"段玉裁注:"深谏者,言人之所不能言也。"对人规谏、劝告的前提是劝谏者对劝谏对象有一定的了解、认识,故通过动作转指条件,"谂"可引申出"认为;推测"义。从隐喻角度,不难理解二义之间的引申关系,但囿于资料的不足,目前我们还未查考到文献用例,暂且存疑待考。

据此,十大方言区"猜度"概念用词情况可列表如下。

表4.15　　　　　　　　　十大方言区"猜度"概念主要用词情况

	官话								晋语	吴方言		徽语	湘语	赣语	客家话	粤语	闽语	平话
	北京	东北	黄鲁	胶辽	中原	兰银	西南	江淮		北部	南部							
意	–	–	–	–	–	–	–	–	–	–	–	–	–	–	–	–	+	–
度	–	–	–	–	–	–	–	–	–	–	–	–	–	–	–	+	–	–
料	–	–	+	–	–	–	–	+	–	–	+	–	+	–	–	+	+	–
猜	–	–	+	–	+	+	+	+	+	–	+	+	+	+	+	–	+	–
猜想	+	+	–	–	–	+	–	+	+	+	+	–	–	+	–	–	–	+

由表 4.15 可看出:"猜"的使用范围最广,官话、晋方言、吴方言、徽方言、湘方言、赣方言、闽方言及客家话内的 20 个方言点均用;其次是清代始进入本概念场的"猜想",其主要行用于官话、晋方言、吴方言、赣方言及南宁平话内的 13 个方言点;"料"的使用范围也较广,其主要见于官话、吴方言、湘方言、粤方言及闽方言内的 11 个方言点;"意"和"度"的使用范围最窄,前者仅在闽方言区内的 1 个方言点使用,后者只在粤方言区内的 1 个方言点行用。

4.4.2　主要特点

现代汉语方言"猜度"概念场词汇系统在承继明代后期格局的基础上出现了些新变化,呈现如下特点:

---

① 例句引自《南宁平话词典》,第 187 页。

第一，来源各异，构成复杂。不仅"猜度"概念场的典型成员通过竞争更替存留了下来，历史上一些非典型成员在部分方言中也留下了曾经行用的痕迹，如上举"量""谅""团"等，甚至其他概念场的成员通过引申途径也进入本概念场，如上举"谂"等，壮大了"猜度"概念场的队伍构成。

第二，方言点之间用词差异极大。一是不同方言点的用词数量呈现差异。据不完全统计，最多者高达 15 个（福州），最少者也有 2 个（丹阳、于都等），43 个方言点的用词数在 2—15 个不等，相差悬殊。二是同一成员在不同方言点的义域宽窄不一。如"估量"一词，在太原话中只限于对价钱、长度及重量的估计，窄于其他方言点的"估量"义域。三是指称同一概念的成员语体色彩有别。如太原话的"估摸"与"估计"，前者为一般说法，后者为文雅说法。四是成员的使用群体有别。如太原话"约摸"一词的使用对象仅限于年轻人。

第三，共时分布反映了历史演变的层次。"猜度"概念场的典型成员"意""度""料""猜"的主导词地位先后有过历时更替。四者在现代汉语方言中的分布反映了其演变的层次：（1）福州处于演变的第一层次，存留着"意"。这一层保留了西汉以前的词汇现象，是最古老的一层，演变速度最慢。"意"是先秦时期"猜度"概念场的主导词，于 18 世纪中后期退出本概念场，但是在福州话中留存了下来。（2）广州处于演变的第二层次，保留着"度"。这一层反映了西汉至隋的词汇现象，为较为古老的一层，演变速度较慢。指称本概念的"度"春秋已见，随着义域及用法的扩充，其于公元前 2 世纪初左右取得本概念场的主导词资格，与"意"一样，亦于 18 世纪中后期退出本概念场，但在广州话中仍见其曾经行用的痕迹，如"我度渠今日会来嘞。""你嗽样度人，人就嗽样度你。"①（3）济南、西安、南京、崇明、杭州、宁波、温州、娄底、厦门及广州处于演变的第三层次，保留着"料"。这一层反映了唐至明初的词汇现象，演变速度较快。"料"进入本概念场当不晚于战国，经过西汉至隋时期的蓄势，于 9 世纪

---

① 例句引自《广州方言词典》，第 492 页。

中期前后取代"度"成为本概念场的主导词，并一直持续到 15 世纪中后期。以上方言点，"猜度"概念的表达用"料"，基本遗留了唐至明初新兴的词汇现象。（4）牟平、太原、西宁、银川、乌市、成都、贵阳、扬州、绩溪、崇明、苏州、金华、南昌、黎川、娄底、海口及于都等处于演变的第四层次，保留着"猜"。这一层反映了明中期后兴起的词汇现象，演变速度最快。指称本概念的"猜"当不晚于南北朝进入本概念场，经过唐至明初的发展，于明中期取得本概念场的主导词位次，一直维持到现代。以上方言点"猜度"概念用词反映了明中期后该概念场的这一变化。需说明的是，以上的分层是按方言中所存留的汉语史上最早出现的词汇现象而作的一个大致区分。实际上，演变层次和这一层方言点中所留存的词汇并不完全等同，有的方言点中的数个用词分别代表了不同的演变层次。如福州，"意""料""猜"并用，分别代表先秦时期、唐至明初及明中期至清末三个时段"猜度"概念场的词汇现象；广州"度""料"并举，分别反映了西汉至隋及唐至明初"猜度"概念场的词汇现象；崇明、娄底及厦门三个方言点"料""猜"并行，分别呈现了唐至明初与明中期至清末"猜度"概念场的词汇现象。

　　总之，现代汉语方言"猜度"概念场词汇系统层次所呈现的纷繁复杂亦说明了"现存的方言系统都是许多不同历史层次的成分经过整合的现代共时系统"①。

---

① 李如龙：《汉语方言的比较研究》，商务印书馆 2001 年版，第 209 页。

第5章 古汉语"思谋"概念场词汇系统及其历史演变

词义结构由"［动作：认知］＋［对象：人或事物］＋［工具：脑］＋［目的：做出决定］"这几个要素组成的词称为"思谋"概念词，汉语中表达该概念的词的聚合称为"思谋概念场"。古汉语"思谋"概念场的典型成员有"思""思惟""思量""想"。下面概要叙述其"思谋"义来源、句法表现与充当谓语时主客体论元的性质及其句法位置。

5.1 概述

5.1.1 概念场典型成员"思谋"义来源及语义差别

思

"思"本指"思考"的意思。《说文·思部》："思，容也。从心，囟声。"徐灏注笺："人之精髓在脑，脑主记识，故思从囟。"《集韵·志韵》："思，虑也。"《左传·僖公二十八年》："栾贞子曰：'汉阳诸姬，楚实尽之，思小惠而忘大耻，不如战也。'"《世说新语·捷悟》："太祖思所以用之，谓可为竹椑盾，而未显其言，驰问主簿杨德祖。"《红楼梦》第七七回："宝玉因思内中迎春之乳母也现有此罪，不若来约同迎春讨情，比自己独去单为柳家说情又更妥当，故此前来。"

思惟（思维）

"惟"有"思考"义，辞书已释，恕不赘举，故"思""惟"同义连言，表"思考"义。就目前所知，"思惟"组合当不晚于东汉出现，如应劭《风俗通义·怪神》："郴还听事，思惟良久，顾见悬弩，必是也。"《太平经·丙部之十五·急学真法》："真人宜深思惟吾言，勿复反怪之。"

古籍中或以"维"通"惟"①，故文献中亦见"思维"表"思考"义者，如《水经注》卷一"河水"条："树神以七宝奉太子，太子不受。于是思维，欲出家也。"《朱子语类》卷七六《易十二·系辞下》："德辅云：'"思曰睿"，"学而不思则罔"，盖亦弗思而已矣，岂有不可思维之理？'"

思量

"量"有"思虑；考虑"义②，故"思量"之"思考"义亦系二者同义连言的结果。据所掌握的文献资料来看，该组合当不晚于魏晋出现，如《晋书·王豹传》："冏令曰：'得前后白事，具意，辄别思量也。'"《四分律》卷 33："时二师念言：'从家舍家，从彼学梵行者必不虚，何以故？我兄聪明垢薄多有智慧，而将诸弟子从彼受学，必思量得所故尔耳。'"（22/796c）

想

"想"本是"想象"的意思。《说文·心部》："想，冀思也。"徐锴系传："希冀所思之。"《韩非子·解老》："人希见生象也，而得死象之骨，案其图以想其生也，故诸人之所以意想者皆谓之象也。"由于对人事想象时，亦包含主体对人事的分析、判断、推理等认知活动，故引申之，"想"则有"思考"义。《玉篇·心部》："想，思也。"《广韵·养韵》："想，思想也。"《楚辞·九章·悲回风》："入景响之无应兮，闻省想而不可得。"朱熹集注："闻见所不能接，而但可省记思想者也。"《太平经·庚部之八·大功益年书出岁月戒》："大神言：'何惜禁戒乎？想自深知之，辞令各自吐写情实，但恐不如所言，且复谛之，计从心出，宜复熟念。'"《华音启蒙谚解》上："各人想不出主意来的时候儿，我有一个姑表弟兄，在这京南做个县官，我打算到那里借多少银子。"

以上各词在表示据已有认识认知事物的意义上相近，但各自的义域宽窄不一："思"的义域最宽，其支配的对象可是为人处世的准则及态度、

---

① "维"通"惟"详参本章 5.4 节"惟（维、唯）"条的相关论述。

② "量"之"思虑；考虑"义引申线索及机制详参本章 5.4 节"量"条的相关论述。

忧患及灾难、形势、利弊得失、过失、道理、方法、原因及结果等；"思惟"支配的对象则主要是利弊得失、过失、道理及方法等；"思量"支配的对象则主要是利弊得失、道理及结果等；"想"的义域最窄，主要为对道理及方法的思索。

5.1.2 "思谋"概念场典型成员句法功能

据考察，先秦至清代"思谋"概念场典型成员句法功能主要有以下四种：

A. 作主语。既可单独充当，亦可与支配对象一起构成动宾短语充当；既可组成"所"字结构充当，亦可构成"的"字短语充当。如：

（1）视尔不臧，我思不远。（《诗·鄘风·载驰》）

（2）思事当详，卜之胸心，乃出之也，后勿轻妄语也。（《太平经·戊部之四·不用大言无效诀》）

（3）其所思不可得不同也。不同，故不可相语也。（《太平经·己部之七·洞极上平气无虫重复字诀》）

（4）（宝玉）想的是老太太年老不得安，老爷太太见此光景不免悲伤，众姐妹风流云散，一日少似一日。（《红楼梦》第一〇六回）

例（1）"思"直接作句子的主语；例（2）"思"与支配对象"事"构成动宾短语一起作"当详"的主语；例（3）"思"与"所"组成"所"字结构一起作"不可得不同"的主语；例（4）"想"与"的"构成"的"字短语作句子的主语。

B. 作宾语。既可单独充当，亦可构成"所"字结构或"底（的）"字结构充当。如：

（1）作如此想，则又疑是唐义士诗。（《南村辍耕录·发宋陵寝》）

（2）作是念已，如所思惟，具告诸子，汝等速出。（《妙法莲华经》卷2，9/12b）

（3）师曰："思量个不思量底。"（《五灯会元》卷五"药山惟俨禅师"）

上举例（1）－（3）"想"、"思惟"及"思量"均作谓词宾语，其中例（1）"想"直接充当"作"的宾语，例（2）"思惟"与"所"组成"所"字结构后作"如"的宾语，例（3）"思量"与"底"构成"底（的）"字结构作"思量"的宾语。

C. 作定语。既可单独修饰中心语，亦可与支配对象一起构成动宾短语修饰中心语，还可组成 "所" 字结构修饰中心语。如：

（1）师乃曰："适来思量得一则因缘，而今早忘了也。却是挂杖子记得。"（《五灯会元》卷一九 "五祖法演禅师"）

（2）但为说王者论乃至思惟俗事入海论。（《四分律》卷 12，22/648b）

（3）不料包公心中所思主见，公孙策一言道破，不觉欢喜。（《三侠五义》第七回）

例（1）"思量" 修饰中心语 "一则因缘"；例（2）"思惟" 与客体 "俗事" 构成动宾结构充当 "论" 的定语成分；例（3）"思" 与 "所" 组成 "所" 字结构修饰中心语 "主见"。

D. 作谓语。例多不备举。

5.1.3　"思谋" 概念场典型成员充当谓语时主客体论元的性质及其句法位置

从论元结构来看，"思谋" 概念词亦属于二元谓词。在句中需带感知主体和感知对象两个必有论元。在这两个必有论元中，前者的句法位置单一，主要作主语；后者的句法功能则更多元，既可作宾语，亦可用介词引进作状语或补语，还可作主语，可进入 $S_{1.1.1}$、$S_{1.1.2}$、$S_{1.2}$、$S_{1.3}$、$S_{1.4}$、$S_{1.5}$、$S_{1.6}$、$S_{1.7}$、S_2、S_3、S_4、S_5 及 S_6[①] 句法格式，各举一例：

（1）或见其**字**，随病所居而思**之**，名为还精养形。（《太平经·己部之七·洞极上平气无虫重复字诀》）（$S_{1.1.1}$）

（2）子产曰："**政**如农功，日夜思**之**，思其始而成其终。"（《左传·襄公二十五年》）（$S_{1.1.2}$）

（3）臣愿陛下忍而绝之，思惟**万机**，以答天望。（《后汉书·蔡邕传》）（$S_{1.2}$）

（4）一自娘娘崩背，思量无事报恩。（《敦煌变文校注·目连缘起》）（$S_{1.3}$）

（5）行者道："我想**这桩事**都是观音菩萨没理，他有这个禅院在此，受了这里人家香火，又容那妖精邻住。"（《西游记》第一七回）（$S_{1.4}$）

---

① $S_{1.1.1}$、$S_{1.1.2}$、$S_{1.2}$、$S_{1.3}$、$S_{1.4}$、$S_{1.5}$、$S_{1.6}$、$S_{1.7}$、S_2、S_3、S_4、S_5 及 S_6 句法格式参见本书第 2 章和第 3 章中的相关论述。

（6）见其造而思**其功**，观其源而知其流，故博施而不竭，弥久而不垢。（《淮南子·泰族》）（S$_{1.5}$）

（7）贾珍笑道："……我想了**这几日**，除了大妹妹再无人了。"（《红楼梦》第一三回）（S$_{1.6}$）

（8）便待思量得不是，此心曾经思量**一过**，有时那不是底发我这是底。（《朱子语类》卷一二○《朱子十七》）（S$_{1.7}$）

（9）**为汝**熟思量，令我也愁闷。（《寒山诗·贫驴》）（S$_2$）

（10）（北宫黝）思**以一豪挫于人，若挞之于市朝**。（《孟子·公孙丑上》）（S$_3$）

（11）太尉黄琬曰："此国之大事，**杨公之言得无可思**？"（《后汉书·杨震传附杨彪传》）（S$_4$）

（12）太和三年，出师讨淮北，间表曰："伏见庙算有事淮海，虽成事不说，犹可思量。"（《魏书·高间传》）（S$_5$）

（13）以此书付道德之君，令出之，**使凡人自思行得失**，以解天地之疾，以安帝王，其治立平。（《太平经·丙部之十三·上善臣子弟子为君父师得仙方诀》）（S$_6$）

此外，"思谋"概念词的客体论元还可以以直接引语形式出现或由内容宾语标句词"曰""云"或"道"引出[①]，前者例如"（梵志）便自思惟：'吾十二年中，无系我者，而此年少，欸乃胜吾，人可羞耻。物不足言，失名不易'"（《生经》卷5，3/107c-108a）；后者例如"他又思量道：'认得就好说话了'"（《西游记》第三○回），简称 S$_8$。

5.2 "思谋"概念场主导词历时替换考

表示"思谋"这一概念，魏晋以前主要用"思"，魏晋至隋主要用"思惟"，唐至宋末元初主要用"思量"[②]，元以后主要用"想"。下面分先秦至东

---

① 内容宾语标句词参看刘丹青（《汉语里的一个内容宾语标句词——从"说道"的"道"说起》，载中国社会科学院语言研究所《中国语文》编辑部《庆祝〈中国语文〉创刊五十周年学术论文集》，商务印书馆2004年版，第110—119页）。

② 张庆庆指出："唐宋时期，'思量'、'思'是'思考'义的主要动词。"（《近代汉语几组常用

汉、魏晋至隋、唐至宋末元初、元明清四个时期考察各自的演变历程。

5.2.1　先秦至东汉时期

先秦至东汉时期，表达"思谋"这一意义的典型成员有"思""思惟""想"，其使用特点分析如下。

此期，"思"的句法功能齐备，可作主语、宾语及谓语。作主语时，既可单独充当，如"我思不阆"(《诗·鄘风·载驰》)；亦可与对象一起构成动宾短语充当，如前举"思事当详"例；或者构成"所"字结构充当，如"所思未周"(《中本起经》卷下，4/156c)。作宾语时，既可单独充当，如"岂非太皇太后日昃之思"(《汉书·王莽传上》)；亦可与"所"组成"所"字结构后充当，如"各誉笃达，宜进所思"(《太平经·壬部不分卷》)。作谓语时，与之匹配的主体论元主要为人或心，一般充当主语，例多不举。与之匹配的客体论元有为人处世的准则及态度、忧患及灾难、形势、利弊得失、过失、道理、方法、原因及结果等①。其性质多样：有代词

(接上页) 词演变研究》，博士学位论文，苏州大学，2007 年，第 83 页)

① 是故君子动则思**礼**，行则思义，不为利回，不为义疾。(《左传·昭公三十一年》)(思索处世准则)

色思**温**，貌思**恭**，言思**忠**，事思**敬**。(《论语·季氏》)(思索处世态度)

范蠡曰："……夫吴国甚富而财有余，其王年少，智寡才轻，好须臾之名，不思**后患**。"(《吕氏春秋·长攻》)(思索灾祸)

侵杀忠臣，不思**其殃**。(《史记·李斯列传》)(思索祸患)

逢蒙学射于羿，尽羿之道，思**天下惟羿为愈己**，于是杀羿。(《孟子·离娄下》)(思索形势)

大夫曰："圣主思**中国之未宁，北边之未安**，使故廷尉评等问人间所疾苦。"(《盐铁论·忧边》)(思索形势)

若夫周滑之……此十二人者之为其臣也，皆思**小利**而忘法义。(《韩非子·说疑》)(思索利处)

观此二象，思**其利害**，凡天下之事，各从其类。(《太平经·己部之十六·西壁图》)(思索利弊)

诏曰："朕战战栗栗，夙夜思**过失**，不敢荒宁。"(《汉书·元帝纪》)(思索过失)

其人有心，自思**愆负**也。(《太平经·庚部之九·有心之人积行补真诀》)(思索过失)

疾讳误之臣，思**黄发之言**，名垂于后世。(《汉书·息夫躬传》)(思索忠告之理)

归思**天师教敕**，有不解者。(《太平经·戊部之四·斋戒思神救死诀》)(思索教诫之理)

思**养性法**，内见形容，昭然者是也。(《太平经·戊部之二·学者得失诀》)(思索炼养心性的方术)

诚审思**治人之术**，欢乐得贤之福，……(《汉书·谷永传》)(思索统治民众的方法)

贤圣感类，慊惧自思，**灾变恶征，何为至乎**？(《论衡·感类》)(思索灾变原因)

高宗、成王亦有雊雉拔木之变，能思**其故**，故高宗有百年之福，成王有复风之报。(《汉书·楚

195

性的、名词性的、谓词性的、小句、"之"字性短语及时量性成分；句法位置亦较灵活：S_1、S_3、S_4 及 S_6 的各种用法均有用例，如：

（1）暮，（邹忌）寝而思之，曰："吾妻之美我者，私我也；妾之美我者，畏我也；客之美我者，欲有求于我也。"（《战国策·齐策一》）（$S_{1.1.1}$）按，"之"指代"妻、妾、客美我者"的原因。

（2）余少所戒，宜详慎所言，出辞当谛思之，令可行。（《太平经·庚部之八·大功益年书出岁月戒》）（$S_{1.1.1}$）按，"谛""思"组合已见，后世文献中"谛思"成为固定搭配。

（3）王闻申子曰："**吾谁与而可？**"对曰："此安危之要，国家之大事也。臣请深惟而苦思之。"（《战国策·韩策一》）（$S_{1.1.2}$）

（4）其任耳目也，**可知之事**，思之辄决。（《论衡·实知》）（$S_{1.1.2}$）

（5）若弃书之力，而思**麑之罪**，臣，戮余也，将归死于尉氏，不敢还矣。（《左传·襄公二十一年》）（$S_{1.2}$）

（6）齐桓公以诸侯思**王政**，忧周室，匡诸夏之难，平夷狄之乱，存亡接绝，信义大行，著于天下。（《盐铁论·执务》）（$S_{1.2}$）

（7）古之君民者，仁义以治之，爱利以安之，忠信以导之，务除其灾，思**致其福**。（《吕氏春秋·适威》）（$S_{1.3}$）

（8）（《唐诗·蟋蟀》、《山枢》、《葛生》之篇）皆思**奢俭之中**，念死生之虑。（《汉书·地理志下》）（$S_{1.3}$）按，"思""念"义同。

（9）（札）谓叔向曰："……吾子好直，必思**自免于难**。"（《左传·襄公二十九年》）（$S_{1.4}$）

（10）（伊尹）思**天下之民**，匹夫匹妇有不被尧、舜之泽者，若己推而**内之沟中**。（《孟子·万章上》）（$S_{1.4}$）

（11）君子之行，思**其终**也，思**其复**也。（《左传·襄公二十五年》）（$S_{1.5}/S_{1.5}$）

（12）及孝惠五年，思**高祖之悲乐沛**，以沛宫为高祖原庙。（《史记·高祖本纪》）（$S_{1.5}$）

（接上页）元王传》）（思索灾象原因）

言思**可道**，行思**可乐**。（《盐铁论·毁学》）（思索结果）

诏曰："……所之郡国，谨遇以理，务有以全活之。思**称朕意**。"（《汉书·成帝纪》）（思索结果）

（13）闻用精者，察物不见，存道以亡身；不闻不至门庭，坐思**三年**，不及窥园也。（《论衡·儒增》）（S₁.₆）

（14）故不惮乱主暗上之患祸，而必思**以齐民萌之资利**者，仁智之行也。（《韩非子·问田》）（S₃）

（15）夫幽冥之实尚可知，沈隐之情尚可定，显文露书，是非易见，笼总并传，非实事，用精不专，无思**于事**也。（《论衡·书虚》）（S₃）

（16）其文可晓，故**其事**可思。（《论衡·自纪》）（S₄）

（17）故比比敕真人传吾书，**使人人**自思**失道意，身为病**，各自忧劳，则天地帝王人民万物悉安矣。（《太平经·丙部之八·四行本末诀》）（S₆）

（18）以吾文归上德之君，自**使**思**其恶意**。（《太平经·己部之八·方药厌固相治诀》）（S₆）

此期，指称本概念的 "思惟" 的句法功能单一，主要作谓语。作谓语时，其主体论元主要为人，例多不举。其客体论元主要为道理①、方法②、行为③、利弊得失④及过失⑤等，类型较丰富：主要为物和事，如 "吾（古圣人 / 文 / 所）言" "万机" 等；性质较多元：有代词性的、名词性的及小句；句法位置较单一，主要作宾语，只有 S₁ 中的部分用法及 S₆ 用法，如：

（1）（吾）下与真人共议天下，分别其曲直，使德君与贤者俱思惟之，使可万万世传。（《太平经·己部之五·冤流灾求奇方诀》）（S₁.₁.₁）按，"之" 代曲直。

（2）使专精神，忧念天下，思惟**得失**。（《汉书·张汤传》）（S₁.₂）

（3）是时太子，还宫思惟，**念道清净，不宜在家，当处山林，研精行**

---

① 古者圣王见此，即思惟**得失之理**以反之。（《太平经·壬部不分卷》）

② 帝报书曰："……思惟**嘉谋**，以次奉行，冀蒙福应。"（《后汉书·光武十王传·刘苍》）

愿陛下思惟**所以稽古率旧**，勿令刑德八柄，不由天子。（《后汉书·张衡传》）

积敝之后，易致中兴，诚当沛然思惟**善道**。（《后汉书·李固传》）

③ 佛告瓶沙："……思惟**所行**，亦复可得迦叶神足。"（《中本起经》卷上，4/152c）

④ 独思惟**兵利害**至孰悉也，于臣之计，先诛先零，已则罕、开之属不烦兵而服矣。（《汉书·赵充国传》）

帝因令小黄门敕蕃曰："阴阳不和，万人失所，朝廷望公思惟**得失**，与国同心。"（《后汉书·张酺传》）

⑤ 诏曰："……百僚师尹，勉修厥职，刺史、二千石详刑辟，理冤虑，恤鳏寡，矜孤弱，思惟**致灾兴蝗之咎**。"（《后汉书·和帝纪》）

禅。(《修行本起经》卷下,3/467c)($S_{1.4}$)

(4)小人得之,或妄语也,故不悉露见,**使**凡人各自思惟**其意**。(《太平经·庚部之十一·乐怒吉凶诀》)(S_6)

就所掌握的文献资料来看,此期"想"并不多见,且主要表"想象"义。其指称本概念的文献用例当不晚于战国出现,如前举"闻省想而不可得"。但见次率极低(如在所察的15种先秦至东汉文献中,表"思考"义的"想"仅4见),且句法功能单一,主要作谓语。作谓语时,其所支配对象的类型、性质及句法位置较简单,只有S_1中的部分用法,如:

(1)览取挢掇,浸想**宵类**。(《淮南子·要略》)($S_{1.2}$)按,此为思索同类事物的微妙关系。

(2)已小困于病,病乃学,**想能禁止之**,已大病矣。(《太平经·丙部之十五·急学真法》)($S_{1.3}$)按,此为思索控制病情的方法。

(3)为力学,**想得善**为恶,则反乃降人也。(《太平经·丁部之十六·六罪十治诀》)($S_{1.3}$)

表5.1　　先秦至东汉部分文献中"思谋"概念场典型成员用法调查①

用法	文献	思																想			思惟				
		诗	论	左	孟	韩	吕	战	史	淮	盐	衡	太	汉	修	中	总计	淮	太	总计	太	汉	修	中	总计
作谓语	S_1 $S_{1.1}$ $S_{1.1.1}$	2		1			1	1					37	3		1	46		4	4	1				1
	$S_{1.1.2}$		2				2	1		3	3	2					13								
	$S_{1.2}$	6	1	5		2	1		4	1	3	3	83	21	4	2	136	1		1	12	1		1	14
	$S_{1.3}$		9	9	1		4		3		4	3	47	25	2	1	108		2	2					
	$S_{1.4}$			1	7			1			2	1	7	6			25						1	1	2
	$S_{1.5}$			4					1	1	1		2				9	424							21
	$S_{1.6}$												1				1								
	S_3			1	1												5								
	S_4								1								1								
	S_5	3	3	3	7	5	1		2	3	1	8	21	8		1	66	1		1	1		1		2
	S_6												14				14				2				2
作主语		3	1	1					1	2	1		4	1		1	15								
作宾语							1						3	3			7								
作定语																									

---

① 表格按照先单音节后双音节顺序排列,与文章讨论按主导词先后顺序不同,特别说明,下同。

表5.2　　　　　15种先秦至东汉文献中"思谋"概念场典型成员出现次数

词项 \ 文献 用例数		诗	论	左	孟	韩	吕	战	史	淮	盐	衡	太	汉	修	中	总计
思	单	14	14	25	17	9	8	2	13	7	12	21	219	73	6	6	446
	连	0	6	7	0	6	3	2	15	3	2	28	17	59	3	4	240
想	单	0	0	0	0	0	0	0	0	1	0	0	3	0	0	0	4
	连	0	0	0	0	0	0	0	0	0	0	0	0	0	0	0	0
思惟		0	0	0	0	0	0	0	0	0	0	0	15	2	2	2	21

概之，先秦至东汉时期，"思谋"概念场典型成员发展充分的是"思"，其以句法功能齐备、义域最广、用法最丰富（S_1、S_3、S_4、S_5 及 S_6 用法均有用例），见次率最高（15 种先秦至东汉文献中"思""想""思惟"三者的单个出现比例为 446∶4∶21，具体数据详参表 5.2），成为此期本概念场的主导词；"想"和"思惟"的发展则均不充分，二者句法功能单一（主要作谓语）、义域较窄（前者所支配的对象主要为方法与结果；后者所支配的对象主要为道理、方法、行为、利弊得失及过失）、用法较简单（前者只有 $S_{1.2}$、$S_{1.3}$ 及 S_5 用法；后者只有 $S_{1.1.1}$、$S_{1.2}$、$S_{1.4}$、S_5 及 S_6 用法）。不过，指称本概念的"思惟"尽管要晚于"想"出现，但其发展要较"想"充分，显示出了更强的竞争优势，这也为其日后主导词地位的获得奠定了基石。

5.2.2　魏晋至隋时期

魏晋至隋代，"思谋"概念场的发展有如下特点：一是"思"与"思惟"形成并存竞争之势；二是"想"的缓慢前行；三是"思量"的加盟。下面具体讨论。

此期"思"在继承前期用法的基础上出现了如下变化：一是所支配对象的类型与先秦至东汉时期大致类似，但重点有所倾斜。此期其所支配的对象有为人处世的态度、难题及灾难、形势、利弊得失、过失、道理、方法、原因及结果等①，不过最主要的还是对方法的思索，如"（善）方

_____

① （诸葛靓）对曰："在家思孝，事君思忠，朋友思信，如斯而已。"（《世说新语·言语》）（思索为人的态度）

便""方策""计校""（密/余/经拯之）计""自振之方""所以全之（用之/报之/叩会之/敬守成规/念始图终）"^{①}等。二是用法的类型与前期也大致类似，有 $S_{1.1.1}$、$S_{1.1.2}$、$S_{1.2}$、$S_{1.3}$、$S_{1.4}$、S_3、S_4 及 S_6 用法^{②}，但未见

（接上页）然卓性刚而褊，忿不思**难**，尝小失意，拔手戟掷布。（《三国志·魏志·吕布传》）（思索祸患灾难）

"臣思**水潦成患**，良田沃壤，变为污泽；农政告祥，因高肆务，播植既周，继以旱虐。黔庶呼嗟，相视觖气。夫国资于民，民资于食，匪食匪民，何以能政？"（《南齐书·武十七王·萧子良》）（思索水旱灾害对政事的影响）

宠屡表求留，诏报曰："昔廉颇强食，马援据鞍，今君未老而自谓已老，何与廉、马之相背邪？其思**安边境，惠此中国**。"（《三国志·魏志·满宠传》）（思索利弊）

诏曰："兴宗首乱朝典，允当明宪，以其昔经近侍，未忍尽法，可令思**愆**远封。"（《宋书·蔡廓传附蔡兴宗》）（思索过失）

下思《**伐木**》友生之义，终怀《蓼莪》罔极之哀。（《三国志·魏志·陈思王曹植传》）（思索珍惜友情的道理）

世子宜遵大路，慎以行正，思**经国之高略**，内鉴近戒，外扬远节，深惟储副，以身为宝。（《三国志·魏志·崔琰传》）（思索治理国家的谋略）

卫思"**因**"，经日不得，遂成病。（《世说新语·文学》）（思索形成梦的因由）

勖哉征人，在始思**终**。（陶渊明《答庞参军》）（思索事情结果）

① 昔者菩萨，身为龟王，昼夜精进，思**善方便**，令众生神得还本无。（《六度集经》卷6，3/33c）

昔有一妇，荒婬无度，欲情既盛，嫉恶其夫，每思**方策**，规欲残害，种种设计，不得其便。（《百喻经》卷3，4/552c）

时王闻之，心崩惶怖。到于其夜，便思**计校**。（《贤愚经》卷1，4/356b）

当思**密计**以报此怨。（《贤愚经》卷7，4/401a）

桓宣武少家贫，戏大轮，债主敦求甚切，思**自振之方**，莫知所出。（《世说新语·任诞》）

其令廷尉及天下狱官，诸有死罪具狱以定，非谋反及手杀人，亟语其亲治，有乞恩者，使与奏当文书俱上，朕将思**所以全之**。（《三国志·魏志·明帝纪》）

荀勖知是钟而由得也，思**所以报之**。（《世说新语·巧艺》）

顾思**所以叩会之**，因谓同坐曰……（《世说新语·言语》）按，"所以叩会之"即使王丞相来跟自己问答交谈的方法。

诏曰："朕以寡薄，嗣膺宝政，对越灵命，钦若前图，思**所以敬守成规**，拱揖群后。"（《南齐书·郁林王本纪》）

"陛下富于春秋，当远寻祖宗创业艰难，殷鉴季末颠覆厥绪，思**所以念始图终**，康此兆庶。"（《南齐书·萧赤斧传附萧颖胄传》）

② 一其心得禅，受**佛深经**，反覆思之，为众训导，中心欢喜。（《六度集经》卷7，3/40b）（$S_{1.1.1}$）

若谓有此理者，可得**申吾意上闻**否？试为思之。（《南齐书·王僧虔传》）（$S_{1.1.2}$）

夫玄道者，得之乎内，守之者外，用之者神，忘之者器，此思**玄道之要言**。（《抱朴子·畅玄》）（$S_{1.2}$）

S$_{1.5}$ 及 S$_{1.6}$ 用法，不过新生了 S$_8$ 用法，如："（菩萨）深自思曰：'吾宿薄祐，生不值佛。'"（《六度集经》卷 7，3/43b）又"尔时目连亦思：'此人年高老耄，诵经坐禅佐助众事，三事悉缺。然佛法王，敕使出家，理不可违。'"（《贤愚经》卷 4，4/377b）

　　魏晋至隋代为"思惟"的快速完善期，呈现如下特点：一是句法功能的丰富。此期其除了充当谓语外，还出现了充当宾语及定语成分的用法。宾语例如"设令不动转，念是经，虚空所致，作是思惟，不信邪言"（《大明度经》卷 4，8/495a）；定语例如"但说王者论……思惟俗事论，入海论"（《四分律》卷 12，22/648ab）。二是主体论元类型的多样。除了前期已见的人外，此期还出现了变相的人，如"（蛇）复自思惟……"（《贤愚经》卷 3，4/369c）。亦可是"心"，如"太子如是，心思惟已……"（《佛本行集经》卷 16，3/730a）。三是义域的进一步扩大。此期，其所支配的客体论元除了东汉已见的道理、方法、行为、利弊得失及过失外[1]，还可是人的能力、品

　　（接上页）仰惟爵号，位高宠厚，俯思**报效**，忧深责重。（《三国志·蜀志·刘备传》）（S$_{13}$）按，"惟""思"对举义同。

　　（上）敕世隆曰："比思**江西萧索，二豫两办为难**。议者多云省一足于事为便。吾谓非乃乖谬。卿以为云何？可具以闻。"（《南齐书·柳世隆传》）（S$_{14}$）

　　静住空树下，心思**于涅槃**。（《四分律》卷 54，22/967a）（S$_3$）

　　若有不合，乞且藏之书府，不便灭弃，臣死之后，**事**或可思。（《三国志·魏志·陈思王曹植传》）（S$_4$）

　　"又张雍州启事，称彼中蛮动，兼民遭水患，敕令足下思**经拯之计**。"（《南齐书·张敬儿传》）（S$_6$）

　　① 比丘见已，思惟**此生无常、苦、空，如泡如沫**，即得阿罗汉。（《法显传·贝多树下》）（思索人生道理）

　　时须陀素弥，闻说此偈，思惟**义理**。（《贤愚经》卷 11，4/426c）（思索偈言道理）

　　诏司徒、大司农、长乐少府曰："朕以无德，佐助统政，夙夜经营，惧失厥衷。思惟**治道**，由近及远，先内后外。"（《后汉书·殇帝纪》）（思索治国之道）

　　高、婴涕泣答言："受府君恩遇，所以不即死难者，以死无益，欲思惟**事计**，事计未立，未敢启夫人耳。"（《三国志·吴志·孙韶传》注引《吴历》）（思索方法）

　　攸与钟繇善，繇言："我每有所行，反覆思惟，自谓无以易；以咨公达，辄复过人意。"（《三国志·魏志·荀攸传》）（思索自己所为）按，"思惟"的对象"所行"承前省。

　　男女得之，便自思惟："**以何因缘此雁王日来落一金羽与我而去？我等宁可伺其来时，方便捉之，尽取金羽**。"（《四分律》卷 25，22/737a）（思索行为）

　　臣反覆思惟，未见其利，万里袭取，风波难测，民易水土，必致疾疫，今驱见众，经涉不毛，欲益更损，欲利反害。（《三国志·吴志·陆逊传》）（思索利弊得失）按，"思惟"的对象"遣偏师取夷州及

行、形势、事件原因及结果等，如"远离自高心，常思惟智慧"（《妙法莲华经》卷5，9/46b）是为对自己能力的思索，"尔时猕猴，作是思惟，此虬无智"（《佛本行集经》卷31，3/799a）此为对别人能力的思索；"（十奢王）思惟是已，即废罗摩，夺其衣冠"（《杂宝藏经》卷1，4/447b）该为思索品行例[①]；"（沙弥）又复思惟：'我若逃突，女欲心盛，舍于惭愧，走外牵捉，及诽谤我，街陌人见，不离污辱，我今定当于此舍命方便'"（《贤愚经》卷5，4/381b）是为思索形势例；"（太子）端坐思惟老患因"（《佛本行集经》卷15，3/722c）此为思索原因例；"（伊罗钵龙）又自思惟，但我斫此伊罗之草，有何果报"（《佛本行集经》卷38，3/829a）该为思索结果例。三是客体论元的性质更多元，除了指物的代词、名词性成分及小句外，还可是指事的代词及谓词性成分，新兴了 $S_{1.1.2}$ 及 $S_{1.3}$ 用法，前者例如"时王心念，我今最尊，位居豪首，人民于我各各安乐，虽复有是，未尽我心，今当推求妙宝法财以利益之。思惟是已，……"（《贤愚经》卷1，4/349bc），该例"是"指代"今当推求妙宝法财以利益之"这件事；后者例如"诸天及人八部众，思惟如是悉随行"（《佛本行集经》卷27，3/777b），是例"如是悉随行"为状中短语。四是客体论元的句法位置更灵活，除了作宾语外，还可作主语，新生了 S_4 用法；作宾语时除了可以直接充当外，还可以以间接引语的方式出现，萌生了 S_8 用法。列举此期部分用例：

（1）是时善业念："佛所说明度无极，义甚深，不可尽，譬如虚空。阖士当何缘思惟之？"（《大明度经》卷5，8/503a）（$S_{1.1.1}$）按，"之"指代明度。

（2）（穷子）覆自念言："**我若久住，或见逼迫，强驱使作。**"思惟是已，……（《妙法莲华经》卷2，9/18a）（$S_{1.1.2}$）

（3）（夫妻二人）每自思念："**……今既得值，无钱供养。**"思惟是

（接上页）朱崖之利弊得失"据前后文可补。

时须提那子作是思惟："今时世谷贵，诸比丘乞求难得，我今宁可将诸比丘诣迦兰陀村乞食。诸比丘因我故大得利养，得修梵行，亦使我宗族快行布施作诸福德。"（《四分律》卷1，22/570a）（思索利弊）

汝今应善思惟**五欲过患**，莫贪着也。（《佛本行集经》卷56，3/912b）（思索过失）

① 该例的"是"指代"王者之法，法无二语，不负前言"，也即人应该诚信，故是例当为对人品行的思索。

已，……（《贤愚经》卷 5，4/385a）（S$_{1.1.2}$）按，前言"思念"，后言"思惟"，义同。

（4）亮曰："法者，天下所共，何得阿以亲亲故邪？当思惟**可以释此者**，奈何以情相迫乎？"（《三国志·吴志·孙霸传附孙基传》）（S$_{1.2}$）按，"可以释此者"意谓可以解脱这条罪的办法。

（5）设复坚持，不能思惟**义趣**。（《四分律》卷 59，22/1007c）（S$_{1.2}$）

（6）（长者）即便思惟，**设诸方便，告诸子等**。（《妙法莲华经》卷 2，9/14b）（S$_{1.3}$）

（7）伯思惟**某时信捶此孙**。伯乃佯死，乃置伯去。（《搜神记》卷一六"秦巨伯"条）（S$_{1.3}$）

（8）臣夙夜思惟，**诸吏之中，任干之事，足委仗者，无胜于楼玄**。（《三国志·吴志·楼玄传》）（S$_{1.4}$）

（9）（大臣们）解赐已后，更复思惟，**今此女人，是王宫内所幸之人**。[①]（《佛本行集经》卷 8，3/688c）（S$_{1.4}$）

（10）拘那含牟尼佛随叶佛如来至真等正觉，观千比丘心中疲厌为说法，是事应念，是事不应念，**是事**应思惟，**是事**不应思惟。（《四分律》卷 1，22/569b）（S$_4$/S$_4$）

（11）今日世尊令我等思惟，**蠲除诸法戏论之粪，我等于中勤加精进，得至涅槃一日之价**。（《妙法莲华经》卷 2，9/17b）（S$_6$）

（12）阿难思惟："**前则阿阇世王致恨，还则梨车复怨**。"（《法显传·五河合口》）（S$_8$）

（13）时驳足王，自思惟言："**须陀素弥，今日应来**。"（《贤愚经》卷 11，4/426c）（S$_8$）

魏晋至隋代为"思量"的萌生期。此期其句法功能较简单，主要作谓语，偶见作定语的，如"此法甚深，难见难知，如微尘等，不可觉察，无思量处，不思议道"（《佛本行集经》卷 33，3/805c）。作谓语时，与之匹配的客体论元主要是结果、利弊得失及道理等。如"王乃思量，此珠网价

---

① 宋元明本"时"作"所"，今从。

值万金，我崩之后，恐人侵夺"（《洛阳伽蓝记》卷五"陀罗寺"）是为思索结果例；"然攻守难图，力悬百倍，反覆思量，未见其利"（《魏书·高闾传》）此为思索利弊得失例；"如来作此三种念观，见有如此三种因缘，思量如是三种义已"（《佛本行集经》卷53，3/897a）是为思索道理例。客体论元的性质较多样，有名词性的、谓词性的及小句，但句法位置单一，主要作宾语，只有 S_1 中的部分用法及 S_8 用法。略举此期部分用例：

（1）时阿罗逻止弟子言："汝今且莫思量**此事**。"（《佛本行集经》卷22，3/755c）（$S_{1.2}$）

（2）（彼女父母兄弟）告彼求女婆罗门言："善使仁者大婆罗门，我今欲遣使观彼家法用云何，然后思量**可与以不**。"（《佛本行集经》卷45，3/864a）（$S_{1.3}$）

（3）我今思量，**受王供给，一切资须，无所乏少，养育于我**。（《佛本行集经》卷56，3/911a）（$S_{1.4}$）

（4）兆悟觉，即自思量"**城阳禄位隆重，未闻清贫，常自入其家采掠，本无金银，此梦或真**。"（《洛阳伽蓝记》卷四"宣忠寺"）（S_8）

较之于"思惟"的大踏步前进，此期"想"的步子迈得似乎有点小。一是见次率仍极低〔如在所考的18种魏晋至隋代文献中，指称本概念的"想"仅9见，或者低于此期新增成员"思量"的使用数（17见）〕。二是用法仍然简单。除了前期已见的谓语用法外，偶见作宾语的，如"汝今若作如是想，即得心乐住此天"（《佛本行集经》卷44，3/859b）。作谓语时，除了前期已见的 $S_{1.2}$ 及 $S_{1.3}$ 用法外，此期才增加 $S_{1.4}$ 及 S_4 两种用法。列举此期部分用例：

（1）尔时护明，告彼众言："我今必下决定无疑，时今已至。是故汝等，应念无常，当想**未来恐怖之事**。"（《佛本行集经》卷5，3/677b）（$S_{1.2}$）

（2）时那罗陀，以世利养名闻多故，贪恋着心，无有正念，更不作想，**求觅胜上**，不信有佛有法有僧。（《佛本行集经》卷37，3/825c）（$S_{1.3}$）
按，"作""想"组合已见，后世文献中"作想"成为固定搭配。

（3）（言无定者）心意觉想，**一切诸业，是众是我，是彼是此，是名无定**。（《佛本行集经》卷22，3/754a）（$S_{1.4}$）

（4）恐怖皆舍励心意，**余事**莫想唯念林。(《佛本行集经》卷38，3/830b)（S₄）

表5.3　魏晋至隋代部分文献中"思谋"概念场典型成员"思""想"用法调查

用法	词项			思															想			
			抱	三	陶	六	大	生	妙	四	世	颜	书	百	贤	杂	佛	总计	六	大	佛	总计
作谓语	S₁	S1.1 S1.1.1	5		2						2	1						10				
		S1.1 S1.1.2		4							1		1		1			7				
		S1.2	3	21	2	3		2	2	1	7	1	9	1	8		1	61			1	1
		S1.3	6	12			2		2		3		11		2	1	2	43			1	1
		S1.4	11							1	2		1				1	16		1		1
		S1.5																179				8
		S1.6																				
	S₃								1									1				
	S₄			1														1			1	1
	S₅		5	4	1	5	1		6	1	2			6		4		35	2	2		4
	S₆													1				1				
	S₈				3										1			4				
作主语				3							1							4				
作宾语			1	3	1										2			7			1	1
作定语																						

表5.4　魏晋至隋代部分文献中"思谋"概念场典型成员"思惟""思量"用法调查

用法	词项			思惟													思量							
			三	法	六	大	生	妙	四	齐	书	百	贤	杂	佛	总计	妙	四	洛	颜	贤	杂	佛	总计
作谓语	S₁	S1.1 S1.1.1				1										1								
		S1.1 S1.1.2						1					5	2	12	20								
		S1.2	1				1	9	20			10	1		16	58							2	2
		S1.3			1	1	1								7	14							1	2
		S1.4	4	2	1	1							1		98	109		1					1	2
		S1.5														497								17
		S1.6																						
	S₃																							
	S₄								4							4								
	S₅		3	1	6	6	2	12	49	1		1	16	4	116	217	2		1	1	1		5	10
	S₆							1								1								
	S₈		1	1			1	2	6				44	13	5	73	1							1
作主语																								
作宾语					2			3	4				4	68		81								
作定语									2							2								

205

表5.5　　　　　18种魏晋至隋文献中"思谋"概念场典型成员出现次数

词项	文献 用例数	抱	三	法	陶	六	大	生	妙	四	世	齐	洛	颜	书	百	贤	杂	佛	总计
思	单	31	48	0	5	14	1	4	8	5	15	0	0	4	32	1	13	2	7	190
	连	14	31	0	0	10	3	7	28	6	3	0	2	3	9	5	34	1	47	189
想	单	0	0	0	0	2	2	0	0	0	0	0	0	0	0	0	0	0	5	9
	连	0	0	0	0	0	0	0	0	0	0	0	0	0	0	0	0	0	2	2
思惟		0	8	4	0	8	11	5	29	89	0	1	0	0	1	1	77	24	322	580
思量		0	0	0	0	0	0	0	2	1	0	0	2	1	0	0	1	1	9	17

　　简言之，魏晋至隋代，"思谋"概念场典型成员发展充分的是"思"与"思惟"，$S_{1.1}$、$S_{1.2}$、$S_{1.3}$、$S_{1.4}$、S_4、S_6 及 S_8 的各种用法二者均有用例；"想"与"思量"则用法受限，前者主要用于 $S_{1.2}$、$S_{1.3}$、$S_{1.4}$ 及 S_4，后者主要用于 $S_{1.2}$、$S_{1.3}$、$S_{1.4}$ 及 S_8。尽管"思"与"思惟"在此期均发展充分，但后者以数量优势取得了本概念场的主导词资格（如在所察的18种魏晋至隋代文献中，单用于本概念的"思"与"思惟"的出现比例为190∶580，详细数据见表5.5）。这里有两个典型语料可以证明这一问题：一种是东晋《法显传》中"思谋"义的表达只用"思惟"，共4见，如"昔有比丘在上经行，思惟是身无常、苦、空，得不净观，厌患是身，即捉刀欲自杀。"另一种是北魏《齐民要术》中，"思谋"概念的表达亦用"思惟"，如"《嵩山记》曰：'嵩寺中忽有思惟树，即贝多也。有人坐贝多树下思惟，因以名焉。'"（《齐民要术》卷九"槃多"条）需说明的是，以上我们是就整个魏晋至隋代18种文献中"思"与"思惟"的使用情况而作的判断，未虑及文献的性质。若将此期这18种文献区分成本土撰述和汉译佛经来考察，会发现：本土撰述中，"思"仍占据着本概念场的主导词位置；汉译佛经中，"思"则已让位于"思惟"。如在所考的9种本土撰述中，"思"是"思惟"的9倍多（单用的"思"135次；"思惟"14次）；而在所察的9种汉译佛经中，"思惟"则是"思"的10倍多（单用的"思"55次，"思惟"566次）。同一概念场成员"思"与"思惟"在本土撰述和汉译佛经中更替的不同步性，再一次说明了"跟佛经相比，中土

文献在反映口语方面总要慢一个节拍"①的特点。这种不同步性同时也引发我们对 "思惟" 替换 "思" 动因的一点思考：复音词 "思惟" 之所以能在汉译佛经中迅速替换单音词 "思" 当与佛经翻译语言 "四字一大顿，两字一小顿" 的节律特点有关。

5.2.3　唐至宋末元初时期

唐至宋末元初时期，"思" 与 "思惟" 渐入衰微；"思量" 则大势扩张；"想" 势单力薄，仍不具备与其他成员抗衡的实力。请见下面具体论述。

此期，"思" 仍有不少用例，但已显现出衰微之势，具体表现为，一是义域有所衰微。此期其所支配的对象主要为难题及灾难、道理、方法、原因及结果等②，未见对为人处世准则及态度、利弊得失等的思索。二是用法有所衰微，此期其客体论元的性质与魏晋至隋时期一样，但句法位置不如其灵活：主要作宾语，未见作补语（S_3）及作主语（S_4）用法③。

---

① 汪维辉：《东汉—隋常用词演变研究》（修订本），商务印书馆 2017 年版，第 150 页。

② （仆）乃答云："大王既如此说话，是不思**国家患难紧急**，扩愿听大王入京。"（马扩《茅斋自叙》）（思索患难）

迫暮，数人者复集，互发言云："南朝徒夸兵众，不思**天理**，不顺人情，师无斗心。"（马扩《茅斋自叙》）（思索道理）

问："如何是**免得生死底法**？"师曰："见之不取，思之三年。"（《五灯会元》卷一五 "洞山守初禅师"）（思索免生死之法）

季通尝设一问云："极星只在天中，而东西南北皆取正于极，而极星皆在其上，何也？"某无以答。后思之，只是极星便是北，而天则无定位。（《朱子语类》卷二《理气下》）（思索以极星定四方方位的原因）

忍热忍寒那思**倦**，抱持起坐妄（忘）苦辛。（《敦煌变文校注·父母恩重经讲经文（二）》）（思索结果）

③ 略举此期部分用例：

洛州有士人患应病，语即喉中应之。以问善医张文仲，经夜思之，乃得一法。（《朝野佥载》卷一）（$S_{1.1.1}$）按，"之" 指代医治之法。

吴王夜梦见忠臣伍子胥一言曰："**越将兵来伐**，王可思之。"（《敦煌变文校注·伍子胥变文》）（$S_{1.1.2}$）

（雀儿）忿不思**难**，便即相打。（《敦煌变文校注·燕子赋（一）》）（$S_{1.2}$）

（须达）思惟专仁天明，即思**进驾**。（《敦煌变文校注·祇园因由记》）（$S_{1.3}$）按，前言 "思惟"，后言 "思"，义同。

为文彼何人，想见下辈时。但欲愚者悦，不思**贤者嗤**。（白居易《立碑》）（$S_{1.4}$）

有司曰有疾，与免刑。及审问之，师曰："无疾。"曰："何有灸瘢邪？"师曰："昔者疾，今日愈。"吏令思之。（《五灯会元》卷一四 "芙蓉道楷禅师"）（S_6）

　　唐至宋末元初为"思惟"的萎缩期。主要表现为：一是使用语域的萎缩，主要见用于佛教文献和禅宗语录中。二是义域的萎缩。此期其主要用于对道理、方法、形势、事件原因及结果的思索[1]，未见对人能力、品行、利弊得失及过失的思索；三是用法的萎缩。此期，其主要是对旧有用法的部分沿袭，未见 S_4 及 S_6 用法[2]。

　　较之于"思惟"的萎缩，此期"思量"则表现为扩张。一是用法的扩张。除了充当谓语和定语外，此期已见其作主语和宾语用法。如"格外真规，岂思量之能解"（《五灯会元》卷一四"光孝思彻禅师"）此为"思量"单独充当主语例；"今即思量得，写在纸上底，也不济事，终非我有，只贵乎读"（《朱子语类》卷一〇《学四·读书法上》）是为"的（得）"字短语充当主语例；"不须计较作思量，五五从来二十五"（《五灯会元》卷一四"净慈慧晖禅师"）此为"思量"单独充当宾语；"师曰：'思量个不思量底"（《五灯会元》卷五"药山惟俨禅师"）此为"的（底）"

（接上页）绿珠自思道："丈夫被他巫害，性命不知存亡。今日强要夺我，怎肯随他。虽死不受其辱！"（《宋四公大闹禁魂张》）（S_8）

① 子胥得食喫足，心自思惟："凡人'得他一食，惭人一色；得人两食，为他着力'。"（《敦煌变文校注·伍子胥变文》）（思索道理）

催子玉添□（禄）已讫，心口思惟："我缘生时官卑，不因追皇帝至□（此），凭何得见皇帝面？今此觅取一员政官。"（《敦煌变文校注·唐太宗入冥记》）（思索面见皇帝的方法）

善友蒙问，寻自思惟，我若实说，其恶友必遭损害。（《敦煌变文校注·双恩记》）（思索形势）

后夫人又经半年，生在天上，于天中忽尔思唯："我昔何缘，来此宝界？"（《敦煌变文校注·欢喜国王缘》）（思索原因）按，据文意，"唯"字当为"惟"。

摩陀罗见此事，遂乃自思惟："今日对阳（扬），我定将失。南边之者，以况新来，北伴（畔）之徒，拟将似我，堕负之逃，先现于前。以此因由，我定输失。"（《敦煌变文校注·佛说阿弥陀经讲经文（一）》）（思索原因及结果）

② 略举此期部分用例：

谓："孟子发明许多道理都尽，自此外更无别法。思惟这个，先从性看。"（《朱子语类》卷一百五《朱子二·论自注书》）（$S_{1.1}$）

（大茅草）作是念言："我上祖代代相承，皆是金轮王之苗裔。我今无嗣，种姓将恐断绝。我若出家，恐断王种；若不出家，则断圣种。"思惟是已，……（《祖堂集》卷一"释迦牟尼佛"）（$S_{1.2}$）

作念者，是舍利弗内心思惟佛言。（《敦煌变文校注·维摩诘经讲经文（三）》）（$S_{1.2}$）

季布既蒙子细问，心口思惟要说真。（《敦煌变文校注·捉季布传文》）（$S_{1.3}$）

净名无为忽思惟，佛入毗耶更为谁？（《敦煌变文校注·维摩诘经讲经文（二）》）（$S_{1.4}$）

魔王口中思惟道："若是交（教）他化度众生，我等门徒，投于佛里；不如先集徒众，点检魔宫，恼乱瞿昙，不交出世。"（《敦煌变文校注·破魔变》）（S_8）

字短语充当宾语例。作定语时，除了单独充当外，还可与对象一起构成动宾短语修饰中心语，如"人也有静坐无思念底时节，也有思量道理底时节"（《朱子语类》卷一二《学六·持守》）。二是义域的扩张。此期其所支配的对象除了前期已见的结果、利弊得失及道理外 ①，还可是形势、原因、行为及过失等，如"（杨妃）心口思量：'阿耶来日朝近（觐），必应遭他毒手。我为皇后，荣得汾（奚）为！不如服毒先死，免见使君受苦'"（《敦煌变文校注·韩擒虎话本》）是为杨妃对阿耶将遭皇帝陷害的思索；"未曾被虎伤底，须逐旋思量个被伤底道理，见得与被伤者一般，方是"（《朱子语类》卷一五《大学二·经下》）此为对被虎伤害原因的思索；"邪行思量频与断，邪婬斟酌早宜停"（《敦煌变文校注·维摩诘经讲经文（一）》）是为对行为的思索；"思量起来，是我不合当初做弄他两人偿命"（《错斩崔宁》）该为大娘子对自己过失的思索。三是与新兴语法形式共现，显现出强大的生命力。（1）与动态助词"得"共现，表示动作变化的完成，如"憩歇才定，使君忽思量得法华和尚委嘱"（《敦煌变文校注·韩擒虎话本》）。（2）与事态助词"来"共现，表示事件或过程是曾经发生的，如"所以夜来说道：'"天地之塞，吾其体；天地之帅，吾其性"，思量来只是一个道理'"（《朱子语类》卷三《鬼神》）。（3）与动态助词"过"共现，表示已有的经验，如"纵饶熟看过，心里思量过，也不如读"（《朱子语类》卷一〇《学四·读书法上》）。（4）与动态助词"着"共现，表示动作的持续，如"思量着，有万千事要理会在，自是不容已"（《朱子语类》卷一二一《朱子十八·训门人九》）。（5）与助词"看"共现，表示尝试义，如"曰：'此其所以为圣人也，公自思量看'"（《朱子语类》卷三四《论语十六·述而》）。（6）与处置式共现，如"读书底更不仔细把圣人言语略思量看是如何"（《朱子语类》卷一一七《朱

---

① 曰："先是自家心安了，有些事来，方始思量**区处得当**。"（《朱子语类》卷一四《大学一·纲领》）（思索事件处理结果）

若于其中又要思量**那个是利，那个是害**，则避害就利之心便起，如何不是私？（《朱子语类》卷二九《论语十一·公冶长下》）（思索利弊得失）

合叹伤，争堪你却不思量：**一世似风灯虚没没，百年如春梦苦忙忙。**……当来必定免轮回。（《敦煌变文校注·破魔变》）（思索人生之理）

子十四·训门人五》）。四是支配对象性质及句法位置的扩张。此期其支配对象除了名词性的、谓词性的及小句外，还可是代词性的及动量性成分，新生了 $S_{1.1.1}$ 及 $S_{1.7}$ 用法，前者例如"诸仁者更思量个甚么"（《五灯会元》卷一二"大沩德干禅师"）；后者例如"读书之法：读一遍了，又思量一遍"（《朱子语类》卷一〇《学四·读书法上》）。此外，支配对象除了作宾语外，还可作状语和主语，新兴了 S_2 及 S_4 用法，前者例如"汝于世事何所思量"（唐代义净译《根本说一切有部毗奈耶杂事》卷20，24/300c）；后者例如"父王劝谏太子不得，无计思量"（《敦煌变文校注·八相变（一）》）。酌举此期部分用例：

（1）僧问："兀兀地思量甚么？"（《五灯会元》卷五"药山惟俨禅师"）（ $S_{1.1.1}$ ）

（2）伊川易传云"拒之以不信，绝之以不为"，当初也匹似闲看过。后因在舟中偶思量此，将孟子上下文看，乃始通串。（《朱子语类》卷一〇五《朱子二·论自注书》）（ $S_{1.1.1}$ ）

（3）心忧到被君王问，暗地思量奏对言。（《敦煌变文校注·八相变（一）》）（ $S_{1.2}$ ）

（4）今人却一边去看文字，一边去思量外事，只是枉费了工夫。（《朱子语类》卷一一《学五·读书法下》）（ $S_{1.2}$ ）

（5）切缘居士辩才多，所以思量不敢去。（《敦煌变文校注·维摩诘经讲经文（四）》）（ $S_{1.3}$ ）

（6）形容大省曾相识，只竟思量没处安。（《敦煌变文校注·大目干连冥间救母变文》）（ $S_{1.3}$ ）

（7）又曰："事事要理会。便是人说一句话，也要思量他怎生如此说；做一篇没紧要文字，也须思量他怎生如此做。"（《朱子语类》卷一四《大学一·纲领》）（ $S_{1.4}/S_{1.4}$ ）

（8）读书之法：……思量一遍，又读一遍。（《朱子语类》卷一〇《学四·读书法上》）（ $S_{1.7}$ ）

（9）看道理，……看过了后，无时无候，又把起来思量一遍。（《朱子语类》卷一〇四《朱子一·自论为学工夫》）（ $S_{1.7}$ ）

（10）彼皆具报所有因缘犍陀罗曰："幸愿君等**为我**思量。"（唐代义净译《根本说一切有部毗奈耶杂事》卷 20，24/300b）（S_2）

（11）凡**于圣贤言语**思量透彻，乃有所得。（《朱子语类》卷二〇《论语二·学而上》）（S_2）

（12）或**此事**思量未透，须著思量教了。（《朱子语类》卷一二《学六·持守》）（S_4）

（13）若**这事**思量未了，又走做那边去，心便成两路。（《朱子语类》卷一七《大学四或问上》）（S_4）

（14）盖人主不比学者，可以**令他去**思量。（《朱子语类》卷一〇一《程子门人》）（S_6）

（15）前时一梦断人肠，**教我暗**思量：平日不曾为宦旅，忧患怎生当？（《张协状元》第一出）（S_6）

（16）这难陀在院闷闷不已，思量道："**阿谁能待得世尊！**"（《敦煌变文校注·难陀出家缘起》）（S_8）

（17）妇女自思量道："**这婆子知他是我姑姑也不是。我如今没投奔处，且只得随他去了，却理会。**"（《简帖和尚》）（S_8）

此期，"想"前进的步伐仍较迟缓，但如下变化值得注意：一是句法功能的扩大。除了作谓语外，此期还偶见其作定语成分的，如"一日见先生泛说义理不是面前物，皆吾心固有者，如道家说存想法"（《朱子语类》卷一百一三《朱子十·训门人一》）。二是义域的扩大。其所支配的对象可是利弊、道理及形势，如"周家每年一推排，十六岁受田，六十者归田。其后想亦不能无弊，……"（《朱子语类》卷八六《礼·周礼》）是为思索井田弊处例；"盖定夫以'克己复礼'与释氏一般，只存想此道理而已"（《朱子语类》卷四一《论语二十三·颜渊上》）此为思索道理例；"（大尹）便骂道：'你前日到本府告失状，开载许多金珠宝贝。我想你庶民之家，那得许多东西，却原来放线做贼'"（《喻世明言》卷三六）该为思索形势例。三是新用法的出现。此期除了前期已见的 $S_{1.2}$、$S_{1.3}$ 及 $S_{1.4}$ 用法外[1]，还

---

[1] 各举一例：（师）又言："以有心奉持而无心拘执，以有心为物而无心**想身**。"（《五灯会元》卷二"嵩岳元珪禅师"）（$S_{1.2}$）

出现了 $S_{1.6}$、S_2 及 S_8 用法，如：

（1）恁地，则不须克己，只坐定存想月十日，便自"天下归仁"，岂有此理！（《朱子语类》卷四一《论语二十三·颜渊上》）（$S_{1.6}$）

（2）莫为分别想，师僧自说长。（王梵志《道士头侧方》）（S_2）

（3）滕大尹看了王保状词，却是说马观察、王殿直做贼，偷了张富家财。心中想道："他两个常年捕贼，那有此事？"（《喻世明言》卷三六）（S_8）

表5.6　　　　唐至宋末元初部分文献中"思谋"概念场典型成员"思""思惟"用法调查①

用法	词项		思											思惟				
	文献		白	王	金	敦	唐	祖	五	朱	朝	话	总计	敦	祖	五	朱	总计
作谓语（S1）	S1.1	S1.1.1				1	1	1	5	17	1		26					
		S1.1.2	1			3	1			2			7		1			1
	S1.2		1			5		1	1	3	2	1	14	4	1			5
	S1.3		3	1		3	3		1	9			20	2				2
	S1.4		3	2		2				1	1		10	5				5
	S1.5																	
	S1.6												164					67
	S1.7																	
	S2																	
	S3																	
	S4																	
	S5		3		1		1	15	17	41			78	13	4	11	1	29
	S6									1	3		4					
	S8					1	1				3		5	22	2	1		25
作主语											1	10	11					
作宾语			3									1	4				4	4
作定语																		

（接上页）外想去三尸，〔内〕思除六贼。（王梵志《我今一身内》）（$S_{1.3}$）按，"想""思"对举同义。

半月，念戒众集，拾得拍手曰："聚头作想那事如何？"（《五灯会元》卷二"天台拾得"）（$S_{1.4}$）

① 由于《朱子语类》篇幅巨大，"思"用例多，故只抽取前20卷统计，下同。

表5.7　　　　　　　唐至宋末元初部分文献中"思谋"概念场
典型成员"想""思量"用法调查

用法	词项	想							思量							
		王	敦	祖	五	朱	话	总计	王	敦	入	祖	五	朱	话	总计
作谓语	S1.1.1												3	1		4
	S1.1.2															
	S1.2			2	1			3	1	5				11		17
	S1.3	1						1		6				2		8
	S1.4	1	1		1		1	4		4			1	6	1	12
	S1.5							14								178
	S1.6															
	S1.7													2		2
	S2	1						1						1		1
	S3															
	S4									1			1	2		4
	S5			2	1			4	7	32	1	3	31	34	4	112
	S6													2		2
	S8						1	1		9					7	16
作主语													2	1		3
作宾语													2			2
作定语													5	2		7

（注：想"总计"14、思量"总计"178 为作谓语部分的合计。）

表5.8　　　　13种唐至宋末元初文献中"思谋"概念场典型成员出现次数

词项	用例数	白	王	金	敦	入	唐	祖	五	朱	朝	话	总计
思	单	14	3	2	14	0	7	17	27	65/20①	5	5	159/20
	连	3	8	1	66	2	6	29	46	67	6	4	238
想	单	0	3	0	3	0	0	3	2	1	0	2	14
	连	1	0	0	0	0	0	0	0	1	0	1	3
思惟		0	0	0	46	0	0	8	16	1②	0	0	71
思量		0	8	0	57	1	0	0	45	64	0	12	190

要之，唐至宋末元初时期，"思"与"思惟"的优势不再，义域和用

----

① "/"后的数据为引用前代例，具体为：引用《论语》8例，引用《孟子》4例，引用《礼记》3例；此外，还有5例是解释"学而不思则罔，思而不学则殆"。

② 是例写作"思维"。

法都有所萎缩，前者未见 S_3 及 S_4 用法，后者未见 S_4 及 S_6 用例；"思量"的义域和用法则更趋丰富，除了前期原有的用法外，此期还新增了宾语、定语、$S_{1.1.1}$、$S_{1.7}$、S_2、S_4 及 S_6 用法；"想"尽管较前期有所发展，新添了 $S_{1.6}$、S_2 及 S_8 用法，但见次率仍很低（如在所考的 13 种唐至宋末元初文献中，指称本概念的单用"想"仅 14 见），不具备竞争力。就此，我们可以推测，"思量"当为此期本概念场的主导词。这里有三个材料可以支撑我们的推论：一是《入唐求法巡礼行记》（（838—847 年））中"思谋"概念的表达只用"思量"，如"相公报宣云：'如要留住，是为佛道，不敢违意。要住即留。但此国之政极峻，官家知闻，便道违敕之罪，有扰恼软！但能思量耳'云云。"这个材料还使我们有理由相信，"思惟"让位于"思量"当不晚于 9 世纪中期。二是《朱子语类》在解释《论语·为政》中的"思而不学则殆"时，将"思"换成了"思量"，如"然只管思量而不学，则自家心必不安稳，便是殆也"（《朱子语类》卷二四）。朱子门徒用"思量"来解释"思"，足见"思量"是当时比较道地的口语词。三是"思量"在数量上要较其他三者占有优势（如在所考的 13 种唐至宋末元初文献中，指称本概念的单用"思""想"分别为 159 次，14 次，"思惟"71 次，"思量"190 次，具体数据参见表 5.8）。需指出的是，就整体而言，"思量"数量上要占优势，但因受地域、文体及作者个人言语风格等因素的影响，其亦会出现占下风的情形。前者如《祖堂集》中"思量"（3 次）的使用就少于"思"（17 次）与"思惟"（8 次）；后者如《三朝北盟会编》《朝野金载》及《唐摭言》中"思谋"义的表达用"思"，不用"思量"。

5.2.4 元明清时期

元明清时期，"思惟"已基本退出口语；"思"与"思量"进入隐退期；"想"则进入集约完善期。下面详细讨论后三者在此期的发展情况。

此期，"思"进一步衰微，主要表现在：一是句法功能的衰微，未见作主语例。二是用法的衰微。尽管此期其支配对象的类型与唐至宋末元初大致类似①，但用法不如其多样，未见 $S_{1.1.2}$ 及 S_6 用法，清代其用法进一步

---

① 既为忠臣，何思**孝**以哉！（狄君厚《晋文公火烧介子推》第三折）（思索为人处世的态度）

萎缩，未见 S$_{1.1.1}$ 用法[①]。

比之于唐至宋末元初时的扩张态势，尽管此期"思量"的义域和用法有些许增加，如其支配对象可是方法，如"归（此）计""计万条""圈套""路数""良法"等[②]，支配对象的性质可是时量性成分，如"半（一）夜""半日""半晌"等[③]，新生了 S$_{1.6}$ 用法。但在"想"的强势入侵下，其句法功能、支配对象的类型、性质及句法位置仍有所萎缩，具体表现为：一是主要充当谓语，未见作主语、宾语及定语例；二是支配对象主要为方法、形势及结果等[④]，未见对原因、利弊得失及过失思索例；三是支配对象

（接上页）而刻石于浙江亭之壁间，使凡行李之过此者，皆得而观之，以毋蹈夫触险躁进之害，亦庶乎思患而预防之意云。（《南村辍耕录·浙江潮候》）（思索祸害）

细思天地理，中有幸不幸。（《南村辍耕录·贞烈》）（思索道理）

趁这时奴不思个防身之计，信着他，往后过不出好日子来。（《金瓶梅词话》第一四回）（思索方法）

太太又细细的问了一番，暗自思道："展姑爷既来到松江，为何不到茉花村，反往陷空岛去呢？"（《三侠五义》第五五回）（思索原因）

眼见得城池不济事了，各人自思随风转舵。（《水浒全传》第九八回）（思索结果）

① 略举此期部分用例：

妹曰我亦有一谜云，我有一只船，一人摇一橹一人牵，去时牵纤去，来时摇橹还，秦思之良久，仍不能射。（《挂枝儿·墨斗》）（S$_{1.1.1}$）按，"之"指代谜底。

那夜宝玉无眠，到了明日，还思这事。（《红楼梦》第一〇四回）（S$_{1.2}$）

却踏过满庭芳草看花回，怨王孙不思折桂。（《小孙屠》第九出）（S$_{1.3}$）

我思蜈蚣，惟鸡可以降伏，可选绝大雄鸡千只，撒放山中，除此毒虫。（《西游记》第九五回）（S$_{1.4}$）

（那妇人）心中自思："莫不这厮思想我了？那厮一定强我不过。"（《金瓶梅词话》第二回）（S$_8$）

② 谁知每日贪欢会，醺醺地不思量归计。（《小孙屠》第九出）

从今后划地忧天下呵日夜思量计万条。（郑光祖《辅成王周公摄政》第二折）

（这般）圈套（劝你）少思量，费尽（你的）神思也。（《挂枝儿·蜻蜓》）

董将仕思量出一个缘由。将出一套衣服，写了一封书简，对高俅说道……（《水浒全传》第二回）

卢先锋看了，心中纳闷，思量不是良法，便和朱武计议道……（《水浒全传》第一一八回）

③（芳卿）思量半夜，到天明方睡了去。（《型世言》第一一回）

杨虎力思量半日，道……（《型世言》第一七回）

那虔婆思量了半晌，又在灯下，认人不仔细，猛然省起，叫道……（《水浒全传》第七二回）

④ 八戒又思量道："请将不如激将，等我激他一激。"（《西游记》第三一回）（思索方法）

却说那妖精……他心中思量道："我等唐僧在此，望他离不上三里，却怎么这半晌还不到？想是抄下路去了。"（《西游记》第四〇回）（思索形势）

你娶为妻，不思量有今日。（《小孙屠》第一五出）（思索结果）

古汉语心理活动概念场词汇系统演变研究

的性质主要有代词性的、名词性的、谓词性的、小句及时量性成分，未见动量性成分（$S_{1.7}$）用例；对象主要充当宾语，未见状语及主语（S_2 及 S_4）用例①，清代其用法进一步衰微，未见 $S_{1.1.1}$、$S_{1.2}$、$S_{1.6}$ 及 S_6 用例。

较之于前期的零星散见，此期的"想"则是集约完善，主要表现在：一是句法功能的集约与完善。此期其除了前期散见的谓语、宾语及定语用法外，还出现了主语用法，如"他想的也有个道理"（《红楼梦》第三一回）此为"的"字短语作主语；"哭是小事，且先想个主意要紧"（《三侠五义》第三六回）是为动宾短语作主语。二是义域的集约与完善。此期其支配对象除了前期散见的形势、利弊得失、道理、方法及结果外②，还可是为人处世的准则、品行、祸患、过失及原因等。如"咱们世上人，做男子行事，须要想自己祖上的声名，不可坏了"（《老乞大新释》）此为思索处事准则例；"但我想南边先生性情最是和平"（《红楼梦》第八一回）是为思索品行例；"宿太尉越班奏曰：'想此草寇既成大患，……'"（《水浒全传》第

---

① 略举此期用例：

（徐铭）见爱姐独坐，像个思量什么的。（《型世言》第二一回）（$S_{1.1.1}$）

心问口，口问心，思量此计，敲着梆，摇着铃，竟直闯到狮驼洞口。（《西游记》第七四回）（$S_{1.2}$）

王冕心不耐烦，就画了一条大牛贴在那里，又题几句诗在上，含着讥刺，也怕从此有口舌，正思量搬移一个地方。（《儒林外史》第一回）（$S_{1.3}$）

你便待把他卖，不思量我年迈。（武汉臣《散家财天赐老生儿》第一折）（$S_{1.4}$）

（蔡福）思量半晌，回到牢中，把上项的事，却对兄弟说了一遍。（《水浒全传》第六二回）（$S_{1.6}$）

空交我日夜思量计万条。（金仁杰《萧何追韩信》第一折）（S_6）

（妇人）思量："我那里晦气，今日大睁眼又撞入火坑里来了！"（《金瓶梅词话》第一九回）（S_8）

② 萧云仙想道："像这旱地，百姓一遇荒年就不能收粮食了，须是兴起些水利来。"（《儒林外史》第四○回）（思索形势）

大圣……心中暗想道："这牛王在此贪杯，那里等得他散？就是散了，也不肯借扇与我。不如偷了他的金睛兽，变做牛魔王，去哄那罗刹女，骗他扇子，送我师父过山为妙。"（《西游记》第六○回）（思索利弊）

富三忙拦道："……大家想想，若是被人谋害，或者失足落水，焉有两只鞋好好放在一边之理呢？"（《三侠五义》第八七回）（思索道理）

柴进低头一想道："再有个计策，送兄长过去。"（《水浒全传》第一一回）（思索方法）

郭孝子在门外哭了一场，又哭一场，又不敢敲门。见天色将晚，自己想道："罢！罢！父亲料想不肯认我了！"（《儒林外史》第三八回）（思索结果）

216

一一〇回）此为思索祸患例；"自从郭槐遭诛之后，他也不想想所做之事，该剐不该剐"（《三侠五义》第四〇回）是为思索过失例；"我沿路上想着两个，怎生不来见我"（杨梓《霍光鬼谏》第二折）此为思索原因例。三是用法的集约与完善。此期除了前期散见的 $S_{1.2}$、$S_{1.3}$、$S_{1.4}$、$S_{1.6}$、S_4 及 S_8 用法外，新生了 $S_{1.1.1}$ 及 S_6 用法。如：

（1）罗刹见他看着宝贝沉思，忍不住上前，将粉面搵在行者脸上，叫道："亲亲，你收了宝贝喫酒罢，只管出神想**甚么**哩？"（《西游记》第六〇回）（$S_{1.1.1}$）

（2）奴本是热心人，（常把）冤家（来）照顾，谁教你会风流抛闪了奴，（害得我）形消影瘦真难过，心灰始信他心冷，泪积方知奴泪多，（我为你）埋没了多少风光也，（你去）暗地里**想一想我**。（《挂枝儿·蜡烛》）（$S_{1.1.1}$）

（3）老六道："……商量若想**个方法**，瞒的下这个丫头来，情愿出几百银子买他。这事可有个主意？"（《儒林外史》第一九回）（$S_{1.2}$）

（4）只听吴道成说："贤弟请起，不要太急。我早已想**下一计**了。"（《三侠五义》第六三回）（$S_{1.2}$）

（5）那三只小船，一齐撞将来。卢俊义听了，心内转惊，自想**又不识水性**，连声便叫渔人。（《水浒全传》第六一回）（$S_{1.3}$）

（6）也不想一想**是奴几**，也配使两三个丫头！（《红楼梦》第三五回）（$S_{1.3}$）

（7）你待千军万马恶相持，全不想**生灵百万遭残暴**。（关汉卿《关大王单刀会》第一折）（$S_{1.4}$）

（8）郭氏暗想**丈夫事体吉少凶多**，须早早禀知叔父马朝贤，商议个主意，便细细写了书信一封，……（《三侠五义》第七六回）（$S_{1.4}$）

（9）萧嘉穗想了**一回**道："机会在此。只此一着，可以保全城中几许生灵。"（《水浒全传》第一〇八回）（$S_{1.6}$）

（10）紫芝想了**半日**，因走至卞滨五车楼上，把各种书籍翻了一阵，那里有个影儿，只得扫兴而回。（《镜花缘》第七一回）（$S_{1.6}$）

（11）贾母道："我说这个孩子细致，**凡事想的妥当**。"（《红楼梦》第

三八回）（S_4）

（12）宝玉道："你要不去，就在这里住着。你原是许了我的，所以你才到我们这里来。**我待你是怎么样的，你也想想。**"（《红楼梦》第八二回）（S_4）

（13）贾赦怒起来，因说道："……叫他细想，**凭他嫁到谁家去，也难出我的手心**。"（《红楼梦》第四六回）（S_6）

（14）李纨因笑向众人道："**让他自己想去，**咱们且说话儿。"（《红楼梦》第五〇回）（S_6）

（15）刺史听他说了这话，却暗想道："他那父亲，乃是热尸新鬼，显魂报应犹可；我伯父死去五六年了，却怎么今夜也来显魂，教我审放？看起来必是冤枉。"正忖度间，……（《西游记》第九七回）（S_8）按，前文言"想"，后文言"忖度"，义同。

（16）比干自想："神仙乃六根清净之体，为何气秽冲人！"（明许仲琳《封神演义》第二五回）（S_8）

表5.9　元明清时期部分文献中"思谋"概念场典型成员"思""思量"用法调查

用法	文献	思												思量											
		小	南	元	水	西	金	明	儒	红1	红2	新侠	总计	小	南	元	水	西	金	明	儒	红1	红2	新侠	总计
作谓语 S_1	$S_{1.1.1}$			3			1						4												
	$S_{1.1.2}$																								
	$S_{1.2}$			4		1	1		2		1	1	10	1		1	2	1							5
	$S_{1.3}$	1	1	1	4	2	2		1	2	1	1	16	1			7	9		1	10				28
	$S_{1.4}$			4		1	5	1		11	1		23				1	3			4	3			11
	$S_{1.5}$																								
	$S_{1.6}$												123				1	2							3
	$S_{1.7}$																								84
S_2																								
S_3																								
S_4																								
S_5				1	2	6		2	1	10		8	30	1	1	1	6	1	1		5		1	1	18
S_6																								
S_8					3	6	3		12		16	40				5	9	2		2			1	19
作主语																								
作宾语										3	3	6												
作定语										1		1												

218

表5.10　　元明清时期部分文献中"思谋"概念场典型成员"想"用法调查

用法	词项		想															
文献			南	元	原	水	训	朴	西	金	明	儒	红1	红2	新	通	侠	总计
作谓语 S_1	$S_{1.1}$	$S_{1.1.1}$							1		1	1	4					7
		$S_{1.1.2}$																
	$S_{1.2}$			1		3			2	2	6	41	38	1			23	117
	$S_{1.3}$			2		2	1		4	4	1	5	14	21			14	68
	$S_{1.4}$			12		18			24	9	3	20	97	76	3		60	322
	$S_{1.5}$																	
	$S_{1.6}$					1			2		1	12	10				2	28
	$S_{1.7}$																	
	S_2																	
	S_3																	
	S_4			1								5	1					7
	S_5			3	2	2	1	1	8	2	9	185	102	2	1		122	440
	S_6											1					1
	S_8					43	1	1	59	5		53	53	86			107	409
作主语												2	3				2	7
作宾语			1										1				2
作定语												3	1			3	7

（作谓语合计 1399）

表5.11　　16种元明清文献中"思谋"概念场典型成员出现次数

词项	用例数	小	南	元	原	水	训	朴	西	金	明	儒	红1	红2	新	通	侠	总计
思	单	1	12	2	0	10	0	0	19	7	4	2	37	5	1	0	30	130
	连	1	4	19	2	209	0	2	38	30	5	2	41	27	0	0	70	450
想	单	0	1	19	2	69	2	0	89	30	9	95	418	338	4	4	333	1415
	连	0	0	7	0	23	0	0	5	6	1	2	14	18	0	0	34	110
思惟		0	0	0	0	0	0	0	0	0	0	0	0	0	0	0	0	0
思量		3	1	4	0	25	0	0	20	3	10	15	1	1	0	0	1	84

约之，元明清时期，"思惟"已基本退出本概念场；"思"的用法进一步衰微，元明时期，未见其主语、$S_{1.1.2}$ 及 S_6 用法。清代，连 $S_{1.1.1}$ 亦未见用例；"思量"由显而隐，尽管此期其新生了 $S_{1.6}$ 用法，但未见 $S_{1.7}$、S_2 及

S_4 用法。清代 $S_{1.1.1}$、$S_{1.2}$、$S_{1.6}$ 及 S_6 亦未见用例;"想"则由微而显,除前期散见的用法外,此期还新兴了主语、$S_{1.1.1}$ 及 S_6 用例。据此,我们可以推测,"想"当为此期"思谋"概念场的主导词。这里有两个材料可以佐证我们的推断:一是朝鲜时代汉语口语教科书《训世评话》中,"思谋"义的表达只用"想"(共 2 见),如"这娘子心里想道:'丈夫这等不采,怎么做呵好? 我唝他一遭,要知他的心'"(《训世评话》下)。这就有助于我们进一步推测"想"取代"思量"的主导词地位当不晚于明初(15 世纪末期)①。二是 16 种元明清文献中,指称本概念的单用"想"共 1415 见,几近"思"与"思量"两者已知用例数的七倍(具体数据参表 5.11)。需注意的是,《小孙屠》中本概念的表达用"思"(1 次)与"思量"(3 次),不用"想";《南村辍耕录》本概念的表达"思"(12 次)多于"想"(1 次),与其同期或后期作品多用"想"或只用"想"的情形不同,这或许是南方方言在新词吸收上更趋保守所致的结果。

5.2.5 小结

先秦至清代"思谋"概念场典型成员用法的演变情况可归纳为表 5.12、表 5.13。

表5.12 "思谋"概念场典型成员各个时段充当谓语时客体论元性质及句法位置调查

时段 用法 词项	先秦至东汉	魏晋至隋	唐至宋末元初	元明清	
				元明	清
思	$S_{1.1.1}$、$S_{1.1.2}$、$S_{1.2}$、$S_{1.3}$、$S_{1.4}$、$S_{1.5}$、$S_{1.6}$、S_3、S_4、S_5、S_6	$S_{1.1.1}$、$S_{1.1.2}$、$S_{1.2}$、$S_{1.3}$、$S_{1.4}$、S_3、S_4、S_5、S_6、S_8	$S_{1.1.1}$、$S_{1.1.2}$、$S_{1.2}$、$S_{1.3}$、$S_{1.4}$、S_5、S_6、S_8	$S_{1.1.1}$、$S_{1.2}$、$S_{1.3}$、$S_{1.4}$、S_5、S_8	$S_{1.2}$、$S_{1.3}$、$S_{1.4}$、S_5、S_8
思惟	$S_{1.1.1}$、$S_{1.2}$、$S_{1.4}$、S_5、S_6	$S_{1.1.1}$、$S_{1.1.2}$、$S_{1.2}$、$S_{1.3}$、$S_{1.4}$、S_4、S_5、S_6、S_8	$S_{1.1.1}$、$S_{1.1.2}$、$S_{1.2}$、$S_{1.3}$、$S_{1.4}$、S_5、S_8		

---

① 汪维辉指出,《训世评话》是继《老乞大》、《朴通事》之后又一重要的朝鲜时代汉语教科书,成书于 1473 年(朝鲜成宗四年,明成化九年)"[《朝鲜时代汉语教科书丛刊》(全四册),中华书局 2005 年版,第 401 页]。

续表

时段 用法 词项	先秦至东汉	魏晋至隋	唐至宋末元初	元明清	
				元明	清
思量		$S_{1.2}$、$S_{1.3}$、$S_{1.4}$、S_5、S_8	$S_{1.1.1}$、$S_{1.2}$、$S_{1.3}$、$S_{1.4}$、$S_{1.7}$、S_2、S_4、S_5、S_6、S_8	$S_{1.1.1}$、$S_{1.2}$、$S_{1.3}$、$S_{1.4}$、$S_{1.6}$、S_5、S_6、S_8	$S_{1.3}$、$S_{1.4}$、S_5、S_8
想	$S_{1.2}$、$S_{1.3}$、S_5	$S_{1.2}$、$S_{1.3}$、$S_{1.4}$、S_4、S_5	$S_{1.2}$、$S_{1.3}$、$S_{1.4}$、$S_{1.6}$、S_2、S_5、S_8	$S_{1.1.1}$、$S_{1.2}$、$S_{1.3}$、$S_{1.4}$、$S_{1.6}$、S_4、S_5、S_6、S_8	

表5.13　　　　　　　　"思谋"概念场典型成员各个时段句法功能考察

时段 句法 词项	先秦至东汉	魏晋至隋	唐至宋末元初	元明清
思	主语、谓语、宾语	主语、谓语、宾语	主语、谓语、宾语	谓语、宾语、定语
思惟	谓语	谓语、宾语、定语	谓语	
思量		谓语	主语、谓语、宾语、定语	谓语
想	谓语	谓语、宾语	谓语、定语	主语、谓语、宾语、定语

　　就以上的统计分析，我们不难总结出：（1）"思谋"概念场主导词更替的层次：先秦至东汉，"思"以句法功能的齐备及用法的丰富成为本概念场的主导词；魏晋至隋，"思"与"思惟"并存竞争，最后后者以数量优势取代了前者的主导词资格；唐至宋末元初，"思量"以义域及用法优势取代了"思惟"的主导词位次；元明清时期，"想"完成由分散到集约的转变，最后于 15 世纪后期取代"思量"，成为本概念场的主导词。至此，现代汉语"思谋"概念场的主导词已经定格。（2）"思谋"概念场典型成员用法的区别：①客体论元的性质有异。"思谋"概念词所支配对象的性质有代词性的、名词性的、谓词性、小句、"之"字性短语、时量性成分及动量性成分，其中只有"思"可带"之"字性短语，其他三者均不具此种功能（未见 $S_{1.5}$ 用法）；只有"思量"可带动量性成分，其他三者均不备此种功能（未见 $S_{1.7}$ 用例）；"思惟"不仅不可带动量性成分，亦不可带时量性成分（未见 $S_{1.6}$ 用法）；此外，尽管"思量"与"想"可接代词性宾语，但只能指代人和物（有 $S_{1.1.1}$ 用例），不能指代事（未见 $S_{1.1.2}$ 用例）。②客体论元的句法位置有异。"思谋"概念词的客体

221

论元既可作宾语，亦可作主语，还可用介词引介作状语或补语。其中"思惟"的对象或作宾语或作主语，不能用介词引介作状语和补语（未见 S_2 及 S_3 用法）；其他三者的对象尽管可用介词引进，但介引方式不同："思"的对象用介词引进后只能作补语，不能作状语（未见 S_2 用例）；"思量"与"想"的对象用介词引进后则只能作状语，不能作补语（未见 S_3 用例）。在这点上，"思"与"思量"及"想"形成互补分布。（3）"思谋"概念词客体论元优选上有异。尽管"思""想""思惟""思量"所带宾语的性质均可是代词性的、名词性的、谓词性的及小句，但各自在优选上有别："思"与"思惟"倾向于选择名词性宾语；"想"倾向于选择小句宾语；"思量"倾向于选择谓词性宾语。如表5.14 所示，我们分别对指称本概念的 605 个"思"、556 个"想"、141 个"思惟"、96 个"思量"直接带宾语的句例分析，其中"思"与"思惟"用于 $S_{1.2}$ 的最多，各 221 例及 77 例，分占各自已知用例的 36.53% 与 54.61%；"想"用于 $S_{1.4}$ 的最多，共 327 例，占已知用例的 58.81%；"思量"用于 $S_{1.3}$ 的最多，共 38 例，占已知用例的 39.58%。

表5.14　　　　　　　"思谋"概念场典型成员客体论元优选调查

词项 ＼ 客体论元	$S_{1.1.1}$	$S_{1.1.2}$	$S_{1.2}$	$S_{1.3}$	$S_{1.4}$	$S_{1.5}$	$S_{1.6}$	$S_{1.7}$	总计
思	86	27	221	187	74	9	1	0	605
想	7	0	122	72	327	0	28	0	556
思惟	2	21	77	16	25	0	0	0	141
思量	4	0	24	38	25	0	3	2	96

5.3 "思谋"概念场词汇系统非典型成员

汉语史上，"思谋"义的表达除了"思""思惟""思量""想"典型成员外，还有"计""量"等非典型成员，下概要介绍。[①]

---

① 囿于文献资料的不足，对于只著录于字书、韵书而未见文献用例者，录之以待考：《集韵·铎韵》："怕，忖也。"或作"㦐"，《集韵·铎韵》："怕，忖也。一曰企也。或作㦐。""惢"《说

5.3.1　上古汉语"思谋"概念场词汇系统非典型成员

［计］

"计"之本义为总计、计算义。《说文·言部》："计，会也。筭也。"段玉裁注："会，合也。筭，当作算，数也。旧书多假筭为算。"《左传·昭公三十二年》："己丑，士弥牟营成周，计丈数，揣高卑。"是"计"为"计算"义。《论衡·论死》："计今人之数，不若死者多，如人死辄为鬼，则道路之上，一步一鬼也。"此"计"为"总计"例。由于总计、计算作为一种认知活动，离不开主体对数据的分析、综合、推理及判断等，故通过部分转指整体，"计"可引申出"计虑；考虑"义。《国语·吴方言》："昔吾先王世有辅弼之臣，以能遂疑计恶，以不陷于大难。"韦昭注："计，虑也。"后代仍见用，如《南齐书·王僧虔传》："古语云'中国失礼，问之四夷'。计乐亦如。"《三国演义》第三三回："事定之后，乃计曲直，不亦善乎？"孙犁《澹定集·〈文艺增刊〉更名、缩短刊期启事》："无间寒暑，不计阴晴。"

［量］

"量"有"估计"义[1]。《左传·僖公二十年》："随之见伐，不量力也。量力而动，其过鲜矣。"由于对事件进行推测时亦伴随着主体的分析、推理及判断等思维过程，故通过动作转指方式，"量"可引申出"思虑；考虑"义。据目前所知，此义的文献用例当不晚于西汉出现[2]。如《史记·乐毅列传》："我（指先王）有积怨深怒于齐，不量轻弱，而欲以齐为事。"后代仍沿用，如宋代叶适《忠翊郎武学博士蔡君墓志铭》："上悟，为量修城，罢筑堰。"毛泽东《七律·和柳亚子先生》："牢骚太盛防肠断，风物长宜放眼量。"

［论］

"论"之本义为"议论；分析说明事理"。《说文·言部》："论，议也。"

（接上页）文·心部》："思也。从心，付声。"《广韵·虞韵》："𢖻，思也。"《玉篇·心部》："𢙼，虑也。"《广韵·支韵》："𢙼，思之也。"或作"𢜽"，《玉篇·心部》："𢜽，同𢙼。"《集韵·齐韵》："𢙢，慀也。"《玉篇·心部》："𢘓，虑也。"

①"量"之"估计"义详参本书第 4 章"量"条的相关论述。

②"量"之"思虑；考虑"义《大词典》首引宋例（10/416），《大字典》首引《后汉书·许邵传》（第 3684 页），偏晚。

段注："凡言语循其理得其宜谓之论。"《论语·宪问》："子曰：'为命：裨谌草创之，世叔讨论之。'"朱熹集注："论，讲议也。"由于对事理进行分析说明亦离不开思辨，故通过动作转指方式，"论"可引申出考虑义。《广韵·魂韵》："论，思也。"《诗·大雅·灵台》："于论鼓钟，于乐辟雍。"毛传："论，思也。"后代仍有用例，如清代李渔《闲情偶寄》卷四"茶具"条："盖贮茶之物与贮酒不同，酒无渣滓，一斟即出，其嘴之曲直可以不论。"鲁迅《彷徨·祝福》："日子很快的过去了，她的做工却毫没有懈，食物不论，力气是不惜的。"

［虑］

"虑"之本义为一定的目的而思考、打算。《说文·心部》："虑，谋思也。"《古今韵会举要·御韵》："虑，思有所图曰虑。"《诗·小雅·雨无正》："昊天疾威，弗虑弗图。"郑玄笺："虑、图皆谋也。"通过特殊转指一般，"虑"可泛指一般的思考行为。《尔雅·释诂下》："虑，思也。"《论语·卫灵公》："人无远虑，必有近忧。"何晏集解引王肃曰："君子当思患而预防之。"后代仍见用，如《汉书·魏相传》："二千石不豫虑其难，使至于此，赖明诏振捄，乃得蒙更生。"颜师古注："虑，思也。"《西游记》第八九回："殿下放心，我已虑之熟，处之当矣。"

［谋（谟）］

"谋"之本义为考虑，谋划。《说文·言部》："谋，虑难曰谋。"《书·洪范》："恭作肃，从作乂，明作晢，聪作谋，睿作圣。"蔡沈集传："谋者，度也。"《淮南子·泛论》："汤武救罪之不给，何谋之敢当？"俞樾《诸子平议》卷："谋即虑也。"后代仍有用例，如明代徐弘祖《徐霞客游记·游天台山日记》："余欲向桐柏宫，觅琼台双阙，路多迷津，遂谋向国清（寺）。"

或作"谟"，"谟""谋"上古分属明母模韵和明母尤韵，音近可通。《尔雅·释诂上》："谟，谋也。"邵晋涵正义："'谟明弼谐'，《史记》作'谋明辅和'。"《文选·陆机〈辨亡论〉》"是以忠臣竟尽其谟"，旧校："五臣本作谋。"

［念］

"念"本是"思念；怀念"的意思。《玉篇·心部》："念，思也。"

《书·金縢》："兹攸俟，能念予一人。"孙星衍《今古文注疏》引《方言》云："念，常思也。"由于人在追忆往事时，亦伴随着主体的思辨活动，故通过动作转指方式，"念"可引申出"思考；考虑"义。《逸周书·大戒解》："呜呼，予夙勤之，无或告予。非不念，念而不知。"朱右曾《集训校释》："念，虑也。"后代仍有用例，如《汉书·蒯通传》："信曰：'生且休矣，吾将念之。'"颜师古注："念，犹思也。"清代黄遵宪《人境庐诗草·潮州行》："世情谁念乱，百事恣凌侮。"郭沫若《北伐途次》四："德甫坐来的轿夫大约是念到了前途的危险，无论怎样都不愿意再走了。"

［惟（维、唯）］

"惟"本是"思考；想"的意思。《说文·心部》："惟，凡思也。从心，隹声。"《尔雅·释诂下》："惟，思也。"《诗·大雅·生民》："载谋载惟，取萧祭脂。"郑玄笺："惟，思也。"后代仍见用，如《汉书·邹阳传》："愿大王留意详惟之。"颜师古注："惟，思也。"宋代孙应时《（宝祐）重修琴川志》卷一二："窃惟天下之事，难于成而易于毁，兴于暂而隳于久，势使然也。"清代方苞《书乐书序后》："佚而不思其终，安而不惟其始。"

"维"本指系物的大绳。《说文·系部》："维，车盖维也。"桂馥义证："维谓系盖之绳也。"《楚辞·天问》："斡维焉系？"朱熹集注："维，系物之縻也。"朱骏声《通训定声·履部》："维，叚借为惟。"《方言》卷一："惟，思也。"钱绎笺疏："惟、维、唯三字并同。""维"借为"惟"属音同通假。二者上古均属余纽微部，音同可通。《史记·秦楚之际月表》："秦既称帝……堕坏名城，销锋镝，锄豪杰，维万世之安。"司马贞索隐："维训度，谓计度令万代安也。"后代仍沿用，如宋代李纲《梁溪集》卷一五〇："议者不深维其故，举一事出一令，则以劳扰为言而沮格之至。"清代和邦额《夜谭随录·崔秀才》："清夜维其故，反侧心踟蹰。"

古籍中又或以"唯"通"惟"。"唯"借为"惟"，亦属音同通假。"唯"上古亦属余纽微部，二者音同可通。《资治通鉴·汉灵帝中平六年》："老臣得罪，当与新妇俱归私门，唯受恩累世，今当远离宫殿，情怀恋恋，愿复一入直。"[1] 胡三省注引李贤曰："唯，思念也。"又《隋恭帝义宁元年》："自唯

---

[1]《后汉书·窦何传》："惟受恩累世。"

虚薄，为四海英雄共推盟主。"胡三省注："'唯'，当作'惟'。惟，思也。"

[心]

"心"本是"心脏"的意思。《说文·心部》："心，人心。土藏，在身之中。象形。博士说以为火藏。"辞书已释，恕不赘举。古人以心为思维的器官，故后沿用为脑的代称。《诗·周南·关雎序》："诗者，志之所之也。在心为志，发言为诗。"孔颖达疏："包管万虑，其名曰心。"由于脑是思维的工具，故通过工具转指动作，"心"可引申出"思虑；谋划"义。《尔雅·释言》："谋，心也。"王引之《经义述闻》卷二七："心者，思也。"《吕氏春秋·精谕》："纣虽多心，弗能知矣。"王引之《经义述闻》卷二七："言纣虽多思虑，不能知周之伐己也。"《敦煌变文校注·伍子胥变文》："子胥启吴王曰：'臣今将兵讨楚，必称所心。'"《红楼梦》第八回："薛姨妈道：'你这个多心的，有这样想，我就没这样心。'"该例前言"想"，后言"心"，义同。

[意]

"意"本指"心思；意图"，《说文·心部》："意，志也。""心思；意图"是心想的结果，若着眼于心想的过程，则"意"就是用思维器官进行思索或对事物进行揣测，故通过结果转指过程，"意"可引申出考虑义或料想义①。《玉篇·心部》："意，思也。"《诗·小雅·正月》："终逾绝险，曾是不意。"郑玄笺："女不曾以是为意乎？"《礼记·王制》："意论轻重之序，慎测浅深之量，以别之。"郑玄注："意，思念也。"孔颖达疏："意谓思念也。听讼者以尽意思念，论量罪之轻重次序，不有越滥也。"后代仍见用，如《洛阳伽蓝记》卷二"秦太上君寺"："临淄官徒有在京邑，闻怀砖慕势，咸共耻之。唯崔孝忠一人不以为意。"《西游记》第二〇回："三藏道：'贫僧……适至宝方天晚，意投檀府告借一宵，万祈方便方便。'"

[隐]

"隐"借为"意"有审度义②。《尔雅·释言》："隐，占也。"郭璞注："隐度。"邢昺疏："占者视兆以知吉凶也，必先隐度。故曰：'隐，占

---

① "意"之"料想"义参本书第4章"意"条的相关论述。
② "隐"之"审度"义参本书第4章"隐"条的相关论述。

也。'"《玉篇·阜部》:"隐,度也。"《管子·禁藏》:"是故君于上观绝理者,以自恐也。下观不及者,以自隐也。"尹知章注:"隐,度也。"由于对事情进行审度时,离不开人的思辨,故"隐"可同步引申出"思考"义。《礼记·少仪》:"军旅思险,隐情以虞。"郑玄注:"隐,意也,思也。……当思念己情之所能,以度彼之将然否。"

［訾］

"訾"有"衡量;计量"义。《正字通·言部》:"訾,量也,算也。"《国语·齐语二》:"桓公召而与之语,訾相其质,足以比成事,诚可立而授之。"韦昭注:"訾,量也。"由于对事物进行比较评定离不开主体的思辨,故通过动作转指方式,"訾"可引申出思虑义。《广韵·支韵》:"訾,思也。"《韩非子·亡征》:"心惛恣而不訾前后者,可亡也。"《礼记·少仪》:"毋訾衣服成器,毋身质言语。"郑玄注:"訾,思也。"后代仍见用,如宋代王安石《勇惠》:"惠者重与,勇者重死,临财而不訾,临难而不避者,圣人之所疾,而小人之行也。"

5.3.2　中古汉语"思谋"概念场词汇系统非典型成员

［忖］

"忖"有"推测"的意思。《说文新附·心部》:"忖,度也。"《战国策·秦策四》:"予忖度之。"鲍彪注:"忖,亦度也。"由于对未然事件推测时,也蕴含根据已有知识进行分析、综合、推理、判断等思维活动,故引申之,"忖"则有思量义。《慧琳音义》之《金光明最胜王经》卷一"恩忖"条注:"思惟计度于心谓之忖。"(54/500a)是对"推测"与"思量"两种思维活动关系密切的绝好阐释。《玉篇·心部》:"忖,思也。"《三国志·蜀志·诸葛亮传》:"昔萧何荐韩信,管仲举王子城父,皆忖己之长,未能兼有故也。"后代仍沿用,如《敦煌变文校注·祇园因由记》:"舍利弗自忖:'外道无劳神力,未可先为。'"《金瓶梅词话》第六回:"(何九)一面又忖道:'这两日,倒要些银子搅缠,且落得用了,到其间再做理会便了。'"

［思想］

如前文所考,"思"与"想"均可表思考义,故二者连言亦可表"思忖;考虑"义。据所掌握的文献资料来看,指称本概念的"思想"当不晚于东汉出现，《素问·上古天真论》："外不劳形于事，内无思想之患。"后代仍见用，如《朱子语类》卷一二〇《朱子十七》："曰：'若动时收敛心神在一事上，不胡乱思想，东去西去，便是主一。'"《北京人》第一幕："然而他给予人的却是那么一种沉滞懒怠之感，懒于动作，懒于思想，懒于用心，懒于说话，懒于举步，懒于起床，懒于见人，懒于做任何严重费力的事情。"

［寻思］

"寻"有"探究；研究"义。《说文·寸部》："寻，绎理也。"朱骏声《通训定声》："寻所以度物，故揣度以求物谓之寻。"《正字通·寸部》："寻，探求也。"汉代赵岐《孟子题辞》："余生西京，世寻丕祚，有自来矣。"故"寻""思"连言可表"思索；考虑"义。就目前所知，"寻思"一词当不晚于东汉出现。《中本起经》卷上："优波替方闻法义，寻思至理，而自惟曰……"（4/153c）后代仍有用例，如《红楼梦》第七五回："（探春）因又寻思道：'四丫头不犯啰唣你，却是谁呢？'"王朔《浮出海面》上篇："我寻思着，官不是人人都做得的，学问也不是拨拉个脑袋能干的，唯独这钱，对人人平等，慈航普度。"

［言］

"言"本指自陈己见。《论语·乡党》："食不语，寝不言。"邢昺疏："直言曰言，答述曰语。"通过动作转指工具，则"言"可引申出名词"话；语言"义。《孟子·离娄下》："言无实不祥。"焦循正义："言，谓言语。"由于语言是思维的工具，故通过工具转指动作，"言"则可引申出"想；思索"义 ①。东晋法显译《大般涅槃经》卷二："（彼诸商人）而作是言：'坐禅之力，乃能如此。'"（1/198a）《太平广记》卷六〇"麻姑"条（出《神仙传》）："又麻姑鸟爪，蔡经见之，心中念言，背大痒时，得此爪以爬背当佳。"

---

① 王云路、方一新《中古汉语语词例释》"言"条云："盖人在思索起念时大脑皮层即开始紧张工作，思索的内容虽不必说出，但无不如同在脑海深处默默自语一般，故'言'字可用作此义。"（吉林教育出版社 1992 年版，第 420—421 页）

5.3.3　近代汉语"思谋"概念场词汇系统非典型成员

［憻］

"憻"本是"谋虑"的意思。《尔雅·释言》:"憻,虑也。"郭璞注:
"憻,谓谋虑也。字书作悰。"《说文·心部》:"憻,虑也。"据目前所知,
其用例当不晚于唐代出现 ①。如唐权德舆《权载之文集》卷四〇:"斯何故
也? 尝有所憻,今四门大辟,百度惟贞,执事者固,欲上副聪明,悉搜才
实,幸酌古道,指陈所宜。"然古籍用例罕见。

［思谋］

"思""谋"均可表考虑义,故指称本概念的"思谋"系近义连言的结
果。据目前所知,用作"考虑;思索"义的"思谋"当不晚于 20 世纪初
出现,如"那黑提督为元封兵擒去,早已投诚,亦思谋作提臣。"(《新小
说》第二年第五号《警黄钟传奇》第十出)现代仍沿用,马烽等《吕梁英
雄传》第五回:"这事我思谋过好久了。"

由上可知,"思谋"概念场非典型成员主要来源有:一是由"估计"义
动词通过动作转指方式引申出"思索;考虑"义,如"忖""量""隐"。二是由
"言说"义动词通过动作转指方式引申出"思索;考虑"义,如"论""言"。三
是由"计量"义动词通过部分转指整体引申出"思索;考虑"义,如"计"。
四是由思维器官通过工具转指动作引申出"思索;考虑"义,如"心"。

5.4　"思谋"概念场词汇系统成员在现代汉语方言的共时分布

"方言间的用词分布既诉说着远古的历时渊源,也呈现着现代的共时
关联。" ② 本节拟透过现代汉语方言"思谋"概念场词汇系统成员的分布来
反观古汉语"思谋"概念场成员的使用。据《现代汉语方言词典》、《现代
汉语方言大词典》(42 个分卷)、《汉语方言词汇》(第二版)、《普通话基础
方言基本词汇对照表》及《汉语方言地图集·词汇卷》(153 站)地图等相

---

① "憻"字条《大词典》及《大字典》(第 2345 页)均未举书证,可补。
② 吕传峰:《汉语六组涉口基本词演变研究》,博士学位论文,南京大学,2006 年,第 15 页。

关资料，43个方言点中"思谋"概念表达的用词情况见如表5.15所示。

表5.15　　　"思谋"概念场词汇系统成员在43个现代汉语方言点的分布

方言区	方言点	思	思惟	思量	想	其他
东北	哈尔滨				+	思谋、寻思、琢磨
北京	北京				+	寻思
冀鲁	济南				+	考虑、思谋、寻思
胶辽	牟平				+	虑虑、寻思
中原	洛阳				+	
中原	万荣				+	思谋、寻思
晋方言	太原				+	思谋
晋方言	忻州				+	拟谋
西北	西安			+	+	
西北	西宁				+	思谋（给个）、思想、考虑
西北	银川				+	思谋、寻思
西北	乌鲁木齐				+	思想
西南	成都	思裁			+	默
西南	贵阳				+	
西南	柳州				+	
江淮	徐州				+	寻思、考虑
江淮	武汉				+	运神、[□]mau35
江淮	南京				+	动脑筋
江淮	扬州				+	
徽方言	绩溪					忖
北部吴方言	丹阳				+	
南部吴方言	崇明					动脑筋、[□]vie213
南部吴方言	苏州				+	
南部吴方言	上海				+	
南部吴方言	杭州				想想	
南部吴方言	宁波					忖
南部吴方言	金华				+	忖
南部吴方言	温州				+	思想
赣方言	南昌				+	
赣方言	黎川				+	
赣方言	萍乡				+	
湘方言	长沙				+	
湘方言	娄底				+	[□]dɤu35
闽方言	建瓯				+	
闽方言	福州			+		虑
闽方言	厦门				+	
闽方言	雷州				+	
闽方言	海口				+	
粤方言	广州					谂
粤方言	东莞					谂
客家	于都				+	
客家	梅县				+	恟
平话	南宁					谂

5.4.1　基本情况

5.4.1.1　"思谋"概念场典型成员在现代汉语方言中的使用分析

"思"与"思惟"

就所掌握的方言材料来看，指称本概念的"思"与"思惟"均未在现代汉语方言中留下曾经行用的痕迹。不过，倒是发现"思"可与其他表考虑义或裁断义的语素一起构成复合词表示思考的意思，前者例如"思谋"（哈尔滨、济南、万荣、太原、西宁、银川）、"思想"（乌鲁木齐等）及"寻思"（哈尔滨等），后者例如"思裁"（成都）。

"思量"的使用

"思量"在现代汉语方言中的行用范围较窄，主要见于西安及福州两个方言点。其主要为对道理的思索，如"你睡下思量_{尕儿}，看你做下咧事对不_{对不对}？"[1]

现代汉语方言中，"思量"除了表示"考虑"义外，还可表"商量"义，如"有_{伐志}逐个_{大家}坐落来_{下来}匀仔_{慢慢儿}思量。"[2] 这属于古语的遗留。此外，其还引申出了"同情；可怜"义，如"渠尔的狠劲做，也没哪个思量渠。""琢兜哀食哀思量，琢兜嫂食嫂绣花。"[3]

"想"的使用[4]

"想"在现代方言中的行用范围最广，除徽方言及平话外，其他八大方言区的绝大多数方言点均有用例。其支配的对象主要为方法，如："我想了一个法子。""我想唠一夜，都没有想下一外合适的法子。"[5] 与古汉语文献不同的是，方言中还出现了重叠式 VV"想想"表"思索"义者（杭州）。

5.4.1.2　"思谋"概念场非典型成员在现代汉语方言中的使用分析

"忖"的使用

绩溪、宁波及金华话中的"忖"表示"想；思考"的意思。据前面的考察可知，指称本概念的"忖"当不晚于魏晋出现。与之匹配的客体论元主要为形势、结果、利弊及方法等，如"长老心惊，暗自忖道：'这一脱了衣服，是要打我的情了，或者夹生儿吃我的情也有哩'"（《西游记》第

---

[1] 例句引自《西安方言词典》，第 4 页。

[2] 例句引自《厦门方言词典》，第 20 页。

[3] 例句分别引自《绩溪方言词典》，第 13 页；《汉语方言大词典》卷 3，第 4175 页。

[4] 现代汉语方言中"想"的其他用法见本书 3.4.1.1 中的相关论述。

[5] 例句分别引自《武汉方言词典》，第 338 页；《万荣方言词典》，第 354 页。

七二回）此为对形势的思索；"武松见了，暗暗自忖道：'喫了这顿饭食，必然来结果我。且由他，便死也做个饱鬼。落得吃了，恰再计较'"（《水浒全传》第二八回）是为对结果的思索；"时迁自忖道：'眼见得梁上那个皮匣子，便是盛甲在里面。我若趁半夜下手便好。倘若闹将起来，明日出不得城，却不误了大事？且挨到五更里下手不迟'"（《水浒全传》第五六回）此为对利弊的思索；"蒋爷……辞了雷英父子，往按院衙门而来，暗暗忖道：'我这回去，见了我大哥，必须如此如此，索性叫他老死心塌地的痛哭一场，省得悬想出病来，反为不美。就是这个主意'"（《三侠五义》第一百五回）是为对方法的思索。现代汉语方言承继了其对结果的思索，如"尔忖下看钞票放得哪块去了。"①结合文献用例及现代汉语方言的分布来看，"忖"主要行用于长江以南。

"思想"的使用

乌鲁木齐、西宁、温州的"思想"表示"考虑；思忖"的意思。据前文所知，指称本该念的"思想"当不晚于东汉出现。古汉语中其支配的对象主要为形势、道理、方法、原因及结果等。如"（美猴王）思想道：'我等在此，恐作要成真，或惊动人王，或有禽王兽王，认此犯头，说我们操兵造反，兴师来相杀，汝等都是竹竿木刀，如何对敌？须得锋利剑戟方可。如今奈何'"（《西游记》第三回）是为思索形势例；"叶清道：'小人正在思想计策，却无门路'"（《水浒全传》第九八回）此为思索方法例；"东坡在狱中，思想着甚来由，读书做官，今日为几句诗上，便丧了性命"（《喻世明言》卷三〇）是为思索原因例；"王庆平日会花费，思想：'我囊中又无十两半斤银两，这陕州如何去得'"（《水浒全传》第一〇二回）是为思索结果例。现代汉语方言中其支配的对象主要为结果，如"手搭个胸膛你细思量，谁把谁亏者哩？"②

"寻思"的使用

哈尔滨、北京、济南、牟平、万荣、银川、徐州话的"寻思"表示"思索；考虑"的意思。据前文考察可知，"寻思"一词当不晚于东汉出

---

① 例句引自《绩溪方言词典》，第189页。
② 例句引自《西宁方言词典》，第4页。

现，如"优波替具向拘律陀说所闻偈，一闻不解，再说乃了。寻思反覆，亦得法眼。"(《中本起经》卷上，4/153c）古汉语中与之匹配的客体论元主要为形势、利弊、道理、方法、原因及结果等，如"（武松）寻思道：'若等开门，须吃拿了，不如连夜越城走'"(《水浒全传》第三一回）此为思索形势例；"三大王方貌见折了一员大将，寻思不利，引兵退回苏州城内"(《水浒全传》第一一三回）是为思索利弊例；"晓夜寻思机彀"(《南村辍耕录·哨遍》）该为思索道理例；"寻思到百计千方"（无名氏《小张屠焚儿救母》第一折）此为思索方法例；"（胡正卿）暗暗地寻思道：'既是好意请我们吃酒，如何却只般相待，不许人动身'"(《水浒全传》第二六回）是为思索原因例；"弟兄二人寻思，无处安身，……特来投奔"(《水浒全传》第二二回）该为思索结果例。现代汉语方言继承了其对利弊、方法及结果的思索，思索利弊例如"我寻思来寻思去，还是不去好"①；思索方法例如"你寻思寻思下一步咱该咋办"②；思索结果例如"不寻思一下人家愿意要你吃"③。

"思谋"的使用

哈尔滨、济南、西宁、万荣、太原、银川话中的"思谋"表示"思索；考虑"的意思。据前文所考，"思谋"指称本概念是较晚近的事。现代汉语方言中，其可以是对利弊的思索，如"我思谋着，这事儿还是你出面合适"④；也可以是对可行性的思索，如"我思谋着不行"⑤；可以是对行为的思索，如"我思谋该给三娃子说媳妇啦"⑥；亦可是对办法的思索，如"我思谋嗻事该咋底办嘞"；"这件事到底咋办，你让我再思谋思谋"⑦。

现代汉语方言中，还出现了诸如"思谋（给个）"（西宁）之类的固定组合表示"思索；考虑"的意思。

---

① 例句引自《徐州方言词典》，第330页。
② 例句引自《徐州方言词典》，第330页。
③ 例句引自《万荣方言词典》，第198页。
④ 例句引自《哈尔滨方言词典》，第3页。
⑤ 例句引自《济南方言词典》，第3页。
⑥ 例句引自《万荣方言词典》，第6页。
⑦ 例句分别引自《太原方言词典》，第3页；《银川方言词典》，第3页。

"谂""恓"的使用

东莞、广州及南宁平话的"谂"指"思索；考虑"的意思。如"你有紧别急，我谂过先_{我先想想}。""谂嚟谂去都谂唔晀_{想不通}。"[1]"谂"有思念的意思。如前举"将母来谂"例。由于人在追忆往事时，离不开主体的思辨，故通过动作转指方式，"谂"可引申出"思索"义。梅县话的"恓"指"想一想"的意思，如"𠊎恓啊口［ｓ ｎ²¹］儿_{想一下}。"[2]"恓"有"思量"义。《玉篇·心部》："恓，想也。"《集韵·狝韵》："恓，想也。"尽管前者从词义引申的角度不难理解其可表"思索"义，后者本义就有"思量"义，但因囿于文献资料的不足，暂未查考到实际的文献用例，姑且存疑待考。

就上面的分析，十大方言区"思谋"概念的主要用词情况可归纳为表5.16。

表5.16　　　　　　　　　十大方言区"思谋"概念主要用词分布

| | 官话 | | | | | | | | 晋方言 | 吴方言 | | 徽方言 | 湘方言 | 赣方言 | 客家话 | 粤方言 | 闽方言 | 平话 |
	北京	东北	冀鲁	胶辽	中原	兰银	西南	江淮		北部	南部							
思量	－	－	－	－	－	＋	－	－	－	－	－	－	－	－	－	－	＋	－
想	＋	＋	＋	＋	＋	＋	＋	＋	＋	＋	＋	－	＋	＋	＋	＋	＋	－
思谋	－	＋	＋	－	＋	＋	－	＋	＋	－	－	－	－	－	－	－	－	－
寻思	＋	＋	＋	＋	＋	＋	＋	－	－	－	－	－	－	－	－	－	－	－

由5.15和表5.16可知，"想"的分布范围最广，官话、晋方言、吴方言、湘方言、赣方言、客家话、粤方言及闽方言区内的37个方言点均用；其次是东汉使进入本概念场的"寻思"，其主要见于官话区内的7个方言点；20世纪初期进入本概念场的"思谋"使用范围也较广，其主要见于官话及晋方言区内的6个方言点；"思量"的使用范围最窄，主要行用于官话及闽方言区内的2个方言点。

---

① 例句分别引自《南宁平话词典》，第187页；《东莞方言词典》，第143页。
② 例句引自《梅县方言词典》，第175页。

234

5.4.2　主要特点

现代汉语方言"思谋"概念场词汇系统在承袭明初格局的基础上出现了新发展，具有如下特点：

（1）方言点之间用词存有差异。一是不同方言点具体用词不尽相同，详见表 5.15；二是不同方言点用词个数也不尽相同。有 4 个的，如哈尔滨、济南等；有 3 个的，如牟平、万荣等；有 2 个的，如北京、西安等；有 1 个的，如忻州、南昌等。三是多个典型成员并用，但常见度不尽相同。如西安"思量"与"想"并举，但后者较前者常见。

（2）既有对古语的传承，也有自己的创获。"忖""虑""想""思量""思想""寻思"等古语词在方言中均见用；有的在方言中还引申出了新义，如前举的"思量"。还有些词古语已见，但在所掌握的文献资料中未检索到用例，但方言中见用，如上面所举的"谂"与"恓"。另外，有些方言中还出现了一批特征词，如"虑虑"（牟平）、"默"（成都）、"运神"及"［□］mau^{35}"（武汉）、"［□］vie^{213}"（崇明）、"［□］dɤu^{35}"（娄底）。

（3）共时分布部分反映历史演变的层次。"思谋"概念场的典型成员"思""思惟""思量""想"的主导词地位先后有过历时替换关系。但中古汉语以前本概念场的主导词"思"与"思惟"未在方言中留下曾经使用的痕迹。现代汉语方言只是反映了唐至清代本概念场的演变层次：第一，福州及西安处于演变的第一层，保留着"思量"。这一层保留了唐至宋末元初的词汇现象，为较为古老的一层，其演变速度较慢。就上文考察，指称本概念的"思量"魏晋已见，其于 9 世纪中期前后取代"思惟"的主导词资格，并一直持续到宋末元初。以上方言点"思谋"概念的表达用"思量"，基本上遗留了唐至宋末元初兴起的词汇现象。第二，哈尔滨、北京、济南、牟平、洛阳等 37 个方言点处于演变的第二层，保留着"想"。指称本概念的"想"战国已见，但见次率极低，直至元代，其使用才渐多，并于明初取得本概念场的主导词资格，这种局面一直持续到现代。以上方言点反映了明初后"思谋"概念场词汇系统新兴的变化，是演变速度最快的一层。需提及的是，以上的分层也是按方言中所存留的汉语史上最早出现的词汇现象而作的一个大致区分。实际情形并不如此简单，层次之间也并非如此泾渭分明，同时跨越两个层次的方言点亦存在，如福州与西安就"思量"与"想"并行。

以上只是对现有方言材料中"思谋"概念场词汇系统的大致梳理，未进行田野调查，材料的收集还很不全面，故对本概念场中古以前的主导词"思"与"思惟"在方言中的使用情况无从得知，有待日后进一步深入调查。

第6章 古汉语"意欲"概念场词汇系统及其历史演变

词义结构由"［主体：人或变相的人］＋［动作：希望］＋［结果：得到某物或做某事］＋［工具：心］"这几个要素组合成的词称为"意欲"概念词，汉语中表达该概念的词的聚合称为"意欲"概念场。古汉语"意欲"概念场的典型成员有"欲"与"要"。下面概述二者"意欲"义来源、句法表现与充当谓语时主客体论元的性质及其句法位置。

6.1 概述

6.1.1 概念场典型成员"意欲"义来源及语义差别

欲

"欲"之本义为"欲望"，即想得到某种东西或达到某种目的愿望或要求。《说文·欠部》："欲，贪欲也。从欠，谷声。"段玉裁注："从欠者，取慕液之意；从谷者，取虚受之意。"徐灏笺："从欠非'慕液'也。人心所欲，皆感于物而动，故从欠。欠者，气也。欠之义引申为欠少，欲之所由生也。"《集韵·遇韵》："欲，贪也。"《礼记·曲礼上》："敖不可长，欲不可从。"孔颖达疏："心所贪爱为欲。"由于愿望往往是人们想要得到的对象或达到的目的，故通过对象转指动作，"欲"可引申出"想要；希望"义。《诗·小雅·蓼莪》："欲报之德。昊天罔极！"陶渊明《闲情赋并序》："欲

237

自往以结誓，惧冒礼之为愆。"《红楼梦》第二回："幸有两个旧友，亦在此境居住，因闻得薛政欲聘一西宾，雨村便相托友力，谋了进去。"

要

"要"是"腰"的本字，指人体胁下胯上的部分，即腰部。《说文·臼部》："要，身中也，象人要自臼之形。从臼，交省声。"段玉裁删"交省声"三字并注云："上象人首，下象人足，中象人胃，而自臼持之，故从臼。"《墨子·兼爱中》："昔者楚灵王好士细要，故灵王之臣皆以一饭为节。"毕沅校："旧作腰，俗写。"由于腰部位于身体的中间，是身体最重要的连接部位，故通过隐喻，"要"可引申出"纲领；关键"义。《左传·闵公二年》："先友曰：'衣身之偏，握兵之要，在此行也，子其勉之。'"由于事物最关紧要的部分或起决定性作用的要素往往是人们认知中想措意的重点，故通过对象转指动作，"要"可以引申出"想要，希望"义。清朱骏声《说文通训定声·小部》："要，后人谓欲为要。"唐白居易《红线毯》："宣城太守知不知，一丈毯，千两丝，地不知寒人要暖，少夺人衣作地衣。"元狄君厚《晋文公火烧介子推》第一折："二太子要寻上天梯将云月摘，上青霄可无大才。"《三侠五义》第二回："自那日归宫之后，便与总管都堂郭槐暗暗铺谋定计，要害李妃，谁知一旁有个宫人名唤寇珠，乃刘妃承御的宫人。"

二者在义域上存有细微的差别："要"可以是对财物、土地、声誉、贤才、利益、道义等的获得，"欲"则除了这些外还可以是对爵位、俸禄、成功、尊重、尊贵、安定、长寿、忠诚、拥护等的获得；在做某事方面二者绝大多数一致，但也存在一些微别：如"欲"支配的可以是建议、制定、颠覆、背叛、兼并等，未见"要"与这些匹配，但其可以与阅读、准备、整理、隐瞒等匹配，这也是"欲"所无法匹及的。

6.1.2 "意欲"概念场典型成员句法功能

古汉语中，"意欲"概念场典型成员句法功能较多元，据考察，有以下五种功能。

A. 充当主语。既可以单独充当，也可以与对象一起构成动宾短语充当，亦可组成"所"字结构、"者"字结构或"的"字结构充当，还可以

"所"字结构糅合"者"字结构充当，如：

（1）行者在肚里叫道："那个敢抬！要便是你自家献我师父出去，出到外边，我饶你命！"（《西游记》第八二回）

（2）饮食者，天理也；要求美味，人欲也。（《朱子语类》卷一三《学七·力行》）

（3）是故所欲有甚于生者，所恶有甚于死者。（《孟子·告子上》）

（4）法令诛罚日益刻深，群臣人人自危，欲畔者众。（《史记·李斯列传》）

（5）余持看了道："生员的话，太父师可以明白了。这关文上，要的是贡生余持，生员离出贡，还少十多年哩。"（《儒林外史》第四五回）

（6）狄人之所欲者，吾土地也。（《孟子·梁惠王下》）

例（1）"要"直接充当"是你自家献我师父出去，出到外边，我饶你命"的主语；例（2）"要"与对象"求美味"一起构成动宾短语充当"人欲"的主语；例（3）"欲"与"所"构成"所"字结构充当"有甚于生者"的主语；例（4）"欲"与对象"畔"构成动宾短语，整个结构再与"者"组成"者"字结构充当"众"的主语；例（5）"要"与"的"一起构成"的"字短语充当"是贡生余持"的主语；例（6）"欲"先与"所"组成"所"字结构，整个"所"字结构再糅合"者"字结构充当句子的主语。

B.充当宾语。既可以充当介词的宾语，也可以充当动词的宾语。作介词宾语时，既可以和"所"构成"所"字结构充当，也可以"者"字结构糅合"所"字结构充当。作动词宾语时，既可以单独充当，又可以和对象一起构成动宾短语充当，还可以构成"所"字结构、"者"字结构或"的"字结构充当，甚或是"者"字结构糅合"所"字结构充当，如：

（1）公不如曰："以王之所欲，臣请以魏听王。"（《韩非子·说林下》）

（2）俱不信不求之，而皆以目前之所欲者为急，亦安能得之耶？（《抱朴子·金丹》）

（3）为民纪纲者何也？欲也恶也。（《吕氏春秋·用民》）

（4）如使予欲富，辞十万而受万，是为欲富乎？（《孟子·公孙丑下》）

（5）马超、成宜，同恶相济，滨据河、潼，求逞所欲，殄之渭南，

239

献馘万计，遂定边境，抚和戎狄，此又君之功也。(《三国志·魏志·武帝纪》)

（6）所不去者，医药卜筮种树之书。若有欲学者，以吏为师。(《史记·李斯列传》)

（7）这漆器家伙，一半是要布裹的，一半是要胶漆的，再有些工夫不到的不要。(《老乞大新释》)

（8）尤重复仇，未得所欲者，蓬首垢颜，跣足草食，杀已乃复。(《新唐书·西域上》)

例（1）与例（2）中的"欲"充当介词宾语：其中例（1）"欲"先与"所"构成"所"字结构，整个"所"字结构再与"王"构成主谓短语一起充当介词"以"的宾语；例（2）"欲"先与"者"组成"者"字结构再与"所"构成"所"字结构作介词"以"的宾语；例（3）—例（8）中的"欲"或"要"则充当动词的宾语：其中例（3）为"欲"单独充当；例（4）为"欲"与对象"富"一起构成动宾短语作"为"的宾语；例（5）为"欲"与"所"构成"所"字结构作"求"的宾语；例（6）为"欲"与对象"学"构成动宾短语，再与"者"构成"者"字结构作"有"的宾语；例（7）为"要"分别为"布裹的"和"胶漆的"构成"的"字结构作"是"的宾语；例（8）"欲"先与"所"组成"所"字结构，整个"所"字结构再与"者"组成"者"字结构充当"得"的宾语。

C. 充当定语。既可以单独充当，又可以和对象一起构成动宾短语充当，还可以构词"所"字结构或"者"字结构充当，甚或是"者"字结构糅合"所"字结构充当，如：

（1）柳下季答曰："君之赂以欲岑鼎也，以免国也。"(《吕氏春秋·审己》)

（2）夫欲大兴功之君，先料其民力而燠休之。(《三国志·魏志·蒋济传》)

（3）我虽先知有如是教，但不自由，诸天力强，迷我心意，所欲作事，不得从心。(《佛本行集经》卷19，3/741b)

（4）闾巷之人，欲砥行立名者，非附青云之士，恶能施于后世哉？(《史记·三王世家》)

（5）所欲者言行下。（《史记·孝武本纪》）

上举诸例为 "欲" 作定语例，其中例（1）直接修饰中心语 "岑鼎"；例（2）"欲" 与对象 "大兴功" 一起构成动宾短语修饰中心语 "君"；例（3）"欲" 先与对象 "作" 构成动宾短语，再与 "所" 组成 "所" 字结构修饰中心语 "事"；例（4）"欲" 与对象 "砥行立名" 构成动宾短语，再与 "者" 构成 "者" 字结构充当 "闾巷之人" 的后置定语；例（5）为 "所" 字结构与 "者" 字结构的糅合修饰中心语 "言"，"所欲者言" 即是指神仙所要说的话。

D. 充当补语。如：

（1）太子为及日之故，得无嫌于欲亟葬乎？（《吕氏春秋·开春》）

该例 "欲" 与客体论元 "亟葬" 构成动宾短语补充说明 "嫌" 的结果。

E. 充当谓语，例多不赘举。

6.1.3　"意欲" 概念场典型成员充当谓语时主客体论元的性质及其句法位置

从论元结构来看，"意欲" 概念词也属于二元谓词，在句中需带两个必有论元：主体论元希望者和客体论元希望对象。施之于句法，二者可以同现，也可只浮现其中一个，未出现的通常可以据前后文补出，如：

（1）董超、薛霸道："俺两个正要**睡一睡**，这里又无关锁，只怕你走了，我们放心不下，以此睡不稳。"（《水浒全传》第八回）

（2）宝玉听说，便命人收了。刚洗了脸出来，**要往贾母那里请安去**，只见林黛玉顶头来了。（《红楼梦》第二八回）

（3）牛玉圃大怒，说道："我那希罕这一两银子！我自去和万雪斋说！" 把银子掼在椅子上。王汉策道："你既不要，我也不强。"（《儒林外史》第二三回）

例（1）"要" 的主体论元 "俺两个（指董超和薛霸）" 与客体论元 "睡一睡" 同现；例（2）与例（3）分别只出现 "要" 的客体论元 "往贾母那里请安去" 或主体论元 "你（指王汉策）"，据前往可知前者的主体论元当是 "宝玉"，后者的客体论元应是 "这一两银子"。

在这两个必有论元中，主体论元的句法位置较单一，主要充当主语；

客体论元的句法位置则更多元，既可以充当宾语，亦可以充当主语，主要可进入 $S_{1.1.1}$、$S_{1.1.2}$、$S_{1.2}$、$S_{1.3}$、$S_{1.4}$、$S_{1.5}$、$S_{1.7}$、S_4、S_5 及 S_6[①] 句法格式。酌举数例：

（1）夫以果之细，员圆易转，去口不远，至诚欲之，不能得也，况天去人高远，其气莽苍无端末乎！（《论衡·变动》）（$S_{1.1.1}$）

（2）庄公元年，封弟段于京，号太叔。祭仲曰："京大于国，非所以封庶也。"庄公曰："武姜欲之，我弗敢夺也。"（《史记·郑世家》）（$S_{1.1.2}$）

（3）积兔满市，行者不顾，非不欲兔也，分已定矣。（《吕氏春秋·慎势》）（$S_{1.2}$）

（4）水月庵的师父打发人来，要向奶奶讨两瓶南小菜，还要支用几个月的月银，说是身上不受用。（《红楼梦》第八八回）（$S_{1.3}$）

（5）恰便似一池秋水通宵展，一片朝云尽日悬，你个守户的先生肯相恋，煞是可怜，则要你手掌儿里奇擎着耐心儿卷。（关汉卿《赠珠帘秀》）（$S_{1.4}$）

（6）对曰："宓子不欲人之取小鱼也。所舍者小鱼也。"（《吕氏春秋·具备》）（$S_{1.5}$）

（7）汉王数之，项王怒，欲一战。（《史记·项羽本纪》）（$S_{1.7}$）

（8）这低银子我也不要，你只给我一色好银子罢。（《老乞大新释》）（S_4）

（9）行者遥见明上座，便知来夺我衣钵，则云："和尚分付衣钵，某甲苦辞不受。再三请传持，不可不受。虽则将来，现在岭头。上座若要，便请将去。"（《祖堂集》卷二"弘忍"）（S_5）

（10）登高使人欲望，临深使人欲窥，处使然也。（《淮南子·说山》）（S_6）

例（1）与例（2）中的代词"之"均作"欲"的宾语，但不同的是，前者指代"瓜果"，后者指代"把京城封给叔段"这件事；例（3）中名词"兔"充当"欲"的宾语；例（4）中状中短语"向奶奶讨两瓶南小菜"与

---

① $S_{1.1.1}$、$S_{1.1.2}$、$S_{1.2}$、$S_{1.3}$、$S_{1.4}$、$S_{1.5}$、$S_{1.6}$、$S_{1.7}$、S_4、S_5 及 S_6 句法格式请参见本书第2章与第3章中的相关介绍。

动宾短语"支用几个月的月银"分别充当"要"的宾语;例(5)中小句"你手掌儿里奇擎着耐心儿卷"充当"要"的宾语;例(6)与例(7)中"之"字性短语"人之取小鱼"与动量短语"一战"分别充当"欲"的宾语;例(8)中客体论元"这低银子"充当"我也不要"的主语;例(9)的客体论元"衣钵"承前省;例(10)为使令句。

此外,"意欲"概念词还可以与数量宾语和指量宾语共现,前者例如"是猪悟能晓得他有果子,要一个尝新,弟子委偷了他三个,兄弟们分吃了"(《西游记》第二六回);后者例如"杜慎卿道:'……只为缘悭分浅,遇不着一个知己,所以对月伤怀,临风洒泪!'季苇萧道:'要这一个,还当梨园中求之'"(《儒林外史》第三〇回),简称$S_{1.8}$。

6.2 "意欲"概念场主导词历时替换考

表示"意欲"这一概念,汉语史上的主要用词是"欲"与"要",二者之间存在着竞争与替换的关系。就所掌握的文献资料来看,该概念的表达,五代以前主要用"欲",五代以后,南北朝始进入本概念场的"要"义域扩大,用例增多,与"欲"展开激烈的角逐,至晚至元代后期"要"在通语中已基本取代"欲",成为本概念场的主导词。下面分先秦至唐代与五代至清代两个时段来考察二者之间的历时递嬗过程。

(1)先秦至唐代时期

先秦至唐代时期"意欲"概念场呈现如下特点:南北朝以前,"欲"为"意欲"概念场的一枝独秀;南北朝以后,指称本概念的"要"开始进入本概念场,但仍不具备与"欲"竞争的实力。下面详细讨论二者在此期的用法特点。

此期,指称本概念的"欲"的句法功能最齐全,可作主语、宾语、定语、补语和谓语。作主语时,既可以与对象一起构成动宾短语充当,如"多端寡要,好谋无决,欲与共济天下大难,定霸王之业,难矣"(《三国志·魏志·郭嘉传》);也可组成"所"字结构或"者"字结构充当,前者例如"所欲论著不成"(《史记·历书》),后者例如"欲为官者为五十石之官……欲为官者为百石之官"(《韩非子·定法》);还可以是"者"字结构与"所"字结构的糅合充当,如"修其所有,则所欲者至"(《淮南子·诠言》)。作宾语时,既可以单独充当,如前举的"为民纪纲者何也?欲也恶也";也可以与对象一起构成动宾短语充当,如"不如请周君孰欲立"(《史记·周本纪》);亦可以组成"所"字结构或"者"字结构充当,前者例如"从其所欲而树私利其间'"(《韩非子·八奸》),后者例如"城中故人,有欲与吾同者不"(《三国志·魏志·阎温传》);还可以"者"字结构杂糅"所"字结构充当,如"此皆学其所不学,而欲至其所欲学者"(《淮南子·说山》)。作定语时,既可以单独充当,如前举之"君之略以欲岑鼎也",亦可以和对象一起构成动宾短语充当,如"古公不能释欲地之戎狄"(《抱朴子·塞难》),也可以组成"所"字结构或"者"字结构充当,前者例如"为所不欲得之事,献所不欲闻之语"(《论衡·逢遇》),后者例如"骠骑乃驰入与浑邪王相见,斩其欲亡者八千人"(《史记·卫将军骠骑列传》);还可以是"者"字结构杂糅"所"字结构充当,如前举例"所欲者言行下"。作补语时,主要是与对象一起构成动宾短语充当,如"志不忘于欲利人也"(《淮南子·修务》)。作谓语时,与其匹配的主体论元既可以是人,也可以是心,如"桓公之立,发兵攻鲁,心欲杀管仲"(《史记·齐太公世家》),还可以是变相的人,如"马""龙""熊""狗""鹰""禽兽""溪谷""河川""天""阳德""阴刑"等①,它们通常作主语;与其匹配的客体论

---

① 马欲进则钩饰禁之,欲退则错錣贯之,马因旁出。(《韩非子·外储说右下》)

介子推从者怜之,乃悬书宫门曰:"龙欲上天,五蛇为辅。"(《史记·晋世家》)

有一熊欲来援我,帝命我射之,中熊,熊死。(《史记·赵世家》)

其意言三狗皆欲啮人,而谧尤其也。(《三国志·魏志·曹真传》注引《魏略》)

鹰曰:"吾唯欲鸽,不用余肉,希王当相惠。而夺吾食乎?"(《六度集经》卷1,3/1c)

禽兽见人饮食,亦欲食之。(《论衡·感虚》)

今万物之来,擢拔吾性,攓取吾情,有若泉源,虽欲勿禀,其可得邪!(《淮南子·俶真》)

今大川江河饮巨海,巨海受之,而欲溪谷之让流潦;百官之廉,不可得也。(《盐铁论·疾贪》)

今邢方无道,诸侯无伯,天其或者欲使卫讨邢乎?(《左传·僖公十九年》)

二月之时,德欲出其士众于门,刑欲内其士众于门。(《太平经》丙部之十《案书明刑德法》)

元有获得某物，具体如对财物^①、土地^②、爵位^③、成功^④、功名^⑤、声誉^⑥、尊重^⑦、

---

① 信既归，汉使王乌，而单于复谄以甘言，欲多得汉财物，绐谓王乌曰："吾欲入汉见天子，面相约为兄弟。"(《史记·匈奴列传》)（获得财物）

虞君欲屈产之乘与垂棘之璧，不听宫之奇，故邦亡身死。《韩非子·喻老》（获得财物）

不能耕而欲黍粱，不能织而喜采裳，无事而求其功，难矣。(《淮南子·说林》)（获得财物）

居编户之列，而望卿相之子孙，是以……无钱而欲千金之宝，不亦虚望哉?《盐铁论·刺权》)（获得财物）

② 州县，栾豹之邑也。及栾氏亡，范宣子、赵文子、韩宣子皆欲之。(《左传·昭公三年》)（获得土地）按."之"指代州县。

且天下游士离其亲戚，弃坟墓，去故旧，从陛下游者，徒欲日夜望咫尺之地。(《史记·留侯世家》)（获得土地）

王欲得故地，今负强秦之亲，王以为利乎? 《史记·魏世家》)（获得土地）

魏王所以贵张子者，欲得韩地也。(《史记·张仪列传附公孙衍列传》)（获得土地）

③ 庄公为勇爵。殖绰、郭最欲与焉。(《左传·襄公二十一年》)（获得爵位）

国有无功得赏者，则民不外务当敌斩首，内不急力田疾作，皆欲行货财事富贵，为私善立名誉，以取尊官厚俸。(《韩非子·奸劫弑臣》)（获得爵位俸禄）

（鲧）以尧为失论，欲得三公。(《吕氏春秋·行论》)（获得爵位）

富贵人情所贪，高官大位人之所欲乐，去之而隐，生不遭遇，志气不得也。(《论衡·定贤》)（获得爵位）

④ 夫州吁弑其君而虐用其民，于是乎不务令德，而欲以乱成，必不免矣。(《左传·隐公四年》)（获得成功）

今众人之所以欲成功而反为败者，生于不知道理而不肯问知而听能。(《韩非子·解老》)（获得成功）

（菩萨）而起护心，欲度五道八难众生，愚蔽曚暗，不见正道，念欲成济使得无为，以一其意。(《修行本起经》卷下，3/469b)（获得成功）

或朝为而夕欲其成。(《抱朴子·极言》)（获得成功）

⑤ 何欲何恶? 欲荣利，恶辱害。(《吕氏春秋·用民》)（获得功名）

吴起于是欲就名，遂杀其妻，以明不与齐也。(《史记·吴起列传》)（获得功名）

⑥ 宋向戌善于赵文子，又善于令尹子木，欲弭诸侯之兵以为名。(《左传·襄公二十七年》)（获得声誉）

俗主之佐，其欲名实也，与三王之佐同。(《吕氏春秋·务本》)（获得声誉）

史之言文刻深，欲务声名者，辄斥去之。(《史记·曹相国世家》)（获得声誉）

知其不可而强行之，欲以干名。(《盐铁论·颂贤》)（获得声誉）

⑦ 有土之君，说人不能利，恶人不能害，索人欲畏重己，不可得也。(《韩非子·八说》)（获得尊重）

遗理释义，以要不可必，而欲人之尊之也，不亦难乎? 《吕氏春秋·劝学》)（获得尊重）

苏代欲以激燕王以尊子之也。(《史记·燕昭公世家》)（获得尊重）

尊贵^①、安定（安逸）^②、长寿^③、贤才^④、忠诚^⑤、拥护^⑥、利益^⑦、道义^⑧、方法^⑨等的获得；还可以是做某事，具体如吃东西，具体有对食物的食、服、啄、咬、

---

① 凡人臣者，有罪固不欲诛，无功者皆欲**尊显**。（《韩非子·奸劫弑臣》）（获得尊贵）

人情欲生而恶死，欲**荣**而恶辱。（《吕氏春秋·论威》）（获得尊贵）

（公孙鞅）使人谓公子卬曰："凡所为游而欲**贵**者，以公子之故也。"（《吕氏春秋·无义》）（获得尊贵）

臣主若此，欲毋**显**得乎！（《史记·越王句践世家》）（获得尊贵）

② 欲**治**者必恶乱，乱者治之反也。（《韩非子·六反》）（获得安定）

人之情：……欲**安**而恶危，……欲**逸**而恶劳。（《吕氏春秋·适音》）（获得安定、安逸）

文侯曰："……子必欲从以**安燕**，寡人请以国从。"（《史记·苏秦列传》）（获得安定）

③ 人之情：欲**寿**而恶夭。（《吕氏春秋·适音》）（获得长寿）

今不睹鲍叔之力，而见汨罗之祸，虽欲**以寿终**，无其能得乎？（《盐铁论·颂贤》）（获得长寿）

④ 故人主之欲**得廉士**者，不可不务求。（《吕氏春秋·离俗》）（获得贤才）

人君无愚智贤不肖，莫不欲**求忠**以自为，**举贤**以自佐。（《史记·屈原列传》）（获得贤才）

夫人君莫不欲**求贤**以自辅，**任能**以治国，然牵于流说，惑于道谀，是以贤圣蔽掩。（《盐铁论·相刺》）（获得贤才）

及绍卒，二子交争，争欲**得琰**。（《三国志·魏志·崔琰传》）（获得贤才）

⑤ 越王虑伐吴，欲**人之轻死**也，出见怒蛙，乃为之式。（《韩非子·内储说上七术》）（获得忠诚）

求民为之劳也，欲**民为之死**也。（《淮南子·兵略》）（获得忠诚）

⑥ 宣子曰："我欲**得齐**而远其宠，宠将来乎？"（《左传·昭公三年》）（获得拥护）

文王非恶千里之地，以为民请炮烙之刑，必欲**得民心**也。（《吕氏春秋·顺民》）（获得拥护）

卫公子州吁弑其君完自立，欲**得诸侯**，使告于宋曰……（《史记·宋微子世家》）（获得拥护）

⑦ 贾而欲**赢**，而恶嚣乎？（《左传·昭公元年》）（获得利益）

田鲔教其子田章曰："欲**利而身**，先利而君。"（《韩非子·外储说右下》）（获得利益）

夫圣人之心，日夜不忘于欲**利人**，其泽之所及者，效亦大矣。（《淮南子·修务》）（获得利益）

⑧ 生亦我所欲也，**义**亦我所欲也。（《孟子·告子上》）（获得道义）

孔子岂不欲**中道**哉？（《孟子·尽心下》）（获得道义）

孔子曰："吾于《河广》，知**德**之至也。"而欲**得之**，各反其本，复诸古而已。（《盐铁论·执务》）（获得道义）按，"之"指代"德"。

⑨ 欲**急疾捷先之道**，在于知缓徐迟后而急疾捷先之分也。（《吕氏春秋·论威》）（获得方法）

夫欲**安民富国之道**，在于反本，本立而道生。（《盐铁论·忧边》）（获得方法）

啖、吞与饮等①；居住某处，如住南村、客舍、佛寺等②；躺卧③；起身④；打开某物，如开口、开门等⑤；前往某地，如前往长安、邺地等⑥；离开某地，如

---

① 献公从猎来还，宰人上胙献公，献公欲缮之。(《史记·晋世家》)(食祭肉)

(触龙)曰："老臣间者殊不欲食，乃彊步，日三四里，少益嗜食，和于身也。"(《史记·赵世家》)(食饭)

有果蓏之物，在人之前，去口一尺，心欲食之，口气吸之，不能取也。(《论衡·变动》)(食果蓏之物)

欲还食谷，当以葵子猪膏下之，则所作美食皆下，不坏如故也。(《抱朴子·杂应》)(食谷子)

(县)令有酒色，因遥问："伧父食饼不？姓何等？可共语。"(《世说新语·雅量》)(食饼)

若欲服金丹大药，先不食百许日为快。(《抱朴子·杂应》)(服药)

彼非欲服食者，以此喻朕耳。(《齐民要术》卷十"素食"条)(服食)

以角盛米置群鸡中，鸡欲啄之，未至数寸，即惊却退。(《抱朴子·登涉》)(啄米)

其意言三狗皆欲啮人，而谶尤甚也。(《三国志·魏志·曹真传》注引《魏略》)(咬人)

彭城王有快牛，……王太尉与射，赌得之。彭城王曰："君欲自乘，则不论；若欲啖者，当以二十代之。"(《世说新语·汰侈》)(啖牛肉)

譬如有人，得美饮食，而和杂毒，谁乐欲噉？(《佛本行集经》卷20，3/747a)(噉饮食)

迟回未死间，饥渴欲相吞。(白居易《赎鸡》)(吞鸡)

鲸鲵得其便，张口欲吞舟。(白居易《题海图屏风》)(吞舟)

(无极)又谓子恶："令尹欲饮酒于子氏。"(《左传·昭公二十七年》)(饮酒)

犹如诸方各自来，至河同共欲饮水。(《佛本行集经》卷18，3/736a)(饮水)

② 昔欲居南村，非为卜其宅。陶渊明《移居二首》其一)(住南村)

庾长仁与诸弟入吴，欲住亭中宿。(《世说新语·容止》)(住客舍)

年少之时，心意未定，诸根未伏，而欲住彼阿兰若时，不堪苦行。(《佛本行集经》卷15，3/724c)(住佛寺)

③ 人之昼也，气倦精尽，夜则欲卧，卧而目光反，反而精神见人物之象矣。(《论衡·订鬼》)(想要躺卧)

忽然如欲卧，而闻人语之以所不决之事，吉凶立定也。(《抱朴子·杂应》)(想要躺卧)

如小人，欲卧百尺楼上，卧君于地，何但上下床之间邪？(《三国志·魏志·吕布传》)(想要躺卧)

照人心骨冷，竟夕不欲眠。(白居易《游悟真寺诗一百三十韵》)(想要躺卧)

④ 里吏尝有过笞陈余，陈余欲起，张耳蹑之，使受笞。(《史记·张耳陈余列传》)(想要起身)

俄而率左右十许人步来，诸贤欲起避之，(庾)公徐云："诸君少住，老子于此处兴复不浅。"(《世说新语·容止》)(想要起身)

谢万在兄前，欲起索便器。(《世说新语·简傲》)(想要起身)

⑤ 不以繁华时树本，即色衰爱弛后，虽欲开一语，尚可得乎？(《史记·吕不韦列传》)(开口)

嘉禾六年，魏庐江主簿吕习请大兵自迎，欲开门为应。(《三国志·吴志·朱桓》)(开门)

⑥ 夏坐讫，法显远离诸师久，欲趣长安。(《法显传》卷四)(前往长安)

度谓茂及诸将曰："闻曹公远征，邺无守备，今吾欲以步卒三万，骑万匹，直指邺，谁能御之？"(《三国志·魏志·凉茂传》)(前往邺地)

离开沛宫、家庭等①；逃离某地，如子常、令缪贤等为躲避不利的环境或事物而离开②；返回某地，如返回军队、河东、故土、家里、正室等③；进入某地，如入营、山、卧室、官署、国境、城、无忧园、母胎等④；退出某地，如出门、园林、城、三界等⑤；登上某处，如上山、上车、升天等⑥；见

---

① 置酒沛宫……十余日，高祖欲去，沛父兄固请留高祖。（《史记·高祖本纪》）（离开沛宫）

圣子今者，决欲出家，不肯住也。（《佛本行集经》卷17，3/730b）（离开家）

② 三战，子常知不可，欲奔。（《左传·定公四年》）（想逃跑）

（令缪贤）对曰："臣尝有罪，窃计欲亡走燕，臣舍人相如止臣。"（《史记·廉颇蔺相如列传》）（想逃跑）

③ 晋使荀林父将中军……闻楚已服郑，郑伯肉袒与盟而去，荀林父欲还。（《史记·晋世家》）（返回军队）

而袁尚所置河东太守郭援到河东，众甚盛。诸将议欲释之去，繇曰："……纵吾欲归，其得至乎！"（《三国志·魏志·钟繇传》）（返回河东）

七国师雄靡不尸跄者，斯须而稣，欲旋本土。（《六度集经》卷8，3/47a）（返回故土）

今见圣子不欲还家，是以胡跪屈前两膝，开口出舌舐圣子足，以慈哀心。（《佛本行集经》卷18，3/736a）（回家）

欲归一室坐，天阴多无月。（白居易《送兄弟回雪夜》）（回室）

④ 于是上乃使持节诏将军："吾欲入劳军。"（《史记·绛侯周勃世家》）（入营）按，据文意可知是入营。

孝武皇帝时，燕王旦在明光宫，欲入所卧，户三尽闭，使侍者二十人开户，户不开，其后旦坐谋反自杀。（《论衡·别通》）（进入卧室）

欲入名山，不可不知遁甲之秘术。（《抱朴子·登涉》）（进入名山）

主薄白："群情欲府君先入廨。"（《世说新语·德行》）（进入官署）

太守初欲入境，皆怀砖叩首以美其意。（《洛阳伽蓝记》卷二"秦太上君寺"条）（进入国境）

然灯世尊多陀阿伽度阿罗诃三藐三佛陀，今欲入城受此地主降怨王请。（《佛本行集经》卷3，3/666c）（进城）

昔有一王，欲入无忧园中欢娱受乐，勒一臣言："汝捉一机，持至彼园我用坐息。"（《百喻经》卷4，4/555b）（进入无忧园）

菩萨欲入母胎之时，取鬼宿日，然后乃入于母胎中。（《佛本行集经》卷6，3/679c）（进入母胎）

⑤（王竟）遂直欲出门。（《世说新语·简傲》）（出门）

（王）即出勅告城内大臣及诸豪富长者居士商贾人言："我今夫人，欲出园林观看游戏，汝等当家可各庄严城内街衢，悉令清净。"（《佛本行集经》卷2，3/662a）（出园林）

我欲出城向于园苑，游戏悦目观看丛林。（《佛本行集经》卷15，3/722a）（出城）

乘善驷马调御车，欲出三界故观苑。（《佛本行集经》卷15，3/725a）（出三界）

⑥ 而欲国之治，犹释阶而欲登高，无衔橛而御捍马也。（《盐铁论·刑德》）（登山）

锋出登车，兵人欲上车防勒，锋以手击却数人，皆应时倒地，于是敢近者遂逼害之。（《南齐书·高帝十二王传》）（登车）

捐佛至诚之戒，信鬼魅之欺，酒乐婬乱，或致破门之祸，或死入太山其苦无数，思还为人，

某物，如见药膏、绢帛、书、松、神力等[①]；观看某物，主要有对仪式、工艺品、风景、相貌、成败、战斗等的观赏[②]；察看某物，具体有对动静、地形、形势、先后、要旨、策略、礼仪、数量、品行、罪过等的考察[③]；试探某物，如对虚实、技艺、方术、品行等的探索[④]；找寻某物，如对便器、银

（接上页）犹无羽之鸟欲飞升天，岂不难哉？（《六度集经》卷3，3/13b）（登天）

① 今之医家，每合好药好膏，皆不欲令鸡犬小儿妇人见之。（《抱朴子·金丹》）（见药膏）

俗闲染缯练，尚不欲使杂人见之，见之即坏。（《抱朴子·黄白》）（见绢帛）

钟会撰《四本论》始毕，甚欲使嵇公一见。（《世说新语·文学》）（见书）

欲得朝朝见，阶前故种君。（白居易《栽松二首》）（见松）按，"君"指代松。

文宣命设馔，施毕，请曰："闻师金刚处祈得力，今欲见师效少力，可乎？"（《朝野金载》卷二）（见神力）

② 子曰："禘自既灌而往者，吾不欲观之矣。"（《论语·八佾》）（观看仪式）

王曰："吾试观客为棘刺之母猴。"客曰："人主欲观之，必半岁不入宫，不饮酒食肉。"（《韩非子·外储说左上》）（观看工艺品）

欲观九州之土，足无千里之行，……则难。（《淮南子·说林》）（观看风景）

晋公子重耳过曹，曹君欲见其骈胁，使之袒而捕鱼。（《淮南子·人间》）（观看相貌）

武帝曰："是老吏也，见兵事起，欲坐观成败，见胜者欲合从之，有两心。（《史记·田叔列传》）（观看成败）

（刘仁轨）遇病卧平壤城下，褰幕看兵士攻城。有一卒直来前头背坐，叱之不去，仍恶骂曰："你欲看，我亦欲看，何预汝事"不肯去。（《朝野金载》卷一）（观看战斗）

③ 汤乃惕惧，忧天下之不宁，欲令伊尹往视旷夏，恐其不信，汤由亲自射伊尹。（《吕氏春秋·慎大》）（察看动静）

主父所以入秦者，欲自略地形，因观秦王之为人也。（《史记·郑世家》）（察看地形）

武王谓甘茂曰："寡人欲容车通三川，窥周室，死不恨矣。"（《史记·秦本纪》）（察看形势）

欲睹周世相先后之意，作《十二诸侯年表》第二。（《史记·太史公自序》）（察看先后）

欲循观其大旨，作《日者列传》第六十七。（《史记·太史公自序》）（察看要旨）

故使使者举贤良、文学高第，详延有道之士，将欲观殊议异策，虚心倾耳以听，庶几云得。（《盐铁论·利议》）（察看策略）

今万方绝国之君奉赞献者，怀天子之盛德，而欲观中国之礼仪。（《盐铁论·崇礼》）（察看礼仪）

王者欲视其英，不能从户牖之间见也，须临堂察之，乃知英数。（《论衡·是应》）（察看数量）

论者曰："欲观隐者之操"。（《论衡·知实》）（察看品行）

但欲观俗人之得失，以何为大过乎！（《太平经》丙部之十三《上善臣子弟子为君父师得仙方诀》）（察看罪过）

太祖欲观修意，默然不应。（《三国志·魏志·王修传》）（察看意愿）

④（单于）未至马邑百余里，行掠卤，徒见畜牧于野，不见一人。单于怪之，攻烽燧，得武州尉史。欲刺问尉史。（《史记·韩长孺列传》）（试探虚实）

白净王念："太子处宫，未曾习学，今欲试艺，当如何乎？"（《修行本起经》卷上，3/465c）（试探技艺）

249

釬、豆子、胜处、本源、佛道等的寻找^①；选择某物，具体有对名字、时间、贤臣、配偶、治世之道等的选取^②；买东西，如将鞋、鹄、鱼、花、贤才等购进^③；卖东西，如用宅子、酒、瓦器等去换钱^④；拿东西，比如用手或其他方式将树、佛钵、棋子、酒、水、火、真金、马等抓住^⑤；拉拽某物，

（接上页）妻曰，吾欲**试**相视一事。（《抱朴子·黄白》）（试探方术）

王夷甫雅尚玄远，常疾其妇贪浊，口未尝言"钱"字。妇欲**试**之，令婢以钱绕床，不得行。（《世说新语·规箴》）（试探品行）

① 谢万在兄前，欲起**索**便器。（《世说新语·简傲》）（找寻便器）

答言："我先失**釬**今欲**觅**取。"（《百喻经》卷1，4/545c）（找寻银釬）

昔有一猕猴，持一把豆，误落一豆在地，便舍手中豆欲**觅**其一，未得一豆先所舍者鸡鸭食尽。（《百喻经》卷4，4/556a）（找寻豆子）

尔时菩萨说此偈已，复作是言："……欲**觅胜处**过天上乐。"（《佛本行集经》卷20，3/746b）（找寻胜处）

郡国山川，官位姓族，衣服饮食，器皿制度，皆欲**根寻**，得其原本。（《颜氏家训·勉学》）（找寻本源）

若欲**觅佛道**，先观五荫好。（王梵志《若欲觅佛道》）（找寻佛道）

② 阿房宫未成；成，欲更**择**令名名之。（《史记·秦始皇本纪》）（选择名字）

梵志欲**择良日**遣还，菩萨内痛不从其。（《六度集经》卷5，3/26b）（选择时间）

臣闻先帝欲**举贤**立太子久矣，而毅谏曰"不可"。（《史记·蒙恬列传》）（选择贤臣）

时罽多弥有一乳母，语罽多弥作如是言："女欲**取谁以为夫主**？"（《佛本行集经》卷13，3/714bc）（选择配偶）

今吾欲**择**是而居之，择非而去之。（《淮南子·齐俗》）（选择治世之道）

③ 郑人有欲**买履**者，先自度其足而置之其坐，至之市而忘操。（《韩非子·外储说左上》）（买鞋）

鹄，毛物，多相类者，吾欲**买**而代之，是不信而欺吾王也。（《史记·滑稽列传》）（买鹄）

其一国喜欲**买鱼**者，今一城人恐徒亡财者是也。（《六度集经》卷5，3/31c）（买鱼）

我时报言："如来出世，难见难逢，今既遭遇，欲**买此华**上然灯如来多陀阿伽度阿罗呵三藐三佛陀，种诸善根，为未来世求于阿耨多罗三藐三菩提。"（《佛本行集经》卷3，3/667a）（买花）

缪公闻**百里奚贤**，欲重赎之，恐楚人不与，乃使人谓楚曰……（《史记·秦本纪》）（买贤才）

④ 有与悍者邻，欲**卖宅**而避之。（《韩非子·说林上》）（卖宅子）

子渊倩奴行酤**酒**……子渊大怒曰："奴宁欲**卖**耶？"（《僮约》）（卖酒）

时有一人，驴负**瓦器**至市欲**卖**，须臾之间驴尽破之，还来家中啼哭懊恼。（《百喻经》卷2，4/547c）（卖瓦器）

⑤ 有一**李栽**……助惜之，欲**持**归，乃掘取之，未得即去，以湿土封其根，以置空桑中，遂忘取之。（《抱朴子·道意》）（持拿树）

月氏王笃信佛法，欲**持钵**去，故兴供养。（《法显传》卷二）（持拿佛钵）

每共围**棋**，丞相欲**举**行，长豫按指不听。（《世说新语·排调》）（持拿棋子）

若欲**取**者，但言"偷酒"，勿云取**酒**。（《齐民要术》卷七"法酒"条）（持拿酒）

具体包括对人或物的引、援、拔、挽等①；游览某地，如到天下、宫外、世界、他国等出游②；拜访某人，具体有对新君、贤才、朋友等的看望③；传授某物，如把禁方、医方、兵法、知识等教给他人④；学习某物，具体有对师之功、医方、经营之道、成仙之道、长生之道、治世之道、唱歌技巧、驾驭车马、禅观方法等的研习⑤；听取某物，比如听声音、谈话、音乐、故

（接上页）后欲**取火**而火都灭，欲**取冷水**而水复热，火及冷水二事俱失。(《百喻经》卷 2，4/546c)（持拿水 / 火）

子白父言："水底有**真金**，我时投水欲挠泥**取**，疲极不得。"(《百喻经》卷 3，4/552a)（持拿真金）

（车匿）但以诸天神力加故，发心欲**取干陟**将来太子之前。(《佛本行集经》卷 17，3/731a)（持拿马）按，"干陟"是与太子同日生的马。

① 左右或欲**引**相如去，秦王因曰……(《史记·廉颇蔺相如列传》)（引人）

有一熊欲**援我**，帝命我射之，中熊，熊死。(《史记·扁鹊列传》)（援人）

是故**如来**为未来世诸恶众生，没在烦恼垢浊淤泥；佛成道已，欲**拔**出置于涅槃岸。(《佛本行集经》卷 7，3/683a)（拔人）

是时使人，将彼**弓**来，既至众中先持授于一切释种诸童子辈，所执之者，不能施张，况复欲**挽**？(《佛本行集经》卷 13，3/710c)（挽弓）

② 始皇欲**游天下**，道九原，直抵甘泉，乃使蒙恬通道。(《史记·蒙恬列传》)（游览天下）

太子念言："久在深宫，思欲**出游**，审得所愿。"(《修行本起经》卷下，3/466b)（游览宫外）

帝欲**游观东西南北**，意适存念，金轮处前，随意所之，七宝皆然，飞导圣王。(《六度集经》卷 8，3/48c)（游览世界）

我今亦欲**游行他国**，教化民人，慈愍一切诸众生故。(《佛本行集经》卷 3，3/664c)（游览他国）

③ 既葬，诸侯之大夫欲**见新君**。(《左传·昭公十年》)（拜访新君）

欲**见贤人**而不以其道，犹欲其入而闭之门也。(《孟子·万章下》)（拜访贤才）

（诸葛靓）与武帝有旧，帝欲**见**之而无由，乃请诸葛妃呼靓。(《世说新语·方正》)（拜访朋友）

群臣有言见一老父牵狗，言"吾欲**见巨公**"，已忽不见。(《史记·孝武本纪》)（拜访上司）按，"巨公"指天子。

朕比乃欲**造卿**，逼冗未果，且还新都，飨犒六戎，入彼春月，迟迟扬斾，善修尔略，以俟义临。(《南齐书·曹虎传》)（拜访下属）

④ （长桑君）乃呼扁鹊私坐，间与语曰："我有**禁方**，年老，欲**传**与公，公毋泄。"(《史记·扁鹊列传》)（传授禁方）

问臣意："师庆何见于意而爱意，欲悉**教意方**？"(《史记·仓公列传》)（传授医方）

天子尝欲**教**之孙吴**兵法**，对曰："顾方略何如耳，不至学古兵法。"(《史记·卫将军骠骑列传》)（传授兵法）

儒不能都晓古今，欲各别**说其经**；经事义类，乃以不知为贵也？(《论衡·谢短》)（传授知识）

⑤ 不能学者，从师苦而欲**学之功**也，从师浅而欲学之深也。(《吕氏春秋·诬徒》)（学习师之功）

吾年中时，尝欲**受其方**，杨中倩不肯，曰"若非其人也"。(《史记·扁鹊列传》)（学习医方）

吾治生产……是故其智不足与权变，勇不足以决断，仁不能以取予，强不能有所守，虽欲**学**

事、批评、教诲等[1]；询问某事，如对事情、天法、要义、密要、意见、地名、缘由等的问询[2]；读某物，如对方术之书、《汉书》、信等的阅览[3]；考虑某物，具体有对计谋、办法、利害得失、计划等的思考[4]；讨论某事，如

（接上页）**吾术**，终不告之矣。（《史记·货殖列传》）（学习经营之道）

今欲**学其道**，不得其养气处神，而放其一吐一吸，时诎时伸，其不能乘云升假，亦明矣。（《淮南子·齐俗》）（学习成仙之道）

今欲**学其道**，不得其清明玄圣，而守其法籍宪令，不能为治，亦明矣。（《淮南子·齐俗》）（学习治世之道）

欲**学歌讴**者，必先征羽乐风。（《淮南子·说山》）（学习唱歌技艺）

人莫欲学御龙，而皆欲**学御马**。（《淮南子·说林》）（学习驾驭车马）

凡夫之人亦复如是，欲**修学禅观种种方法**，应观不净。（《百喻经》卷4，4/555b）（学习禅观方法）

① （陆平原）临刑叹曰："欲**闻华亭鹤唳**，可复得乎！"（《世说新语·尤悔》）（听声音）

刘真长与殷渊源**谈**……简文欲**听**，闻此便还，曰："义自当有难易，其以一卦为限邪？"（《世说新语·文学》）（听谈话）

时邻里家有作**乐**者，此奴欲**听**不能自安，寻以索系门置于驴上，负至戏处听其作乐。（《百喻经》卷3，4/550a）（听音乐）

世尊叹曰："……比丘坐起当念二事：一当说经，二当禅息。欲**闻经**不？"（《六度集经》卷8，3/49c）（听故事）

对曰："臣闻明王务闻其过，**不欲闻其善**，臣请谒王之过。"（《史记·苏秦列传附苏代苏厉列传》）（听批评）

明师难遭，良时易过，不胜喁喁，愿欲**请闻**。（《太平经》甲部不分卷）（听教诲）

② 友进，坐良久，辞出，宣武曰：卿向欲**咨事**，何以便去。（《世说新语·任诞》）（询问事情）

欲有所**问天法**，不敢卒道，唯皇天师假其门户，使得容言乎？（《太平经》丁部之十四《断金兵法》）（询问天法）

真人今且何睹何疑，一时欲难**问微言意**哉？（《太平经》丙部之十四《三合相通诀》）（询问要义）

今欲复有质**问密要**，天之秘要，又不敢卒言。（《太平经》戊部之一《天谶支干相配法》）（询问密要）

相问，不自对见其人，亲问其**意**，意不可知。欲**问天**，天高，耳与人相远。（《论衡·卜筮》）（询问意见）

然不见人民及行迹，未知是何许。……即乘小船，入浦觅人，欲**问其处**。（《法显传》卷四）（询问地名）

但我今日，既见圣子来入此山，是故敢欲**咨问**圣子，以何**缘故**，发如是心而来至此？（《佛本行集经》卷17，3/733c-734a）（询问缘由）

③ 既览金丹之道，则使人不欲复**视小小方书**。（《抱朴子·金丹》）（读方术之书）

东莞臧逢世，年二十余，欲**读**班固《**汉书**》，苦假借不久，乃就姊夫刘缓乞丐客刺书翰纸末，手写一本。（《颜氏家训·勉学》）（读《汉书》）

亲朋寄书至，欲**读慵**开封。（白居易《咏慵》）（读信）

④ 臣斯暴身于韩之市，则虽欲**察贱臣愚患之计**，不可得已。（《韩非子·存韩》）（考虑计谋）

欲**令君自为计**，何多以对簿为？（《史记·酷吏列传》）（考虑办法）

对事情、工作、义理、人物等的谈论 ①；探究某物，具体有对诸如规律、道理、重要性、真相、本源等的探讨研究 ②；知晓某物，具体如对常重鸟、囚情、人意、风俗、民情、效果、罪过、端详、优劣、重量、收成、艰难、真相等的知悉 ③；判定某物，如对物类、得失等的断定 ④；劝谏某人，如对曹

（接上页）必欲**算计长短**，辩谮是非。（《三国志·魏志·臧洪传》）（考虑利害得失）

郁林退谓徐龙驹曰："我欲与公**共计取弯**，公既不同，我不能独办，且复小听。"（《南齐书·高帝十二王传》）（考虑计划）

① 吾今欲与子共**议一事**，今若子可刺取吾书，宁究洽达未哉？（《太平经》丙部之十七《校文邪正法》）（讨论事情）

公语主簿："欲与主簿**周旋**，无为知人几案闲事。"（《世说新语·雅量》）（讨论工作）

陈理甚佳，人欲共**言折**，陈以如意挂颊，望鸡笼山叹曰："孙伯符志业不遂！"于是竟坐不得谈。（《世说新语·豪爽》）（讨论义理）

时人欲**题目高坐**而未能，桓廷尉以问周侯，周侯曰："可谓卓朗。"（《世说新语·赏誉》）（讨论人物）

② 汉立博士之官，师弟子相呵难，欲**极道之深，形是非之理**也。（《论衡·明雩》）（探究规律/道理）

夫寿命，天之重宝也……欲**知其宝**，乃天地六合八远万物，都得无所冤结，悉大喜，乃得增寿也。（《太平经》乙部不分卷《解承负诀》）（探究重要性）

但欲**尽物理**耳，理尽事穷，则似之谤讪周孔矣。（《抱朴子·辨问》）（探究真相）

吾独欲**反其原**故，自勉而特出，是以世世勤苦。（《修行本起经》卷上，3/461b）（探究本源）

③ "木"旁"多"文字且不能知，其欲及若董仲舒之**知重常**，刘子政之知贰负，难哉！（《论衡·别通》）（知晓常重鸟）

李子长为政，欲**知囚情**，以梧桐为人，象囚之形。（《论衡·乱龙》）（知晓囚情）

如蚓虽欲**知人意**，鸣人耳傍。（《论衡·乱龙》）（知晓人意）

古有命使采爵，欲**观风俗知下情**也。（《论衡·自纪》）（知晓风俗/民情）

子欲**知其大效**，实比若田家，无有奇物珍宝，为贫家也。（《太平经》丙部之一《分别贫富法》）（知晓效果）

生人属昼，死人属夜，子欲**知其大深**放此。（《太平经》丙部之二《事死不得过生法》）（知晓罪过）

欲**知其审**，以五五二十五事试之。（《太平经》丙部之十六《移行试验类相应占诀》）（知晓端详）

是故古者圣人帝王欲自**知优劣**，以此占之，万不失一也。（《太平经》丁部之十五《三五优劣诀》）（知晓优劣）

时孙权曾致巨象，太祖欲**知其斤重**，访之群下，咸莫能出其理。（《三国志·魏志·武帝诸子》）（知晓重量）

《师旷占术》曰："欲**知五谷**，但视五木。"（《齐民要术》卷一"耕田"条）（知晓收成）

古人欲**知稼穑**之**艰难**，斯盖贵谷务本之道也。（《颜氏家训·涉务》）（知晓艰难）

故欲令人**觉此**而悟其滞迷耳。（《抱朴子·道意》）（知晓真相）按，据文意，"此"当指真相。

④ 而说者欲以骨体毛色**定凤皇、骐骥**，误矣。（《论衡·讲瑞》）（判定物类）

欲**知其得失**，今试书一"本"字投于前，使众贤共违而说之。（《太平经》丙部之十六《去浮

253

古汉语心理活动概念场词汇系统演变研究

参、刘濞、王夷甫、后来人等的规劝等^①；安定某物，具体有犹如使人心、危难、事业、百姓、局势、社会、国家等平安稳定或平静稳定^②；安抚某人，具体来讲有对百姓、朋友、妻子、心情、故土、国家、天下等的抚慰^③；建议某事，具体如提出建明堂、轮台屯田、行善等主张^④；举荐某人，

（接上页）华诀》）（判定得失）

① 卿大夫已下吏及宾客见**参不事事**，来者皆欲**有言**。（《史记·曹相国世家》）（劝谏曹参）

吴王闻袁盎来，亦知其欲**说己**，笑而应曰："我已为东帝，尚何谁拜？"（《史记·吴王濞列传》）（劝谏刘濞）

（郗太尉）后朝觐，以**王丞相**末年多可恨，每见，必欲苦相**规诫**。（《世说新语·规箴》）（劝谏王夷甫）

吾今悔无所及，欲以前车**诫尔后乘**也。（《南齐书·王僧虔传》）（劝谏后来人）

②（菩萨）而起悲心，愍伤一切，皆有饥渴寒暑得失罪咎艰难之患，欲**令安隐**，以一其意。（《修行本起经》卷下，3/469b）（安定人心）

欲遵伊、周之权，以**安社稷之难**，即骆驿申救，不得迫近辇舆，而济遽入陈间，以致大变。（《三国志·魏志·三少帝纪》）（安定危难）

世祖欲速**定大业**，嶷依违其事，默无所言。（《南齐书·豫章文献王传》）（安定事业）

其意务在于适人主之心而已，非欲治天下**安百姓**也。（《三国志·魏志·杜畿传》）（安定百姓）

今不固其外，欲**安其内**，犹家人不坚垣墙，狗吠夜惊，而闇昧妄行也。（《盐铁论·险固》）（安定局势）

自此观之，夫欲**定一世**，安黔首之命，功名着乎盘盂，铭篆乎壶鉴，其势不厌尊，其实不厌多。（《吕氏春秋·慎势》）（安定社会与百姓）

鲍叔、管仲、召忽，三人相善，欲相与**定齐国**，以公子纠为必立。（《吕氏春秋·不广》）（安定国家）

③ 淮南王安为人好读书鼓琴，不喜弋猎狗马驰骋，亦欲以行阴德**拊循百姓**，流誉天下。（《史记·刘长列传附刘安列传》）（安抚百姓）

太傅欲**慰其失官**，**安南**辄引以它端。（《世说新语·雅量》）（安抚朋友）

是时太子即报其妃耶输陀言……太子为欲**安恤慰喻耶输陀**故，以五欲乐，共相娱乐，更同睡眠。（《佛本行集经》卷16，3/728a）（抚慰妻子）

盖欲**慰其恨心**，止其猛涛也。（《论衡·书虚》）（安抚心情）

故立韩诸公子横阳君成为韩王，欲以**抚定韩故地**。（《史记·韩信列传》）（安抚故土）

先王必欲少留而**抚社稷**安黔首也，故使雨雪甚。（《吕氏春秋·开春》）（安抚国家）

夫天未欲**平治天下**也，如欲平治天下，当今之世，舍我其谁也？（《孟子·公孙丑下》）（安抚天下）

④ 赵绾、王臧等以文学为公卿，**欲议古立明堂**城南，以朝诸侯。（《史记·孝武本纪》）（建议建明堂）

故群臣论或欲**田轮台**，明主不许，以为先救近务及时本业也。（《盐铁论·地广》）（建议轮台屯田）

斯言或时贤圣欲**劝人为善**，著必然之语，以明德报。（《论衡·福虚》）（建议行善）

254

如对官吏、领袖等人选的推荐①；同意某物，具体有对请求、提议、意见
等的赞成②；效法某人或某物，前者例如对黄帝、仙人、嵇康、忠臣等的
模仿③，后者则有对文明、法度、治国之道、用人之道等的模仿④；继承弘
扬某物，主要是对事业、君位与美德等的传承与发扬⑤；称颂某物，具体
如对功绩、忠诚、仁爱、品德、智慧、才能、声誉等的称赞⑥；参与某物，

---

① 其欲**荐吏**，扬人之善蔽人之过如此。(《史记·酷吏列传》)(举荐官吏)

秦末大乱，东阳人欲**奉婴**为主，母曰："不可。"(《世说新语·贤媛》)(举荐领袖)

②(晋献公)乃使荀息以垂棘之璧与屈产之乘略虞公而**求假道**焉。虞公贪利其璧与马而欲**许**之。(《韩非子·十过》)(同意请求)

章邯使人见项羽，欲约。项羽召军吏谋曰："粮少，欲**听其约**。"(《史记·秦始皇本纪附陈二世嬴胡亥列传》)(同意提议)

(张仪)乃说楚王曰……于是楚王已得张仪而重出黔中地与秦，欲**许**之。(《史记·苏秦列传附苏代苏厉》)(同意意见)

③ 天子既闻公孙卿及方士之言，黄帝以上封禅，皆致怪物与神通，欲**放黄帝**以尝接神仙人蓬莱士，高世比德于九皇，而颇采儒术以文之。(《史记·孝武本纪》)(效法黄帝)

如其喽喽，无所先人，欲以弊药必**规升腾者**，何异策蹇驴而追迅风，棹蓝舟而济大川乎？(《抱朴子·金丹》)(效法仙人)

王公曰："卿欲**希嵇、阮邪**？"(《世说新语·言语》)(效法嵇康、阮籍)

未知事君者，欲其观古人之**守职无侵**，见危授命，不忘诚谏，以利社稷，恻然自念，思欲**效**之也。(《颜氏家训·勉学》)(效法忠臣)

④ 宋人有少者亦欲**效善**，见长者饮无余，非堪酒饮也而欲尽之。(《韩非子·外储说左上》)(效法文明)

故天时时使河洛书出，重敕之文书、人文也，欲乐**象天洞极神治之法度**，使善日兴，恶日绝灭。(《太平经》丙部之十四《三合相通诀》)(效法法度)

黯对曰："陛下内多欲而外施仁义，奈何欲**效唐虞之治**乎！"(《史记·汲黯列传》)(效法治国之道)

袁公徒欲**效周公之下士**，而未知用人之机。(《三国志·魏志·郭嘉传》)(效法用人之道)

⑤ 及苏秦死，代乃求见燕王，欲**袭故事**。(《史记·苏秦列传附苏代苏厉列传》)(继承事业)

欲**令嗣位**守文君，亡国之孙取以为戒。(白居易《二王后》)(继承君位)

天下未定，海内未辑，武王欲**昭文王之令德**，使夷狄各以其贿来贡。(《淮南子·要略》)(弘扬美德)

⑥ 是欲**称尧、舜，褒文、武**也。(《论衡·儒增》)(称颂功绩)

言此者，欲**称其忠**矣。(《论衡·儒增》)(称颂忠诚)

称凤皇、骐驎之仁知者，欲以**褒圣人**也。(《论衡·指瑞》)(称颂仁爱/智慧)

犹如世间无智之流，欲**赞人德**不识其实，反致毁呰。(《百喻经》卷1, 4/544a)(称颂品德)

使孔子徒欲**表善颜渊，称颜渊贤**，门人莫及，于名多矣，何须问于子贡？(《论衡·问孔》)(称颂才能)

生怜不得所，死欲**扬其声**。(白居易《答〈桐花〉》)(称颂声誉)

具体有政事、行列的加入等①；治理某物，具体有对天下、国家、家庭、百姓、坏人、法制、事物、田地、产业等管理②；建造某物，具体而言有对露台、通天台、明堂、宫殿、精舍、房屋、坟墓、营垒、池台、园篱、堤坝等的修建③；制造某物，具体有对白银、金丹、衣服、珥珰、云梯、马鞍、材料、器具、酒曲、酒、醋、钱币、匣子等的制作④；创作某物，具体来讲

---

① 楚曰："……我有敝甲，欲以**观中国之政**，请王室尊吾号。"（《史记·楚世家》）（参与政事）

诸蒙宠禄受重任者，不徒欲举明主于唐、虞之上而已；身亦欲**厕稷、契之列**。（《三国志·魏志·苏则传》）（参与行列）

② 夫以一诈伪之苏秦，而欲**经营天下**，混一诸侯，其不可成亦明矣。（《史记·张仪列传》）（治理天下）

与谗谄面谀之人居，**国欲治**，可得乎？（《孟子·告子下》）（治理国家）

既已施于国，吾欲**用之**家。（《史记·货殖列传》）（治理家庭）

夫古今异俗，新故异备，如欲以宽缓之政，**治急世之民**，犹无辔策而御駻马，此不知之患也。（《韩非子·五蠹》）（治理百姓）

今欲以敦朴之时，**治抗弊之民**，是犹迁延而拯溺，揖让而救火也。（《盐铁论·大论》）（治理坏人）

欲**治其法**而难变其故者，民乱不可几而治也。（《韩非子·心度》）（治理法制）

欲**为其地**，必适其赐。（《韩非子·扬权》）（治理田地）

欲**有营**而无代劳之役。（《抱朴子·论仙》）（治理产业）

③（孝文帝）尝欲**作露台**，召匠计之，直百金。（《史记·孝文本纪》）（建造露台）

是时天子方欲**作通天台**而未有人，温舒请覆中尉脱卒，得数万人作。（《史记·酷吏列传》）（建造通天台）

绾、臧请天子，欲**立明堂**以朝诸侯，不能就其事，乃言师申公。（《史记·儒林列传》）（建造明堂）

武王克殷，欲**筑宫**于五行之山，周公曰："不可。……"（《淮南子·泛论》）（建造宫殿）

王笃信佛法，欲为众僧**作新精舍**。（《法显传》卷三）（建造精舍）

若欲**立新宅及冢墓**，即写地皇文数十通，以布着地，明日视之，有黄色所著者，便于其上起工，家必富昌。（《抱朴子·遐览》）（建造房屋/坟墓）

诸将见遂众，恶之，欲**结营作堑**乃与战。（《三国志·魏志·夏侯惇传》）（建造营垒）

晋明帝欲**起池台**，元帝不许。（《世说新语·豪爽》）（建造池台）

凡**作园篱**法……欲高作者，亦任人意。（《齐民要术》卷四"园篱"条）（建造园篱）

崇祖召文武议曰："……当修外城以待敌，城既广阔，非水不固，今欲**堰**肥水却淹为三面之险，诸君意如何？"（《南齐书·垣崇祖传》）（建造堤坝）

④ 欲**作白银**者，取汞置铁器中，内紫粉三寸已上，火令相得，注水中，即成银也。（《抱朴子·黄白》）（制造白银）

及欲**金丹成**而升天，然其大药物，皆用钱直，不可卒办。（《抱朴子·地真》）（制造金丹）

（王之元后）寐寤以闻："欲以鹿之皮角**为衣为珥**，若不获之妾必死矣。"（《六度集经》卷6，3/33a）（制造衣服/珥珰）

刘真长与殷渊源谈，刘理如小屈，殷曰："恶，卿不欲**作将善云梯**仰攻。"（《世说新语·文学》）

有对诗歌、作品、佛经、诔文、乡邑记注、史书等的撰写[①]；安置某物，如对夫人、儿子、新人、外人、匾额、丸碳等安排[②]；建立某物，犹如对功绩、功德、德望、声望、威望、名誉、榜样、党羽、霸业等的树立[③]；制定某物，

——————————

（接上页）（制造云梯）

欲作**鞍桥**者，生枝长三尺许，以绳系旁枝，木橛钉着地中，令曲如桥。（《齐民要术》卷五"种桑、柘"条）（制造马鞍）

欲作**快弓材**者，宜于山石之间北阴中种之。（《齐民要术》卷五"种桑、柘"条）（制造材料）

其欲**作器**者，经年乃堪杀。（《齐民要术》"种竹"条）（制造器具）

又造**神曲**法：……若欲多作任人耳，但须三麦齐等，不以三石为限。（《齐民要术》卷七"造神曲并酒"条）（制造酒曲）

《博物志》**胡椒酒**法："……欲多作者，当以此为率。（《齐民要术》"笨曲并酒"条）（制造酒）

然欲**作酢**者，糟常湿下。（《齐民要术》卷八"作酢法"条）（制造醋）

宋代太祖辅政，有意欲**铸钱**，以禅让之际，未及施行。（《南齐书·刘悛传》）（制造钱币）

上欲**造甌**，召工匠，无人作得者。（《朝野佥载》补辑）（制造匣子）

① 而上方兴天地祠，欲**造**乐**诗歌**弦之。（《史记·佞幸列传》）（创作诗歌）

有鸿材欲**作**而无起，细知以闲而能记。（《论衡·书解》）（创作作品）

法显尔时欲**写此经**，其人云："此无经本，我止口诵耳。"（《法显传》卷四）（创作佛经）

桓玄尝登江陵城南楼云："我今欲为王孝**作诔**。"（《世说新语·文学》）（创作诔文）

时太原王劭欲**撰乡邑记注**，因此二名闻之，大喜。（《颜氏家训·勉学》）（创作乡邑记注）

澄当世称为硕学，读《易》三年不解文义，欲**撰《宋书》**竟不成。（《南齐书·陆澄传》）（创作史书）

② 王夫人病甚，人主至自往问之曰："子当为王，欲**安**所置之？"（《史记·滑稽列传》）（安置夫人）

时此愚人见**子**既死，便欲**停置**于其家中，自欲弃去。（《百喻经》卷 1，4/543a）（安置儿子）

殿中宿卫，历世旧人皆复斥出，**欲置新人**以树私计。（《三国志·魏志·曹真传附曹爽传》）（安置新人）

世祖已还京师，以襄阳兵马重镇，不欲**处他族**，出太子为持节……（《南齐书·文惠太子》）（安置外人）

魏明帝起殿，欲**安榜**，使仲将登梯题之。（《世说新语·巧艺》）（安置匾额）

譬如无价阎浮檀金，欲于其边**安置丸炭**。（《佛本行集经》卷 11，3/7021c）（安置丸碳）

③ 故欲**举大功**而难致而力者，大功不可几而举也。（《韩非子·心度》）（建立功绩）

王于佛所，生尊重心，复欲**建立诸功德**故，宣令国内十二由旬，所有香油华鬘之属，不听一人私窃盗卖。（《佛本行集经》卷 3，3/666c）（建立功德）

（弃疾）欲**行德**诸侯。（《史记·郑世家》）（树立德望）

欲见誉于为善，而**立名**于为质，则治不修故，而事不须时。（《淮南子·诠言》）（树立声望）

飏等欲令爽**立威名**于天下，劝使伐蜀，爽从其言，宣王止之不能禁。（《三国志·魏志·曹真传附曹爽传》）（树立威望）

孤始举孝廉，……欲为一郡守，好作政教，以**建立名誉**，使世士明知之。（《三国志·魏志·武帝纪》注引《魏武故事》）（建立名誉）

如对礼仪、礼乐、屯田等拟定^①；施行某物，具体有对措施、仁爱、仁政、德政、王道、地道、礼仪、道义、法令、教化、恩惠、技法、苦行、政治主张等的执行^②；恢复某物，比如使道统、政治、刑罚等变成原来的样子^③；谋求某物，具体有设法对职位、奇货、旅费、贤才、财利、利益、义理、至真法、甘露之法、道果、佛果、子嗣、善福、快乐、出路、理想、环境、

（接上页）虽欲率物，亦缘其性真素。（《世说新语·德行》）（树立榜样）

田乞欲为乱，树党于诸侯，乃说景公曰……（《史记·田敬仲完世家》）（建立党羽）

晋文公初立，欲修霸业，乃兴师伐逐戎翟，诛子带，迎内周襄王，居于雒邑。（《史记·匈奴列传》）（建立霸业）

① 孝文即位，有司议欲定仪礼，孝文好道家之学，以为繁礼饰貌，无益于治，躬化谓何耳，故罢去之。（《史记·礼书》）（制定礼仪）

今天下初定，死者未葬，伤者未起，又欲起礼乐。（《史记·叔孙通列传》）（制定礼乐）

太祖欲广置屯田，使渊典其事。（《三国志·魏志·国渊传》）（制定屯田）

② 季孙欲以田赋，使冉有访诸仲尼。（《左传·哀公十一年》）（施行措施）

子曰："仁远乎哉？我欲仁，斯仁至矣。"（《论语·述而》）（施行仁爱）

今王发政施仁……王欲行之，则盍反其本矣！（《孟子·梁惠王上》）（施行仁政）

桓公在荆州，全欲以德被江、汉，耻以威刑肃物。（《世说新语·政事》）（施行德政）

孔子欲行王道，东西南北七十说而无所偶，故因卫夫人、弥子瑕而欲通其道。（《淮南子·泰族》）（施行王道）

欲行地道，物其树。（《淮南子·缪称》）（施行地道）

我欲行礼，子放以我为简，不亦异乎？（《孟子·离娄下》）（施行礼仪）

师操不化不听之术，而以强教之，欲道之行、身之尊也，不亦远乎？（《吕氏春秋·劝学》）（施行道义）

君必欲行法，先于太子。（《史记·秦本纪》）（施行法令）

谴告人君误，不变其失而袭其非，欲行谴告之教，不从如何？（《论衡·谴告》）（施行教化）

臣之愚蔽，固非虞、伊，至于欲使陛下崇光被时雍之美，宣缉熙章明之德者，是臣慺慺之诚，窃所独守，实怀鹤立企仁之心。（《三国志·魏志·陈思王曹植传》）（施行恩惠）按，据前后文施行的对象当是恩惠。

我太子欲见于释种一切诸女，见已欲施一切杂宝种种玩弄无忧之器。（《佛本行集经》卷12，3/707c）（施行技法）

出家而入空闲山林，欲行苦行。（《佛本行集经》卷19，3/741c）（施行苦行）

权故欲举大功而难致而力者，大功不可几而举也时欲行道也即权时行道，子路难之，当云"行道"，不当言食。（《论衡·问孔》）（施行政治主张）

③ 吾子欲复文、武之略，而不正其德，将如之何？（《左传·定公四年》）（恢复道统）

殷之遗老对曰："欲复盘庚之政。"（《吕氏春秋·慎大》）（恢复政治）

及文帝临飨群臣，诏谓"大理欲复肉刑，此诚圣王之法。公卿当善共议。"（《三国志·魏志·钟繇传》）（恢复刑罚）

援救、解脱、自由、离开、返回、合葬等的寻求①；使用某物，具体有诸如使贤才、百姓、才干、主张、方法、伎俩、牛、马、丝绳、渠、船、行气等为某种目的服务②；增加某物，具体有版图、宅院面积、势力、税收、罪

---

① 宁戚欲**干齐桓公**，穷困无以自进，于是为商旅将任车以至齐，暮宿于郭门之外。（《吕氏春秋·举难》）（谋求职位）

吕不韦怒，念业已破家为子楚，欲以**钓奇**，乃遂献其姬。（《史记·吕不韦列传》）（谋求奇货）

为焉夷国人不修礼义，遇客甚薄，智严、慧简、慧嵬遂返向高昌，欲**求行资**。（《法显传》卷一）（谋求旅费）

梁王欲**求为嗣**，袁盎进说，其后语塞。（《史记·袁盎列传》）（谋求贤才）按，此处谋求能继续皇位之人。

非有司欲**成利**，文学桎梏于旧术，牵于间言者也。（《盐铁论·利议》）（谋求财利）

善人难得，必将教羌，胡妄有所请求，因欲以**自利**；不从便为失异俗意，从之则无益事。（《三国志·魏志·武帝纪》）（谋求利益）

四方高德沙门及学问人，欲**求义理**，皆诣此寺。（《法显传》卷三）（谋求义理）

太子欲**求至真法**，见彼沙门大喜欢。（《佛本行集经》卷15，3/725a）（谋求至真法）

我今欲**求甘露之法**，汝须努力，如是善行，勿令有人作我障碍。（《佛本行集经》卷17，3/730c）（谋求甘露之法）

譬如世尊四辈弟子，不能精勤修敬三宝，懒惰懈怠欲**求道果**，而作是言："我今不用余下三果，唯求得彼阿罗汉果。"（《百喻经》卷1，4/544b）（谋求道果）

欲**求佛果**终不可得，如彼燋种无复生理，世间愚人亦复如是。（《百喻经》卷2，4/546c）（谋求佛果）

往昔世时有妇女人，始有一子更欲**求子**，问余妇女："谁有能使我重有子？"（《百喻经》卷1，4/546a）（谋求子嗣）

世人亦尔，欲**求善福**，……如压甘蔗彼此都失。（《百喻经》卷1，4/545b）（谋求善福）

虽复行于多种苦行，望欲**求乐**而不离苦。（《佛本行集经》卷20，3/746c）（谋求快乐）

（梵志）曰："吾宿薄祐生在凡庶，欣慕尊荣，欲**乞斯国**。"（《六度集经》卷1，3/3a）（谋求出路）

谢灵运好戴曲柄笠，孔隐士谓曰："卿欲**希心高远**，何不能遗曲盖之貌？"（《世说新语·言语》）（谋求理想）

是时太子，安庠瞩眄，处处经行，欲**求寂静**。（《佛本行集经》卷12，3/706a）（谋求环境）

陈郡袁耽俊迈多能，宣武欲**求救于耽**。（《世说新语·任诞》）（谋求援救）

此是古仙之所居处，欲**求解脱**，易得安心，此处空闲，经行寂静。（《佛本行集经》卷20，3/745b）（谋求解脱）

车匿！我见出家有如是利，故割断彼，来入山林，莫复更为生死所拘，我今欲**求解脱生死**。（《佛本行集经》卷17，3/734a）（谋求自由）

我心既观如是相已，见于汝等所居之处，心不愿乐，一欲**求还**，一欲**求去**，此二甚远。（《佛本行集经》卷20，3/747c2）（求返回/离开）

原女早亡，时太祖爱子仓舒亦没，太祖欲**求合葬**，原辞曰……（《三国志·魏志·邴原传》）（谋求合葬）

② 无极对曰："臣岂不欲**吴**？……吴在蔡，蔡必速飞。"（《左传·昭公十五年》）（使用贤才）

259

行、规模、次数、时间、剂量等的部分加多①；减少某物，具体有时间、人数、漕运、篇幅、费用、剂量、多余的、过错、刑罚等的部分去掉②；节省

（接上页）夫区区之晋国，微微之重耳，欲**用其民**，先示以信……（《三国志·魏志·王郎传附王肃传》）（使用百姓）

彼必自负其材，故受辱而不羞，欲有所**用其未足**也。（《史记·季布栾布列传》）（使用才干）

孔子曰："**君君，臣臣，父父，子子**。"……孔子曰："**政在节财**。"……晏婴进曰："……君欲**用之以移齐俗**，非所以先细民也。"（《史记·孔子世家》）（使用主张）

诸生议不干天则入渊，乃欲**以闾里之治**，而况国家之大事，亦不几矣！（《盐铁论·忧边》）（使用方法）

虽欲假财**信奸佞**，亦不能也。（《盐铁论·贫富》）（使用伎俩）

子谓仲弓曰："**犁牛之子骍且角**。虽欲勿用，山川其舍诸？"（《论语·雍也》）（使用牛）

荣谓并州刺史元天穆曰："……今欲**以铁马**五千，赴哀山陵，兼问侍臣帝崩之由。君竟谓如何？"（《洛阳伽蓝记》卷一"永宁寺"条）（使用马）

公息忌之所以欲**用组**者，其家多为组也。（《吕氏春秋·去尤》）（使用丝绳）

令凿泾水自中山西邸瓠口为**渠**，并北山东注洛三百余里，欲以溉田。（《史记·河渠书》）（使用渠）

是时越欲与汉**用船**战逐，乃大修昆明池，列观环之。（《史记·平准书》）（使用船）

图了不知大药，正欲**以行气**入室求仙。（《抱朴子·金丹》）（使用行气）

① 句践欲广**其御儿之疆**，馘夫差于姑苏。（《三国志·魏志·王郎传》）（增加版图）

鲁哀公欲**西益宅**，史争之，以为西益宅不祥。（《淮南子·人间》）（增加宅院面积）

公孙归父以襄仲之立公也，有宠，欲去三桓以**张公室**。（《左传·宣公十八年》）（增加势力）

卫嗣君欲**重税**以聚粟，民弗安，以告薄疑曰……（《吕氏春秋·审应》）（增加税收）

秦孝公薨，惠王立，以此疑公孙鞅之行，欲**加罪**焉。（《吕氏春秋·无义》）（增加罪行）

始皇尝议欲**大苑囿**，东至函谷关，西至雍、陈仓。（《史记·滑稽列传》）（增加规模）按."大苑囿"即增加禽兽畜养规模。

盖闻古者飨其德必报其功，欲有**增诸神祠**。（《史记·封禅书》）（增加次数）

及振铎之梦，岂不欲**引曹之祀**者哉？（《史记·管蔡世家》）（增加时间）

《博物志》胡椒酒法："以好春酒五升；干姜一两，胡椒七十枚……若欲**增，姜、椒亦可**。"（《齐民要术》卷七"笨曲并酒"条）（增加剂量）

② 齐宣王欲**短丧**。（《孟子·尽心上》）（减少时间）

臣意王之计，欲**少出师**而悉韩、魏之兵也，则不义矣。（《史记·范睢列传》）（减少人数）

其后番系欲**省底柱之漕**，穿汾、河渠以为溉田，作者数万人。（《史记·平准书》）（减少漕运）

欲强**省其辞**，览总其要，弗曲行区入，则不足以穷道德之意。（《淮南子·要略》）（减少篇幅）

内省衣食以恤在外者，犹未足，今又欲罢诸用，**减奉边之费**，未可为慈父贤兄也。（《盐铁论·忧边》）（减少费用）

《博物志》胡椒酒法："以好春酒五升；干姜一两，胡椒七十枚……若嫌多，欲**减**亦可。"（《齐民要术》卷七"笨曲并酒"条）（减少剂量）

今欲**损有余**，补不足，富者愈富，贫者愈贫矣。（《盐铁论·轻重》）（减少多余的）

对曰："夫子欲**寡其过**而未能也。"（《论衡·问孔》）（减少过错）

某物，主要有成本、资金等的节约①；给予某物，比如把食物、财物、土地、州县、家、国家、恩惠、恩宠、信任、爵位、俸禄、赏赐、妻子等送人②；借某物，如暂时取用别人提供的路等③；归还某物，如把土地、将印、黄金等还给原主④；感谢某人⑤；医治某物，如对病人、毒疮、病等的治疗⑥；欺骗

（接上页）司徒王朗议，以为 "繇欲**轻减大辟**之条，以增益刖刑之数。"（《三国志·魏志·钟繇传》）（减少刑罚）

① 治霸陵皆以瓦器，不得以金银铜锡为饰，不治坟，欲**为省**，毋烦民。（《史记·孝文本纪》）（节省成本）

刘子政举薄葬之奏，务欲**省用**，不能极论。（《论衡·薄葬》）（节省开支）

② 欲**食之**，众自推肥者相送，流涕而别。（《朝野佥载》卷六）（给予食物）按，"食之" 即送给黑猩猩食物。

（樊哙）曰："我持**白璧**一双，欲**献**项王，**玉斗**一双，欲与亚父，会其怒，不敢献。公为我献之"（《史记·项羽本纪》）（给予财物）

智伯求**地**于魏宣子，宣子弗欲**与**之。（《淮南子·人间》）（给予土地）

奈何乃欲**以州与之**？（《三国志·魏志·袁绍传》）（给予州县）

时昱使适还，引见，因言曰："窃闻将军欲**遣家**，与袁绍连和，诚有之乎？"（《三国志·魏志·程昱传》）（给予家）

诸樊知季子札贤而不立太子，以次传三弟，欲卒**致国于季子札**。（《史记·刺客列传》）（给予国家）

朕惟王幼少有恭顺之素，加受先帝顾命，欲**崇恩礼**，延乎后嗣，况近在王之身乎？（《三国志·魏志·武帝诸子》）（给予恩惠）

谢公欲**深着恩信**，自队主将帅以下，无不身造，厚相逊谢。（《世说新语·简傲》）（给予恩宠信任）

案建元初，中诏序朝臣，欲**以右仆射拟张岱**。（《南齐书·张绪传》）（给予爵位）

太祖践阼，以善明勋诚，欲**与善明禄**，召谓之曰……（《南齐书·刘善明传》）（给予俸禄）

葬官人赂见鬼师雍文智，诈宣鄑王教曰："当作官人，其大艰苦，宜**与赏**，着绿者与绯。" 韦庶人悲恸，欲依鬼教与之。（《朝野佥载》卷三）（给予赏赐）

（太子）答曰："大善！以右手持水澡梵志手，左手提**妻**适欲**授之**。"（《六度集经》卷 2，3/10b）（给予妻子）

③ 时太祖领兖州，遣使诣杨，欲令**假涂**西至长安，杨不听。（《三国志·魏志·董昭传》）（借路）

④ 庄公曰："封于汶则可，不则请死。" 管仲曰："**以地**卫君，非以君卫地。君其许!" 乃遂封于汶南，与之盟。归而欲**勿予**。……"（《吕氏春秋·贵信》）（归还土地）

吕禄信然其计，欲**归将印**，以兵属太尉。（《史记·吕太后本纪》）（归还将印）

及朱公进**金**，（庄生）非有意受也，欲以成事后复**归之**以为信耳。（《史记·越王句践世家》）（归还黄金）

⑤ 布自以杀卓为术报仇，欲**以德之**。（《三国志·魏志·吕布传》）（谢己）

⑥ 匈奴使其**贵人**至汉，病，汉予药，欲**愈之**，不幸而死。（《史记·匈奴列传》）（医治尊贵之人）

不任斤斧，折之以武，而乃始设礼修文，有似穷医，欲以短针而**攻疽**，孔丘以礼说跖也。（《盐

某人/物，如对秦国、燕军、太祖等的骗取①；迁移某物，具体有使国家、都城、家、社坛、堕泪碑、灵柩、仇人、流民等离开原来所在地②；焚烧某物，比如有对巫师、仰面凸胸的畸形人、尸体、仓库、盛放弓箭的器具、军营等的烧毁③；废除某物，具体来讲有对继承人、贤才、法律、法规、制度、政策、权力、传统、习惯、设施等的废止或取消④；断绝某物，具体而

（接上页）铁论·大论》）（医治毒疮）

　　欲以药**攻病**，既宜及未食。（《抱朴子·仙药》）（医治病）

　　① 歇乃上书说秦昭王曰："……臣恐韩、魏卑辞除患而实欲**欺大国**也。"（《史记·春申君列传》）（欺骗秦国）

　　齐田单保即墨之城，欲**诈燕军**，云："天神下助我。"（《论衡·纪妖》）（欺骗燕军）

　　回初与屯骑校尉王宜与同石头之谋，**太祖**隐其事，犹以重兵付回而配以腹心。……时人为之语曰："欲**佪张**，问桓康。"（《南齐书·桓康传》）（欺骗太祖）

　　② 楚子欲**迁许于赖**，使斗韦龟与公子弃疾城之而还。（《左传·昭公四年》）（迁移国家）

　　桓公欲**迁都**，以张拓定之业。（《世说新语·轻诋》）（迁移都城）

　　于是袁绍使人说太祖连和，欲使太祖**迁家**居邺。（《三国志·魏志·程昱传》）（迁移家）

　　汤既胜夏，欲**迁其社**，不可，作《夏社》。（《史记·殷本纪》）（迁移社坛）

　　又欲**移羊叔子堕泪碑**，于其处立台，纲纪谏曰："羊太傅遗德，不宜动。"（《南齐书·张敬儿传》）（迁移堕泪碑）

　　圣末，已启求扬都，欲营**迁厝**。（《颜氏家训·终制》）（迁移灵柩）

　　越王句践欲**迁吴王夫差**于甬东，予百家居之。（《史记·吴太伯世家》）（迁移仇人）

　　公卿议欲请**徙流民**于边以适之。（《史记·石奋列传附石庆》）（迁移流民）

　　③ 夏，大旱。公欲**焚巫尪**。（《左传·僖公二十一年》）（焚烧巫师/仰面凸胸的畸形人）

　　所诛灭淮阳甚多，及死，仇家欲**烧其尸**，尸亡去归葬。（《史记·酷吏列传》）（焚烧尸体）

　　左右欲悉**烧**宝货**仓库**，鲁曰："本欲归命国家，而意未达。"（《三国志·魏志·张鲁传》）（焚烧仓库）

　　世子报曰："昨奉嘉命，惠示雅数，欲使**燔翳**捐褶，翳已坏矣，褶亦去焉。"（《三国志·魏志·崔琰传》）（焚烧盛放弓箭的器具）

　　胡骑数千，因大风欲放火**烧营**，将士皆恐。（《三国志·魏志·张既传》）（焚烧军营）

　　④ 既又欲立王子职而**黜太子商臣**。（《左传·文公元年》）（废除继承人）

　　假令**甲**有高行奇知，名声显闻，将恐人君召问，扶而胜己，欲故**废**不言，常腾誉之。（《论衡·答佞》）（废除贤才）

　　俗非唐、虞之时，而世非许由之民，而欲**废法**以治，是犹不用隐括斧斤，欲挠曲直枉也。（《盐铁论·大论》）（废除法律）

　　欲作光明，欲**除如是生死之法**。（《佛本行集经》卷18，3/736a）（废除法规）

　　宰予昼寝，欲**损三年之丧**。（《盐铁论·疏路》）（废除制度）按，"损三年之丧"即废除三年守丧的礼节。

　　纵难被坚执锐，有北面复匈奴之志，又欲**罢盐、铁、均输**，扰边用，损武略，无忧边之心，于其义未便也。（《盐铁论·本议》）（废除政策）

言有使出动军队、登山、战备、运输、联系等终止^①；禁止某物，具体而言有对祸乱、奸邪、罪恶、进入、水流、不当刑罚、不良风气等的阻止^②；抛弃某物，如对儿女、亲族、宫女、同伴、东西、财物、地方、建筑、规范、职位、事业、享乐、欲望、魂灵、贪婪、忧苦、污秽等的舍弃^③；破坏某物，

（接上页）武王召甘茂，**欲罢兵**。（《史记·甘茂列传》）（废除权力）

夫有以噎死者，**欲禁天下之食**，悖；有以乘舟死者，**欲禁天下之船**，悖；有以用兵丧其国者，**欲偃天下之兵**，悖。（《吕氏春秋·荡兵》）（废除传统、习惯）

故兵革者国之用，城垒者国之固也；而**欲罢之**，是去表见里，示匈奴心腹也。（《盐铁论·和亲》）（废除设施）按：此例中的设施为"兵革与城垒"。

① 张仪欲以秦、韩与魏之势伐齐、荆，而惠施欲以齐、荆**偃兵**。（《韩非子·内储说上七术》）（断绝出动军队）

欲止不敢，遂登封泰山，至于梁父，而后禅肃然。（《史记·孝武本纪》）（断绝登山）

晋宣武讲武于宣武场，帝欲**偃武**修文，亲自临幸，悉召群臣。（《世说新语·识鉴》）（断绝战备）

伪军主沈仲、王张引军自鳝口欲**断江**，安民进军合战破之。（《南齐书·李安民传》）（断绝运输）

刘备欲**断绝外内**，以取汉中。（《三国志·魏志·徐晃传》）（断绝联系）

恩爱难绝、生死难止，吾尚欲**绝恩爱之本、止生死之神**。（《六度集经》卷 1，3/5a）（断绝恩爱／生死）

② 郐子其或者欲**已乱于齐**乎？（《左传·宣公十七年》）（禁止祸乱）

人主将欲**禁奸**，则审合刑名者，言与事也。（《韩非子·二柄》）（禁止奸邪）

是以先帝诛文成、五利等，宣帝建学官，亲近忠良，欲**以绝怪恶之端**，而昭至德之途也。（《盐铁论·散不足》）（禁止罪恶）

交戟之卫士欲**止不内**，樊哙侧其盾以撞，卫士仆地，哙遂入。（《史记·项羽本纪》）（禁止进入）

时表留宿卫，欲**遏水**取鱼。（《三国志·魏志·三少帝纪》）（禁止水流）

晏子之贵踊，非其诚也，欲便辞以**止多刑**也。（《韩非子·难二》）（禁止不当刑罚）

管仲曰："君欲**止之**，何不试勿衣紫也？"（《韩非子·外储说左上》）（禁止不良风气）按：据前后文可知禁止的对象当是穿紫衣。

③ 时四王子所生之母，闻甘蔗王，欲**摈其子**，令出国界，闻已速疾往至王所。（《佛本行集经》卷 5，3/675a）（抛弃儿女）

太子报言："……我亦不欲**舍诸亲族**，我于亲眷亦复不作诸余异心。"（《佛本行集经》卷 17，3/730c）（抛弃亲族）

今观看太子之心，不作善事，而欲**舍离诸婇女**等，嫌恨其边，有何可恶？（《佛本行集经》卷 16，3/726c）（抛弃宫女）

后贼追至，王欲**舍所携人**。（《世说新语·德行》）（抛弃同伴）

三复来觊，**欲罢**不能。（陶渊明《答庞参军并序》）（抛弃东西）按：据前后文可知舍弃的对象是赠诗。

昔有一贫人少有财物，见大富者意欲共等，不能等故，虽有**少财欲弃水中**。（《百喻经》卷 4，4/556c）（抛弃财物）

如对家庭、国家、利益、政策、思绪、意愿、真相、书籍、佛塔、酒鎗、眼睛、障碍物等的毁坏①；颠覆某物，具体有对国家、朝廷、某人、政权

（接上页）至下邑，汉王下马踞鞍而问曰："吾欲**捐**关以东**等弃之**，谁可与共功者？"（《史记·留侯世家》）（抛弃地方）

问其丛**社**，**大祠**民之所不欲**废**者，而复兴之，曲加其祀礼。（《吕氏春秋·怀宠》）（抛弃建筑）

盟叔孙氏也，曰：'毋或如叔孙侨如，欲**废国常，荡覆公室**。'"（《左传·襄公二十三年》）（抛弃规范）

中牟令杨原愁恐，欲**弃官**走。（《三国志·魏志·任峻传》）（抛弃职位）

凡所为贵有天下者，肆意极欲，大臣至欲**罢**先君所**为**。（《史记·秦始皇本纪附陈二世赢胡亥》）（抛弃事业）

众妓侍从，凡二万人，昼夜娱乐，绝世之音。太子志意，不以为欢，常欲**弃舍**，静修道业，济度众生。（《修行本起经》卷上，3/466a）（抛弃享乐）

是故若智人，欲**离诸五欲**。（《佛本行集经》卷18，3/737a）（抛弃欲望）

况于己之**神爽**，顿欲**弃之**哉？（《颜氏家训·归心》）（抛弃魂灵）

欲**舍贪等**诸恚根，我应剃除入山薮。（《佛本行集经》卷15，3/725a）（抛弃贪婪）

我今欲**离此忧苦**故，弃舍出家，是故谘启我父大王不须愁忧。（《佛本行集经》卷18，3/735a）（抛弃忧苦）

男名槃达，龙王死，男袭位为王。欲**舍世荣之秽**，学高行之志。（《六度集经》卷5，3/29a）（抛弃污秽）

① 而足下欲吾轻本**破家**，均君主人。（《三国志·魏志·臧洪传》）（破坏家庭）

大夫但、士五开章等七十人与棘蒲侯太子奇谋反，欲以**危宗庙社稷**。（《史记·刘长列传》）（破坏国家）

其后秦使犀首欺齐、魏，与共伐赵，欲**败从约**。（《史记·苏秦列传》）（破坏政策）

上之所行则非之，上之所言则讥之，专欲**损**上徇下，**亏主**而适臣，尚安得上下之义，君臣之礼？（《盐铁论·取下》）（破坏利益）

王曰："吾令监作欲**乱其思**，然故禅定，在家何异？"（《修行本起经》卷上，3/467b）（破坏思绪）

（魔大）念是道成，必大胜我，欲及其未作佛，**坏其道意**。（《修行本起经》卷下，3/470c）（破坏意愿）

庾昕学右军，亦欲**乱真**矣。（《南齐书·王僧虔传》）（破坏真相）

言其欲**灭诗书**，故坑杀其人，非其诚，又增之也。（《论衡·语增》）（破坏书籍）

后人起**塔**……诸外道婆罗门生嫉妒心，欲**毁坏之**，天即雷电霹雳，终不能得坏。（《法显传》卷三）（破坏佛塔）

上慕作俭约，欲**铸坏**太官元日上寿银**酒鎗**，尚书令王晏等咸称盛德。（《南齐书·萧赤斧传附萧颖胄传》）（破坏酒鎗）

有余师闻之，便欲白**坏其目**用避苦役。（《百喻经》卷4，4/557b）（破坏眼睛）

时年童子并余释种，作如是言："我今欲**破无明暗网**，当得智明。"（《佛本行集经》卷18，3/737bc）（破坏障碍物）

等的推翻与摧毁①；等待某物，如对时机、盟友等的等候②；谴责某物，如对短处、言论、人、李傕等的指责③；背叛某物，如与盟约、晋国、赵国、袁绍等的背离④；召集某人，如对神仙、诸侯、大臣、徒弟等的召集⑤；派遣某人做某事，如差遣庄参出使南越、马腾攻打长安等⑥；攻打某物，如对子罕、住处、叛乱等的进犯⑦；讨伐某人，如对鲁国、秦国、三苗等的

---

① 今子以小恶而欲覆宗国，不亦难乎？（《左传·哀公八年》）（颠覆国家）

然惟本谋乃欲上危皇太后，倾覆宗庙。（《三国志·魏志·三少帝纪》）（颠覆国家）

君富于季氏，而大于鲁国，兹阳虎所欲倾覆也。（《左传·定公九年》）（颠覆某人）

自懿公父惠公朔之谗杀太子伋代立至于懿公，常欲败之，卒灭惠公之后而更立黔牟之弟昭伯顽之子申为君，是为戴公。（《史记·卫康叔世家》）（颠覆某人）

桓时方欲招起屈滞，以倾朝廷，且玄平在京，素亦有誉。（《世说新语·假谲》）（颠覆朝廷）

灌婴至荥阳，乃谋曰："诸吕权兵关中，欲危刘氏而自立。"（《史记·吕太后本纪》）（颠覆政权）

② 吕禄、吕产欲发乱关中，内惮绛侯、朱虚等，外畏齐、楚兵，又恐灌婴畔之，欲待灌婴兵与齐合而发，犹豫未决。（《史记·吕太后本纪》）（等待时机）

遂烧杀建德、王悍，发兵屯其西界，欲待吴与俱西。（《史记·楚元王世家》）（等待盟友）

③ 欲攻子贡之短也。（《论衡·问孔》）（谴责短处）

夫孟子引毁瓦画墁者，欲以诘彭更之言也。（《论衡·刺孟》）（谴责言论）

夫天之不故生五谷丝麻以衣食人，由其有灾变不欲谴告人也。（《论衡·自然》）（谴责人）

帝求米五斛、牛骨五具以赐左右，傕……乃与腐牛骨，皆臭不可食。帝大怒，欲诘责之。（《三国志·魏志·董卓传》注引《献帝起居注》）（谴责李傕）

④ 桓公欲背曹沫之约，管仲因而信之，诸侯由是归齐。（《史记·管仲列传》）（背叛盟约）

卫侯欲叛晋，诸大夫不可。（《左传·定公七年》）（背叛晋国）

李良已得秦书，固欲反赵，未决，因此怒，遣人追杀王姊道中，乃遂将其兵袭邯郸。（《史记·张耳陈余列传》）（背叛赵国）

单于欲叛绍，杨不从。（《三国志·魏志·公孙瓒传》）（背叛袁绍）

⑤ 臣之师曰："……仙人可致也。"……大曰："……陛下必欲致之，则贵其使者，令有亲属，以客礼待之，勿卑，使各佩其信印，乃可使通言于神人。"（《史记·孝武本纪》）（召集神仙）

（苌弘）依物怪欲以致诸侯。（《史记·封禅书》）（召集诸侯）

魏王释博，欲召大臣谋。（《史记·魏公子列传》）（召集大臣）

（诸虚名之道士）为欲合致弟子，图其财力。（《抱朴子·勤求》）（召集徒弟）

⑥ 又以为王、王太后已附汉，独吕嘉为乱，不足以兴兵，欲使庄参以二千人往使。（《史记·南越列传》）（派遣庄参出使南越）

侍中马宇与谏议大夫种邵、左中郎将刘范等谋，欲使腾袭长安，己为内应，以诛傕等。（《三国志·魏志·董卓传》）（派遣马腾攻打长安）

⑦ 向氏欲攻司城，左师曰……（《左传·襄公二十七年》）（攻打子罕）

微虎欲宵攻王舍，私属徒七百人，三踊于幕庭，卒三百人，有若与焉。（《左传·哀公八年》）（攻打吴王的住处）

长信侯毒作乱而觉，矫王御玺及太后玺以发县卒及卫卒、官骑、戎翟君公、舍人，将欲攻蕲

征讨^①；使畏惧，比如使人、纣王等害怕^②；联合某人，如与齐王、沛公、刘表、张恭等的联络结合；^③ 抵挡某人，如对项梁、朝廷、邻国等军队的抵抗^④；打败某人，如使晋国、齐军等吃败仗^⑤；逼迫某人，具体如对相如、刘濞、段珪、陈显达等的促使^⑥；投降于某人，比如停止与齐国、汉朝、楼船、庞惪等的对抗并向其屈服^⑦；消灭某物，具体有诸如使敌人、叛徒、

（接上页）**年宫为乱**。（《史记·秦始皇本纪》）（攻打蕲年宫叛乱）

① 公欲以越**伐鲁**，而去三桓。（《左传·哀公二十七年》）（讨伐鲁国）

今赵欲聚兵士卒，以秦为事，使人来借道，言欲**伐秦**。（《韩非子·存韩》）（讨伐秦国）

有虞氏之时，**三苗**不服，禹欲**伐之**。（《盐铁论·论功》）（讨伐三苗）

② 虽欲**吓人**，其何已乎！（《盐铁论·毁学》）（使人畏惧）

而祖伊增语，欲以**惧纣**也。（《论衡·艺增》）（使纣王畏惧）

③（胶西、胶东、菑川、济南王）欲**与齐**，齐孝王狐疑，城守不听，三国兵共围齐。（《史记·齐悼惠王世家》）（联合齐王）

秦将果畔，欲**连和**俱西袭咸阳，沛公欲听之。（《史记·留侯世家》）（联合沛公）

李傕、郭汜入长安，欲**连表**为援，乃以表为镇南将军、荆州牧，封成武侯，假节。（《三国志·魏志·袁绍传》）（联合刘表）

时酒泉黄华、张掖张进各据其郡，欲**与恭并势**。（《三国志·魏志·阎温传》）（联合张恭）

④ 当是时，秦嘉已立景驹为楚王，军彭城东，欲**距项梁**。（《史记·秦始皇本纪附陈二世赢胡亥》）（抵挡项梁的军队）

三者皆短，欲以**抗王兵**之锋，必亡之道也。（《三国志·魏志·袁绍传》）（抵挡朝廷的军队）

（邻国）即兴师之仁国。仁国群臣以闻，欲**距之**矣。（《六度集经》卷2，3/6b）（抵挡邻国的军队）

⑤ 晋魏锜求公族未得，而怒，欲**败晋师**。（《左传·宣公十二年》）（打败晋国）

触子苦之，欲**齐军之败**，于是以天下兵战，战合，击金而却之。（《吕氏春秋·权勋》）（打败齐军）

⑥（相如）谓秦王曰："……大王必欲**急臣**，臣头今与璧俱碎于柱矣！"（《史记·廉颇蔺相如列传》）（逼迫相如）

（吴王）不肯见盎而留之军中，欲**劫**使将。（《史记·吴王濞列传》）（逼迫刘濞）

术将虎贲烧南宫嘉德殿青琐门，欲以**迫出珪**等。《三国志·魏志·袁绍传》（逼迫段珪）

（子懋）密怀自全之计，……**显达**时为征虏，屯襄阳，欲**胁取**以为将帅。（《南齐书·武十七王传》）（逼迫陈显达）

⑦ 燕将见鲁连书，泣三日，犹豫不能自决。……欲**降齐**，所杀虏于齐甚众，恐已降而后见辱。（《史记·鲁仲连列传》）（投降齐国）

浑邪王与休屠王等谋欲**降汉**，使人先要边。（《史记·卫将军骠骑列传》）（投降汉朝）

朝鲜相路人、相韩阴、尼谿相参、将军王唊相与谋曰："始欲**降楼船**，楼船今执，独左将军并将，战益急，恐不能与，王又不肯降。"（《史记·朝鲜列传》）（投降楼船）

将军董衡、部曲将董超等欲**降**，惪皆收斩之。（《三国志·魏志·庞惪传》）（投降庞惪）

暴徒、俘虏、灰尘、旧城、战备、疾病、饥荒、痛苦、灾害、暴力、团伙、祸患、障碍、痕迹、污秽、宗族、国家、朝代等消失[①]；撤兵[②]；夺取某物，具体来讲有对某人、某地、土地、国家、权力、职位、符节、宪法、佛钵、摩尼珠、珍珠、财物等的牟取[③]；兼并某人，如对子尾家族、

[①] 匈奴壤界兽圈……是以主上欲**扫除**，烦仓廪之费也。(《盐铁论·击之》)(消灭敌人)

(庆忌)欲**除**不忠者以说于越，吴人杀之。(《左传·哀公二十年》)(消灭叛徒)

圣人受命，不值长生之道，但自欲**除残去贼**，夷险平暴。(《抱朴子·辨问》)(消灭暴徒)

太祖谓康曰："卿随我日久，未得方伯，亦当未解我意，政欲与卿先共**灭虏**耳。"(《南齐书·桓康传》)(消灭俘虏)

扬埲而欲**弭尘**，被裘而以翣翼，岂若适衣而已哉！(《淮南子·说林》)(消灭灰尘)

崇祖曰："下蔡去镇咫尺，虏岂敢置戍；实欲**除此故城**。"(《南齐书·垣崇祖传》)(消灭旧城)

今匈奴未臣，虽无事，欲**释备**，如之何？(《盐铁论·备胡》)(消灭战备)

且宿卫空阙，兵甲寡弱，陛下何所资用，而一旦如此，无乃欲**除疾**而更深之邪！(《三国志·魏志·三少帝纪》注引《汉晋春秋》)(消灭疾病)

佛告龙："方有众圣，其誓应仪欲**除馑苦**，亦当豫自归之。"(《六度集经》卷7，3/42b)(消灭饥荒)

于是菩萨，行起慈心，遍念众生老耄专思，不免**疾病死丧之痛**，欲**令解脱**，以一其意。(《修行本起经》卷下，3/469b)(消灭痛苦)

其遭若尧、汤之**水旱**，犹一冬一夏也。如或欲以人事祭祀**复塞其变**，冬求为夏，夜求为昼也。(《论衡·顺鼓》)(消灭灾害)

(绍令)起谓绍曰："将军举大事，欲为天下**除暴**，而专先诛忠义，岂合天意！"(《三国志·魏志·臧洪传》)(消灭暴力)

伏惟前后圣诏，深疾浮伪，欲**破散邪党**，常用切齿。(《三国志·魏志·董昭传》)(消灭团伙)

君之宠臣，欲以**除患**兴利。(《三国志·魏志·陈思王曹植传》)(消灭祸患)

君今吾今愿听此，欲**开壅蔽**达人情，先向歌诗求讽刺。(白居易《采诗官》)(消灭障碍)

欲**灭迹**而走雪中，拯溺者而欲无濡，是非所行而行所非。(《淮南子·说山》)(消灭痕迹)

吾欲以非常、苦、空、非身之定，**灭三界诸秽**，何但尔垢而不能殄乎？(《六度集经》卷8，3/47b)(消灭污秽)

上大怒曰："人之无道，乃盗先帝庙器，吾属廷尉者，欲**致之族**，而君以法奏之，非吾所以共承宗庙意也。"(《史记·张释之列传》)(消灭宗族)

郦生不拜，长揖，曰："足下必欲**诛无道秦**，不宜踞见长者。"(《史记·高祖本纪》)(消灭朝代)

又以齐、梁反书遗项王曰："齐欲**与赵并灭楚**。"(《史记·项羽本纪》)(消灭国家)

[②] 武王召甘茂，欲**罢兵**。(《史记·甘茂列传》)(武王撤兵)

赵军已不胜，不能得信等，欲**还归壁**，壁皆汉赤帜，而大惊，以为汉皆已得赵王将矣，兵遂乱，遁走，赵将虽斩之，不能禁也。(《史记·淮阴侯列传》)(赵军撤兵)

[③] 尚为人有勇力，欲**夺取康众**，与熙谋曰："今到，康必相见，欲与兄手击之，有辽东犹可以自广也。"(《三国志·魏志·袁绍传》注引《典略》)(夺取某人)

太祖常恨朱灵，欲**夺其营**。(《三国志·魏志·于禁传》)(夺取某地)

诸侯、代国、万国等的吞并[1]；控制某物，如对事物、政权、百姓、三桓、四方等的掌控[2]；残害某物，具体包括对人或物的损害、侵害、侵犯、触犯、凌辱、谋害、杀害等[3]；捉拿某人，例如对逃亡之人、仇人等的缉

（接上页）东胡使使谓冒顿曰："匈奴所与我界瓯脱外**弃地**，匈奴非能至也，吾欲**有之**。"（《史记·匈奴列传》）（夺取土地）

楚王欲**取息与蔡**，乃先佯善蔡侯，而与之谋曰："吾欲得息，柰何？"（《吕氏春秋·长攻》）（夺取国家）

贯高欲**篡高祖**，高祖亦心动。（《论衡·感虚》）（夺取权力）

天帝惊曰："愚谓大王欲**夺吾位**，故相扰耳。"（《六度集经》卷1，3/1c）（夺取职位）

朱虚侯欲**夺节信**，谒者不肯，朱虚侯则从与载，因节信驰走，斩长乐卫尉吕更始。（《史记·吕太后本纪》）（夺取符节）

怀王使屈原造为**宪令**，屈平属草稿未定。上官大夫见而欲**夺之**，屈平不与，因谗之曰……（《史记·屈原列传》）（夺取宪法）

昔月氏王大兴兵众，来伐此国，欲**取佛钵**。（《法显传》卷二）（夺取佛钵）

众僧库藏多有珍宝、无价摩尼，其王入库游观，见**摩尼珠**，即生贪心，欲**夺取之**。（《法显传》卷四）（夺取摩尼珠）

恒有四龙典掌此**珠**。若兴心欲**取**，则有祸变。（《洛阳伽蓝记》卷五"宋云惠生使西域"条）（夺取珍珠）

此不过欲**虏掠财物**，非有坚甲利兵攻守之志也。（《三国志·魏志·程昱传》）（夺取财物）

① 齐子尾卒，子旗欲治其室。……其臣曰："孺子长矣，而相吾室，欲**兼我也**。"（《左传·昭公八年》）（兼并子尾家族）

孝公欲以虎狼之势而**吞诸侯**，故商鞅之法生焉。（《淮南子·要略》）（兼并诸侯）

昔赵襄子尝以其姊为代王妻，欲**并代**，约与代王遇于句注之塞。（《史记·苏秦列传》）（兼并代国）

昔秦始皇已吞天下，欲**并万国**，亡其三十六郡。（《盐铁论·论邹》）（兼并万国）

② 是以欲**制物**者于其细也。（《韩非子·喻老》）（控制事物）

成子欲**专齐政**，以大斗贷、小斗收而民悦。（《论衡·定贤》）（控制政权）

予欲**左右有民**，女辅之。（《史记·夏本纪》）（控制百姓）

哀公患三桓，将欲因诸侯以**劫之**，三桓亦患公作难，故君臣多间。（《史记·鲁周公世家》）（控制三桓）

（张杨）军京都，欲以**御四方**，征天下豪杰以为偏裨。（《三国志·魏志·公孙瓒传》）（控制四方）

③ 彼女复言："有眼必痛，我虽未痛并欲**挑眼**恐其后痛。"（《百喻经》卷4，4/556a）（损害眼睛）

（阿难陀）挺身起出，巡彼戏场，面向太子，疾走而来，欲**扑太子**。（《佛本行集经》卷13，3/711c）（侵害太子）

是故**圣人**得志而在上位，谗佞奸邪而欲**犯主**者，譬犹雀之见鹯，而鼠之遇狸也，亦必无余命也。（《淮南子·主术》）（触犯圣人）

炎帝欲**侵陵诸侯**，诸侯咸归轩辕。（《史记·五帝本纪·黄帝》）（侵犯诸侯）

捕[1]；囚禁某人，比如把来访者、人质、节义之士等关进监狱[2]；治罪某人，如对平原君、袁盎、丞相、比丘、尔朱、乳母、歌妓、张瓌等人进行惩处[3]；解救某物，具体来讲有使犹如盟国、朋友、爱慕者、饥渴之人、兄弟、上司、贫困之人、罪人、贤才、国家等脱离危险或困难[4]；释放某

（接上页）郢民大怨，欲**藉史起**。(《吕氏春秋·乐成》)（凌辱史起）

其**有功者**……所求者得居常独乐，无欲**害之**者。(《太平经》丁部之十六《六罪十治诀》)（谋害功臣）

周公欲**弑庄王**而立王子克。(《左传·桓公十八年》)（杀害庄王）

① 伍胥惧，乃与胜俱奔吴。到昭关，昭关欲**执之**。(《史记·伍子胥列传》)（捉拿逃亡之人）

（荆轲）箕踞以骂曰：“事所以不成者，以欲**生劫之**，必得约契以报太子也。”(《史记·刺客列传》)（捉拿敌人）试比较：荆轲入秦之计，本欲劫秦王生致于燕，邂逅不偶，为秦所擒。(《论衡·定贤》)

姬侍王，从容语次，誉赫长者也。……王疑其与乱。赫恐，称病。王愈怒，欲**捕赫**。(《论衡·黥布列传》)（捉拿仇人）

② 苏秦弟厉因燕质子而求见齐王。齐王怨苏秦，欲**囚厉**。(《战国策·燕策一》)（囚禁来访者）

魏太子增质于秦，秦怒，欲**囚魏太子增**。(《史记·魏世家》)（囚禁人质）

玄邈等以其义，欲**囚**将还都，而**超之**亦端坐待命。(《南史·齐武帝诸子传》)（囚禁节义之士）

③ 文帝闻其客**平原君**为计策，使吏捕欲**治**。(《史记·陆贾列传附朱建列传》)（治罪平原君）

今果反，欲请**治盎**宜知计谋。(《史记·袁盎列传》)（治罪袁盎）

汤欲**致**其文**丞相**见知，丞相患之。(《史记·酷吏列传》)（治罪丞相）

狱卒见**之**，便欲**治罪**。(《法显传》卷三)（治罪比丘）按，据前文可知“之”指代比丘。

正欲**问罪**于**尔朱**，出卿于桎梏，恤深怨于骨肉，解苍生于倒悬。(《洛阳伽蓝记》卷一“永宁寺”条)（治罪尔朱）

汉武帝**乳母**尝于外犯事，帝欲**申宪**，乳母求救东方朔。(《世说新语·规箴》)（治罪乳母）

魏武有一**妓**，声最清高，而情性酷恶。欲杀则爱才，欲**置**则不堪。(《世说新语·忿狷》)（治罪歌妓）

初，永拒桂阳贼于白下，溃散，阮佃夫等欲**加罪**，太祖固申明之，瓌由此感恩自结。(《南齐书·张瓌传》)（治罪张瓌）

④ 居无几何，秦兴兵攻**魏**，赵欲**救之**。(《吕氏春秋·淫辞》)（解救盟国）

会项伯欲**活张良**，夜往见良，因以文谕项羽，项羽乃止。(《史记·高祖本纪》)（解救朋友）

上欲自持兵**救贾姬**，都伏上前曰：“亡一姬复一姬进，天下所少宁贾姬等乎？”(《史记·酷吏列传》)（解救爱慕者）

井出水以**救渴**，田出谷以**拯饥**，天地鬼神所欲**为**也，龙何故登玄云？(《论衡·感虚》)（解救饥渴之人）

尚欲分兵**益谭**，恐谭遂夺其众，乃使审配守邺，尚自将兵助谭，与太祖相拒于黎阳。(《三国志·魏志·袁绍传》)（解救兄弟）

洪闻之，果徒跣号泣，并勒所领兵，又从绍请兵马，求欲**救超**，而绍终不听许。(《三国志·魏志·臧洪传》)（解救上司）

普施惟曰：“吾历险阻经跨巨海乃获斯宝，欲以**拯济众生困乏**，反为斯神所见夺乎？”(《六度集经》卷 1，3/4c)（解救贫困之人）

人，如对楚怀王、蒙恬、严助、伍被、江愈等的开释[①]；免除某物，具体如使罪过、职务、危难等的消除[②]；避免某物，具体有使犹如罪祸、灾难、祸害、污浊、危害等情形的不发生[③]；躲避某物，比如为避开责任、灾祸、灾难、凶险、贼军、生死、世事等隐蔽起来[④]；报恩怨[⑤]；礼遇某人，如对孟尝

（接上页）妻淫无避与**罪人**通，谋杀其婿……（妻）诈为首疾，告其婿曰："斯必山神所为也，吾欲**解**之。明日从君以求祈福。"（《六度集经》卷2，3/6c）（解救罪人）

乡人曰："各自饥困，以君之贤，欲共**济君**耳，恐不能兼有所存。"（《世说新语·德行》）（解救贤才）

鲲论敦曰："近者，明公之举，虽欲大**存社稷**，然四海之内，实怀未达。"（《世说新语·规箴》）（解救国家）

① **楚怀王**入秦，秦留之，故欲必**出**之。（《史记·孟尝君列传》）（释放楚怀王）

胡亥已闻扶苏死，即欲**释蒙恬**。（《史记·蒙恬列传》）（释放蒙恬）

严助及伍被，上欲**释**之。（《史记·酷吏列传》）（释放严助／伍被）

以启无**江愈**名，欲**释**之，而用命者已加戮。（《南齐书·武十七王传》）（释放江愈）

② 然方公之狱治臣也，公倾侧法令，先后臣以言，欲**臣之免**也甚，而臣知之。（《韩非子·外储说左下》）（免除罪过）

以訾为**骑郎**，事孝文帝，十岁不得调，无所知名。释之曰："久宦减仲之产，不遂。"欲自**免**归。（《史记·张释之列传》）（免除职务）

是以尧忧洪水，伊尹忧民，管仲束缚，孔子周流，忧百姓之祸而欲**安其危**也。（《盐铁论·论儒》）（免除危难）

③ 且父母之所以求于子也，………行身则欲**其远罪**也。（《韩非子·六反》）（避免罪祸）

今卫君朝于吴王，吴王囚之，而欲流之于海，孰意卫君之仁义而遭此**难**也！吾欲**免**之而不能，为奈何？（《淮南子·人间》）（避免灾难）

（上古真人）委曲欲**使其脱死亡之祸**耳。（《抱朴子·金丹》）（避免祸害）

诚欲**远彼腥膻**，而即此清净也。（《抱朴子·明本》）（避免污浊）

以天禽日天禽时入名山，欲**令百邪虎狼毒虫盗贼，不敢近人**者。（《抱朴子·登涉》）（避免危害）

④ 彼赵高素谀日久，今事急，亦恐二世诛之，故欲以法诛将军以**塞责**，使人更代将军以脱其祸。（《史记·项羽本纪》）（躲避责任）

如有知欲**辟危乱之祸**乎，则更桀、纣之时矣。（《论衡·儒增》）（躲避灾祸）

苍梧废，明日，虎欲出外**避难**，遇太祖在东中华门，问虎何之。（《南齐书·曹虎传》）（躲避灾难）

太祖将受禅，材官荐易太极殿柱，顺帝欲**避土**，不肯出宫逊位。（《南齐书·王敬则传》）（躲避凶险）

后济使诣邺，太祖迎见大笑曰："本但欲使**避贼**，乃更驱尽之。"（《三国志·魏志·蒋济传》）（躲避贼军）

凡夫之人亦复如是，为无量烦恼之所穷困，而为生死魔王债主之所缠着，欲**避生死**入佛法中，修行善法作诸功德。（《百喻经》卷2，4/548b）（躲避生死）

卿昔于中华门答我，何其欲**谢世事**？（《南齐书·刘悛传》）（躲避世事）

⑤ 欲**报之德**。昊天罔极！（《诗·小雅·蓼莪》）（报恩德）

君、管仲、淳于髡、李廞等的以礼相待①；礼拜某物，如向阿夷、佛塔、佛寺等施礼②；亲近某物，如与鲁国、秦国、魏国、诸侯等关系亲密③；娶妻④；嫁夫⑤；结交某人，如与楚国、中原、令缪贤、吴人等交往⑥，建立兄弟、盟

（接上页）庄生羞为儿子所卖，乃入见楚王曰："臣前言某星事，王言欲**以修德报之**。"（《史记·越王句践世家》）（报恩德）

天欲**报舜、禹**，宜使苍梧、会稽常祭祀之。（《论衡·书虚》）（报恩德）

子幸欲**报天恩**，复天重功。（《太平经》丙部之十七《校文邪正法》）（报恩德）

夷之搜，贾季戮臾骈，臾骈之人欲**尽杀贾氏以报焉**。（《左传·文公六年》）（报仇恨）

故师曹欲**歌之，以怒孙子以报公**。（《左传·襄公十四年》）（想要报仇恨）

公子光曰："胥之父兄为僇于楚，欲**自报其仇**耳。未见其利。"（《史记·吴太伯世家》）（报仇恨）

且余所以不俱死，欲**为赵王、张君报秦**。（《左传·张耳陈余列传》）（报仇恨）

① 昭王笑而谢焉，曰："……寡人善**孟尝君**，欲**客**之必谨谕寡人之意也。"（《吕氏春秋·不侵》）（礼遇孟尝君）

周欲以上卿**礼管仲**，管仲顿首曰："臣陪臣，安敢！"（《史记·齐太公世家》）（礼遇管仲）

惠王欲以卿相位**待之，髡**因谢去。（《史记·孟轲列传附淳于髡列传》）（礼遇淳于髡）

（**李廞**）既有高名，王丞相欲**招礼**之，故辟为府掾。（《世说新语·栖逸》）（礼遇李廞）

② 于是侍女，抱太子出，欲以太子**向阿夷礼**。（《修行本起经》卷上，3/464b）（礼拜阿夷）

诸国有道人来，欲**礼拜塔**，遇象大怖，依树自翳，见象如法供养。（《法显传》卷三）（礼拜佛塔）

于时诸国道人欲来**礼此寺**者，彼村人则言……（《法显传》卷三）（礼拜佛寺）

③ 襄仲请齐惠公，惠公新立，欲**亲鲁**，许之。（《史记·鲁周公世家》）（亲近鲁国）

魏王以秦救之故，欲**亲秦**而伐韩，以求故地。（《史记·魏世家》）（亲近秦国）

昭王曰："吾欲**亲魏**久矣，而魏多变之国也，寡人不能亲。（《史记·范睢列传》）（亲近魏国）

田常初相，欲**亲诸侯**。（《史记·鲁周公世家》）（亲近诸侯）

④ 昔者菩萨为孔雀王，从妻五百，委其旧匹，欲**青雀妻**。（《六度集经》卷 3，3/13a）（娶青雀为妻）

尊者优陀夷白佛言："世尊如来！云何往昔之时，初欲**纳于耶输陀罗**，……而取得彼耶输陀罗，用以为妃？"（《佛本行集经》卷 13，3/712c）（娶耶输陀罗为妻）

⑤ 脩成君有女名娥，太后欲**嫁**之于**诸侯**，宦者甲乃请使齐，必令王上书请娥。（《史记·齐悼惠王世家》）（嫁给诸侯）

太傅袁隗欲以女**妻范**，范辞不受。（《三国志·魏志·张范传》）（嫁给张范）

⑥ 公至自晋，欲**求成于楚**而叛晋，季文子曰："不可。"（《左传·成公四年》）（结交楚国）

羌，胡欲**与中国通**，自当遣人来，慎勿遣人往。（《三国志·魏志·武帝纪》）（结交中原）

相如谓臣曰："夫赵彊而燕弱，而君幸于赵王，故燕王欲**结于君**。"（《史记·廉颇蔺相如列传》）（结交令缪贤）按，据前后文可知"君"指缪贤。

王丞相初在江左，欲**结援吴人**，请婚陆太尉。（《世说新语·方正》）（结交吴人）

友、善友、党羽等联系①；依附，包括使之归附和归附某国或某人，前者例如使东夷、诸侯等归附②，后者例如归附晋国、荆州、朝廷、成汤、公孙瓒、王舒等③；侍奉某物，如对君子、荆轲、贫民、菩萨、秦国、佛钵、妙衣等的奉养④；邀请做某事，如请人喝酒等⑤；请求某物，具体有希望援助、帮忙、拜访、接受、给予、留下、神仙下凡等方面得到满足⑥；扶助某物，具体如对重

---

① 灵公夫人有南子者，使人谓孔子曰："四方之君子不辱欲与寡君**为兄弟**者，必见寡小君。寡小君愿见。"（《史记·孔子世家》）（结交兄弟）

卫侯请**盟**晋，晋人不许。卫侯欲**与楚**，国人不欲，故出其君以说晋。（《史记·晋世家》）（结交盟友）

我等诸仙，欲随仁者**作于善友**，随顺不逆，奉教随行。（《佛本行集经》卷20，3/747c）（结交善友）

田荣欲**树党**于赵以反楚，乃遣兵从陈余。（《史记·张耳陈余列传》）（结交党羽）

绍惧，以所佩勃海太守印绶授瓒从弟范，遣之郡，欲以**结援**。（《三国志·魏志·公孙瓒传》）（结交外援）

② 宋公使邾文公用鄫子于次睢之社，欲以**属东夷**。（《左传·僖公十九年》）（使东夷依附）

楚王若欲**从诸侯**，不若大城城父。（《淮南子·人间》）（使诸侯依附）

③ 晋师侵郑，诸大夫欲**从晋**。子驷曰："官命未改。"（《左传·襄公二年》）（依附晋国）

（干）欲南**奔荆州**，上洛都尉捕斩之。（《三国志·魏志·袁绍传》）（依附荆州）

青州刺史沈文秀反，玄邈欲**向朝廷**，虑见掩袭，乃诣文秀求安军顿。（《南齐书·王玄载传附王玄邈传》）（依附朝廷）

伊尹亦欲**归汤**，汤于是请取妇为婚。（《吕氏春秋·本味》）（依附成汤）

绍逆公孙瓒于界桥，钜鹿太守李邵及郡冠盖，以瓒兵强，皆欲**属瓒**。（《三国志·魏志·董昭传》）（依附公孙瓒）

王大将军既亡，王应欲**投世儒**，世儒为江州；王含欲**投王舒**，舒为荆州。（《世说新语·识鉴》）（依附世儒/王舒）

④ 敢问国君欲**养君子**，如何斯可谓养矣？（《孟子·万章下》）（侍奉君子）

太子丹恐惧，乃请荆卿曰："秦兵旦暮渡易水，则虽欲长**侍足下**，岂可得哉！"（《战国策·燕策三》）（侍奉荆轲）

（菩萨）答曰："**贫民**困乏，吾欲等**施**；尔欲专之，不亦偏乎？"（《六度集经》卷3，3/15b）（侍奉贫民）

曼陀罗等，诣菩萨所，处处遍散，为欲**供养**于**菩萨**故。（《佛本行集经》卷11，3/701b）（侍奉菩萨）

此其过越王句践、武王远矣，今乃听于群臣之说而欲臣**事秦**。（《史记·苏秦列传》）（侍奉秦国）

佛钵……有大富者，欲以多华而**供养**，正复百千万斛，终不能满。（《法显传》卷二）（侍奉佛钵）

（时净居天所化之人）为欲**供养彼妙衣**故，于菩萨前，以天神通乘空而行。（《佛本行集经》卷18，3/738a）（侍奉妙衣）

⑤（无极）谓子常曰："子恶欲**饮子酒**。"（《左传·昭公二十七年》）（邀请喝酒）

诸人欲**要之**，初遣一信，犹未许，然后停车；重要，便回驾。（《世说新语·任诞》）（邀请喝酒）

⑥ 沛公怨雍齿与丰子弟叛之，闻东阳甯君、秦嘉立景驹为假王，在留，乃往从之，欲**请兵**以攻丰。（《史记·高祖本纪》）（请求援助）

272

耳、太子、皇上、诸侯、赵国、秦国、朝廷、政事等的帮助^①；扶立某人，具体有对太子、嗣子、庶子、次子、少子、国君、贤才等的辅佐策立^②；任用某人，具体有委任诸如亲信、贤士、宠爱之人、功臣、久居下位之人等人员^③，使其担任卿大夫、侯、将帅、丹阳尹、中书郎、长史、右仆射等职

（接上页）俄见一人持半小笼生鱼，径来造船，云："有鱼欲**寄作脍**。"（《世说新语·任诞》）（请求帮忙）

植每欲**求别见**独谈，论及时政，幸冀试用，终不能得。（《三国志·魏志·陈思王曹植传》）（请求另见皇帝）

我今欲**请**彼然灯佛 多陀阿伽度 阿罗呵 三藐三佛陀，至我所住莲华之城，**受我微供**。（《佛本行集经》卷 3，3/664c）（请求接受）

我今欲**求**阿耨多罗三藐三菩提，于后证时，当将甘露**分布与汝**。（《佛本行集经》卷 18，3/736a）（请求给予）

我等诸仙，欲**请**圣者住于**此处**。（《佛本行集经》卷 20，3/745b）（请求留下）

于是五利常夜祠其家，欲以**下神**。（《史记·孝武本纪》）（请求神仙下凡）

① 吾欲**辅重耳**而入之晋，何如？（《韩非子·十过》）（扶助重耳）

齐王欲以淳于髡**傅太子**，髡辞曰："臣不肖，不足以当此大任也，王不若择国之长者而使之。"（《吕氏春秋·壅塞》）（扶助太子）

其欲据仁义以道**事君**者寡，偷合取容者众。独以一公孙弘，如之何？（《盐铁论·刺复》）（扶助皇上）

民在涂炭之中，庶几欲**佐诸侯**，行道济民，故应聘周流，不避患耻。（《论衡·知实》）（扶助诸侯）

所为见将军者，欲以**助赵**也。（《史记·鲁仲连列传》）（扶助赵国）

张仪贫贱往归，苏秦座之堂下，食以仆妾之食，数让激怒，欲令**相秦**。（《论衡·答佞》）（扶助秦国）

郗于事机素暗，遣笺诣桓："方欲**共奖王室**，修复园陵。"（《世说新语·捷悟》）（扶助朝廷）

中书令李丰虽宿为大将军司马景王所亲待，然私心在玄，遂结皇后父光禄大夫张缉，谋欲以玄**辅政**。（《三国志·魏志·夏侯尚传附夏侯玄传》）（扶助政事）

② 令蒙毅曰："先主欲**立太子**而卿难之。今丞相以卿为不忠，罪及其宗。"（《史记·蒙恬列传》）（扶立太子）

何欲**立嗣子**，庾及朝议以外寇方强，嗣子冲幼，乃立康帝。（《世说新语·方正》）（扶立嗣子）

纣之父、纣之母欲**置微子启**以为太子、太史据法而争之曰："有妻之子，而不可置妾之子。"（《吕氏春秋·当务》）（扶立庶子）

（武姜）生庄公及共叔段……爱**共叔段**，欲**立**之。（《左传·隐公元年》）（扶立次子）

太姜生少子季历……长子太伯、虞仲知古公欲**立季历**以传昌，乃二人亡如荆蛮，文身断发，以让季历。（《史记·周本纪》）（扶立少子）

穰侯欲**立秦为帝**而齐不听，因请立齐为东帝，而不能成也。（《韩非子·内储说下》）（扶立国君）

幽州牧刘**虞**宿有德望，绍等欲**立之**以安当时，使人报术。（《三国志·魏志·袁绍传》注引《吴书》）（扶立贤才）

③ 韩宣王问于樛留："吾欲**两用公仲、公叔**，其可乎？"（《韩非子·说林上》）（任用亲信）

务^①；拥有某物，如对民众、亲属关系、君王、云、风、日、国家等的领有^②；享有某物，诸如对物质、名声、供物、自然寿命等的享受^③；表明某物，具体有信用、效忠、态度、节操、想法等的清楚表示^④；显示某物，具体有

（接上页）安国为人多大略，智足以当世取合……唯天子以为国器……天子议置相，欲**用安国**，使使视之，蹇甚，乃更以平棘侯薛泽为丞相。（《史记·韩长孺列传》）（任用贤士）

而欲**侯宠姬**李氏，拜李广利为贰师将军，发属国六千骑，及郡国恶少年数万人，以往伐宛。（《史记·酷吏列传》）（任用宠爱之人）

后诩为左冯翊，催等欲**以功侯之**，诩曰："此救命之计，何功之有！"（《三国志·魏志·贾诩传》）（任用功臣）

桓时方欲**招起屈滞**，以倾朝廷，且玄平在京，素亦有誉。（《世说新语·假谲》）（任用久居下位之人）

① 梁婴父嬖于知文子，文子欲以**为卿**。（《左传·定公十三年》）（担任卿大夫）

其后匈奴王唯徐卢等五人降，景帝欲**侯之**以劝后。（《史记·绛侯周勃世家》）（担任侯）

楚破荥阳城，（项羽）欲**令周苛将**。（《史记·张丞相列传》）（担任将帅）

苏子高事平，王、庾诸公欲用孔廷尉**为丹阳**。（《世说新语·方正》）（担任丹阳尹）

上欲用巘**为中书郎**，使吏部尚书何戢喻旨。（《南齐书·刘巘传》）（担任中书郎）

俭谓人曰："昔袁公作卫军，欲用我**为长史**，虽不获就，要是意向如此。"（《南齐书·庾杲之传》）（担任长史）

（上）欲用绪**为右仆射**，以问王俭，俭曰："南士由来少居此职。"（《南齐书·张绪传》）（担任右仆射）

② 今世之人主，多欲众之，而不知善，此多其仇也。（《吕氏春秋·适威》）（拥有民众）按."众之"即使民众多。

夫章子，岂不欲**有夫妻子母之属**哉？（《孟子·离娄下》）（拥有亲属关系）

今世之人主，皆欲**世勿失**矣，而与其子孙，立官不能使之方，以私欲乱之也，何哉？（《吕氏春秋·圜道》）（拥有君位）按.据前后文可知"失"的对象当是君位。

欲**终日有云，有风，有日**。（《史记·天官书》）（拥有云、风、日）

夫国非其有也，而欲**有之**，可谓至贪也。（《淮南子·道应》）（拥有国家）

③ 贫贱之致物也难，虽欲**过之**，奚由？（《吕氏春秋·本生》）（享有物质）

欲**专良善之名**，恶彼之胜己也。（《论衡·累害》）（享有名声）

祭祀之意，主人自尽恩勤而已，鬼神未必欲**享之**也。（《论衡·祀义》）（享有供物）按.据前文可知"之"指代供物。

臧霸等既富且贵，无复他望，但欲**终其天年**，保守禄祚而已。（《三国志·魏志·董昭传》）（享有自然寿命）

④ 吴起治西河，欲**谕其信**于民，夜日置表于南门之外，令于邑中曰："明日有人偾南门之外表者，仕长大夫。"（《吕氏春秋·慎小》）（表明信用）

俱欲**纳忠**，或赏或罚。（《论衡·幸偶》）（表明效忠）

谨更问天地何睹何见，时者欲**一语言**哉？（《太平经》丁部之二《分别四治法》）（表明态度）

今欲奉使展效臣节，安得不辱命之士乎？（《三国志·魏志·田畴传》）（表明节操）

帝尝在陵云台上坐，卫瓘在侧，欲**申其怀**，因如醉跪帝前，以手抚床曰："此坐可惜！"（《世

才能、实力、威力、威望、名声、神奇、身体、权谋、见解、弱点等的呈现[①];完成某事,具体有任务、命令、计划、事业等的预期做成[②];赢取某物,如奢侈、下棋、演奏等的获胜[③]等。其客体论元的性质多元,有代词性的、名词性的、谓词性的、小句、"之"字性成分和量词短语;句法位置也较灵活,既可以作宾语,也可以作主语,S_1、S_4 和 S_6 均有用例,如:

(1)公子地有**白马四**。公嬖向魋,魋**欲之**,公取而朱其尾鬣以与之。(《左传·定公十年》)($S_{1.1.1}$)

(2)(蓬启彊)对曰:"齐与晋、越欲**此**久矣。寡君无适与也,而传诸君,君其备御三邻。慎守宝矣,敢不贺乎?"(《左传·昭公七年》)($S_{1.1.1}$)按,"此"指代宝剑。

(接上页)说新语·规箴》)(表明想法)

① 志或郁结,欲**逞其才力**,输能于明君也。(《三国志·魏志·陈思王曹植传》)(显示才能)

晔独曰:"蜀虽狭弱,而备之谋欲以威武自强,势必用众**以示其有余**。"(《三国志·魏志·刘晔传》)(显示实力)

今不建不可攻之城,不可当之兵,而欲任匹夫之役,而**行三尺之刃**,亦细矣!(《盐铁论·论勇》)(显示威力)

欲**肆威**海外,乃使蒙恬将兵以北攻胡,辟地进境,戍于北河,蜚刍挽粟以随其后。(《史记·主父偃列传》)(显示威望)

而占鬼之人,闻其往时与夫、婴争,欲**见神审之名**,见其狂"诺诺",则言夫、婴坐其侧矣。(《论衡·死伪》)(显示名声)

八公之传欲**示神奇**,若得道之状。(《论衡·道虚》)(显示神奇)

以涂**身**则隐形,欲**见**则拭之。(《抱朴子·仙药》)(显示身体)

权不欲**见**,素无为也。(《韩非子·扬权》)(显示权谋)

张欲**自发**无端。(《世说新语·文学》)(显示见解)

今臣往,徒见赢瘠老弱,此必欲**见短**,伏奇兵以争利。(《史记·刘敬列传》)(显示弱点)

② 帝释念曰:"菩萨志隆,欲**成其弘誓之重任**,妻到坏其高志也。"(《六度集经》卷2,3/10a)(完成任务)

解扬曰:"所以许王,欲以**成吾君命**也。"(《史记·郑世家》)(完成命令)

丹所以诫田先生毋言者,欲以**成大事之谋**也。(《史记·刺客列传》)(完成计划)

今有汤、武之意,而无桀、纣之时,而欲**成霸王之业**,亦不几矣。(《淮南子·齐俗》)(完成事业)

③ 且二君之论,不务明君臣之义而正诸侯之礼,徒事争游猎之乐,苑囿之大,欲以**奢侈**相胜,荒淫相越,此不可以扬名发誉,而适足以贬君自损也。(《史记·司马相如列传》)(赢奢侈)

善博者不欲**牟**,不恐不胜。(《淮南子·诠言》)(赢棋)

太宗时,西国进一胡,善弹**琵琶**……上每不欲**番人胜中国**,乃置酒高会,使罗黑黑隔帷听之,一遍而得。(《朝野佥载》卷五)(赢演奏)

275

（3）昭侯十年，朝楚昭王，持**美裘**二，献其一于昭王而自衣其一。楚相子常欲之，不与。（《史记·管蔡世家》）（S₁.₁.₁）

（4）以无忌从之游，尚恐其不**我**欲也，今平原君乃以为羞，其不足从游。（《史记·魏公子列传》）（S₁.₁.₁）

（5）公曰："姜氏欲之，焉辟害？"（《左传·隐公元年》）（S₁.₁.₂）按，"之"指代把京地作为共叔段的封地这件事。

（6）广土众民，君子欲之，所乐不存焉。（《孟子·尽心上》）（S₁.₁.₂）

（7）侍者曰："**以赵之大而伐卫之细**，君若不欲则可也；君若欲之，请令伐之。"（《吕氏春秋·期贤》）（S₁.₁.₂）

（8）路说应之曰："然则公欲**秦之利**夫？"周颇曰："欲之。"路说曰："公欲之，则胡不为从矣。"（《吕氏春秋·应言》）（S₁.₁.₂）

（9）丕郑闻之，恐，因与缪公谋曰："晋人不欲**夷吾**，实欲**重耳**。"（《史记·秦本纪》）（S₁.₂/S₁.₂）

（10）凡欲**饵药**，陶隐居《太清方》中总录甚备，但须精审，不可轻脱。（《颜氏家训·养生》）（S₁.₂）

（11）愚人复言："我不欲**下二重之屋**，先可为我作最上屋。"（《百喻经》卷1，4/544b）（S₁.₂）

（12）平明欲**稀粥**，食手调羹臛。（王梵志《童子得出家》）（S₁.₂）

（13）子贡欲**去告朔之饩羊**。（《论语·为政》）（S₁.₃）

（14）欲**饮美酒**，唯得染唇渍口，不得倾盂覆斗。（《僮约》）（S₁.₃）

（15）颢与数十骑欲**奔萧衍**，至长社，为社民斩其首，传送京师。（《洛阳伽蓝记》卷一"永宁寺"条）（S₁.₃）

（16）唐冀州长史吉懋，欲**为男顼娶南宫县丞崔敬女**，敬不许。（《朝野金载》卷三）（S₁.₃）

（17）咎犯闻之不喜而哭，意不欲**寡人**反国耶？（《韩非子·外储说左上》）（S₁.₄）

（18）非子产持耳目以知奸，独欲**缪公**须问以定邪。（《论衡·非韩》）（S₁.₄）

（19）江南文制，欲**人弹射**，知有病累，随即改之，陈王得之于丁廙

也。(《颜氏家训·文章》)(S$_{1.4}$)

(20) 但欲**愚者悦**,不思贤者嗤。(白居易《立碑》)(S$_{1.4}$)

(21) 王欲**群臣之畏**也,不若无辨其善与不善而时罪之,若此则群臣畏矣。(《吕氏春秋·淫辞》)(S$_{1.5}$)

(22) 守正修理,不苟得者,不免乎饥寒之患,而欲**民之去末反本**,是由发其原而壅其流也。(《淮南子·齐俗》)(S$_{1.5}$)

(23) 矜己而伐能,小知而巨牧,欲**人之从己**,不能以己从人,莫视而自见,莫贾而自贵,此其所以身杀死而终菹醢也。(《盐铁论·颂贤》)(S$_{1.5}$)

(24) 夫言欲**王之亡**,可也;言无不,增之也。(《论衡·艺增》)(S$_{1.5}$)

(25) **富**,人之所欲也,何独弗欲?(《左传·襄公二十八年》)(S$_4$)

(26) **忠孝**,人君人亲之所甚欲也。(《吕氏春秋·劝学》)(S$_4$)

(27) 且又**淮北、宋地**,楚魏之所欲也,赵若许而约四国攻之,齐可大破也。(《史记·乐毅列传》)(S$_4$)

(28) **此**岂明主所欲**闻**哉?(《盐铁论·利议》)(S$_4$)

(29) 易道良马,**使人欲驰**;饮酒而乐,**使人欲歌**。(《淮南子·说林》)(S$_6$/S$_6$)

(30) 辟阳侯急,因**使人欲见平原君**。(《史记·陆贾列传附朱建传》)(S$_6$)

(31) 刘尹云:"见何次道饮酒,**使人欲倾家酿**。"(《世说新语·赏誉》)(S$_6$)

据所掌握的文献资料来看,"要"春秋已见,主要表"关键"义,如"握兵之要"(《左传·闵公二年》),进入本概念场当不晚于南北朝[①],如"王夷甫与裴景声志好不同,景声恶欲取之,卒不能回。乃故诣王,肆言极骂,要王答己,欲以分谤"(《世说新语·文学》),该例主要讲王夷甫和裴景声两人爱好志向不同,且裴讨厌王总是想起用他,并始终无法使其改变主意,于是故意去王那里破口大骂,想以此让王和自己对骂,从而使两人同受社会指责。故从前后文意来看,此例中的"要"当表"想要"义;且本句前言"要",后言"欲",亦证"要"当为想要之谓。不过此期其见次率不高

（如在所考察的 10 种南北朝至唐代文献中，表"想要"义的"要"仅 12 见）；支配的义域较窄，主要为获得利益、谋求环境、见簿书、讨论事情、消灭海水、知晓职位、等待时机、娶妻、伤害对方等[①]；客体论元的性质较简单，只有谓词性的和小句；句法位置也单一：只作宾语，如：

（1）（王）应当数数劝谏于我，作如是言："……我今**要说，若当有人，得天五欲及以人间上妙五欲，清净具足。是等诸欲，一人得已，不知厌足，更复增长，诸处寻求**。"（《佛本行集经》卷 23，3/762c）（$S_{1.3}$）

（2）不**要男为伴**，心里恒攀慕。（王梵志《家中渐渐贫》）（$S_{1.4}$）

表6.1　　先秦至唐代部分文献中"意欲"概念场典型成员用法调查

用法	文献	诗	论	左	孟	韩	吕	僮	史	淮	盐	衡	太	修	抱	三	法	陶	六	世	齐	书	洛	颜	百	佛	白	王	金	总计	谓语合计	世	齐	百	王	金	总计(要)
作谓语	$S_{1.1.1}$			5		1		3		4	1		2													1				17							
作谓语	$S_{1.1.2}$		1	3	1				3	5	1		1																	15							
作谓语	$S_{1.2}$	2	6	1		22		12		2	2	1			2				8	1	1				1	1		1	1	66							
作谓语	$S_{1.3}$	2	16	222	37	141	157	4	1175	142	64	255	152	37	109	200	32	8	126	161	40	112	18	19	90	237	56	15	40	3667		1	1		1		3
作谓语	$S_{1.4}$	5		8	6	10		27	3	1	15		1		3			6			4		11	1	2	5		1	2	124		1		1			2
作谓语	$S_{1.5}$	1		1	8	18		5	5	3	5				3				1					2						52							
作谓语	$S_{1.7}$								1																					1							
作谓语	S_4	1	2	12	2	4		3	3	1	4								1											34	4007						
作谓语	S_5		5	2		4	6	1	1		1			1					1						1					24				1			1
作谓语	S_6				2	4				1																				7							
作主语		2	17	9	14	24		37	22	7	7	10	2	7	9	2		6	1					1	4	1				181							
作宾语		1	7	3	15	15		28	8	6	8	5	1	8	3			9	2			1		1	1					123							
作定语			2	9	12	4		9	4	1	3	4					1	2	1						14					81							
作补语					1																									3							

①　利有深浅，**要**必须**求**，求之则有功能五种。（《佛本行集经》卷 24，3/763b）（获得利益）

此菜旱种，非连雨不生，所以不同春月**要求**湿下。（《齐民要术》卷三"种胡荽"条）（谋求环境）

鼎又云："既至此，岂不**要**见当家簿书？"（《朝野佥载》卷六）（见簿书）

吏问："欲知官乎？"曰："甚要。"（《朝野佥载》卷三）（知晓职位）按，前言"欲"，后言"要"，义同。

车匿，我今**要言**，假使酷暴极嗔怨家，犹尚不能如是损害，似汝今日踬顿于我。（《佛本行集经》卷 19，3/740b）（讨论事情）

我无价宝堕此中，是故**要枯大海水**。（《佛本行集经》卷 31，3/797a）（消灭海水）

诸佛夜不入人间，**要待斋时**而乞食。（《佛本行集经》卷 33，3/809a）（等待时机）

若必波波摩摩，**要欲**为我**娶妇**持立世者，必当须觅如是颜色如阎浮檀金形状者。（《佛本行集经》卷 45，3/862b）（娶妻）

其人闻已便大欢喜，"愿但教我，虽当自害**要望伤彼**。"（《百喻经》卷 4，4/554a）（伤害对方）

表6.2　　　　28种先秦至唐代文献中"意欲"概念场典型成员出现次数

词项＼文献用例数		诗	论	左	孟	韩	吕	僮	史	淮	盐	衡	太①	抱	三②	法	陶	世	齐	书③	洛	颜	译④	白	王	金	总计
欲	单	2	31	267	76	198	274	4	1317	196	85	308	172	133	225	36	9	171	47⑤	120	19	33	545	65	17	45	4395
	连	0	0	0	0	0	0	0	8	0	0	6	12	0	3	1	0	3	0	4	0	0	18	0	0	1	56
要	单	0	0	0	0	0	0	0	0	0	0	0	0	0	0	0	0	1	1	0	0	0	0	2	0	1	2	7
	连	0	0	0	0	0	0	0	0	0	0	0	0	0	0	0	0	0	0	0	0	0	0	0	0	0	0

要之，先秦至唐代时期，"意欲"概念场典型成员"欲"与"要"的发展极其不均衡，其中前者的句法功能较后者丰富：既可作谓语，又可以作主语、宾语、定语和补语，后者则只作谓语。作谓语时，前者客体论元的性质较后者多样：$S_{1.1}$、$S_{1.2}$、$S_{1.3}$、$S_{1.4}$、$S_{1.5}$、$S_{1.7}$ 均有用例，后者则未见 $S_{1.1}$、$S_{1.2}$、$S_{1.5}$、$S_{1.7}$ 用例。再者"欲"支配对象的范围与类型较"要"广："要"支配的对象主要为获得、谋求、见、讨论、消灭、知晓、等待、娶妻、残害中的一小部分；"欲"所支配的对象除此之外，还可以为吃、居住、躺卧、起身、打开、前往、离开、逃离、返回、进入、退出、登上、观看、察看、试探、找寻、选择、买、卖、拿、拉拽、游览、拜访、传授、学习、听取、询问、考虑、探究、判定、劝谏、安定、安抚、建议、举荐、同意、效法、继承弘扬、称颂、参与、治理、建造、制造、创作、安置、建立、制定、施行、恢复、使用、增加、减少、节省、给予、借、归还、感谢、医治、欺骗、迁移、焚烧、废除、断绝、禁止、抛弃、破坏、颠覆、等待、谴责、背叛、召集、派遣、攻打、讨伐、使畏惧、联合、抵挡、打败、逼迫、投降、撤兵、夺取、兼并、控制、捉拿、囚禁、治罪、解救、释放、免除、避免、躲避、报恩怨、礼遇、礼拜、亲近、嫁夫、结交、依附、侍奉、邀请、请求、扶助、扶立、任用、拥有、

---

① 由于"欲"在该书中用例多，我们仅调查了1—70卷的使用情况，下同。

② 由于"欲"在是书中用例多，我们仅调查了1—20卷的使用情况，下同。

③ 由于"欲"在本书中用例多，我们仅调查了20—40卷的使用情况，下同。

④ 中古 4 种译经（记为译），具体篇目为：《修行本起经》、《六度集经》、《百喻经》和《佛本行集经》前 20 卷。

⑤ 此为《齐民要术》正文的用例统计，《杂说》中有 1 例单用的"欲"表想要，未计入。

享有、表明、显示、完成、赢取等。此外前者支配对象的句法位置也较后者灵活：既有 S₁ 用法，也有 S₄ 用法；"后者则只有 S₁ 用法。最后前者的见次率也较后者高，如在所考察的 28 种先秦至唐代文献中二者单用的比例为4395 : 7（具体数据请见表 6.2），就此，我们可以推测出"欲"当为此期本概念场的主导词。

6.2.2 五代至清代时期

五代以后，"意欲"概念场的发展呈现如下特点：一是"欲"的义域和用法有所萎缩；二是"要"的义域与用法则快速扩张，与"欲"展开了主导词位置的争夺。

此期，"欲"在沿用前代用法的基础上呈现出以下变化：一是义域有所萎缩。尽管此期其支配的对象与五代以前的类型相当，既可以是获得某物，也可以是做某事，如获得财物 / 土地 / 声誉 / 贤才 / 利益 / 道义 ①、吃东西 ②、躺卧 ③、起

---

① 太子白言："愿欲**得**父王一切库藏所有**财宝饮食**，用施 一切。"（《敦煌变文校注·双恩记》）（获得财物）

绘曰："今虏之所欲，吾淮南川陕之**土地**耳。"（王绘《绍兴甲寅通和录》）（获得土地）

欲**得世上荣**，须是今生修福。（《敦煌变文校注·庐山远公话》）（获得声誉）

堂举浮山远和尚云："欲**得英俊**么，仍须四事俱备，方显宗师蹊径。"（《五灯会元》卷一七"泐潭善清禅师"）（获得贤才）

交兵欲［□］（**得**）**风头便**，对敌生曾（憎）日影斜。（《敦煌变文校注·李陵变文》）（获得利益）

或曰延寿，欲**得慧命**，扶持色身也。（《五灯会元》卷一九"龙门清远禅师"）（获得道义）按，"慧命"指佛法。

② 倾瞻化主，翘仰慈尊，同渴士欲**饮于琼将（浆）**，比旱苗待沾于春雨。（《敦煌变文校注·维摩诘经讲经文（一）》）（饮琼浆）

曰："欲**吃此食**，作何方便？"（《五灯会元》卷八"罗汉桂琛禅师"）（吃食物）

③ 一来莘毂下，愁闷惟欲**卧**。（苏轼《将官雷胜得过字代作》）（躺卧）

绣被寒多未欲**眠**，梨花枝上听春鹃。（《南村辍耕录·绿窗遗稿》）（躺卧）

身①、打开某物②、前往某地③、离开某地④、逃离某地⑤、返回某地⑥、进入某地⑦、退出某地⑧、登上某处⑨、见某物⑩、观看某物⑪、察看某物⑫、试探

---

① 帝欲起，贤未觉，怜贤不欲动之，命左右拔刀割断袖而起。(《敦煌变文校注·前汉刘家太子传》)(起身)

欲起温公问书法，武侯入寇寇谁家。(《南村辍耕录·汉魏正闰》)(起身)

② 欲开大藏，恐金有剩。(《敦煌变文校注·祇园因由记》)(开库藏)

苟使君强自迟回至冰散，则君尚欲开口，其事焉得哉！(《唐摭言·自负》)(开口)

③ 便辞父母，欲诣庵园，或(忽)于郊野之中，逢见维摩居士。(《敦煌变文校注·维摩诘经讲经文(四)》)(前往庵园)

欲到龙门看风水，关防不许暂离营。(《唐摭言·慈恩寺题名游赏赋咏杂纪》)(前往龙门)

④ 尔时太子既闻和尚之言，深欲出宫修道。(《敦煌变文校注·太子成道变文(一)》)(离开皇宫)

弟兄每有限身，别离无限苦，两下里欲去回头觑。(郑廷玉《楚昭王疏者下船》第三折)(离开家)

⑤ 遂被单于放火烧，欲走知从若边过？(《敦煌变文校注·李陵变文》)(逃离火灾)

夫欲逃生死，先须令心平等。(《敦煌变文校注·维摩诘经讲经文(四)》)(逃离生死)

⑥ 雀儿语燕子："侧耳用心听！如欲还君窟，且定觜头声。"(《敦煌变文校注·燕子赋(二)》)(返回巢穴)

虽无信风，人人苦欲归乡。(《入唐求法巡礼行记》卷二)(返回家乡)

⑦ 潘押衙云："载上人欲得入城来。请得越州牒，付余令进中书门下。"(《入唐求法巡礼行记》卷四)(入城)

故后进相谓曰："欲入举场，先问苏张；苏张犹可，三杨杀我。"(《唐摭言·升沈后进》)(入举场)

⑧ 于是前引，宝积后随，看看欲出离王城，未审拟[往？]于何处。(《敦煌变文校注·维摩诘经讲经文(二)》)(出城)

河中洗濯……既欲出来，不能攀岸。(《敦煌变文校注·八相变(一)》)(出水)

⑨ 更欲西登雪岭，亲诣灵山。(《敦煌变文校注·佛说阿弥陀经讲经文(二)》)(登雪岭)

僧等且欲上舶，押衙不肯。(《入唐求法巡礼行记》卷一)(登船)

⑩ 世尊因普眼菩萨欲见普贤，不可得见，乃至三度入定，遍观三千大千世界，觅普贤不可得见，而来白佛。(《五灯会元》卷一"释迦牟尼佛")(见普贤)

欲真个见得仁底模样，须是从"克己复礼"做工夫去。(《朱子语类》卷六《性理三》)(见模样)

⑪ 后贞观癸卯岁太宗向师道味，欲瞻风彩，诏赴京。(《五灯会元》卷一"四祖道信大医禅师")(观看风彩)

主人曰："汝能如此渡，甚好。更为我渡一遭，我欲观之。"(员兴宗《采石战胜录》)(观看鳖渡水)

⑫ 曰："若不务此，而徒欲泛然以观万物之理，则吾恐其如大军之游骑，出太远而无所归。"(《朱子语类》卷一七《学四或问上》)(察看事理)

遂于去年冬，分遣大臣奉使宣抚诸道，正欲其察政事之臧否，……俾所至之处如陛下亲临焉。(《南村辍耕录·阑驾上书》)(察看政事)

某物①、找寻某物②、选择某物③、买东西④、卖东西⑤、拿东西⑥、拉拽某物⑦、游览某地⑧、拜访某人⑨、学习某物⑩、听取某物⑪、询问某物⑫、读某物⑬、考

---

① 祖欲**试其所得**，乃以所施珠问三王子曰："此珠圆明，有能及否？"（《五灯会元》卷一"二十七祖般若多罗尊者"）（试探所得）

某云："大凡欲**探刺虚实**，皆是国势相敌，未测虚实，方遣使探刺。"（王绘《绍兴甲寅通和录》）（试探虚实）

② 欲**觅**于人，借问家内消息如何。（《敦煌变文校注·秋胡变文》）（找寻人）

临行，粘罕遣乌歇来云："传语童太师，昨来海上曾许**水牛**，如今相望甚近，欲**觅**十头，令送来。"（马扩《茅斋自叙》）（找寻水牛）

③ 况闻臣寮所请，但欲**择宗室为皇子**尔，未即以为储贰也。（欧阳修《论狄青札子〈至和三年〉》）（选择继承人）

会女真之变，其酋欲**取禅僧**十数人，师在选得免。（《五灯会元》卷一九"径山宗杲禅师"）（选择禅僧）

④ 偶一日卖柴次，有客姓安名道诚，欲**买能柴**，其价相当。（《祖堂集》卷二"惠能"）（买柴）

欲**买田**无使鬼钱。（宋王千秋《减字木兰花·阴檐雪在》）（买田）

⑤ 但云为吴兴典**田**千余缗，田主欲**卖**，不许为人所言耳，亦不知的否？（苏轼《与滕达道四十五首（之二十二）》）（卖田）

奴家公公又没了，无钱资送，只得把自己**头发**剪下，欲**卖**几文钞，为送终之用。（元高明《琵琶记》第二十五出）（卖头发）

⑥ 欲**持三桠根**，往侑九转鼎。（苏轼《紫团参寄王定国》）（拿人参根）

我欲**持刀**一意捕奸情，几乎杀害我哥哥命。（《小孙屠》第九出）（拿刀）

⑦ 僧作**礼**，师欲**扭住**，僧拂袖便行。（《五灯会元》卷三"麻谷宝彻禅师"）（扭僧）

欲要不**拔树**寻根觅下落，我子索盛吃些系并扒吊拷。（元纪君祥《赵氏孤儿》第三折）（拔树）

⑧ 辞乡本意：欲**巡圣国**，寻师学法。（《入唐求法巡礼行记》）（游览圣国）

过得三年后，受戒一切了，咨白和尚："启师：某甲欲得**行脚**，乞和尚处分。"（《祖堂集》卷六"洞山"）（游览各地）

⑨ 护弥曰："佛者不是凡人……"须达闻说，惊心骇神，渴仰之情，不离心腑："愿亦（谒）方所，欲**觐尊颜**。"（《敦煌变文校注·降魔变文》）（拜访佛者）

良臣因言："欲**谒陈桷、董旼**。"（王绘《绍兴甲寅通和录》）（拜访陈桷、董旼）

⑩ "若欲**学俗儒作文字**，纵攫取大魁"，因抚所坐椅曰："已自输了一着！"（《朱子语类》卷一二《学六》）（学习方法）

一人欲**学相气色**，其师与五色线一串，令入暗室中认之。（《朱子语类》卷一九《论语一》）（学习技艺）

⑪ 白庄曰："念经即是闲事，我等各自带杀，不欲得**闻念经之声**。"（《敦煌变文校注·庐山远公话》）（听取声音）

是将**投公药石之言，疗公膏肓之疾**，未知雅意欲**闻**之乎？（《唐摭言·怨怒懟直附》）（听取劝告）

⑫ ［欲**问若有如此事**］，经题名目唱将来。（《敦煌变文校注·破魔变》）（询问虚实）

方知欲**问这元因**，忽然是兄弟持刀刃，连叫两三声。（《小孙屠》第九出）（询问原因）

⑬ 所以欲诸公**将文字熟读**，方始经心，方始谓之习。（《朱子语类》卷二〇《论语二》）（读书）

虑某物①、讨论某事②、探究某物③、知晓某物④、判定某物⑤、劝谏某人⑥、安定某物⑦、建议某事⑧、举荐某人⑨、同意某事⑩、效法某物⑪、继承弘扬⑫、称

（接上页）史书浩浩充屋栋，人主欲**观**宁遍及。（《南村辍耕录·箕仙咏史》）（读史书）

① 欲摸（**谋**）**计策**辞宫内，又恐传扬哭国城。（《敦煌变文校注·双恩记》）（考虑计谋）

居二三年，忽欲**作归计**。（《南村辍耕录·贤烈》）（考虑计划）

② 某自守孤直，蒙大夫眷奖最深，辄欲**披陈其事**，略言首尾。（《唐摭言·主司失意》）（讨论事情）

江南所以再三遣使恳请上国，正为生灵不得休息，所以再遣某等前来，欲得**早定和议**。（王绘《绍兴甲寅通和录》）（讨论和议）

③ 然欲**探禅源**，罔知攸往。（《五灯会元》卷一二"长水子璇讲师"）（探究道理）

榜物者，欲**究极其物之理**，使无不尽，然后我之知无所不至。（《朱子语类》卷一五《大学二》）（探究事理）

④ 如今欲得**委省要**，却是山河大地，与汝诸人举明其事，却常亦能究竟。（《祖堂集》卷一二"中塔"）（知晓概况）

欲知来岁闰，先算至之余。（《南村辍耕录·授时历法》）（知晓时间）

⑤ 大王思忖，欲**定是非**："将向庙中，合知所以。"（《敦煌变文校注·太子成道变文（三）》）（判定是非）

（忧波提）即扣击论鼓，告集国人，欲与摩陁罗**定其优劣**。（《敦煌变文校注·佛说阿弥陀经讲经文（一）》）（判定优劣）

⑥ 臣欲**谏**，交恐社稷难存！（《敦煌变文校注·伍子胥变文》）（劝谏君主）

农欲**劝**之使勤，故有力田之秩。（欧阳修《南省试策五道〈并问目天圣八年〉》）（劝谏农民）

⑦ 报慈和：……欲得**安身**免负物，向南看北正先陀。（《祖堂集》卷七"雪峰"）（安定自身）

朝廷法度既隳，刑赏失宜，欲**天下宴安**，不可复得矣。（《南村辍耕录·刑赏失宜》）（安定天下）

⑧ 整求退，谓曰："此是我私宅，汝欲**有所言**，明日当诣政事堂。"（《南村辍耕录·待士》）（建议事情）

第补书之，因复谓曰："人之所以读书为士君子者，正欲为五常**主张**也。"（《南村辍耕录·御史五常》）（建议事情）

⑨ 其余或虽知，欲为**荐**言于人，复惧人不我信。（《唐摭言·知己》）（推荐知己）

（夏人）诧王曰："本朝尚武，而明公欲以文**进**，不已左乎？"（《南村辍耕录·治天下匠》）（推荐贤才）

⑩ 今匹夫臣庶尚不肯妄呼人为父，若欲**许其称此号**，则今后诏书须呼吾祖，是欲使朝廷呼蕃贼为我翁矣，不知何人敢开此口？（欧阳修《论元昊不可称吾祖札子〈庆历三年〉》）（同意做法）

望之度不可见，即语王洎云："国家委无许多金银，皇帝意甚不足。早来宣诏，云禁中有数世宝藏珠玉及象牙犀角，欲以此**准折**。"（郑望之《靖康城下奉使录》）（同意条件）

⑪ （帝）而谓诸臣曰："朕欲**法尧**而禅位与贤！"（《敦煌变文校注·前汉刘家太子传》）（效法做法）

且如国既治，又却絜矩，则又欲其四方皆**准**之也。（《朱子语类》卷一四《大学一》）（效法规范）

⑫ 今之君子，昧于《春秋》大一统之旨，而急于我元开国之年，遂欲**接辽以为统**。（《南村辍耕录·正统辩》）（继承传统）

师云："他时后日若欲得**播扬大教**去，一一个个从自己己胸襟间流将出来，与他盖天盖地去

颂某物①、治理某物②、建造某物③、制造某物④、创作某物⑤、安置某物⑥、建立某物⑦、制定某物⑧、施行某物⑨、恢复某物⑩、谋求某物⑪、使用某物⑫、增加某

（接上页）摩？"（《祖堂集》"岩头"）（弘扬教义）

① 会有客以丝桐诣公，公善之，而欲**振其名**；命以乘马迎珏，共赏绝艺。（《唐摭言·怨怒戆直附》）（称颂名声）

帝欲重**旌其功**，对曰："富与贵悉非所愿，但得自在足矣。"（《南村辍耕录·大军渡河》）（称颂功绩）

② 举者高也，烛者明也，欲使寡人高明而**治道**乎？（《敦煌变文校注·前汉刘家太子传》）（治理国家）

哀矜，谓如有一般大奸大恶，方欲**治之**，被它哀鸣恳告，却便恕之。（《朱子语类》卷一六《大学三》）（治理奸恶）

③ 阇维毕，分舍利，各欲**兴塔**。（《五灯会元》卷一"二十三祖鹤勒那尊者"）（建造佛塔）

且于古今事变，礼乐名物，未尝考识，使国家欲**兴明堂**，建辟雍，制历律，草封禅，又将何所致其用乎？（王阳明《传习录中·答顾东桥书》）（建造明堂）

④ 本州张推官欲**造棨戟**，云旧出门下。（欧阳修《与韩忠献王〈稚圭〉四十五通》）（制造棨戟）

欲**治舟**往封禺松竹间，念此游之不可再也，歌以寿之。（姜夔《鹧鸪天·也》）（制造船只）

⑤ 我欲**修书**，逡巡至今，忽承足下出守夔国，于苍生之望，则为不幸。（《唐摭言·师友》）（创作作品）

自闻变故，即欲**撰哀词**，以表契义之万一，不知葬里之详。（苏轼《答孙志康书》）（创作哀辞）

⑥ 故先生编礼，欲以中庸大学学记**等篇置之卷端**为礼本。（《朱子语类》卷一九《论语一》）（安置篇目）

相温云："已差李靖充大使，王永昌充副使，撒卢拇充计议，欲于二国信使中**留一员随军**，恐贵朝军马上燕地，把定关隘，本朝借路时要得分辨。"（马扩《茅斋自叙》）（安置随从）

⑦ 仆所邀明公枉车过陋巷者，岂徒欲**成君子之名**而已哉？（《唐摭言·怨怒戆直附》）（建立名声）

尝欲**作一说**，教人只将大学一日去读一遍，看他如何是大人之学，如何是小学，如何是"明明德"，如何是"新民"，如何是"止于至善"。（《朱子语类》卷一四《大学一》）（建立方法）

⑧ 京城内仇军容拒救，不欲**条流**。（《入唐求法巡礼行记》卷三）（制定条例）

若欲**立言示训**，则须契勘教子细，庶不悖于古人！（《朱子语类》卷五《性理二·性情心意等名义》）（制定盟约）

⑨ 居上者欲得其人，在下者欲**行其道**，其可得邪？（欧阳修《问进士策四首》）（施行主张）

上堂：……迦叶欲**行正令**，未免眼前见鬼。（《五灯会元》卷一九"径山宗杲禅师"）（施行正令）

⑩ 且古**陂废堰**，多为侧近冒耕，岁月既深，已同永业，苟欲**兴复**，必尽追收，人心或摇，甚非善政。（苏轼《奏议四首·上皇帝书》）（恢复建筑）

欲复自家元来之性，乃恁地悠悠，几时会做得？（《朱子语类》卷八《学二》）（恢复本性）

⑪ 欲**求神妙药**，免被死王侵。（《敦煌变文校注·欢喜国王缘》）（谋求妙药）

唯有逆子贼臣，欲**谋王之国政**，怀邪抱佞，不谨风谣。（《敦煌变文校注·降魔变文》）（谋求政权）

⑫ 我为济贫，开王库藏；又恐虚竭，不欲**破除**。（《敦煌变文校注·双恩记》）（使用财宝）

今人却是自家先自不正当了，阿附权势，讨得些官职富贵去做了，便见别人阿附讨得富贵底，便欲**以所以恕己者**而恕之。（《朱子语类》卷一八《大学五或问下》）（使用方法）

物①、减少某物②、给予某物③、借某物④、感谢某物⑤、医治某物⑥、欺骗某物⑦、迁移某物⑧、焚烧某物⑨、废除某物⑩、断绝某物⑪、禁止某物⑫、抛弃某物⑬、

---

① 如有，切请录示全文，欲**添入**此一节。(《五灯会元》卷一五"育王怀琏禅师")(增加章节)

绘曰："欲更**增岁币**耳。"(王绘《绍兴甲寅通和录》)(增加岁币)

② 乾符中，颜标典鄱阳，鞠场宇初构，岩杰纪其事，文成，粲然千余言；标欲**刊去**一两字，岩杰大怒。(《唐摭言·海叙不遇》)(减少字)

贯惊，因云："吾窃虑常胜军将来为患，欲与**削了**，如何？"(马扩《茅斋自叙》)(减少势力)

③ 百丈曰："我有**书**兼有**信物**，欲得**送**药山尊者，你持书速去。"(《祖堂集》卷四"药山")(给予信和信物)

遂同造主人，主人感谢，欲**赠以礼**，辞不受。(《南村辍耕录·飞云渡》)(给予礼物)

④ 僧问："象田有屠龙之剑，欲**借**一观时如何？"(《五灯会元》卷一七"象田梵卿禅师")(借剑)

次日有殿前指挥使姚璠、枢密承旨萧夔、都管乙信来伴食，因请所持**书榜**，云："两府官欲**借看**。"(马扩《茅斋自叙》)(借书榜)

⑤ 新妇欲**拜谢阿婆**，便乃入房中，取镜台妆束容仪，与夫相见。(《敦煌变文校注·秋胡变文》)(感谢阿婆)

燕子到来，即欲向前**词谢**。(《敦煌变文校注·燕子赋(一)》)(感谢凤凰)

⑥ 净能曰："此病是**野狐之病**，欲得**除喻(愈)**，但将一领毡来，大钉四枚，医之立差。"(《敦煌变文校注·叶净能诗》)(医治野狐之病)

⑦ 曰："某甲不欲**瞒和尚**。"(《五灯会元》卷一三"金峰从志禅师")(欺骗和尚)

盖当时已料其真伪不可知，不欲**逆诈**，亦以慰一时之人心耳。(《南村辍耕录·发宋陵寝》)(欺骗世人)

⑧ 近五代时，后唐清泰帝患**晋祖**之镇太原也，地近契丹，恃兵跋扈，议欲**徙之**于郓州。(欧阳修《为君难论上〈庆历三年〉》)(迁移晋祖)

温峤欲**迁都**豫章，三吴之豪欲**迁**会稽，将从之矣，独王导不可。(苏轼《志林十三条·论古》)(迁移都城)

⑨ 阳光染就欲**烧空**，谁能窥化工。(宋张抡《阮郎归·深亭邃馆销清风》)(焚烧天空)

旦，得火器场中，验器底有李字，因悟昔我焚彼家，以其家人产子，不欲**焚**。(《南村辍耕录·释怨结姻》)(焚烧李家)

⑩ 以中间丞相惠书有云："既欲不**绝祭祀**，岂肯过为吝爱，使不成国？"(王绘《绍兴甲寅通和录》)(废除祭祀)

抑有邻国容心于其间，密将激怒大国，而不欲**终其惠**于敝邑？(王绘《绍兴甲寅通和录》)(废除施恩)

⑪ 问："与朋友**交**，后知其不善，欲**绝**，则伤恩。"(《朱子语类》卷一二《学六》)(断绝交往)

又问："夫子非不明德，其历诸国，岂不欲春秋之民皆**止于至善**？"(《朱子语类》卷一四《大学一》)(断绝为善)

⑫ 至于思虑妄发，欲**制**之而不能。(《朱子语类》卷一一《学五·读书法下》)(禁止不良现象)

圣人便欲人就外面**拦截**得紧，见得道理分明，方可正得心，诚得意。(《朱子语类》卷一五《大学二》)(禁止祸乱奸邪)

⑬ 只为乐修苦行，专欲**舍身舍命**。(《敦煌变文校注·妙法莲华经讲经文(二)》)(抛弃性命)

古汉语心理活动概念场词汇系统演变研究

破坏某物①、等待某物②、谴责某物③、背叛某人④、召集某人⑤、派遣某人做某事⑥、攻打某物⑦、讨伐某人⑧、抵挡某人⑨、打败某人⑩、逼迫某人⑪、投降⑫、消

（接上页）岂欲**弃**前日之信乎？（《唐摭言·怨怒戆直附》）（抛弃信用）

① 室氏劝先生私之，正色而答曰："……汝乃反欲**败**吾德耶！"（《南村辍耕录·嫁妾犹处字》）（破坏品德）

越明年二月，苗寇至，欲**毁**孔子庙。（《南村辍耕录·死护文庙》）（破坏庙宇）

② 若必欲**等**大觉了，方去格物、致知，如何等得这般时节！（《朱子语类》卷一七《学四或问上》）（等待时机）

欲**待**曲终寻问取，人不见，数峰青。（苏轼《江城子·湖上与张先同赋》）（等待时间）

③ 周怀政之诛，帝怒甚，欲**责及**太子，群臣莫敢言。（《宋史·李迪传》）（谴责太子）

所以"子华使于齐，冉子与之粟五秉"……只是才过取，便深恶之，如冉求为之聚敛而欲**攻**之，是也。（《朱子语类》卷一六《大学三》）（谴责子华）

④ 辞**骨**肉，欲相陪（**背**），宫中眷属起悲哀。（《敦煌变文校注·妙法莲华经讲经文（一）》）（背叛骨肉）

王曰："我子，不欲**违拒**。"（《敦煌变文校注·双恩记》）（背叛儿子）

⑤ 下营未了，顿食中间，陵欲**攒**军，方令击鼓。（《敦煌变文校注·李陵变文》）（召集士兵）

迦叶告阿庠世王："我今欲**集**如来三藏。愿大王为我檀越。"（《祖堂集》卷一"迦叶"）（召集如来三藏）

⑥ 朝廷又欲**遣**张子奭复往贼中，仍闻且只令在延州，伺候贼意，待其来迎，方敢前进。（欧阳修《论乞不遣张子奭使元昊札子〈庆历三年〉》）（派遣张子奭前往延州）

欲**遣**佳人寄锦字，夜寒手冷无人呵。（苏轼《百步洪二首（并叙）》）（派遣佳人寄锦字书）

⑦ 及**秦**负约，楚王欲**攻**之，轸又劝曰……（洪迈《容斋随笔·陈轸之说疏》）（攻打秦国）

当时将相，为谋不审，盖欲**攻黠虏**方**强**之国，不先以谋困之，……所以不能成功也。（欧阳修《政府进札子五首》其一）（攻打敌国）

⑧ 越王唤范蠡问曰："寡人今欲**伐吴国**，其事如何？"（《敦煌变文校注·伍子胥变文》）（讨伐吴国）

后舍厘君欲兴甲马**讨于频婆娑罗王**，王遂筑战城，因此呼为王舍城。（《敦煌变文校注·双恩记》）（讨伐频婆娑罗王）

⑨ （郑王）即欲兴兵**相敌**，虑恐士卒不胜。（《敦煌变文校注·伍子胥变文》）（抵挡子胥的军队）

夫为政如此，而欲**抗威**决胜，外攘内修，未见其可也。（《宋史·兵志十一》）（抵挡敌人）

⑩ 自家此心便欲**争夺**推倒那人，定要得了方休。（《朱子语类》卷一六《大学三》）（打败对手）

重珍言："若耻败而欲**胜**之，则心不平而成忿，气不平而成怒，生灵之命，岂可以忿怒用哉！"（《宋史·蒋重珍传》）（打败敌人）

⑪ 贼欲**胁**之**降**，以从民望，景茂骂曰……（《南村辍耕录·忠烈》）（逼迫投降）

母强挽以出，制未百日，母欲**夺志**。（《南村辍耕录·傅氏死义》）（逼迫改变志向）

⑫ 抑又闻之，古者**大国**之伐小国也，一为欲其土地，二为欲其**臣服**。（王绘《绍兴甲寅通和录》）（投降大国）

蕃官诈称木征欲**降**，邀大将景思立来迎。（《宋史·蔡齐传》）（投降景思立）

286

灭某物^①、夺取某物^②、兼并某地^③、控制某物^④、残害某物^⑤、捉拿某物^⑥、治罪某人^⑦、解救某物^⑧、免除某物^⑨、报恩怨^⑩、礼遇某物^⑪、亲近某人^⑫、娶

---

① 其所以报者，欲**浇君恃才傲物**之过，而补君之阙。(《唐摭言·怨怒鬓直附》)(消灭过错)

欲得忘形**泯晨迹**，努力伯阖空里步。(《五灯会元》卷一三"洞山良价禅师")(消灭痕迹)

② 赤录事是某等清要官，今补**进士**欲**夺**，则等色人无措手足矣!(《唐摭言·自负》)(夺取官职)

某云:"如今举大兵前来，设若欲**取江南州县**与他别人，却坏了元帅军马，不晓何苦为他如此。"(王绘《绍兴甲寅通和录》)(夺取土地)

③ 况自昔军中，胆能寒虏，而今胸次，气欲**吞胡**。(宋代刘过《沁园春·寿》)(兼并胡虏)

望之又云:"女真本一小国，初以人马强盛之势尽灭契丹。终能以礼义与**中国**通好，岂不为美?"……望之又云:"若一向恃强，务欲**并吞**，但恐天理不能如此。"(郑望之《靖康城下奏使录》)(兼并中原)

④ 欲**制商**，使其不得不从，则莫若痛裁之，使无积货。(欧阳修《通进司上书〈康定元年〉》)(控制商人)

欲**制江浙**以削平，极汝海隅而混一。(《南村辍耕录·檄》)(控制江浙)

⑤ 欲得不**损眼**，分明识取经。(《五灯会元》卷一〇"灵隐玄本禅师")(损害眼睛)

"毋骄恃力"，如恃气力欲胡乱**打人**之类。(《朱子语类》卷七《学一》)(侵害身体)

寇争夺之，竟又欲犯**朵那身**。(《南村辍耕录·女奴义烈》)(侵犯身体)

师又曰:"以君臣偏正言者，不欲**犯中**，故臣称君，不敢斥言是也。"(《五灯会元》卷一三"曹山本寂禅师")(触犯中间)

因奴家不肯便生嗔，将刀欲**害伊家命**。(《小孙屠》第九出)(谋害性命)

有怨有悲，有智有惠，嫌煞生怨债，不欲**煞生**。(《敦煌变文校注·双恩记》)(杀害生灵)

⑥ 正欲**收之**，畏倒社墙，**鼠**得保命长，毕身一死者，良由所托处强使然也。(《敦煌变文校注·前汉刘家太子传》)(捉拿老鼠)

显忠戒吴俊往探淮水可度马处，欲**执兀术**归朝。(《宋史·李显忠传》)(捉拿敌人)

⑦ 今欲**据法科绳**，实即不敢咋呀。(《敦煌变文校注·燕子赋(一)》)(治罪雀儿)

帅返，惊叹，讯二卒，欲**罪之**。(《南村辍耕录·兰节妇》)(治罪士卒)

⑧ 平王囚禁，远书相命，欲**救慈父**，……(《敦煌变文校注·伍子胥变文》)(解救父亲)

下山欲久(救)**众生苦**，洗浊(濯)垢腻在熙连。(《敦煌变文校注·破魔变》)(解救众生)

欲**救悬沙(丝)之危**，事亦不应迟晚。(《敦煌变文校注·大目干连冥间救母变文》)(解救危难)

⑨ 若欲皆令**免苦辛**，无过求得摩尼宝。(《敦煌变文校注·双恩记》)(免除辛苦)

欲**免心中闹**，应须看古教。(《五灯会元》卷七"报慈从瑰禅师")(免除喧闹)

⑩ 师僧退后，师却云:"欲**报师恩**，无过守志;欲**报王恩**，无过流通大教。"(《祖堂集》卷九"罗山")(报恩德)

器远问:"子房以家世相韩故，从少年结士，欲**为韩报仇**，这是有所为否?"(《朱子语类》卷一七《学四或问上》)(为韩报仇)

⑪ 欲**礼毫光**长隐暎，每逢妙相即沉吟。(《敦煌变文校注·妙法莲华经讲经文(四)》)(礼遇毫光)

念念尽来趋宝座，人人皆欲**礼金僵**。(《敦煌变文校注·维摩诘经讲经文(一)》)(礼遇金僵)

⑫ 欲**亲其所亲**，欲长其所长，而自家里面有所不到，则是不能尽之于内。(《朱子语类》卷一五《大学二》)(亲近亲近的人)

妻①、嫁夫②、结交某人③、依附某人④、侍奉某物⑤、邀请某人⑥、请求某物⑦、任用某人⑧、拥有某物⑨、享有某物⑩、显示某物⑪、完成某事⑫等，但未见对

（接上页）族不可合，则虽欲**亲**之而无由也。（苏轼《策别十七首》之八）（亲近族人）

① 遮王有敕，续告四子："若欲**姻媾**，莫婚他族，宜亲内姓，无令种姓断绝。"（《祖堂集》卷一"释迦牟尼佛"）（娶妻）

十四岁，父母取归，欲**与婚媾**。（〔五灯会元〕卷九"仰山慧寂禅师"）（娶妻）

② 更隐小孤烟浪里，望断彭郎**欲嫁**。（辛弃疾《贺新郎·觅句如东野》）（嫁夫）

舅姑怜其少也，**欲嫁**之，使左右风之，即引刀截发以见志，乃止。（《南村辍耕录·一门三节》）（嫁夫）

③ 昔辟阳侯欲**与朱建相知**，建不与相见。（《唐摭言·怨怒戆直附》）（结交贤才）

又令："北海上累年交好，自古以来未尝有者。或欲**做兄弟**，或欲**做叔侄**，或欲**结为知友**。"（赵良嗣《燕云奉使录》）（结交兄弟/叔侄/朋友）

④ 中书禾奏："奏宣旨，不欲令及第进士**呼有司为座主，趋附其门**。（《唐摭言·慈恩寺题名游赏赋咏杂纪》）（依附有司）

侍者须兄参一切后，侍者便谘白和尚："这个是某甲兄，欲**投师**出家，还得也无？"（《祖堂集》卷四"药山"）（依附和尚）

⑤ 我欲**供佛**佛即现，我欲**供天**天亦现。（《五灯会元》卷二〇"侍郎张九成居士"）（侍奉佛/天）

山北多龙湫，土人欲有所事，则投之。（《南村辍耕录·龙湫献灵》）（侍奉龙湫）

⑥ 昔蒯人为商而卖冰于市，客有苦热者将买之，蒯人自以得时，欲**邀客**以数倍之利。（《唐摭言·自负》）（邀请客人）

今乃不弃卑微，敢欲**邀君**一食。（《敦煌变文校注·伍子胥变文》）（邀请君王）

⑦ 欲**乞罢臣此命**，不使圣朝慎选之清职，遂同例授之冗员。（欧阳修《辞侍读学士札子〈嘉祐三年三月〉》）（请求罢免职务）

神附云："某欲**乞虞公撰一保文**，申达上帝，用求迁升耳。"（《南村辍耕录·箕仙有验》）（请求帮忙）

⑧ 台州万年雪巢法一禅师……年十七，**试上座**。从祖仕淮南，欲**官**之，不就。（《五灯会元》卷一八"万年法一禅师"）（任用贤才）

子相亦被执，魁欲**官**之。相曰："……我忠臣子，讵能事贼邪？"（《南村辍耕录·忠烈》）（任用忠臣）

⑨ 如说父子欲**其亲**，君臣欲**其义**，是他自会如此，不待欲也。（《朱子语类》卷六《性理三·仁义礼智等名义》）（拥有亲属关系/仁义）

⑩ 盖财者，人之所同好也，而我欲**专其利**，则民有不得其所好者矣。（《朱子语类》卷一六《大学三》）（享有好处）

功成身退，欲**享其乐**，二也。（苏轼《内制批答七十六首》）（享有快乐）

⑪ 须菩提具威仪而出会，整法服而翘诚；欲**兴无相之谈**，乃发有疑之问。（《敦煌变文校注·降魔变文》）（显示无相之谈）

佛世尊，在菴园说法，欲**彰利济之心**，遂入王宫教化得五百太子。（《敦煌变文校注·维摩诘经讲经文（一）》）（显示利济之心）

⑫ 若欲**遂本愿**，从楚州、海州直大路向北亦得。（《入唐求法巡礼行记》卷三）（完成心愿）

筑仙台，欲**成就**，敕令道士飞练仙丹。（《〈入唐求法巡礼行记〉卷四》）（完成工程）

爵位、成功、俸禄、功名、尊重、尊贵、安定、长寿、忠诚、拥护、方法等获得的用例，也未见居住、传授、安抚、使畏惧、参与、节省、归还、颠覆、撤兵、囚禁、释放、避免、躲避、扶助、扶立、表明等的用例。二是用法也有所萎缩。伴随着义域的式微，其支配对象的性质范围有所缩小，未见动量宾语例（$S_{1.7}$ 用法），且代词宾语例和"之"字性短语例（$S_{1.1}$ 与 $S_{1.5}$ 用法）的使用语域受限，主要见于具有南方方言背景的文献中，如在 12 种五代至元代的文献中，前者我们仅在《五灯会元》与《朱子语类》中各索得 1 例，后者仅在《朱子语类》中检得 6 例，其中 1 例为引用《论语》。从使用者的方言背景来看，除去引用的，7 例使用者均是南方人 [①]。支配对象的句法位置也较单一：主要作宾语，未见充当主语例（S_4 用法 [②]），也不能出现在使令句中（S_6 用法），以下是"欲"在此期的部分用例：

（1）耳目口鼻四肢之欲，惟分是安，欲个**甚**么？（《朱子语类》卷一二《学六》）（$S_{1.1.1}$）

（2）杨大年以书抵宜春太守黄宗旦，使请师**出世说法**。……守问其故? 对曰："始为让，今偶欲之耳。"（《五灯会元》卷一二"石霜楚圆禅师"）（$S_{1.1.2}$）

（3）欲**新民**，而不止于至善，是"不以尧之所以治民者治民"也。（《朱子语类》卷一四《大学一》）（$S_{1.2}$）

（4）欲**旧帖之真面目**，四也。（《南村辍耕录·淳化阁帖》）（$S_{1.2}$）

（5）欲**识从前生长处**，应知总在率陀天。（《敦煌变文校注·佛说阿弥陀经讲经文（二）》）（$S_{1.3}$）

（6）欲**报俺横亡的父母恩**，托赖着圣明皇帝福。（《赵氏孤儿》第四折）（$S_{1.3}$）

（7）两下进兵夹攻契丹，即马军不得过关，盖欲**南朝乘本朝兵势就近自取**。

---

① 《五灯会元》与《朱子语类》中代词宾语例与"之"字性短语宾语例使用者里籍和方言区分布：湖南籍湘方言区：石霜楚圆 1 例；浙江籍吴方言区：贺孙 1 例；福建籍闽方言区：陈淳 2 例；江西籍吴方言区：余大雅 1 例；江西籍赣方言区：金去伪 1 例；湖北籍北方方言区：万人杰 1 例。尽管万人杰是湖北人，但他曾经在江西南康见朱子，所以不排除南方生活经历对他语言的可能影响。

② 《朱子语类》中检得的 S_4 用法为引用《论语》例，故应排除。

（马扩《茅斋自叙》）（S$_{1.4}$）

（8）我欲**子孙孝于我**，而我却不能孝于亲；我欲**亲慈于我**，而我却不能慈于子孙，便是一畔长，一畔短，不是絜矩。（《朱子语类》卷一六《大学三》）（S$_{1.4}$/S$_{1.4}$）

（9）且所贵乎简者，非谓欲**语言之少**也，乃在中与不中尔。（《朱子语类》卷一一《学五·读书法下》）（S$_{1.5}$）

（10）记言"辞欲巧"，非是要人机巧，盖欲**其辞之委曲**耳。（《朱子语类》卷二〇《论语二》）（S$_{1.5}$）

较之于"欲"的式微，五代至清代则为"要"的迅速扩张期，呈现如下特点：一是句法功能的扩张。除了作谓语外，还可以充当主语、宾语和定语。如"那个敢解我！要便连绳儿抬去见驾"（《西游记》第八三回）此为"要"单独充当主语例；"要打骂人容易"（《红楼梦》第三回）是为与对象一起构成动宾短语充当主语例；"满园秋果熟，要者近前尝"（《五灯会元》卷一五"乐净含匡禅师"）该为"者"字结构充当主语例；"你要的是虚价，还的是实价"（《老乞大新释》）此为"的"字结构充当主语例；"第七遍捏作此像，更不裂损，每事易为，所要者皆应矣"（《入唐求法巡礼行记》卷三）是为"者"字结构糅合"所"字结构充当主语例；"这般说，便都依了你的要价罢"（《朴通事新释谚解》）该为与支配对象一起充当宾语例；"逐所要而一任般取，随希求而不障往来"（《敦煌变文校注·双恩记》）此为"所"字结构充当宾语例；"这还是当年先父带来，原系义忠亲王老千岁要的"（《红楼梦》第一三回）是为"的"字结构充当宾语例；"卖段子的道：'你官人们……要时请下马来看'"（《朴通事谚解》）该为"要"单独充当定语例；"要往家里走的时候儿"（《华音启蒙谚解》）此为与对象一起构成动宾短语充当定语例；"所要之徒皆与人"（《敦煌变文校注·盂兰盆经讲经文》）是为"所"字结构充当定语例。此外，作谓语时除了单用外，还可以用在表示正反问的"V 不 V"和表示选择问的"VA 还是 B"的新型构式中，前者例如"外人知道，这性命脸面要也不要"（《红楼梦》第七四回），后者例如"客官，你要南京的，还是那杭州的、苏州的呢"（《老乞大新释》）。二是义域的扩张。此期其所支配的对象除了前见的获得利益、谋求、见、讨论、消灭、知晓、等待、娶妻、伤害等外[①]，还可以是获得财物／土地／爵位／功名／名声／贤才／道理等[②]；吃东西，具体有对食物的餐、食、吃、咬、吞、吐、哈、喝、饮等[③]；居住某处，如住净

[①]（姐道、我郎呀、）你要**风流好处**自去随深浅，深深笼水浅笼沙。（《夹竹桃·深深笼水》）（获得利益）

本子要借路儿苟**图个出身**，如今都团了行不用别人。（宫天挺《死生交范张鸡黍》第一折）（谋求环境）

师问云岩："马有角，你还**见**也无？"对曰："有，要**见**作么？"（《祖堂集》卷四"药山"）（见马角）

诸禅德若要**论禅说道**，举唱宗风，只如当人分上，以一毛端上有无量诸佛转大法论，于一尘中现宝王刹。（《五灯会元》卷八"观音渝换禅师"）（讨论禅道）

（烧金子道人）见国王敬佛法，便使黑心，要**灭佛教**，但见和尚，便拿着曳车解锯，起盖三清大殿，如此定害三宝。（《朴通事谚解》）（消灭佛教）

行者笑脸儿骂道："泼怪物！你要**知我的手段**，且上前来，我说与你听——"（《西游记》第五二回）（知晓手段）

说要**等他们**伙伴，声势很阔。（《三侠五义》第四二回）（等待伙伴）

倘或他有个好和歹，你再要**娶这么一个媳妇**，这么个模样儿，这么个性情的人儿，打着灯笼也没地方找去。（《红楼梦》第十回）（娶妻）

魔王慌了手脚，又变作一只金钱花斑的大豹，要**伤饿虎**。（《西游记》第六一回）（伤害饿虎）

[②] 又老人出水，与石崇曰："如君再要**珍珠宝贝**，可将空船来此相候取物。"（《宋四公大闹禁魂张》）（获得财物）

王员外有，他要**现钱**，不肯赊欠。（无名氏《小张屠焚儿救母》第一折）（获得财物）

阿骨打云："**西京地**本不要，止为去挐阿适须索一到。（阿适天祚小字。）若挐了阿适，也待与南朝。"（赵良嗣《燕云奉使录》）（获得土地）

如南朝不要**燕地**，则渠国自取之，朝廷不得不发兵救燕。（马扩《茅斋自叙》）（获得土地）

皇帝语子玉："卿要何**官职**，卿何不早道！"（《敦煌变文校注·唐太宗入冥记》）（获得爵位）

何况又有他叔叔马朝贤在朝，再连催几套文书，这不是要**地方官纱帽**么？（《三侠五义》第六一回）（获得爵位）

况且你要**取功名**，这个也清贵些。（《红楼梦》第八二回）（获得功名）

麝月道："我也是乐一天是一天，比不得你要**好名儿**，使唤一个月再多得二两银子！"（《红楼梦》第九二回）（获得名声）

咱们这样人家的姑娘，倒不要这些才华的**名誉**。（《红楼梦》第六四回）（获得名声）

你们若要**先生**，俺替你把周先生请来。（《儒林外史》第二回）（获得贤才）

曰："某旧时亦曾如此思量，要得一个直截**道理**。元来都无他法，只是习得熟，熟则自久。"（《朱子语类》卷一二《学六·持守》）（获得道理）

[③] 若不**餐**，动经三十五十日；要**餐**，顿可食六七十料不足。（《敦煌变文校注·叶净能诗》）（餐食）

行者见了，……又变作一只金眼猱狲，声如霹雳，铁额铜头，复转身要**食大豹**。（《西游记》第六一回）（食大豹）

291

土、瑶天、香房、上房、会馆、报恩寺等①；睡②；起身③；打开某物，具体如使门、口、诗本、袋子、棺木、字帖等开启④；关闭某物，如使眼、门

（接上页）你老要**吃鲤鱼**幺，可巧可好。(《华音启蒙谚解》)（吃鲤鱼）

后头那马每日恼怒乱叫，常要蹄**咬**杀人，这般闹噪。(《训世评话》下)（咬人）

二人赶过涧去，见那怪盘做一团，竖起头来，张开巨口，要**吞八戒**，八戒慌得往后便退。(《西游记》第六七回)（吞八戒）

所以达磨大师烦恼，……要为诸人**吐却**，又被牙齿碍。(《五灯会元》卷二〇"龟峰慧光禅师")（吐人）

老爷要**哈茶**呢？(《华音启蒙谚解》)（哈茶）

纵然是砒霜毒药，俺也要**喝**的。(《三侠五义》第一〇六回)（喝毒药）

丫鬟看见，知他要**饮酒**，忙着走上来斟。(《红楼梦》第三八回)（饮酒）

① 菩萨摩诃萨若要身**居净土**，即先［净］其心。(《敦煌变文校注·维摩诘经讲经文（三）》)（住净土）

因在凡间嫌地窄，立心端要**住瑶天**。(《西游记》第七回)（住瑶天）

约郎约到月上天，……你要**住奴个香房**奴情愿宁可小阿奴奴困在大门前。(《山歌·月上》)（住香房）

公孙策道："来时原不要**住上房**，是你们小二再三说，我才住此房内。(《三侠五义》第七回)（住上房）

我们同来的朋友是他不住客店要**住会馆**呢，随他到那里住去是啊。(《华音启蒙谚解》)（住会馆）

道士定要拉着手，送出大门，问明了："老爷下处在**报恩寺**，小道明日要到尊寓，着实盘桓几日。"(《儒林外史》第三〇回)（住报恩寺）

② 师云："**要眠则眠，要坐则坐**"。(《祖堂集》卷一七"岑和尚")（想要睡）

忽然一日晚夕，这秀才独在厅堂里要**睡**呵，睡不着，暗暗有啼哭声。(《训世评话》下)（想要睡）

（白）阿娘身，阿娘身，惯要来个人前说别人，几次人前说我懒朴要**困**。(《山歌·汤婆子竹夫人相骂》)（想要睡）

吟罢搁笔，方要**安寝**，丫鬟报说："宝二爷来了。"(《红楼梦》第四五回)（想要睡）

及至到了晚间，自己却要早些**就寝**。(《三侠五义》第一〇三回)（想要睡）

③ 识得凳子，四脚着地，要坐便坐，要**起**便**起**。(《五灯会元》卷一八"龙鸣贤禅师")（想要起身）

宝玉听了，将手一拍说道："这可丢了，往那里找去！"就要**起身**自己寻去。(《红楼梦》第三一回)（想要起身）

坐了一回，月娘要**起身**，说道……(《金瓶梅词话》第一五回)（想要起身）

④ 老孙还要**打开**那门，与他见个好歹，恐师父在此疑虑盼望，故先来回个信息。(《西游记》第一九回)（开门）

那米店的赵老二，扯银炉的赵老汉，本来上不得台盘，才要**开口**说话，被严贡生睁开眼睛喝了一声，又不敢言语了。(《儒林外史》第六回)（开口）

万雪斋正要**揭开诗本**来看，只见一个小厮飞跑进来，禀道："宋爷请到了。"(《儒林外史》第

等合拢^①；前往某地，如赶赴王舍、祠堂、襄阳、广东等地^②；离开，如与情人、公孙策、楚地、大观园等的分开^③；逃离某物，具体如脱离生死、束缚、追杀、刺杀、仇人、埋伏等^④；返回某地，诸如回归东京、嘉兴、阳谷

（接上页）二二回）（打开诗本）

　　主人走进去，拿出一个**红布口袋**……余敷正要**打开**拿出土来看，余殷夺过来道："等我看。"（《儒林外史》第四五回）（打开袋子）

　　谁知他恼羞成怒，在县告了，说他兄弟死的不明，要**开棺**检验。（《三侠五义》第六回）（开棺）

　　见颜生拿个**字帖儿**，正要**开看**，猛抬头见了冯君衡，连忙让座，顺手将字帖儿搋在书内，彼此闲谈。（《三侠五义》第三六回）（打开字帖）

　　① 凤姐刚要**合眼**，又见一个男人一个女人走向炕前，就像要上炕似的。（《红楼梦》第一一三回）（闭眼）

　　三番五次，缠的老和尚急了，说道："你是何处光棍! 敢来闹我们! 快出去! 我要**关山门**!"（《儒林外史》第三八回）（关闭山门）

　　② 要**来王舍**程非远，拟往香风路不赊。（《敦煌变文校注·双恩记》）（前往王舍）

　　焦大越发连贾珍都说出来，乱嚷乱叫说："我要**往祠堂**里哭太爷去。"（《红楼梦》第七回）（前往祠堂）

　　本要**赴襄阳**去，无奈施生总要过了考试，或中或不中，那时再定夺起身。（《三侠五义》第一一八回）（前往襄阳）

　　（我）到船行家里，打听跑海大船，就有一个使船的，说是："客人要上那里去?""我要**上广东**的。"（《华音启蒙谚解》）（前往广东）

　　③ 生散散要**去**的冤家也，（亏你）弄醉留住了。（《挂枝儿·骂杜康》）（离开情人）

　　公孙策左右一看，不见了白玉堂……公孙策道："他决意要**去**，就是派雨墨跟了去，他也要把他支开。"（《三侠五义》第一○三回）（离开公孙策）

　　今闻此子原籍福建，一时配合了，他日要**离**了归乡，相隔着四五千里，这怎使得? ……况令郎名在楚籍，婚在**楚地**，还闽之说，必是不妥，为之奈何? （《二刻拍案惊奇》卷三○）（离开楚地）

　　都说**大观园**中有了妖怪……那些看园的没有了想头，个个要**离此处**。（《红楼梦》第一○二回）（离开大观园）

　　④ 转身败了要**逃生**，却被悟空抵死逼。（《西游记》第二○回）（逃离死亡）

　　大圣正要使"瘦身法"，想要**脱身**，却被那魔念动《紧绳咒》，紧紧扣住，怎能得脱? （《西游记》第三四回）（逃离束缚）

　　那番子见势头勇猛，正要**逃走**，二百人卷地齐来，犹如暴风疾雨。（《儒林外史》第三九回）（逃离追杀）

　　他们两个一上一下要咧半天，这女儿终是敌不过他，要往**外跑**的时候儿，这刀子就刺他心窝里去啊。（《华音启蒙谚解》）（逃离刺杀）

　　我一个人走迷了道儿，遇见**仇人**，我要**逃回**，却不见你们一人跟着我。（《红楼梦》第一一六回）（逃离仇人）

　　智化暗道："好历害法子! 幸亏这里无人隐藏，倘有**埋伏**，就是要**跑**，却从何处出去呢?"（《三侠五义》第一○二回）（逃离埋伏）

县、宫廷、店铺、家里、故乡、祖国等①；进入某地，如入城、郡王府、乌浩宫、京、别人家里、私塾、花园、房间等②；退出某地，如出三界、公堂、衙门、屋子等③；登上某处，具体如升天、上乌巢、上山、上肩头、上桌子、上耳房、上轿、上船等④；观看某物，具体有对等花、呆雁、月亮、

---

① 那高俅在临淮州，因得了赦宥罪犯，思量要**回东京**。(《水浒全传》第二回)(返回东京)

不多几日，蓬公孙来辞，说蓬太守有病，要**回嘉兴**去侍疾。(《儒林外史》第一三回)(返回嘉兴)

正要**回阳谷县**去抓寻哥哥，不料又在清河县做了都头，却也欢喜。(《金瓶梅词话》第一回)(返回阳谷县)

他故知是他儿女，赐了我等御酒，教我们来拿你，要他公主**还宫**。(《西游记》第三〇回)(回宫)

(施俊)正要**回店**，却是集场之日，可巧遇见了卖粮之人，姓李名存，同着一人姓郑名申，正在那里吃酒。(《三侠五义》第九六回)(回店)

鲁编修道："……我因匆匆要**返舍**，就苦辞了他。"(《儒林外史》第一〇回)(回家)

尤公看那妇人，是要**回故乡**的意思，心里不忍。(《儒林外史》第三八回)(回故乡)

(行者)笑问国王曰："陛下原来是这等惊忧！今遇老孙，幸而获愈，但不知可要金圣宫**回国**？"(《西游记》第六九回)(回国)

② 孝民更不说话，便要**入城**。(马扩《茅斋自叙》)(入城)

当时郡王在轿里看见，叫帮总虞候道："我从前要寻这个人，今日却在这里。只在你身上，明日要这个人**入府**中来"(《碾玉观音》上)(入府)

行者道："有一事要**入乌浩宫**见水德星君，你在此作甚？"(《西游记》第五一回)(进入乌浩宫)

满月之后，小王又要**进京**去选官。(《儒林外史》第二六回)(进京)

那先生下了轿，正要**进那人家去**。(《儒林外史》第一七回)(进入那人家里)

话说余大先生在虞府坐馆，早去晚归，习以为常。那日早上起来，洗了脸，吃了茶，要**进馆**去。(《儒林外史》第四八回)(进入私塾)

岂知贾芸近日大门竟不得进去，绕到后头要**进园内**找宝玉，不料园门锁着，只得垂头丧气的回来。(《红楼梦》第一〇四回)(进园)

我听了着忙，正要**进房**拿要紧东西，被一伙人浑推浑赶出来的。(《红楼梦》第一〇五回)(进房)

③ 师曰："只此信心，亘古亘今。快须究取，何必沈吟。要**出三界**，三界唯心。"(《五灯会元》卷一〇"新兴齐禅师")(退出三界)

正要**退堂**，见两个人进来喊冤，知县叫带上来问。(《儒林外史》第五回)(退出公堂)

新官押着他就要**出衙门**，县里人都说他是个混账官，不肯借房子给他住，在那里急的要死。(《儒林外史》第三二回)(退出衙门)

满屋一瞧，并不见鸳鸯，里头只是黑漆漆的，心下害怕。正要**退出**，见有十数个大橱，橱门半掩。(《红楼梦》第一一六回)(退出屋子)

④ 得成，无所不遂，尊师忽(或)要**升天**，须去即[去]，须来便来。(《敦煌变文校注·叶净能诗》)(升天)

那禅师传了经文，踏云光，要**上乌巢**而去，被三藏又扯住奉告，定要问个西去的路程端的。

热闹、扇子、遗迹、捉妖、对决、相貌、景致等的观赏[①]；察看某物，比如对真伪、道理、伤情、实情、贡院、土色、法度、货物、动静、疑点、品行、质量等的考察[②]；试探某物，比如对本领、心志、志向、想法、进益、

（接上页）（《西游记》第一九回）（上乌巢）

再拿了银提炉，整顿身上诏敕并衣服巾帻，却待再要上山去。（《水浒全传》第一回）（上山）

姐道弗识羞，弗识羞见红膝裤补来雨肩头，咳嗽吐痰就得知你个痰里病，要阿奴奴两脚**上肩头**。（《山歌·补肩头》)（上肩头）

只见张老听见乌盆答应了，他便忽的跳将起来，恨不能要**上公案桌子**。（《三侠五义》第五回）（上桌子）

猛然想起要**上耳房**之时，脚下一滑，身体往前一栽，想是将刀甩出去了。（《三侠五义》第三〇回）（上耳房）

各部院堂官俱赴大理寺，惟有枢密院颜查散颜大人刚要**上轿**，只见虞侯手内拿一字束回道……（《三侠五义》第八二回）（上轿）

鲁英也要**上船**，智化拉住道："二弟，咱们仍在此等。"((《三侠五义》第一一六回）（上船）

① 盖了这房子，那西壁厢还要打一道墙，前面坌一个花台，好栽花，我要临窗看书，也要**看花**哩。（《朴通事新释谚解》卷三）（看花）

因为宝姐姐要**看呆雁**，我比给他看，不想失了手。（《红楼梦》第二六回）（看呆雁）

早已说今年中秋要大家一处**赏月**。（《红楼梦》第七六回）（看月亮）

紫鹃道："我听见宝二爷娶亲，我要来**看看热闹儿**。谁知不在这里，也不知是几儿儿。"（《红楼梦》第九七回）（看热闹）

后来他要我主人**扇子瞧**，却把他的扇子求我主人写。（《三侠五义》第三九回）（看扇子）

北侠听了，便要**看**古人的**遗迹**。（《三侠五义》第六五回）（看遗迹）

两旁看热闹之人，闻听有人会**捉妖**的，不由的都要**看看**，后面就跟了不少的人。（《三侠五义》第四回）（看捉妖）

展爷暗道："丁二真正淘气。立刻他也来**难我**了。倒要**看看**。"（《三侠五义》第一五回）（看对决）

谁不要**瞧瞧**官儿娘子是**什么样**，全当做希罕儿一般。（《三侠五义》第九八回）（看相貌）

娘子因初到南京，要到外面去**看看景致**。（《儒林外史》第三三回）（看景致）

② 是身**虚伪**，……要君**察**，道心开，此事因依义理排。（《敦煌变文校注·维摩诘经讲经文（三）》）（察看真伪）

当静坐涵养时，正要**体察**思绎**道理**，只此便是涵养，不是说唤醒提撕，将道理去却那邪思妄念。（《朱子语类》卷一二《学六·持守》）（察看道理）

林黛玉只当烫的十分利害，忙上来问怎么烫了，要**瞧瞧**。（《红楼梦》第二六回）（察看伤情）

纣王恼怒不听，说："我听得圣人的心里有七个窍笼。**老实有这等么？我要看**。"（《训世评话》上）（察看实情）

话说周进在省城要**看贡院**，金有余见他真切，只得用几个小钱同他去看，不想才到天字号，就撞死在地下。（《儒林外史》第三回）（察看贡院）

（主人）向余敷、余殷说道："今日请两位贤弟来，就是要**看看**这山上**土色**，不知可用得？"（《儒林外史》第四五回）（察看土色）

众人以为新奇，正要**看看**是何**制度**。（《三侠五义》第九回）（察看法度）

强弱、深浅等的探索①；找寻某物，具体如对母亲、妻子、姊妹、姨爹、眼药、船只、刀子、绳子、僻静处、寓所、学房等的寻找②；选择某物，具体有对诸如文章、路程、吉日、位置、客人、奴才、妃子、武林高手等的选取③；买东西，比如将酒、园子、麦稃、茶点心、官、米、时表、挂钟等购

（接上页）听说新**货**已到，乐（老）子要到那里**看看**。（《三侠五义》第二四回）（察看货物）

俺今日夜间倒要**看**个**动静**。（《三侠五义》第八四回）（察看动静）

蒋爷暗道："事有**可疑**，倒要**看看**。"（《三侠五义》第八六回）（察看疑点）

金公道："且不要忙。他现在此居住，我还要细细**看看**他的**行止**如何。如果真好，慢慢再提亲不迟。"（《三侠五义》第八九回）（察看品行）

既是**好银子**，我先要**看**了**银子**，写契罢。（《老乞大新释》）（察看质量）

① 柴进一来要**看**林冲**本事**；二者要林冲赢他，灭那厮嘴。（《水浒全传》第九回）（试探本领）

我要**看**他的**心志**，买死的白狗噴他。（《训世评话》下）（试探心志）

那年周岁时，政老爹便要**试**他将来的**志向**，便将那世上所有之物摆了无数，与他抓取。（《红楼梦》第二回）（试探志向）

且说次日凤姐吃了早饭过来，便要**试试宝玉**，走进里间说道："宝兄弟大喜，老爷已择了吉日要给你娶亲了。你喜欢不喜欢？"（《红楼梦》第九七回）（试探想法）

原来众客心中早知贾政要**试**宝玉的功业**进益**如何，只将些俗套来敷衍。（《红楼梦》第一一七——一八回）（试探进益）

黛玉笑道："倒要**试试**咱们谁**强**谁**弱**，只是没有纸笔记。"（《红楼梦》第七六回）（试探强弱）

（公孙策）想罢，回明按院，他要明日亲去**探水**。（《三侠五义》第八五回）（试探深浅）

② 明日头，鸡叫时起来，要**寻**见**母亲**和娘子去，行到东城门外，撞见旧使唤的老汉子，问："我母亲和娘子都在那里？"（《训世评话》下）（找寻母亲和妻子）

刚要**寻**别的**姊妹**去，忽见前面一双玉色蝴蝶，大如团扇，一上一下迎风翩跹，十分有趣。（《红楼梦》第二七回）（找寻姊妹）

要**寻**两个又有根基又富贵又年青又俏皮的两位**姨爹**，好聘嫁这二位姨娘的。（《红楼梦》第六三回）（找寻姨爹）

行者道："……今有些眼泪汪汪，故此要**寻眼药**。"（《西游记》第二一回）（找寻眼药）

那汉问道："却才见兄长只顾问梁山泊路头，要**寻船**去。那里是强人山寨，你待要去做甚么？"（《水浒全传》第一一回）（找寻船只）

要**寻刀**刎颈，要**寻绳子**上吊，鬀髻都滚掉了。（《儒林外史》第五四回）（找寻刀子/绳子）

季恬逸道："先生这件事，我们先要**寻**一个**僻静**些的去**处**，又要宽大些。"（《儒林外史》第二八回）（找寻僻静处）

三人说要**寻**一个**寓所**。（《儒林外史》第二八回）（找寻寓所）

你如今要闹出了这个**学房**，再要**找**这么个地方，我告诉你说罢，比登天还难呢。（《红楼梦》第一〇回）（找寻学房）

③ 我小弟有二三百银子，要**选**一部**文章**。（《儒林外史》第二八回）（选择文章）

凤姐冷笑道："你们要**拣远路儿**走，叫我也难说。早告诉我一声儿，有什么不成的，多大点子事，耽误到这会子。"（《红楼梦》第二五回）（选择路程）

进^①；卖东西，如用酒、盐、刀、（王）罢、旧枕箱、马、娃娃等去换钱^②；拿东西，比如用手或其他方式将折脚铛子、金击子、盒儿、葫芦、酒杯、碗、玉等抓住^③；拉拽某物，具体包括对物或人的拔、抽、牵、拖、扯、

（接上页）我们要**拣个好日子**回去，就去算一卦如何？（《老乞大新释》）（选择吉日）

那人才要**拣个座头**，只见南面项福连忙出席，向武生一揖，口中说道……（《三侠五义》第一三回）（选择位置）

学生子，邮了小娘倒要**拣客人**。（《山歌·拣孤老》）（选择客人）

袭人冷笑道："我一个人是奴才命罢了，难道连我的亲戚都是奴才命不成？定还要**拣实在好的丫头**才往你家来。"（《红楼梦》第一九回）（选择奴才）

现今有个外藩王爷，最是有情的，要**选一个妃子**。（《红楼梦》第一一七回）（选择妃子）

朕久已要**选武艺超群的**，未得其人。（《三侠五义》第二二回）（选择武林高手）

① 智深道："俺是行脚僧人，游方到此经过，要**买碗酒**吃。"（《水浒全传》第四回）（买酒）

太子说："我这园不卖。他若要**买**我的时，除非黄金满布园地。"（《西游记》第九三回）（买园子）

郓哥道："我前日要**籴些麦稃**，一地里没籴处，人都道你屋里有。"（《金瓶梅词话》第五回）（买麦稃）

鲍廷玺走上岸，要**买个茶点心**吃，忽然遇见一个少年……（《儒林外史》第二七回）（买茶点心）

因而趁便就说要与贾蓉**捐个前程**的话。（《红楼梦》第一三回）（买官）

那人家，我才刚去要**籴米**，他不肯粜与我，他们做下现成的饭，教我们吃了，又教吃你带来。（《老乞大新释》）（买米）

我要**买几块时表**、三四箇**挂钟**呢。（《华音启蒙谚解》）（买时表 / 挂钟）

② 自家要**卖酒**，便教人不得卖酒；自家要**榷盐**，便教人不得卖盐。（《朱子语类》卷一六《大学三》）（卖酒 / 盐）

当时林冲看了，吃了一惊，失口道："好**刀**！你要**卖**几钱？"（《水浒全传》第七回）（卖刀）

（韦丹）骑一个蹶驴子，到洛阳地面里去时，见路边打鱼的人，拿一个长几尺的**大王罢**来，桥上放在要**卖**，众人都要买煮吃。（《训世评话》上）（卖王罢）

那晚在差人家，两口子商议，要把这个**旧枕箱**拿出去卖几十个钱来买饭吃。（《儒林外史》第一三回）（卖旧枕箱）

客人们，你这**马**要**卖**幺？是，我要**卖**的。（《老乞大新释》）（卖马）

那人笑道："怨得你等要**卖娃娃**，原来地名就叫娃娃谷。"（《三侠五义》第一一八回）（卖娃娃）

③ 师曰："我有个**折脚铛子**，要他提上挈下。"（《五灯会元》卷五"药山惟俨禅师"）（拿折脚铛子）

八戒一把扯住道："哥啊，我听得他在这房里说，要**拿甚么金击子**去打哩。须是干得停当，不可走露风声。"（《西游记》第二四回）（拿金击子）

我这大官人不是这等人，只凭还要**掇着盒儿**认亲。（《金瓶梅词话》第七回）（拿盒儿）

那妇人接了葫芦，上上下下把老和尚一看，止不住眼下泪来，便要**拿葫芦**去打酒。（《儒林外史》第三八回）（拿葫芦）

当下探春等还要**把盏**，宝琴等四人都说："这一闹，一日都坐不成了。"（《红楼梦》第六二回）（拿酒杯）

拉、拉扯等①；游览某地，比如到花街、南京、瘟神庙等各地出游②；拜访某人，具体有对老宿、太师、太上老君、老师、姊妹、父母等的看望③；传授某物，具体有把道理、暗语、武艺、知识方法等教给别人④；学习某物，具

（接上页）紫鹃才要**拿**时，黛玉意思还要喝一口，紫鹃便托着那**碗**不动。（《红楼梦》第九○回）（拿碗）

上回他要**拿玉**出去，便是要脱身的样子，被我揪住，看他竟不像往常，把我混推混揉的，一点情意都没有。（《红楼梦》第一二○回）（拿玉）

① 不禁小耶（邪），忽（或）要**拔地**移山，即使一神符。（《敦煌变文校注·叶净能诗》）（拔地）

结识私情隔条浜，湾湾走转两三更，小阿奴奴要**拔只金钗银钗**造条私情路，咦怕私情弗久长。（《山歌·隔》）（拔钗子）

刚要**抽剑**，忽见灯光一晃却是个人影儿，连忙从窗牖孔中一望，不禁大喜。（《三侠五义》第二九回）（抽剑）

慧曰："凡人既不知本命元辰下落处，又要**牵好人**入火坑，如何圣贤于打头一着不凿破？"（《五灯会元》卷二○"侍郎张九成居士"）（牵人）

那两个勾死人只管扯扯拉拉，定要**拖他**进去。（《西游记》第三回）（拖人）

方家老太太入祠，他们都要去陪祭候送，还要**扯了我**也去。（《儒林外史》第四八回）（扯人）

和尚眈着眼，要**拉到他**跳河，被丁言志操了一交，骨碌碌就滚到桥底下去了。（《儒林外史》第五四回）（拉人）

李纨在旁只管劝说："姨娘别生气。也怨不得姑娘，他满心里要**拉扯**，口里怎么说的出来。"（《红楼梦》第五五回）（拉扯人）

② 着上这双鞋儿也，少要**花街转**。（《挂枝儿·表记》）（游览花街）

王玉辉说起："在家日日看见老妻悲恸心下不忍，意思要到外面去作游儿时。又想，要**作游**，除非到**南京**去。那里有极大的书坊，还可以逗着他们，刻这三部书。"（《儒林外史》第四八回）（游览南京）

他等众人皆是在**瘟神庙**会齐，见了北侠。……北侠道："……劣兄只得在此耽延几时，俟结案无事，我还要在此处**游览**一回，也不负我跋涉之劳。"（《三侠五义》第七六回）（游览瘟神庙）

他在上头拘束惯了，这一出去，自然要到**各处**去顽顽逛逛，岂有这样大气的理！（《红楼梦》第三二回）（游览各处）

③ 师曰："……诸人要**见二老宿**么？宁可截舌，不犯国讳。"（《五灯会元》卷一四"大洪守遂禅师"）（拜访老宿）

要**见太师**呵！则除是关山靠梦魂。（狄君厚《晋文公火烧介子推》第四折）（拜访太师）

（大圣）顿然醒悟道："兜率宫是三十三天之上，乃离恨天**太上老君**之处，如何错到此间？也罢、也罢！一向要来**望此老**，不曾得来，今趁此残步，就望他一望也好。"（《西游记》第五回）（拜访太上老君）

臧蓼斋道："门生正要同敝友来**候老师**，不想反劳老师先施。"（《儒林外史》第三二回）（拜访老师）

才要**望候众姊妹**们去，忽见惜春遣人来请，尤氏遂到他房中来。（《红楼梦》第七四回）（拜访姊妹）

施生道："只因小婿离家日久，还要到家中**探望双亲**。"（《三侠五义》第一○一回）（拜访父母）

④ 圣人所以将格物、致知教学者，只是要**教**你理会得这个**道理**，便不错。（《朱子语类》卷一八《大学五或问下》）（传授道理）

体如对功夫、举业、道行、烧银之法、作诗方法、凑分子做法等的研习①；听取某物，如听教训、笑话、野话、见闻、喜事等②；询问某事，具体如对路程、下落、情况、原委、事情等的问询③；考虑某物，比如对品行、资金

（接上页）原来强人**市语**唤杀人做"推牛子"，焦吉便要**教**这十条龙苗忠杀了万秀娘。（《万秀娘仇报山亭儿》）（传授暗语）

欲拜为门徒，学些**武艺**……行者闻言忍不住呵呵笑道："你这殿下，好不会事！我等出家人，巴不得要**传**儿个徒弟。"（《西游记》第八八回）（传授武艺）

要**教书**咥吃个学堂难寻，要算命咥弗晓得个五行生克，要行医咥弗明白个六脉浮苛。（《山歌·山人》）（传授知识）

宦成道："老爷，我有甚么财发？"差人道："你这痴孩子！我要**传授**了……"（《儒林外史》第一三回）（传授方法）按，据前文可知"传授"的是发财之道。

① 今之学者，本是困知、勉行底资质，却要**学**他生知、安行底**工夫**。（《朱子语类》卷八《学二·总论为学之方》）（学习工夫）

先生曰："既是父要公习**举业**，何不入郡学。"（《朱子语类》卷一三《学七·力行》）（学习举业）

祖师道："那山唤名烂桃山。你既吃七次，想是七年了。你今要从我**学**些甚么**道**？"（《西游记》第二回）（学习道行）

这位公子却有钱癖，思量多多益善，要**学**我这**烧银之法**。（《儒林外史》第一五回）（学习烧银之法）

那一日你说你师父叫你讲一个月的书就要给你**开笔**，如今算来将两个月了，你到底开了笔了没有？（《红楼梦》第八五回）（学习作诗方法）

昨儿不过老太太一时高兴，故意的要**学**那小家子**凑分子**，你们就记得，到了你们嘴里当正经的说。（《红楼梦》第四三回）（学习凑分子的做法）

② 而今因大老师和世叔来，是两位大名下，所以，要时常来**聆**老师和世叔的**教训**。（《儒林外史》第四八回）（听教训）

原是凤姐儿和鸳鸯都要**听**刘姥姥的**笑话**，故意都令说错，都罚了。（《红楼梦》第四〇回）（听笑话）

两个女先儿要弹词上寿，众人都说："我们没人要**听**那些**野话**，你厅上去说给姨太太解闷儿去罢。"（《红楼梦》第六二回）（听野话）

你去甚么地方来着？走的地方忒多，记不清楚。你说一个来罢。我要**听**着。（《华音启蒙谚解》）（听见闻）

孟杰道："这第**四喜**不知是什么？倒要**听听**。"（《三侠五义》第九九回）（听喜事）

③（禅师）被三藏又扯住奉告，定要问个西去的**路程**端的。（《西游记》第一九回）（询问路程）

子虚这里安排了一席，请西门庆来知谢，就**问**他银两**下落**。（《金瓶梅词话》第一四回）（询问下落）

且说项福正与玉堂叙话，见有个老者上得楼来，衣衫褴褛，形容枯瘦，见了西面老者，紧行几步，双膝跪倒，二目滔滔落泪，口中苦苦哀求。那老者仰面摇头，只是不允。展爷在那边看着，好生不忍。正要**问**时……（《儒林外史》第一三回）（询问情况）

（黛玉）因记挂着要问芳官那**原委**，偏有湘云香菱来了，正和袭人芳官说笑，不好叫他，恐人又盘诘，只得耐着。（《红楼梦》第五八回）（询问原委）

周转、计策、办法、利弊等的思考①；探究某物，比如对佛法、事理、诗歌等的探讨研究②；劝谏某人，如对众人、正头娘子、秀才、宝玉、黛玉等的规劝③；安定某物，比如使局势、国家、心情、心神等平安稳定或平静稳定④；安抚某物，如对离愁、嫂子、相公等的抚慰⑤；举荐某人，比如对官

（接上页）花冲说："你是自小儿出家，还是半路儿呢？还是故意儿假扮出道家的样子，要**访**什么**事**呢？要实实说来。快讲！快讲！"（《三侠五义》第六六回）（询问事情）

① 直是要伊一**念**无私，即有出身之路。（《五灯会元》卷一四"大阳警玄禅师"）（考虑品行）

日来听得孙二要出外**打旋**，不知如何。等它来时，把几句劝它则个。（《小孙屠》第四出）（考虑资金周转）

他昨晚看着你的袈裟，只哭到更深时候，看也不曾敢看，思量要**图**长久，做个传家之宝，设**计定策**，要烧杀老爷。（《西游记》第一六回）（考虑计策）

心下正要替宝玉**想**出一个**主意**来脱此难，正好忽然逢此一惊，即便生计。（《红楼梦》第七三回）（考虑办法）

这几年姑娘冷眼看着，或有该添该减的去处二奶奶没行到，姑娘竟一添减，头一件于太太的事**有益**……本来无可添减的事，如今听你一说，倒要找出两件来**斟酌斟酌**，不辜负你这话。（《红楼梦》第五五回）（考虑利弊）

② 欲识心珠先发愿，要**穷佛法**传香灯。（《敦煌变文校注·欢喜国王缘》）（探究佛法）按."欲""要"对举义同。

今人务博者却要尽**穷天下之理**，务约者又谓"反身而诚"，则天下之物无不在我者，皆不是。（《朱子语类》卷一八《大学五或问下》）（探究事理）

黛玉笑道："正要**讲究讨论**，方能长进。你且说来我听。"香菱笑道："据我看来，诗的好处，……"（《红楼梦》第四八回）（探究诗歌）

③ 今于经首得安"如是"之［□］（者），一为结集之词，二要**劝人**生信。（《敦煌变文校注·维摩诘经讲经文（一）》）（劝谏众人）

薛嫂道："这位娘子，说起来你老人家也知道，就是南门外贩布杨家的**正头娘子**。……有他家一个嫡亲姑娘，要**主张**着他嫁人。"（《金瓶梅词话》第七回）（劝谏正头娘子）

牛玉圃走上去扯劝，被两个**秀才**啐了一口，说道："……你不知道罢了，既知道，还要来替他**劝闹**，连你也该死了！"（《儒林外史》第二二回）（劝谏秀才）

宝林二人不防，……我及至到那里要**说合**，谁知两个人倒在一处对赔不是了。（《红楼梦》第三○回）（劝谏宝玉和黛玉）

④ 绘等曰："某使人此来，专为恳请大国和议。若得速了，甚幸。然若要**太平**不难，只在大国一言而已。"（王绘《绍兴甲寅通和录》）（安定局势）

子要你治国**安邦**，去邪归正，纳士招贤，立汉兴刘。（杨梓《霍光鬼谏》第三折）（安定国家）

薛霸道："那里信得你说？要我们**心稳**，须得缚一缚。"（《水浒全传》第八回）（安定心情）

宝玉便借此说："你们今夜先睡一回，我要**定定神**。"（《红楼梦》第一○四回）（安定心神）

⑤ （要）**慰离愁**，除非是一封书信。（《挂枝儿·得书》）（安抚离愁）

贾瑞道："我要到**嫂子**家里去**请安**，又恐怕嫂子年轻，不肯轻易见人。"（《红楼梦》第一一回）（安抚嫂子）

300

吏、贤者、诗社社长等人选的推荐①；同意某事，具体如对做黠私情事、前往等的赞同②；效法某物，比如对尧舜、唐僧、排场等的模仿③；继承弘扬某物，具体有对祖业、功业、精神、风气等的承继与发扬④；称颂某物，如对他人、自己等的赞扬⑤；参与某物，比如加入梁山泊、蟠桃会、考试等⑥；准备某物，具体有对筵席、茶饭、妆奁等的备办⑦；整理某物，如对线、行

（接上页）包兴听了此言，又见**相公**形景可惨，恐怕愁出病来，只得要撒谎**安慰**。（《三侠五义》第三回）（安抚相公）

① 李大人道："世家子弟，怎说得不肯**做官**？我访的不差，是要荐的！"（《儒林外史》第三三回）（举荐官吏）

那时正值天子求贤，康大人也要想**荐**一个人。（《儒林外史》第三六回）（举荐贤者）

若是要**推**我作社长，我一个社长自然不够。（《红楼梦》第三七回）（举荐诗社社长）

② 若要隔河**听渠做黠私情事**，世间邮得更个长鸡巴。（《山歌·麻》）（同意做黠私情事）

我昨日就要**叫你去的**，偏又忘了。（《红楼梦》第五七回）（同意前往）

③ 所谓志者，不道将这些意气去盖他人，只是直截要**学尧舜**。（《朱子语类》卷八《学二·总论为学之方》）（效法尧舜）

小和尚道："师公差了。**唐僧**乃是离乡背井的一个行脚僧。你这等年高，享用也彀了，倒要**象他**做行脚僧，何也？"（《西游记》第一六回）（效法唐僧）

他要**学**国初帖括的**排场**，却也不是中和之业。（《儒林外史》第四六回）（效法排场）

④ 前来经文说父母种种养育，千辛万苦，不惮寒喧（暄），乞求长大成人，且要**绍继宗祖**。（《敦煌变文校注·父母恩重经讲经文（一）》）（继承祖业）

宝钗道："可又来，老爷太太原为是要你成人，**接续祖宗遗绪**。你只是执迷不悟，如何是好。"（《红楼梦》第一一三回））（继承功业）

曰："古人自始死，吊魂复魄，立重设主，便是常要**接续**他些子**精神**在这里。"（《朱子语类》卷三《鬼神》）（继承精神）

颜生素有大志，总要**克绍书香**，学得满腹经纶，屡欲赴京考试。（《三侠五义》第三二回）（继承风气）

⑤ 若实是看得大底道理，……要去**矜夸他人**做甚么？（《朱子语类》卷一三《学七·力行》）（称颂他人）

自欺者，外面如此做，中心其实有些子不愿，外面且要**人道好**。（《朱子语类》卷一六《大学三》）（称颂自己）

⑥ 吴用又说道："你们三个敢上**梁山泊**捉这伙贼么？"……阮小二道："先生你不知，我弟兄们几遍商量要去**入伙**……"（《水浒全传》第一五回）（参加梁山泊）

大圣低头定计，赚哄真仙，他要暗去**赴会**，却问："老道何往？"大仙道："蒙王母见招，去赴**蟠桃嘉会**"（《西游记》第五回）（参加蟠桃会）

张俊民道："而今宗师将到，我家小儿要出来**应考**，怕学里人说是我冒籍，托你家少爷，向学里相公们讲讲。"（《儒林外史》第三二回）（参加考试）

⑦ 吴用道："……如今在一个大财主家做门馆，他要**办筵席**，用着十数尾重十四五斤的金色鲤鱼，因此特地来相投足下。"（《水浒全传》第一五回）（准备筵席）

李、鞋子等进行收拾①；治理某物，比如对郡县、庄院、山门、人事等的管理②；建造某物，比如有对佛塔、房屋、宝殿等的修建③；制造某物，比如对船只、衣衫、九凤甸儿等的制作④；创作某物，如对诗、词、赋、祭文等的撰写⑤；书写某物，比如对诗句、金陵十二钗、字等的誊抄⑥；阅读某物，如

（接上页）今日要**办些茶饭**，请咱们众亲眷来闲坐。(《老乞大新释》)（准备茶饭）

薛姨妈听说，自然也是喜欢的，便将要**办妆奁**的话也说了一番。(《红楼梦》第九八回)（准备妆奁）

① 众人方要往下**收线**，那一家也要**收线**，正不开交，又见一个门扇大的玲珑喜字带响鞭，在半天如钟鸣一般，也逼近来。(《红楼梦》第七〇回)（整理线）

且说公孙策自包公入朝后，……坐立不安，满心要**打点行李**起身，又恐谣言惑众，只得忍耐。(《三侠五义》第九回)（整理行李）

（白五爷）低头一看，**朱履**已然踏得泥污，只得脱下。才要**收拾收拾**，只见有个小童，手内托着笔砚，直呼"相公！相公！"往东去了。(《三侠五义》第七七回)（整理鞋子）

② 若要**治属郡之县**，却隔一手了。(《朱子语类》卷二〇《论语二》)（治理郡县）

史进道："……我想家私什物尽已没了，要再去**整顿庄院**想不能勾。"(《水浒全传》第三回)（治理庄院）

小僧却和这个道人，新来住持此间，正欲要**整理山门**，修盖殿宇。((《水浒全传》第六回)（治理山门）

要把各处的**人整理**整理，又恐邢夫人生气；要和王夫人说，怎奈邢夫人挑唆。(《红楼梦》第一一〇回)（治理人事）

③ 上庵主曰："某甲也要**造一个**，就兄借取**塔**样子。"(《五灯会元》卷六"亡名古宿")（建造佛塔）

如要**造百间屋**，须着有百间屋基；要**造十间屋**，须着有十间屋基。(《朱子语类》卷八《学二·总论为学之方》)（建造房屋）

阎王要**盖森罗宝殿**，这四个字的匾，少不的是请我写，至少也得送我一万银子！(《儒林外史》第二八回)（建造宝殿）

④ 那年到此，亏你救了他儿女，深感我们，要**造船**相送，幸白鼋伏渡。(《西游记》第九九回)（制造船只）

自从他那一日匆匆别去，到如今秋深后风雨凄凄，欲待要**做一领衫儿**捎寄，停针心内想，下剪自迟疑。(《挂枝儿·久别》)（制作衣衫）

他要**打一件九凤甸儿**，一件照依上房戴的正面那一件玉观音满池娇分心。(《金瓶梅词话》第二〇回)（制造九凤甸儿）

⑤ 闲居无事，便和女儿谈说："八股文章若做的好，随你做甚么东西，要**诗就诗**，要**赋就赋**，都是'一鞭一条痕，一掴一掌血'。(《儒林外史》第一一回)（创作诗/赋）

宝玉想道："必定是他也要**作诗填词**。"(《红楼梦》第三〇回)（创作诗/词）

宝玉道："我自从好了起来就想要**做一道祭文**的，不知道我如今一点灵机都没有了。"(《红楼梦》第一〇四回)（创作祭文）

⑥ 贾政听说，也合了主意，遂自提笔向纸上要**写**，又向宝玉笑道："如此，你念我写。"(《红楼梦》第七八回)（书写诗句）

读诗、祭文等^①；安置某物，具体有铁牌、果子、剑对等的安排^②；建立某物，比如对志向、功德、榜样、名望等的树立^③；施行某物，具体如对平等、仁义、手段等的执行^④；恢复某物，如使故地、精神气力等变成原来的样子^⑤；使用某物，比如使钱、热油、筏子等为某种目的服务^⑥；增加某物，比如有物品、赏钱、寿命等的部分加多^⑦；减少某物，比如有价格、

（接上页）（宝玉）伸手在上头取了一本，册上写着"**金陵十二钗正册**"……我要**抄**了去细玩起来，那些姊妹们的寿夭穷通没有不知的了。（《红楼梦》第一一六回）（书写金陵十二钗）

因此不由的将笔提起，蘸了朱砂，铺下黄纸。刚要**写**，不觉腕随笔动，顺手写将下去。（《三侠五义》第四回）（书写字）

① 史湘云才来，宝玉方放了心，见面时就把始末原由告诉他，又要**与他诗看**。（《红楼梦》第三十七回）（阅读诗）

（宝玉）笑答道："我想着世上这些**祭文**都蹈于熟滥了，所以改个新样……"黛玉道："原稿在那里？倒要细细一**读**。"（《红楼梦》第七九回）（阅读祭文）

② 兄弟强要轮流**放**，哥哥无奈何，拿出**铁牌**，与他兄弟。（《训世评话》下）（安置铁牌）

宝玉道："还是随便罢，不必闹的大惊小怪的。倒是要**几个果子搁**在那屋里，借点果子香。"（《红楼梦》第八九回）（安置果子）

展爷暗暗称奇道："真好眼力！不愧他是将门之子。"便道："贤弟说是'巨阙'，想来是'巨阙'无疑了。"便要**将剑入鞘**。（《三侠五义》第三〇回）（安置剑）

③ 学者大要**立志**，才学，便要做圣人是也。（《朱子语类》卷八《学二·总论为学之方》）（树立志向）

马道婆道："你只管放心，将来熬的环哥儿大了，得个一官半职，那时你要**作多大的功德**不能？"（《红楼梦》第二五回）（建立功德）

正要找几件利害事与有体面的人开例作法子，镇压与众人**作榜样**呢。（《红楼梦》第五五回）（树立榜样）

小侄儿要借着这件事，也出场出场，大小**留个名儿**。（《三侠五义》第七九回）（建立名望）

④ 我便交（教）修六度，遣救四生，要**施平等**之心，仍须不偏不悒。（《敦煌变文校注·维摩诘经讲经文（四）》）（施行平等）

曰'就事亲从兄上知得仁'，却是只借孝弟来，要知个仁而已，不是要**为仁也**。（《朱子语类》卷二〇《论语二》）（施行仁义）

孙行者，笑唏唏，要**施手段**。（《西游记》第九七回）（施行手段）

⑤ 聿兴云："江南第一不是处，为不合思量要**复故地**，如襄、汉州县，皆是大齐已有之地，何故却令岳飞侵夺？"（王绘《绍兴甲寅通和录》）（恢复故地）

惜春犹是不舍，见妙玉要自己**养神**，不便扭他。（《红楼梦》第一一一回）（恢复精神和气力）

⑥ 林冲道："众兄长如此指教，且如要**使钱**，把多少与他？"（《水浒全传》第九回）（使用钱）

今见相离甚近，便要**用热油**烫瞎他的眼睛。（《红楼梦》第二五回）（使用热油）

仍是毛秀引至湖边，要**用筏子**渡过蒋爷去。（《三侠五义》第八五回）（使用筏子）

⑦ 唯是皇帝言："赵皇大度，我要岁**添一百万贯物色**，一字不违，千年万岁却是多少？今却觅西京，如何违得？"（马扩《茅斋自叙》）（增加物品）

赵正道："可耐王遵、马翰，日前无怨，定要**加添赏钱**，缉获我们。"（《宋四公大闹禁魂张》）

古汉语心理活动概念场词汇系统演变研究

费用、事务等的部分去掉 ①；节省某物，具体有时间、开支等的节约 ②；给予某物，如把食物、衣服、香露、枕头等送人 ③；借某物，比如暂时使用别人提供的粮食、云鬓、玉簪、房子等 ④；归还某物，比如把银两、聘礼、贷款等还给原主 ⑤；感谢某人，比如对卜志道、凤姐、贾家等表达谢意 ⑥；医治某物，如对风疾、疾病、痴心病等的治疗 ⑦；隐瞒某物，具体如

（接上页）（增加赏钱）

郭安闻听，不觉发恨道："他还要**益寿延年**！恨不能他立刻倾生，方消我心头之恨！"（《三侠五义》第三〇回）（增加寿命）

① 分明知道我等米下锅，要**杀**我的**巧**。（《儒林外史》第一六回）（减少价格）

不知又要**省那一项的钱**，先设此法使人知道，说穷到如此了。（《红楼梦》第五三回）（减少费用）

绣桔道："姑娘怎么这样软弱。都要**省起事**来，将来连姑娘还骗了去呢，我竟去的是。"（《红楼梦》第七三回）（减少事物）

② 若一味要**省时**，那里不搜寻出几个钱来。（《红楼梦》第五六回）（节省时间）

以后要**省俭**先从我来倒使的。（《红楼梦》第七四回）（节省开支）

③ 况他又心慈，见那些穷亲戚，自己吃不成也要**把人吃**，穿不成的也要**把人穿**。（《儒林外史》第五回）（送食物／衣服）

前儿有人送了两瓶子**香露**来，原要**给**他点子的，我怕他胡糟踏了，就没给。（《红楼梦》第三四回）（送香露）

（包兴）暗自思道："……判官说我假充星主，将来此**枕**想是星主才睡得呢。怨得李克明要**送**与星主。"（《三侠五义》第一四回）（送枕头）

④ 这野雀心里计较："他好歹有趱积米粮。"就到根前去，要**借些粮**。（《训世评话》上）（借粮）

姐道娘娘呀，无奈何，头上嵌珠子天鹅绒**云鬓**，要**借**介一个，芙蓉锦绫子包头借介一方，兰花头**玉簪**要**借**一只。（《山歌·烧香娘娘》）（借云鬓／玉簪）

匡超人又把要**借和尚庵住**和尚不肯的话，说了一遍。（《儒林外史》第一六回）（借房子）

⑤（鲁提辖）看着史进道："洒家今日不曾多带得些出来，你有**银子**，借些与俺，洒家明日便送还你。"史进道："直甚么，要哥哥**还**。"（《水浒全传》第三回）（归还银两）

那张家急了，只得着人上京来寻门路，赌气偏要**退定礼**。（《红楼梦》第一五回）（归还聘礼）

因瞧见马工饭银，便想起那马来了，就和店东商量，要卖马**还账**。（《三侠五义》第九六回）（归还贷款）

⑥ 伯爵道："便是前日，**卜志道**兄弟死了……"西门庆道："……我前日承他送我一把真金川扇儿，我正要拿甚**答谢答谢**，不想他又做了故人。"（《金瓶梅词话》第一回）（感谢卜志道）

那人身不由己，已拖出去挨了二十大板，还要进来**叩谢**。**凤姐**道："明日再有误的，打四十……"（《红楼梦》第一四回）（感谢凤姐）

薛蟠便要去**拜谢贾家**，薛姨妈宝钗也都过来。（《红楼梦》第一二〇回）（感谢贾家）

⑦ 要诸（治）罗汉诸**风疾**，不兴恶念醉僧人。（《敦煌变文校注·佛说阿弥陀经讲经文（二）》）（医治风疾）

常言道，众毛攒裘，要与本国之王**治病**哩。（《西游记》第六九回）（医治疾病）

对师傅有难、奸情等的遮掩①；欺骗某物，比如对财物、唐僧、胡三公子等的骗取②；迁移某物，比如使家、坟墓、风水等离开原来所在地③；焚烧某物，如使花子虚灵、诗稿、书籍等烧毁④；废除某物，比如对旧习等的废止或取消⑤；断绝某物，如使交往、尘缘、亲事等终止⑥；禁止某物，比如对离开、进入、偷盗等的阻止⑦；抛弃某物，如对罪行、性命、儿子等

（接上页）他是个**痴情**人，要**治**他的**这病**，少不得仍以痴情治之。（《红楼梦》第一○九回）（医治痴心病）

① 行者骂道："这个好打的夯货！你怎么还要**者嚣**？我老孙身回水帘洞，心逐取经僧。那**师父步步有难，处处该灾**，你趁早儿告诵我，免打！"（《西游记》第三一回）（隐瞒师傅有难）

王婆道："既要我**遮藏**你每，我有一条计。你每却要长做大妻，短做夫妻？"（《金瓶梅词话》第五回）（隐瞒奸情）

② 此间管营、差拨，十分害人，只是要**诈人钱物**。（《水浒全传》第九回）（欺骗财物）

（行者）赶上前揪住公主骂道："好孽畜！你在这里弄假成真，只在此这等受用也尽彀了，心尚不足，还要**骗我师父**，破他的真阳，遂你的淫性哩！"（《西游记》第九五回）（欺骗唐僧）

马二先生恍然大悟："他原来结交我，是要借我**骗胡三公子**。"（《儒林外史》第一五回）（欺骗胡三公子）

③ 武大在紫石街又住不牢，要**往别处搬移**，与老婆商议。（《金瓶梅词话》第一回）（迁移家）

那要**迁坟**的，就依子孙谋杀祖父的律，立刻凌迟处死。（《儒林外史》第四四回）（迁移坟墓）

他断然要**迁那风水**又拿话吓他，说："若是不迁，二房不但不做官，还要瞎眼。"（《儒林外史》第四四回）（迁移风水）

④ 李瓶儿预先请过西门庆去，和他计议，要把**花子虚灵烧**了。（《金瓶梅词话》第一六回）（焚烧花子虚灵）

（黛玉）回手又把那**诗稿**拿起来……紫鹃怕他也要**烧**，连忙将身倚住黛玉，腾出手来拿时，黛玉又早拾起，撂在火上。（《红楼梦》第九七回）（焚烧诗稿）

宝玉道："……这些书都算不得什么，我还要一火**焚之**，方为干净。"（《红楼梦》第一一八回）（焚烧书籍）

⑤ 人若要**洗刷旧习**都净了，却去理会此道理者，无是理。（《朱子语类》卷一二《学六·持守》）（废除旧习）

⑥ 兀室曰："不是本朝要**断绝**，自是贵朝惜物。若将就作百万，便见了当。"（赵良嗣《燕云奉使录》）（断绝交往）

我奉妃子之命等侯已久，今儿见了，必定要一剑**斩断**你的**尘缘**。（《红楼梦》第一一六回）（断绝尘缘）

他就绝意的要**断**了这门**亲事**，因此连信息也不通知。（《三侠五义》第三四回）（断绝亲事）

⑦ 西门庆道："……我赶眼错就走出来，还要**拦阻**，又说好说歹，**放了我**来。"（《金瓶梅词话》第一六回）（禁止离开）

贾琏早知道是巧姐来的车，便骂家人道："你们这班糊涂忘八崽子，我不在家，就欺心害主，将巧姐儿逼走了。如今人家**送来**，还要**拦阻**，必是你们和我有什么仇么！"（《红楼梦》第一一九回）（禁止进入）

陆彬道："此事我弟早已知之。因五日前来了个襄阳王府的站堂官，此人姓雷，他把**盗印之**

的舍弃①；破坏某物，具体有对苗稼、窗棂、玉等的毁坏②；等待某物，比如对贵人、朋友、真相等的等候③；谴责某人，如对僧官、宝玉、伯北等人的指责④；召集某人，比如对魂魄、齐地保、妃子等的招集⑤；派遣某人做某事，比如指派使者商量和好、贾蓉前往庙里请叔叔等⑥；攻打某物，如对二龙山、卫州、城市等的进犯⑦；讨伐某人，如对姬昌、西岐等的征

（接上页）事述说一番。弟等不胜惊骇，本要拦阻，……"（《三侠五义》第一〇四回）（禁止偷盗）

　　① 侯璎、萧何深蒙计｜皆嗟叹："据君良｜谋｜计大尖新！要其舍罪收皇救，半由天子半由臣。"（《敦煌变文校注·捉季布传文》）（抛弃罪行）

　　僧拈问招庆："诸方老宿，性命总在这里，要放也得，不要放也得。如何是要放底事？"（《祖堂集》卷一六"黄檗"）（抛弃性命）

　　（包海）刚要撂出小儿。只见……（《三侠五义》第二回）（抛弃儿子）

　　② 曰："头角未生时如何？"师曰："不要犯人苗稼。"（《五灯会元》卷一六"佛足处祥禅师"）（破坏苗稼）

　　真君笑道："那猴儿才自变座庙宇哄我，我正要捣他窗棂，踢他门扇，他就纵一纵，又渺无踪迹。可怪，可怪！"（《西游记》第六回）（破坏窗棂）

　　但是一吵嚷已经都知道了，偷玉的人若叫太太查出来，明知是死无葬身之地，他着了急，反要毁坏了灭口，那时可怎么处呢。（《红楼梦》第九四回）（破坏玉）

　　③ 邹吉甫道："老先生……我今日虽是这些须村俗东西，却不是为你，要在你这里等两位贵人。"（《儒林外史》第一一回）（等待贵人）

　　俺要等一个相知的朋友。（《三侠五义》第六五回）（等待朋友）

　　小人原要等个水落石出，谁知再也没有信息，因此小人就回来了。"（《三侠五义》第七三回）（等待真相）

　　④ 僧官道："龙老三，顽是顽，笑是笑。虽则我今日不曾请你，你要上门怪我，也只该好好走来，为甚么装这个样子？"（《儒林外史》第二九回）（谴责僧官）

　　紫鹃笑道："……岂不是宝玉只有三分不是，姑娘倒有七分不是。我看他素日在姑娘身上就好，皆因姑娘小性儿，常要歪派他，才这么样。"（《红楼梦》第三〇回）（谴责宝玉）

　　（智爷）便问："伯北毒打为何？"亚男道："他要叫我认他为父亲，前去进献襄阳王。侄女一闻此言，刚要嗔责，他便打起来了。"（《三侠五义》第一一七回）（谴责伯北）

　　⑤ 复，不独是要他活，是要聚他魂魄，不教便散了。（《朱子语类》卷三《鬼神》）（召集魂魄）

　　晚生不日到那里叩过了头，便要传齐地保细细查看。（《儒林外史》第一二回）（召集齐地保）

　　才要宣召二妃见驾，谁想二妃不宣而至。（《三侠五义》第一回）（召集二妃）

　　⑥ 绘曰："前此，王伦归，言房人要遣使商量，故遣潘致尧等行，泊还，云：'房人欲大臣往彼。'故以韩、胡二枢密往。（王绘《绍兴甲寅通和录》）（派遣使者商量和好）

　　（贾蓉）又向贾琏笑道："才刚老爷还问叔叔呢，说是有什么事情要使唤。原要使人到庙里去叫，我回老爷说叔叔就来。"（《红楼梦》第六四回）（派遣贾蓉前往庙里请叔叔）

　　⑦ 曹正慌忙置酒相待，商量要打二龙山一事。（《水浒全传》第一七回）（攻打二龙山）

　　近日打破盖州，早晚便要攻打卫州。（《水浒全传》第九一回）（攻打卫州）

　　封大怒，欲要攻城，背后追军将至，封立脚不住，只得望房陵而奔，见城上已尽插魏旗。（《三国演义》第七九回）（攻城）

讨①；使畏惧，比如使奴才、林姑娘、麝月等害怕②；抵挡某人，比如对敌人、太师军队等的抵挡③；打败某人，比如使妖精、荆州兵等吃败仗④；逼迫某人，具体有对后生、李氏、晁盖等人的促使⑤；撤兵⑥；夺取某物，比如对衣钵、匣子、印信等的牟取⑦；控制某物，具体如对人心、魂魄、案件等的掌控⑧；捉拿某人，具体有对当带之人、怪龙、首犯、使棍之人等

---

① 侯虎看罢，拍案大骂姬昌曰："老贼！你逃官欺主，罪当诛戮。圣上几番欲要**伐**你，我在其中，尚有许多委曲。……"（《封神演义》第二九回）（讨伐姬昌）

纣王曰："太师要**伐西岐**，为孤代理。"（《封神演义》第四一回）（讨伐西岐）

② 差人道："这**奴才**手里拿着一张首呈，就像拾到了有利的票子。银子少了，他怎肯就把这钦赃放出来？极少也要三二百银子。还要我去拿话**吓他**……"（《儒林外史》第一四回）（使奴才畏惧）

宝钗道："我才在河那边看着**林姑娘**在这里蹲着弄水儿的。我要悄悄的**唬他一跳**，……"（《红楼梦》第二七回）（使林姑娘畏惧）

一面正要**唬麝月**，只听宝玉高声在内道："晴雯出去了！"（《红楼梦》第五一回）（使麝月畏惧）

③ 若要**抵敌**生死，则天壤有隔。（《五灯会元》卷一八"禾山慧方禅师"）（抵挡敌人）

话说晁雷人马出了五关，至西岐，回见子牙，……子牙曰："闻**太师必点兵**前来征伐，此处也要**防御打点**，有场大战。"（《封神演义》第三六回）（抵挡太师的军队）

④（高太公）一向要**退这妖精**。（《西游记》第一八回）（打败妖精）

一面差人去说与马超："汝既欲成功，与汝一月限，要依我三件事。若依得，便有赏；否则必诛：一要取西川，二要刘璋首级，三要**退荆州兵**。"（《三国演义》第六五回）（打败荆州兵）

⑤ 那**后生**道："却又怪！我自半路遇见小娘子，偶然伴他行一程，路途上有甚皂丝麻线，要**勒**掯我同去？"（《错斩崔宁》）（逼迫后生）

他的爷娘要**取**他来改嫁，这**李氏**不肯听说。（《训世评话》上）（逼迫李氏）

故意这等大惊小怪，声东击西，要**催逼晁盖**走了。（《水浒全传》第一八回）（逼迫晁盖）

⑥ 绘等云："皇帝遣来奉使，欲要讲和**罢兵**，且各自休息。"（王绘《绍兴甲寅通和录》）（皇帝撤兵）

⑦ 于山高处林中，见行者在石上坐，行者遥见惠明，便知要**夺衣钵**，即云……（《祖堂集》卷一八"仰山"）（夺取衣钵）

宫主慌了，便要**抢夺匣子**，被八戒跑上去，着背一钯，筑倒在地。（《西游记》第六三回）（夺取匣子）

才走进城，那晓得百姓要留这官，鸣锣罢市，围住了摘印的官，要**夺回印信**。（《儒林外史》第一七回）（夺取印信）

⑧ 假不假来真不真，我也难调你的心，若要**调**得**真心转**，除非丢了心上人，红罗帐里结同心。（《山歌·调心》）（控制人心）

扇子儿飘扬扬，（你好）**魂**不定，（要）**拘管**你，下跟头削个钉。（《挂枝儿·扇子》）（控制魂魄）

他做襄阳巡按，襄阳太守被人刺死了，他如何不管呢？既要**管**，又无处缉拿行刺之人，事要因循起来，圣上必以要见怪，说他办理不善。（《三侠五义》第一〇〇回）（控制案件）

的缉捕①；囚禁某人②；治罪某人，如对侍儿、王进、向老爷等人进行惩处③；捆绑某物，具体如对马、猴、鲁智深等的捆扎④；解救某物，如使丈夫、万民、徐三爷等脱离危险或困难⑤；释放某人，具体如对晁盖、何涛等人的开释⑥；免除某物，比如使功名、灾难等消除⑦；避免某物，比如使嫌疑、禁忌等不发生⑧；躲避某物，如为避开责任、雨等而隐蔽起来⑨；报恩怨⑩；礼遇某

---

① 张富受苦不过，情愿责限三日，要出去**挨获当带之人**；三日获不着，甘心认罪。(《宋四公大闹禁魂张》)（捉拿当带之人）

我问你：鹰愁涧里，是那方来的**怪龙**？……也不须大圣发怒，在此找寻，要**擒**此物，只消请将观世音来，自然伏了。(《西游记》第一五回)（捉拿怪龙）

第三日，听得省里下了安民的官来了，要**拿为首的人**。(《儒林外史》第一七回)（捉拿首犯）

众人闻听讲得有理，就要**拿那使棍之人**。(《三侠五义》第四四回)（捉拿使棍之人）

② 知县又把水手们嚷骂一番，要将**一干人寄监**，明日再审。(《儒林外史》第四三回)（囚禁差役）

③ 如今看要教**侍儿吃甚罪名**，皆由赐大尹笔下。"(《简帖和尚》)（治罪侍儿）

为因新任一个高太尉，原被先父打翻，今做殿帅府太尉，怀挟旧仇，要**奈何王进**。(《水浒全传》第二回)（治罪王进）

方才小的看见大老爷要**参处**的这位，是安东县**向老爷**。(《儒林外史》第二四回)（治罪向老爷）

④ 你表**拴马**，好生向老人家讨条绳子，如何就扯断他的衣索？(《西游记》第一五回)（捆绑马）

心不在焉何作道，神常守舍要**拴猴**。(《西游记》第六一回)（捆绑猴）

鲁智深大怒道："你这厮村人，好没道理！俺又不曾说甚的，便要**绑缚洒家**。"(《水浒全传》第五回)（捆绑鲁智深）

⑤ 刘氏听得，惶忙走到军中，要**救出丈夫**。(《训世评话》上)（解救丈夫）

太尉要**救万民**，休生退悔之心，只顾志诚上去。(《水浒全传》第一回)（解救万民）

徐三爷往前一跑，不防落在堙坑里面。是我家爷心中一急，原要上前**解救**，不料脚上一溜，也就落下去了。(《三侠五义》第一一〇回)（解救徐三爷）

⑥ 原来朱仝有心要**放晁盖**，故意赚雷横去打前门。(《水浒全传》第一八回)（释放晁盖）

官兵尽付断头沟，要**放何涛**不便行。(《水浒全传》第一九回)（释放何涛）

⑦ 廪生挨贡也是衣冠中人物，今不过侵用盐商这几两银子，就要将他**褫革追比**，是何道理？(《儒林外史》第九回)（免除功名）

金修义道："方才说要**禳解**，何不就请本师父**禳解禳解**。"(《儒林外史》第五四回)（免除灾难）

⑧ 本欲上前搀扶，又要**避盟嫂之嫌疑**。(《三侠五义》第三七回)（避免嫌疑）

纪老三道："小弟何事得罪？但说出来，自家弟兄不要**避忌**。"(《二刻拍案惊奇》卷四)（避免禁忌）

⑨ 八戒就使心术，要**躲懒讨乖**，道……(《西游记》第四三回)（躲避责任）

因此要找个安身之处，且歇息**避雨**。(《三侠五义》第一一三回)（躲避雨）

⑩ 若要**报恩**，应须明彻道眼，入般若性海始得。(《五灯会元》卷一〇"清凉文益禅师")（报恩）

俺要**报杀兄之仇**，屡欲拜访，恳求帮助。(《三侠五义》第三〇回)（报仇）

人，如对仙人、师兄、毛九锡等以礼相待^①；亲近、娶妻^②；嫁夫^③；结交某人，比如与人交往并建立兄弟、鸳侣等联系^④；依附某人，如归附于亲眷、神手大圣等^⑤；侍奉某人，比如对子禅、师傅等的奉养^⑥；邀请做某事，如请人游玩、赏桂花、吃螃蟹等^⑦；请求某物，比如希望借光、休息等方面得到满足^⑧；扶助某人，如对孙悟空、众喽罗等的帮助^⑨；扶立某人，比如对

---

① 大王今要**礼仙人**，仙人今收来驱使。(《敦煌变文校注·妙法莲华经讲经文（一）》)（礼遇仙人）

暂抛五欲下天来，要**礼师兄**禅坐台。(《敦煌变文校注·维摩诘经讲经文（五）》)（礼遇师兄）

（毛九锡）进了书房，颜大人又要**以宾客礼相待**。(《三侠五义》第六六回)（礼遇毛九锡）

② （鲍文卿）又心里算计，要替他**娶个媳妇**。(《儒林外史》第二五回)（娶妻）

独有薛姨妈辞了贾母，到宝钗那里，说道："……我想要与你二哥哥**完婚**，你想想好不好？"(《红楼梦》第一〇九回)（娶妻）

③ 再问："小娘子如今要**嫁人**，却是趋奉官员？"(《碾玉观音》上)（嫁夫）

八十婆婆要**嫁人**，寻头讨脑骂乡邻，脚跟里水寒老皮里介痒多年裙带再是老腰精。(《山歌·八十婆婆》)（嫁夫）

④ 自家、南朝是天地齐生底国主皇帝，有道有德，将来只恁地好相待通好，更不争要**做兄弟**。(赵良嗣《燕云奉使录》)（结交兄弟）

一个要洞房花烛**交鸳侣**，一个要西宇灵山见世尊。(《西游记》第五五回)（结交鸳侣）

⑤ 王进答道："小人姓张，原是京师人。今来消折了本钱，无可营用，要去延安府**投奔亲眷**。"(《水浒全传》第二回)（依附亲眷）

你道花蝶因何上小丹村？只因他要**投奔神手大圣**邓车，猛然想起邓车生辰已近，素手前去，难以相见。(《三侠五义》第六六回)（依附神手大圣）

⑥ 玄沙记曰："**子禅已逸格**，则他后要一人**侍立**也无。"(《五灯会元》卷八"大章契如庵主")（侍奉子禅）

那呆子慌得跪下道："……师父啊，我受了菩萨的戒行，又承师父怜悯，情愿要**伏侍师**父往西天去，誓无退悔，这叫做恨苦修行，怎的说不是出家的话！"(《西游记》第二二回)（侍奉师傅）

⑦ 杜少卿道："小侄正有此意，要**约**老叔同庄绍光兄，**作竟日之游**。"(《儒林外史》第三六回)（邀请游玩）

前日姨娘还说要**请**老太太在园里**赏桂花吃螃蟹**，因为有事还没有请呢。(《红楼梦》第三七回)（邀请赏桂花吃螃蟹）

⑧ 李大人道："……久闻世兄才品过人，所以朝廷仿古征辟大典，我学生要**借光**，万勿推辞！"(《儒林外史》第三三回)（请求借光）

卢方刚要开言，只听蒋平说道："此事只好众位哥哥们辛苦辛苦，小弟是要**告病**的。"(《三侠五义》第五五回)（请求休息）

⑨ **行者**看见道："你这两个呆子！看着师父罢了，谁要你来**帮甚么功**！"(《西游记》第三三回)（扶助孙悟空）

独葛瑶明腰间系着一把顺刀，见**众喽罗**不是艾虎对手，刚然拔刀要上前**相助**，史云鱼叉已到，连忙用刀一迎。(《三侠五义》第九二回)（扶助众喽罗）

侄子、平儿等的辅佐策立①；任用某人，如对燕人、品行高洁者等的委任②；拥有某物，比如对追勘状、前程、才学等的领有③；享有某物，如对欢娱、待遇等的享受④；表明某物，如想法的表达等⑤；显示某物，比如英健、功绩、乖巧等的呈现⑥；完成某事⑦；赢取某物，比如战斗、官司、围棋等的获胜⑧。三是与新兴语法现象的共现，呈现出强劲的发展势头。（1）与动词重叠式共现，如"慢说是开封府，就是刀山箭林，也是要走走的"（《三侠五义》第五七回）此为与"VV"式共现例；"那一位是衔宝而诞者？几次要见一见，都为杂冗所阻"（《红楼梦》第一四回）是为与"V一V"式共现例；"原来袭人来时要探探口气"（《红楼梦》第八五回）该为与"VVO"式共现例；"如今既到这里，却怎么好？必定要见他一见是"（《西游记》第三〇回）

---

① 叫家人请了两位舅爷来商量，要立大房里第五个侄子承嗣。（《儒林外史》第六回）（扶立侄子）

自此贾琏心里愈敬平儿，打算等贾赦等回来要扶平儿为正。（《红楼梦》第一一九回）（扶立平儿）

② 仆曰："闻国家乘时复燕，要在因险固而用燕人，永为北塞藩篱。"（马扩《茅斋自叙》）（任用燕人）

众盐商都说是："皇上要重用台翁，台翁不肯做官，真乃好品行！"（《儒林外史》第三五回）（任用品行高洁者）

③ 恐后州司要有追勘状，请帖海口所由及当村板头并赤山寺院纲维等，须常知存亡，请处分者。（《入唐求法巡礼行记》卷二）（拥有追勘状）

古人云，若要有前程，莫做没前程。（《西游记》第八回）（拥有前程）

老太太这样疼宝玉，毕竟要他有些实学，日后可以混得功名。（《红楼梦》第八六回）（拥有才学）

④ 今朝拿住取经僧，便要欢娱同枕榻。（《西游记》第八二回）（享有欢娱）

屈申上了车，屈良要与哥哥同车，反被屈申叱下车来，却叫白雄坐上。（《三侠五义》第二六回）（享有待遇）

⑤ 四公子道："论理，我弟兄既仰慕他，就该先到他家相见订交。定要望他来报谢，这不是俗情了么？"三公子道："我也是这样想。但岂不闻'公子有德于人，愿公子忘之'之说？我们若先到他家，可不像要特地自明这件事了？"（《儒林外史》第九回）（表明想法）

⑥ 恰受着帝王宣，要施展，显俺那旧时英健，不索说在骏马之前。（尚仲贤《尉迟恭三夺槊》第四折）（显示英健）

这行者要见功绩，使一个呼身外身的手段。（《西游记》第二一回）（显示功绩）

姐见郎来便闪开，傻个人儿要卖乖。（《山歌·撤青》）（显示乖巧）

⑦ 县宰只要完成好事，优礼相待。（《拍案惊奇》卷二九）（完成好事）

⑧ 你依吾将令听我差，休睬这个言那个语，我交你手里不要赢，则要输。（《诸葛亮博望烧屯》第二折）（赢取战斗）

夏学道："要赢官司，也顾不得银子。"（《型世言》第一三回）（赢取官司）

紫芝道："教我各处找下着，原来却在围棋一处。……"掌乘珠道："小春姐姐把车还他罢。况且这棋小莺姐姐业已失势，你总是要赢的，也不在此一车。"（《镜花缘》第七四回）（赢取围棋）

此为与 "VO－V" 式共现例；"既承台爱，俺倒要随喜随喜了"（《三侠五义》第一〇六回）这为与 "ABAB" 式共现例。（2）与语气词 "了""呢""着呢" 等共现，如 "如此说来，是要单座儿了"（《三侠五义》第六四回）此为与表示新情况出现的 "了" 共现例；"他们说的可不是玩话，我正要告诉你呢"（《红楼梦》第三六回）是为与表明事实不容置疑的 "呢" 共现例；"老太太昨日还说要来着呢"（《红楼梦》第一一回）该为与表示对事实进行确认的 "着呢" 共现例。（3）与助词 "看""来着" 等共现，与表尝试义 "看" 共现的例如 "这王要试一试看"（《训世评话》上）；与表事情不久前发生的 "来着" 共现的例如 "小弟原要写信来着"（《三侠五义》第七八回）。（4）与 "把" 字句共现，如 "陈正公见他如此至诚，一心一意要把银子借与他"（《儒林外史》第五三回）。四是用法的扩张。此期其所支配的对象除了谓词性成分和小句外，还可以是代词性的、名词性的、"之" 字性短语、动量宾语和数量宾语，新添了 $S_{1.1.1}$、$S_{1.1.2}$、$S_{1.2}$、$S_{1.5}$、$S_{1.7}$、$S_{1.8}$ 用法；支配对象的句法位置也更多样，除了充当宾语外，还可以充当主语，新增了 S_4 用法，酌举此期部分用例：

（1）师送归堂中，遍捡**册子**，亦无一言可对，遂一时烬之。有学人近前乞取，师云："我一生来被他带累，汝更要**之**奚为？"（《祖堂集》卷一九 "香严"）（$S_{1.1.1}$）

（2）有一帖云："我要**叶子金**一百八十两。"索之甚急，未免数数祭献求免，因问云："爷爷要**此**何用？"（《南村辍耕录·鬼爷爷》）（$S_{1.1.1}$）

（3）小娘子道："我上无片瓦，下无卓锥；老公又不要**我**，又无亲戚投奔，不死更等何时！"（《简帖和尚》）（$S_{1.1.1}$）

（4）行者道："……师父果若不要**我**，把那个《松箍儿咒》念一念，退下这个箍子，交付与你，套在别人头上，我就快活相应了，也是跟你一场。"（《西游记》第二七回）（$S_{1.1.1}$）

（5）既唤不应，又更大声唱叫："恶人！恶人！我目已损，若要**珠**，任将去。（《敦煌变文校注·双恩记》）（$S_{1.2}$）

（6）钧初疑其妄，既而将觇之，绐谓之曰："尔若有伎，吾当主宴，第一要**一大第**为备宴之所，次则徐图。"（《唐摭言·慈恩寺题名游赏赋咏

311

杂纪》）（S$_{1.2}$）

（7）师曰：“更要**第二勺恶水**那？”（《五灯会元》卷五“翠微无学禅师”）（S$_{1.2}$）

（8）良嗣相与辩之，兀室云：“此事亦得皇帝处分。民土尽割还贵朝，只却要**些答贺**。”（马扩《茅斋自叙》）（S$_{1.2}$）

（9）远公曰：“阿郎不卖，万事绝言；若要**卖之**，但作家生厮儿卖，即无契卷（券）。”（《敦煌变文校注·庐山远公话》）（S$_{1.3}$）

（10）我一心指望你攻书，要**改换门闾**。（《小孙屠》第九出）（S$_{1.3}$）

（11）太尉笑道：“胡说！你等要**妄生怪事，煽惑良民，故意安排这等去处，假称锁镇魔王，显耀你们道术**。”（《水浒全传》第一回）（S$_{1.3}$）

（12）本欲投东，却是向西；及要**往南**，反倒朝北。（《三侠五义》第一○二回）（S$_{1.3}$）按，“欲”“要”对举义同。

（13）徒（图）世界安兴帝道，要**戈铤息下天门**。（《敦煌变文校注·长兴四年中兴殿应圣节讲经文》）（S$_{1.4}$）

（14）师谓众曰：“我要**一人传语西堂**，阿谁去得？”（《祖堂集》卷一四“百丈”）（S$_{1.4}$）

（15）今来议和，皇子郎君要**一大臣过去**。（郑望之《靖康城下奉使录》）（S$_{1.4}$）

（16）托赖上天眷祐，子要**陛下知文武重公侯**。（杨梓《霍光鬼谏》第三折）（S$_{1.4}$）

（17）马不必骐骥，要**之善走**；浴不必江海，要**之去垢**。（《唐摭言·升沈后进》）（S$_{1.5}$/S$_{1.5}$）

（18）贾珍得便就要**一溜**，尤三姐那里肯放。（《红楼梦》第六五回）（S$_{1.7}$）

（19）阮小七道：“若是每常，要**三五十尾**也有，莫说十数个，再要多些，我弟兄们也包办得。如今便要重十斤的也难得。”（《水浒全传》第三五回）（S$_{1.8}$）

（20）清风听见心疑道：“明月，你听那长嘴和尚讲人参果还要**个吃吃**。（《西游记》第二四回）（S$_{1.8}$）

（21）花绸连裙洒线披风各要**一件**，白地青镶靴头鞋对脚膝裤各要**一双**。（《山歌·烧香娘娘》）（$S_{1.8}/S_{1.8}$）

（22）贾琏笑道"你们太也狠了。你们这会子别说一千两的当头，就是现银子要**三五千**，只怕也难不倒。我不和你们借就罢了。"（《红楼梦》第七五回）（$S_{1.8}$）

（23）**彩女嫔妃**皆不要，宰官居士尽相随。（《敦煌变文校注·维摩诘经讲经文（二）》）（S_4）

（24）譬如**十日菊**，开彻阿谁要？（《五灯会元》卷一八"天童了垎禅师"）（S_4）

（25）**授时历法**君要知，但以九年旧历推。（《南村辍耕录·授时历法》）（S_4）

（26）我这里劝着，道着，他那不睬分毫，别人的**首级**他强要。（《泰华山陈抟高卧》第四折）（S_4）

表6.3　　　　　五代至元代部分文献中"意欲"概念场典型成员用法调查

用法	文献	欲-敦	欲-入	欲-唐	欲-祖	欲-五	欲-朱	欲-朝	欲-话	欲-小	欲-南	欲-元	欲-总计	要-敦	要-入	要-唐	要-祖	要-五	要-朱	要-朝	要-话	要-小	要-南	要-元	要-原	要-总计
作谓语 S_1	$S_{1.1}$ / $S_{1.1.1}$					1							1	1			3	4	1				1			10
	$S_{1.1}$ / $S_{1.1.2}$				1								1	1				4								5
	$S_{1.2}$			5	1	11	3				1		21	15	1	4	15	13	3	1			7	3		62
	$S_{1.3}$	192	26	38	92	264	146	60	2	6	95	10	931	75	8	3	47	195	178	26	44	5	5	23	2	611
	$S_{1.4}$	3		2	1	34	3				3	2	48	15	1	1	27	34	5	5			1	10		103
	$S_{1.5}$					6							6			2										2
	$S_{1.7}$																									
	$S_{1.8}$																									
	S_4					1①							1	3		1	3	1	6				1	1	4	21
	S_5			1		2	2				2		7			6	6	3	3	1			2	1		22
	S_6																									
作主语		2		1	1	3	10	2					19	5	1		8	6	1	1						22
作宾语		1		2	1	2	5	1			5		17	6	1											7
作定语		7	1		7	8	11	1	1		2		38	4			2	10	2				1	4		23
作补语																										

（S_1 组合计：欲 = 1016，要 = 836）

---

① 该例为引用《论语》例。

表6.4　　　　　明清时期部分文献中"意欲"概念场典型成员用法调查

用法	词项 / 文献	欲 水	训	西	金	明	儒	红1	红2	新	侠	总计	要 水	训	朴	西	金	明	儒	红1	红2	新	通	侠	总计
作谓语 S_1 $S_{1.1}$	$S_{1.1.1}$												3	1	10	2		2	15	7	1	1		2	44
作谓语 S_1 $S_{1.1}$	$S_{1.1.2}$												1		7			1	3	5				6	23
作谓语 S_1	$S_{1.2}$			1				1				2	8	8	37	20	11	25	46	38	12	18		24	247
作谓语 S_1	$S_{1.3}$	25	40	163	8	12	7	69	41	1	48	414	188	58	14	593	152	133	538	693	460	48	58	688	3623
作谓语 S_1	$S_{1.4}$		2		1	1		2	1			7	11	1		40	9	16	36	18	29	3	1	8	172
作谓语 S_1	$S_{1.5}$								1		1	426													4235
作谓语 S_1	$S_{1.7}$																			1					1
作谓语 S_1	$S_{1.8}$												3		2	1			2	1					18
作谓语	S_4		1									1		1		1	1	2	7	3	7	1		4	27
作谓语	S_5								1		1		3	1	10	2		9	23	14	10	1		7	80
作谓语	S_6																								
作主语			1	1								2	2			16		6	9	12	22	3		7	77
作宾语			1									1				4			7	13	8	2	1	3	38
作定语		1	1			1	31	7			3	44	19	5	3	12	5	10	25	33	34		4	26	176
作补语									1																

　　要之，五代以后，"欲"渐入退隐，其义域渐趋衰微，伴随着义域的式微，其用法也有所萎缩，未见 $S_{1.7}$、S_4 和 S_6 用法，且 $S_{1.1}$ 与 $S_{1.5}$ 用法的使用语域也受限，仅见于具有南方背景的文献中。元代以后其主要见于诗文、文人仿古用例或具有南方方言背景的文献中，用法进一步萎缩，未见 $S_{1.1}$ 与 $S_{1.5}$ 用法；"要"的用法则更趋完备，除了前见的用法外，此期还新添了 $S_{1.1}$、$S_{1.2}$、$S_{1.5}$、$S_{1.7}$、$S_{1.8}$ 和 S_4 用法。据此，我们可以推测"要"当为此期本概念场的主导词。以下三种材料可佐证我们的推测：一是朝鲜时代汉语口语教科书《原本老乞大》中[①]，"意欲"概念的表达用"要"不用"欲"，如"俺老实对你说，俺自穿的不是，要将投乡外转卖，觅些利钱去"（《原本老乞大》）。这也就让我们有理由进一步推测，元代后期（14世纪后半期），在当时的实际口语中，"要"已取代"欲"，成为本概念场的主导词。二是《训世评话》原文中的 37 例"欲"，注文中有 31 例改成了

[①] 李泰洙认为"《老乞大》的著作年代应在 1346 年前一至几年"（《〈老乞大〉四种版本语言研究》，语文出版社 2003 年版，第 19—20 页）。汪维辉认为"《原本》反映的是元代后期的北方地区官话"［《朝鲜时代汉语教科书丛刊》（全四册），中华书局 2005 年版，第 545 页］。

"要"，1例改成了"望"，1例改成了"欲要"，4例没有对应的词，只有1例未改。33例注文的改动，也就说明"要"在当时是一个非常地道的口语词。三是23种五代至清代文献中，指称本概念的单用"要"5413见，是"欲"的3.5倍多（具体数据见表6.5）。

表6.5　　　　　23种五代至清代文献中"意欲"概念场典型成员出现次数

词项	用例数	敦	入	唐	祖	五	朱①	朝	话	小	南	元	原	水	训	朴	西	金	明	儒	红1	红2	新	通	侠	总计
欲	单	205	27	48	102	280	227[2]	72	3[3]	6	108[4]	12	0	26[5]	7/37[6]	0	167[7]	9[8]	13[9]	9[10]	103[11]	49[12]	1[13]	0	53[14]	1527/37
	连	13	1	4	1	6	5	4	1	0	2	2	0	1	0/1[15]	0	20	3	3	5	26	14	0	0	51	163/1
要	单	125	11	7	67	254	236	54	61	6	8	44[16]	15	238	62/1	31	737	193	180	651	866	621	86	85	775	5413/1
	连	2	0	0	3	22	19	4	10	1	1	22	2	31	4/0	0	29	24	8	17	59	14	3	9	19	312

6.2.5　小结

综上可知，在古代汉语的历史上，"意欲"概念场的主导词经历了一次替换：五代以前，"欲"凭借义域广、用法多元和见次率高等优势位居

---

① 针对《朱子语类》、《水浒全传》和《金瓶梅词话》三部著作中"要"用例多的情况，我们分别调查了各自1—20卷的使用情况，下同。

② 其中有42例分别为引用《论语》、《孟子》和《礼记》。

③ 其中1例出现于诗歌中，1例出现于书信中。

④ 其中有13例分别为引用古籍或出现于诗词中。

⑤ 其中有1例用于诗词中，有8例为"欲""要"连用。

⑥ "/"前的数字为译文中的用例数，"/"后的数字为原文中的用例数，下同。译文中的7例有5例出现于跋和序中，另外还有1例是"欲""要"连用。

⑦ 其中有2例用于诗词中，1例引用古语。

⑧ 其中2例用于诗词中，1例为引用古语。

⑨ 其中5例为"欲""要"连用。

⑩ 其中有4例用于帖子或书信中。

⑪ 其中有10例用于诗词歌曲中。

⑫ 其中有12例为"欲""要"连用。

⑬ 该例用于序言中。

⑭ 其中3例引用《论语》；1例为"欲""要"对举；5例为"欲""要"连用。

⑮ 该例为"将""欲"连用，译文中改成了"待要"。

⑯ 该44例均出自唱词部分，此外宾白部分有1例"要"亦指称本概念，未计入。

本概念场主导词的宝座;五代以后其义域和用法渐趋式微,"要"的义域和用法则快速扩张,最后于 14 世纪后半期取代"欲"成为本概念场的主导词,此种格局一直持续到现代汉语。表 6.6 和表 6.7 是二者用法和句法功能演变的具体图示。

6.6 "意欲"概念场典型成员各时段充当谓语时客体论元性质及句法位置调查

时段\词项\用法	先秦至唐代		五代至清代		
	先秦至东晋	南北朝至唐代	五代至宋代	元代	明清
欲	$S_{1.1.1}$、$S_{1.1.2}$、$S_{1.2}$、$S_{1.3}$、$S_{1.4}$、$S_{1.5}$、$S_{1.7}$、S_4、S_5、S_6	$S_{1.1.1}$、$S_{1.1.2}$、$S_{1.2}$、$S_{1.3}$、$S_{1.4}$、$S_{1.5}$、S_4、S_5	$S_{1.1.1}$、$S_{1.1.2}$、$S_{1.2}$、$S_{1.3}$、$S_{1.4}$、$S_{1.5}$、S_5	$S_{1.2}$、$S_{1.3}$、$S_{1.4}$、S_5	$S_{1.2}$、$S_{1.3}$、$S_{1.4}$、S_4、S_5
要		$S_{1.3}$、$S_{1.4}$、S_5	$S_{1.1.1}$、$S_{1.1.2}$、$S_{1.2}$、$S_{1.3}$、$S_{1.4}$、$S_{1.5}$、S_4、S_5	$S_{1.1.1}$、$S_{1.1.2}$、$S_{1.2}$、$S_{1.3}$、$S_{1.4}$、$S_{1.5}$、$S_{1.7}$、$S_{1.8}$、S_4、S_5	

6.7 "意欲"概念场典型成员各个时段句法功能考察

时段\词项\句法	先秦至唐代		五代至清代		
	先秦至东晋	南北朝至唐代	五代至宋代	元代	明清
欲	主语、谓语、宾语、定语、补语	主语、谓语、宾语、定语	谓语、宾语、定语		谓语、定语、补语
要		谓语	主语、谓语、宾语、定语		

综观表 6.6 与表 6.7 不难发现"意欲"概念场典型成员用法上的异同:(1)句法功能有别:"欲"既可作主语、谓语、宾语、定语和补语,"要"则未见补语用例。(2)客体论元的性质有别:与"要"匹配的客体论元可以是代词性的、名词性的、谓词性的、小句、"之"字性短语、动量和数量性成分,"欲"则不能带数量宾语(未见 $S_{1.8}$ 用例)。(3)使役义的表达有别:古汉语使役义的表达有词汇使役结构(S_0 用法)和句法使役表达(S_6 用法)两种形式,但"欲"只有 S_6 用法;"要"则既未见 S_0 用法,也未见 S_6 用法。

6.3 "意欲"概念场词汇系统非典型成员

古代汉语的历史上，"意欲"概念的表达除了典型成员"欲"与"要"外，还有"觊（冀）""愿""恂""憖""想""忺"等，下面扼要介绍。

6.3.1 上古汉语"意欲"概念场非典型成员

［觊、冀］

《说文·见部》："觊，钦幸（幸）也。从见岂声。"据此可知"觊"的本义为"希望；企图"。就所掌握的文献资料来看其文献用例当不晚于战国，如《楚辞·九辩》："事亹亹而觊进兮，蹇淹留而踌躇。"后代仍沿用，如《三国志·蜀志·谯周传》："肇建之国方有疾疢，我因其隙，陷其边陲，觊增其疾而毙之也。"《文选·任昉〈为范始兴作求立太宰碑表〉》："既曲逢前施，实仰觊后泽。"吕延济注："冀，幸也。"清代沈廉《江口行并序》西蜀既定，颇有觊觎江中遗物者，竭人力取之，终莫能得，半溺于水，到今七十年矣。

"冀"本指"冀州"。《说文·北部》："北方州也，从北异声。"《玉篇·北部》："冀，冀州也，北方州，故从北。"《书·禹贡》："冀州既载。"蔡沈集传："冀州，帝都之地，三面距河，兖河之西，雍河之东，豫河之北。"朱骏声《通训定声·北部》："冀，叚借为觊。"《荀子·修身》："行而供冀，非渍淖也。"王先谦集解引郝懿行曰："冀与觊音同字通，其义则冀、觊俱训望也。""冀"借为"觊"属音同通假，二者上古同属见纽脂韵，音同可通。《楚辞·离骚》："冀枝叶之峻茂兮，愿竢时乎吾将刈。"后代仍沿用，如《史记·屈原列传》："屈平既嫉之，虽放流，睠顾楚国，系心怀王，不忘欲反，冀幸君之一悟，俗之一改也。"《文选·刘峻〈广绝交论〉》："则有穷巷之宾，绳枢之士，冀宵烛之末光，邀润屋之微泽。"《聊斋志异》卷八："然命笔时，无求必得之念，而尚有冀幸得之心，即此已落下乘。"

［恂］

"恂"的本义为"欲知某事。"《说文·心部》："恂，欲知之皃。从心，仑声。"《广韵·谆韵》："恂，欲晓知也。"《楚辞·九章·哀郢》："憎愠愉之修美兮，好夫人之忼慨。"洪兴祖补注："愉，思求晓知谓之愉。"

［期］

"期"本是"约会"的意思。《说文·月部》："期，会也。从月其声。"《诗·鄘风·桑中》："期我乎桑中，要我乎上宫，送我乎淇之上矣。"由于约会往往是人们所向往的，故通过结果转指过程，"期"可引申出"期望；要求"义。《书·大禹谟》："刑期于无刑，民协于中，时乃功。"蔡沈集传："其始虽不免于刑，而实所以期至于无刑之地。"晋陶渊明《归去来兮辞并序》："富贵非我愿，帝乡不可期。"《文选·王康琚〈反招隐诗〉》："归来安所期，与物齐终始。"吕延济注："期，望也。"清恽敬《说山》："盖天下事，期之者过甚，大率不能如吾之意。"沈从文《老实人·在私塾》："（爹）知道期我把书念好是无望，终究还须改一种职业。"

［思］

前面已论"思"有"想念；怀念"义，《广韵·之韵》："思，思念也。"《诗·邶风·泉水》："有怀于卫，靡日不思。"由于想念某物的结果是希望能见到它，故通过动作转指结果，"思"可引申出"想望"义①。就掌握的文献资料来看，此义当不晚于西汉出现，如《史记·廉颇列传》："廉颇居梁久之，魏不能信用。赵以数困于秦兵，赵王思复得廉颇，廉颇亦思复用于赵。"后代仍见用，陶渊明《怨诗楚调示庞主簿邓治中》："造夕思鸡鸣，及晨愿乌迁。"《南齐书·谢朓传》："朓闻潢污之水，思朝宗而每竭；驽蹇之乘，希沃若而中疲。"白居易《赠苏少府》"朝欲携手出，暮思联骑还。"《敦煌变文校注·维摩诘经讲经文（五）》："思衣即罗绮千重，要饭即珍羞百味。"

［望］

"望"的甲骨文字形为"𦣻"，从臣（眼），从壬（人立土堆上），故从字形来看，其当为人在土堆上举目远望之意。《广雅·释诂一》："望，视

---

①《大词典》"思"条将"怀念"与"想望"合并为一个义项（7/440），今按，"怀念"是指对景仰的人、离别的人或环境不能忘怀，希望见到的意思，其含有希望的意味，是"想望"的一种；"想望"除了包含因不能忘怀而希望见到的意思外，还可以是希望得到某物、希望实现等，就此，我们认为"思"之"怀念"义与"想望"义以分列为宜。

也。"《楚辞·九章·抽思》:"望北山而流涕兮,临流水而太息。"蒋骥注:"望,犹视也。"由于远望的原因之一有可能是盼望外出之人归还,故结果转指原因,"望"可引申出"期望"义。《集韵·阳韵》:"望,在外望其还也。"《孟子·梁惠王上》:"王如知此,则无望民之多于邻国也。"白居易《立部伎》:"欲望凤来百兽舞,何异北辕将适楚?"《儒林外史》第三一回:"杜少卿道:'你要多少银子?'裁缝道:'小户人家,怎敢望多?'"

[幸]

"幸"本是"逢凶化吉"的意思。《说文·夭部》:"㚔,吉而免凶也。从屰从夭。"《左传·昭公十八年》:"幸而不亡,犹可说也。不幸而亡,君虽忧之,亦无及也。"由于吉祥顺利都是人们所希冀的,故引申之,"幸"则有"希望;期望"义。《礼记·檀弓上》:"曾元曰:'夫子之病革矣,不可以变,幸而至于旦,请敬易之。'"郑玄注:"幸,觊也。"《颜氏家训·文章》:"世人或有文章引《诗》'伐鼓渊渊'者,《宋书》已有屡游之诮;如此流比,幸须避之。"《宋史·刘颖传》:"其为少宗正,而丞相赵汝愚适归,相遇于废寺,泥雨不能伸足,但僧床立语曰:'寄谢余参政,某虽去而人才犹在朝迁,幸善待之。'"清郎廷槐《师友诗传录》:"今天下以夫子为一代宗匠,幸示我以匡救之道!"

[觊]

"觊"本是"企求,希望得到"的意思。《说文·见部》:"觊,欲也。"《广韵·虞韵》:"觊,觊觎欲得也。"《左传·襄公十五年》:"能官人,则民无觊心。"洪亮吉诂引《说文》:"觊,欲也。"后代仍见用,如《汉书·叙传上》:"绝信、布之觊觎。"萧该音义:"觊,欲也。"唐刘肃《大唐新语》卷一:"张说进曰:'此有谗人设计,拟摇动东宫耳。陛下若使太子监国,则君臣分定,自然窥觊路绝,灾难不生。'"《红楼梦》第九一回:"原来和薛蟠好的那些人因见薛家无人,只有薛蝌在那里办事,年纪又轻,便生许多觊觎之心。"

[愿]

"愿"本是"大头"的意思,但本义废而不用,现在常用的是其"愿望;心愿"义,前已论述,恕不赘举。由于遂人意的东西往往也是人们希望得到的对象，故通过对象转指动作，"愿"可引申出"想要；希望"义。《广韵·愿韵》："愿，欲也。"据掌握的文献资料来看，表"想要；希望"义的"愿"春秋时期已见，如《左传·哀公二十四年》："寡君欲徼福于周公，愿乞灵于臧氏。"此例前言"欲"，后言"愿"，明二者义同。后者仍见用，如《淮南子·缪称》："人以其所愿于上以交其下，谁弗戴？"《敦煌变文校注·妙法莲华经讲经文（一）》："后妃悲啼，臣寮失绪，人人交（教）仙者却回，个个愿大王不去。"《红楼梦》第一回："所以我这一段故事，也不愿世人称奇道妙，也不定要世人喜悦检读，只愿他们当那醉淫饱卧之时，或避事去愁之际，把此一玩，岂不省了些寿命筋力？"

6.3.2 中古汉语"意欲"概念场非典型成员

［将］

"将"的甲骨文字形为"𝕏"，就此来看，"将"字当从鼎，从肉，爿声，会从鼎中取肉奉献祭享之意，故其本义当为"奉献；祭享"。《诗·周颂·清庙之什》："我将我享，维羊维牛，维天其右之。"由于祭享的目的之一就是想要得到神灵佑护，故引申之，"将"则有"想要"义。《广雅·释诂一》："将，欲也。"张衡《东京赋》："及将祀天郊，报地功。"《三国志·魏志·武帝纪》："太祖新失兖州，军食尽，将许之。"《世说新语·文学》："（乐令）将让河南尹，请潘岳为表。"明李渔《闲情偶寄·演习部》："场上之人将要说白，见锣鼓未歇，宜少停以待之，不则过难专委，曲白锣鼓，均分其咎矣。"

［企］

"企"本指"跂起脚"。《说文·人部》："企，举踵也。"《老子》："企者不立，跨者不行。"由于跂起脚远望是盼望的结果之一，故通过结果转指原因，"企"可引申出"盼望；希望"义。《广韵·纸韵》："企，企望也。"《三国志·吴志·周鲂传》："不胜翘企，万里托命。"韩愈《赴江陵途中寄赠翰林三学士》："生平企仁义，所学皆孔、周。"清曾朴《孽海花》第二七回："这几天中堂为国宣劳，政躬想必健适，行旌何日徂东？全国正深翘企！"周恩来《关于粉碎第四次"围剿"的电报》："敌此次被我调动，一方面企以信江之敌吸引我军，以抚州来敌截击我于金溪之北。"

［希］

"希"是"絺"的本字，指麻缕较稀的麻布。《周礼·春官·司服》："祭社稷五祀则希冕；祭群小祀则玄冕。"后来"希"又假借为"晞"，《说文·目部》："晞，望也。"段玉裁注："古多假希为晞。"《读书杂志·墨子第五·备蛾傅》："城上希薄门而置捣。"王引之按："希与晞同，望也。""希"假借为"晞"属于同音通假，二者上古均属于晓纽微部，音同可通。由于"希"有看义，故通过原因转指结果，其亦可引申出"希望"义。《集韵·微韵》："希，望也。"《颜氏家训·文章》："必有盛才重誉、改革体裁者，实吾所希。"贾岛《代旧将》："落日收病马，晴天晒阵图。犹希圣朝用，自镊白髭须。"鲁迅《书信集·致曹靖华》："致萧三兄一笺，希转寄。"

［想］

《说文·心部》："想，冀思也。"徐锴系传："希冀所思之。"由于"想"是由于希望而思，所以通过结果转指原因，"想"可引申出"想要，希望"义。晋代刘琨《劝进表》："四海想中兴之美，群生怀来苏之望。"白居易《和答诗十首·和思归乐》："人心自怀土，想作思归鸣。"关汉卿《闺怨佳人拜月亭》楔子："虽是这战伐，负着个天摧地塌，是必想着俺子母每早来家。"《三侠五义》第一三回："他原想进京寻个进身之阶，可巧路途之间遇见安乐侯上陈州放赈。"郭沫若《女神·湘累》："我知道你的心中本有无量的涌泉，想同江河一样自由流泻。"

［憪］

"憪"本是"想要"的意思。《集韵·养韵》："憪，心所欲也。"《文选·潘岳〈射雉赋〉》："屏发布而累息，徒心烦而伎憪。"徐爰注："有技艺而欲逞曰伎憪。"

6.3.3 近代汉语"意欲"概念场非典型成员

［待］

"待"本是等待的意思。《说文·彳部》："待，竢也。从彳，寺声。"《周礼·天官·大宰》："凡治，以典待邦国之治，以则待都鄙之治，以法待官府之治，以官成待万民之治，以礼待宾客之治。"孙诒让正义引《说文》："待，竢也。"由于等待的往往也是人们想要的，故引申之，"待"则有"想要"义。《语辞汇释》卷一"待（一）"条："'待，拟辞，犹将也。'"朝鲜时代汉语教科书《单字解》："待：拟要也，××××××××××；又欲也——待卖几个马去××××××××××××。"就所掌握的文献资料来看，"待"之此义当不晚于元代出现，如关汉卿《闺怨佳人拜月亭》第三折："梅香，安排香桌儿去，我待烧炷夜香咱。"《原本老乞大》："这段匹你都看了也，你端的待买甚么段子？"《朴通事谚解》上："你待买甚么本事的马？我要打围骑的快走的马。"此句前言"待"，后言"要"，"待"之"想要，打算"义显矣。《红楼梦》第三二回："我再问他两句家常过日子的话，他就连眼圈儿都红了，口里含含糊糊待说不说的。"

　　［忺］

　　"忺"有"高兴"义。宋赵汝芫《梅花引》："对花时节不曾忺。"由于可人意的事往往是人想要做的和愿意做的，故引申之，"忺"可表"欲；愿"义。《字汇·心部》："忺，《方言》，青齐呼意所好为忺。"宋代李清照《声声慢》："满地黄花堆积，憔悴损，如今有谁忺摘。"《清平山堂话本·简帖和尚》："淡画眉儿斜插梳，不忺拈弄绣工夫。"

　　从语义来源来看，"意欲"概念场非典型成员有如下特点：（1）来自本义，如"觊（冀）""觑""㤅""憖"等。（2）来自其他义，一是由"跂起脚"义与"远望"义通过结果转指原因引申出"想要；希望"义，前者如"企"，后者如"望""希"；二是由"期待"义通过结果转指过程或原因引申出"想要；希望"义，如"期"与"待"；三是由"想象"义与"高兴"义通过结果转指原因引申出"想要；希望"义，前者如"想"，后者如"忺"等；四是由"奉献；祭享"义通过动作转指目的引申出"想要；希望"义，如"将"；五是"愿望"义通过对象转指过程引申出"想要；希望"义，如"愿"。

6.4　"意欲"概念场词汇系统成员在现代汉语方言的共时分布

　　"方言调查记录语言的现状，方言比较反映语言的历史。"① 本节拟探讨

---

① 李荣：《分地方言词典总序》，李荣主编《现代汉语方言词典》（42卷），江苏教育出版社1997年版，第1页。

现代汉语方言 "意欲" 概念场词汇系统成员的分布情况，据《现代汉语方言词典》《现代汉语方言大词典》（42 个分卷）、《汉语方言词汇》（第二版）、《普通话基础方言基本词汇对照表》等资料的调查统计，"意欲"概念场在 43 个方言点中的用词情况如表 6.8 所示：

表6.8　　　"意欲" 概念场词汇系统成员在43个现代汉语方言点的分布

方言区	词项 方言点	欲	要	其他	方言区	词项 方言点	欲	要	其他
东北	哈尔滨				南部吴方言	崇明			望
北京	北京		+			苏州		+	
冀鲁	济南		+			上海			想、要想
胶辽	牟平		+			杭州		+①	
中原	洛阳					宁波			望
	万荣		+	想、要想		金华		+②	想
晋方言	太原		+			温州		+	
	忻州				赣方言	南昌		+	想
西北	西安		+	想		黎川			想
	西宁					萍乡			想
	银川			望、望想	湘方言	长沙		+	
	乌鲁木齐					娄底			想
西南	成都		+		闽方言	建瓯			让
	贵阳			想		福州			想
	柳州		+③			厦门		+	要挃、卜、卜挃
江淮	徐州					雷州			望④

---

① 杭州方言材料中未见单用 "要" 表 "想要；希望" 的用例，但见其组合表此义，如 "要啥有啥" "要啥没啥" 分别表示要什么有 / 没有什么的意思，例如 "你们屋里赅富，要啥有啥；我们穷，要啥没啥"（《杭州方言词典》，第 125 页），据此我们推测杭州方言中本义的表达应该可以用 "要"。

② 金华方言材料中未见单用 "要" 表 "想要；希望" 的用例，但见其组合表此义，如 "要睏" 就表示想睏，睏倦，想睡的意思，例如 "我要睏猛要睏猛了，眼睛都撑睁弗开。" 就此我们推断金华方言中该义的表达当可用 "要"。

③ 柳州方言材料中未见单用 "要" 表 "想要；希望" 的用例，但其固定结构 "要……不……" 中嵌入两个相同的单音形容词或动词可以表示 "想……又不……" 的意思，如 "要晴不晴，要阴不阴"，"要死不死，要活不活"（《柳州方言词典》，第 188 页），据此我们推断本义在柳州方言中可用 "要" 表示。

④ 雷州方言材料中未见单用 "望" 表 "想要；希望" 的用例，但见其组合表此义，如 "望天

续表

方言区	词项 / 方言点	欲	要	其他	方言区	词项 / 方言点	欲	要	其他
	武汉		+	想		海口			望路、望望
	南京				粤方言	广州		+	
	扬州		+			东莞			望
徽方言	绩溪		+	想	客家	于都			望
北部吴方言	丹阳			望		梅县			爱、想
					平话	南宁		+①	

6.4.1　基本情况

6.4.1.1　"意欲"概念场典型成员在现代汉语方言中的使用分析

就所调查的资料来看，在43个现代汉语方言点中的"意欲"概念表达典型成员主要用"要"，未见"欲"②。"要"在现代方言中的分布较为广泛，南北方言点均有用例，比如冀鲁官话、胶辽官话、中原官话、晋语、西北官话、西南官话、徽语、吴语、赣语、湘语、闽语、粤语、平话九大方言区的部分方言点都有用例。其所施及的对象主要为获得某物和做某事，前者例如"公要馄饨婆要面"（苏州）；后者例如"要吃要穿"（牟平）③。支配对象既可以充当宾语，也可以充当主语，前者例如"我想要呢间房"（广州）；后者例如"这两间厦老人还要哩，先不要分哩"（万荣）④。除了单用外，"要"还与其他表想要义的语素一起构成合成词表达"想要"义，

（接上页）开云"和"望团贵气"就分别表示盼望渡过难关走上光明道路和盼望儿子发达，使父母享福的意思，前者例如"无父无母做多罥_{多凄凉}，望天开云依_{孩子}出头"，后者例如"谁依饲团都望团贵气"（《雷州方言词典》，第87页），故此我们推测雷州方言中该义的表达当可用"望"。

① 南宁方言材料中未见单用"要"表"想要；希望"的用例，但其固定结构"要……冇"中间插入动词就表示欲行动就止住，如"冇等渠喇，要去冇去，好难请"（《南宁方言词典》，第129页），就此我们推断该义在南宁方言中可用"要"表达。

② 广东揭阳话中的"欲"是助动词，表"将要"的意思，如"个天看着欲落雨_{天色看起来要下雨}"（徐宝华、宫田一郎：《汉语方言大词典》卷3，中华书局1999年版，第5612页）。

③ 例句引自《现代汉语方言大词典》第3册，第2614—2615页。

④ 例句引自《现代汉语方言大词典》第3册，第2615页。

如要想（万荣、上海）^①、要挃（厦门）^②等。

方言中的"要"除了表示"想要；希望"义外，还可以表示"索取"^③、"使；让；叫"^④、"应该"^⑤、"将要"^⑥、"比较；估计"^⑦、"要是；如果"^⑧、"要么"^⑨等义，此属于古汉语的遗留。亦有在承袭古义的基础上创新的，如贵阳、黎川、广州等地的"要"引申出"要求；请求"义，如"渠要我等渠一下。"^⑩牟平、西安、万荣、绩溪、南昌、广州等地的"要"引申出表示做某事的意志，如"待要多，满地儿摸；待要少，满地儿跑_{指拾柴草}。"^⑪海口话中的"要"引申出"拿取"与"给予"义，前者例如"要两个碗来"；后者例如"大姊_{姐姐}要一只笔去伊_{给他一只笔}。"^⑫上述各地中的"要"义引申的机制当为转喻。除了转喻引申外，还有隐喻的，如西安话中的"要"还可指"用麦秆、玉米杆等临时拧成的绳状物"与"捆货物用的或打包用的条状物"，比如"纸要"^⑬。还有些方言点中"要"之所指与其本义之间看不出任何联系，当属于同形字，如绩溪话中的"要"还可表示"像"，比如"要尔的都尚好_{像这样倒是挺好的。}"^⑭徐州话中的"要"虚化为介词，引进对事物持有某种看法或观点的主体，相当于北京话"照"，如"要他说，我连第三都拿不着，我这不拿个第一吗？"^⑮柳州话中的"要"还可放在单音动词的后面表示方式，跟其他方式相区别，如"买要_{不是讨或捡}"；"咬要_{不是剥或}

---

① 要想富，少生娃娃多修路。（《万荣方言词典》，第354页）
② 你要挃什么款的布？（《厦门方言词典》，第420页）
③ 书他借去啊，你去要去。（《西安方言词典》，第168页）
④ 我无要伊去溪里洗浴。／天落大雨要我无成去_{去不成}。（《海口方言词典》，第124页）
⑤ 今晚要早啲瞓瞓。（《广州方言词典》，第264页）
⑥ 要落雨了，捯晒个衣裳收进来。（《南昌方言词典》，第133页）
⑦ 尔的放比那的放要好些。（《绩溪方言词典》，第137页）
⑧ 尔要不去，提前搭我讲声。（《绩溪方言词典》，第137页）
⑨ 要我知影_{知道}你怀来，我也怀来。（《厦门方言词典》，第420页）
⑩ 例句引自《黎川方言词典》，第92页。
⑪ 例句引自《牟平方言词典》，第210页。
⑫ 例句引自《海口方言词典》，第124页。
⑬ 参看《海口方言词典》，第168页。
⑭ 例句引自《绩溪方言词典》，第137页。
⑮ 例句引自《徐州方言词典》，第242页。

撕"；"写要_{不是印刷或口述}"^①。

6.4.1.2 "意欲"概念场非典型成员在现代汉语方言中的使用分析

"望"的使用

银川、丹阳、崇明等地中的"望"表示"希望"的意思，如"他望我早点毕业。""过年望丫头转来_{过年盼女儿回家}。"^②现代汉语方言中本概念的表达除了单用的"望"外，还可见其与其他表"想要"义的语素组合指称本概念，如望想（银川）^③、望路、望望（海口）^④等。

"想"的使用

万荣、上海、黎川、萍乡等地中的"想"除了表"思考"义与"想念"义外，还可以表"想要；希望"义，如"她不想教学，想寻一外能经常在外前_{外面}跑跑跳跳的工作。""侬想吃啥，我去买。""渠多_{他们}两个想合伙开店。"^⑤现代汉语方言中该概念的表达除了单见的"想"外，还可见其与其他想要义语素组合指称本概念，如要想（万荣、上海）、望想（银川）等。

"爱""让"的使用

梅县话用"爱"，如"爱去看电影"；"日头落山了，唔爱_{不要}做了。"^⑥《说文·夊部》："爱，行皃。"由此可知"爱"本是行走的样子的意思。由于受限于文献资料，"爱"之二义如何引申不无从得知，故录之以待考。建瓯话用"让"，如"让觑电影的来拿票_{要看电影的来拿票}。"^⑦《说文·言部》："让，相责让。"《玉篇·言部》："让，责让。"就此可知"让"本是责备的意思。因囿于文献资料的不足，"让"之二义如何引申也不得而知，录之以待考。

就此，"意欲"概念在十大方言区的用词情况可如表 6.9 所示。

---

① 例句引自《柳州方言词典》，第 188 页。

② 例句分别引自《丹阳方言词典》，第 198 页；《崇明方言词典》，第 158 页。

③ 当爹妈的，总望想着儿女日后能成才。（《银川方言词典》，第 265 页）

④ 出门即久，望路伊写封信转室_{回家}。／望望汝大成_{依殷切地期望你长大成人}。（《海口方言词典》，第 99 页）

⑤ 例句分别引自《万荣方言词典》，第 354 页、《上海方言词典》，第 230 页、《黎川方言词典》，第 179 页。

⑥ 例句引自《梅县方言词典》，第 100 页。

⑦ 例句引自《建瓯方言词典》，第 221 页。

表6.9　　　　　　　十大方言区"意欲"概念主要用词情况

| | 官话 | | | | | | | | 晋语 | 吴语 | | 徽语 | 赣语 | 湘语 | 客家话 | 闽语 | 粤语 | 平话 |
	北京	东北	冀鲁	胶辽	中原	兰银	西南	江淮		北部	南部							
要	+	−	+	+	+	+	+	+	+	−	+	+	+	+	−	+	+	+
想	−	−	−	−	+	+	+	+	−	−	−	+	+	+	−	+	−	−
望	−	−	−	−	−	−	−	−	−	+	+	−	−	−	+	+	+	−
要想	−	−	−	−	+	−	−	−	−	−	+	−	−	−	−	−	−	−

　　分析表 6.8 和表 6.9 不难发现，"要"的分布范围最广，九大方言区的 20 个方言点均有用例；其次是"想"，主要分布于官话、徽语、赣语、湘语、闽语五大方言区的 13 个方言点；先秦已见的"望"分布也较广，主要见于官话、吴语、闽语、粤语、客家话五大方言区的 7 个方言点，宋代进入本概念场的"要想"分布最窄[①]，主要见于官话和吴语区的 2 个方言点。

6.4.2　主要特点

　　现代汉语方言"意欲"概念场词汇系统在承袭元末格局的基础上有了新的发展，具有如下特点：

　　（1）不同方言点之间的用词数量不尽相同。最多的有四个，如厦门；也有 3 个的，如万荣；还有 2 个的，如西安、银川、武汉等；仅有 1 个的不在少数，如北京、济南、牟平等 23 个方言点，占了总数的一半多。

　　（2）既有对古语的传承，又有新的发展。"要""望""想""要想"等古语词在现代汉语方言中均见用；有的在方言中还引申出了新用法，如前举的"要"。此外，各方言还出现了一批特征词，如"爱"（梅县）、"卜""卜挃"（厦门）、"让"（建瓯）等。

　　（3）共时分布仅部分反映历史演变的层次。"意欲"概念场的典型成员"欲"与"要"有过历时替换关系，但"欲"在 43 个方言点中未留下行用的痕迹，所以北京、济南、牟平、万荣、太原等 23 个方言点保留着"要"，反映的是元代后期以后的词汇面貌。"要"进入本概念场当不晚于

---

① 就笔者所掌握的文献资料来看，"要想"组合当不晚于宋代出现，如《朱子语类》卷九七《程子之书三》："尝见范蜀公与温公书，说韩持国为禅作祟，要想得山河大地无寸土，不知还能无寸土否？"

南北朝，但五代以前仍不具备与"欲"抗衡的实力，经过宋元时期的快速扩张，于 14 世纪后半期取代"欲"成为"意欲"概念场的主导词，并一直持续到现代。

以上是就《现代汉语方言词典》等资料对"意欲"概念场词汇系统在现代汉语方言中的分布作的粗疏整理，未进行相关的田野调查。但仍有一些悬而未决的困惑：一是从先秦开始一直到唐代都占据着"意欲"概念场主导词位置的"欲"为何未在现代汉语方言中留下使用的痕迹；二是"意欲"作为人类的基本心理活动之一，表达与之相关概念的词理应属于基本词汇范畴，但哈尔滨、洛阳、忻州、西宁、乌鲁木齐、徐州、南京 7 个方言点未见相关概念用词的记录，个中情况值得进一步探索。

第7章　五个概念场主导义位的演变
及其相关问题

　　词义有时代性，有些词虽词形古今未变，但其义位系统的成员构成及各成员在系统中所处的地位却随时移易，因此汉语基本词历史演变研究，除了应关注词怎样变了意义及概念怎样变了名称外，"'主导义位'的变化也值得注意"，"主导义位是指词在一定时期或一定地域内使用得较多的义位。'主导义位'跟'次要义位'相对而言，一个多义词可能有一到两个主导义位，其余都是次要义位。"① 本章拟对古汉语"忧虑""思念""猜度""思谋""意欲"五个概念场主导词的主导义位演变进行简单梳理，并就所掌握的材料对主导义位演变类型进行归纳，进而对主导义位与主导词的关系等相关问题展开论述，以测各主导词更替时间上的合理性，以探概念场中主导词的更替与主导义位演变之间的互动性，以期能从主导词更替与主导义位演变相结合的角度研究汉语基本词汇的演化作一点探索。

7.1　"忧虑"概念场主导词的主导义位演变

　　在古代汉语历史上，"忧虑"概念场的典型成员"患""忧""虑""愁"

---

　　① 汪维辉师浙江大学汉语史中心 2011 年《汉语词汇史》授课中语。对"主导义位"界定的还有张海媚，她指出："主导义位指词在一个特定时期使用较多的义位，但不一定是该词的基本义位（即基本不随时代而改变的义位）。"（《从〈世说新语〉的"目"看词义的时代性》，《南开语言学刊》2008 年第 2 期）

古汉语心理活动概念场词汇系统演变研究

的主导词地位先后有过更替，本节拟对四者的主导义位演变脉络作一简单耙梳，以厘清各自演变的层次。

7.1.1　古汉语"患"主导义位的演变

先秦至清代，"患"的主导义位经历了一次变换四个层次的变化。下面按上古汉语、中古汉语及近代汉语三个时段分述之。

7.1.1.1　上古汉语"患"义位系统中的主导义位

上古汉语"患"义位系统各成员的具体使用情况，如表7.1所示：

表7.1　　10种春秋至西汉文献中"患"各义位使用情况分析

义位\文献		春秋至战国前期					战国中期至西汉								
		诗	论	左	总计	占本系统比例（%）	孟	韩	吕	战	史	淮	盐	总计	占本系统比例（%）
忧虑	单	0	17	57	74	65.49	3	27	32	59	99	3	27	250	37.09
	连	0	0	1	1		0	0	0	0	0	0	0	0	
祸患	单	0	0	35	35	30.97	8	91	47	72	73	48	22	361	53.56
	连	1	0	13	14		3	10	8	15	27	18	6	87	
为害	单	0	0	1	1	0.89	0	2	0	5	12	2	4	25	3.71
	连	0	0	0	0		0	0	0	0	0	0	0	0	
厌恶	单	0	0	3	3	2.65	0	4	4	0	6	0	2	16	2.37
	连	0	0	0	0		0	1	0	0	2	0	0	3	
弊病①	单	0	0	0	0		1	3	16	1	1	0	0	22	3.27
	连	0	0	0	0		0	0	0	0	0	0	0	0	
疾病	单	0	0	0	0		0	0	0	0	0	0	0	0	
	连	0	0	0	0		0	0	0	0	0	0	0	0	
生病	单	0	0	0	0		0	0	0	0	0	0	0	0	
	连	0	0	0	0		0	0	0	0	0	0	0	0	
不满意	单	0	0	0	0		0	0	0	0	0	0	0	0	
	连	0	0	0	0		0	0	0	0	0	0	0	0	

---

① 《大词典》"患"条将"弊病"义和"疾病"义合为一个义项（7/530），今按，二者意义有别，《现代汉语词典》（第七版）：［弊病］①弊端；②缺点或毛病（第77页）；又［疾病］病（总称）（第639页）；再者，二者出现的时间有先后，就我们所检索的文献资料来看，"患"之"弊病"义当不晚于战国中期出现，如《孟子·离娄上》："孟子曰：'人之患，在好为人师。'"而其"疾病"义当不晚于东汉出现，如《修行本起经》卷下："（太子）即说偈言：'是身为脆哉，常惧四大中，九孔不净漏，有老有病患。'"（3/466c）据此，我们认为当以将此二者分列为不同义项为宜。

　　表中各义位在本义位系统中所出现的比例，可以大致反映其在该系统中所处的地位。在我们调查的 10 种上古文献中，"患"共出现 892 次，其中单用的共 787 次，占总用例数的 88.23%。以复合词或成语构词语素形式出现的共 105 次，占总数的 11.77%。单用于"忧虑"义的共 324 见，占整个义位系统已知用例的 41.17%；单用于"祸患"义的共 396 见，占该系统已知用例的 50.32%；单用于"为害"义的共 26 见，占本义位系统已知用例的 3.30%；单用于"厌恶"义的共 19 见，占本系统已知用例的 2.40%；单用于"弊病"义的共 22 见，占该系统已知用例的 2.80%。根据这些统计数据，我们可以大致推知，就整个上古汉语而言，"祸患"义和"忧虑"义当为此期"患"义位系统中的主导义位，且前者多于后者。若将上古细分为春秋、战国及西汉三个时段，如下现象值得我们注意："忧虑"义与"祸患"义在本系统中的地位并非一成不变，而是随时移易的。春秋至战国前期，前者占据上风。如在所抽样的此期 3 种文献中，单用的患共 113 见，它们分列于 4 个义位（各义位出现的具体次数及比例详见表 7.1），用于"忧虑"义的 74 见，用于"祸患"义的 35 见，前者是后者的 2 倍多。战国中期以后，这种状况开始有了变化，"祸患"义的使用骤增，与其展开竞争，并且飙升至义位系统的榜首。如表 7.1 所示，在我们所调查的 7 种战国中期至西汉文献中，"患"单用共 674 见，其中用于"祸患"义的共 361 见，占整个义位系统已知用例的 53.56%；用于"忧虑"义的共 250 见，占该系统已知用例的 37.09%，前者高出后者 16.47 个百分点。据此，我们认为，上古汉语时期，"患"主导义位的演变可区分为两个层次：第一层次为春秋至战国前期；第二层次为战国中期至西汉。如表 7.2 所示：

表 7.2　　　　　　　　上古汉语时期"患"主导义位演变层次

时段	春秋至战国前期	战国中期至西汉
主导义位	忧虑 > 祸患	祸患 > 忧虑

注："＞"表示前者多于后者，下同。

7.1.1.2　中古汉语"患"义位系统中的主导义位

　　我们也调查了部分中古汉语文献，"患"义位系统各成员的使用情况如表 7.3 所示：

表7.3　　21种东汉至隋代文献中"患"各义位使用情况分析

义位		东汉至魏															南北朝至隋									
		衡	太	汉	修	中	抱	三	法	陶	六	大	生	妙	总计	占本系统比例（%）	世	齐	洛	颜	百	贤	杂	佛	总计	占本系统比例（%）
忧虑	单	14	6	69	0	0	12	34	0	0	0	0	1	0	136	32.69	4	1	0	0	0	0	0	1	6	3.64
	连	0	0	0	0	0	0	1	0	0	0	0	0	0	1		0	0	0	0	0	0	0	0	0	
祸患	单	32	14	62	7	0	8	35	0	3	19	1	21	7	229	55.05	5	11	1	1	7	10	4	35	74	44.85
	连	13	23	39	7①	3	7	28	0	2	7	1	24	5	109		0	1	2	1	1	6	12	43	66	
为害	单	2	1	2	0	0	0	0	0	0	0	0	0	0	7	1.68	0	0	0	0	0	0	0	2	3	1.82
	连	0	0	0	0	0	0	0	0	0	0	0	0	0	0		0	0	0	0	0	0	0	0	0	
厌恶	单	0	3	8	0	0	2	4	0	0	0	1	1	0	19	4.57	3	0	0	0	0	2	1	10	16	9.7
	连	0	4	4	0	0	1	6	1	0	0	0	2	0	18		0	0	0	0	0	3	2	8	13	
弊病	单	2	1	4	0	0	5	1	0	0	0	0	0	0	13	3.13	0	1	0	2	1	0	0	0	4	2.42
	连	0	0	0	0	0	0	0	0	0	0	0	0	0	0		0	0	0	0	1	0	0	0	1	
疾病	单	0	0	0	1	0	1	0	0	0	0	4	1	0	8	1.92	0	0	1	0	2	0	1	5	12	7.27
	连	0	0	0	0	0	0	0	0	0	0	0	1②	0	2		0	0	0	0	1	3	1	3③	8	
生病	单	1④	0	0	0	0	2	1	0	0	0	0	0	0	4	0.96	4	4	0	3	7	6	4	17	45	27.27
	连	0	0	0	0	0	0	0	0	0	0	0	0	0	0		0	0	0	0	0	0	0	0	0	
不满意	单	0	0	0	0	0	0	0	0	0	0	0	0	0		0	3⑤	0	0	0	0	0	0	2	5	3.03
	连																										

　　较之上古汉语，中古汉语时期"患"出现了如下变化：就其成词能力而言：单用比例有所下降，作为语素使用的比例有所上升。如在我们

---

　　①　于是太子，即回车还，愍伤一切，有此太患，忧思不乐。（《修行本起经》卷下，3/466c）按，"太"，宋元明本作"大"，今从之。

　　②　水牛报曰，以说偈言："以轻毁辱我，必当加他人，彼当加报之，尔乃得抵患。"（《生经》卷四，3/94a）按，"抵"，宋元明本作"疾"，今从之。

　　③　3例均为"病""患"连言，如"尔时作瓶天子，即于太子前路，化作一病患人，……"（《佛本行集经》卷15，3/722b4）"病患"为六朝译经中的习见之语，如东晋瞿昙僧伽提婆译《增壹阿含经》卷42："复次，国王无有病患，气力强盛，是谓第十之法，便得久存。"（2/778a）后秦鸠摩罗什译《大庄严论经》卷2："此婆罗门于后少时身遇病患，往问医师疗疾之方。"（4/264b）《大词典》"病患"条首引元例（8/293），偏晚。

　　④　《大词典》"患"之"生病"义，首引唐例（7/530），偏晚。《论衡·福虚》："是夕也，惠王之后而蛭出，及久患心腹之积皆愈。"

　　⑤　《大词典》"患"之"不满意"义，首引《新唐书·儒林传上·敬播》（7/530），偏晚。如《世说新语·政事》："简文为相，事动经年，然后得过。桓公甚患其迟，常加劝免。"

所调查的 21 部此期文献中,"患"共 799 见,其中单用 581 见,占总数的
72.72%(所考 10 种上古文献"患"单用占总用例数的 88.23%),作为复合
词或成语构词语素出现的共 226 见,占总数的 28.29%(此类性质的"患"
上古占 11.77% 左右);就其义位数量变化而言:义位有所增加。据考察,
上古汉语时期"患"义位系统有五个成员,此期新增了"疾病"、"生病"
及"不满意"三个义位(具体数据参见表 7.3);就其主导义位而言,同中
有变:东汉及魏晋时期,"祸患"义及"忧虑"义仍分居系统第一、二位,
维持战国中期至西汉时的格局。如表 7.3 所示,在所抽样的此期 13 种文献
中,单用的"患"共 409 见,它们分布于 7 个义位(各义位出现的次数及
比例详见表 7.3),其中用于前者的共 229 例,用于后者的共 136 例,二者
占了整个系统总额的 89% 多,这是其相同的地方;不同的是,南北朝至隋
时期,其"忧虑"义的使用数量急剧减少,而"生病"义的使用则猛增,
取代"忧虑"义的主导义位地位,成为此期"患"的主导义位之一。如在
所考查的此期 8 种文献中,单用的"患"共 165 见,用于"忧虑"义的仅
6 次(或者低于"厌恶"义及"疾病"义的使用数量,8 种南北朝至隋文
献中,单用于二者的总数分别为 16 次与 12 次,具体数据详参表 7.3);用
于"生病"义的则高达 45 次,二者的差距由东汉至魏晋时的 34:1 缩小到
2:15。

　　概言之,中古汉语时期,"患"主导义位的演变亦可分为两个层次:东
汉至魏晋时期为演变的第一层,承袭战国中期至西汉时的格局;南北朝至隋
时期为演变的第二层,将前期"祸患"义与"忧虑"义的竞争定格为"祸患"
义与"生病"义的角逐。"患"主导义位在中古不同时期的变化如表 7.4 所示:

表 7.4　　　　　　　　　　中古汉语时期"患"主导义位演变层次

时段	东汉至魏晋	南北朝至隋
义位	祸患 > 忧虑	祸患 > 生病

7.1.1.3　近代汉语"患"义位系统中的主导义位

　　近代汉语时期,"患"的主导义位格局在继承南北朝至隋格局的基础上,
又有新发展。表 7.5 反映了本期"患"义位系统各义位的具体使用情况:

表7.5　　　　　　　　　29种唐代至清代文献中"患"各义位使用情况分析

时代		唐宋元																	明清															
文献 / 义位		白	王	金	敦	人	唐	祖	五	朱	朝	话	小	南	元	原	总计	占本系统比例(%)	水	训	乞	朴	西	金	明	儒	红	红	新	通	重	侠	总计	占本系统比例(%)
忧虑	单	1	0	1	1	0	1		6	29	2	0	0	4	0/1	0	46	22.0	0	0/1	0	0	0	0	0	0	0	0	0	0	0	0	1	2.08
	连	0	0	0	0	0	0		0	2	0	0	0	0	0	0	2		0	0	0	0	0	0	0	0	0	0	0	0	0	0		
祸患	单	3	2	2	15	0	1	2	10	22	15	0	0	5	1	0	78	37.32	1	0	0	0	4	4	0	0	5	0	1	0	1	3	19	39.58
	连	5	1	1	4	0	2	1	8	18	6	2	0	5	7	0	60		17	0	0	0	14	7	0	2	2	3	0	0	0	4	49	
为害	单	0	0	0	0	0	0		0	0	1	0	0	0	0	0	1	0.47	0	0	0	0	0	0	0	0	0	0	0	0	0	0		
	连	0	0	0	0	0	0		0	0	0	0	0	0	0	0			0	0	0	0	0	0	0	0	0	0	0	0	0	0		
厌恶	单	0	0	0	0	0	1		3	0	0	0	0	0	0	0	4	1.91	0	0	0	0	0	0	0	0	0	0	0	0	0	0		
	连	0	0	0	6	0	0		0	0	0	0	0	1	0	0	7		0	0	0	0	0	0	0	0	0	0	0	0	0	0		
弊病	单	0	0	0	1	0	0		1	10	0	0	0	0	0	0	12	5.74	0	0	0	0	0	0	0	0	0	0	0	0	0	0		
	连	0	0	0	0	0	0		0	4	0	0	0	0	0	0	4		0	0	0	0	0	0	0	0	0	0	0	0	0	0		
疾病	单	0	0	0	3	0	0	1	0	0	0	0	0	0	0	0	4	1.91	1	0	0	0	0	0	0	0	0	0	0	0	0	0	1	2.08
	连	2	0	1	10②	0	0		0	0	0	0	0	0	0	0	13		5	0	0	0	0	1	0	0	0	0	0	0	0	0	6	
生病	单	0	0	9	6	5	1	8	25	3	1	0	0	3	1	0	62	29.69	14	1/1	0	0	0	0	3	0	4	0	1	0	0	3	27	56.25
	连	0	0	0															1	0	0													
不满意	单	0	0	0		1	1		0	0							2	0.96	0	0	0	0	0	0	0	0	0	0	0	0	0	0		
	连	0	0	0															0	0	0													

　　与中古汉语相比，近代汉语"患"有如下变化值得关注：第一，单用的比例继续下降，作为语素使用的比例继续上升。如在我们所调查的29种此期典型语料中，"患"共398见，其中单用的共257见，占总数的64.57%（中古汉语单用"患"占总数的72.72%），作为复合词或成语构词语素出现的共145见，占总数的35.43%（中古"患"以构词语素形式出现的占总数的28.2%）。这种趋势在元以后更为明显，如在我

---

① 《话本选》指《碾玉观音》《错斩崔宁》《简帖和尚》《快嘴李翠莲记》《宋四公大闹禁魂张》《万秀娘仇报山亭儿》，下同。

② 其中"患疾""疾患"各1见；"病患"5见；"染患"3见。《大词典》"染患"条之"染病"义首引《水浒传》（4/938），偏晚。如《敦煌变文校注·维摩诘经讲经文（一）》："时五百长者与居士，相随出毗耶离城，行至路边，忽然染患，坌成方丈。"又："居士曰：'汝等五百弟兄，但往庵园礼佛听法，吾缘染患，寸步难移，……'"

们所调查的 18 种元明清语料中，"患"共出现 131 次，其中单用 63 次，占总数的 48.09%；作为语素出现的共有 68 次，占总数的 51.91%。第二，义位的数量有所减少，如"为害""弊病"及"不满意"义在我们所抽样的文献中，从元代开始未见用例；"忧虑"及"厌恶"义，从明代开始亦未见用例①。第三，主导义位的格局有了变化。唐宋元时期，"祸患"义与"生病"义展开了一场拉锯战，在这场持久战中，双方彼此互有胜负。如表 7.5 所示，在我们所考查的 7 种唐五代文献中，单用于"祸患"义的共 7 见，单用于"生病"义的共 13 见，后者多于前者；而在所调查的 8 种宋元语料中，前者共 53 见，多于后者的 33 见。总体而言，整个唐宋元时期，前者还是略多于后者。经过唐代、五代、两宋及元代五个时期的拉锯，到了明清时期，"生病"义才脱颖而出，跃升至本义位系统的首位。如表 7.5 所示，在我们所抽样的 14 种此期语料中，单用于"祸患"义的共 19 次，占整个义位系统已知用例的 39.68%；而单用于"生病"义的竟高达 27 次，占本系统已知用例的 56.25%。要之，近代汉语时期，"患"之主导义位格局在传承南北朝至隋格局的基础上，又有所发展：承继的是主导义位仍为"祸患"义与"生病"义，发展的是二者在使用数量上出现了变化：唐宋元时期，前者多于后者；明清时期，后者则多于前者。"患"主导义位在近代汉语时期所呈现的变化如表 7.6 所示：

表 7.6　　　　　　近代汉语时期"患"主导义位演变层次

时段	唐宋元	明清
主导义位	祸患 > 生病	生病 > 祸患

7.1.1.4　小结

以上分上古汉语、中古汉语及近代汉语三个时段，通过调查典型语料中"患"各义位的具体使用情况来探讨"患"主导义位的发展情况。概言之，整个古汉语阶段，"患"的主导义位经历了一次变换四个层次的

----

① 明代有 1 例"患"表"忧虑"义，那是《训世评话》中引用原文。

变化。一次变换指的是春秋至魏晋时期其主导义位为"忧虑"义与"祸患"义；南北朝至清则变为"祸患"义与"生病"义。四个层次依次为：第一层次是春秋至战国前期，其主导义位为"忧虑"义与"祸患"义，且前者多于后者；第二层次为战国中后期至魏晋，其主导义位仍为"忧虑"义与"祸患"义，但后者多于前者；第三个层次为南北朝至元代，其主导义位为"祸患"义与"生病"义，且前者多于后者；第四个层次为明清时期，其主导义位仍为"祸患"义与"生病"义，但后者多于前者①。其发展层次如表7.7所示：

表7.7　　　　　　　古代汉语时期"患"主导义位演变层次

时段	春秋至战国前期	战国中后期至魏晋	南北朝至元代	明清
主导义位	忧虑 > 祸患	祸患 > 忧虑	祸患 > 生病	生病 > 祸患

7.1.2　古汉语"忧"主导义位的演变

春秋至清代，"忧"义位系统中主导义位的演变经历了两次变换六个层次的变化，呈现回环往复的特点，下详述之。

7.1.2.1　上古汉语"忧"义位系统中的主导义位

上古汉语"忧"义位系统的构成情况，我们调查了部分上古汉语文献，具体情况如表7.8②所示：

---

① 王凤阳《古辞辨》"忧 患 愁 恼"条认为："后来在词义之间发生调整，'愁'逐渐代替了古代的'忧'，'忧'的意义则接近于'患'，'患'则以'祸'、'难'义为主了。"（中华书局2011年版，第837页）按，王先生的观点与战国中期至元代"患"主导义位演变的实际情况相吻合，与明清时期的情形则有所偏差。

② 在我们抽样的文献中，未出现"忧"用于"谓军队为敌所败"的例子，我们扩大了检索范围，此义上古已见，如《礼记·檀弓下》："军有忧，则素服哭于库门之外，赴车不载橐韔。"郑玄注："忧，谓为敌所败也。"但不常用，所以该义位未见于所调查的文献不大会影响我们对本义位系统主导义位的判断。

表7.8　　　　　10种春秋至西汉文献中"忧"各义位使用情况分析

义位\时代\文献		春秋至战国中期						战国后期至西汉							
		诗①	论	左	孟	总计	占本系统比例（%）	韩	吕	战②	史	淮	盐	总计	占本系统比例（%）
忧愁③	单	44	7	31	19	101	62.35	5	10	16	39	21	6	100	26.18
	连	32	1	7	2	42		4	15	6	13	22	5	65	
忧虑	单	0	4	30	7	41	25.31	19	13	38	64	28	30	192	50.26
	连	5	0	2	0	7		0	0	4	3	1	0	8	
忧患	单	0	2	18	0	20	12.34	10	3	14	45	3	9	84	21.99
	连	0	1	5	1	7		0	2	10	8	5	1	26	
畏惧	单	0	0	0	0	0		0	1④	0	1	0	0	2	0.52
	连	0	0	0	0	0		0	0	0	0	0	0	0	
疾病	单	0	0	0	0	0		0	0	0	0	0	0	0	
	连	0	0	0	1	1		0	0	0	0	0	0	0	
居丧	单	0	0	0	0	0		0	0	0	0	0	0	0	
	连	1	0	0	0	1		0	0	0	0	0	0	0	
为所败⑤	单	0	0	0	0	0		0	0	0	0	0	0	0	
	连	0	0	0	0	0		0	0	0	0	0	0	0	

　　在我们所调查的 10 种上古汉语文献中，"忧"共出现 697 次，其中单用的 540 次，占总用例数的 77.47%；作为复合词或成语构成语素的共 157 次，占总用例数的 22.53%。单用的 540 例中，用于"忧愁"义的 201 例，占整个义位系统已知用例的 37.22%；用于"忧虑"义的 233 例，占该系统已知用例的 43.15%；用于"忧患"义的 104 例，占本系统已知用例的 19.26%；用于"畏惧"义的 2 例，占该系统已知用例的 0.37%。根据调查文献中各义位出现的次数及所占系统比例，我们可以大致推知，就整个上

---

　　① 该文中另有 1 例通"优"的"忧"，表"戏谑"义。

　　② 该文中另有 4 例通"优"的"忧"，表"优厚"义。

　　③ 关于"愁"之"忧愁"义与"忧虑"义不同论述请参看孙淑娟《大型辞书"忧"、"愁"条义项分合商兑》（《南昌工程学院学报》2014 年第 5 期）。

　　④ 《大词典》"忧"之"畏惧"义首引《晏子春秋·问上三》(7/685)，偏晚。如《吕氏春秋·知分》："禹仰视天而叹曰：'吾受命于天，竭力以养人。生，性也；死，命也。余何忧于龙焉？'"高诱注："忧，惧也。"

　　⑤ 为了简化，表格中"为所败"代表"谓军队为敌所败"义，下同。

古汉语而言，"忧"的主导义位当为"忧愁"义与"忧虑"义（二者的总用例数占了整个义位系统已知用例的80.37%），且后者多于前者。若就上古汉语内的不同时段而言，二者在整个义位系统中所处的地位并非恒固不变，而是处于彼此争竞中，具体而言：春秋至战国中期，前者占有绝对优势。如表7.8所示，在所抽样的此期4种文献中，单用的"忧"共162见，其中用于前者的101见，用于后者的41见，前者几近后者的2.5倍。战国中期以后，则后者占有绝对优势了，如在所考查的6种战国后期至西汉的文献中，单用的"忧"共378见，它们分布于4个义位（各义位出现的次数及比例详见表7.8），其中用于"忧愁"义的100见，用于"忧虑"义的192见，二者的差距由春秋至战国中期的101：41缩小到25：48。据此，我们认为上古汉语时期，"忧"主导义位的演变可区分为两个层次：第一层次为春秋至战国中期；第二层次为战国后期至西汉。其层次如表7.9所示：

表7.9　　　　　　　　上古汉语时期"忧"主导义位演变层次

时段	春秋至战国中期	战国后期至西汉
主导义位	忧愁 > 忧虑	忧虑 > 忧愁

7.1.2.2　中古汉语"忧"义位系统中的主导义位

表7.10是一个中古汉语时期"忧"各义位出现次数统计表，表中数据可以大致反映各自在本系统中所处的地位：

表7.10　　　　　　　21种东汉至隋代文献中"忧"各义位使用情况分析

义位		东汉							魏晋至隋																	
	文献	衡	太	汉	修	中	总计	占本系统比例（%）	抱	三①	法	陶	六	大	生	妙	世	齐	洛	颜	百	贤	杂	佛	总计	占本系统比例（%）
忧愁	单	3	26	32	7	6	74	20.44	9	10	0	4	8	1	7	1	3	0	1	1	0	11	4	16	76	34.86
	连	6	4	55	18	15	98		6	27	3	3	6	1	38	18	5	1	1	1	4	37	35	131	317	
忧虑	单	23	53	100	4	1	181	50.0	8	68	0	0	7	1	0	1	15	2	0	1	0	8	2	1	114	52.29
	连	13	7	21	2	2	45		0	34	0	0	4	1	1	5	2	1	0	0	1	8	0	2	59	

---

① 该文中另有1例"优"通"忧"，表"优厚"义。

续表

义位		衡	太	汉	修	中	总计	占本系统比例（%）	抱	三	法	陶	六	大	生	妙	世	齐	洛	颜	百	贤	杂	佛	总计	占本系统比例（%）
		东汉							魏晋至隋																	
忧患	单	5	33	61	0	0	99	27.35	0	17	0	0	0	0	2	0	0	1	0	0	0	3	0	0	23	10.55
	连	1	32	13	0	3	49		2	13	0	1	0	1	7	2	1	0	0	0	0	0	2	2	31	
畏惧	单	1	0	4	0	0	5	1.38	0	0	1	0	0	0	0	0	0	0	0	0	0	0	0	0	1	0.46
	连	0	0	0	0	0	0		0	0	0	0	0	0	0	0	0	0	0	0	0	0	0	0	0	
疾病	单	0	0	0	0	0	0		0	0	0	0	0	0	0	0	0	0	0	0	0	0	0	0	0	
	连	0	0	0	0	0	0		0	0	0	0	0	0	0	0	0	0	0	0	0	0	0	0	0	
居丧	单	0	0	3	0	0	3	0.83	0	2	0	0	0	0	2	0	0	0	0	0	0	0	0	0	4	1.84
	连	0	0	0	0	0	0																		1	
为所败	单	0	0	0	0	0	0		0	0	0	0	0	0	0	0	0	0	0	0	0	0	0	0	0	
	连	0	0	0	0	0	0		0	0	0	0	0	0	0	0	0	0	0	0	0	0	0	0	0	
其他①		0	0	4	0	54	58		0	0	0	0	0	1	0	0	0	0	1	0	1	0	0	22	25	

比之于上古汉语，中古汉语"忧"有如下变化值得注意：第一，单用的比例明显下降，作为语素使用的比例明显上升。在我们所调查的21种此期文献中，"忧"共出现1263次（其中包括人名、地名及物名等用字83次），其中单用的580次，占已知用例数的49.15%（所考上古汉语单用"忧"占用例总数的77.47%），作为复合词或成语构词语素出现的共600次，占已知用例的50.85%（所查上古汉语"忧"以语素形式出现的占总数的22.53%）。这个变化在"忧愁"义上表现得尤为显著，如在所考查的10种上古汉语文献中，用于"忧愁"义的共307例，其中单用的201例，占该义位已知用例的65.47%；连用的106例，占该义位已知用例的34.53%。尽管在单部文献中，偶见语素义多于词义数的，但二者差距不明显，如《吕氏春秋》和《淮南子》中，用于本义位的各25见和43见，前者连用的15见，单用的10见，后者连用的22见，单用的21见。到了中古汉语时期，这种偶见则变为常见。如表7.10所示，在所抽样的21种文献中用于"忧愁"义的共565例，其中单用的150例，占该义位已知用例的26.55%；连用的415例，占该义位已知用例的73.45%，

---

① 其他是指人名、地名及物名等用字，此列数据在统计占本系统比例时不包括在内，下同。

后者近乎前者的 3 倍。这种差距在汉译佛经中尤为明显。如在所考查的此期 11 种本土撰述中，语素义与词义的比例不足两倍（用于语素义的 112 见，用于词义的 89 见），汉译佛经中二者的比例则扩大到近 5 倍（10 种汉译佛经中，用于语素义的 303 见，用于词义的 61 见）。"忧"之"忧愁"义语素化速度在汉译佛经与本土撰述中所呈现出的差异或许与汉译佛经四字一顿的文例特点有关。第二，主导义位格局与战国后期至西汉时期的相比是变中有同。上古汉语时期，在"忧愁"义与"忧虑"义展开激烈竞争的同时，"忧患"义也在蓄势。如在所抽样的 2 种春秋文献中，用于此义的"忧"仅 2 见；而在所考的 3 种西汉文献中，用于此义的"忧"高达 57 见；东汉时，其使用数量继续攀升，如表 7.10 所示，在所查的此期 5 种文献中，用于此义的"忧"99 见，高于"忧愁"义的74 见，跃居整个义位系统的第二位，成为此期"忧"的主导义位之一。但这种格局并未持续长久，魏晋至隋，"忧愁"义的使用有所回升，并最终战胜"忧患"义，重新获得了本义位系统的主导义位资格。不过，其在整个系统中所占的份额仍不在多数。如在所考的此期 16 种文献中，单用的"忧"共 243 例（其中包括其他用字 25 例），用于"忧愁"义的 76例，用于"忧虑"义的 114 例，后者是前者的 1.5 倍。就此，我们认为中古汉语时期，"忧"主导义位的演变亦可区分为两个层次：第一层次为东汉时期，其主导义位当为"忧虑"义与"忧患"义；第二层次为魏晋至隋时期，其主导义位格局又回归战国后期至西汉时"忧虑"义与"忧愁"义分居系统第一、二位的构式。中古汉语时期，"忧"主导义位演变的两个层次如表 7.11 所示：

表7.11   中古汉语时期"忧"主导义位演变层次

时段	东汉	魏晋至隋
主导义位	忧虑 > 忧患	忧虑 > 忧愁

7.1.2.3 近代汉语"忧"义位系统中的主导义位

表 7.12 是关于"忧"义位系统各成员使用情况的一个抽样调查，由表中数据可大致窥测本阶段各义位在本系统中所处的地位：

表7.12　　　　　29种唐代至清代文献中"忧"各义位使用情况分析

时代 文献 义位		唐宋元明																								清代								
		白	王	金	敦[1]	入	唐	祖	五	朱[2]	朝	话	小	南	元	原	水	训	乞	朴	西	金	明	总计	占本系统比例(%)	儒	红1	红2	新	通	重	侠	总计	占本系统比例(%)
忧愁	单	26	4	0	58	6	1	1	7	124	2	0	1	5	17	0	13	1	0	1	24	13	6	310	60.43	0	2	3	0	1	0	0	6	37.50
	连	26	3	3	88	3	5	1	1	44	0	1	2	8	11	0	30	1	0	0	19	11	0	257		4	7	10	0	0	0	6	27	
忧虑	单	19	3	4	50	3	3	1	2	46	1	0	1	0	13	0			0	3	1	0		168	32.75	0	3	2	1	0	0	0	6	37.50
	连	9	0	0	37[3]	0	1	0	4	29	0	1	6	3	7	0	33	2	0	1	21	11	0	165		1	7	6	0	2	0	10	26	
忧患	单	0	0	0	1	0	2	0	0	9	1	0	1	2	0	1	0	0	0	0	0	0	0	18	3.51	1	0	2	0	0	0	0	3	18.75
	连	0	0	0	0	0	2	0	2	50	0	0												57		1	0	2	0	0	0	0	3	
畏惧	单	0	2	0	4	0	0	0	0	0	0	0	0	0	0	0	0	0	0	0	0	1	0	7	1.36									
	连	0	0	0	0	0	0	0	0	0	0	0	0	0	0	0	0	0	0	0	0	0	0											
疾病	单	1	0	0	0	0	0	0	0	0	0	0	0	0	0	0	0	0	0	0	0	1	0	2	0.39									
	连	0	0	0	0	0	0	0	0	0	0	0	0	0	0	0	0	0	0	0	0	0	0											
居丧	单	0.	0	0	0	0	0	2	0	4	0	0	0	0	0	0	0	0	0	0	0	1	0	8	1.56	0	0	0	0	0	0	1	1	6.25
	连	0	0	4	0	0	0	0	0	0	0	0	0	0	0	0	0	0	0	0	0	1	0	7		4	0	5	0	0	0	0	9	
为所败	单	0	0	0	0	0	0	0	0	0	0	0	0	0	0	0	0	0	0	0	0	0	0											
	连	0	0	0	0	0	0	0	0	0	0	0	0	0	0	0	0	0	0	0	0	0	0											
其他		0	0	1	5	0	0	0	0	2	0	0	0	0	0	0	0	0	0	0	0	0	0	9										

　　较之前代，"忧"义位系统主导义位的格局出现了两点变化：第一，唐至明，"忧愁"义的使用多于"忧虑"义，回归春秋至战国中期时的格局。战国后期以后，"忧虑"义战胜"忧愁"义，居于整个义位系统的首位，此种格局一直持续到隋。且在西汉至隋这段时期，"忧虑"义都以绝对优势居于榜首。如前文所示，在我们所抽样的文献中，西汉、东汉及魏晋至隋三个时期内，用于此义的"忧"各为122例、181例及114例，分占各个时段"忧"义位系统已知用例总数的的49.59%、50%及52.29%。"忧愁"义的使用相对"忧虑"义而言，则不在多数。如在所考的24种西汉至隋文献中，后者几近前者的2倍（单用于"忧愁"义

---

①　该文中另有4例通"优"的"忧"，其中3例表"优厚"义，1例表"戏谑"义。

②　该文中另有2例通"优"的"忧"，表"优厚"义与"戏谑"义的各1例。

③　35例中包括"忧怜"9例，"忧心"2例，如《敦煌变文校注·父母恩重经讲经文》："思量我等生身母，终日忧怜男与女。"又《维摩诘经讲经文》："世间之事，都未谙知，父母忧心，渐令诱引。"《大词典》"忧怜"条首引宋例（7/691），"忧心"之"心里担忧"义首引元例（7/686），均偏晚。

的 219 见，单用于"忧虑"义的 417 见）。到了晚唐五代，"忧愁"义的使用数量竟超过"忧虑"义（7 种唐五代文献中单用于"忧愁"义的及"忧虑"义的分别为 96 见及 83 见），跃升榜首，重新回归战国中期以前的格局。宋元明时期，二者的差距由唐五代时的 6 个多百分点（"忧愁"义占整个义位系统已知用例的 50.53%，"忧虑"义占该系统已知用例的43.68%）扩大到 39.82 个百分点（"忧愁"义占整个义位系统已知用例的66.05%，"忧虑"义占该系统已知用例的 26.23%），其榜首地位进一步得到强化。此期"忧虑"义在整个义位系统中所占的比例急剧减少，当与"忧虑"概念场中"虑"对"忧"主导词地位的替换及"愁"的发展完善对"忧"的冲击不无关系。第二，清代，二者所占系统比例持平。时至清代，"忧"主要降格为语素。如在我们所调查的此期 7 种文献中，"忧"共 81 见，其中单用的 16 见，占总用例数的 19.75%；作为构词语素出现的 65 见，占总用例数的 80.25%。单用的 16 例中，用于"忧愁"义的与"忧虑"义的各 6 例，二者以占整个义位系统已知用例的 75% 并列系统首位。此期二者出现比例持平，或许与此期"忧"主要降格为语素有关。因为就这 16 个句例来看，它主要是文人着意仿古的结果，具有较明显的书面语色彩，所以各义位较之前代也就缺乏了竞争力。不过"忧愁"义与"忧虑"义用例在文人仿古用例中仍居首位，倒是有助于证明二者在历史上确实是"忧"义位系统的主导义位之一，因为只有常用的才容易成为人们模仿的对象。总之，近代汉语"忧"义位系统的主导义位仍为"忧虑"义与"忧愁"义，唐宋元明时期，后者多于前者，清代二者出现频率持平，其演变如表 7.13 所示：

表7.13　　　　　　　　近代汉语时期"患"主导义位演变层次

时段	唐宋元明	清代
主导义位	忧愁 > 忧虑	忧愁 = 忧虑

注："＝"表示两者数量相等，下同。

7.1.2.4　小结

以上通过调查典型语料中"忧"各义位的具体使用情况来考察其主导

义位的演变。要之，先秦至清代，"忧"义位系统主导义位的演变经历了两次变换六个层次的变化：两次变换是指先秦至西汉，其主导义位为"忧愁"义与"忧虑"义，东汉则变为"忧虑"义与"忧患"义，南北朝至清则又回归为"忧愁"义与"忧虑"义。六个层次列次为：第一层次是春秋至战国中期，其主导义位为"忧愁"义与"忧虑"义，前者多于后者；第二层次为战国后期至西汉，其主导义位仍为"忧愁"义与"忧虑"义，但后者多于前者；第三个层次为东汉，其主导义位为"忧虑"义与"忧患"义，且前者多于后者；第四个层次为南北朝至隋，其主导义位变回"忧愁"义与"忧虑"义，不过后者多于前者；第五个层次为唐宋元明时期，其主导义位仍为"忧愁"义与"忧虑"义，但前者又多于后者，回归战国前期的格局；第六个层次为清代，其主导义位仍为"忧愁"义与"忧虑"义，但二者出现频率持平。其发展脉络如表 7.14 所示：

表7.14　　　　　　　古代汉语时期"忧"主导义位演变层次

时代	春秋至战国中期	战国后期至西汉	东汉	魏晋至隋	唐宋元明	清代
主导义位	忧愁＞忧虑	忧虑＞忧愁	忧虑＞忧患	忧虑＞忧愁	忧愁＞忧虑	忧愁＝忧虑

7.1.3　汉语"虑"主导义位的演变

古汉语"虑"义位系统主导义位的演变经历了一次变换两个层次的变化，下分论之。

7.1.3.1　上古汉语"虑"义位系统中的主导义位

上古汉语"虑"义位系统构成较简单，表 7.15 是此期其使用情况的一个抽样调查，表中数据可以大致反映各义位在本系统中所处的位置：

表7.15　　　　　10种春秋至西汉文献中"虑"各义位使用情况分析

义位	文献	诗	论	左	孟	韩	吕	战	史	淮	盐	总计	占本系统比例（%）
思考	单	1	2	4	3	11	28	22	28	10	10	119	73.91
	连	0	1	2	0	10	6	8	29	12	3	71	
思想	单	0	0	0	2	6	3	5	8	7	3	34	21.12
	连	0	0	0	0	6	3	2	16	13	1	41	

续表

义位	文献	诗	论	左	孟	韩	吕	战	史	淮	盐	总计	占本系统比例（％）
忧虑	单	0	0	0	0	0	0	0	0	0	4	4	2.48
	连	0	0	0	1①	0	0	0	0	1	0	2	
大概	单	0	0	0	0	0	0	1②	0	0	0	1	0.62
	连	0	0	0	0	0	0	0	1	0	0	1	
结缀③	单	0	0	0	0	0	0	0	0	0	0	0	
	连	0	0	0	0	0	0	0	0	0	0	0	
扰乱	单	0	0	0	0	0	1	0	0	0	0	1	0.62
	连	0	0	0	0	0	0	0	0	0	0	0	
怀疑	单	0	0	0	0	0	0	1④	1	0	0	2	1.24
	连	0	0	0	0	0	0	0	0	0	0	0	
其他				2					10			12	

如表 7.15 所示，在所考的 10 种上古汉语文献中，"虑"共 288 见（其中包括人名、物名及姓氏等用字 12 例），其中单用的 161 见，占总用例数的 58.33%；连用的 115 见，占总用例数的 41.67%。单用的 161 例中，用于"思考"义的 119 例，占整个义位系统已知用例的 73.91%；用于"思想"义的 34 例，占该系统已知用例的 21.12%；用于"忧虑"义的 4 例，占本系统已知用例的 2.48%；用于"大概"义及"扰乱"义的各 1 例，分

① 此例为"虑患"连言。如，"人之有德慧术知者，恒存乎疢疾。独孤臣孽子，其操心也危，其虑患也深，故达。"（《孟子·尽心上》）"虑患"与"操心"对举，二者义近，"虑"当为"忧虑"义。杨伯峻编著《孟子译注》后附《孟子词典》"虑"条，①动词，考虑（4 次）；②名词，思想，思虑（2 次）（中华书局 1960 年版，第 460 页）。按，4 例动词中，当 3 例为"考虑"义，1 例为"忧虑"义。

② "虑"之"大概"义，《大词典》引《论语·颜渊》："夫达也者，质直而好义，察言而观色，虑以下人，在邦必达，在家必达"（7/692）；《大字典》引《汉书·贾谊传》（第 2342 页）。按，《大词典》将"虑以下人"之"虑"释为"大概"，误，"虑"当为"考虑"义；《大字典》引例偏晚。如《战国策·赵策二》："夫虑收亡齐、罢楚、敝魏与不可知之赵，欲以穷秦折韩，臣以为至愚也。"

③ "虑"之"结缀"义在我们所抽样的文献中未见用例，我们扩大了考察范围，此义上古已见，如《庄子·逍遥游》："今子有五石之瓠，何不虑以为大樽而浮乎江湖，而忧其瓠落无所容？"但不很常用，故其未出现在我们所考察的文献中，亦不大会影响我们对"虑"义位系统主导义位的判断。

④ "虑"之"怀疑"义，《大词典》（7/692）与《大字典》（第 2342 页）均无书证，可补。如《战国策·楚策一》："昭奚恤与彭城君议于王前，王召江乙而问焉。江乙曰：'二人之言皆善也，臣不敢言其后。此谓虑贤也。'"

占本系统已知用例的 0.62%；用于"怀疑"义的 2 例，占该系统已知用例的 1.24%。据此我们可推知，上古汉语"虑"义位系统中的主导义位当为"思考"义。

7.1.3.2　中古汉语"虑"义位系统中的主导义位

中古汉语时期，"虑"义位系统各义位使用的大致情况，如表 7.16 所示：

表7.16　　　　　21种东汉至隋代文献中"虑"各义位使用情况分析

义位	单/连	衡	太	汉	修	中	总计	占本系统比例（%）	抱	三	法	陶	六	大	生	妙	世	齐	洛	颜	百	贤	杂	佛	总计	占本系统比例（%）
时代		东汉							魏晋至隋																	
思考	单	2	3	28	0	0	33	66.0	0	32	0	1	2	0	0	0	3	0	0	0	0	0	1	0	39	36.45
	连	18	12	28	0	0	58		2	27	0	0	1	0	1	0	1	0	0	0	0	0	0	0	32	
思想	单	1	0	9	0	0	10	20.0	1	5	0	0	0	0	1	0	0	0	0	1	0	0	1	0	10	9.35
	连	6	12	14	1	0	33		2	12	0	2	0	2	0	0	0	1	2	1	0	3	0	3	28	
忧虑	单	0	0	2	0	0	2	4.0	6	24	1	0	0	0	1	5	3	4	1	1	1	4	0	4	57	53.27
	连	0	0	0	0	0	0		1	10	0	0	1	0	0	1	2	1	0	0	2	0	9	1	7	34
大概	单	0	0	3	0	0	3	.0	0	0	0	0	0	0	0	0	0	0	0	0	0	0	0	0	0	
	连	0	1	3	0	0	4		0	0	0	0	0	0	0	0	0	0	0	0	0	0	1	0	1	
结缀	单	0	0	0	0	0	0		0	0	0	0	0	0	0	0	0	0	0	0	0	0	0	0	0	
	连	0	0	0	0	0	0		0	0	0	0	0	0	0	0	0	0	0	0	0	0	0	0	0	
扰乱	单	0	0	1	0	0	1	2.0	0	0	0	0	0	0	0	0	0	0	0	0	0	0	0	0	1	0.93
	连	0	0	0	0	0	0		0	0	0	0	0	0	0	0	0	0	0	0	0	0	0	0	0	
怀疑	单	0	0	1	0	0	1	2.0	0	0	0	0	0	0	0	0	0	0	0	0	0	0	0	0	0	
	连	0	0	0	0	0	0		0	0	0	0	0	0	0	0	0	0	0	0	0	0	0	0	0	
其他				24			24		2	36										2					40	

中古汉语时期，"虑"主导义位在承继上古汉语格局的基础上有了新发展。具体而言，东汉时期，"思考"义仍以绝对优势高居整个义位系统的首位。如在所考的此期 5 种文献中，"虑"共出现 169 次（其中包括人名及地名用字 24 次），其中单用的 50 次，用于"思考"义的就 33 次，占整个义位系统已知用例的 66.0%。魏晋始，"忧虑"义的使用剧增，如在所考的 16 种魏晋至隋文献中，单用的"虑"共 107 见，它们分布于 4 个义位（各义位出现的次数及比例详见表 7.16），其中用于"忧虑"义的就 57 见，以占整个义位系统已知用例的 53.27%，高居系统榜首，一改春秋以

来"思考"义的独尊地位，成为此期"虑"的主导义位。"虑"之"忧虑"义经过不足四百年的发展，在魏晋至隋时期突然升为主导义位，当与"忧虑"概念场中"患"主导词地位的丧失有关。

7.1.3.3 近代汉语"虑"义位系统中的主导义位

近代汉语时期，"虑"义位系统各成员的使用情况，我们同样考查了此期部分文献，结果如表 7.17[①] 所示：

表7.17 22种唐代至清代文献中"虑"各义位使用情况分析

义位 / 文献		白	王	金	敦	入	唐	祖	五	朝	话	小	南	元	水	训[②]	西	金	儒	红₁	红₂	通	侠	总计	占本系统比例（%）
思考	单	0	0	0	3	1	0	1	8	2	0	0	4	0	2	2	3	0	1	2	0	0	3	31	19.62
	连	0	0	0	3	0	2	0	6	3	1	1	1	1	1	0	7	6	0	3	0	0	2	36	
思想	单	0	2	0	0	0	0	0	0	10	0	0	0	1	1	0	1	2	1	0	0	0	0	18	11.39
	连	4	0	0	1	0	1	0	4	0	0	0	3	0	0	0	8	0	0	1	1	0	0	23	
忧虑	单	2	8	4	13	0	5	1	11	7	2	4	5	1	8	0	11	5	1	7	4	1	4	104	65.82
	连	1	0	0	32[③]	0	1	0	6	0	2	9	2	4	16	0	14	2	0	10	2	5	1	109	
大概	单	0	0	0	0	0	1	0	0	0	0	0	0	0	0	0	0	0	0	0	0	0	0	1	0.64
	连	0	0	0	0	0	0	0	3	0	0	0	0	0	0	0	0	0	0	0	0	0	0	5	
结缀	单	0	0	0	0	0	0	0	0	0	0	0	0	0	0	0	0	0	0	0	0	0	0	0	
	连	0	0	0	0	0	0	0	0	0	0	0	0	0	0	0	0	0	0	0	0	0	0	0	
扰乱	单	0	0	0	0	0	0	0	0	0	0	0	0	0	0	0	0	0	0	0	0	0	0	0	
	连	0	0	0	0	0	0	0	0	0	0	0	0	0	0	0	0	0	0	0	0	0	0	0	
怀疑	单	0	0	0	0	0	0	0	0	0	0	0	0	0	0	0	0	0	0	0	0	0	4	4	2.53
	连	0	0	0	0	0	0	0	0	0	0	0	0	0	0	0	0	0	0	0	0	0	0	0	
其他				1																				1	

---

① 宋代文献，我们还考察了《朱子语类》一文，结果为：虑(思考)：199（单：100 连：99）；虑(思想)：161（单：40 连：121）；虑(忧虑)：44（单：21 连 23）。或许受文章内容的影响，本文中"虑"各义位的使用情况和同期其他文献显示出很大不同，故未列入比较。

② 此为白话部分"虑"各义位的使用结果，文言部分"虑"各义位的使用情况为：虑(思考)：1（单：1 连：0）。

③ 其中"虑恐"连言 12 例。《大词典》"虑恐"条首引明陶宗仪《南村辍耕录·庄蓼塘藏书》："至正六年，朝廷开局修宋、辽、金三史，诏求遗书……其家虑恐兵通图谶，干犯禁条，悉付祝融。"（7/692）偏晚。如《敦煌变文校注·伍子胥变文》："伍奢启曰：'臣今见王无道，虑恐失国丧邦。'"又："报其兄曰：'……见我兄弟在外，虑恐在后仇宛（冤），诈作慈父之书，远道妄相下脱。'"再者，《南村辍耕录》为元代陶宗仪所作，非明代。

唐宋元明清时期，"虑"义位系统的发展呈现如下特点：一是主导义位仍沿袭魏晋至隋时"忧虑"义为其主导义位的格局。如在所考的此期 22 种文献中，"虑"共出现 332 次（其中包括地名用字 1 例），其中单用的 158 次，它们分列于 5 个义位（各义位出现的次数及比例详见表 7.17），其中用于"忧虑"义的就 104 次，占整个义位系统已知用例的 65.82%。二是明代以后，"虑"各义位连用例均多于单用例，如在所察的 9 种明清文献中，单用于"思考"义的共 13 见，连用的 18 见，单用于"思想"义的共 4 见，连用的 10 见，单用于"忧虑"义的共 41 见，连用的 51 见，这说明此期"虑"已降格为语素，单用的往往是比较书面语的用法。

7.1.3.4　小结

上古汉语至近代汉语，"虑"义位系统主导义位的演变较简单，主要经历了一次变换两个层次的变化：第一个层次为春秋至东汉，其主导义位为"思考"义；第二个层次为魏晋至清代，其主导义位由前一层次的"思考"义变换为"忧虑"义。其演化层次如表 7.18 所示：

表7.18　　　　　　　　古代汉语时期"虑"主导义位演变层次

时段	春秋至东汉	魏晋至清
主导义位	思考	忧虑

7.1.4　古汉语"愁"主导义位的演变

古汉语"愁"义位系统主导义位的格局经历了由一分到二分的变化，论之如次。

7.1.4.1　上古汉语"愁"义位系统中的主导义位

就我们目前所能检索的文献资料来看，"愁"在上古文献中不多见，表 7.19 是一个此期其各义位使用情况的抽样调查 [①]：

---

① 我们在《庄子》中检索到 5 例"愁"用例，单用于"忧愁"义的共 4 例（分见于杂篇和外篇）；通"揫"，表"敛束"义的 1 例。由于《庄子》一书的成书年代复杂，故未列入上表统计。

表7.19   8种战国至西汉文献中"愁"各义位使用情况分析

义位	文献	左	吕①	战②	史	淮③	盐	春	外	总计	占本系统比例（%）
忧愁④	单	2	3	3	5	2	2	0	2	19	95.0
	连	1	1	0	4	2	5	3	2	18	
忧虑	单	0	0	0	0	0	0	0	0	0	
	连	0	0	0	0	0	0	0	0	0	
悲哀	单	0	0	0	0	0	0	0	0	0	
	连	1	0	0	0	0	0	0		1	
怨尤	单	0	0	1	0	0	0	0	0	1	5.0
	连	0	0	0	0	0	0	0	1	1	
惨淡	单	0	0	0	0	0	0	0	0	0	
	连	0	0	0	0	0	0	0	0	0	

就文献用例来看，"愁"最初是指"容色改变"的意思，此义上古前期已见，如《易·晋》："晋如，愁如，贞吉。"用于"忧愁"义的"愁"直至上古中期才见。尽管"忧愁"义较"容色改变"义晚出，但其自出现起，就一直占据着整个义位系统的首位。如在我们所考察的8种上古汉语文献中，"愁"共40见，单用的和连用的各20见。单用的20见中，用于"忧愁"义的19见，占整个义位系统已知用例的95.0%；用于"怨尤"义的1见，占该义位系统已知用例的5.0%。由这些统计数据，我们可大致推知，上古汉语"愁"义位系统的主导义位当为"忧愁"义。

7.1.4.2 中古汉语"愁"义位系统中的主导义位

中古汉语时期，"愁"义位系统各成员使用的大致情况如表7.20所示：

---

① 该文中另有3例读为"jiū"表"聚敛"义的"愁"。
② 该文中另有1例读为"qiǎo"的"愁"。
③ 该文中另有1例读为"jiū"表"聚敛"义的"愁"。
④《大词典》（7/623）与《大字典》（第2322页）均将"愁"之"忧愁"义与"忧虑"义合并为一个义项。今按，宜将其分列为不同义项，详细论述参孙淑娟《大型辞书"忧"、"愁"条义项分合商兑》（《南昌工程学院学报》2014年第5期）。

表7.20　　　　　　20种东汉至隋代文献中"愁"各义位使用情况分析

义位	文献	衡	太	汉	修	中	抱	三	法	陶	六	大	生	妙	齐	洛	颜	百	贤	杂	佛	总计	占本系统比例（%）
忧愁	单	12	46	11	0	1	0	2	1	1	2	1	2	0	0	1	0	4	9	1	19	113	82.48
	连	1	91	17	7	1	1	5	3	1	1	6	26	3	0	1	1	2	38	13	105	323	
忧虑	单	0	9	1	0	0	2	0	0	0	0	0	0	0	0	0	0	0	0	0	3	16	11.68
	连	0	0	1	0	0	0	0	0	0	0	0	0	0	0	0	0	0	0	0	0	1	
悲哀	单	0	0	0	0	0	0	0	0	1	0	0	0	0	0	0	0	0	0	0	0	1	0.73
	连	1	0	3	0	0	0	0	0	0	0	0	0	0	0	0	1	0	0	0	0	5	
怨尤	单	0	5	2	0	0	0	0	0	0	0	0	0	0	0	0	0	0	0	0	0	7	7.11
	连	0	0	9	0	0	0	0	0	0	0	0	0	0	0	0	0	0	0	0	0	9	
惨淡	单	0	0	0	0	0	0	0	0	0	0	0	0	0	0	0	0	0	0	0	0	0	
	连	0	0	0	0	0	0	0	0	0	0	0	0	0	0	0	0	0	0	0	0	0	
其他				3																		3	

　　与上古汉语相比，中古汉语时期"愁"的发展出现了如下两个变化：一是新成员"忧虑"义的加入并快速发展。如在所考的 10 种本土撰述中，单用于"忧虑"义的共 13 例，几近上古已见的"怨尤"义单用数（共 7 见）的两倍；在所查的 10 种汉译佛经中，单用于"忧虑"义的共 3 例，是"悲哀"义用例数的 3 倍。不过，"忧虑"义的出现与大力发展，暂时还未撼动"忧愁"义的主导地位。如上所考的 20 种此期文献中，单用的"愁"共 140 见（其中包括篇名用字 3 例），它们分布于 4 个义位（各义位出现的具体次数及比例详见表 7.20），其中用于"忧愁"义的 113 见，占整个义位系统已知用例的 82.48%；用于"忧虑"义的 16 见，占该系统已知用例的 11.68%，前者较后者高出了 70.8 个百分点，沿袭着上古汉语"愁"义位系统的主导义位格局。另一变化是：在"忧愁"义位上，其成词能力大大下降。如在我们所考察的 10 种先秦至西汉文献中，单用于本义的共 19 例，作为复合词或成语构词语素出现的共 18 例，前者略高于后者；时至中古，后者的出现比例远远高于前者。如表 7.20 所示，在所考察的 20 种东汉至隋文献中，单用于此义的共 113 例，以构词语素形式出现的 323 例，二者的差距由上古汉语时期前者不到后者的 1.1 倍变成了此期的后者几近前者的 3 倍。这个差距在汉译佛经中表现得尤

为明显，如在所考的 10 种中古译经中，用于"忧愁"义的"愁"共 241 见，其中单用的仅 39 见，以构词语素出现的 202 见，后者是前者的 5 倍多。汉译佛经与本土撰述在语素化速度上存在的差异，当与其四字一顿的文例特点有关。

7.1.4.3　近代汉语"愁"义位系统中的主导义位

近代汉语时期，我们同样对部分文献中"愁"各义位的使用情况进行了详尽分析，见表 7.21：

表7.21　　　24种唐代至清代文献中"愁"各义位使用情况分析

义位	单/连	白	王	敦	入	唐	祖	五	朱	话	小	南	元	原	总计	占本系统比例(%)	水	训	乞	朴	西	金	明	儒①	红$_1$	红$_2$	侠	总计	占本系统比例(%)
		唐宋元															明清												
忧愁	单	22	14	38	1	5	0	12	3	4	11	18	36	0	164	72.89	8	1	0	4	28	39	26	1	37	2	6	152	55.48
忧愁	连	18	1	69	1	6	1	28	7	3	4	4	16	0	158		10	1	0	3	10	21	10	9	20	11	20	115	
忧虑	单	2	12	11	0	1	3	11	4	1	0	1	8	1	55	24.45	11	3	1	2	20	30	11	9	16	6	7	116	42.34
忧虑	连	0	0	0	0	0	0	0	1	0	0	0	0	0	1		0	0	0	0	0	0	0	0	2	1	3	6	
悲哀	单	0	0	0	0	0	0	0	0	0	1	0	0	0	1	0.44	0	0	0	0	0	0	0	0	0	0	1	1	0.36
悲哀	连	2	1	2	0	0	0	0	0	0	0	0	0	0	5		0	0	0	0	0	0	0	0	0	0	0	0	
怨尤	单	0	1	1	0	0	0	0	0	1	0	0	1	0	4	1.78	0	0	0	0	1	0	0	0	0	0	0	1	0.36
怨尤	连	0	0	2	0	0	0	0	0	0	0	0	0	0	2		0	0	0	0	0	0	0	0	0	1	1	2	
惨淡	单	0	0	0	0	0	0	0	0	0	0	0	1②	0	1	0.44	1	0	0	0	3	0	0	0	0	0	0	4	1.46
惨淡	连	0	0	0	0	0	0	3	0	0	2	3	0	0	8		0	0	0	0	0	0	0	0	0	0	0	7	
其他																						12	2		6	1		21	

近代汉语时期，"愁"义位系统有如下变化值得关注：一是新成员的加入。如在所考的 24 种唐代至清代文献中，"愁"共 825 见（其中包括地名及物名等用字 21 例），单用的 499 见，它们分布于"忧愁"等 5 个义位（各义位出现的次数详见表 7.21），较中古汉语时期新添了"惨淡"义。二是主导义位格局的演变经历了由一分到二分的变化：唐宋元时期，其仍承

---

① 该文中还有 7 例读为"jiū"表"敛束"义的"愁"未计入。

② 该义位《大词典》（7/623）未举书证，可补。如（元）范康《陈季卿悟道竹叶舟》第三折："则见春江雪浪拍天流，更月黑云愁，疏剌剌风狂雨骤。"

袭上古以来的格局，"忧愁"义以绝对优势雄霸天下。如在我们所调查的13 种此期文献中，"愁"共 399 见，单用于"忧愁"义的就 164 见，占整个义位系统已知用例的 72.89%，几近本系统其他四者单用例总数的 3 倍（用于"忧虑"义的 55 见、"怨尤"义的 4 见、"悲哀"义及"惨淡"义的各 1 见）。明清时期，"忧虑"义的使用大增，对"忧愁"义的霸主地位造成了冲击。如表 7.21 所示，在所考的此期 11 种文献中，"愁"共 426 见（其中包括地名及物名等用字 21 例），其中单用的 274 见，其中用于"忧虑"义的共 116 见，占整个义位系统已知用例的 42.34%，较之于唐宋元时期上升了 17.89 个百分点。此期，"愁"之"忧虑"义的使用骤增，当与元末"忧虑"概念场主导词"虑"让位于"愁"有关。尽管此期"忧愁"义仍居整个义位系统的首位（用于"忧愁"义的共 152 见，约占整个义位系统已知用例的 55.48%），但"忧虑"义的大增足以与其形成抗衡。至此，两千年来"忧愁"义独占鳌头的局面终于被打破，"忧愁"义与"忧虑"义共争天下的格局业已形成。

7.1.4.4　小结

整个古汉语阶段，"愁"义位系统主导义位的演变经历了由一分到二分的变化：战国至元代①，"忧愁"义以绝对优势雄居整个义位系统榜首；明清时期，随着"愁"在"忧虑"概念场中主导词地位的巩固与强化，其义位系统中"忧虑"义与"忧愁"义的抗衡也由此拉开了序幕。其演变过程如表 7.22 所示：

表7.22　　　　　　　　古代汉语时期"愁"主导义位演变层次

时段	战国至元代	明清
主导义位	忧愁	忧愁 > 忧虑

---

①　春秋时期，我们在《易·晋》中检索到 1 例"愁"字，但其为"qiǎo"，同"愀"，为"容色改变"的意思。就目前所知，读为"chóu"的"愁"字其文献用例当不晚于战国出现，故我们对其主导义位演变历程的考查自战国开始。

7.2 "思念"概念场主导词的主导义位演变

汉语史上，"思念"概念场的典型成员"思""念""忆""想"先后有过历时替换关系，本节拟对四者的义位演变情况进行简单爬梳，以厘清各自的演变脉络。

7.2.1 古汉语"思"主导义位的演变

在整个古代汉语的历史上，"思"主导义位的演变呈现回环往复的特点，下详论之。

7.2.1.1 上古汉语"思"义位系统中的主导义位

上古汉语时期，"思"义位系统各成员的使用情况，如表 7.23 所示：

表7.23　　　　　11种春秋至西汉文献中"思"各义位使用情况分析

义位	文献 时代	先秦									西汉					
		诗	论	左①	孟	韩	吕	战	总计	占本系统比例(%)	史	淮	苑	盐	总计	占本系统比例(%)
思考	单	14	14	25	17	9	8	2	89	43.21	13	7	16	12	48	31.17
	连	0	6	7	0	6	3	2	24		15	3	7	2	27	
怀念	单	38	2	10	3	2	4	6	65	31.55	35	8	22	3	68	44.15
	连	4	0	2	0	0	0	1	7		8	4	0	3	15	
想望	单	1		2	3				6	2.91	11	1	4	5	21	13.64
	连	0		0	0				0		2	0	0	0	2	
思想	单		1	0	0	0	0	1	2	0.97	6	0	1	0	7	4.54
	连		0	1	1	7	1	1	11		5	9	0	1	15	
心情	单	0							0							
	连	4							4							
悲伤	单			2					2	0.97	1	1	1	1	4	2.60
	连			0					0		2	2	1	3	8	
道德完备	单			0					0							
	连			1					1							

① 《左传》中另有2例"思（sāi）"为"多须貌"，未在统计之列。

续表

义位	文献	诗	论	左	孟	韩	吕	战	总计	占本系统比例(%)	史	淮	苑	盐	总计	占本系统比例(%)
构思	单															
	连															
寻味	单															
	连															
助词	单	22		2	3				27	13.11			2	1	3	1.95
	连	3		0	0				3				0	0	0	
语气词	单	12		2	1				15	7.28	2	1	0		3	1.95
	连	11		0	0				11		1	0	1		2	
诗体	单															
	连															
其他		1	1	6	16	7	4	5	40		18	1	5	1	25	

　　表中各义位出现的次数及所占系统比例可以大致反映各自在整个系统中的地位。在我们所抽样的 11 种上古汉语文献中,"思"共出现 555 次(其中包括人名、地名等用字 65 次),其中单用的 360 次,占整个用例总数的 73.47%;以复合词或短语语素形式出现的 130 次,占用例总数的 26.53%。单用的 360 次,它们分布于"思考"义、"怀念"义及"想望"义等 7 个义位(各义位出现的具体次数及所占系统比率详见表 7.23),其中用于"思考"义的 137 次,占整个义位系统已知用例的 38.06%;用于"怀念"义的 133 次,占该系统已知用例的 36.94%;用于"想望"义的 27 次,占本系统已知用例的 7.5%;用于"思想"义的 9 次,占该系统已知用例的 2.5%;用于"悲伤"义的 6 次,占本系统已知用例的 1.67%;用于助词的 30 次,占该系统已知用例的 8.33%;用于语气词的 18 次,占本系统已知用例的 5%。由这些统计数据我们可以大致推知,"思考"义与"怀念"义当为整个上古汉语时期"思"的主导义位,且前者多于后者。若将整个上古汉语细分成先秦及西汉两个时段,则会发现:"思考"义与"怀念"义在本系统中的地位并不是一成不变的,二者处于彼进我退的竞争中。先秦时期,前者占据上风;西汉时期,前者的优势不再,后者则占据上风。如在所考察的 7 种先秦文献中,"思"共 307 见(其中包括人名

等用字40见），其中单用的206见，用于"思考"义的89见，用于"怀念"义的65见，前者近乎后者的1.37倍；西汉时期，后者则几近前者的1.42倍（所考4种西汉文献中，单用于"思考"义的48见，单用于"怀念"义的68见）。就此，我们认为上古汉语时期"思"义位系统主导义位的演变可区分为两个层次：第一层次为先秦时期；第二层次为西汉时期。可将其层次简示如表7.24：

表7.24　　　　　　　　上古汉语时期"思"主导义位演变层次

时段	先秦	西汉
主导义位	思考 > 怀念	怀念 > 思考

7.2.1.2　中古汉语时期"思"义位系统中的主导义位

中古汉语时期，"思"义位系统各成员的使用情况，我们同样调查了此期部分文献，如表7.25所示：

表7.25　　　　　　23种东汉至隋代文献中"思"各义位使用情况分析

义位		衡	太	汉	修	中	总计	占本系统比例（%）（东汉）	抱	三	法	陶	六	大	生	妙	四	世	书	齐①	洛	颜	百②	贤③	杂	佛	总计	占本系统比例（%）（魏晋至隋）
思考	单	21	219	73	6	6	325	60.19	31	48	0	5	14	1	4	8	5	15	32	0	0	4	1	13	2	7	190	39.09
	连	28	117④	61	5	6	217		15	39	4	0	18	14	12	59	98	3	10	1	4	4	6	112	26	376	801	
怀念	单	7	53	38	1	1	100	18.52	11	26		9	2		2	0	5	15	1		2	6	1	7	0	4	93	19.14
	连	7	10	34	3	1	55		2	26		8	0		4	1	3	4	5		2	3	0	8	1	21	88	
想望	单	3	23	20	2	1	49	9.07	3	28	1	4	9	3	5	1	1	2	28		2	3	2	23	4	11	130	26.75
	连	0	0	1	0	0	1		0	5	0	0	1	0	0	0	0	1	0	0	0	0	0	0	0	0	7	

---

①　《齐民要术》序言与正文部分的统计分开，此列数据为正文统计结果。序言部分"思"各义位的使用情况为：思（思思）：1（单：0 连：1）；思（想望）：3（单：3 连：0）；思（其他）：1。

②　"田夫思王女喻"出现2次，只计1次。

③　"正思惟"宋元明本作"正念正志"，未计入。

④　其中"念思"连言4例，"念思"之"考虑"义《大词典》首引晋代书例（7/421），偏晚。如《太平经·丙部之十六·移行试验类相应占诀》："施有兄弟，以类相应和，五岳万里相应，以精详念思，其中事善善相应，万不一失也。"

续表

义位		衡	太	汉	修	中	总计	占本系统比例(%)	抱	三	法	陶	六	大	生	妙	四	世	书	齐	洛	颜	百	贤	杂	佛	总计	占本系统比例(%)
思想	单	20	16	18	1		55	10.18	10	13	0	0	1	1			0	6		1	0		3		5		40	8.23
	连	9	5	15	0		29		6	13	1	1	4	2				8	4	1	2		3		0		45	
心情	单				2		2	0.37	5				0				0	9					0	0	0		14	2.88
	连					10	10		8				1					1	7			1	1		1		20	
悲伤	单			3			3	0.56	1				1				1				1						4	0.82
	连			4			4		0																		0	
道德完备	单																											
	连																											
构思	单								1①		1																2	0.41
	连								0		0																0	
寻味	单																											
	连																											
助词	单			5			5	0.93	1	2			1					8	1								12	2.47
	连			0			0		0	0			0					0	0								0	
语气词	单		1				1	0.18										1									1	0.21
	连		0				0											0									0	
诗体	单																											
	连																											
其他		11	1	47			59		4	26	3			1				20	130	6	1	14			9		214	

比之于上古汉语时期，此期"思"义位系统出现了如下变化：一是队伍的壮大。如在我们所考察的此期 23 种文献中，"思"共 2576 见（其中包括人名等用字 273 见），其中单用的 1026 见，它们分列于 9 个义位（各义位出现的次数及所占系统比例详参表 7.25），较之于上古汉语时期，新添了"心情"义及"构思"义两个新成员，丰富了队伍构成。二是主导义位格局既有对历史的回归，又有新创，呈现出纷繁多样的特

---

① "思"之"构思"义，《大词典》（7/440）及《大字典》（第 2280 页）均首引唐代杜牧诗例，偏晚。如《三国志·蜀志·诸葛亮传》："亮性长于巧思，损益连弩，木牛流马，皆出其意。"又陶渊明《晋故征西大将军长史孟府君传》："君归，见嘲笑，而请笔答。了不容思，文辞超卓，四座叹之。"

点。东汉时期，由于"思"在"思谋"概念场中主导词地位的巩固与强化，其"思考"义的使用大增。如在所考的此期5种文献中，"思"共915见（其中包括人名等用字59见），其中单用的540见，用于此义的就325见，占本义位系统已知用例的60.19%，较之于西汉时期上升了29个多百分点（所考4种西汉文献中，"思考"义占本义位系统已知用例的31.17%），回归先秦时期的主导义位格局。魏晋至隋，随着"思谋"概念场主导词"思"让位于复音词"思惟"，用于"思考"义的单用"思"例明显下降。如在所察的5种东汉文献中，用于此义的词义例与语素义例的比例为325：217，而在所考的18种魏晋至隋文献中二者的差距则缩小到190：801。尽管用于此义的单用例有所下降，但并未撼动其在整个义位系统中的榜首位置。如表7.25所示，在抽样的18种此期文献中，"思"共1661见（其中包括人名等用字214见），单用的486见，用于此义的190见，占该义位系统已知用例的39.09%，仍居首位。当"思考"义与"怀念"义展开拉锯时，"想望"义也在蓄势，如在所考的7种先秦文献中，用于此义的"思"仅6见，在所考的4种西汉文献中则增加到21见，魏晋至隋时期其使用继续上升，如表7.25所示，在所考的18种此期文献中，单用于此义的"思"130见，多于"怀念"义的93见，跃居本系统的第二位，成为此期"思"的主导义位之一。据此，我们认为中古汉语时期，"思"义位系统主导义位的演变可区分为两个层次：层次之一为东汉时期，其主导义位为"思考"义与"怀念"义；层次之二为魏晋至隋代时期，其主导义位为"思考"义与"想望"义。上述分析如表7.26所示：

表7.26　　　　　　　　　中古汉语时期"思"主导义位演变层次

时段	东汉	魏晋至隋
主导义位	思考 > 怀念	思考 > 想望

7.2.1.3　近代汉语时期"思"义位系统中的主导义位

我们同样对近代汉语时期26种文献中"思"各义位的使用情况进行了穷尽性分析，结果如表7.27所示：

表7.27　　　　　　　　　26种唐代至清代文献中"思"各义位使用情况分析

义位＼文献		白	王	金	敦	入	唐	祖	五	朱	朝	小	南①	元②	原③	水	训	朴	西	金	明	儒	红₁	红₂	新	通	侠	总计	占本系统比例(%)
思考	单	14	3	2	14	0	7	17	27	85	5	1	12	2	0	10		0	19	7	4	2	37	5	1		30	304	42.28
	连	3	16	1	169	3	6	44	109	132	6	4	5	23	2	234		2	58	33	15	17	42	28	0		71	1023	
怀念	单	33	1	2	30		2	14	32	2	2	0	11	2	1	4			13	17	10	4	5	1			4	193	26.84
	连	10	2	0	35		1	3	7	0	2	5	7	22	1	30			45	57	88	7	23	7	0		8	360	
想望	单	7	3		13		10	5	14	11	5		2	1		7	2	1	10	11	3		15	1			3	126	17.53
	连	6		0	0		0	0	0	0	0		1	1		2	0	0	0	0	1		0	0			3	14	
思想	单	1		1	1	1	2	9	12	6	0		2	1		0	0	0	2	0		1	0	0	0	0	0	41	5.70
	连	2		0	0	0	1	3	8	183	2		8	4		4	17	3	8	12		44	78	47	1	1	3	465	
心情	单	0			4		1		0		0		4	1				3	2	1	1	3	0					22	3.06
	连	10			13		0		1		8			17				22	22	4	14	82	33				21	251	
悲伤	单				0																							0	
	连				1																							1	
道德完备	单				0																							0	
	连				1																							1	
构思	单	0	2		0					1									1	1	0						1	6	0.83
	连	1		0		3				3																	1	11	
寻味	单			14		3	5												1				2					25	3.48
	连			0															0				0						
助词	单						1														1								0.14
	连						0														1							1	
语气词	单					0	1																					1	0.14
	连						1	0																				1	
诗体④	单																												
	连																												
其他		2	26	4	4	14	31	43	21	4			82	1		86		3	1			7	2	1		2	7	341	

---

① 《新校元刊杂剧三十种》中的唱词与宾白部分分开统计，此列为唱词部分结果。宾白部分统计结果为：思(思考)：8（单：0 连：8）。

② 《朝鲜时代汉语教科书》中《原本老乞大》与《老乞大谚解》《老乞大新释》与《重刊老乞大谚解》中"思"各义位的使用情况相同，故只统计前一种。

③ 《训世评话》中文言部分与白话部分分开统计，此为白话部分统计结果。文言部分统计结果为：思(想要)：1（单：1 连：0）；思(怀念)：1（单：0 连：1）。

④ 该义位在所抽样的文献中未见，我们扩大了查考范围，此义当不晚于宋代出现，如宋严羽《沧浪诗话·诗体》："以思名者，太白有《静夜思》。"郭绍虞校释："按曾慥《类说》举魏祖《千里思》柳恽《江南思》各一首。"但见次率不高，故其未见于我们所调查的文献，不太会影响我们对近代汉语时期"思"义位系统中主导义位的断定。

由表中数据可看出，近代汉语时期"思"义位系统有如下特点：一是队伍构成进一步壮大。如在我们所考查的 26 种唐至清代文献中，"思"共3189 见（其中包括人名等用字 341 见），其中单用的 719 见，它们分列于9 个义位（各义位出现的具体次数及比例详见表 7.27），较之于中古汉语时期新添了"寻味"义，进一步扩大了队伍的成员构成。二是主导义位又回归先秦时期"思考"义与"怀念"义分居榜首的格局。如表 7.27 所示，单用的 719 例"思"，用于"思考"义的共 304 例，用于"怀念"义的共 193例，二者以占本系统已知用例的 69.12% 分居第一、二位。

7.2.1.4 小结

要之，先秦至清代，"思"主导义位的演变经历了两次变换五个层次的变化。两次变换指的是先秦至东汉，其主导义位主要为"思考"义与"怀念"义的较量；魏晋至隋则变成"思考"义与"想望"义的对抗；唐以后又回复到"思考"义与"怀念"义的抗衡。五个层次依次为：第一层次为先秦时期，其主导义位为"思考"义与"怀念"义，且前者多于后者；第二层次为西汉时期，此期其主导义位仍为"思考"义与"怀念"义，但后者多于前者；第三层次为东汉时期，其主导义位回归先秦时的格局；第四层次为魏晋至隋，其主导义位为"思考"义与"想望"义；第五层次为唐宋元明清时期，其主导义位又回归先秦时的格局。整个古汉语阶段"思"主导义位的演变层次如表 7.28 所示：

表7.28　　　　　　　　古代汉语时期"思"主导义位演变层次

时段	先秦	西汉	东汉	魏晋至隋	唐宋元明清
主导义位	思考 > 怀念	怀念 > 思考	思考 > 怀念	思考 > 想望	思考 > 怀念

7.2.2　古汉语"念"主导义位的演变

先秦至清代，"念"主导义位系统格局经历了由一分到二分再到一分的变化，下面分上古汉语、中古汉语和近代汉语三个时段详细论述。

7.2.2.1　上古汉语"念"义位系统中的主导义位

上古汉语"念"义位系统各成员的使用情况，如表 7.29 所示：

表7.29　　　　　　　9种春秋至西汉文献中"念"各义位使用情况分析

义位＼文献		诗	论	左	韩	吕	战	史	淮	盐	总计	占本系统比例（%）
思念	单	17	1	4			1	2		1	26	24.53
	连	0	0	0			0	0		0	0	
思考	单	3		5	1	4	2	37	3	3	58	54.72
	连	0		0	0	0	0	1	0	2	3	
忧虑	单							1		1	2	1.88
	连							1		0	1	
念头	单							1①			1	0.94
	连							0			0	
爱怜	单	1		1				1			3	2.83
	连	0		0				0			0	
哀怜	单											
	连											
诵读	单											
	连											
在校学习	单											
	连											
二十	单											
	连											
记忆	单							5②			5	4.72
	连							0			0	
回想③	单	6	1			1	2			1	11	10.38
	连	0	0			0	1			0	0	
短时	单											
	连											
其他												

———————

　　① 该义项《大词典》首引宋代例，偏晚，可提前，如《史记·晏婴列传》："今者妾观其出，志念深矣，常有以自下者。"

　　② 该义项《大词典》首引武周《大乘广五蕴论》例，偏晚，可提前，如《史记·夏本纪》："皋陶拜手稽首扬言曰：'念哉，率为兴事，慎乃宪，敬哉！'"

　　③ "念"有"思念；怀念"义，辞书已释，恕不赘举。由于思念是对人事或环境的一种追忆回想，故通过部分转指整体，"念"可引申出"回想"义。据目前所掌握的文献资料来看，此义当不晚于春秋时期出现，如《诗·小雅·沔水》："念彼不迹，载起载行。""念彼不迹"即"回想那不道德的事"的意思。在这个义项上，其常与表示过去的时间词连用，如《生经》卷一："我念过去无数劫时，见国中人，多有贫穷，愍伤怜之。"（3/75c）然《大词典》（7/421）和《大字典》（第2434 页）"念"条均未收释，可补。

表中各义位在本义位系统中的出现比率，可以大致反映各自在该系统中所处的位次。在所调查的 9 种上古汉语文献中，"念"共出现 110 次，其中单用的 106 次，占总用例数的 96.36%，连用的 4 次，占总数的 3.64%。单用于"思念"义的 26 见，占整个义位系统已知用例的 24.53%；单用于"思考"义的 58 见，占本系统已知用例的 54.72%；单用于"记忆"义的 5 见，占该系统已知用例的 4.72%；单用于"回想"义的 11 见，占本系统已知用例的 10.38%；单用于"爱怜"义、"忧虑"义、和"念头"义的分别为 3 见、2 见和 1 见，各占本系统已知用例的 2.83%、1.88% 和 0.94%。根据抽样文献中各成员出现的次数及其所占的系统份额，我们可以大致推断出，"思考"义当为此期"念"义位系统中的主导义位。

7.2.2.2 中古汉语"念"义位系统中的主导义位

中古汉语时期，"念"主导义位格局在承袭先秦至西汉格局的基础上有了新变化。表 7.30 反映了此期"念"义位系统各成员的具体使用情况[①]：

表7.30　　　　　　　11种东汉至隋代文献中"念"各义位使用情况分析

义位	文献	衡	太	汉	抱	三[②]	法	陶	世	书	洛	颜	总计	占本系统比例（%）
思念	单	1	18	14	1	6	1	4	0	5	1	0	51	16.45
	连	0	5	2	0	1	1	0	2	1	0	1	13	
思考	单	5	45	26	5	11	3	7		10		1	113	36.45
	连	3	24	12		10	2	0		2		0	54	
忧虑	单	1	3	1		6		2	1	2		1	17	5.49
	连	3	2	2		0		0	0	1		0	8	
念头	单		21	3		10	0	1		4	1	2	42	13.55
	连		34	0		1	0	0		0	0	1	36	
爱怜	单		3	1		2			1	1		1	10	3.23

[①] 由于佛经主要宣传各种佛理观念，所以表"念头"义的"念"的见次率非常高，与同期本土文献"念"义位系统各成员的使用呈现出很大的差异，故为了客观反映其各成员的使用情况，未把佛经语料调查结果列在表内。

[②] 《三国志》中原文和注文部分分开统计，此列为原文的结果，注文的结果如下：念(思念)：6（单：4 连：2）；念(思考)：33（单：33；连：0）；念(忧虑)3；（单：3 连：0）；念(念头)：13（单：11 连：2）；念(爱怜)：4（单：4 连：0）；念(怜悯)：2（单：2 连：0）；念(记忆)：16（单：16 连：0）；念(回忆)：6（单：3 连：3）；念(其他)：2。

续表

义位 \ 文献		衡	太	汉	抱	三	法	陶	世	书	洛	颜	总计	占本系统比例（%）
哀怜①	连		0	0	0	0			0	0			0	0	
	单		1		4				2	1			8	2.58
	连		0		0				0	1			1	
诵读	单	1	2	2									5	1.61
	连	0	0	0									0	
在校学习	单													
	连													
二十	单													
	连													
记忆	单		24	9		7		3		0			43	13.87
	连		0	0		0		0		0			1	
回想	单		8	5		4	1	2		0			20	6.45
	连		0	0		3	0	0					3	
短时	单	1②											1	0.32
	连	0											0	
其他			1							1			2	

比之于上古汉语，此期"念"义位系统如下变化值得关注：一是新成员的增加。就所掌握的文献资料来看，上古"念"义位系统的成员有七个，此期又新增了"爱怜"、"诵读"和"短时"三个义位，丰富了成员构成。二是主导义位格局在继承上古汉语的基础上有新创。承袭的是"思考"义仍居榜首。如在所考察的此期 11 种文献中，"念"共 428 见，其中单用的 312 见（包括专名用字 2 见），它们分布于"思念"等 10 个义位（各义位出现的具体次数和所占比例详见表 7.30）。在单用的 310 例中，用于"思考"义的 113 见，以占本系统已知用例的 36.45%，位居榜首。不过跟上古汉语相比，此期"思考"义在本系统中所占的比例有所下降（上古汉语时期，"思考"义占系统已知用例的 54.72%），这或许与旧有成员使

---

① 该义项《大词典》首引唐代例，可提前，如《修行本起经》卷二："于是菩萨，行起慈心，遍念众生老耄专愚，不免疾病死丧之痛，欲令解脱，以一其意。"（3/469b）

② 该义项《大词典》首引宋代洪迈书例，可提前，如《论衡·率性》："夫刃火，非人性之所贪也，二主激率，念不顾生。"

用数量的增加和"思念"概念场主导词的异位有关。如表7.30所示,"记忆"义和"念头"义各以占本系统已知用例的13.87%和13.55%分列第三位与第四位(上古汉语时期,"记忆"义占该系统已知用例的4.72%;"念头"义仅占该系统已知用例的0.94%);随着"念"取代"思"成为"思念"概念场的主导词,其"思念"义也以占本系统已知用例的16.45%与"思考"义一起成为此期"念"义位系统中的主导义位,一改上古汉语时期"思考"义独占鳌头的局面。

7.2.2.3　近代汉语时期"念"义位系统中的主导义位

近代汉语时期,随着"思念"概念场主导词的更替,"念"主导义位格局也发生了变化,表7.31是对此期22种文献中其各义位使用情况的分析:

表7.31　22种唐代至清代文献中"念"各义位使用情况分析

义位		唐五代 白	王	敦	入	唐	总计	占本系统比例(%)	宋元明清 祖	五	朱	朝	话	小	南	元	水	训①	西	金	明	儒	红$_1$	红$_2$	侠	总计	占本系统比例(%)
思念	单	14	2	12			28	10.49	3	13	7	1	0	1	4	1	1	2	2	5	3	1	3	1	0	48	3.82
	连	1	0	17			18		0	1	4	1	1	0	2	8	26	3	12	7	2	6	11	15	26	125	
思考	单	13	2	47	6		68	25.47	6	41	15	8			1	16		12	11	1	1	1	4	8	15	140	11.15
	连	0	0	5	0		5		1	49					2			3	3						1	59	
忧虑	单	1		6			7	2.62							1								1	1	1	4	0.32
	连	1		7			8											3	1						1	5	
念头	单	5	2	24		2	33	12.36	19	57	52	7		1	5	3	14		17	2	1	2	5	1	6	192	15.29
	连	0	1	14	0		15		3	96	102			6		20	40	14		3		3	9	19	19	334	
爱怜	单	0	2	11			13	4.87		3	2	2			1							1	2			11	0.88
	连	2	2	6					1						1				1			1			3	15	
哀怜	单	11	1	13			25	9.36			2				3	1		2	2	1					0	11	0.88
	连	0	0	7			5		1	1						1		1						9	13	
诵读	单	5	51	17	2		75	28.09	22	54	26		9			28			324	70	5	54	108	44	25	770	61.31
	连		3	61	28	0	92				3	8	4		2	38			87	61	1	10	41	46	15	316	

---

① 《训世评话》原文和注文分开统计,此列为注文的结果,引文的结果为:念$_{(担忧)}$:1(单:0连:1);念$_{(念头)}$:1(单:1连:0);念$_{(哀怜)}$:1(单:1连:0);念$_{(记忆)}$:1(单:1连:0)。

续表

时代/文献/义位		唐五代						宋元明清																	
		白	王	敦	入	总计	占本系统比例(%)	祖	五	朱	朝	话	小	南	元	水	训	西	金	明	儒	红₁	红₂	侠	总计	占本系统比例(%)
在校学习	单																							1①	1	0.08
	连																								0	0
二十	单	1				1	0.37												5					1	6	0.48
	连		0			0													0						0	0
记忆	单	4	0	5		9	3.37	3	6	17					4	4	1	8	13	1	3	7	3	3	73	5.81
	连	1	2	0		3		0	4	3					3		4		6		4		1	5	35	
回想	单	3		5		8	3.0																			
	连	3		3		6																				
短时	单			0		0		0	0	0									0						0	
	连			18		18		3	11	1				1					2						18	
其他					4	4								3	3				59		1	3	1	3	73	

　　较之于中古汉语，此期"念"出现了如下变化：第一，单用的比例下降，作为语素使用的比例有所上升。如在所考察的 22 种文献中，"念"共 2700 见（其中包括专名用字 77 见），其中单用的 1523 见，占总用例数的 58.06%（上古和中古单用"念"占总数的 77.47%）；作为复合词或成语构词语素出现的 1100 见，占总用例数的 41.94%（上古和中古"念"以构词语素形式出现的占总数的 22.53%）。尤其在某些义位上，其语素化程度极高。如"短时"义在所抽样的 22 种文献中未见单用例。第二，系统成员有新增的，也有渐入退隐的。前者例如唐代出现了表"二十俗称"的用法，清代出现了"在校学习"的用例；后者例如"回想"义在所抽样的唐五代以后的文献中未见用例。第三，主导义位的格局出现了新变化。随着"思念"概念场主导词"念"让位于"忆"，此期"念"义位系统的主导义位也由"思考"义与"思念"义的竞争演变为"诵读"义与"思考"义之间的角逐。在二者的较量中，前者的优势越来越明显。如表 7.31 所示，在所抽样的 5 种唐五代文献中，单用于"诵读"义的 75 见，单用于"思考"义的 68 见，前者在系统中的份额比后者仅

———————

　　① 该义项《大词典》首引刘少棠书例，偏晚，可提前，如《三侠五义》第七一回："刚念了有二三年光景，老学究便转荐了一个儒流秀士，却是济南人，姓程名建才。"

多 2.62 个百分点；而在所抽样的 17 种宋元明清文献中，单用于前者的 770 见，单用于后者的 140 见，前者在系统中的份额比后者多了 50.16 个百分点。据此，我们认为，近代汉语时期，"念"义位系统的主导义位经历了由二分到一分的变化，具体为：唐五代时期，"诵读"义与"思考"义共享"念"义位系统主导义位的殊荣；宋代至清代"诵读"义则独享此殊荣。

7.2.2.4 小结

先秦至清代，"念"主导义位经历了三次变换四个层次的变化。三次变换指的是先秦至西汉其主导义位为"思考"义；东汉至隋代则变换为"思考"义与"思念"义；唐五代又变换为"诵读"义与"思考"义；宋代至清代则又变换为"诵读"义。其演变如表 7.32 所示：

表7.32 古代汉语时期"念"主导义位演变层次

时段	先秦至西汉	东汉至隋代	唐五代	宋元明清
主导义位	思考	思考 > 思念	诵读 > 思考	诵读

7.2.3 古汉语"忆"主导义位的演变

就所掌握的文献资料来看，"忆"当不晚于战国出现，如"庶忆惧而鉴前恶乎？"(《国语·楚语下》)该例中的"忆"为回忆义，但东汉以前其见次率极低，仅此 1 例[①]，故"忆"主导义位的演变可以分中古和近代两个时段来考察。

[①] 《列子·说符》中也检索到 1 个表"回忆"的用例，如"忆其兄之戒，因与盗力争。"但《列子》一书的作者和成书时代学界一直众说纷纭：有成于晋人之手的，以张永言(《从词汇史看〈列子〉的撰写时代》(修订稿)，载浙江大学汉语史研究中心《汉语史学报》(第 6 辑)，上海教育出版社 2006 年版，第 1—11 页)等为代表；还有成于魏晋时人之手的，以徐曼曼、王毅力 (2011 《从词汇史看〈列子〉的成书年代补略》，《西南交通大学学报》(社会科学版) 2011 年第 2 期)和刘婧 (《从疑问代词看传世〈列子〉的成书年代》，《广西科技师范学院学报》2015 年第 4 期)等为代表；也有认为是接近东汉和魏晋的，以嵇华烨(《〈列子〉词汇研究——以语义场、方言词为中心》，硕士学位论文，浙江大学，2017 年，第 76—77 页)等为代表。由此该例看成中古用例应该比较合适。

7.2.3.1　中古汉语"忆"义位系统中的主导义位

我们对东汉至隋代 15 部口语性较强文献中"忆"各义位的使用情况进行了分析，具体情况如表 7.33 所示：

表7.33　　　　　　　　15种东汉至隋代文献中"忆"各义位使用情况分析

义位	单/连	太	中	抱	陶	六	生	妙①	世	宋	书	洛	颜	贤	杂②	佛③	总计	占本系统比例（%）
思念	单	1						1	1	1	1	2		2	5	25	39	23.78
	连		0					0	0	0	0	0		0	0	2	2	
记住	单	3						1	4④	6	4	1⑤		11	3	17	50	30.49
	连	0						0	0	1	2			0	0	4	7	
回忆	单		1	1	13	2	4	4	5	3	2	1		6	6	26	74	45.12
	连		0	0	0							0		0	0			
臆度	单															1	1	0.61
	连															0	0	
同抑	单																	
	连																	
其他							1											

表中各义位出现的次数和比例，可以大致反映各自在该系统中所处的位次。在我们所考察的 15 种中古汉语文献中，"忆"共出现 174 次（其中包括专名用字 1 次），其中单用的 164 次，占总用例数的 94.8%；连用的 9 次，占总用例数的 5.2%。在单用的 164 例中，用于"思念"义的 39 次，占整个义位系统已知用例数的 23.78%；用于"记住"义的 50 次，占本系

---

①　全经有 8 例"正忆念"和 1 例"忆念不谬"，从前后文来看，这 9 个例子中的"忆"当作"意"，故未计入。

②　该经中有 1 例"又复思忆"，宋元明本"忆"作"惟"，今从，未计入。

③　是经中"我心亦有如是忆念""菩萨初从右肋出已，正心忆念""正忆正念""菩萨忆念如是生已""离喜行舍忆念正智""生忆念已""作此忆念"句子中的"忆"，从前后文来看，当同"意"，未计入；"怜忆爱念"，圣本"忆"作"憨"，今从，未计入。

④　其中 1 例"忆"为"庾公犹忆忆刘、裴之才俊，元甫之清中。"（《赏誉》）张万起、刘尚慈《世说新语译注》解"忆"为"回忆；想念"，不妥，当为"记住"。（中华书局 2006 年版，第 407 页）

⑤　该例"忆"为"不忆春于沙漠，遂忘秋于高阳。"（卷二"正始寺"条）周振甫先生《洛阳伽蓝记译注》将其译为"不再回忆春天在沙漠，于是也就忘掉秋天在高阳的地方"（江苏教育出版社 2005 年版，第 79 页），不妥。此句中"忆"与"忘"相对，当为反义关系，当释"记住"为宜。

统已知用例的 30.49%；用于"回忆"义的 74 次，占该系统已知用例的 45.12%；用于"臆度"义的 1 次，占本系统已知用例的 0.61%。就此，我们可以推知，"回忆"义当为中古汉语"忆"义位系统的主导义位。

7.2.3.2　近代汉语"忆"义位系统中的主导义位

近代汉语时期，随着"思念"概念场主导词的更替，"忆"的主导义位格局也发生了变化，表 7.34 是对此期 22 种文献中其各义位使用情况的分析：

表7.34　　　　　22种唐代至清代文献中"忆"各义位使用情况分析

义位	文献	白	王	金	敦②	唐	祖	煌	藏	张	话	总计	占本系统比例(%)	小	南	元	水	演	西	金	明	红	歧	品	侠	总计	占本系统比例(%)
													唐宋														元明清①
思念	单	25	4	3	34	3	2	25	3	5	1	105	60	2	2		1	0	2	0	9	0			2	18	34.62
	连	0	0	0	6	1	0	2	0	0	0	9		0	0		4	0	4	1	6	0			1	16	
记住	单		1	0		1	2	1				5	2.86	6	1		1	0		1			1	1	0	11	21.15
	连		0	2	0									2	0		0	2				0	0	1		5	
回忆	单	17	6	1		25	2	2	8			61	34.86	1	3	2		4	6	1	1	2	1	2		23	44.23
	连	0	0	0	6	0	1	0				7		0	0	1		0	0	1	0	1	1	1		5	
臆度	单				2							2	1.14														
	连				0							0															
同抑	单				2③							2	1.14														
	连				0							0															
其他															2		1	1		9		8		2		23	

相比于中古而言，近代汉语时期，"忆"义位系统出现了以下变化：一是新成员"抑或"义的增加，丰富了成员构成。二是主导义位格局较中古时期是异中有同：异的是唐宋时期，"思念"义的使用数量多于"回忆"义，居于义位系统的榜首。如在所考察的此期 10 种文献中，"忆"共 193 见，其中单用的 175 见，连用的 18 见。在单用的 175 见中，用于前者的

---

① 为了准确反映"忆"义位的使用情况，我们把此期 13 例引用诗词例放在其他里。

② "八十忆（亿）""忆忆（亿亿）垓垓""忆（亿）万""万忆（亿）""百忆（亿）"等句中的"忆"当为"亿"，未计入。

③ 该义位《大字典》(2529) 未收；《大词典》(7/765) 未举书证，可补。如《敦煌变文校注·大目干连冥间救母变文》："目连泪落忆逍道，众生业报似风飘。"

105 见，占本系统已知用例的 60%；用于后者的 61 见，占该系统已知用例的 34.86%。此期单用于"思念"义的"忆"的激增当与其取代"念"成为本概念场的主导词有关。同的是元明清时期，"回忆"义的使用又超过"思念"义，回归义位系统的首位。如表 7.34 所示，在所考察的此期 12 种文献中，"忆"共 101 见（其中包括专名和诗词用例 23 见），其中单用的 52 见，连用的 26 见。在单用的 52 见中，用于"回忆"义的 23 例，占本系统已知用例的 44.23%；用于"思念"义的 18 例，占本系统已知用例的 34.62%。需要提及的是，"回忆"义不仅数量比"思念"义多，其使用语域要较之广。前者不仅见于具有南方方言背景的文献，也见于具有北方方言背景的文献，后者则主要见于南方文献；前者不仅用于叙述性话语中也用于对话中，后者则主要见于诗词中。元明清时期，"思念"义使用数量的减少和使用语域的受限应与其主导词地位的丧失有关。由此可知，近代汉语时期，"忆"义位系统主导义位经历了由"思念"到"回忆"的变化。

7.2.3.3　小结

东汉至清代，"忆"义位系统主导义位经历了两次变换三个层次的变化，呈现螺旋上升的特点。两次变换指的是东汉至隋代其主导义位为"回忆"义；唐宋时期则变换为"思念"义；元明清时期"回忆"义则又回归系统的首位。其变化如表 7.35 所示：

表7.35　　　　　　　古代汉语时期"忆"主导义位演变层次

时段	东汉至隋代	唐宋	元明清
主导义位	回忆	思念	回忆

7.2.4　古汉语"想"主导义位的演变

战国至清代，"想"义位系统中的主导义位演变历经了四次变换五个层次的变化。下详论之。

7.2.4.1　上古汉语"想"义位系统中的主导义位

就目前所掌握的文献资料来看，"想"当不晚于战国出现，且在整个上古汉语时期的文献用例并不多见。表 7.36 是我们对战国至西汉部分文献中其各义位使用情况的穷尽性分析：

表7.36　　　　　　11种战国至西汉文献中"想"各义位使用情况分析

义位	文献	周	韩	吕	楚	管	史	淮	苑	列	经	黄①	总计	占本系统比例（%）
想象	单	1	1	2	0	0	3	1	1		1	2	12	70.59
想象	连	0	1	0	1	1	0	0	0		0	0	3	
思索	单			1			1					0	2	11.76
思索	连			0			0					1	1	
希望	单									1			1	5.89
希望	连									0			0	
怀念	单							1		1		0	2	11.76
怀念	连							0		0		1	1	
料想	单													
料想	连													
像	单													
像	连													
其他														

如表 7.36 所示，在我们所考察的此期 11 种文献中，"想"共出现 22 次，其中单用的 17 次，它们分布于"想象"等 4 个义位。在单用的 17 次中，用于"想象"义的 12 次，占整个义位系统已知用例的 70.59%；用于"思索"义及"怀念"义的各 2 次，分占该义位系统已知用例的 11.76%；用于"希望"义的 1 次，约占本义位系统已知用例的 5.89%。据这些统计数据，我们可以大略推知："想象"义当为上古汉语"想"义位系统中的主导义位。

7.2.4.2　中古汉语"想"义位系统中的主导义位

我们同样对中古汉语部分文献中"想"义位系统各成员的使用情况进行了周尽性分析，如表 7.37 所示：

---

① 《黄帝内经》成书时代参张显成《先秦两汉医学用语研究》（巴蜀书社 2000 年版，第 17 页）中的相关论述。

表7.37　18种东汉至隋代文献中"想"各义位使用情况分析

义位	文献	东汉									魏晋至隋												
	时段	新₂	衡	太	汉	风	匮	中	总计	占本系统比例(%)	抱	三	华	陶	六	世	书	齐	洛	颜	百	总计	占本系统比例(%)
想象	单	1	0	3	1	1			6	22.22	1		3		5	1	0	1	0	0		11	20.75
	连	0	7	0	0	0			7			0		1	1		1	0	1	0	2	6	
思索	单			3					3	11.11							2					2	3.78
	连			0					0								0					0	
希望	单			5	0				5	18.52	1	0			2	2	2					7	13.21
	连		0	3					3			0	1			0	1	1				3	
怀念	单	0		2	2				4	14.81			1	0						2		3	5.66
	连	1		2	0				3					0	1				2			3	
料想	单			2		1	1		4	14.81		2	5		1	2	7				1	18	33.96
	连		0			0	0		0		1	0			0	0	0			1	2	4	
像	单																			1①		1	1.89
	连																			0		0	
念头②	单		1				4		5	18.52					0	6					5	11	20.75
	连		0				1③		1							1	2				1	4	
其他																							

较之于上古汉语时期，中古汉语时期"想"义位系统出现了如下变化：一是新成员的加入。如表 7.37 所示，在我们所考察的此期 18 种文献中，"想"共 114 见，其中单用的 80 见，它们分布于 7 个义位（各义位出现的次数及所占系统比例详见表 7.37），比之于前期扩增了"料

---

① 该义位《大词典》(7/606)及《大字典》(第2321页)均首引唐例，偏晚。如《洛阳伽蓝记》卷一"景林寺"："（景林寺）加以禅阁虚静，隐室凝邃，嘉树夹牖，芳杜匝阶，虽云朝市，想同岩谷。"

② "想"有"思索"义，辞书已释，此不赘举。由动词"思索"义通过转喻"想"可引申出名词"念头"义，如《修行本起经》卷下："于是菩萨，安坐入定，弃乐乐意，无忧喜想，心不依善，亦不附恶，正在其中。"（3/470b）又《妙法莲华经》卷三："于是众人前入化城，生已度想、生安隐想。"（9/26a）此义汉译佛经中习见，然《大词典》(7/606)及《大字典》(第2321页)"想"条均未收释。

③ 该例为"思""想"连言。"思想"之"念头；想法"义《大词典》首引鲁迅书例(7/444)，偏晚。如：《中本起经》卷上："佛告瓶沙：'……天下人意，多恶少善。思想万端，趣欲快意，能弃此志，亦可得道，功齐迦叶。'"（4/152c）

想"义、"像"义及"念头"义三个新成员。二是主导义位格局在承继前代的基础上出现了新变化。东汉时期，"想象"义仍居整个义位系统的榜首。但其前期一马当先的优势地位，此期几乎变成六马并驾齐驱。如在所考察的此期 7 种文献中，单用的"想"共 27 见，其中用于"想象"义的 6 见，占整个义位系统已知用例的 22.22%；用于"思索"义的 3 见，占本义位系统已知用例的 11.11%；用于"希望"义和"念头"义的各 5 见，分占本义位系统已知用例的 18.52%；用于"怀念"义的和"料想"义的各 4 见，分占本义位系统已知用例的 14.81%。魏晋至隋，尽管其使用数量有所回升，但仍低于东汉时始进入本义位系统的"料想"义的用例数。如表 7.37 所示，在所考察的此期 11 种文献中，单用的"想"共 53 见，其中用于"想象"义的 11 见，占整个义位系统已知用例的 20.75%；用于"料想"义的 18 见，占该义位系统已知用例的 33.96%。据此可知，中古汉语时期，"想"主导义位的演变可区分为两个层次：第一层次为东汉时期，其主导义位为"想象"义与"希望"义[1]；第二个层次为魏晋至隋，其主导义位为"料想"义与"想象"义[2]。其演变的层次如表 7.38 所示：

表7.38　　　　　　中古汉语时期"想"主导义位演变层次

时段	东汉	魏晋至隋
主导义位	想象 > 希望	料想 > 想象

7.2.4.3　近代汉语"想"义位系统中的主导义位

近代汉语时期，"想"义位系统各成员的使用情况，如表 7.39 所示：

----

① 在所考的此期 7 种文献中，单用于"希望"义的与单用于"念头"义的"想"各 5 例，但前者的语素义用例（3 见）高于后者（2 见），据此我们认为此期"希望"义的用例有可能要高于"念头"义。

② 在所察的此期 11 种文献中，单用于"想象"义的与单用于"念头"义的"想"各 11 例，但前者的语素义用例（6 见）高于后者（4 见），就此我们认为此期"想象"义的用例有可能要高于"念头"义。

表7.39　　　　　　　　27种唐代至清代文献中"想"各义位使用情况分析

义位		唐宋										总计	占本系统比例(%)	元明清																	总计	占本系统比例(%)
		白	王	金	敦	入	唐	祖	五	朱	朝			小	南	元	原	水	训	朴	西	金	明	儒	红	红	新	通	重	侠		
想象	单	4	0		4		1	1		3	34	47	11.90	2	2	100	37	2		31	76	25	40	152	157	2	1	2		98	730	21.39
	连	3	3		9		0	2		30	47	94		1	1	4		3		0		8	1	1	1	15	18	0	0	0	15	68	
思索	单	0	3		3			3		2	10	21	5.32	1		19	2	69	2	2	89	30	9	95	418	338	4	4	4	333	1418	41.56
	连	1	0			0	1					2		0	7	23	0	8	14	18									34	110	
希望	单	2		1	4		1			16	1	25	6.33	2	1	31	1	14	1	4	69	28	15	52	71	60	3	1	2	29	384	11.25
	连	1④		0	0			0		0		2		0	0	31													0	49	
怀念	单	1			3			0		1		5	1.26	3	0	53	43	5		16	37								0	7	209	6.13
	连				1	1						6		12	3	1	2	27	7	7									6	16	94	
料想	单	0			4	1		7	222	2		236	59.75	2		4	42	90	6	1	188	44	17	67	73	26	2	5	1	44	612	17.94
	连	2			1	0		72		0		76		4	20	148	2	58	230	5	99	131	79	1	3	1				219	971	
像	单				3	1			4	1		7	1.01	1				2											3	0.09
	连																													
念头	单	0	3		4	2	13	19	16			57	14.43	1	3					3	0	1	0	0						8	0.23
	连	0	0		4	0	3	8	0			15							1	1	0	2	6				12	25	
记住⑤	单													7	1			2				25	2			5			48	1.41
	连																													
其他			1		4	4	1					10		1																	1	

———————

① 《新校元刊杂剧三十种》中的统计将唱词部分和宾白部分分开进行，此列为唱词部分的统计结果。宾白部分"想"各义位的具体使用情况如次：想(思考)：2（单：2 连：0）；想(希望)：1（单：1 连：0）；想(怀念)：1（单：0 连：1）；想(料想)：1（单：1 连：0）；想(念头)：3（单：0 连 3）。

② 《原本老乞大》与《老乞大谚解》中"想"各义位的使用情况一致，故只统计其中一种。

③ 其中"思前想后"2 例，如《三侠五义》第三五回："他便思前想后，总要把颜生害了才合心意。"又第四二回："自己（庞吉）在园中，也不观花，也不玩景，惟有思前想后，叹气嗟声。暗暗道：'这包黑真是我的对头。好好一桩事，如今闹的黄金失去，还带累外孙解职。真也难为他，如何访查得来呢？实实令人气他不过！'""思前想后"之"反复考虑"义《大词典》首引金庸书例（7/442），偏晚。

④ 此例为"梦""想"连言。"梦想"之"理想"义《大词典》首引何其芳诗例（3/1188），偏晚。如白居易《春眠》："至适无梦想，大和难名言。"

⑤ "想"有"怀念"义，辞书已释，恕不赘举。由"怀念"义引申出"记住"义是很自然的；因为对景仰的人、离别的人或环境不能忘怀，希望见到实际上也就是心理记住了某人或某物。就目前所掌握的文献资料来看，此义当不晚于明代出现，如《水浒全传》第一七回："何涛道：'好兄弟，休得要看冷暖。只想我日常的好处，休记我闲时的歹处，救我这条性命！'"此例前言"想"，后言"记"，明"想"与"记"义同，记住之谓也。又《红楼梦》第三回："（王夫人）因又说道：'该随手拿出两个来给你这妹妹去裁衣裳的，等晚上想着叫人再去拿罢，可别忘了。'"该例前言"想"，后言"别忘了"，是"想"解作"记住"的佳证。然《大词典》（7/606）及《大字典》（第 2320—2321 页）"想"条均未收释。

古汉语心理活动概念场词汇系统演变研究

比之于中古汉语时期，近代汉语时期"想"义位系统有如下变化值得关注：一是系统队伍的进一步壮大。如表7.39所示，在所考察的此期27种文献中，"想"共5330见（其中包括人名、地名等用字11见），单用的"想"共3807见，它们分列于8个义位（各义位出现的次数及所占系统比率详见表7.39），较前期新添了"记住"义，丰富了系统成员的构成。二是主导义位格局既有对历史的继承，又有所创新。具体表现为，唐宋时期，"料想"义仍承袭魏晋至隋时的榜首位置，但所占系统已知用例的比例较前期有较大提升，一改东汉以来的二分格局。如表7.39所示，在所考察的此期10种文献中，"想"共出现600次（其中包括人名、地名等用字10次），其中单用的395次。在这395次中，用于"料想"义的236次，占整个义位系统已知用例的59.75%，较之于魏晋至隋时期上升了25.79个百分点（所考11种魏晋至隋文献中，"料想"义用例占该义位系统已知用例的33.96%），独享此期"想"的主导义位殊荣。元代始，由于"思谋"概念场主导词"思量"让位于"想"，其"思考"义的用例明显增加。如在所考察的6种明代文献中，"想"共1531见（其中包括地名用字1例），单用的"想"997见，其中用于此义的201见，占整个义位系统已知用例的20.16%，较唐宋时期上升了近15个百分点。清代，其使用继续飙升，如在所考察的此期7种文献中，单用的"想"共2182次，其中用于此义的1195次，占整个义位系统已知用例的54.77%。清代"想"之"思索"义用例大增当与"思谋"概念场典型成员"思"与"思量"的进一步衰微不无关系。随着"想"在"思谋"概念场主导词地位的巩固与强化，其"思考"义在整个义位系统中的地位也随之变化。如表7.39所示，在所考的17种元明清文献中，"想"共4730见（其中包括地名用字1例），其中单用的3412见。在单用的3412见中，用于此义的1418见，以占本义位系统已知用例的41.56%取代魏晋以来"料想"义的（所考17种元明清文献中，"料想"义用例所占系统已知用例的17.94%）榜首位置，成为此期"想"义位系统中的主导义位之一。元明清时期，"想"义位系统的另一变化是"想象"义的用例有所增加。如在所考的此期17种文献中，单用于此义的730见，占本义位

372

系统已知用例的 21.39%，较唐宋时期上升了近 9 个百分点，跃居系统第二，成为此期"想"义位系统中的主导义位之一。

要之，近代汉语时期，"想"义位系统中的主导义位演变可区分为两个层次：第一层次为唐宋时期，其主导义位当为"料想"义；第二层次为元明清时期，其主导义位为"思考"义与"想象"义。其演变层次见表 7.40：

表7.40　　　　　　　近代汉语时期"想"主导义位演变层次

时段	唐宋	元明清
主导义位	料想	思考 > 想象

7.2.4.4　小结

战国至清代，"想"主导义位格局经历了由一分到二分，由二分到一分再到二分的演变。具体为：战国至西汉，"想象"义独处"想"义位系统中的主导义位宝座；东汉时期，"希望"义与"想象"义共享此荣耀；魏晋至隋，"料想"义取代"希望"义与"想象"义共享此光彩；唐宋时期，"料想"义将"想象"义亦驱逐出"想"的主导义位磁场，独享此殊荣；元明清时期，"思考"义与"想象"义一起将"料想"义排挤出"想"的主导义位磁场。其演变可见表 7.41：

表7.41　　　　　　　古代汉语时期"想"主导义位演变层次

时段	战国至西汉	东汉	魏晋至隋	唐宋	元明清
主导义位	想象	想象 > 希望	料想 > 想象	料想	思考 > 想象

7.3　"猜度"概念场主导词的主导义位演变

汉语史上，"猜度"概念词"意""度""料""猜"先后有过历时更替关系，本节拟对四者的主导义位演变历程作一简单梳理，以廓清各自演变的线索。

7.3.1　古汉语"意"主导义位的演变

在古代汉语历史上，"意"义位系统主导义位格局经历了四次变换五个层次的变化，下详析之。

7.3.1.1　上古汉语"意"义位系统中的主导义位

通过调查上古汉语部分文献中"意"义位系统各成员的使用情况，我们可以得出表7.42：

表7.42　　　　10种春秋至西汉文献中"意"各义位使用情况分析

义位	时段 文献	春秋至战国中期						战国中后期至西汉							
		诗	论	左	孟	总计	占本系统比例（%）	韩	吕①	战②	史③	淮④	盐⑤	总计	占本系统比例（%）
意志⑥	单							21	24	20	106	21	14	206	56.91
	连							12	10	17	66	10	11	126	
意思	单				1	1	25.0	9	4	2	26	8	6	55	17.19
	连				0	0		2	3	5	2	5	0	17	
胸怀	单							7	2	1	26	2	2	40	11.05
	连							3	0	1	14	0	0	18	
情意	单							3⑦		5	11	1		20	5.52
	连							0		1	1			2	
意味	单														
	连														
意气	单							1⑧			2	1		4	1.11
	连							0			2	1		3	
考虑	单	1				1	25.0	1	2	0	2	1	2	8	2.21
	连	0						1	1	8	19	1	3	33	

---

①　该文中另有10例通"抑"的"意"。

②　该文另有7例通"抑"的"意"。

③　该文另有1例通"亿"及7例通"抑"的"意"。

④　该文另有1例通"抑"的"意"。

⑤　该文另有1例通"抑"的"意"。

⑥　《大词典》将"意"之"意向；愿望"义与"念头；想法"义分列两个义项（7/637）。今按，"念头；想法"是"意愿"的一种，故从《大字典》将其合为一个义项。

⑦　该义位《大词典》与《大字典》分别首引《汉书·萧望之传》及唐杜甫诗例，偏晚，如《韩非子·初见秦》："举魏，则荆、赵之意绝；荆、赵之意绝，则赵危。"

⑧　该义位《大词典》与《大字典》均首引曹操《让县自明本志令》，偏晚。如《韩非子·十过》："（智过）曰：'其行矜而意高，非他时节也；君不如先之。'"

续表

| 义位 | 文献 | 春秋至战国中期 | | | | | | 战国中后期至西汉 | | | | | | | |
		诗	论	左	孟	总计	占本系统比例（%）	韩	吕	战	史	淮	盐	总计	占本系统比例（%）
意料	单		1		1	2	50.0	3	7	5	5	3	0	23	6.35
	连		0		0	0		7	2	2	14	5	4	34	
怀疑	单							1	1	1	3			6	1.66
	连							0	0	0	4			4	
意根	单														
	连														
意识	单														
	连														
其他				28		28		1	6		169	1		177	

　　表中各义位出现的次数及比率，可以大致反映各自在该系统中所处的位置。在我们所抽样的 10 种上古汉语文献中，"意"共出现 808 次（其中包括人名等用字 205 次），其中单用 366 次，占总用例数的 60.7%；以复合词或成语构词语素形式出现的 237 次，占总用例数的 39.3%。单用的 366 次中，用于"意志"义的共 206 次，占整个义位系统已知用例的 56.28%；用于"意思"义的共 56 次，占本系统已知用例的 15.30%；用于"胸怀"义的共 40 次，占该系统已知用例的 10.93%；用于"情意"义的共 20 次，占本系统已知用例的 5.47%；用于"意气"义的共 4 次，占该系统已知用例的 1.09%；用于"考虑"义的共 9 次，占本系统已知用例的 2.46%；用于"意料"义的共 25 次，占该系统已知用例的 6.83%；用于"怀疑"义的共 6 次，占本系统已知用例的 1.64%。就这些统计数据，我们可以大致推知，"意志"义当为上古汉语"意"义位系统中的主导义位。尽管"意志"义高居上古汉语"意"义位系统的榜首，但就目前所掌握的文献资料来看，春秋至战国中期，其在整个义位系统中并不占有优势。如在我们所考察的 4 种此期文献中，"意"共 32 见（其中人名用字 28 见），单用的 4 例"意"，用于"意料"义的 2 见，用于"意思"义及"考虑"义的各 1 见。据此，我们认为上古汉语时期"意"主导义位的演变可区分为个层次：第一层次为春秋至战国中期，其主导义位当为"意料"义；第层次为春秋中后期至西汉，其主导义位当为"意

志"义。其演变层次如表 7.43 所示：

表7.43　　　　　　　　　　上古汉语时期"意"主导义位演变层次

时段	春秋至战国中期	战国中后期至西汉
主导义位	意料	意志

7.3.1.2　中古汉语"意"义位系统中的主导义位

我们同样对中古汉语时期 23 种文献中"意"各义位的使用情况进行了穷尽性分析，见表 7.44：

表7.44　　　　　　　23种东汉至隋代文献中"意"各义位使用情况分析

义位	单/连	衡	太①	汉②	修	中	总计	占本系统比例(%)	抱③	法	陶	六	大	生	妙④	四	世	书	齐	洛	颜	百⑥	贤	杂	佛	总计	占本系统比例(%)
意志	单	51	103	169	6	5	334	47.51	12	119	1	6	26	25	32	11	139	30	60	1	5	3	101	21	87	676	46.75
	连	47⑦	108	190	11	3	359		27	97	1	4	14	35	33	19	153	28	42	19	7	8	96⑧	15	169	770	
意思	单	63	34	76	1		174	24.75	7	20		1		4	11	13	17	12	28	2	2	12	6	3	41	179	12.38
	连	14	3	13⑨	0		30		6	12	1	0	3	0			24	5	27	1	0	2			10	91	
胸怀	单	25	11	66	27	7	136	19.36	4	52	1	2	21	27	38	9	22	12	21	9	3	3	37	8	86	355	24.55
	连	22	7	24	10	3	66		1	11	0	0		7	4	9	22	6	0	0	3	26	6		125⑩	233	
情意	单	1	1	14	1	1	18	2.56		21		2	1	2	1		13	3	8				2		5	58	4.01
	连	1	0	16	0	1⑪	18			7		0	0	0	1		22	5	14				2		0	51	

---

① 由于《太平经》中"意"用例多，故抽取卷 1 至卷 70 分析，特别说明。

② 该文另有 2 例通"亿"、8 例通"抑"及 1 例通"懿"的"意"。

③ 该文另有 1 例通"懿"的"意"。

④ 该文另有 2 例通"亿"的"意"。

⑤ 该文各有 1 例通"亿"及"抑"的"意"。

⑥ 该文另有 1 例通"抑"的"意"。

⑦ 其中有 1 例"私""意"连言。"私意"之"己意"义《大词典》首引宋例（8/24），偏晚。如《论衡·书解》："晁错之辈，各以私意分拆文字，师徒相因相授，不知何者为是。"

⑧ 其中有 1 例为"致""意"连言。"致意"之"关注；集中心思"义《大词典》首引严复书例（8/795），偏晚。如《贤愚经》卷 8："舍利弗等，复语之言：'今观世尊，专注致意。'"（4/404c）

⑨ 其中有 1 例为"指""意"连言。"指意"之"内容意"义《大词典》首引清代书例（6/582），偏晚。如《汉书·艺文志》："每一书已，向辄条其篇目，撮其指意，录而奏之。"

⑩ 其中"意""中"连言 7 例，如《佛本行集经》卷 18："是故我今意中，不忍将此炽然忧悲之火所烧心情。"（3/735c）《大词典》"意中"条首引唐例（7/638），稍嫌晚。

⑪ 该例为"信""意"连言。"信意"之"诚意"义《大词典》首引《资治通鉴》（1/1422），偏晚。如《中本起经》卷上："实时师徒，俱共诣佛，稽首白言：'我等皆有信意，愿为弟子。'"（4/151c）

续表

义位		衡	太	汉	修	中	总计	占本系统比例(%)	抱	三	法	陶	六	大	生	妙	四	世	书	齐	洛	颜	百	贤	杂	佛	总计	占本系统比例(%)
意味	单		2				2	0.28									3					2					5	0.36
	连		0				0										1					0					1	
意气	单	1	0	2			3	0.43	0	12			0				2	1	0	0	0		1			0	16	1.11
	连	0	1	4			5		1	4			1				0	16	4	1	1		1			1	30	
考志	单	2	0	10			12	1.71	2	10	0	0	1	0	0		2	4	1	2	0		5	0	0	2	29	2.01
	连	5	1	40			46		2	26	1	1	0	1	1		24	3	12	6	0	1	0	9	3	4	94	
意料	单	6	0	10			16	2.28	1	3	1	0						0	3	0	1		0				9	0.62
	连	8	2	21			31			25									6	5	2	1					46	
怀疑	单	0	0	4	1		5	0.71									1	0	0	0				1			3	0.21
	连	1	1	5		0	7			1							0	2	2	1							6	
意根	单	1			1		2	0.28		1			6	5	8	5	22					2	15	3	17		84	5.81
	连	0		0			0						0	0	0	5						0	0	0	0		5	
意识	单				1		1	0.14								20	0					1			11		32	2.21
	连					0	0									0	4					0			5		9	
其他		9		41	10		60		3	3				2	6	30	19	10	1					14	23	46	157	

比之于上古，中古汉语时期，"意"义位系统出现了如下变化：一是系统成员的增加。据所考察的文献资料来看，上古汉语时期，该系统成员有 8 个，此期又新增了"意味"、"意根"及"意识"3 个义位，扩大了队伍构成。二是主导义位格局在承袭战国中后期至西汉时期的基础上有所发展，具体表现为：东汉时期，"意志"义仍居其义位系统的榜首，不过较之前期有所下降。如在我们所考察的此期 5 种文献中，"意"共 1325 见（其中包括人名等用字 60 见），单用的共 703 见，以复合词或成语构词语素形式出现的共 562 见。单用的 703 见中，用于"意志"义的共 334 见，占整个义位系统已知用例的 47.51%，较前期下降了 9 个多百分点。随之而起的是"意思"义使用数量的增加。如表 7.44 所示，在所抽样的此期 5 种文献中，单用于此义的共 174 见，占该义位系统已知用例的 24.75%，较前期上升了 9 个多百分点，一改前期"意志"义一枝独秀的局面。魏晋至隋，"意志"义的使用仍呈下降趋势，如在所考察的此期 18 种文献中，"意"共 2939 见（其中包括人名等用字 157 见），单用的有 1446 见，其中用于此义位的共 676 见，占本义位系统已知用例数的 46.75%，较东汉时期又下降了 0.76 个百分点。此期的另一变化就是"胸怀"义使用数量的增加。如

表 7.44 所示，在所考察的此期 18 种文献中，单用于此义位的共 355 见，占该义位系统已知用例的 24.55%，较东汉时期上升了 5 个多百分点，超过"意思"义的使用数量，跃居本系统的第二位，成为此期"意"义位系统的主导义位之一。

从以上的调查结果来看，中古汉语时期，"意"义位系统主导义位的演变也可分为个层次：第一层次为东汉时期，其主导义位当为"意志"义与"意思"义；第二层次为魏晋至隋，其主导义位则变为"意志"义与"胸怀"义。其演变层次如表 7.45 所示：

表7.45　　　　　　　中古汉语时期"意"主导义位演变层次

时段	东汉	魏晋至隋
主导义位	意志 > 意思	意志 > 胸怀

7.3.1.3　近代汉语"意"义位系统中的主导义位

近代汉语时期"意"义位系统各成员的使用情况见表 7.46：

表7.46　　　　　　26种唐代至清代文献中"意"各义位使用情况分析

义位		白	王①	金②	敦	入	唐③	祖	五	朱	朝	小	南	元④	原	总计	占本系统比例(%)	水	训⑤	朴⑥	西	金	明	儒	红₁	红₂	新	通	侠⑦	总计	占本系统比例(%)
								唐宋元														明清									
意志	单	22	3	2	42	9	8	15	36	28	6	3	20	5	1	200	9.96	33	1		26	15	6	4	23	5	0	0	6	119	17.88
	连	17	12	6	108	12	27	110	402	79	16	2	38	36	1	866			146	13	164	121	26	66	268	178	5	1	268	1256	

---

① 该文另有 1 例通"抑"的"意"。

② 该文另有 3 例通"忆"的"意"。

③ 该文另有 1 例通"抑"的"意"。

④ 《新校元刊杂剧三十种》中将唱词部分与宾白部分分开统计，此列数据为唱词部分的统计结果。宾白部分的结果为：意(意思)：16（单：16 连：0）；且该文另有 1 例通"忆"的"意"。

⑤ 《训世评话》中的统计将文言部分与白话部分分开进行，此列数据为白话部分的统计结果。文言部分的结果为：意(意向)：1（单：1 连：3）；意(意思)：1（单：1 连：0）；意(胸怀)：1（单：0 连：1）；意(情意)：1（单：0 连：1）；意(怀疑)：1（单：1 连：0）。

⑥ 该文另有 1 例通"抑"的"意"。

⑦ 该文另有 1 例通"抑"的"意"。

续表

时代		唐宋元																明清												
文献 义位		白	王	金	敦	入	唐	祖	五	朱	朝	小	南	元	原	总计	占本系统比例(%)	水	训	朴	西	金	明	儒	红$_1$	红$_2$	新	通	侠	总计	占本系统比例(%)
意思	单	12	2	0	53	5	8	212	624	259	42	0	49	9	1	1276	63.54	49	0	0	89	37	16	3	82	14	1	0	62	339	50.90
	连	3	1	2	12	9	3	21	144	213	4	2	18	16	0	448		67	7	3	28	35	17	105	128	52	0	1	62	505	
胸怀	单	13	1	1	73		1	3	17	195	1	2	8	16	1	349	17.38	6			28	18	5	0	20	5			2	84	12.61
	连	3	7	1	44	1	2	10	22	176	4	3	8	12	0	293		23		1	40	22	5	29	123	94			104	441	
情意	单	21	2		11		2	1	3	2	3	0	4	6	0	55	2.74	20	0	2	10	29	14	8	15	3	0	0	3	104	15.61
	连	0	1				1	2	5	4	9	5	4	4	2	38		60	1	1	39[2]	67	18	15	50	19	1		27	299	
意味	单	2	0		1		0		0	1	1	0	0			5	0.25				0					1			0		0.30
	连	2	2		1		1	1	17		0		4	2		30		1			0	1	1	5	47	12			2	69	
意气	单	4	0		1		1	1	1		0	0	0			8	0.40	0			1				0	5	5			11	1.65
	连	3	1		11		0		16	28		1	2	2		64		6			2				4	2				19	
考虑	单		0		4	4	1		2	2	0	2	0	1	0	9	0.90	0			0	0	0	0	0	0				3	0.15
	连				10	6		8	12	1	4	7	4	1		60		28			21	7	4	12	27	7			32[3]	149	
意料	单	0			0	2		3	1	0		6	0			12	0.60	1			0				1	0				3	0.45
	连	2			2	3		2	5	2		6	1			23		4			2		3		22				17	64	
怀疑	单				1											6	0.30														
	连				0											0														0	
意根	单				14			13	24							52	2.59					3								3	0.45
	连				0			2	4	0						6						0								0	
意识	单				6			1	4	16						27	1.34														
	连				0			1	12	0						13						0									
其他		1	6		34			10	13							72		6			54	130		9	35	2			13	249	

　　较之于中古，近代汉语时期，"意"有如下变化值得关注：一是单用的比例有所下降，作为复合词或成语构词语素使用的比例有所上升。如在我们考察的 23 种中古文献中，"意"共出现 4294 次（其中包括人名等用

---

　　① 　其中"有""意"连言 1 例。"有意"之"特指男女间有爱恋的情意"义《大词典》首引《二刻拍案惊奇》(6/1161)，稍嫌晚。如《南村辍耕录·贞烈墓》："府檄调黄岩州一狱卒叶，其姓者尤，尤有意于郭氏，乃顾视其卒，日饮食之，情若手足。"

　　② 　其中有"谢""意"连言 3 例。《大词典》"谢意"条首引鲁迅书例（11/381），偏晚。如《西游记》第七十九回："(寿星)出了东阁，道了谢意，将白鹿一声喝起，飞跨背上，踏云而去。"

　　③ 　其中有"大""意"连言 1 例。"大意"之"疏忽；不经意"义《大词典》首引鲁迅书例（2/1385），偏晚。如《三侠五义》第九回："(包兴)便对公孙策道：'圣上赐我御札三道，先生须替我仔细参详，莫要辜负圣恩。'"

字 217 次），其中单用的共 2149 次，占总用例数的 53.1%；而在所考察的 26 种近代汉语文献中，"意"共 7639 见（其中包括人名等用字 321 见），其中单用的共 2674 见，占总用例数的 36.54%，较前期下降了 16 个多百分点。这种变化在明清时期更为明显，如在所抽样的 12 种此期文献中，"意"共 3718 见（其中包括人名等用字 249 见），其中单用的共 666 见，约占总用例数的 19.2%。随之而变的是作为复合词或成语构词语素使用比例的上升。二是义位系统主导义位的格局出现了新变化："意思"义的使用骤增，将"意志"义推挤出义位系统主导义位的磁场外。如表 7.46 所示，单用的 2674 例"意"分布于 11 个义位（各义位出现的具体次数及比例详见上表），其中用于前者的共 1615 例，占整个义位系统已知用例的 60.40%，高居本系统的榜首；用于后者的共 319 例，仅占本义位系统已知用例的 11.93%，或者低于"胸怀"义的使用数量（共 433 例），由中古汉语时期高居本义位系统的首位退居此期的第三位。就这些统计数据，我们可以大致推知，就整个近代汉语时期而言，"意思"义与"胸怀"义当为"意"义位系统的主导义位。若将整个近代汉语时期细分为唐宋元及明清两个时段，如下现象值得注意：明清时期，"意志"义的使用略有回升。如表 7.46 所示，在所考察的此期 12 种文献中，单用于此义的共 119 见，占整个义位系统的 17.88%，较唐宋元时期上升了近 8 个百分点，超过"胸怀"义的使用数量，重新回归"意"义位系统主导义位磁场。就此，我们认为，近代汉语时期"意"义位系统主导义位的演变也可区分为两段：第一段为唐宋元时期，其主导义位为"意思"义与"胸怀"义；第二段为明清时期，其主导义位则变换为"意思"义与"意志"义。其演变层次如表 7.47 所示：

表7.47　　　　　　　　　　近代汉语时期"意"主导义位演变层次

时段	唐宋元	明清
主导义位	意思 > 胸怀	意思 > 意志

7.3.1.4　小结

先秦至清代，"意"义位系统主导义位的演变历经了四次变换五个层次的变化：四次变换依次指的是春秋至战国中期其主导义位为"意料"

义；战国中后期至东汉则变换为"意志"义与"意思"义；魏晋至隋则又变换为"意志"义与"胸怀"义；唐宋元时期又变换为"意思"义与"胸怀"义；明清时期又变换为"意思"义与"意志"义。五个层次顺次为：第一层次为春秋至战国中期；第二层次为战国中后期至东汉；第三层次为魏晋至隋；第四层次为唐代至元代；第五层次为明代至清代。其演变脉络可简化为表 7.48：

表7.48　　　　　古代汉语时期"意"主导义位演变层次

时段	春秋至战国中期	战国中后期至东汉	魏晋至隋	唐宋元	明清
主导义位	意料	意志 > 意思	意志 > 胸怀	意思 > 胸怀	意思 > 意志

7.3.2　古汉语"度₂"主导义位的演变①

在古代汉语历史上，"度₂"义位系统主导义位的演进历经了三次变换四个层次的变化，呈现循环往复的特点，下详论之。

7.3.2.1　上古汉语"度₂"义位系统中的主导义位

表 7.49 是我们对此期 11 种文献中"度₂"义位系统各成员的穷尽性分析：

表7.49　　　　11种春秋至西汉文献中"度₂"各义位使用情况分析

时代义位	文献		先秦						总计	占本系统比例(%)		西汉			总计	占本系统比例(%)
		诗	左②	孟	韩	荀	吕	战	总计	占本系统比例(%)	史	淮	盐	简	总计	占本系统比例(%)
丈量	单	2	6	1	7	7	2	1	26	42.62	5	11	1		17	27.87
	连	0	0	0	0	0	0	0	0		3③	1		0	4	
推测	单	2	4	0	2	6		1	15	24.59	32	4	1		38	62.29
	连	1	0	1	5	0		1	8		19	4	0	0	23	

---

① 为行文的方便，我们把读音为"dù"的"度"记为"度₁"，把读音为"duó"的"度"记为"度₂"，把读音为"zhái"的"度"记为"度₃"。没有特别标注的均为"度₂"，下同。

② 《诗经》与《左传》中各有1例通"剫"的"度₂"。

③ 其中有1例"度""量"连言，"度量"之"测量"义《大词典》首引北齐颜之推书例（3/1226），偏晚。如《史记·律书》："狼者，言万物可度量，断万物，故曰狼。"

时代		先秦									西汉					
文献 义位		诗	左	孟	韩	荀	吕	战	总计	占本系统比例(%)	史	淮	盐	简	总计	占本系统比例(%)
谋划	单	2	7	1	8			1	19	31.15	3	2	1		6	9.84
	连	1	0	0	1			0	2		0	0	0		0	
投	单	1							1	1.64						
	连	0							0							
同庾	单															
	连															
其他																

表中各义位出现的次数及比例，可以大致反映各自在本系统中所处的地位。由表中的数据可知，就整个上古汉语而言，"度₂"义位系统中的主导义位演变可分为两个阶段：第一阶段为先秦时期，第二阶段为西汉时期。先秦时期，"度₂"义位系统的主导义位当为"丈量"义与"谋划"义。如表 7.49 所示，在我们所考察的此期 7 种文献中，"度₂"共出现 71 次，单用的 61 次，它们分列于 4 个义位（各义位出现的具体次数及比率详参表 7.49），其中用于前者的共 26 次，用于后者的共 19 次，二者以占整个义位系统已知用例的 73.77% 分居本系统的第一、二位。西汉时期，随着"猜度"概念场主导词由"意"到"度₂"的易主，其"推测"义的使用大增。如在所考察的此期 4 种文献中，单用的"度₂"共 61 见，其中用于"推测"义的就 38 见，约占整个义位系统已知用例的 62.29%，较前期上升了近 38 个百分点，以绝对数量优势取代先秦时期"丈量"义的榜首地位，成为了此期"度₂"义位系统的主导义位。其演变层次见表 7.50：

表7.50　　　　　　　　上古汉语时期"度₂"主导义位演变层次

时段	先秦	西汉
主导义位	丈量 > 谋划	推测

7.3.2.2　中古汉语"度₂"义位系统中的主导义位

"度₂"义位系统各成员在中古汉语时期的使用情况，我们同样抽查了此期部分文献，详见表 7.51：

表7.51　　　　　　17种东汉至隋代文献中"度₂"各义位使用情况分析

义位		衡	太	汉	中	抱	三	华	晋ₐ①	妙	四	世	齐	洛	颜	书	贤	佛	总计	占本系统比例（%）
丈量	单	7	0	7	0		3		2	0	2		1		1	2		0	25	22.93
	连	1	1	6	1		3		3	1	0		0		1	0		5	22	
推测	单	7		33		1	17	0	7			1	1	0		4	0	0	71	67.14
	连	2		20		0	14	1	2			0	1	1		2	1	1	45	
谋划	单			7			4		1							1			13	11.93
	连			0			5		1							1			7	
投	单																			
	连																			
同度	单																			
	连																			
其他																				

中古汉语时期"度₂"义位系统主导义位格局较之于西汉是同中有变：同的是"推测"义仍居义位系统的榜首。如表 7.51 所示，在所考察的此期 17 种文献中，"度₂"共 183 见，其中单用的 109 见，它们分列于 3 个义位（各义位出现的具体次数及所占系统比例详参表 7.51）。单用的 109 次中，用于此义的共 71 次，占该义位系统已知用例的 67.14%。变的是尽管此期其主导义位格局与西汉时期一致，但其所占系统份额较前期有所增加。如西汉时期"推测"义与"丈量"义相差不到 35 个百分点，此期则扩大到 42 个多百分点。此期"推测"义使用数量的进一步增加当与其"料想"概念场主导词地位的巩固有关。

7.3.2.3　近代汉语时期"度₂"义位系统中的主导义位

近代汉语时期，随着"料想"概念场主导词的更替，"度₂"的主导义位格局也随之发生了变化，表 7.52 是对此期 20 种文献中其各义位使用情况的分析：

---

①　由于史书语料的复杂性，我们采取方一新、王云路的观点，将其分成原始资料和其他资料统计，其中原始资料包括正文中引录的当朝文献，如诏令、奏疏、书札、文章等，还有史书中所征引的当朝典籍。原始资料之外的为其他资料，包括记事和记言两大类（《六朝史书与汉语词汇研究》，载王云路、方一新编《中古汉语研究》，商务印书馆 2004 年版，第 147—148 页）。原始资料记为"史书名ₐ"，其他资料记为"史书名ᵦ"，下同。

表7.52　　　　　　　20种唐代至清代文献中"度₂"各义位使用情况分析

时代 义位		唐五代									宋元明清														
		白①	晋ᵇ	金	敦	唐	祖	梦	总计	占本系统比例(%)	五	朱	朝	遗	南	元	水	西	金	明	红₁	红₂	侠	总计	占本系统比例(%)
丈量	单	3	2	3	3	1			12	70.59	1	16			2						2	0	0	21	23.33
	连	0	2	0	3	0			5		3	21			0						2②	1	1	28	
推测	单		2	0		0	1		3	17.65	0	34	3	2	5		0	1		1	5	0	0	51	56.67
	连		4	8		1	0		13		12	52	4	0	2		1	0		0	7	1	9	87	
谋划	单		2	0	0				2	11.75		8	0		1	0				4	0	0	0	14	15.56
	连		0	1	1				2		14	1			0	6		5	0	2	9	1	14	52	
投	单																								
	连																								
同度	单																					4			4	4.44
	连																					0			0	
其他																									

近代汉语时期，"度₂"义位系统出现了如下变化：一是新成员"成人两臂左右平伸的长度"义的出现。二是主导义位格局较之于中古汉语时期是异中有同：异的是唐五代时期，"丈量"义的使用数量多于"推测"义，居于义位系统首位。如表7.52所示，在所考察的此期7种文献中，"度₂"共37见，其中单用的17见，以复合词构词语素形式出现的20见。在单用的17例中，用于前者的12例，占义位系统已知用例的70.59%；用于后者的3例，占本系统已知用例的17.65%。值得注意的是，"丈量"义不仅数量比"推测"义多，其使用范围也较之广。前者举凡诗歌、史书、笔记小说及变文均有用例，后者则主要见于史书及笔记小说。此期单用于"推测"义的"度₂"使用范围缩减当与其主导词地位的丧失有关。同的是宋元明清时期，"推测"义的使用数量又超越"丈量"义，回归系统首位。如在所考察的此期13种文献中，"度₂"共257见，其中单用的90见，以复合词构词语素形式出现的167见。单用的90例中，用于前者的51例，占该义位系统已知用例的56.67%；用于后者的21例，占该系统已知用例的23.33%。据此可知，近代汉语时期，"度₂"义位系统的主导义位经历了

---

① 该文另有2例通"劇"的"度₂"例。

② 此2例分别为"度空儿"与"度时"，参看周定一主编的《红楼梦语言词典》"度"条（商务印书馆1995年版，第213—214页）。

由"丈量"义变换为"推测"义的变化。其演变层次见表 7.53：

表7.53　　　　　近代汉语时期"度₂"主导义位演变层次

时段	唐五代	宋元明清
主导义位	丈量	推测

7.3.2.4　小结

先秦至清代，"度₂"义位系统主导义位历经了三次变换四个层次的变化，呈现循环往复的特点。三次变换指的是先秦时期其主导义位为"丈量"义，西汉至隋代则变换为"推测"义；唐五代时期又变换为"丈量"义；宋元明清时期，"推测"义又回归义位系统首位。其演变历程见表 7.54：

表7.54　　　　　古代汉语时期"度₂"主导义位演变层次

时段	先秦	西汉至隋	唐五代	宋元明清
主导义位	丈量	推测	丈量	推测

7.3.3　古汉语"料"主导义位的演变

战国至清代，"料"义位系统由简而繁，其主导义位格局经历了由一分到二分再到一分的变化，下面分上古汉语、中古汉语及近代汉语三个时段详析之：

7.3.3.1　上古汉语"料"义位系统中的主导义位

就目前所检索的文献资料来看，"料"当不晚于战国出现。表 7.55 是我们对其从战国至西汉义位系统各成员使用情况的调查：

表7.55　　　　11种战国至西汉文献中"料"各义位使用情况分析

义位＼文献		谷	韩	孙	管	鬼	战	新₁	史	苑	戴	盐	总计	占本系统比例（％）
称量①	单					1		1		0			2	5.41
	连						0		1		1		2	

---

① 《大词典》"料"字条未列此义项（7/331），今从《大字典》（第 2253 页）。

古汉语心理活动概念场词汇系统演变研究

续表

义位	文献	谷	韩	孙	管	鬼	战	新₁	史	苑	戴	盐	总计	占本系统比例（%）
计数①	单				1				1				2	5.41
	连			0					2				2	
估量②	单	1	2	0	4	2	10	2	9	1		1	32	86.48
	连	0	0	3	0	0	2	0	6	1		0	12	
别择	单					1							1	2.70
	连					0							0	
管理	单													
	连													
清查	单													
	连													
审理	单													
	连													
料理	单													
	连													
照料	单													
	连													
对抗	单													
	连													
奔走	单													
	连													
原料	单													
	连													
素质	单													
	连													
物品	单													
	连													
津贴食料	单													
	连													
人造半透明物	单													
	连													

---

① 《大词典》"料"条亦未给该义项立目（7/331），今从《大字典》（第2253页）。

② 《大词典》"料"字条引《国语·楚语上》："及鄢之役……雍子与于军事，谓栾书曰：'楚师可料也，在中军王族而已。'"韦昭注："料，数也。"唐刘知几《史通·言语》："若选言可以效古而书，其难类者，则忽而不取，料其所弃，可胜纪哉？"释为"估计其数"（7/331）。今按，"估计其数"亦是一种"估量；忖度"，当与义项②合并。

386

续表

义位 ＼ 文献		谷	韩	孙	管	鬼	战	新₁	史	苑	戴	盐	总计	占本系统比例（%）
物的分剂	单													
	连													
中药剂量	单													
	连													
遍	单													
	连													
容量单位	单													
	连													
木料单位	单													
	连													
其他														

　　表中各义位出现的次数及比率，可以大致反映各自在整个系统中所处的地位。在我们所调查的 11 种上古汉语文献中，"料"共出现 53 次，其中单用 37 次，占总用例数的 69.81%；以复合词构词语素形式出现的 16 次，占总用例数的 30.19%。单用的 37 例中，用于"称量"义及"计数"义的各 2 例，分占整个义位系统已知用例的 5.41%；用于"别择"义的 1 例，占本系统已知用例的 2.70%；用于"估量"义的 32 例，占该系统已知用例的 86.48%。根据抽样文献中各义位出现的次数及所占本系统比例，我们可以大致推知，就整个上古汉语而言，"估量"义当为"料"义位系统中的主导义位。

7.3.3.2　中古汉语"料"义位系统中的主导义位

　　中古汉语时期"料"义位系统各成员的演变情况，我们同样考察了此期的部分文献，详见表 7.56：

表7.56　　　　　18种东汉至隋代文献中"料"各义位使用情况分析

义位 ＼ 文献		衡	太	汉	抱	三	华	六	正	曜	四	世	齐①	宋	书	贤	杂	佛	玄	总计	占本系统比例(%)
称量	单	0		2	5			0	1											8	10.53
	连	1					2	3												6	

---

① "杂说"部分有 1 例表"供人畜食用或为植物提供营养的物品"义，未计入统计之列。

古汉语心理活动概念场词汇系统演变研究

义位	文献	衡	太	汉	抱	三	华	六	正	曜	四	世	齐	宋	书	贤	杂	佛	玄	总计	占本系统比例(%)
计数	单	3			1	1			1					3	1					10	13.16
	连	0			0	0			0					1	0					1	
估量	单	1		6	1	13	1							2		5	0			29	38.16
	连	2		3	0	5	1							0		2	1			14	
别择	单			1	9		2	0	0				0	2	2			0		16	21.05
	连			0	4		0	1	3				1	1	1				36	47	
管理	单								0						0	0	0			0	
	连								4						1	2	11			18	
清查	单				1				0					6	1		0	1		9	11.84
	连				2①				1					0	0		1②	0		4	
审理	单			0					0	0				0						0	
	连			0					8	3				1						12	
料理	单								0				0	3	0					3	3.95
	连								9				9	2	5					25	
照料	单			0					0	0			0							0	
	连			1					1	2			1							5	
对抗	单																				
	连																				
奔走	单																				
	连																				
原料	单																0			0	
	连																1			1	
素质	单																				
	连																				
物品	单		1③																	1	1.31
	连		0																	0	
津贴食料	单																				
	连																				
人造半透明物	单																				
	连																				

---

① 其中有1例为"料""覆"连言。如"权守阳羡长，有所私用，策或料覆，功曹周谷辄为傅著簿书，使无谴问。"(《三国志·吴志·吕范传》)《大词典》"料覆"条首引《资治通鉴》书例(7/335)，但句例与此同。

② "料理"条之"修理"义《大词典》首引唐代书例(7/333)，偏晚。如《杂宝藏经》卷8："既到城内，发屋坏墙，不可料理。"(4/486c)

③ 该义位《大词典》首引元例(7/331)，偏晚。如《太平经·辛部》："节食千日之后，大小肠皆满，终无料也。"

续表

义位\文献		衡	太	汉	抱	三	华	六	正	曜	四	世	齐	宋	书	贤	杂	佛	玄	总计	占本系统比例(%)
物的分剂	单																				
	连																				
中药剂量	单																				
	连																				
遍	单																				
	连																				
容量单位	单																				
	连																				
木料单位	单																				
	连																				
其他																					

　　较之于上古汉语，中古汉语时期"料"义位系统出现了如下变化：一是队伍的壮大。就我们所考察的文献资料来看，上古"料"义位系统成员有四个，此期又新增了"清查""审理""料理""照料""原料""供人畜食用或为植物提供营养的物品"六个义位，丰富了本系统的成员构成。二是主导义位格局在承袭上古汉语的基础上出现了新变化。承继的是"估量"义仍居本系统首位。如在所考察的此期18种文献中，"料"共209见，其中单用的76见，它们分布于"称量"等7个义位（各义位出现的具体次数及所占系统比例请参表7.56）。在单用的76见中，用于"估量"义的29见，以占本系统已知用例的38.16%，居首位。不过较之于上古汉语，此期"估量"义在系统中所占的份额明显下降（上古汉语时期，"估量"义高达系统已知用例的86.48%），这或许与系统新成员的加入、旧有成员使用数量的增加及"料想"概念场中主导词"度"使用数量的大增不无关系。如表7.56所示，新兴成员"清查"义以占本系统已知用例的11.84%，居第四；旧有成员"别择"义以占本系统已知用例的21.05%，居第二（上古汉语时期，"别择"义仅占该系统已知用例的2.70%），晋升为此期"料"的主导义位之一，一改上古汉语时期"估量"义的独当一面之势。

7.3.3.3　近代汉语"料"义位系统中的主导义位

　　我们穷尽地统计了近代汉语时期27种文献中"料"各义位的用例，如表7.57所列：

表7.57　　　　　27种唐代至清代文献中"料"各义位使用情况分析

义位	时代	唐宋元															明清														
文献	义位	白[1]	王仝[2]	敦	入	唐	祖	五	朱	朝	小	南	元	原	总计	占本系统比例(%)	水	训	朴	西[4]	金	明[5]	儒	红$_1$	红$_2$	新[6]	通	音	侠	总计	占本系统比例(%)
称量	单			1	1				0						2	2.06															
称量	连			1	2				2						5																
计数	单			2											2	2.06															
计数	连			0											0																
估量	单	3		7	1	4	1	3	10	7	1	7	2		46	47.42	20	1	2	25	16[7]	8	2	31	15	1	1	0	9	130	66.67
估量	连	0		7	0	0	0	2	18	0	2	2	6		37		19	0	0	14	38	4	26	29	26	0	1	0	63	220	
别择	单					0									0																
别择	连					2									2																
管理	单		1						0						1	1.03	0							0	0	0				0	0
管理	连		3						2						5		9						1	1	2					6	20
清查	单																							0	0				1	2	
清查	连																							1	1				1	2	
审理	单			0											0									1						1	
审理	连			1											1									1	2					3	
料理	单							0		0					0		0						2	0	0	0				0	2	1.03
料理	连									1			1		1		5						3	35	48	41			22	154	
照料	单					0				0	0				0		0							0	0	0				0	
照料	连					1				1	1				3		3							2					11	18	
对抗	单			2		1							1		4	4.13															
对抗	连			0		0	4								4																
奔走[8]	单																														
奔走[8]	连																														
原料	单	0	8			2						2	0	0	12	12.37	9		0	1	14			3	0	0	4	1	0	32	16.41
原料	连	1	4			12						5[9]	2	1	25		13	3	4	13	4	10	4	3	2	0			8	64	

① 该集子中另有1例通"撩"的"料"。另外，该义位《大词典》首引元代例（7/331），偏晚。如白居易《留别》："前事讵能料，后期谅难寻。"

② 有1例为"料斗凫翁鸡"，此句中的"料"当读为liáo，"挑弄"义，未列入表内。

③ 《原本老乞大》与《老乞大谚解》中"料"的用例一致，故只统计《原本老乞大》。

④ 该文中另有2例通"撩"的"料"。

⑤ 有1例为"郎去料渠"，此句中的"料"亦当读为liáo，"挑弄"义，未列入表内。

⑥ 《老乞大新释》与《重刊老乞大谚解》中"料"的用例几近一致，故只统计《老乞大新释》。

⑦ 其中引用前代2例。

⑧ 该义位在我们所抽样的文献中未见，我们扩大了检索范围，此义位的出现当不晚于元代，如元张国宾《罗李郎》第三折："指东画西，去了义子；走南料北，不见孩儿。"但出现频率不高，故其未见于我们所抽样的文献并不太影响我们对"料"主导义位的判断。

⑨ 其中"生料"4例，如"后为财帛、生料二库，环以官属直舍。"（《南村辍耕录·记宋宫殿》）"生料"之"未经加工，不能直接制成产品的原料"义《大词典》未举书证（7/1505），可补。

续表

时代 义位		唐宋元														总计	占本系统比例(%)	明清													总计	占本系统比例(%)
		白	王	金	敦	人	唐	祖	五	朱	朝	小	南	元	原			水	训	朴	西	金	明	儒	红₁	红₂	新	通	音	侠		
素质	单																	0	0			1									1	0.51
	连																	8	1①			0									9	
物品	单		1		4		2							1	13	21	21.65	3		2	3	1					13	0	1	1	24	12.31
	连		0		0		0							0	14②	14		23		2	11	0					14	1	0	2	53	
津贴食料	单	1	1		1		1									4	4.13	0													0	
	连	1	0		1		1									3		1													1	
人造半透明物	单																								0						0	
	连																								1						1	
物的分剂	单													1		1	1.03															
	连													0		0																
中药剂量③	单						2									2	2.06								1	4					5	2.56
	连						0									0										0					0	
遍	单																						1								1	0.51
	连																						0								0	
容量单位	单			1④			1									2	2.06															
	连			0			0									0																
木料单位	单																															
	连																															
其他		1⑤											5	2	10	18									3⑥						3	

　　比之于中古汉语，近代汉语时期，"料"义位系统有如下变化值得注目：第一，系统成员构成进一步增多。据所掌握的文献资料来看，此期系统成员除旧有成员外，又新增了"对抗"、"奔走"、"喻指人的素质（含贬义）"、"官吏于俸禄外所津贴的食料、口粮"、"人造半透明物"及四种量词用法等 9 个成员，壮大了系统的队伍构成。第二，主导义位格局与中古

----

　　①　此例为"客料"，义指"外来的货，也指人，含贬义"，参《明清吴方言词典》"客料"条（石汝杰、宫田一郎：《明清吴方言词典》，上海辞书出版社 2005 年版，第 346 页）。

　　②　14 例均为"草""料"连言，如"你这几个头口，每夜吃的草料通该多少钞？"（《原本老乞大》）《大词典》"草料"条首引《儿女英雄传》（9/371），偏晚。

　　③　该义位《大词典》首引《朱子语类》书例（7/331），偏晚。如唐寒山《久住》："饥餐一料伽陀药，心地调和倚石头。"

　　④　该义位《大词典》首引宋代例（7/331），略嫌晚。如《敦煌变文校注·叶净能诗》："若不餐，动经三十五日；要餐，顿可食六七十料不足。"

　　⑤　此例为"料峭"连言。

　　⑥　此 3 例分别为物名用字 2 例，"料峭"连言 1 例。

汉语相比是同中有异，同中有变。同中有异一方面表现在尽管唐宋元时期仍承袭中古汉语时的二分局面，但其主导者有所变化。具体而言为"估量"义仍居系统首位，"别择"义则被排挤出"料"主导义位磁场，代之而起的是中古汉语时期新生的"供人畜食用或为植物提供营养的物品"义。如在所抽样的此期14种文献中，"料"共215见（其中包括人名等用字18见），其中单用的97见，它们分布于11个义位（各义位出现的具体次数及所占系统比例详参表7.57）。单用的97见中，用于"估量"义的46见，用于"供人畜食用或为植物提供营养的物品"义的21见，二者以占整个义位系统已知用例的69.07%分居系统第一、二位。同中有异的另一方面表现在"估量"义的使用数量有所增加。中古汉语时期"估量"义在本系统已知用例中的所占比例为38.16%；唐宋元时期则增加到47.42%。这或许与"猜度"概念场主导词"度"让位于"料"有关。"估量"义在整个义位系统中的数量优势在明清时期更为明显。如在所考察的此期13种文献中，"料"共744见（其中包括物名及其他用字3见），其中单用的195见，用于此义的就130见，占了整个义位系统已知用例数的66.67%，以绝对优势高居系统首位，回归战国至西汉时期的独占鳌头局面。这是它同中有变的表现。据此可推知，整个近代汉语时期，"料"主导义位的演变经历了二分到一分的变化。唐宋元时期，"估量"义与"供人畜食用或为植物提供营养的物品"义共享"料"义位系统主导义位的荣耀；明清时期，则变为"估量"义独享此殊荣。"料"主导义位在近代汉语不同时段的变化可见表7.58：

表7.58　　　　　　　　　近代汉语时期"料"主导义位演变层次

时段	唐宋元	明清
主导义位	估量 > 物品	估量

7.3.3.4　小结

在古代汉语历史上，"料"义位系统由简而繁，其主导义位格局经历了由一分到二分再到一分的变化，具体表现为：战国至西汉，"估量"义为其义位系统中的独秀者；东汉至元代，则变换为"估量"义与其他成员的同场共竞，其间包含两个层次：第一层次为东汉至隋代"估量"义与"别择"义的竞争；第二层次为唐宋元时期"估量"义与"供人畜食用或为植物提供营养的物品"义的竞技。明清时期，"估量"义又独居其主导义位的宝座。其演变历程见表 7.59：

表7.59　　　　　　　　古代汉语时期"料"主导义位演变层次

时段	战国至西汉	东汉至隋	唐宋元	明清
主导义位	估量	估量 > 别择	估量 > 物品	估量

7.3.4　古汉语"猜"主导义位的演变

战国至清代，"猜"义位系统中的主导义位经历了一次变换两个层次的变化：第一个层次为战国至五代，"怀疑"义为其主导义位；第二个层次为宋代至清代，其主导义位由"怀疑"义变换为"揣测"义，下面分别从上古汉语、中古汉语及近代汉语三个时段分述其演变历程。

7.3.4.1　上古汉语"猜"义位系统中的主导义位

就目前所知，"猜"的文献用例当不晚于战国出现。战国至西汉，其文献用例不多见，义位系统也较简单，表 7.60 是我们对此期文献的一个抽样调查：

表7.60　　　　　　6种战国至西汉文献中"猜"各义位使用情况分析

义位 文献		左	战	晏	史	孔	苑	总计	出现比例（%）
怀疑	单	2	1	0		1		4	80.0
	连	1	0	1		0		2	
疑忌	单				0			0	
	连				1			1	
嫉恨	单	1			0		0	1	20.0
	连	0			1		1	2	
嫌恶	单								
	连								
恐惧	单								
	连								

续表

义位\文献		左	战	晏	史	孔	苑	总计	出现比例（%）
揣测	单								
	连								
凶猛	单								
	连								
看待	单								
	连								
助词	单								
	连								
其他									

如表 7.60 所示，在我们所考察的 6 种战国至西汉文献中，"猜"共 10 例，单用的和以复合词构词语素形式出现的各 5 例。其中单用于"怀疑"义的 4 例，占整个义位系统已知用例的 80.0%，单用于"嫉恨"义的 1 例，占该系统已知用例的 20.0%。"疑忌"义虽已见文献用例，但主要是以构词语素的形式出现。据此我们可以推知，战国至西汉，"怀疑"义当为"猜"义位系统中的主导义位。

7.3.4.2 中古汉语"猜"义位系统中的主导义位

我们同样考察了中古汉语时期部分文献中"猜"各义位的具体使用情况，详见表 7.61：

表7.61　　　　　　　22种东汉至隋代文献中"猜"各义位使用情况分析

义位\文献		楚	太	汉	抱	三	华	陶	晋a	文	灯	妙	世	书	注	洛	颜	无	轮	高	历	摩	玄	总计	占本系统比例（%）
怀疑	单	1	1	0	0	2	0	0	4		0		0	2		0	0		1	1	1		1	14	53.85
	连	0	0	1	1	7	1	2	2		1		0	5		0	1		0	4	0		1	24	
疑忌	单				0			1					0	4	1	1				0				7	26.92
	连					2		7					2	9	0	0					2			22	
嫉恨	单						1																	1	3.85
	连							0																0	
嫌恶	单																		1					1	3.85
	连																		0						
恐惧	单																								
	连																								

续表

文献 义位		楚	太	汉	抱	三	华	陶	晋ₐ	文	灯	妙	世	书	注	洛	颜	无	轮	高	历	摩	玄	总计	占本系统比例(%)
揣测	单																								
	连																								
凶猛	单																	1						1	3.85
	连																		0					0	
看待	单																2①							2	7.69
	连																0							0	
助词	单																								
	连																								
其他											1													1	

　　比之于上古汉语，此期"猜"出现了如下变化：第一，单用的比例有所下降，作为语素使用的比例有所上升。如在我们所考察的此期 22 种文献中，"猜"共 73 例（其中包括反切注音上字 1 例），其中单用的 26 见，占总用例总数的 35.62%；以复合词构词语素形式出现的 47 例，占总用例数的 64.38%（所考上古汉语文献单用的比例和以语素形式使用的比例均为 50.0%）。第二，义位的增加。就我们所掌握的文献资料来看，上古汉语它共有三个义位，此期又新增了"嫌恶"、"凶猛"及"看待"三个义位。各义位的使用情况如次：单用于"怀疑"义的共 14 例，占整个义位系统已知用例的 53.85%；单用于"疑忌"义的 7 例，占本系统已知用例数的 26.92%；单用于"嫉恨"义、"嫌恶"义及"凶猛"义的各 1 例，分占该系统已知用例的 3.85%；单用于"看待"义的 2 例，占本系统已知用例的 7.69%。据此可知，中古汉语时期，"猜"义位系统的主导义位当仍为"怀疑"义。

7.3.4.3　近代汉语"猜"义位系统中的主导义位

　　近代汉语时期，"猜"的文献用例较前代有明显的增加，表 7.62 是其义位系统在此期部分文献中的一个抽样调查：

---

　　① 该义位《大词典》首引宋辛弃疾书例（5/67），偏晚。如《南齐书·明帝纪》："疑怯既深，猜似外入，流涕行诛，非云义举，事苟求安，能无内愧？"

表7.62　　　　　　　　22种唐代至清代文献中"猜"各义位使用情况分析

时代＼文献＼义位	单/连	唐五代								宋元明清																	
		白	梁b	晋b	敦	唐	祖	总计	占本系统比例(%)	五	朱	朝	小	南	元①	水	朴	西	金	明	儒	红1	红2	通	侠	总计	占本系统比例(%)
怀疑	单	1	2	4	20	1	1	29	70.73	1	0		0	0		4	1		1	0	1	0	0	0		8	3.17
	连	0	3	7	1	1	0	12		1	1		1	2	4	6		2	2	0	5	10	2		2	38	
疑忌	单	0	1	5			0	6	14.63	0						0			0							0	
	连	1	11	23		2		37								1			1		1	1			1	5	
嫉恨	单																				1					1	0.40
	连																				0					0	
嫌恶	单																										
	连																										
恐惧	单	1		1	1			3	7.32										1							1	0.40
	连	0		0	0			0											0							0	
揣测②	单			2		1		3	7.32	2	3	1		0	10	37	12	26	51	9	5	64	4	12	6	242	96.03
	连				0	0		0		0	0	0		1	0	4	0	12	23	4	2	9	0	0	2	57	
凶猛	单																										
	连																										
看待	单																										
	连																										
助词③	单																										
	连																										
其他														1												1	

　　较之于中古汉语，近代汉语时期，"猜"义位系统出现了以下变化：一是系统成员的增加。如"揣测"义及"助词"用法的出现。二是义位系统主导义位格局在沿袭前代的基础上出现了新变化。具体而言：唐五代时期，"猜"的主导义位仍持续前代"怀疑"居首位的格局。如在所考察的此期6种文献中，单用的"猜"共41见，其中用于"怀疑"义的就29见，以占整个义位系统已知用例的70.73%位居第一位。宋代始，始见于唐代的"揣测"义使用激增。如在我们所考察的6种唐五代文献中，单用

---

　　① 《新校元刊杂剧三十种》中的统计数据均来自唱词部分，另外宾白中有4例"猜"表"揣测"义，未计入统计之列。

　　② 该义位《大词典》(5/67)及《大字典》(第1351页)均首引宋例，偏晚。据所检索的文献资料来看，它当不晚于南北朝出现。如《刘子·慎隙》："怨之所生，不可类推；祸之所延，非可猜测。"

　　③ 该义位在我们所抽样的文献中未见，我们扩大了检索范围，此义的出现当不晚于宋代，如董解元《西厢记诸宫调》卷一："簌簌的裙儿前刀儿短，被你风韵韵煞人也猜。"但见次率不高，故其未见于所考察的文献并不太会影响我们对"猜"义位系统主导义位格局的判断。

于"怀疑"义的 29 见，单用于"揣测"义的 3 见，前者近乎后者的 10 倍
之多；而在所考察的 3 种宋代文献中，前者 1 见，后者 6 见，后者则是
前者的 6 倍之多；明清时期，二者的差距进一步扩大，如在所考察的 10
种此期文献中，前者 3 见，后者 226 见，后者是前者的 75 倍之多。随着
"揣测"义使用的增多，"猜"义位系统的主导义位也就由前期的"怀疑"
义变换为"揣测"义了。

7.3.4.4　小结

以上分上古汉语、中古汉语及近代汉语三个时段考察了"猜"义位系
统主导义位的演变情况。简言之，整个古汉语阶段，"猜"义位系统主导
义位经历了一次变换两个层次的变化。战国至五代，"怀疑"义为其主导
义位；宋代至清代，其主导义位由"怀疑"义变换为"揣测"义。其演变
历程见表 7.63：

表7.63　　　　　　　古代汉语时期"猜"主导义位演变层次

时段	战国至五代	宋元明清
主导义位	怀疑	揣测

7.4　"思谋"概念场主导词的主导义位演变

"思""思惟""思量""想"先后为"思谋"概念场的主导词，本节拟
对"思惟"与"思量"主导义位的演变进行简单爬梳[①]，以厘清各自的演化
脉络。

7.4.1　古汉语"思惟"主导义位的演变

据目前所知，"思惟"当不晚于东汉出现，不早于元代退出本概念场，
其义位系统单一，表 7.64 是东汉至宋代 22 种文献中"思惟"各义位使用
情况的穷尽性分析：

---

① "思"与"想"主导义位的演变请参见 7.2.2 和 7.2.4 中的相关论述。

表7.64　　　　　　　22种东汉至宋代文献中"思惟"各义位使用情况分析

文献／义位	太	汉	修	中	抱	三	法	六	大	生	妙	四	书	齐	百	贤	杂	佛	敦	祖	五	朱	总计	占本系统比例（%）
思量	15	2	2	2		8	4	8	11	5	29	89	1	1	1	77	24	322	46	8	16	1	673	97.11
想念			2		1							4				1	1	9		2			20	2.89
其他														1	1				1				3	

如表 7.64 所示，在所考的此期 22 种文献中，"思惟"共 696 见（其中包括物名用字 3 见），它们分列于"思量"义及"想念"义两个义位，其中用于前者的 673 见，占了整个义位系统已知用例的 97.11%；用于后者的仅 20 见，所占份额不足系统已知用例的 3%。据此可知，东汉至宋代，"思量"义一直独享着"思惟"义位系统的主导义位荣耀。

7.4.2　古汉语"思量"主导义位的演变

就所掌握的文献资料来看，"思量"的出现当不晚于魏晋，其义位系统亦较单一，表 7.65 是魏晋至清代 30 种文献中其各义位使用情况的周尽性分析：

表7.65　　　　　　30种魏晋至清代文献中"思量"各义位使用情况分析

文献／义位	三	妙	四	洛	颜	百	贤	杂	佛	白	王	敦	入	祖	五	朱	朝	话	小	南	元	原	水	西	金	明	儒	红$_1$	红$_2$	侠	总计	占本系统比例（%）
志趣	1																														1	0.27
考虑		2	1	2	1		1	1	9		8	57	1	3	45	64		12	3	1	4		25	20	3	10	15	1	1	1	291	77.81
商量						1			1							1	2														5	1.34
想念											2	13		4	4					2		10	1	7	8	2	22	1	1		77	20.58

表中数据可以大致反映各自在整个系统中所处的地位。如在所察的 30 魏晋至清代文献中，"思量"共出现 374 次，它们分列于"志趣"等 4 个义位（各义位出现的具体次数详参表 7.65），其中"考虑"义以占整个义位系统已知用例的 77.81% 高居榜首，独处此期"思量"义位系统的主导义位交椅；"想念"义、"商量"义及"志趣"义以分占本义位系统已知用例的 20.58%、1.34%、0.27% 分列二、三、四位。

7.5　"意欲"概念场主导词主导义位的演变

在古代汉语的历史上，"意欲"概念场的典型成员"欲"与"要"先后有过历时替换关系，下面拟对二者的义位演变情况进行简单整理，以厘清各自的演变脉络。

7.5.1　古汉语"欲"主导义位的演变

先秦至清代，"欲"义位系统主导义位格局一直由"想要"义主宰，详论如次。

7.5.1.1　上古汉语"欲"义位系统中的主导义位

上古汉语"欲"义位系统各成员的使用情况，如表7.66所示：

表7.66　　　　10种春秋至西汉文献中"欲"各义位使用情况分析

义位	文献	诗	论	左	孟	韩	吕	僮	史	淮	盐	总计	占本系统比例（%）
欲望	单	3	1	33	4	32	49	1	54	63	7	247	9.11
	连	0	0	6	3	19	17	0	15	39	8	107	
爱好	单			2	6	1	1		1	8	1	20	0.74
	连			1	0	0	0		0	0	0	1	
贪求	单		7			3	1		1	10	1	23	0.85
	连		0			0	0		0	1	0	1	
想要	单	2	31	267	76	198	274	4	1317	196	85	2176	80.24
	连	0	0	0	0	0	0	0	8	0	0	8	
打算	单		2	38	6	15	7		108	9		185	6.82
	连		0	0	0	0	0		0	0		0	
须要	单		3①			3	34		2	18		60	2.21
	连		0			0	0		0	0		0	

---

① 该义项《大词典》首引《史记》书例，偏晚，可提前，如《论语·里仁》："君子欲讷于言而敏于行。"

续表

义位\文献		诗	论	左	孟	韩	吕	僮	史	淮	盐	总计	占本系统比例（%）
将要	单								1①			1	0.03
	连								0			0	
安②	单												
	连												
婉顺	单												
	连												
其他													

表中各义位出现的次数和比例可以大致反映各自在该系统中所处的位置。在所考察的 10 种上古汉语文献中，"欲"共出现 2829 次，其中单用的 2712 次，占总用例数的 95.86%；连用的 117 次，占总用例数的 4.14%。在单用的 2712 例中，用于"欲望"义的 247 例，占整个义位系统已知用例数的 9.11%；用于"爱好"义的 20 例，占该系统已知用例的 0.74%；用于"贪求"义的 23 例，占本系统已知用例的 0.85%；用于"想要"义的 2176 例，占该系统总用例的 80.24%；用于"打算"义的 185 例，占本系统总用例的 6.82%；用于"须要"义的 60 例，占该系统总用例的 2.21%；用于"将要"义的 1 例，占本系统总用例的 0.03%。据此，我们可以推测，"想要"义当为上古汉语"欲"义位系统的主导义位。

7.5.1.2　中古汉语"欲"义位系统中的主导义位

中古汉语时期，我们同样对 15 种口语性较强的文献中的"欲"的用例进行详细分析，结果如表 7.67 所示：

---

① 该义项《大词典》首引《后汉书》书例，偏晚，可提前，如《史记·李斯列传》："（赵高）引玺而佩之，左右百官莫从；上殿，殿欲坏者三。"

② "安"与"婉顺貌"这两个义项在所抽样的文献中未见用例，我们扩大了检索范围，两义在上古已出现，前者用例如"呜呼！于忧兹难，近饱于恤，辰是不室，我未定天保，何寝能欲"（《逸周书·度邑》）；后者例如"其立之也敬以诎，其进之也敬以愉，其荐之也敬以欲"（《礼记·祭义》）。但见次率不高，所以其未在所考察文献中出现并不太会影响我们对"欲"义位系统主导义位的总体判断。

表7.67　　　　　　　　15种东汉至隋代文献中"欲"各义位使用情况分析

义位		衡①	太	修	抱	三	法	陶	六	世②	齐③	书	洛	颜	百	佛	总计	占本系统比例（%）
欲望	单	47	3	8	23	5		1	30	2	2	1	0	4	1	18	145	5.74
	连	18	5	13	11	2		0	17	1	2	3	1	2	13	58	146	
爱好	单	1															1	0.04
	连	0															0	
贪求	单	2															2	0.08
	连	0															0	
想要	单	308	172	40	133	225	36	9	152	171	47	120	19	33	95	258	1818	72
	连	6	12	1	0	3	1	0	6	3	0	4	0	0	4	7	47	
打算	单	5	3	4		84	3		1	1	1	7		2	5	4	120	4.75
	连	1															1	
须要	单	3	3		25	2					285	4		3			325	12.87
	连	0	0		0	0					0			0			0	
将要	单	6		8	6	3	5	2	1	4	7	21		3	6	36	108	4.28
	连															1	3	
安	单																	
	连																	
婉顺	单																	
	连																	
愿意	单													1④			1	0.04
	连													0			0	
似	单									3⑤	1	1					5	0.2
	连									0	0	0					0	
其他																		

---

① 《艺增》:"此言荡荡无能名之效也。言荡荡,可也;乃欲言民无能名,增之也。"从前文来看,该例中的"欲"当为衍文,故不统计;《顺鼓》:"夫水旱,犹雷风也,虽运气无妄,欲令人君高枕幄卧,以俟其时,无恻怛忧民之心。"从前后文意来看,此例中的"欲"当为表假设的"设",故也不计入。

② 《雅量》:"王东亭为桓宣武主簿,既承藉,有美誉,公甚欲其人地为一府之望。"从前后文意来看,此例中的"欲"当为"敬"之讹,故不计入;《企羡》:"王曰:'亦不言我须此,但欲尔时不可得耳!'"从前文来看,该例中的"欲"当作"叹",故也不统计。

③ 《齐民要术》序言与正文部分分开统计,此为正文统计结果。序言中"欲"各义位的使用情况为:欲(想要):1(单:1连:0);欲(须要):1(单:1连:0)。

④ 该义项《大词典》首引宋代曾巩书例,偏晚,可提前,如《颜氏家训·勉学》:"若务先王之道,绍家世之业,藜羹缊褐,我自欲之。"

⑤ 在文献中,"欲"还可表示"似",如《世说新语·赏誉》:"谢太傅语真长:'阿龄于此事故欲太厉。'"但囿于文献资料的不足,该义与"欲"之本义"欲望"之间如何引申不是很清楚,故录之存疑待考。

比之于上古汉语时期，此期"欲"义位系统如下变化值得注意：一是新成员的加入。据所掌握的文献资料来看，上古汉语时期，"欲"义位系统的成员有9个，此期又新添了"愿意"和"似"两个义位，丰富了队伍构成。二是在"欲望"义位上，"欲"有语素化的倾向。如在所调查的15种语料中，用于此义的"欲"共291见，其中连用的146见，占已知总用例数的一半多。三是主导义位格局在承继上古汉语的基础上有所创新。继承的是"想要"义仍位居义位系统的榜首，如在所考察的此期15种文献中，"欲"共2722见，其中单用的2525见，它们分布于"想要"等9个义位（具体数据详见表7.67）。在单用的2525见中，用于"想要"义的1818见，以占本系统总用例数的72%稳居主导义位的位置。不过较之于上古，此期"想要"义所占系统份额有所下降（上古汉语时期"想要"义占系统已知用例的80.24%），这或许与"须要"义数量的增加有关。如表7.67所示，单用的"须要"义以占系统总用例数的12.87%反超"欲望"义和"打算"义位居第二（上古汉语时期，"欲望"义、"打算"义和"须要"义以分别占系统总用例数的9.11%、6.82%、2.21%分列系统的第二、第三、第四位）。

7.5.1.3　近代汉语"欲"义位系统中的主导义位

近代汉语时期，"欲"义位系统格局在沿袭前代的基础上又出现了新变化，表7.68反映了此期其各义位使用的详细情况：

表7.68　　　　　　23种唐代至清代文献中"欲"各义位使用情况分析

文献 义位		白	工	佥	教	入	唐	祖	五	朱	朝	话	小	南	元[1]	水	训[2]	西	金	明	儒	红[1]	红[2]	侠	总计	占本系统 比例（%）
欲望	单	5	3	0	23		3	8	14	31	1		9	0	1		8	1			4	3	1		115	4.68
	连	1	4	1	42		2	8	11	155	0		4	1	5		18	28			4	4	5		293	
爱好	单						3	1																	4	0.16
	连						0	0																	0	

①《新校元刊杂剧三十种》中将唱词部分与宾白部分分开统计，此列数据为唱词部分的统计结果。宾白部分的结果为：欲（打算）：1（单：1连：0）。

②《训世评话》中原文与译文分开统计，此列数据为译文部分的统计结果。原文部分的结果为：欲（想要）：38（单：37连：1）；欲（将要）：1（单：1连：0）。

续表

文献\义位		白	王	金	敦	人	唐	祖	五	朱	朝	话	小	南	元	水	训	西	金	明	儒	红₁	红₂	侠	总计	占本系统比例(%)
贪求	单																									
	连																									
想要	单	65	17	45	205	27	48	102	280	227	72	3	6	108	12	204	7	167	46	13	9	103	49	53	1868	76.06
	连	0	0	1	13		1	4	1	6	4	4	6	0	2	23	0	20	8	3	5	26	14	51	194	
打算	单	2		12	47	17	2	25	40	5	25	3	2	11											191	7.78
	连	0		0	2	0	0	0	0	0	1	0	0	0											3	
须要	单		1			2	3		4	2				1											13	0.53
	连		0			0	0		0	0				0											0	
将要	单	37	6	7	56	10	8	17	32	12	10			13	3	4		7	8	5		8	2	1	246	10.02
	连	0	0	0	2	0	0	0	0	1	0			0	0	0		0	0	1		0	0	0	4	
安	单																									
	连																									
婉顺	单																									
	连																									
愿意	单													1											1	0.04
	连													0											0	
似	单	3	7		6			1	1																18	0.73
	连	0	0		0			0	0																0	
其他						1	3							1				3							8	

比之于中古汉语时期，此期"欲"义位系统出现了如下变化：一是"欲望"义上，其语素化程度更高，如在所调查的 23 种文献中，用于此义的共 408 见，其中作为语素的就 293 见，占总用例数的 71.81%，较前期增加了近 22 个百分点（中古时期连用的占总用例数的 50.17%）。二是主导义位格局在继承前代的基础上有所变化。承继的是"想要"义仍然居于榜首，如在所考察的 22 种文献中，"欲"共 2958 见（其中包括专名用字 8 例），单用的 2456 见（除专名用字），共分布于"想要"等 8 个义位（详细情况见表 7.68）。在单用的 2456 例中，用于"想要"义的 1868 例，以占系统总用例数的 76.06% 稳坐"欲"主导义位的交椅。变化的是，随着"须要"概念场主导词的易位，"欲"之"须要"义用例急剧下降，如上表所示，单用的仅 13 例，在系统中的位次由前期的第二降至第六。与之相反的是"将要"义用例的增加，如在所调查的 23 种文献中，单用于此义的有 246 例，以占该系统总份额的 10.02% 位居第二，但仍不是"想要"义的对手。

7.5.1.4 小结

整个古汉语阶段，"欲"之"欲望"义、"须要"义与"将要"义尽管各自分别在上古、中古和近代跻身于系统的第二位，但仍不具备与"想要"义抗衡的实力，所以其演变层次见表 7.69：

表7.69　　　　　　古代汉语时期"欲"主导义位演变层次

时段	上古	中古	近代
主导义位	想要	想要	想要

7.5.2　古汉语"要₃"主导义位的演变 ①

整个古汉语阶段，"要₃"义位系统中的主导义位格局经历了由一分到二分再到一分的演变，下面分上古、中古和近代三个阶段详论如下。

7.5.2.1　上古汉语"要₃"义位系统中的主导义位

表 7.70 是我们对上古汉语时期 7 种文献中"要₃"义位系统各成员的穷尽性分析：

表7.70　　　　　　7种春秋至西汉"要₃"各义位使用情况分析

义位	文献	左	韩	吕	僮	史	淮	盐	总计	占本系统比例（%）
簿书	单	1		1			1		3	3.45
	连	0		0			0		0	
关键	单	3	2	22		18	11	4	60	68.97
	连	0	1	6		8	7	3	25	
权柄	单		6				2		8	9.2
	连		0				0		0	
少	单						2		2	2.3
	连						0		0	
扼守	单					3	1		4	4.6
	连					0	0		0	
讨	单									
	连									

① 为行文的方便，我们把读音为"yāo"的记为"要₁"；把读音为"yǎo"的记为"要₂"；把读音为"yào"的记为"要₃"。没有特别标注的均为"要₃"，下同。

404

续表

义位	文献	左	韩	吕	僖	史	淮	盐	总计	占本系统比例（%）
想要	单									
	连									
使	单									
	连									
得当①	单									
	连									
应当	单				2				2	2.3
	连				0				0	
总之	单					7			7	8.04
	连					7			7	
将要	单									
	连									
估计	单									
	连									
如果	单									
	连									
要么	单									
	连									
关闭	单			1					1	1.14
	连			0					0	
其他		5							5	

　　表中各义位出现的次数和比例，可以大致反映各自在该系统中所处的位次。在我们所考察的 7 种上古汉语文献中，"要₃"共出现 124 次（其中包括人名、地名用字 5 例），其中单用的 87 次，占总用例数的 73.11%；以复合词构词语素形式出现的 32 次，占总用例数的 26.89%。在单用的 87 例中，用于"簿书"义的 3 例，占本系统已知用例的 3.45%；用于"关键"义的 60 例，占该系统已知用例的 68.97%；用于"少"义和"应当"义的各 2 例，分占整个系统已知用例的 2.3%；用于"扼守"义的 4 例，占

---

　　① 此义在我们所考察的文献中未见用例，我们扩大了检索范围，该义在战国后期已见，如《荀子·礼论》："礼者，以财物为用，以贵贱为文，以多少为异，以隆杀为要。"但见次率不高，所以其在所调查的文献中出现并不太会影响我们对"要₃"义位系统总体格局的大致判断。

本系统已知用例的 4.6%；用于"总之"义的 7 例，占该系统已知用例的 8.04%；用于"关闭"义的 1 例，占本系统已知用例的 1.14%。根据以上数据，我们可以大致推断，就整个古汉语而言，"关键"义当为"要$_3$"义位系统中的主导义位。

7.5.2.2　中古汉语"要$_3$"义位系统中的主导义位

中古汉语时期"要$_3$"义位系统主导义位格局在继承上古汉语的基础上出现了新变化，表 7.71 是此期部分文献中其各义位使用的具体情况。

表7.71　　　　　14种东汉至隋代文献中"要$_3$"各义位使用情况分析

义位	单连	衡	太	修	抱	三	法	陶	六	总计	占本系统比例（%）	世	齐①	书	颜	百	佛	总计	占本系统比例（%）
簿书	单					1				1	0.47								
	连					1				1									
关键	单	3	126	2	35	24		0	6	196	92.02	4	4	16	6	0	4	34	47.22
	连	1	74	2	32	39	1		0	149		4	1	29	3	1	17	55	
权柄	单																		
	连																		
少	单	2	1		2					5	2.35	0						0	
	连	0	0		0					0		4						4	
扼守	单																		
	连																		
讨	单																2②	2	2.78
	连																0	0	
想要	单											1	1			1	6	9	12.5
	连											0	0			0	0	0	
使	单													1				1	1.39
	连													0				0	
得当	单				1					1	0.47								
	连				0					0									
应当	单			0	1	5	1			7	3.28	2	11	5	1	1	4	24	33.33
	连			1	2	3		0		6		1	12	2	1	2	12	30	
总之	单	1							1	3	1.41			2				2	2.78
	连	0			0			0	0	0				0				0	

---

① 《齐民要术》序言未见"要$_3$"用例，此为正文统计结果。

② 该义项《大词典》首引唐代书例，偏晚，可提前。如《佛本行集经》卷 3，"时，彼梵志即复更教彼摩那婆祕要呪术。"（3/665b）

续表

文献 义位		衡	太	修	抱	三	法	陶	六	总计	占本系统 比例（%）	世	齐	书	颜	百	佛	总计	占本系统 比例（%）
将要	单																		
	连																		
估计	单																		
	连																		
如果	单																		
	连																		
要么	单																		
	连																		
关闭	单																		
	连																		
其他			2		7					9					4			4	

　　就整个中古汉语而言，"要$_3$"义位系统中主导义位的演变可以分为两个阶段：第一阶段为东汉至东晋；第二阶段为南北朝至隋代。东汉至东晋时期，"要$_3$"义位系统的主导义位仍沿袭上古时期的格局。如表7.71所示，在所考察的此期8种文献中，"要$_3$"共出现378次，单用的222次（其中包括专名用字9次），它们分列于6个义位（各义位出现的具体次数见表7.71），其中用于"关键"义的196次，以占本系统已知用例的92.02%高居榜首。南北朝以后，随着"应当"概念场主导词的易位，"要$_3$"之"应当"义使用数量骤增。如在所考察的此期6种文献中，单用的"要$_3$"76见（其中包括专名用字4见），其中用于此义的24见，占本系统已知用例的33.33%，较前期增加了30个百分点，与"关键"义一起共享着"要$_3$"主导义位的殊荣。其演变层次可以见表7.72：

表7.72　　　　　　　　　　中古汉语时期"要$_3$"主导义位演变层次

时段	东汉至东晋	南北朝至隋代
主导义位	关键	关键＞应当

7.5.2.3　近代汉语"要$_3$"义位系统中的主导义位

　　"要$_3$"义位系统各成员在近代汉语时期的使用情况，我们同样抽查了此期部分文献，详见表7.73：

表7.73　　　　　27种唐代至清代文献中"要₃"各义位使用情况分析

文献义位		白	王	金	教	入	唐	祖	五	朱	朝	话	小	南	元[①]	原	水	训[②]	朴	西	金	明	儒	红$_1$	红$_2$	新	通	侠	总计	占本系统比例(%)
簿书	单										1																1		2	0.02
	连										1																	0	1	
关键	单	3		2	5		1	5	48	28	0	0		6	0	0	0	0	0	3	1	0	1	5	1	0	0	4	113	1.15
	连	1		0	8		10	37	89	100	7	1		14	1	1	7	1	1	17	8	8	32	81	45	1	2	143	615	
权柄	单																													
	连																													
少	单							6	13																				19	0.19
	连							1	0																				1	
扼守	单																													
	连																													
讨	单				14		1	5	1	5	3			2	15	5	5	8	9	54	24	16	53	145	29	9	12	107	522	5.32
	连				0										1								1	5	4	0		13	25	
想要	单		1	2	125	11	7	67	254	236	54	61	6	8	44	15	238	62	31	737	193	180	651	866	621	86	85	775	5416	55.19
	连		0	0	2	0	0	3	22	19	4	10	1	1	22	2	31	4	8	29	24	8	17	59	15	3	9	19	312	
使	单				1		1	1	7	2							6	2	1	10	2	4	12	16	12		1	11	77	0.78
	连				0		0	0	0	0							0	0	0	0	0	0	1	2	0		0	2	5	
得当	单				0		0																						0	
	连				1		1																						2	
应当	单	3	0	3	116	3	1	24	61	416	20	30	7	26	21	3	94	10	23	394	110	119	328	338	192	30	58	460	2890	29.45
	连	0	1	0	15		1			6	23	108	10	1			39	13	15	64	44	82	2	6				173	626	
总之	单				0		1	1						2										1	1				6	0.06
	连				2		0							1										0	0				5	
将要	单				2			8	7		7	1	1	3		12	2	1		60	14	13	117	63	81	1	9	112	514	5.24
	连				0			1	0		0	0	0	0		0	0	0		1	0	0	1	2	3	0	0	2	10	
估计	单																													
	连																													
如果	单														2[③]	2				24	1		21	97	39			57	243	2.48
	连														0	0				0	0		4	20	13			13	50	
要么	单																			6				5	1				12	0.12
	连																			0				0	0					
关切	单																													
	连																													
其他				1			1	7															15						24	

---

①　《新校元刊杂剧三十种》中将唱词部分与宾白部分分开统计，此列数据为唱词部分的统计结果。宾白部分的结果为：要（想要）：1（单：1连0）。

②　《训世评话》文言部分与白话部分分开统计，此为白话部分的统计结果。文言部分的结果为：要（想要）：1（单：1连0）

③　该义项《大词典》首引《红楼梦》书例，偏晚，可提前，如宫天挺《死生交范张鸡黍》第四折："要不坏了官人勾当，关节的令史应当，安排个总领承当。"

比之于中古汉语时期，此期"要₃"义位系统出现了如下变化：一是新成员的增加。据所掌握的文献资料来看，中古时期"要₃"义位系统的成员有 9 个，此期又新添了"将要"、"如果"和"要么"三个义位，壮大了队伍构成。二是在有些义位上，"要₃"有语素化的倾向。如"关键"义和"得当"义，前者在我们所调查的文献中共出现 728 次，其中以语素形式出现的有615 次，占了总用例数的 84.48%；后者共出现 2 次，均以语素的形式出现。三是随着"意欲"概念场主导词"欲"让位于"要"，"要₃"义位系统主导义位格局也由前期的"应当"义与"关键"义竞争变为此期的"应当"义与"想要"义竞争。如在我们所考察的此期 27 种文献中，"要₃"共出现 11178次，单用的 9838 次（其中包括专名用字 24 次），它们分布于 12 个义位（具体数据见表 7.73）。在单用的 9814 次中，用于"想要"义的 5416 次，用于"应当"义的 2890 次，二者分别以占本系统已知用例的 55.19% 与 29.45%分列第一和第二位。就此我们可以推测出，此期"要₃"义位系统的主导义位当为"想要"义。

7.5.2.4　小结

先秦至清代，"要₃"义位系统主导义位经历了两次变换三个层次的变化，具体为：先秦至东晋其主导义位为"关键"义；南北朝至隋代则变为"关键"义与"应当"义；唐代至清代则变换为"想要"义。该变化可见表 7.74：

表7.74　　　　　　　　古代汉语时期"要₃"主导义位演变层次

时段	先秦至东晋	南北朝至隋代	唐代至清代
主导义位	关键	关键＞应当	想要

7.6　主导义位及主导词有关问题探讨

7.6.1　主导义位演变的类型

由于词义现象纷繁复杂，归纳类型实属不易。有的义位在系统中优势明显，有的优势不显。对优势的判断往往会因人而异，如在"愁"义位系统中，战国至西汉，"忧愁"义用例以占整个义位系统已知用例的 95% 高居系统首位，据此断定"忧愁"义为此期"愁"义位系统的主导义位当无疑议。明清时期，"忧愁"义的用例与"忧虑"义的用例以分占整个义位系统已知用例的57.11%与42.34%分居第一、二位。面对明清组统计数据，有人认为此期"愁"的主导义位仍只有"忧愁"义一个；有人认为尽管此期"忧愁"义的用例在数量上要多于"忧虑"义的用例，但二者差距不大，足以形成抗衡，因此二者都应是"愁"义位系统中的主导义位。对于诸如此类的错综复杂，我们只能就其大势，尽量兼顾细节，主要依据占义位系统已知用例比例最高者的义位的变化来归纳，以总结其演变的可能类型，以期能为主导义位演变历史的研究作一点有益的尝试。

1.A—B—C—D……型

所谓A—B—C—D……型是指在义位系统演变的历程中，主导义位经历了由A变换为B，再由B变换为C，又由C变换为D，依此类推的直线型变化。其间有一次变化者，如前举"虑""念""猜"与"要₃"主导义位的演变均历经了两次变化。在"虑"义位系统的演变中"思考"义与"忧虑"义先后经历了"易位"①：春秋至东汉，"思考"义用例以占整个义位系统已知用例的72.04%独居"虑"的主导义位宝座；魏晋至清代，"忧虑"义用例则以占该义位系统已知用例的60.75%取得主导义位资格；在"念"义位系统的演变中"思考"义与"诵读"义的主次先后变易，先秦至东汉，"思考"义用例以占本义位系统已知用例的41.11%位居本系统的首位；唐代至清代，"诵读"义则以占该系统已知用例的55.48%取得主导义位的资格。"猜"义位系统的演变中"怀疑"义与"揣测"义的主次先后易位：战国至五代，"怀疑"义的用例以占整个义位系统已知用例的67.38%独处"猜"主导义位的交椅；宋元明清时期，"揣测"义用例则以占该义位系统已知用例的96.03%独享"猜"主导义位的荣耀。"要₃"义位系统的演变中"关键"义与"想要"义的主次先后变易：先秦至隋代，"关键"义以占该系统已知用例的77.96%高居榜首；唐代至清代，"想要"义则以占本系统已知用例的57.19%夺得主导义位

① 词位中的义位易位，就是义位的主次（核心和非核心）位置变易，或常用、罕用的位置变易。[张志毅、张庆云：《词汇语义学》（修订本），商务印书馆2005年版，第2003页]

的宝座；①有两次变化者，如前举"患""意""想"主导义位的演变即属于此种类型。在"患"义位系统的演变中，"忧虑"义、"祸患"义与"生病"义的主次先后历经了易主：春秋至战国前期，"忧虑"义用例以占整个义位系统已知用例的 65.49% 高居"患"义位系统首位；战国中期至元代，"祸患"义用例以占整个义位系统已知用例的 50.68% 取代"忧虑"义的榜首位置；明清时期，"生病"义用例以占该义位系统已知用例的 56.25% 取代"祸患"义的榜首位置；在"意"义位系统的演变中，"意料"义、"意志"义与"意思"义的主次先后变更：春秋至战国中期，"意料"义的用例以占整个义位系统已知用例的 50% 位居系统首位；战国后期至隋代，"意志"义用例以占该义位系统已知用例的 48.43% 替代了"意料"义的榜首位置；唐宋元明清时期，"意思"义用例以占该义位系统已知用例的 60.4% 取代了"意志"义的榜首位置；在"想"义位系统的演变中，"想象"义、"料想"义及"思考"义的核心和非核心位置亦先后经历了变易：战国至东汉，"想象"义用例以占整个义位系统已知用例的 40.91% 位居系统核心；魏晋至宋代，"料想"义用例以占本义位系统已知用例的 56.70% 取代"想象"义的核心位置；元明清时期，"思考"义用例以占该义位系统已知用例的 41.56% 取代"料想"义的核心位置②；有

---

①　"虑"的统计数据来源于表 7.15、表 7.16 及表 7.17，在所考的 15 种春秋至东汉文献中，除人名等用字的 36 例外，单用的"虑"有 211 例，其中用于"思考"义的 152 例；在所查的 38 种魏晋至清代文献，单用的"虑"共 265 见，其中用于"忧虑"义的 161 见。"念"的统计数据来源于表 7.29、表 7.30 和表 7.31，在所考的 20 种先秦至隋代文献中，单用的"念"418 见（其中包括专名用字 2 见），用于"思考"义的 171 见；在所察的 22 种唐代至清代文献中，单用的"念"1600 见（其中包括专名用字 77 见），用于"诵读"义的 845 见。"猜"的统计数据来源于表 7.60、表 7.61 及表 7.62，所考的 34 种战国至五代文献中，单用的"猜"72 见（包括反切上字 1 例），用于"怀疑"义的 47 见；所查的 16 种宋元明清文献中，单用的"猜"共 249 见（包括物名 1 例），用于"揣测"义的 242 见。"要₃"的统计数据来源于表 7.70、表 7.71 和表 7.73，所考的 21 种先秦至隋代文献中，单用的"要₃"共 390 见（其中包括专名用字 18 见），用于"关键"义的 290 见；在所察的 27 种唐代至清代文献中，单用的"要₃"共 9838 见（其中包括专名用字 24 见），用于"想要"义的 5416 见。

②　"患"的统计数据来源于表 7.1、表 7.3 及表 7.5、在所考 3 种春秋至战国前期文献中，单用的"患"共 113 见，其中用于"忧虑"义的 74 见；在所查的 46 种战国中期至元代文献中，单用的"患"共 1464 见，其中用于"祸患"义的 742 见；在所查的 14 种明清文献中，单用的"患"共 48 见，其中用于"生病"义的 27 见。"意"的统计数据来源于表 7.42、表 7.44 及表 7.46，在所

三次变化者，如"度₁"：先秦时期，"法度"义用例以占本义位系统已知用例的 55.55% 位居其系统首位；西汉至晋代，"过江湖"义用例以占本义位系统已知用例的 27.17% 取代"法度"义的榜首位置；南北朝至五代，"离俗出生死"义用例又以占本义位系统已知用例的 31.69% 取代"过江湖"义的榜首位置；宋代至清代，"泛指过"义用例又以占本义位系统已知用例的 37.53% 取代"离俗出生死"义的榜首位置。下面简要论述其主次的变易过程。

先秦时期"度₁"义位系统中的主导义位为"法度"义，如表 7.75 所示，在所考的此期 7 种文献中，"度₁"共 133 见（其中包括人名用字 1 例），其中单用的 63 见，它们分布于"计量标准"等 6 个义位（各义位出现的具体次数及所占本系统比例详见表 7.75）。在单用的 63 见中，用于"法度"义的就 35 见，以占本义位系统已知用例的 55.55% 高居系统首位。

表7.75　　　　　　　7种先秦文献中"度₁"各义位使用情况分析

义位		诗	论	左	孟	韩	吕	战	总计	占本系统比例（%）
计量标准	单	0	0	2	5	2	0		9	14.29
	连		1	2	0	2	3	1	9	
程度	单	0		1			3	1	5	7.94
	连	2		4			3	0	9	
法度	单	0		14	1	14	5	1	35	55.55
	连	1		8	0	28	7	2	46	
师法	单			1		1			2	3.17
	连			0		0			0	

（接上页）考的 4 种春秋至战国中期文献中，单用的"意"共 32 见（其中包括人名等用字 28 见），其中用于"意料"义的 2 见；在所察的 29 种战国后期至隋代的文献中，单用的"意"共 2728 见（其中包括人名等用字 217 见），其中用于"意志"义的 1216 见；在所考的 26 种唐宋元明清文献中，单用的"意"共 2995 见（其中包括人名等用字 321 见），其中用于"意思"义的 1615 见。"想"的统计数据来源于表 7.36、表 7.37 及表 7.39，在所抽样的 18 种战国至东汉文献中，单用的"想"共 44 见，其中用于"想象"义的 18 见；在所调查的 21 种魏晋至宋代文献中，单用的"想"共 458 见（其中包括其他用字 10 见），其中用于"料想"义的 254 见；在所考的 17 种元明清文献中，单用的"想"共 3413 见（其中包括人名用字 1 例），其中用于"思考"义的 1418 见。

续表

义位	文献	诗	论	左	孟	韩	吕	战	总计	占本系统比例（%）
胸襟	单			0			0		0	
	连			1			2		3	
合乎法度①	单	1		5		1			9	14.29
	连	0		2		0			2	
过江湖	单						1②	2	3	4.76
	连							0	0	0
闭③	单									
	连									
殳④	单									
	连									
其他							1		1	

　　两汉魏晋时期，随着新成员"计量单位"义、"离俗出生死"义、"次"义及"泛指过"义的加盟，"度₁"义位系统的主导义位格局也随之出现了变化，具体表现为："过江湖"义使用数量大增，取代"法度"义的榜首位置，一改先秦时期"法度"义的独尊局面。如表 7.76 所示，在所考察的 10 种两汉魏晋文献中，"度₁"共 1177 见（其中包括人名等用字 143 例），其中单用的 449 见，它们分列于"计量标准"等 11 个义位（各义位出现的次数及比例详见表 7.76）。在单用的 449 见中，用于"过江湖"义的 113 见，占本义位系统已知用例的 27.17%，较先秦时期上升了 20 多个百分点，取代"法度"义（所考 10 种两汉魏晋文献中，单用的"法度"义 70 见）的榜首位置，与"法度"义一起分享此期"度₁"义位系统中的主导义位荣耀。

---

　　① "度₁"之该义位《大词典》未收释（3/1223），今从《大字典》（第 880 页）。

　　② 该义位《大词典》首引《汉书·贾谊传》（3/1223），《大字典》首引贾谊《治安策》书例（第 881 页），稍嫌晚。如《吕氏春秋·异宝》："过于荆，至江上，欲涉，见一丈人，刺小船，方将渔，从而请焉。丈人度之，绝江。"

　　③ 此义位在我们所抽样的文献中未见，我们扩大了检索范围，其在此期的文献中已见，如《书·盘庚》："自今至于后日，各恭尔事，齐乃位，度乃口。"但见次率不高，故其未见于我们所抽样的文献不太会影响我们对"度₁"义位系统中主导义位的判断。

　　④ 该义位在我们所抽样的文献中未见，我们扩大了检索范围，其在此期的文献中已见，如《周礼·地官·司市》："凡市入，则胥执鞭度。"郑玄注："度，谓殳也。"但例不多见。

表7.76　　　　　　　　　10种两汉魏晋文献中"度₁"各义位使用情况分析

义位	单/连	史	淮	盐	衡	太	汉①	抱	三	法	华	总计	占本系统比例（%）
计量标准	单	26	20		1		7	1				55	12.25
	连	9	14		2		5	0				30	
计量单位	单	2			19	3	10	2				36	8.02
	连	1			8	0	12	1				22	
程度	单	7	9	1	1	7	10	1	2		0	38	8.47
	连	8	4	1	5	3②	32	2	7		1	63	
法度	单	15	17	3	0	7	26	0	2		0	70	15.59
	连	37	25	7	29	51	145	2	52		2	350	
师法	单						2					2	0.44
	连						0					0	
胸襟	单	1			0		0	1	5		1	8	1.78
	连	3		1			6	3	14③		0	27	
合乎法度	单	2					0		0			2	0.44
	连	0					5		24			29	
过江湖	单	33	4		3		63		3	5	2	113	27.17
	连	0	0		0		1		0	0		1	
泛指过	单	7		1	1	3	19	5	6	10		54	12.03
	连	0		0	14	0	2	16				16	
离俗出生死④	单					58		1		9		69	15.37
	连					47		0		0		47	
次	单						1⑤				1	2	0.44
	连						0				0	0	
诞生⑥	单												
	连												

---

①　该书卷二一《律历志第一下》及卷二七《五行志第七下》共有162例"度"介绍天文历法，未计入。

②　其中有1例为"期""度"连言。"期度"之"预计期限"义《大词典》首引三国魏阮籍诗例（6/1307），偏晚。如《太平经·丙部之十一·起土出书诀》："不知人人有过于天地，前后相承负，后生者得并灾到，无复天命，死生无期度也。"

③　其中"德度"2例，"德度"之"道德气度"义《大词典》首引宋代例（3/1073），偏晚。如《三国志·魏志·贾诩传》："诩曰：'愿将军恢崇德度，躬素士之业，朝夕孜孜，不违子道。'"

④　此"离俗出生死"既包括佛教的使人出家，也包括道教的修炼成仙。

⑤　该义位《大词典》（3/1223）及《大字典》（第881页）首引唐代例，偏晚，如《汉书·五行志下》："象数度放溢，妄以相予，违忤民心之应也。"

⑥　此义位在我们抽样的文献中未见用例，我们扩大了检索范围，它在此期已见用，如《楚

续表

义位＼文献		史	淮	盐	衡	太	汉	抱	三	法	华	总计	占本系统比例（%）
连枷①	单												
	连												
打算②	单												
	连												
其他		11			2				82		48	143	

南北朝至五代，随着"授与"义、"改"义及"作曲"义等五个新成员的加入及某些旧有成员使用的增加，"度₁"义位系统中的主导义位格局与前期又呈现出不同，具体表现为："离俗出生死"义及"次"义用例的增加，替代"泛指过义"及"法度"义的主导义位资格。如表 7.77 所示，在所考察的 12 种南北朝至五代文献中，"度₁"共出现 793 次（其中包括人名等用字 220 次），其中单用的 344 次，它们分列于 12 个义位（各成员的出现次数及比例详见表 7.77）。在单用的 344 次中，用于"离俗出生死"义的 109 次，占本义位系统已知用例的 31.69%，较之于两汉至魏晋时期上升了 16 个多百分点；用于"次"义的 88 次，占该义位系统已知用例的 25.58%，比之于前期上升了 25 个多百分点，二者以占本义位系统已知用例的 57.27% 分居系统第一、二位，取代西汉至魏晋时期"过江湖义"与"法度"义的主导义位位置，成为此期"度₁"义位系统中的主导义位。此期，"过江湖"义使用数量的骤减或许与"度₁"的后起分化字"渡"的使用的增多有关③，"法度"义用例的大幅度下降或许与两汉以来词语复音化进程的加速有关。

（接上页）辞·离骚》："皇览揆余初度兮，肇锡余以嘉名。"但见次率不高。

①　此义位在我们抽样的文献中亦未见用，我们扩大了检索范围，此期辞书已载，如《方言》第五："佥，宋魏之间谓之櫑殳，或谓之度。"

②　此义位未见于我们所抽样的文献，我们扩大了检索范围，此义位的出现当不晚于东汉，如《东观汉记·光武帝纪》："天下悉定，惟独公孙述隗嚣未平。帝曰：'取此两子置度外。'"

③　据贾燕子考察，西汉始，"渡河"概念域中"渡"的用例大增，到近代汉语时期获得本概念场主导词词资格（《"涉""济""渡"词化模式及词义的历时演变》，《宁夏大学学报》（人文社会科学版）2013 年第 6 期）。

表7.77　　　　　　　12种南北朝至五代文献中"度₁"各义位使用情况分析

义位	单/连	世	书①	齐②	洛	颜	白	王	金	敦	入	唐	祖	总计	占本系统比例（%）
计量标准	单		1		2								0	3	0.87
	连		0		0								1	1	
计量单位	单	1	7	1	0									9	2.62
	连	0	2	0	1									3	
程度	单		2	6	0	0			0	0	0		1	9	2.62
	连		6	0	1	2			1	1	1		0	12	
法度	单	0	8		0	1			1	1	0	0	1	12	3.49
	连	1	46	1	1	6	1		0	3	1	5	1	66	
胸襟	单	1	0		1				0				0	2	0.58
	连	1	4		2				1				1	9	
过江湖	单	5		2		0	1			8			2	18	7.33
	连	0		0		1	0			35			38③	74	
泛指过	单	2		12	9	12	5		22	2	2		8	74	21.51
	连	0		0		0	0	0	2	0	0			2	
离俗出生死	单		3						2	59	0	3	42	109	31.69
	连		0						1	19	1	0	7	28	
次	单		2	20			2	2		23	11	3	23	88	25.58
	连		0	3			0	0	0	11	12④	2	2	30	
句读	单											0		0	
	连											1		1	
授与	单									8				8	2.32
	连									0				0	
打算	单		0			0								0	
	连		1			1								2	
作曲	单					0								0	
	连					1								1	
改	单		10											10	2.91
	连		0											0	

---

① 该文另有1例通"镀"的"度₁"。

② "杂说"部分有1例单用于"程度"义的"度₁"未计入。

③ 其中有1例"自"、"度"连言,"自度"之"济渡自身,超越苦难"义《大词典》首引康有为书例,偏晚（8/1322）。如《祖堂集》卷三"懒瓒":"若欲度众生,无过且自度。"

④ 其中包括6例"数""度"连言,"数度"之"几次"义《大词典》首引明代例,偏晚（5/509）。如《入唐求法巡礼行记》卷一:"疲〔鸟〕信宿不去,或时西飞二三,又更还居,如斯数度。"

续表

义位＼文献		世	书	齐	洛	颜	白	王	金	敦	入	唐	祖	总计	占本系统比例（%）
闭	单									2①				2	0.58
	连									0				0	
能点断句读②	单														
	连														
其他		9	105						7	21	44	17	17	220	

　　宋元明清时期，"度$_1$"义位系统中的主导义位格局在承继南北朝至唐五代的基础上出现了新变化，具体表现为"泛指过"义的"度$_1$"的使用大增，取代"次"义的主导义位位置。如表 7.78 所示，在所考的 18 种宋元明清文献中，"度$_1$"共 1343 见（其中包括人名等用字 191 见），其中单用的 445 见，它们分布于 12 个义位（各义位的出现次数及比率详见表 7.78）。在单用的 445 见中，用于此义的 167 见，占整个义位系统已知用例的 37.53%，比前期上升了 16 个多百分点，由前期的第三位跃居为第一位，替换"次"义，成为此期"度$_1$"义位系统中的主导义位之一。

表7.78　　　　　　　18种宋代至清代文献中"度$_1$"各义位使用情况分析

义位＼文献		五	朱③	朝	小	南	元	原	水	训④	朴	西	金	明	儒	红$_1$	红$_2$	通	侠	总计	占本系统比例（%）
计量标准	单		8																	8	1.80
	连		1																	1	
计量单位	单	1	13			1	0													16	3.60
	连	0	5			3	1						2							11	

---

　　① 此 2 例"度"分别为"道安备（被）难，度（杜）口无词，耻见相公，羞看四众。"（《敦煌变文校注·庐山远公话》）及"陈王备侧（被责），度（杜）口无词。"（又《韩擒虎话本》）项楚先生《敦煌变文选注》（上）将后一例的"度"径改为"杜"（中华书局 2006 年版，第 417 页）。按，"度"本有"闭"的意思，辞书已释，恕不赘举，例中"度"无需改成"杜"。

　　② 该义位在我们抽样的文献中未见用例，我们扩大了检索范围，此义的出现当不晚于唐代，如《隋书·李德林传》："（德林）年数岁，诵左思《蜀都赋》，十余日便度。"

　　③ 卷二《理气下·天地下》有 109 例"度"用于介绍各星宿所居的位置，为"按一定计量标准划分的单位"义，未计入。

　　④ 此文中"度$_1$"共出现 3 次，其中 2 次为引用原文，未计入。

续表

义位		五	朱	朝	小	南	元	原	水	训	朴	西	金	明	儒	红₁	红₂	通	侠	总计	占本系统比例(%)
程度	单	0	2			0	1		0			1	0			1	0		1	6	1.35
	连	1	12			1	0		2			0	12			9	3		6	46	
法度	单	1	13	0		1	0	1	0			3	0			0	0		0	19	4.27
	连	6	209	2		33	1	1	23		1/4	4	3		3	4	3		7	300/4	
胸襟	单	0	1	0		0	0		0			0	0			0	0		0	1	0.22
	连	5	18	3		5	5		3			1	2			1	3		15	61	
过江湖	单	9	1			4			1			1				1	1			18	4.05
	连	64	2			0			2			4				0	0			72	
泛指过	单	49	7		5	4	7		17			52	9	2		13	0	1	0	167	37.53
	连	3	10		0	2	0		19			13	19	1	9	7	2	0	13	99	
离俗出生死	单	81	4			1	8				1	1	10			0	3		1	111	24.94
	连	15	0			1	1		28			16	10			3	3		0	77	
次	单	44	2		2	8	3					6	5	1	1					72	16.18
	连	12	2		0	0	3					2	7	0	0					26	
授与	单	13	1			1	1		4			2								22	4.94
	连	0	0			0	0		0			0								0	
打算	单		1													0				1	0.22
	连		5													3				8	
作曲	单					0							0							0	
	连					1							1							2	
感化①	单								2				2							4	0.90
	连						0						0							0	
其他		52	51	4			5		48	1			4	4		9	13			191	

根据上面的调查结果来看，在整个古代汉语历史上，"度₁"义位系统中的主导义位经历了四个层次的变化。其主次易位的过程见表7.79：

表7.79　　　　　　　古代汉语时期"度₁"主导义位演变层次

时段	先秦	两汉魏晋	南北朝至五代	宋元明清
主导义位	法度	过江湖＞法度	离俗出生死＞次	泛指过＞离俗出生死

2.A—B—A型

所谓A—B—A型是指在主导义位演变的历程中，经历了由A变换

---

① 参见许少峰编《近代汉语词典》"度"条（团结出版社1997年版，第488页）。

为 B，再由 B 回归为 A 的螺旋上升型变化。如前举"忧""思"与"忆"主导义位的演变即属此种类型。在"忧"义位系统的演变中，"忧愁"义与"忧虑"义处于此消彼长的竞争中，春秋至战国中期，"忧愁"义的用例以占整个义位系统已知用例的 62.35% 高居系统首位；战国后期至隋代，"忧虑"义的用例以占本系统已知用例的 51.88% 取代"忧愁"义的榜首位置；唐代至清代，"忧愁"义的用例又以占该系统已知用例的 59.74% 回归系统首位。在"思"义位系统的演变中，"思考"义与"怀念"义处于此进我退的争竞中，先秦时期，"思考"义用例以约占本义位系统已知用例的 43.21% 位居系统首位；西汉时期，"怀念"义用例以占该义位系统已知用例的 44.15% 跃居系统首位；东汉至清代，"思考"义用例又以占本义位系统已知用例的 46.93% 回归系统首位。在"忆"义位系统的演变中，"回忆"义与"思念"义处在此消彼长的竞争中，战国至隋代，"回忆"义用例以占整个系统已知用例的 45.45% 位居榜首；唐宋时期，"思念"义用例以占整个系统已知用例的 60% 跃居首位；元明清时期，"回忆"义用例又以占本系统已知用例的 44.23% 回归榜首。[①] 类似的例子还有"揆"，春秋至东汉，"度量"义用例以占本义位系统已知用例的 43.75% 位居系统首位；魏晋至宋代，"揣度"义用例以占本义位系统已知用例的 42.86% 取代"度量"义的榜首位置；元明清时期，"度量"义用例又以占本义位系统已知用例的 60.27% 回归系统首位。下面概要分析其主次变更过程。

---

① "忧"的统计数据来源于表 7.8、表 7.10 及表 7.12，在所考的 4 种春秋至战国中期文献中，单用的"忧"共 162 见，其中用于"忧愁"义的 101 见；在所察的 27 种战国后期至隋代文献中，单用的"忧"共 1041 见（其中包括人名等用字 83 见），用于"忧虑"义的 497 见；在所抽样的 29 种唐代至清代文献中，单用的"忧"共 538 见（其中包括人名等用字 9 见），用于"忧愁"义的 316 见。"思"的统计数据来源于表 7.23、表 7.25 及表 7.27，在所抽查的 7 种先秦文献中，单用的"思"共 246 见（其中包括人名等用字 40 见），用于"思考"义的 89 见；在所抽样的 4 种西汉文献中，单用的"思"共 179 见（其中包括人名等用字 25 见），用于"怀念"义的 68 见；在所查考的 49 种东汉至清代文献中，单用的"思"共 2359 见（其中包括人名等用字 614 见），用于"思考"义的 819 见。"忆"的统计数据来源于表 7.33 与表 7.34，在所考察的 16 种战国至隋代文献中，单用的"忆"共 166 见（其中包括专名用字 1 例），用于"回忆"义的 75 例；在所调查的 10 种唐宋文献中，单用的"忆"共 175 见，用于"思念"义的 105 见；在所调研的 12 元明清文献中，单用的"忆"共 52 见，用于"回忆"义的 23 见。

春秋至东汉，"揆"义位系统的主导义位为"度量"义与"揣度"义。如表 7.80 所示，在所考的此期 20 种文献中，"揆"共 86 见（其中包括记音字 1 例），其中单用的 64 见，它们分列于 5 个义位（各义位出现的次数及所占系统比例详参表 7.80）。在单用的 64 例中，用于"度量"义的 28 例，占整个义位系统已知用例的 43.75%；用于"揣度"义的 22 例，占本义位系统已知用例的 34.38%，二者以占本义位系统已知用例的 78.13% 分居第一、二位，共享此期"揆"义位系统中的主导义位殊荣。需提及的是，尽管此期"揆"之"揣度"义用例不及其"度量"义多，但分布范围要较其广，如表 7.80 所示，前者分见于 13 种文献，后者分见于 10 种文献。分布范围的广泛为其日后榜首位置的取得奠定了基础。

表7.80　　　　　20种春秋至东汉文献中"揆"各义位使用情况分析

义位		周	诗	左	孟	韩	吕	战	管	外	苑	经	史	淮	戴	新₂	衡	虎	风	汉	译	总计	占本系统比例(%)
度量	单			2	2			2			3	2			4					10	3	28	43.75
	连			0	0			0			0	0			0					1	0	1	
揣度	单	1	1		1	1		2	0		1		1	1	1	1	1	2		8	0	22	34.38
	连	0	0		0	2		0	3		0		2	2	2	1	1	2		2	1	18	
道理	单			1	3		1				1		1						1	2		9	14.06
	连			0	0													0	0			0	
事务	单			0																		0	
	连			2																		2	
管理	单			1								1	2									4	6.25
	连			0								0	0									0	
破	单						1															1	1.56
	连						0															0	
其他													1									1	

魏晋至宋代，"揆"义位系统的主导义位尽管仍为"度量"义与"揣度"义，但后者多于前者。如表 7.81 所示，在所考的 30 种魏晋至宋代文献中，"揆"共 278 见（其中包括人名等用字 59 例），其中单用的共 70 见，它们分布于"指宰相或相当于宰相之职"义等 5 个义位（各义位出现的具体次数及所占系统比例详见表 7.81）。在单用的 70 见中，用于"度量"义的 23 见，占本义位系统已知用例的 32.86%；用于"揣度"义的 30 见，占

本义位系统已知用例的 42.86%；二者的差距由先秦两汉时前者较后者上升 9 个多百分点（所考 20 种春秋至东汉文献中，"度量"义用例占词义系统已知用例的 43.75%；"揣度"义用例占词义系统已知用例的 34.38%）变成了此期的后者较前者上升 10 个百分点。

表7.81[1]　　　　　　　30种魏晋至宋代文献中"揆"各义位使用情况分析

文献／义位		三	华	世	书	雕	注	殷	颜	译[2]	白	晋	隋	周	敦	唐	旧	五	朱	容	新[3]	总计	占本系统比例（%）
度量	单	4	1		1	1	1			6	1	2	4			1		1				23	32.86
	连	0	0		2	1	0			0	0	0	3			0		0				6	
揣度	单	8		1	4		1	1		3		2	1	1		3		2	1		2	30	42.86
	连	1		0	1			0		0		1	0	0				2	0	1		6	
道理	单	1	0		0	1				1		3	2	1		2	0	0			2	13	18.57
	连	2	2		8	2					5	3	0		0	1	1	3				27	
事务	单	0	2																			2	2.86
	连	2	0		4						7											14	
官位	单	0		0	1	0		0	0	0		0	0	0		0	0	0		0	0		2.86
	连	2		1	4	1		1	1	3		14	24	7	1	1	18		11	1	3	93	
其他			4													1	51	3				59	

元明清时期，"度量"义的使用激增，取代魏晋至宋代时"揣度"义的榜首位置，回归先秦两汉时的格局。如表 7.82 所示，在所考的此期 13 种文献中，"揆"共 216 见（其中包括人名等用字 85 次），其中单用的 73 见，它们分列于 5 个义位（各义位出现的具体次数及所占系统比例详参表 7.82）。单用的 73 见，用于"度量"义的就 44 见，占据整个义位系统已知用例的 60.27%，较之于魏晋至宋代上升了 27 个多百分点，回归系统首位。

---

[1]　《晋书》《隋书》《周书》《新唐书》的统计分为原始资料和其他资料两部分进行，因两部分资料所反映的各自时段在我们所考查的时间跨度内，为简化表格，未分列，特别说明。

[2]　南北朝隋译经 11 种（记为译，具体为《佛说佛大僧大经》《无量义经》《大方等大集经》《摄大乘论》《摄大乘论释》《大乘起信论》《法华玄论》《无量寿经义疏》《大般涅盘经义义》《大般涅盘经疏》《摩诃止观》），《晋书》《隋书》《周书》《旧唐书》《新唐书》只考察了列传部分。

表7.82① 　　　　　　　　13种元代至清代文献中"揆"各义位使用情况分析

义位		南	元	宋1b②	元1	七	聊	明1	红1	义	镜	月	醒	稿	总计	占本系统比例（%）
度量	单	1		4	5			14		4	1	4		11	44	60.27
	连	0		1	0			0		0	0	0		3	4	
揣度	单			2	0	0	1	1	1	1	2			10	18	24.66
	连			1	1	1	0	1	0	0	0			5	9	
道理	单			3	1			0		1				1	6	8.22
	连			8	0			3		0				2	13	
事务	单		0												0	
	连		1	1											2	
管理	单			1										0	1	1.37
	连			0										1	1	
官位	单			2	0			1					1	0	4	5.48
	连			6	1			16					0	5	29	
其他				26	3	1		10						45	85	

就上面的统计分析来看，先秦至清代，"揆"义位系统中的主次变更主要在"度量"义与"揣度"义之间进行，呈现周复性的特点。其变更历程见表 7.83：

表7.83 　　　　　　　　古代汉语时期"揆"主导义位演变层次

时段	春秋至东汉	魏晋至宋代	元明清
主导义位	度量 > 揣度	揣度 > 度量	度量 > 揣度

3.A—B—A—B 型

所谓 A—B—A—B 型指的是在主导义位演变的历程中，经历了由 A 变换为 B，再由 B 回归为 A，又由 A 回复为 B 的变化。如前举"度2"主导义位的演变即属此种类型。先秦至清代，"度2"主导义位的演变主要表现为"丈量"义与"推测"义的较量：先秦时期，"丈量"义的用例以占义位系统已知用例的 42.62% 位于系统首位；西汉至隋时期，"推测"义的

---

① 《元史》及《明史》的统计分原始资料和其他资料两部分进行，因两部分资料所反映的各自时段在我们所考查的时间跨度内，为简化表格，未分列，特别说明。

② 《宋史》《元史》《明史》《清史稿》只考察了列传部分。

用例以占义位系统已知用例的 63.53% 取代"丈量"义的榜首位置；唐五代时期，"丈量"义的用例又以占该义位系统已知用例的 70.59% 取代"推测"义回归系统首位；宋元明清时期，"推测"义用例再以占该义位系统已知用例的 56.67% 回复系统首位，呈现回环往复的特点。①

4.A—A 型

所谓 A—A 型指的是在主导义位演变的历程中，成员 A 一直占据着整个义位系统的首位，只是不同时段其所占系统总额有所变化而已。如前举"愁""料""思惟""思量""欲"主导义位的演变即属此种类型。战国至清代，"忧愁"义的用例一直占据着"愁"义位系统已知用例的首位：战国至西汉，其所占为整个义位系统已知用例的 95%；东汉至隋，其所占为该系统已知用例的 82.48%；唐宋元明清时期，其所占为该系统已知用例的 60.77%。春秋至清代，"估量"义的用例一直位居"料"义位系统已知用例的榜首：先秦至西汉，它在整个义位系统已知用例中所占比例为 86.48%；东汉至隋，它在整个义位系统已知用例中所占比例为 38.16%；唐宋元明清时期，它在整个义位系统已知用例中所占比例为 56.23%。东汉至宋代，"思量"义用例以占"思惟"义位系统已知用例的 97.11% 高居首位。魏晋至清代，"考虑"义用例以占"思量"义位系统已知用例的 77.81% 位居首位。先秦至清代，"想要"义用例一直稳居"欲"义位系统的榜首：先秦至西汉，它在整个义位系统已知用例中所占的比例为 80.24%；东汉至隋代，它在整个义位系统已知用例中所占的比例为 72%；唐代至清代，它在整个义位系统已知用例中所占的比例为 76.06%②。

---

① "度₂"的统计数据来源于表 7.49、表 7.51 及表 7.52，在所考的 7 种先秦文献中，单用的"度₂"共 61 见，其中用于"丈量"义的 26 见；在所察的 26 种西汉至隋代文献中，单用的"度₂"共 170 见，其中用于"推测"义的 108 见；在所抽样的 7 种唐五代文献中，单用的"度₂"共 17 见，其中用于"丈量"义的 12 见；在所抽查的 13 种宋元明清文献中，单用的"度₂"共 90 见，其中用于"推测"义的 51 见。

② "愁"的统计数据来源于表 7.20、表 7.21 及表 7.22，在所考的 8 种战国至西汉文献中，单用的"愁"共 20 见，其中用于"忧愁"义的 19 见；在所察的 20 种东汉至隋文献中，单用的"愁"共 140 见（其中包括篇名用字 3 见），用于"忧愁"义的 113 见；在所抽样的 24 种唐代至清代文献中，单用的"愁"共 520 见（其中包括地名等用字 21 见），用于"忧愁"义的 316 见。"料"的统计数据来源于表 7.55、表 7.56 及表 7.57，在所考的 11 种先秦西汉文献中，单用的"料"共 37

7.6.2 主导义位与主导词的关系及相关问题

一个词形可以指称若干个概念，这些概念的集合即构成该词形的义位系统。词义系统中的成员有主次之分，概念场中的成员亦有主次之分，那么词义系统中的主导义位与概念场中的主导词是否有联系呢？答案是肯定的，有联系。

我们认为，主导义位是词在相关概念场中成为主导词的必要条件而非充分条件。以汉语史上"忧虑""思念""猜度""思谋""意欲"五概念场中部分成员为例，如"忧虑"义分别是"患""忧""虑""愁"在春秋至魏晋、先秦至清代、魏晋至清、明清时期的主导义位之一，四者主导"忧虑"概念场的时段分别为先秦至西汉、东汉至五代、宋元、明清；又如"思念"义分别是"思""念""忆"在先秦至东汉、魏晋至隋代、唐宋时期的主导义位之一，三者主导"思念"概念场的时段分别为先秦至东汉、魏晋至隋代、唐宋^①；再如"猜度"义分别是"意""度""料""猜"在春秋至战国中期、西汉至隋与宋元明清、战国至清、宋元明清时期的主导义位之一，四者引领"猜度"概念场的时段分别为先秦、西汉至隋、唐至明初、明中期至清末；又如"思考"义分别是"思""思惟""思量""想"在先秦至清、东汉至宋、魏晋至清、元明清时的主导义位之一，四者领导"思谋"概念场的时段分别为先秦至东汉、魏晋至隋、唐至元初、元明清。再如"意欲"概念分别是"欲""要"在先秦至清代、唐代至清代的主导义位，二者主宰"意欲"概念场的时段分别为先秦至唐代、五代至清代。从指称"忧虑""思念""猜度""思谋""意欲"5 个概念的主导词所指称

（接上页）见，其中用于"估量"义的 32 见；在所察的 18 种东汉至隋文献中，单用的"料"共 76 见，其中用于"估量"义的 29 见；在所抽样的 27 种唐代至清代文献中，单用的"料"共 313 见（其中包括物名等用字 21 例），用于"估量"义的 176 见。"思惟"的统计数据来源于表 7.64，在所考的 22 种东汉至宋代文献中，它共出现 693 次，其中用于"思量"义的 673 次。"思量"的统计数据来源于表 7.65，在所考的 30 种魏晋至清代文献中，它共出现 374 次，其中用于"考虑"义的 291 次。"欲"的统计数据来源于表 7.66、表 7.67 和表 7.68，在所考察的 10 种先秦至西汉文献中，单用的"欲"共 2712 见，其中用于"想要"义的 2176 见；在所调察的 15 种东汉至隋代文献中，单用的"欲"共 2525 见，用于"想要"义的 1818 见；在所抽样的 22 种唐代至清代文献中，单用的"欲"共 2464 见（其中包括专名用字 8 见），用于"想要"义的 1868 见。

① 这里的"想"是个例外，这或许与"想"之"思谋"义太强势有关。

的相关概念在各自义位系统中处于主导义位位置的持续时段与各自主导
相关概念场的时间跨度来看，一般而言，后者要么是前者历史长河中的一
段，如先秦至西汉"忧虑"概念场的主导词是"患"，"忧虑"义处于其义
位系统核心位置的时间则是先秦至魏晋，先秦至西汉是先秦至魏晋中的一
段；要么二者重合，如元明清时期"思谋"概念场的主导词是"想"，"思
索"义处于其义位系统核心位置的时间亦是元明清时期，二者吻合。"忧
虑""思念""猜度""思谋""意欲"五个概念场主导词的义位易位揭示出
了只有在系统中处于核心位置的义位才有可能成为相关概念场的主导词，
也即主导义位是主导词在相关概念场中成为主导词的必要条件。当然，主
导义位只为词形在相关概念场中成为主导词提供可能，而非必然，如指
称"猜度"概念的"揆""测""臆"，在各自义位系统的演变中，"猜度"
义均在不同历史时期成为三者的主导义位之一："揣度"义用例以占其义
位系统已知用例的 42.86% 成为魏晋至宋代"揆"义位系统的主导义位之
一；"猜度"义用例以占该义位系统已知用例的 47.83% 成为宋元明清时期
"测"义位系统的主导义位之一；"料想"义用例以占其义位系统已知用例
的 75% 成为清代"臆"义位系统的主导义位。但三者并未因此成为"猜
度"概念场的主导词；又如指称"思谋"概念的"忖""思考"义用例亦
曾以占义位系统已知用例的 85.96% 成为明清时期其义位统的主导义位，
但"忖"亦并未因此成为"思谋"概念场的主导词[1]。"猜度""思谋"概念

---

① 魏晋至宋代"揆"各义位使用分析参见表 7.81，"测""臆""忖"各义位的使用分析分别
参见表 7.84、表 7.85、表 7.86；

表7.84　　　　　　　18种宋元明清文献中"测"各义位使用情况分析

文献\义位		五	朱	朝	遗	南	散	戏	水	朴	西	金	明	儒	红₁	红₂	歧	儿	侠	总计	占本系统比例(%)
量度	单	2	8			1							0					1	12	8.70
	连	0	4			2							2					0	8	
猜度	单	14	20	0	1	0	2	0	2		3	0		0	0	6	4	1	13	66	47.83
	连	9	69	15	1	2	1	10	4		3	4		12	3	6	5	5	14	163	
知	单	24	7	1		4			1	2	1							2	42	30.44
	连	0	0															0	0	

场非主导词的义位易位说明了主导义位不是词形在相关概念场中成为主导词的充分条件。这就提示我们，探求制约主导词的动因应该更多地从系统

续表

文献＼义位		五	朱	朝	遗	南	散	戏	水	朴	西	金	明	儒	红₁	红₂	歧	儿	侠	总计	占本系统比例（%）
尽	单	2			1				1											4	2.90
	连	0			0				0											0	
深	单												3							3	2.17
	连												0							0	
清	单																	1		1	0.72
	连																	0		0	
点火	单												1							1	0.72
	连												0							0	
低声说话	单												9						0	9	6.52
	连												0					2			
其他			1																	1	

表7.85　　　　　　8种清代文献中"臆"各义位使用情况分析

文献＼义位		聊	明_{1b}	红₁	续	义	镜	稿	元_{2b}	总计	占本系统比例（%）
胸骨	单										
	连										
心间	单	1	1	0			0	0		2	25.0
	连	5	1	2				3	1	12	
意料	单	0	0		0	1	0	3	2	6	75.0
	连	2	10		12	4	2	23	3	56	
愤懑	单										
	连										
其他						1		10		11	

表7.86　　　　　14种明清文献中"忖"各义位使用情况分析

文献＼义位		水	元_{1b}	西	万	金	明₁	明	儒	红₁	红₂	续	义	侠	稿	总计	占本系统比例（%）
考虑	单	18	1	2	0	4	1	0	2	6	0	1		14		49	85.96
	连	3	0	7	1	0	0		1	1	13	1	1	19		47	
揣测	单	3				2				1			1		2	8	14.04
	连	1				1				3				0	1	6	
除	单																
	连																
掌握	单																
	连																

426

的角度着眼。所谓系统角度，主要有三个：一是考察义位在整个义位系统中所处的地位，二是考察相关概念在整个概念场中所占系统份额的大小，三是考察词形所承载语义负担的轻重。

第一个系统角度，前面已论，此不赘举。后两个角度亦是制约主导地位取得的关键因素，这里有几个个案可资证明。

如前所述，"猜度"义分别是"搋""测""臆"义位系统在魏晋至宋代、宋元明清、清代的主导义位之一，但三者并未成为"猜度"概念场的主导词；"思考"义是明清时期"忖"义位系统的主导义位，其亦未成为"思谋"概念场的主导词。究其原因，主要是各自在本概念场中所占的份额不多。如表 7.87、表 7.88 及表 7.89 所示，在所考的 19 种魏晋至宋代文献中，指称"猜度"概念的"搋"仅占此期本概念场已知用例的7.11%；在所察的 21 种宋元明清文献中，指称"猜度"概念的"测"只占此期本概念场已知用例的 10.68%，指称本概念的"臆"在所考文献中则未见用例；在所抽样的 12 种明清文献中，指称"思谋"概念的"忖"仅占此期本概念场已知用例的 2.48%。这四个例子说明：相关概念在整个概念场中所占份额大小亦是制约其能否取得该概念场主导词资格的关键因素之一。

表7.87　　　　　19种魏晋至宋代文献中"猜度"概念场部分成员单用情况调查

词项	抱	三	法	陶	世	书	齐	洛	颜	白	王	金	敦	入	唐	祖	五	朱	朝	总计	占本系统比例（%）
搋	0	8	0	0	1	4	0	1	0	0	0	0	0	0	0	0	0	2	0	16	7.11
意	1	3	0	1	0	3	0	0	1	0	0	0	0	0	2	0	3	16①	0	30	13.33
度	1	17	0	0	1	4	1	0	0	0	0	0	0	0	0	0	0	34	3	61	27.11
料	1	13	0	0	2	0	0	0	0	0	0	0	7	1	4	1	3	10	7	52	23.11
测	0	3	0	1	4	3	0	0	0	0	0	0	7	0	0	0	14	20	0	56	24.89
猜	0	0	0	0	0	0	0	0	0	0	0	0	2	0	0	1	2	3	1	9	4.0
臆	1	0	0	0	0	0	0	0	0	0	0	0	0	0	0	0	0	0	0	1	0.45

---

① 1 例为直接引用《论语·子罕》，39 例为对引用例的解释，属于间接引用，未计入。

表7.88　　　　　21种宋元明清文献中"猜度"概念场部分成员单用情况调查

词项＼文献用例数	五	朱	朝	小	南	元	原	水	训	乞	朴	西	金	明	儒	红$_1$	红$_2$	新	通	重	侠	总计	占本系统比例（%）
揆	0	2	0	0	0	0	0	0	0	0	0	0	0	0	0	0	1①	0	0	0	0	3	0.55
意	3	16②	0	0	0	6	0	0	1	0	0	0	0	1	0	0	0	0	0	0	0	28	7.16
度	0	34	3	0	5	0	0	0	0	0	0	1	0	5	0	0	0	0	0	0	0	49	9.02
料	3	10	7	1	7	2	0	20	1	0	2	25	16	8	2	31	15	1	1	1	9	162	29.84
测	14	20	0	0	0	0	0	2	0	0	3	0	0	0	6	0	0	0	0	0	13	58	10.68
猜	2	3	1	0	0	10③	0	37	0	0	12	26	51	9	6	64	4	0	12	0	6	243	44.75
臆	0	0	0	0	0	0	0	0	0	0	0	0	0	0	0	0	0	0	0	0	0	0	0

表7.89　　　　　12种明清文献中"思谋"概念场部分成员单用情况调查

词项＼文献用例数	水	训	朴	西	金	明	儒	红$_1$	红$_2$	新	通	侠	总计	占本系统比例（%）
思	10	0	0	19	7	4	2	37	5	1	0	30	115	6.20
想	69	2	2	89	30	9	95	418	338	4	4	333	1393	77.14
忖	18	0	0	2	4	0	6	0	0	0	0	14	46	2.48
思量	25	0	0	20	3	10	15	1	1	0	0	0	84	4.53
寻思	180	0	2	7	18	1	0	7	1	0	0	0	216	11.65

　　除了在概念场中所占份额大小外，词形所承载的语义负担轻重亦是制约主导词的关键因素之一。如"揣测"义一直是战国至清代"揣$_1$"④义位系统中的主导义位之一，但其始终未成为"猜度"概念场的主导词⑤。探其

───────────────

① 该例"揆"用于标题中。

② 1例为直接引用《论语·子罕》，39例为对引用例的解释，属于间接引用，未计入。

③ 该10例均出现在唱词中，此外宾白部分有4例"猜"亦用于本概念场，未计入。

④ 为行文的方便，我们把读音为"chuǎi"的"揣"记为"揣$_1$"，把读音为"duǒ"的"揣"记为"揣$_2$"，把读音为"zhuī"的记为"揣$_3$"，把读音为"tuán"的"揣"记为"揣$_4$"，把读音为"chuāi"的记为"揣$_5$"，把读音为"chuài"的记为"揣$_6$"，下同。

⑤ 战国至清代，"揣$_1$"主导义位的演变由简而繁，元以前，"揣测"义用例以占本义位系统已知用例的68.81%高居系统首位，独居其主导义位宝座；元以后，"量度"义的用例激增，如表7.91所示，在所考的14种元明清文献中，"揣$_1$"共67见，其中单用的19见，用于"量度"义的8见，占本义位系统已知用例的42.11%（所考23种战国至宋代文献中，"量度"义用例占该义位系统已知用例的26.88%）；用于"揣测"义的6见，占本义位系统已知用例的31.58%，二者以占本系统已知用例的73.69%分居第一、二位，共享此期"揣$_1$"主导义位的荣耀。详细情况参见表7.90及表7.91：

原因，除了在本概念场中所占的份额不多外，如在所考的 18 种战国至清代文献中，指称"揣测"义的单用"揣$_1$"仅 22 见，占整个系统已知用例的

表7.90　　　　　　　23种战国至宋代文献中"揣$_1$"各义位使用情况分析

义位		左	孟	韩	荀	战	鬼	苑	史	淮	衡	汉	抱	三	宋	书	魏	全	敦	唐笔	旧	五	朱	宋笔	总计	占本系统比例(%)
量度	单	1	0		1	1			1			2	1	3	2		2	6	0	1				4	25	26.88
	连	0	1		0	2			1			0	0	0	4		1	0	1	1				2	13	
揣测	单		3		0	3	0	2	0	0		2	1	3	3		1	2	3	6	22		3	10	64	68.81
	连		0		2	9	1	3	1	1		0	1	0	2		0	4	0	2	3		10	7	46	
探求	单							1		1		0													2	2.15
	连							0		0		1													1	
持	单								0	1															1	1.08
	连								1	0															1	
掏	单																						1		1	1.08
	连																						0		0	

注：唐笔记（记为唐笔，具体篇目为《唐国史补》《唐阙史》《大唐新语》《桂苑丛谈》《次柳氏旧闻》《河东记》《玄怪录》《隋唐嘉话》）、《旧唐书》列传部分、宋笔记（记为宋笔，具体篇目为《东轩笔录》《却扫编》《大金吊伐录》《宋朝事实》《建炎笔录》《归潜志》《归田录》《梦溪笔谈》《江南野史》《清波杂志》《湘山野录》《玉壶清话》《续世说》《老学庵笔记》《铁围山丛谈》《靖康纪闻》）。

表7.91　　　　　　　14种元明清文献中"揣$_1$"各义位使用情况分析

义位		南	元	才	清	西	封	金	明	儒	红$_1$	镜	侠	孽	月	总计	占本系统比例(%)
量度	单	0		2	1	2			0	1	0	1	0	0		8	42.11
	连	1		1	0	2				6	1	1	3	1	1	17	
揣测	单	1	0	0		1		1	1	1	1					6	31.58
	连	0	1	1		0		1	1	1	2	4	7	4	3	25	
探求	单					0										0	
	连					1										1	
持	单					1					1					2	10.53
	连					0					0					0	
掏	单		0					1								1	7.35
	连		1					0								1	
揉压	单					1	1									2	10.53
	连					0	4									4	

3.92%，当与同一个"揣"字分别承载了六个不同读音的意义有关。据考察，中古汉语时期，"揣₄"出现频率高；元以后，"揣₅"大量涌现。我们抽取 65 部中古译经来做个个案分析，以观中古汉语时期"揣₁"与"揣₄"使用的大致情况。在所考的 65 部中古译经中，"揣"共 271 见，其中单用的 117 见，以复合词构词语素形式出现的 154 见（均为揣₄）。在单用的 117 见中，"揣₁"仅 2 见，"揣₄" 115 见（具体数据参见表 7.93）；我们同样选取了 14 种元明清文献来做个案分析，以察此期"揣₁"与"揣₅"使用的大致概况。在所察的此期 14 种文献中，"揣"共 150 见，其中单用的 99 见，以复合词构词语素形式出现的 51 见（为揣₁的 48 见，为揣₅的 3 见）。单用的 99 例中，"揣₁"仅 19 例，"揣₅" 80 例（具体数据参见表 7.94）。两组比较数据给我们提供了一个重要信息："揣₄"与"揣₅"是"揣₁"争夺"猜度"概念场主导词资格历程中的拦路石。因为一个词形所承载的语义负担过重，表义的明晰性受到影响，在使用中就容易产生歧义。语言既有模糊的要求，又往往要求明确。这就促使其将某些职责卸给其他词，以求得系统内的平衡。所以同一"揣"字身兼六职是导致"揣₁"在与语义负担较轻的同义成分竞争中败退的主要原因之一。

表7.92　　　　18种战国至清代文献中"猜度"概念场部分成员出现次数

词项	用例数	韩	战	史	淮	衡	汉	抱	三	敦	朱	南	元	西	金	儒	红₁	红₂	侠	总计	占本系统比例（%）
揣	单	3	0	2	0	0	2	1	3	3	1	0	1	1	1	1	0	0		22	3.92
	连	0	2	3	1	1	0	1	0	1	10	0	1	0	1	1	2	2	7	33	
意	单	3	5	5	3	6	10	1	3	0	16	6	0	0	0	0	1	0	0	59	10.52
	连	7	2	14	5	8	21	0	25	2	25	6	1	4	3	22	5		17	176	
度	单	2	1	32	4	7	33	1	17	0	34	5	0	1	0	5	0	0		142	25.31
	连	5	1	19	4	2	20	0	14	8	52	0	0	0	0	7	1		9	144	
料	单	2	10	9	0	1	6	1	13	7	10	7	2	25	16	2	31	15	9	166	29.59
	连	0	2	6	0	0	0	5	7	18	2	6	14	38	26	29	26		63	247	
猜	单	0	0	0	0	0	0	2	3	0	10	26	51	1	64	4	6			172	30.66
	连	0	0	0	0	0	0	0	0	0	1	0	12	23	2	9	0	2		49	

表7.93　　　　　　65部中古译经"揣₁"与"揣₄"使用情况比较①

词项	时段	后汉魏晋	南北朝	隋代	总计
揣₁	单	0	0	2	2
	连	0	0	0	0
揣₄	单	46	45	24	115
	连	72	50	32	154

表7.94　　　　14种元明清文献中"揣₁"与"揣₅"使用情况比较

词项	文献	南	元	才	清	西	封	金	明	儒	红₁	镜	侠	孽	月	总计
揣₁	单	1	0	2	1	4	4	1	1	1	3	0	1	0	0	19
	连	1	2	2	0	3	5	1	0	7	3	5	10	5	4	48
揣₅	单	0	8	0	2	14	1	3	0	2	7	2	26	2	0	80
	连	0	2	0	0	1	0	0	0	0	0	0	0	0	0	3

　　当然，制约词在相关概念场中获得主导词资格的原因是多方面的，上述浅见还很不成熟，希望得到方家博雅諟正。

---

① 65部中古译经篇目：《法句经》《增壹阿含经》《普曜经》《光赞经》《佛说如来兴显经》《佛说胞胎经》《佛说方等般泥洹经》《佛说申日经》《修行道地经》《大庄严论经》《大智度论》《成实论》《维摩诘所说经》《出曜经》《鼻奈耶》《阿毗昙儿犍度论》《鞞婆沙论》《舍利弗阿毗昙论》《佛说罗摩伽经》《佛说决定毗尼经》《慧上菩萨问大善权经》《佛说大般泥洹经》《尊婆须蜜菩萨所集论》《阿毗昙心论》《注维摩诘经》《四分僧戒本》《悲华经》《大方广三戒经》《大般涅槃经》《大方等大集经》《正法念处经》《菩萨地持经》《优婆塞戒经》《大萨遮尼干子所说经》《毗耶婆问经》《不必定入定入印经》《宝云经》《大乘宝云经》《释迦谱》《经律异相》《五分律》《五分比丘尼戒本》《阿毗昙毗婆沙论》《阿毗达磨俱舍释论》《四谛论》《解脱道论》《宾头卢突罗阇为优陀延王说法经》《法华经义记》《大智度论疏》《四童子三昧经》《大法炬陀罗尼经》《维摩经文疏》《涅槃经会疏》《合部金光明经》《法华义疏》《梵网菩萨戒经义疏》《大般涅槃经集解》《大般涅槃经义记》《大般涅槃经疏》《弥勒经游意》《维摩义记》《维摩经义疏》《法华论疏》《大乘义章》《历代三宝纪》。

431

第8章 结语

前面的章节我们主要对"忧虑""思念""猜度""思谋""意欲"五个概念场典型成员的历时替换过程作了详尽的描写，并试图透过概念场主导词主导义位的演变来检测主导词更替时间上的合理性，还就主导义位演变的类型及主导义位与主导词的关系进行了粗浅的研究。从这些研究中我们得到了一些认识和启发，同时也注意到了一些目前还无法解决需要进一步研究的问题，下面略作阐述。

8.1 有关五个概念场内部差异的认识

限于时间和精力，我们目前只选取了"忧虑""思念""猜度""思谋""意欲"五个概念场进行研究。通过这些研究我们发现，尽管这五者都属于心理概念的范畴，具有心理动词所具有的共性（从论元结构看，均属二元谓词），同时每个子场亦具有一些特性。这种特性不仅表现在概念场内部成员之间的用法上存有差异（详见各概念场小结部分的论述），也表现在子场与子场间用法上存有差异，如表 8.1 所示，具体而言有以下不同：

第一，使役义的表达上，"忧虑"概念词和"思念"概念词既有词汇使役结构（S_0 用法），如前举的"孰足以患心"例，亦有句法使役表达（S_6 用法）；"猜度"概念词、"思谋"概念词和"意欲"概念词则只有句法使役表达式（S_6 用法），没有词汇使役表达式（未见 S_0 用法）。

第二，客体论元句法位置上，"忧虑"概念词与"思谋"概念词的客体论元既可作宾语（S_1 用法），亦可作主语（S_4 用法），还可用介词引介作状语（S_2 用法）或补语（S_3 用法）；"思念"概念词的客体论元则主要作主语、宾语或补语（S_1、S_3 及 S_4），一般不能作状语（未见 S_2 用法）；"猜度"概念词和"意欲"概念词的客体论元则主要作宾语或主语（S_1 及 S_4 用法），一般不能作状语或补语（未见 S_2 及 S_3 用法）。

第三，客体论元的性质上，尽管五者皆可后接数量短语，但"思念"概念词与"思谋"概念词后接的数量短语既可表时量（$S_{1.6}$ 用法），亦可表动量（$S_{1.7}$ 用法），如前举"思量一过"例；"忧虑"概念词与"猜度"概念词后接的数量短语则只表时量（$S_{1.6}$ 用法），未见表动量例（$S_{1.7}$ 用法）；"意欲"概念词后接的数量短语除了表动量（$S_{1.7}$ 用法）外，还可以表示所支配对象的量（$S_{1.8}$ 用法），如前举的"人参果还要个吃吃"，但未见表时量的例（$S_{1.6}$ 用法）。

第四，宾语引进方式上，"思谋"概念词的支配对象作宾语时既可直接后附于动词（S_1 用法），亦可以直接引语的形式或由内容宾语标记词引出（S_8 用法）；"忧虑"概念词、"思念"概念词、"猜度"概念词与"意欲"概念词的支配对象作宾语时则主要直接后附在动词上（S_1 用法），一般不以直接引语的形式或由内容宾语标记词引出（未见 S_8 用法）。

第五，动作结果的表达上，"思念"概念词与"猜度"概念词常采取"V+ 动态助词 +NP$_{客体}$"格式（S_7 用法）；"忧虑"概念词、"思谋"概念词与"意欲"概念词则未见此种用法[1]。这或许与"猜度"类词的词义结构中内含"结果"这一概念要素而其他三类词的词义结构中则不含此要素有关[2]。

---

[1]　"忧虑"概念词与"思谋"概念词对结果的表达常借助趋向动词，前者如前举"愁出病来"例，后者如"李四道：'……他儿子叫做金跃，却是一字不通的。考期在即，要寻一个替身。这位学道的关防又严，须是想出一个**新法子**来。这事所以要和三爷商议。'"（《儒林外史》第一九回）

[2]　"猜度"类词义结构组成要素为：［动作：认知］+［对象：人或事物］+［方式：线索或想象］+［结果：认识可能性］；"忧虑"类词义结构组成要素为：［动作：愁闷与牵挂］+［对象：人或事物］+［原因：无助］；"思谋"类词义结构组成要素为：［动作：认知］+［对象：人或事物］+［工具：脑］+［目的：做出决定］；"意欲"类词词义结构组成要素为：［动作：希望］+［结果：得到某物或做某事］+［工具：心］。

表8.1　　　　　"忧虑""思念""猜度""思谋""意欲"概念词用法比较

	S₀	S₁								S₂	S₃	S₄	S₅	S₆	S₇	S₈
		S₁.₁	S₁.₂	S₁.₃	S₁.₄	S₁.₅	S₁.₆	S₁.₇	S₁.₈							
忧虑	+①	+	+	+	+	+	+			+	+	+	+	+		
思念	+	+	+	+	+	+	+				+	+	+		+	
猜度		+	+	+	+	+	+					+	+	+	+	
思谋		+	+	+	+	+		+		+	+		+	+		+
意欲		+	+	+	+	+		+	+				+	+		

　　"忧虑""思念""猜度""思谋""意欲"概念词用法上的差异，说明心理动词内部的差异是极其繁复的，值得深入研究。只有对其每一个次类研究清楚了，才能构建完整、科学的心理动词用法体系，才能为心理动词独自成类找到更多的理论依据。

8.2　有关《朱子语类》一书方言层级的认识

　　关于《朱子语类》一书，杨永龙认为其"反映了1170至1270年间的口语或书面语，使用语言为'通语＋闽北方言'"②。我们认为，该书除了使用通语与闽北方言外，还夹杂其他方言。下面拟以"忧虑"及"猜度"两个概念场典型成员使用者籍贯为突破口，来考察该书的方言层级。

　　据前文的考察可知，本书中指称"忧虑"概念的单用"患"29次，"忧"27次，"虑"21次，"愁"4次，具体使用者情况如表8.2所示；指称"猜度"概念的单用"意"16次，"度"34次，"料"10次，"猜"3次，具体使用者情况见表8.3。

表8.2　　　　《朱子语类》"忧虑"概念场典型成员使用者籍贯及方言区考

使用者	籍贯	现代方言区	患	忧	虑	愁
陈淳	漳州龙溪县（福建省漳州市）	闽方言闽南方言片	1	3		
吴雄	建宁府建阳县（今福建省建阳市）	闽方言闽北方言片	2	2		

---

① "+"表示具备此种用法，空格表示不具备此种用法。

② 杨永龙：《〈朱子语类〉完成体研究》，河南大学出版社2001年版，第2页。

续表

使用者	籍贯	现代方言区	患	忧	虑	愁
林学履	福州永福县（今福建永泰县）	闽方言闽东方言片		1		
黄卓	南平	闽方言闽北方言片		1		
林夔孙	福州古田县	闽方言闽东方言片		1	1	
林学蒙	福州永福县（今福建永泰县）	闽方言闽东方言片		1		
郑可学	兴化军莆田县	闽方言莆仙方言片		1		
杨方	汀州长汀县	客家话	2			
杨道夫	建宁府浦城县	吴方言	2	2	4	
杨骧	建宁府浦城县	吴方言	1			
杨若海	建宁府浦城县	吴方言			1	
李闳祖	邵武军光泽县	赣方言			3	
李方子	邵武县	赣方言	1			
叶贺孙	温州（故治今浙江永嘉县）	吴方言温州片	3	3		
沈僩	温州永嘉	吴方言温州片	1		6	
辅广	嘉兴府崇德县	吴方言太湖片的苏沪、嘉小片	1			1
潘时举	台州天台县	吴方言台州片	1			
黄义刚	抚州临川县	赣方言抚广片	1			
程端蒙	饶州德兴县	赣方言	2			
包扬	建昌军南城县	赣方言抚广片		1	3	
吕焘	南康军建昌（今江西永修县）	赣方言昌靖片		1		
周谟	南康军建昌县（今江西永修）	赣方言昌靖片		2	2	
甘节	抚州临川县	赣方言抚广片				2
滕璘	徽州婺源县（安徽，今在江西）	徽方言				1
董拱寿	饶州鄱阳	赣方言鹰弋片		3		
李儒用	岳州平江县	赣方言	3	1		
龚盖卿	衡州常宁县	赣方言宜萍片	4			
万人杰	兴国军大冶县	有可能归入赣方言	2			
吴必大	兴国军（湖北东南部）	有可能归入赣方言			1	
踊渊	涪州涪陵县	西南官话		3		
陈杅	信息不明者		2	1		

表8.3 《朱子语类》"料想"概念场典型成员使用者籍贯及方言区考

使用者	籍贯	方言区	意	度	料	猜
周明作	建宁府建阳	闽方言闽北方言片		2		
陈淳	漳州龙溪县（福建省漳州市）	闽方言闽南方言片	3	1	1	
郑可学	兴化军莆田县	闽方言莆仙方言片		1		
刘砥	福建长乐县	闽方言闽东方言片	2			

使用者	籍贯	方言区	意	度	料	猜
杨道夫	建宁府浦城县	吴方言	1			1
廖德明	南剑州顺昌县	闽方言和客家话过度区①	1		2	
李壮祖	邵武军光泽县	赣方言抚广片			1	
沈僩	温州永嘉	吴方言温州片	3	4		
叶贺孙	温州（故治今浙江永嘉县）	吴方言温州片		13		1
徐寓	温州永嘉县	吴方言温州片		4		
潘时举	台州天台县	吴方言台州片		1		
辅广	嘉兴府崇德县	吴方言太湖片的苏沪、嘉小片		1		
周谟	南康军建昌县（今江西永修）	赣方言昌靖片	1	1		
黄义刚	抚州临川县	赣方言抚广片	2	2		
包扬	建昌军南城县	赣方言抚广片			1	
吕焘	南康军建昌（今江西永修县）	赣方言昌靖片	1	1		
董铢	饶州德兴县	徽方言	1		1	
金去伪	饶州乐平县	赣方言鹰弋片	1			
程端蒙	饶州德兴县	徽方言			1	
余大雅	信州上饶	吴方言			1	1
廖谦	衡州衡阳县	湘方言②但受官话影响			1	
吴必大	兴国军（湖北东南部）	有可能归入赣方言			1	
钱木之	常州晋陵县（今江苏武进县治），寓温州永嘉	吴方言太湖片、吴方言温州片		1		

　　从表8.2与表8.3的统计来看，《朱子语类》一书记录者的方言背景当不少于闽方言、吴方言、赣方言、客家话、徽方言及官话六种，其中以前三者的使用占优势。如在我们所考察的144个句例中，前三个方言区使用者的总例数为126（闽方言区者使用句例为26，吴方言区者使用句例为59，赣方言区者使用句例为41，具体数据参见表8.2），占了已知用例的87.5%。闽方言、吴方言、赣方言三者较之于北方方言更趋保守的特点在此书中亦得到了体现。如同属浙江籍吴方言区者，在指称"忧虑"及"料

---

　　① 游汝杰将顺昌县看成是闽方言与客家话的过渡区（《汉语方言学导论》，上海教育出版社2000年版，第51—52页），詹伯慧则将其归入客家话（《汉语方言及方言调查》，湖北教育出版社2001年版，第89页），今从游汝杰。

　　② 詹伯慧指出："衡阳……又接近官话侵蚀比较严重的湘南地区，因此衡阳话也就明显存在着官话的影响。"（《汉语方言及方言调查》，湖北教育出版社2001年版，第76页）

想"概念时，各自典型成员均有用例。其中"忧虑"概念场典型成员为浙江籍吴方言区者 4 人，其中使用"患"者 4 人，共 6 见；使用"忧"者 1 人，共 3 见，使用"虑"者 1 人，共 6 见；使用"愁"者 1 人，1 见。从例句数量来看，"患"与"虑"并驾齐驱；但从使用者数量来看，前者高出后者。同一著作中，新词和旧词并存，哪个是主导词，有时仅仅根据见次率殊难断定，这时使用者数量不失为判断的一个好标尺：因为使用者越多说明其普及程度越高，反之则不然。据此，我们认为本书指称"忧虑"概念的主导词当是处于演变第一层的"患"，而不是处于演变第三层的"虑"。"料想"概念场典型成员为浙江籍吴方言区者 5 人，其中使用"意"者 1 人，共 3 见；使用"度"者 5 人，共 23 见；使用"料"及"猜"者各 1 人，分别 1 见。无论从例句数量还是使用者数量来看，处于演变第二层的"度"都是本书指称"猜度"概念的当之无愧的主导词。该书对"忧虑"与"猜度"概念场主导词的选用反映了其语言好继承古老层的语用倾向。此外，本书对闽方言的使用也不仅限于闽北方言，闽南方言、闽东方言及莆仙方言的使用者也不在少数，如表 8.2 及表 8.3 所示，"忧虑"及"猜度"两概念场典型成员使用者闽北方言区者 3 人，闽南及莆仙方言区者各 1 人，闽东方言区者 3 人。

综前所述，从《朱子语类》一书中"忧虑"及"猜度"两概念场典型成员使用者的籍贯及方言区来看，该书记录者的方言背景当是以闽方言、吴方言及赣方言为主，同时夹杂客家话、徽方言及官话的一个庞杂多元体系。这也就提醒我们在选取语料时，不仅要考虑语料的"口语性强、典型性、年代著者准确"，同时还应顾及语料的方言层次，对其作方言层次的区分，否则不可能得到其在历时各层面的真实状况。

8.3　有关概念场主导词判定标准的认识

"忧虑""思念""猜度""思谋""意欲"五个概念场典型成员主导词地位历时更替过程，反映出汉语概念场历史发展过程中的一些规律性东西。

　　第一，概念场主导词替换过程伴随着新旧主导词用法的完备与萎缩，如指称"忧虑"概念的"愁"与"患"。就所掌握的文献资料来看，"愁"进入本概念场当不晚于东汉，东汉至唐代其只有 S_1 中的部分用法；五代始，其用法才渐趋完备，在原有基础上新增了 S_2 及 S_4 用法；元明清时期，其用法进一步完备，又新添了 $S_{1.1.1}$ 及 $S_{1.6}$ 用法。伴随着用法的完备，其在元代后期取代"虑"获得主导词资格。"患"的演变过程与其则正好相反。西汉以前的上古汉语时期，"患"为本概念场的主导词。此期其用法最完备，S_0 至 S_5 的各种用法均有用例；东汉时期，随着其主导词地位的丧失，有些用法的使用则有语域限制；南北朝以后，其用法急剧萎缩，只有 S_1 中的部分用法及 S_5 用法；宋元时期其主要见于些具有南方方言背景或书面色彩较浓的文献中，多是对旧有用法的沿袭；明清时期，S_0 至 S_5 的各种用法均无用例。又如指称"思念"概念的"念"与"思"。就前文可知，指称本概念的"念"先秦已见，先秦至东汉，其只有 $S_{1.1}$、$S_{1.2}$、S_5 和 S_6 用法；魏晋至隋代，其用法进一步齐备，在原有用法的基础上新增了 $S_{1.3}$、$S_{1.4}$、S_3 和 S_4 用法。伴随着用法的齐备，其在 5 世纪初取代"思"获得主导词资格。"思"的演变过程与其正好相反。先秦至东汉，"思"为本概念场的主导词，此期其用法最齐备，$S_{1.1}$、$S_{1.2}$、$S_{1.3}$、$S_{1.5}$、S_3、S_4、S_5 和 S_6 用法均有用例，魏晋以后，随着其主导词资格的丧失，其用法有所萎缩，只有 S_1 中的部分用法和 S_6 用法，未见 S_3 与 S_4 用法。又如指称"猜度"概念的"猜"与"料"。据目前所知，"猜"进入本概念场当不晚于南北朝，南北朝至隋，它只有 S_4 及 S_5 用法；唐至明初，其用法才逐步完善，在原有用法的基础上新添了 $S_{1.1.2}$、$S_{1.2}$、$S_{1.3}$、$S_{1.4}$、S_6 及 S_7 用法；明中期至清代，其用法进一步完善，又新增了 $S_{1.1.1}$ 及 $S_{1.6}$ 用法。伴随用法的完善，其于明中期取代"料"成为"猜度"概念场的主导词。与之相对的是"料"用法的萎缩，未见 $S_{1.1.2}$、$S_{1.2}$ 及 $S_{1.5}$ 用法①。又如指称"思谋"概念的"想"与"思量"。就前文的考察可知，指称本概念的"想"战国已见，战国至东汉，其只有 $S_{1.2}$、$S_{1.3}$ 及 S_5 用法；魏晋至隋，在原有用法的基础上，

---

　　① 唐至明初，"料"为"猜度"概念场的主导词，此期其用法最完备，$S_{1.1.2}$、$S_{1.2}$、$S_{1.3}$、$S_{1.4}$、$S_{1.5}$、S_4、S_5 及 S_7 的各种用法均有用例。

新生了 $S_{1.4}$ 及 S_4 用法；唐至宋末元初时期，又新见 $S_{1.6}$、S_2 及 S_8 用法；元明清时期，又新添 $S_{1.1.1}$ 及 S_6 用法。与其他典型成员一样，伴随着用法的完备，其于明初取代"思量"成为本概念场的主导词。随着主导词资格的丧失，此期"思量"的用法出现萎缩，未见 $S_{1.7}$、S_2 及 S_4 用法；清代，其用法进一步萎缩，未见 $S_{1.1.1}$、$S_{1.2}$、$S_{1.6}$ 及 S_6 用法[①]。再如指称"意欲"概念的"要"与"欲"。就所掌握的文献资料来看，指称本概念的"要"当不晚于南北朝出现，南北朝至隋代，其只有 $S_{1.3}$、$S_{1.4}$、S_5 用法；五代至宋代，在原有用法的基础上，新添了 $S_{1.1}$、$S_{1.2}$、S_4 用法；元明清时期，又新增了 $S_{1.7}$ 与 $S_{1.8}$ 用法。伴随着用法的完备，其于 14 世纪后半期取代"欲"成为本概念场的主导词。伴随着主导词位置的丧失，此期"欲"的用法出现萎缩，未见 $S_{1.1}$、$S_{1.2}$、S_4 用法。还可以其他的概念场为例，如指称"说话"概念的"说"与"言"。上古汉语时期，"说"只有 S_1 及 S_2 用法[②]；中古汉语时期，其用法渐趋完善，新生了 S_3、S_4、S_5 及 S_{12} 用法；近代汉语时期，其用法进一步完善，又新添了 S_6 用法；且中古汉语时期萌生的 S_4、S_5 及 S_{12} 用法在此期均获得了充分发展。伴随着用法的完备，其于 14 世纪初期取得"说话"概念场主导词资格。"言"的演变情形与"说"则相反。中古汉语时期，"言"为"说话"概念场的主导词。此期其用法最齐备，S_1 至 S_4 用法均有用例。唐以后，随着其主导词资格的让位，用法受限，只有 S_1、S_2 及 S_3 用法，且 S_2 及 S_3 用法的见次率不高[③]。

第二，概念场新主导词替换旧主导词的过程还伴随着新成员义域的逐步扩大。如指称"忧虑"概念的"虑"。据目前所知，"虑"进入本概念场当不晚于战国。宋以前，其客体论元主要是各种难题及灾难。宋代，其支配的对象除难题、灾难外，还可以是人。此刚好与"虑"取代"忧"成为本概念场主导词的时段相吻合。"愁"义域的发展历程与此类似。五代

---

① 唐至宋末元初期间，"思量"为"思谋"概念场的主导词，此期其用法亦最齐备，$S_{1.1.1}$、$S_{1.2}$、$S_{1.3}$、$S_{1.4}$、$S_{1.7}$、S_2、S_4、S_5、S_6 及 S_8 均有用例。

② "说话"概念词 S_1 至 S_{12} 用法与本书"忧虑"概念词 S_1 至 S_8 用法内容不同（汪维辉：《汉语"说类词"的历时演变与共时分布》，《中国语文》2003 年第 4 期）。

③ 汪维辉：《汉语"说类词"的历时演变与共时分布》，《中国语文》2003 年第 4 期。

以前，"愁"的客体论元主要为抽象事物；五代始，其支配的对象扩大到人和具体事物，这正好与近代汉语时期为"愁"发展的关键期一致。又如指称"思念"概念的"念"，先秦至东汉时期，其所支配的对象为景仰的人（或变相的人）、离别的人、周围的地方、情况影响或势力等；魏晋至隋代，其支配对象除了前见的外，还可以是山川景物，这正好与魏晋至隋代，"念"为"思念"概念场主导词的时段相一致。"忆"义域的发展也与其主导词资格的获得一致。就所掌握的文献资料来看，"忆"进入本概念场当不晚于东汉，当时其义域很模糊；魏晋至隋代，其义域开始明确化，可以是仰慕的人、离别的人、周围的地方、情况影响或势力；唐宋时期，其义域除了前见的外，还可以是山川景物，这与唐宋时期"忆"为"思念"概念场主导词的时段也是吻合的。又如指称"猜度"概念的"度"。先秦时期，其所支配的对象主要为意图、目的、情况、局势、品行及能力等；西汉至隋，其支配对象除了先秦已见的外，还可是数量、时间、原因、结果及情理等。这正好与西汉至隋代，"度"为"猜度"概念场主导词的时段相符。"料"义域的发展亦与其主导词资格的获得相一致。先秦时期，其支配对象主要为情况、局势、数量、实力及结果等；西汉至隋，其支配对象在原有的基础上又扩展到事理等；唐至明初，其支配对象进一步扩大到意图、目的、能力、品行及原因等，为其义域最广的时期，这与其取代"度"成为"猜度"概念场主导词的时段正相吻合。又如指称"思谋"概念的"思惟"。东汉时期，其支配的对象主要为道理、方法、行为、利弊得失及过失等；魏晋至隋，其支配对象扩大到人的能力、品行、形势、事件原因及结果等，为其义域最宽的时期，这与其取代"思"成为"思谋"概念场的主导词时段相一致。本概念场典型成员"思量"义域的扩展与此亦相仿。就所掌握的文献资料来看，其进入本概念场当不晚于魏晋。魏晋至隋时期，其支配的对象主要为结果、利弊得失及道理；唐至宋末元初时期，其进一步扩大到形势、原因、行为及过失等，为其义域最大的时期，这与其取代"思惟"成为"思谋"概念场主导词的时段亦相吻合。又如指称"意欲"概念的"要"。就所掌握的文献资料来看，"要"进入本概念场当不晚于南北朝。南北朝至唐代，其支配的对象主要为获得、谋求、见、讨论、消灭、知晓、等待、娶妻、残害中的一小部分，五代以后，其义域快速扩张，除了前见的外，还可以是对财物 / 土地 / 爵位 / 功名 / 名声 / 贤才 / 道理等的获得、吃某物、居住某处等①，这与其取代"欲"成为"意欲"概念场主导词的时段也是一致的。再可以其他概念场为例，如指称"寻找"概念的"寻"。据汪维辉考察，其进入本概念场当不晚于东汉初期，魏晋以前其所支配的对象主要是人，魏晋以后才扩大到物②；宋以后其支配的对象除了人、物、处所等具体事物外，还可以是诸如"是非、善恶、头绪"之类的抽象事物③；元以后，其所支配的抽象事物较唐宋时范围又明显扩大④。此与"寻"取代"觅"成为"寻找"概念场主导词的时段亦相一致⑤。类似的例子还有指称"胜败"概念的"胜利"与"失败"，就钟明立考察，前者当不晚于明代出现，后者当不晚于唐末宋初出现，二者出现的伙伴域主要为 S_1（在战争中）；发展到现代汉语书面语，二者出现的伙伴域除了 S_1 外，还可是 S_2（在斗争中）及 S_3（在竞赛中），这与"胜利"与"失败"取代"胜"与"败"成为"胜败"概念场的主导词时段一致⑥。

　　第三，概念场主导词替换过程还伴随着新旧成员使用频率的增减，主导词地位持续时段与使用频率成正比关系。以先秦至清代"忧虑""思念""猜度""思谋""意欲""搬移"概念场为例，表 8.4 的数据显示，先秦西汉时期，"患"使用数量居于本概念场总数的榜首；东汉至五代，"忧"使用数量超过"患"跃居榜首；宋元时期，"虑"的使用数量超过"忧"位居榜首；明清时期，"愁"的使用数量超过"虑"高居榜首。"患""忧""虑""愁"四者在不同时段的数量优势与各自主导"忧虑"概

---

①　关于"要₃"义域的具体范围可参看 6.2.2 中的相关论述。

②　汪维辉：《东汉—隋常用词演变研究》（修订本），商务印书馆 2017 年版，第 130—132 页。

③　张庆庆：《近代汉语"寻找"义动词更替考》，《苏州大学学报》（哲学社会科学版）2007年第 3 期。

④　殷晓杰、张家合：《"找""寻"的历时替换及相关问题》，《汉语学报》2011 年第 3 期。

⑤　殷晓杰、张家合指出："元以后……'寻'使用频率进一步提高，义域进一步扩大，逐步演变为寻找类语义场的唯一主导词。"（《"找""寻"的历时替换及相关问题》，《汉语学报》2011 年第 3 期）

⑥　钟明立：《汉语"胜—败"义语义场的历时演变》，《华南师范大学学报》（社会科学版）2011 年第 4 期。

念场的时段是相吻合的。表 8.5 的数据显示，先秦至东汉，"思"使用数量居于本概念场的首位；魏晋至隋代，"念"的使用数量超过"思"位居榜首；唐宋时期，"忆"的使用数量又超过"念"位居榜首；元明清时期，"想"又超过"忆"位居榜首。"思""念""忆""想"四者在不同时代的数量优势与各自主导"思念"概念场的时段也是相吻合的。表 8.6 的数据显示，先秦时期，"意"的使用总数位于本概念场首位；西汉至隋代，"度"的使用数量胜过"意"高居榜首；唐至明初，"料"的使用数量又胜过"度"位居首位；明中期至清末，"猜"的使用数量又胜过"料"位居首位。"意""度""料""猜"各自主宰"猜度"概念场的时段与使用数量成正比关系。表 8.7 的数据显示，先秦至东汉，"思"使用数量高居本概念场榜首；魏晋至隋代，"思惟"又超过"思"高居榜首；唐至宋末元初，"思量"又超过"思惟"位居榜首；元明清时期，"想"又超过"思量"高居榜首。"思""思惟""思量""想"四者主导"思谋"概念场的时段与各自的使用数量亦是成正比的。表 8.8 的数据显示，先秦至唐代，"欲"使用数量高居本概念场的榜首；五代至清代，"要"使用数量远超"欲"位于榜首。二者主导"意欲"概念场的时段与各自的使用数量成正相关。表 8.9 的数据显示，先秦时期，"迁"使用数量位于本概念场总数的首位；西汉至魏晋，"徙"使用数量胜过"迁"高居榜首；南北朝至元代，"移"的使用数量又胜过"徙"位居榜首；明清时期，"搬"的使用数量又胜过"移"飙升榜首。"迁""徙""移""搬"四者在不同时段的数量优势与各自引领"搬移"概念场的时段亦是相一致的[①]。

表8.4 　　先秦至清代59种文献中"忧虑"概念场主导词用例数情况[②]

	先秦至西汉	东汉至五代	宋元	明清
患	325	146	41/1	0/1

---

① 关于"搬移"概念场主导词的相关情况，郭晓妮指出：先秦时期，"迁"为本概念场的主导词；西汉起，"徙"成为本概念场的主导词；南北朝时期，"移"发展为本概念场的主导词；明代起，"搬"成为本概念场的主导词。（《古汉语物体位移概念场词汇系统及其发展演变研究——以"搬移类""拖曳类"等概念场为例》，博士学位论文，浙江大学，2010 年，第 36—69 页）

② 表 8.4 数据是本书表 2.2、表 2.6、表 2.9 及表 2.12 数据的总和。

	先秦至西汉	东汉至五代	宋元	明清
忧	233	379	34/34	22/1
虑	4	92	49	40
愁	0	43	25	116

表8.5   先秦至清代55种文献中"思念"概念场主导词用例数情况①

	先秦至东汉	魏晋至隋代	唐宋	元明清
思	204	89	88	74
念	61	106	37	24
忆	1	38	111	29
想	6	11	6	209

表8.6   先秦至清代60种文献中"猜度"概念场主导词用例数情况②

	先秦	西汉至隋代	唐至明初	明中期至清末
意	17	33	28/40	2
度	9	103	42	7
料	12	33	66	110
猜	0	0	56	190

表8.7   先秦至清代62种文献中"思谋"概念场主导词用例数情况③

	先秦至东汉	魏晋至隋代	唐至宋末元初	元明清
思	446	190	159/20	130
想	4	9	14	1415
思惟	21	580	71	0
思量	0	17	190	84

表8.8   先秦至清代51种文献中"意欲"概念主导词用例数情况④

	先秦至唐代	五代至清代
欲	4395	1527/37
要	7	5413/1

---

① 表 8.5 的数据是本书表 3.3、表 3.6、表 3.9 和表 3.12 数据的整合。
② 表 8.6 数据是本书表 4.2、表 4.5、表 4.8 及表 4.11 数据的整合。
③ 表 8.7 数据是本书表 5.2、表 5.5、表 5.8 及表 5.11 数据的整合。
④ 表 8.8 的数据是本书表 6.2 与表 6.5 数据的整合。

表8.9 先秦至清代76种文献中"搬移"概念主导词用例数情况①

	先秦	西汉至魏晋	南北朝至元代	明清
迁	46	189	193	55
徙	22	562	78	2
移	20	122	295	206
搬	0	0	62	456

从这五个概念场主导词更替过程来看，主导词的判断除了可以依据义域宽及频率高两个标准外②，还可以从用法完备与否角度界定③。因为在概念场主导词更替过程中，主导词用法的变化与其义域的变化有关，但并不完全同步。如指称"忧虑"概念的"愁"，东汉至五代，其指称的对象只能是抽象事物，只有 $S_{1.3}$、$S_{1.4}$ 及 $S_{1.5}$ 用法，五代时，其指称对象扩展到人和具体事物，伴随着义域的扩大，其用法也在完备，此期新添了 $S_{1.2}$、S_2 及 S_4 用法，这是二者变化同步的表现。唐宋元时期，"愁"的义域与五代时的一致，但其用法较之五代时则有进一步完备之势，新生了 $S_{1.1.1}$ 及 $S_{1.6}$ 用法，这是二者变化不同步的表现。综观相关概念场主导词的演变历程，不难发现，主导词更替实际上是个渐进式的、逐步的过程，新主导词对旧主导词义域的侵蚀亦是个渐浸的过程。在这个渐变过程中，有时其义域的变

---

① 表中数据均来源于郭晓妮《古汉语物体位移概念场词汇系统及其发展演变研究——以"搬移类"、"拖曳类"等概念场为例》中表2.14—表7.8中的相关统计（博士学位论文，浙江大学，2010年，第36页—69页）。

② 学界目前主要从义域和频率两个角度界定主导词，如解海江、张志毅认为："在一个同义义场中，由于各词位间的价值关系的不同，其中必有一个词位较其他词位在言语中出现频率最高，并作为通称，我们把这个词位叫主导词位。"（《汉语面部语义场历史演变——兼论汉语词汇史研究方法论的转折》，《古汉语研究》1993年第4期）汪维辉提出："但在这一组词中，通常有一个义域最大、出现频率最高的主导词，我们不妨称之为'代表词'。"（《东汉—隋常用词演变研究》（修订本），商务印书馆2017年版，第397页）吕传峰指出主导词是："比较强势的上位词，一般处于语义场的最上位，多具有频率高、义域广、功能强的特点。"（《汉语六组涉口基本词演变研究》，博士学位论文，南京大学，2006年，第4页）钟明立提出："我们把某一义位的同义子场中，义域宽、频率高的通称词称为主导词，其他词则为非主导词。"（《汉语"胜—败"义语义场的历时演变》，《华南师范大学学报》（社会科学版）2011年第4期）

③ 我们所讲的用法不同于吕传峰所指的功能：吕文所关注的是组合功能，如状语及补语的变化（《汉语六组涉口基本词演变研究》，博士学位论文，南京大学，2006年）；我们关注的用法主要是指与义域密切相关的对象性质及其句法位置的变化。

化并不是很明显，倒是会在用法上呈现出某些变化，这时若仅注目于义域的变化，或许探不出其演变的真情，用法的变化倒不失为一个切实可行的路径。由于以上主要是就"忧虑""思念""猜度""思谋""意欲"五个概念场主导词替换过程所呈现出来特点简要分析后得出的结论（也兼及了其他几个概念场），所以是否具有普适性，还有待于进一步检验。

8.4　有关底层词影响通语的存疑

在本课题的研究中，指称"忧虑"概念的"愁"的发展历程比较特别：就所掌握的文献资料来看，其当不晚于东汉出现。唐以前，其主要见于宗教文献及农书中，使用群体的社会地位比较低。像在言辞文雅的《三国志》中未见用例，而在裴松之的《三国志注》中竟检索到 1 例，如"（亮）曰：'今皆不及，而将军之众不过数千人，以此待敌，得无非计乎！'备曰：'我亦愁之，当若之何？'"（《三国志·蜀志·诸葛亮传》注引《魏略》）唐以后，在我们所查考的文献中，在记录官方谈判的"编年体史书"《三朝北盟会编》里未见用例，而在"佛教弟子和广大底层人民中间流行甚广"[①]的《王梵志诗》中，其使用数量竟超过此期概念场主导词"忧"的用例数（指称本概念的单用"愁"12 见，"忧"3 见）；明清时期，晋升为本概念场的主导词。"愁"由一个底层词渐次挤入通语的历程引发我们思考：词有时代性和地域性，方言词对通语有着巨大的影响，是推动汉语词汇发展的原因之一，这已成为学界的共识。底层词对通语的影响如何？其是否也是推动汉语词汇发展的原因之一？由于证据不足，故迻录之以俟方家进而教正。

---

① 李盼：《试论王梵志诗中的孝道观》，《甘肃联合大学学报》（社会科学版）2011 年第 6 期。

主要引用书目

一 古籍之部

（一）经部
易类
（魏）王弼、韩康伯注，（唐）孔颖达正义：《周易正义》，中华书局《十三经注疏》本，1980年版。

（汉）郑玄注，（宋）王应麟辑，（清）惠栋增补：《郑氏周易注》，中华书局《丛书集成初编》本第383册，1985年版。

（清）惠栋：《周易述》，上海古籍出版社1990年版。

书类
（唐）孔颖达：《尚书正义》，中华书局《十三经注疏》本，1980年版。

（宋）蔡沈：《书经集传》，台北：台湾商务印书馆四库全书本第58册，1986年版。

诗类
（汉）毛亨传，（汉）郑玄笺，（唐）孔颖达正义：《毛诗正义》，中华书局《十三经注疏》本，1980年版。

（宋）朱熹注，王华宝整理：《诗集传》，江苏古籍出版社2007年版。

（清）马瑞辰撰，陈金生点校：《毛诗传笺通释》，中华书局1989年版。

礼类
（汉）郑玄注，（唐）贾公彦疏：《周礼注疏》，中华书局《十三经注疏》本，

1980 年版。

——《仪礼注疏》，中华书局《十三经注疏》本，1980 年版。

（汉）郑玄注，（唐）孔颖达正义：《礼记正义》，中华书局《十三经注疏》本，1980 年版。

（汉）戴德著，（清）孔广森补：《大戴礼记补注》，商务印书馆《丛书集成初编》本第 1029 册，1939 年版。

（清）王聘珍：《大戴礼记解诂》，中华书局 1983 年版。

春秋类

（汉）何休注，（唐）徐彦疏：《春秋公羊传注疏》，中华书局《十三经注疏》本，1980 年版。

（晋）杜预注，（唐）孔颖达正义：《春秋左传正义》，中华书局《十三经注疏》本，1980 年版。

（晋）范宁注，（唐）杨士勋疏：《春秋穀梁传注疏》，中华书局《十三经注疏》本，1980 年版。

四书类

（魏）何晏集解，（宋）邢昺疏：《论语注疏》，中华书局《十三经注疏》本，1980 年版。

（清）刘宝楠撰，高流水点校：《论语正义》，中华书局 1990 年版。

（汉）赵岐注，（宋）孙奭疏：《孟子注疏》，中华书局《十三经注疏》本，1980 年版。

（清）焦循撰，沈文倬点校：《孟子正义》，中华书局 1987 年版。

（宋）朱熹：《四书章句集注》，中华书局 1983 年版。

小学类

（汉）许慎撰，（宋）徐铉校定：《说文解字》，中华书局 1963 年版。

（南唐）徐锴：《说文解字系传》，中华书局 1987 年版。

（清）段玉裁：《说文解字注》，上海古籍出版社 1988 年版。

（清）朱骏声：《说文通训定声》，中华书局 1984 年版。

（清）王筠：《说文释例》，中华书局 1987 年版。

——《说文句读》，中华书局 1988 年版。

（清）桂馥：《说文解字义证》，中华书局 1987 年版。

（清）徐灏：《说文解字注笺》，上海古籍出版社续修四库全书本第 225—227 册，2002 年版。

张舜徽：《说文解字约注》，中州书画社 1983 年版。

（晋）郭璞注，宋邢昺疏：《尔雅注疏》，中华书局《十三经注疏》本，1980 年版。

（清）郝懿行：《尔雅义疏》，上海古籍出版社 1983 年版。

迟铎集释：《小尔雅集释》，中华书局 2008 年版。

（汉）刘熙撰，（清）毕沅疏证，王先谦疏证补：《释名疏证补》，上海古籍出版社 1984 年版。

（汉）刘熙：《释名》，中华书局 1985 年版。

（清）钱绎笺疏：《方言笺疏》，上海古籍出版社 1984 年版。

周祖谟：《方言校笺》（附索引），中华书局 1993 年版。

（魏）张揖撰，（清）王念孙疏证：《广雅疏证》，江苏古籍出版社 2000 年版。

（梁）顾野王著，（宋）陈彭年等重修：《大广益会玉篇》，中华书局 1987 年版。

（唐）陆德明：《经典释文》，上海古籍出版社 1985 年版。

（唐）释慧琳，（辽）释希麟：《正续一切经音义》（附索引两种），上海古籍出版社 1986 年版。

周祖谟：《广韵校本》，中华书局 2011 年版。

（宋）丁度等：《集韵》，上海古籍出版社 1985 年版。

（宋）毛晃增注，（宋）毛居正重增：《增修互注礼部韵略》，台湾：台湾商务印书馆文渊阁四库全书本第 237 册，1986 年版。

（宋）司马光：《类篇》，中华书局 1984 年版。

（宋）戴侗：《六书故》，安徽教育出版社中华汉语工具书书库（李学勤主编）第十三册，2002 年版。

（元）黄公绍，熊忠著，宁忌浮整理：《古今韵会举要》，中华书局 2000 年版。

（明）张自烈撰，（清）廖文英续：《正字通》，上海古籍出版社续修四库全书本第 234—235 册，2002 年版。

（明）梅膺祚：《字汇 字汇补》，上海辞书出版社 1991 年版。

（明）宋濂撰，（明）屠龙订正：《篇海类编》，上海古籍出版社续修四库全书本第 229—230 册，2002 年版。

（清）刘淇著，章锡琛校注：《助字辨略》，中华书局 1954 年版。

（清）俞樾著，李天根辑：《诸子平议》，中华书局 1954 年版。

（清）王念孙：《读书杂志》，江苏古籍出版社 2000 年版。

（清）王引之：《经义述闻》，江苏古籍出版社 2000 年版。

杨树达：《积微居小学述林》，中华书局 1983 年版。

李孝定：《甲骨文字集释》，台北："中央研究院"历史语言研究所 1970 年版。

李圃主编，古文字诂林编纂委员会编纂：《古文字诂林》，上海教育出版社 2005 年版。

罗振玉：《殷墟书契考释三种》，中华书局 2006 年版。

（二）史部
正史类

（汉）司马迁撰，（宋）裴骃集解，（唐）司马贞索隐，（唐）张守节正义：《史记》，中华书局 1982 年版。

（汉）班固撰，（唐）颜师古注：《汉书》，中华书局 1962 年版。

（宋）范晔撰，（唐）李贤等注：《后汉书》，中华书局 1965 年版。

（晋）陈寿撰，（宋）裴松之注：《三国志》，中华书局 1982 年版。

（唐）房玄龄等：《晋书》，中华书局 1974 年版。

（梁）沈约：《宋书》，中华书局 1974 年版。

（梁）萧子显：《南齐书》，中华书局 1972 年版。

（北齐）魏收：《魏书》，中华书局 1974 年版。

（唐）魏征等：《隋书》，中华书局 1973 年版。

（后晋）刘昫等：《旧唐书》，中华书局 1975 年版。

（宋）欧阳修、宋祁：《新唐书》，中华书局 1975 年版。

（元）脱脱等：《宋史》，中华书局 1977 年版。

（明）宋濂等：《元史》，中华书局 1976 年版。

（清）张廷玉等：《明史》，中华书局 1974 年版。

柯劭忞、屠寄：《元史二种》，上海古籍出版社 1989 年版。

赵尔巽等：《清史稿》，中华书局 1976 年版。

编年类

（宋）司马光编著，（元）胡三省音注：《资治通鉴》，中华书局 1956 年版。

（宋）李焘撰，上海师范大学古籍整理研究室点校：《续资治通鉴长编》，中华书局 1986 年版。

杂史类

（吴）韦昭注，上海师范大学古籍整理组校点：《国语》，上海古籍出版社 1978 年版。

（西汉）刘向集录：《战国策》，上海古籍出版社 1985 年版。

（东汉）刘珍等撰，吴树平校注：《东观汉记校注》，中州古籍出版社 1987 年版。

（晋）袁宏撰，李兴和点校：《袁宏〈后汉纪〉集校》，云南大学出版社 2008 年版。

（明）张岱：《石匮书》，上海古籍出版社续修四库全书本第 218—219 册 2002 年版。

（清）周济：《晋略》，台北：台湾中华书局四库备要本第 291 册，1981 年版。

（清）魏源：《圣武记》（附夷艘寇海记），岳麓书社 2011 年版。

（清）三余氏：《明末纪事补遗》，北京出版社《四库禁毁书丛刊》第 13 册，1997 年版。

载记类

（晋）常璩撰，任乃强校注：《华阳国志校补图注》，上海古籍出版社 1987 年版。

地理类

（北魏）郦道元著，陈桥驿证：《水经注校证》，中华书局 2007 年版。

（北魏）杨衒之著，范祥雍校注：《洛阳伽蓝记校注》，上海古籍出版社
　　1978年版。

［日］圆仁撰，顾承甫、何泉达点校：《入唐求法巡礼行记》，上海古籍出
　　版社1986年版。

台湾商务印书馆主编：《重修琴川志》，台北：台湾商务印书馆有限公司
　　1981年版。

［意］马可·波罗口述，鲁思梯谦笔录，陈开俊等译：《马可波罗游记》，
　　福建人民出版社1981年版。

（明）徐弘祖撰，朱惠荣校注：《徐霞客游记校注》，云南人民出版社1985
　　年版。

　　目录类

傅增湘：《藏园群书经眼录》，中华书局1983年版。

张家山二四七号汉墓竹简整理小组编著：《张家山汉墓竹简（二四七号
　　墓）》（释文修订本），文物出版社2006年版。

　　史评类

（清）王夫之：《读通鉴论》，中华书局1975年版。

（清）章学诚著，叶瑛校注：《文史通义校注》，中华书局1994年版。

（清）顾炎武著，陈垣校注：《日知录校注》，安徽大学出版社2007年版。

　　（三）子部

　　儒家类

（清）王先谦撰，沈啸寰、王星贤点校：《荀子集解》，中华书局1988
　　年版。

（汉）贾谊撰，阎振益、钟夏校注：《新书校注》，中华书局2000年版。

（汉）桓宽撰，马百非注释：《盐铁论简注》，中华书局1985年版。

（汉）刘向著，向宗鲁校：《说苑校证》，中华书局1987年版。

（宋）黎靖德编，王星贤点校：《朱子语类》，中华书局1986年版。

　　兵家类

中国人民解放军军事科学院战争理论研究部《孙子》注释小组：《孙子兵

法新注》，中华书局 2005 年版。

（明）吴门啸客著，李传明注：《孙庞鬪智演义》，山东大学出版社 1985 年版。

刘鲁民、苏德祥主编：《中国兵书集成》，解放军出版社 1988 年版。

    法家类

黎翔凤撰，梁运华整理：《管子校注》，中华书局 2004 年版。

郭沫若、闻一多、许维遹撰：《管子集校》，科学出版社 1956 年版。

（战国）韩非著，陈奇猷校注：《韩非子集释》，上海人民出版社 1974 年版。

（清）王先慎撰、钟哲点校：《韩非子集解》，中华书局 1998 年版。

    农家类

（北魏）贾思勰著，缪启愉校释：《齐民要术校释》，中国农业出版社 1982 年版。

    医家类

（唐）王冰注：《黄帝内经素问》，商务印书馆 1931 年版。

——《灵枢经》，商务印书馆 1954 年版。

（汉）张仲景述，王叔和集：《新编金匮要略方论》，中华书局 1985 年版。

    术数类

（汉）焦延寿：《焦氏易林》，中华书局《丛书集成初编》本第 703—705 册，1985 年版。

（汉）扬雄撰，（晋）范望注：《太玄》，台北：台湾商务印书馆文渊阁四库全书本第 803 册，1986 年版。

    杂家类

（清）孙诒让撰，孙启治点校：《墨子闲诂》，中华书局 2001 年版。

（汉）高诱注，陈奇猷校释：《吕氏春秋校释》，学林出版社 1984 年版。

许维遹撰，梁运华整理：《吕氏春秋集释》，中华书局 2009 年版。

何宁：《淮南子集释》，中华书局 1998 年版。

（汉）应劭撰，王利器校注：《风俗通义校注》，中华书局 1981 年版。

（汉）王充著，黄晖校释：《论衡校释》，中华书局 1990 年版。

（北齐）颜之推著，王利器集解：《颜氏家训集解》，中华书局 1993 年版。

（北齐）刘昼著，傅亚庶校释：《刘子校释》，中华书局 1998 年版。

（宋）沈括著，胡道静校注：《新校正梦溪笔谈》，中华书局 1957 年版。

（宋）吴曾：《能改斋漫录》，中华书局 1960 年版。

刘坚、蒋绍愚主编：《近代汉语语法资料汇编》（宋代卷），商务印书馆 1992 年版。

汪维辉编：《朝鲜时代汉语教科书丛刊》（全四册），中华书局 2005 年版。

（明）沈德符：《万历野获编》，中华书局 1959 年版。

类书类

（宋）李昉等编：《太平御览》，中华书局 1960 年版。

——《太平广记》，中华书局 1961 年版。

（宋）王应麟：《玉海》，上海书店 1987 年版。

小说家类

（汉）刘歆撰，（晋）葛洪辑：《西京杂记：外二十一种》，上海古籍出版社 1991 年版。

（晋）干宝撰，汪绍楹校注：《搜神记》，中华书局 1979 年版。

（南朝宋）刘义庆撰，（南朝梁）刘孝标注，徐震堮校笺：《世说新语校笺》，中华书局 2001 年版。

（南朝梁）殷芸编纂，周楞伽辑注：《殷芸小说》，上海古籍出版社 1984 年版。

（唐）张鷟撰，赵守俨点校：《朝野佥载》，中华书局 1979 年版。

（唐）李德裕：《李卫公会昌一品集一》，中华书局《丛书集成初编》本第 1856—1859 册，1985 年版。

（五代）王定保：《唐摭言》，中华书局 1960 年版。

（唐）牛僧孺撰，程毅中点校：《玄怪录》，中华书局 2006 年版。

（金）刘祁撰，崔文印点校：《归潜志》，中华书局 1983 年版。

黎烈文：《大宋宣和遗事》，商务印书馆 1934 年版。

程毅中：《宋元话本》，中华书局 1964 年版。

（元）陶宗仪：《南村辍耕录》，中华书局 1959 年版。

（明）兰陵笑笑生撰，戴鸿森校点：《金瓶梅词话》，人民文学出版社 1985
年版。

（明）陆人龙著，覃君点校：《型世言》，中华书局 2002 年版。

（明）施耐庵、罗贯中：《水浒全传》，人民文学出版社 1954 年版。

（明）冯梦龙：《古今小说》，上海古籍出版社《古本小说集成》本 1994
年版。

（明）吴承恩：《西游记》（世德堂本），上海古籍出版社《古本小说集成》
本 1994 年版。

（明）罗贯中：《三国演义》，人民文学出版社 2005 年版。

（明）梅禹生：《青泥莲花记》，上海古籍出版社续修四库全书本第 1271
册，2002 年版。

（明）瞿佑等著，周夷校注：《剪灯新话：外二种》，古典文学出版社 1957
年版。

（明）齐东野人撰，肖芒点校：《隋炀帝艳史》，中华书局 2000 年版。

（明）王锜：《寓圃杂记》，上海古籍出版社续修四库全书本第 1170 册，
2002 年版。

（明）王同轨撰，吕友仁、孙顺霖校点：《耳谈类增》，中州古籍出版社
1994 年版。

（明）许仲琳编：《封神演义》，人民文学出版社 1973 年版。

（清）百一居士：《壶天录》，上海古籍出版社续修四库全书本第 1271 册，
2002 年版。

（清）蒲松龄：《聊斋志异》（铸雪斋抄本），上海古籍出版社 1979 年版。

（清）蒲松龄著，蒲先明整理，邹宗良校注：《聊斋俚曲集》，国际文化出
版公司 1999 年版。

（清）吴敬梓：《儒林外史》，上海古籍出版社《古本小说集成》本 1994
年版。

（清）曹雪芹、高鹗：《红楼梦》，人民文学出版社 1982 年版。

（清）曹雪芹：《乾隆抄本百廿回红楼梦稿》，上海古籍出版社 1984 年版。

（清）李绿园著，栾星校注：《歧路灯》，中州书画社 1980 年版。

（清）和邦额著，王一工、方正耀点校：《夜谭随录》，上海古籍出版社
　　1988年版。

（清）韩庆邦：《海上花列传》，上海古籍出版社《古本小说集成》本1994
　　年版。

（清）刘鹗著，陈翔鹤校，戴鸿森注：《老残游记》，人民文学出版社1982
　　年版。

（清）石玉昆述，俞樾重编：《七侠五义》，宝文堂书店1980年版。

（清）石玉昆述，王军点校：《三侠五义》，人民文学出版社2001年版。

（清）醉月山人：《狐狸缘全传》，上海古籍出版社《古本小说集成》本
　　1994年版。

（清）文康：《儿女英雄传》，人民文学出版社1983年版。

（清）曾朴：《孽海花》，中华书局2001年版。

（清）陶贞怀著，李平编校：《天雨花》，中州古籍出版社1984年版。

（清）西周生著，武彰点校：《醒世姻缘传》，中华书局2002年版。

　名教中人编次，李书点校：《好逑传》，北京师范大学出版社1993年版。

（清）沈曰霖：《晋人尘》，上海书店出版社《丛书集成续编》本第96册，
　　1994年版。

释家类

（后汉）竺大力共康孟详译：《修行本起经》，《大正新修大藏经》第3册。

（后汉）康孟详译：《中本起经》，《大正新修大藏经》第4册。

（后汉）支娄迦谶译：《道行般若经》，《大正新修大藏经》第8册。

（吴）康僧会译：《六度集经》，《大正新修大藏经》第3册。

（吴）支谦译：《大明度经》，《大正新修大藏经》第8册。

（西晋）竺法护译：《生经》，《大正新修大藏经》第3册。

（东晋）法显撰，章巽校注：《法显传校注》，中华书局2008年版。

（姚秦）鸠摩罗什译：《妙法莲华经》，《大正新修大藏经》第9册。

（姚秦）佛陀耶舍共竺佛念等译：《四分律》，《大正新修大藏经》第22册。

　僧伽斯那撰，（萧齐）求那毗地译：《百喻经》，《大正新修大藏经》第4册。

（元魏）慧觉等译：《贤愚经》，《大正新修大藏经》第4册。

（北魏）吉迦夜共昙曜译：《杂宝藏经》，《大正新修大藏经》第 4 册。

（南朝梁）释慧皎撰，汤用彤校注，汤一玄整理：《高僧传》，中华书局 1992 年版。

（隋）阇那崛多译：《佛本行集经》，《大正新修大藏经》第 3 册。

（隋）费长房：《历代三宝纪》，《大正新修大藏经》第 49 册。

（唐）义净译：《根本说一切有部毗奈耶颂》，《大正新修大藏经》第 24 册。

——《根本说一切有部毗奈耶杂事》，《大正新修大藏经》第 24 册。

（宋）释普济：《五灯会元》，中华书局 1984 年版。

（宋）释道原：《景德传登录》，《大正新修大藏经》第 51 册。

（南唐）静筠二禅师编撰，孙昌武、（日）衣川贤次、西口芳男点校：《祖堂集》，中华书局 2007 年版。

道家类

陈鼓应：《老子注译及评介》，中华书局 1984 年版。

（清）郭庆藩撰，王孝鱼点校：《庄子集释》，中华书局 1961 年版。

杨柳桥：《庄子译注》，上海古籍出版社 2007 年版。

王明编：《太平经合校》，中华书局 1960 年版。

王明：《抱朴子内篇校释》，中华书局 1985 年版。

（晋）葛洪著，顾久译注：《抱朴子内篇全译》，贵州人民出版社 1995 年版。

（晋）葛洪：《抱朴子内篇》，华龄出版社 2002 年版。

杨明照：《抱朴子外篇校笺》，中华书局 1991 年版。

（四）集部

楚辞类

（宋）洪兴祖撰，白化文点校：《楚辞补注》，中华书局 1983 年版。

（宋）朱熹集注：《楚辞集注》，上海古籍出版社 1979 年版。

别集类

（魏）阮籍著，陈伯君校注：《阮籍集校注》，中华书局 1987 年版。

（晋）陆机著，金涛声点校：《陆机集》，中华书局 1982 年版。

（晋）陶渊明著，逯钦立校注：《陶渊明集》，中华书局 1979 年版。

（唐）杜甫著，（清）仇兆鳌注：《杜诗详注》，中华书局 1979 年版。

（唐）权德舆：《权载之文集》，上海书店四部丛刊初编本第 114 册，1985年版。

（唐）韩愈著，屈守元、常思春主编：《韩愈全集校注》，四川大学出版社1996 年版。

（唐）韩愈著，刘真伦、岳珍校注：《韩愈文集汇校笺注》，中华书局 2010年版。

（唐）柳宗元：《柳宗元集》，中华书局 1979 年版。

（唐）白居易著，谢思炜校注：《白居易诗集校注》，北京书局 2006 年版。

（唐）寒山著，项楚注：《寒山诗注》，中华书局 2000 年版。

（唐）王梵志著，项楚校注：《王梵志诗校注》（增订本），上海古籍出版社2010 年版。

（唐）元稹著，冀勤注：《元稹集》，中华书局 1982 年版。

（宋）王安石著，秦克、巩军标点：《王安石全集》，上海古籍出版社 1999年版。

（宋）苏轼著，张志烈、马德富、罗裕锴主编：《苏轼全集校注》，河北人民出版社 2010 年版。

（宋）苏辙著，陈宏天、高秀芳点校：《栾城集》，中华书局 1990 年版。

（宋）张耒等撰：《苏门六君子文粹》，台北：台湾商务印书馆文渊阁四库全书本第 1361 册，1986 年版。

（宋）陈师道撰，（宋）任渊注，冒广生补，冒怀辛整理：《后山诗注补笺》，中华书局 1995 年版。

（宋）李纲撰：《梁溪集》，台北：台湾商务印书馆文渊阁四库全书本第1126 册 1986 年版。

（宋）杨万里撰，辛更儒笺校：《杨万里集笺校》，中华书局 2007 年版。

（宋）陈亮著，邓广铭点校：《陈亮集》（增订本），中华书局 1987 年版。

（宋）叶适著，刘公纯点校：《叶适集》，中华书局 1961 年版。

（元）陈栎撰：《定宇集》，台北：新文丰出版公司《元人文集珍本丛刊》

（第 4 册）1985 年版。

（明）王守仁著：《王阳明全集》，世界书局 1942 年版。

（明）冯梦龙编述：《明清民歌时调集》，上海古籍出版社 1987 年版。

（清）张景星等编选：《元诗别裁集》，上海古籍出版社 1979 年版。

（清）李渔著，单锦珩校点：《闲情偶寄》，浙江古籍出版社 1985 年版。

（清）方苞著，刘季高校点：《方苞集》，上海古籍出版社 1983 年版。

（清）钱大昕撰，吕友仁标校：《潜研堂集》，上海古籍出版社 1989 年版。

（清）黄遵宪著，钱仲联笺注：《人境庐诗草笺注》，上海古籍出版社 1981
年版。

詹锳编著：《李白诗文系年》，作家出版社 1958 年版。

总集类

（清）严可均校辑：《全上古三代秦汉三国六朝文》，中华书局，1958 年版。

逯钦立辑校：《先秦汉魏晋南北朝诗》，中华书局 1983 年版。

（南朝梁）萧统编，（唐）李善等注：《六臣注文选》，中华书局 1987 年版。

（宋）郭茂倩：《乐府诗集》，中华书局 1979 年版。

黄征、张涌泉校注：《敦煌变文校注》，中华书局 1997 年版。

项楚：《敦煌变文选注》，中华书局 2006 年版。

（清）彭定求等编：《全唐诗》（增订本），中华书局 1999 年版。

（清）董诰等编：《全唐文》，中华书局 1983 年版。

唐圭璋编：《全宋词》，中华书局 1965 年版。

北京大学古文献研究所编：《全宋诗》（全 72 册），北京大学出版社 1991—
1998 年版。

曾枣庄、刘琳主编：《全宋文》（27 册），巴蜀书社 1992 年版。

隋树森编：《全元散曲》，中华书局 1964 年版。

诗文评类

（清）赵翼著，霍松林、胡主佑校点：《瓯北诗话》，人民文学出版社 1963
年版。

词曲类

（金）董解元：《古本董解元西厢记》，上海古籍出版社 1984 年版。

（元）王实甫：《西厢记》，上海古籍出版社 1978 年版。

（元）白朴著，王文才校注：《白朴戏曲集校注》，人民文学出版社 1984 年版。

钱南扬校注：《永乐大典戏文三种校注》，中华书局 1979 年版。

程毅中辑注：《宋元小说家话本集》，齐鲁书社 2000 年版。

（明）臧晋叔编：《元曲选》，中华书局 1958 年版。

（明）毛晋编：《六十种曲》，中华书局 1958 年版。

徐沁君点校：《新校元刊杂剧三十种》，中华书局 1980 年版。

郑骞校订：《校订元刊杂剧三十种》，台北：世界书局 1962 年版。

二　今人论著

鲁迅：《鲁迅书信集》，人民文学出版社 1976 年版。

——《彷徨》，人民文学出版社 2000 年版。

李大钊：《李大钊文集》，人民出版社 1984 年版。

郭沫若：《郭沫若全集》（文学编，第 13 卷），人民文学出版社 1992 年版。

毛泽东：《毛泽东选集》，人民出版社 1991 年版。

老舍：《骆驼祥子》，人民文学出版社 1962 年年版。

——《牛天赐传》，宁夏人民出版社 1980 年版。

——《龙须沟》，人民文学出版社 1999 年版。

——《青蛙骑手》，人民文学出版社 1999 年版。

俞平伯：《俞平伯全集》，花山文艺出版社 1997 年版。

陈毅：《陈毅诗词选注》，北京出版社 1978 年版。

罗尔纲选注：《太平天国诗文选》，中华书局 1960 年版

沈从文：《沈从文散文集》，太白文艺出版社 2008 年版。

曹禺：《曹禺选集》，人民文学出版社 2002 年版。

孙犁：《澹定集》，百花洲文艺出版社 1981 年版。

苏青著，于青等编：《苏青文集》，上海书店 1994 年版。

周而复：《上海的早晨》第四部，人民文学出版社 1958 年版。

马烽、西戎：《吕梁英雄传》，人民文学出版社 1952 年版。

金庸:《碧血剑》,生活·读书·新知三联书店 1994 年版。

——《神雕侠侣》,生活·读书·新知三联书店 1999 年版。

王朔:《王朔自选集》,华艺出版社 1998 年版。

苏童:《我的帝王生涯》,花山文艺出版社 2001 年版。

参考文献

一　专著及论文

安沙沙：《常用词"窃""盗""偷"的历时替换》，《语文知识》2009 年第 3 期。

白云：《"走"词义系统的历时与共时比较研究》，《山西大学学报》（哲学社会科学版）2007 年第 2 期。

——《20 世纪以来现代汉语表"外貌形状"类词汇演变研究——以〈国语词典〈现代汉语词典〉为例》，《语言文字应用》2009 年第 1 期。

包克非：《论广义语义场和狭义语义场的互动——以汉语"东、南、西、北"方位词语义场为例》，《内蒙古财经学院学报》（综合版）2010 年第 2 期。

蔡镜浩：《魏晋南北朝词语例释》，江苏古籍出版社 1990 年版。

蔡万进：《张家山汉简〈奏狱书〉研究》，广西师范大学出版社 2006 年版。

蔡晓：《常用词"俟、待、候 / 等"的历时更替考》，《广东教育学院学报》2010 年第 4 期。

曹旅宁：《张家山 247 号墓汉律制作新考》，载中国文物研究所《出土文献研究》（第 6 辑），上海古籍出版社 2004 年版 。

岑运强：《语义场和义素分析再探》，《福建外语》1994 年第 3—4 期（合刊）。

常媛媛：《"闻"与"嗅（臭、齅）"的历时替换研究》，《南阳师范学院学报》2009 年第 8 期。

谌瑞霞:《周秦两汉"揣测"义动词研究》,硕士学位论文,西南大学,
2014 年。

陈承泽:《国文法草创》,商务印书馆 1982 年版。

陈国华:《古汉语两组常用词演变的语义场考察》,硕士学位论文,徐州师
范大学,2004 年。

陈佳佳:《上古汉语"停止"概念域词语研究》,硕士学位论文,陕西师范
大学,2017 年。

陈克炯:《先秦"负面心理动词"的述谓功能析微》,《中国语文》2000 年
第 3 期。

陈练军:《"至"和"到"的历时更替》,《南京理工大学学报》(社会科学版)
2009 年第 1 期。

陈练文:《甲骨文心理动词研究》,硕士学位论文,武汉大学,2005 年。

陈思、常萍:《"盒子"概念场的历时演变与共时分布》,《常州工学院学报》
(社会科学版)2019 年第 4 期。

陈卫强:《"囿""苑"历时更替考》,《吉林师范大学学报》(人文社会科学
版)2008 年第 1 期。

陈秀兰:《敦煌变文与汉语常用词演变研究》,《古汉语研究》2001 年第 1 期。

——《从常用词看魏晋南北朝文与汉文佛典语言的差异》,《古汉语研究》
2004 年第 1 期。

程云峰:《"忏悔""礼拜"等佛教修行动作语义场的历史演变》,硕士学位
论文,浙江大学,2006 年。

池昌海:《〈史记〉同义词研究》,上海古籍出版社 2002 年版。

崔宰荣:《汉语"吃喝"语义场的历史演变》,载北京大学汉语语言学研究
中心编《语言学论丛》(第 24 辑),商务印书馆 2001 年版。

[德]弗里德里希·温格瑞尔、汉斯尤格·施密特:《认知语言学导论》,
彭利贞、许国萍、赵微译,复旦大学出版社 2009 年版。

[东德]曼弗雷德·比尔维施:《语义学》,徐烈炯译,《语言学动态》1978
年第 4 期。

董为光：《汉语词义发展基本类型》，华中科技大学出版社 2004 年版。

董秀芳：《词汇化：汉语双音词的衍生和发展》，四川民族出版社 2002 年版。

董秀梅：《谈汉语的心理动词》，《聊城师范学院学报》1991 年第 4 期。

董玉芝：《"屦"、"履"、"鞋"的历时发展与更替》，《语言与翻译》（汉文）2009 年第 2 期。

——《汉语"挖掘"义动词的历时演变》，《燕山大学学报》（哲学社会科学版）2011 年第 3 期。

杜翔：《支谦译经动作语义场及其演变研究》，博士学位论文，北京大学，2002 年。

段炼：《中古佛经"给予"语义场初探——以〈六度集经〉、〈生经〉、〈贤愚经〉的单音动词为例》，硕士学位论文，浙江大学，2006 年。

〔法〕房德里耶斯（J.Vendryes）：《语言》，岑麒祥、叶蜚声译，商务印书馆 1992 年版。

范晓、杜高印、陈光磊：《汉语动词概述》，上海教育出版社 1987 年版。

方文一：《古代汉语中"耻"、"辱"的语法功能辨析》，《湖州师范学院学报》2002 年第 2 期。

方一新：《东汉魏晋南北朝史书词语笺释》，黄山书社 1997 年版。

——《训诂学概论》，江苏教育出版社 2008 年版。

——《中古近代汉语词汇学》，商务印书馆 2010 年版。

方一新、王云路：《六朝史书与汉语词汇研究》，载王云路、方一新编《中古汉语研究》，商务印书馆 2004 年版。原载于中国语文编辑部编《庆祝中国社会科学院语言研究所建所 45 周年学术论文集》，商务印书馆 1997 年版。

——《中古汉语读本》，上海教育出版社 2006 年版。

方云云：《近代汉语"脖子语义场"主导词的历时演变》，《安徽农业大学学报》（社会科学版）2010 年第 1 期。

丰竞：《现代汉语心理动词的语义分析》，《淮北煤炭师范学院学报》2003 年第 1 期。

符淮青:《汉语词汇学史》,安徽教育出版社1996年版。

——《词义的分析和描写》,外语教学与研究出版社2006年版。

甘小明:《〈高僧传〉建造概念场词汇系统分析》,《滁州学院学报》2008年第4期。

高龙:《汉语"切割"类动词语义场的历史演变研究》,硕士学位论文,内蒙古大学,2008年。

谷衍奎:《汉字源流字典》,语文出版社2008年版。

管锡华:《从〈史记〉看上古几组同义词的发展演变》,《语言研究》2000年第2期。

郭伏良:《现代汉语语义场分析初探》,《河北大学学报》1995年第1期。

郭向敏:《语义场中同义词竞争的句法优选原则》,《玉林师范学院学报》2010年第3期。

郭晓妮:《"梳""篦"对"枇"的历时替换考》,《海南大学学报》(人文社会科学版)2009年第4期。

——《汉语常用词多义义场的历史演变初探——以动词"提"为例》,《合肥学院学报》(社会科学版)2009年第5期。

——《古汉语物体位移概念场词汇系统及其发展演变研究——以"搬移类""拖曳类"等概念场为例》,博士学位论文,浙江大学,2010年。

郭在贻:《训诂学》,中华书局2005年版。

胡敕瑞:《〈论衡〉与东汉佛典词语比较研究》,巴蜀书社2002年版。

——《从概念出发的词语比较研究:以〈论衡〉与东汉佛典词语比较为例》,载四川大学汉语史研究所《汉语史研究集刊》(第5辑),巴蜀书社2002年版。

胡松柏:《试析现代汉语的学生义场》,《上饶师专学报》1997年第2期。

胡裕树:《现代汉语》,上海教育出版社2003年版。

胡裕树、范晓:《动词研究》,河南大学出版社1995年版。

黄伯荣、廖序东:《现代汉语》(增订六版),高等教育出版社2017年版。

黄成:《上古汉语三组常用词演变研究》,硕士学位论文,西南大学,2011年。

黄田:《情感动词语义特点及句法逆向功能初探》,《怀化师专学报》2001

年第 1 期。

黄献:《语义场的逻辑解读》,《广西社会科学》2010 年第 10 期。

黄笑山:《〈切韵〉和中唐五代音位系统》,台北:文津出版社 1995 年版。

黄英:《敦煌社会经济文献"借贷"概念场常用词历史演变研究》,《前沿》
　　2011 年第 16 期。

霍生玉、陈建初:《语义场的古今演变——对"吃喝"义场演变轨迹的探
　　析》,《求索》2009 年第 8 期。

嵇华烨:《〈列子〉词汇研究——以语义场、方言词为中心》,硕士学位论
　　文,浙江大学,2017 年。

贾彦德:《语义学导论》,北京大学出版社 1986 年版。

——《汉语语义学》,北京大学出版社 2001 年版。

贾燕子:《"涉""济""渡"词化模式及词义的历时演变》,《宁夏大学学报》
　　(人文社会科学版)2013 年第 6 期。

江蓝生:《魏晋南北朝小说词语汇释》,语文出版社 1988 年版。

姜黎黎:《〈摩诃僧祇律〉单音动词词义演变研究及认知分析——以经贸、
　　医疗、拘囚类概念场为例》,博士学位论文,浙江大学,2010 年。

姜兴鲁:《竺法护译经感觉动词语义场研究》,博士学位论文,浙江大学,
　　2011 年。

[韩]姜勇仲:《〈朱子语类〉词汇研究》,博士学位论文,北京大学,2006 年。

蒋礼鸿:《敦煌变文字义通释》,上海古籍出版社 1988 年版。

蒋绍愚:《怎样掌握古汉语的词义——兼谈"义位"和"义素"在词义分
　　析中的运用》,《语文研究》1981 年第 2 期。

——《关于汉语词汇系统及其发展变化的几点想法》,《中国语文》1989 年
　　第 1 期。

——《白居易诗中与"口"有关的动词》,《语言研究》1993 年第 1 期。

——《"抽象原则"和"临摹原则"在汉语语法史中的体现》,《古汉语研究》
　　1999 年第 4 期。

——《两次分类——再谈词汇系统及其变化》,《中国语文》1999 年第 5 期。

——《汉语词汇语法史论文集》,商务印书馆 2000 年版。

——《古汉语词汇纲要》，商务印书馆 2005 年版。

——《近代汉语研究概要》，北京大学出版社 2005 年版。

——《汉语词义和词汇系统的历史演变初探——以"投"为例》，《北京大学学报》（哲学社会科学版）2006 年第 4 期。

——《打击义动词的词义分析》，《中国语文》2007 年第 5 期。

蒋思聪：《汉语"恐惧"类心理动词语义场的历史演变研究》，硕士学位论文，云南大学，2013 年。

蒋宗福：《四川方言词语考释》，巴蜀书社 2002 年版。

焦毓梅：《〈十诵律〉常用动作语义场词汇研究》，博士学位论文，四川大学，2007 年。

金石：《"穿戴"语义场与语言的民族特点》，《汉语学习》1995 年第 5 期。

金素芳：《试析〈经律异相〉中"转世"等同义聚合体——兼及佛教文化、思想对汉语语词的影响》，硕士学位论文，浙江大学，2002 年。

金颖：《常用词"过""误""错"的历时演变与更替》，《古汉语研究》2008 年第 1 期。

兰佳睿：《现代汉语心理动词的量性特征》，博士学位论文，复旦大学，2008 年。

郎天万、蒋勇：《概念结构对语义原子论和语义场理论的整合》，《四川外语学院学报》2000 年第 2 期。

劳勃：《现代汉语心理动词语义、句法研究》，硕士学位论文，上海师范大学，2007 年。

雷丝雨：《南北朝隋—唐五代"欺骗"义概念场研究》，硕士学位论文，郑州大学，2019 年。

黎锦熙：《新著国语文法》，商务印书馆 1992 年版。

李长云：《敦煌变文惧怕类心理动词研究》，硕士学位论文，河南大学，2005 年。

李春燕：《论"胖"替代"肥"的过程、原因及现状》，《现代语文》（语言研究版）2010 年第 6 期。

李慧贤：《汉语人体部位词语历史演变研究》，博士学位论文，北京大学，

2007 年。

——《表示额头的词语及其演变》，载四川大学汉语史研究所编《汉语史研究集刊》（第 11 辑），巴蜀书社 2008 年版。

李丽：《从〈魏书〉、〈宋书〉授官语义场的比较看南北朝时期汉语的南北差异》，《燕山大学学报》（哲学社会科学版）2007 年第 2 期。

李盼：《试论王梵志诗中的孝道观》，《甘肃联合大学学报》（社会科学版）2011 年第 6 期。

李启文：《古汉语心理动词所带的宾语》，《中国语文》1985 年第 6 期。

李倩：《南北朝隋—唐五代"指责"义概念场研究》，硕士学位论文，郑州大学，2019 年。

李如龙：《汉语方言的比较研究》，商务印书馆 2001 年版。

李润生：《二十世纪五十年代以来汉语词汇系统研究述评》，《燕山大学学报》（哲学社会科学版）2007 年第 2 期。

李索、高小立：《〈左传〉愧耻义系词义特点与结构功能析微》，《河北大学学报》（哲学社会科学版）2003 年第 3 期。

李泰洙：《〈老乞大〉四种版本语言研究》，语文出版社 2003 年版。

李云云：《汉语下肢语义场的历史演变》，《绵阳师范学院学报》2004 年第 1 期。

李宗江：《汉语常用词演变研究》，汉语大词典出版社 1999 年版。

李佐丰：《试谈汉语历史词义的系统分析法》，载北京大学汉语语言学研究中心编《语言学论丛》（第 28 辑），商务印书馆 2003 年版。

——《古代汉语语法学》，商务印书馆 2004 年版。

梁冬青：《"鼎""镬""锅"的历时演变及其在现代方言中的地理分布》，《古籍整理研究学刊》2000 年第 4 期。

凌瑜、秦桦林：《〈史记〉的"洗足"当作"洗"》，《语言研究》2010 年第 3 期。

刘丹青：《汉语里的一个内容宾语标句词——从"说道"的"道"说起》，载中国社会科学院语言研究所《中国语文》编辑部《庆祝〈中国语文〉创刊五十周年学术论文集》，商务印书馆 2004 年版。

刘坚:《近代汉语读本》,上海教育出版社 2005 年版。

刘婧:《从疑问代词看传世〈列子〉的成书年代》,《广西科技师范学院学报》2015 年第 4 期。

刘曼:《近代汉语"喜爱"义常用词的演变及其影响因素》,《合肥师范学院学报》2019 年第 4 期。

刘青:《〈易经〉心理动词语法功能析微——兼与甲骨卜辞比较》,《重庆师院学报》(哲学社会科学版) 2002 年第 2 期。

刘叔新:《汉语描写词汇学》,商务印书馆 1990 年版。

刘素燕:《中古译经"身体"词聚合研究》,硕士学位论文,浙江大学,2004 年。

刘晓静:《东汉核心词"男"的语义研究》,《贵州民族学院学报》(哲学社会科学版) 2010 年第 1 期。

——《上古汉语"红"的语义场研究及其历时演变》,《现代语文》(语言研究版) 2010 年第 1 期。

——《东汉核心词"黑"的语义研究》,《湖南科技学院学报》2010 年第 3 期。

刘笑明:《心理动词句的分析》,《天津外国语学院学报》2000 年第 2 期。

刘新春:《睡觉类动词的历史演变研究》,硕士学位论文,河南大学,2003 年。

龙丹:《魏晋核心词"颈"语义场研究》,《云梦学刊》2007 年第 3 期。

——《魏晋"牙齿"语义场及其历时演变》,《语言研究》2007 年第 4 期。

——《魏晋核心词"油"语义场初探》,《广西社会科学》2007 年第 7 期。

——《魏晋"羽毛"语义场探微》,《郧阳师范高等专科学校学报》2008 年第 1 期。

——《魏晋核心词"胸"语义场研究》,《云梦学刊》2011 年第 5 期。

龙慧:《〈世说新语〉心理动词研究》,《井冈山学院学报》(哲学社会科学版) 2007 年第 9 期。

卢福波:《心理动词的分类及其结构特点》,《天津教育学院学报》1994 年第 1 期。

卢植:《认知与语言》,上海外语教育出版社 2006 年版。

罗香锋:《汉语"思考"类常用词语义场演变研究》,硕士学位论文,辽宁大学，2018 年。

吕澂：《新编汉文大藏经目录》，齐鲁书社 1980 年版。

吕传峰：《常用词"喝""饮"历时替换考》，《语文学刊》(高等教育版)
　　2005 年第 9 期。

——《汉语六组涉口基本词演变研究》，博士学位论文，南京大学，2006 年。

吕东兰：《从〈史记〉、〈金瓶梅〉等看汉语"观看"语义场的历史演变》，
　　载北京大学汉语语言学研究中心《语言学论丛》(第 21 辑)，商务印书
　　馆 1998 年版。

吕叔湘：《中国文法要略》，商务印书馆 1942 年版。

——《汉语研究工作者的当前任务》，《中国语文》1961 年第 4 期。

——《现代汉语八百词》(增订本)，商务印书馆 1999 年版。

吕文平：《汉语"买卖"类动词语义场的历史演变》，硕士学位论文，内蒙
　　古大学，2006 年。

马广东：《试用语义场理论分析"臭"义缩小》，《语言应用研究》2007 年
　　第 6 期。

马建忠：《马氏文通》，商务印书馆 1983 年版。

马丽：《试论未成年人语义场的演变》，《浙江学刊》2004 年第 5 期。

马清华：《文化语义学》，江西人民出版社 2000 年版。

毛远明：《〈左传〉词汇研究》，西南师范大学出版社 1999 年版。

梅家驹、竺一鸣、高蕴琦，等：《语义场和语义体系》，《外国语》(上海外
　　国语学院学报) 1987 年第 3 期。

梅晶：《魏晋南北朝小说常用心理动词述谓功能研究》，硕士学位论文，湖
　　南师范大学，2005 年。

——《魏晋南北朝小说心理动词带宾语的特点考察》，《古汉语研究》2009
　　年第 1 期。

苗守艳：《〈列子〉心理动词语义研究》，硕士学位论文，河北师范大学，
　　2005 年。

——《〈列子〉心理动词意义分析研究》，《河北广播电视大学学报》2010
　　年第 2 期。

聂志军：《汉语常用词研究方法浅论》，《河池学院学报》2007 年第 1 期。

牛太清：《量词"重 / 层"历时更替小考》，《古汉语研究》2001 年第 2 期。

——《常用词"隅""角"历时更替考》，《中国语文》2003 年第 2 期。

潘晓晶：《"蠢""笨"的历时演变》，《唐山师范学院学报》2018 年第 5 期。

潘允中：《汉语词汇史概要》，上海古籍出版社 1989 年版。

彭利贞：《论使役语义的语形表现》，《语文研究》1997 年第 1 期。

——《现代汉语情态研究》，中国社会科学出版社 2007 年版。

——《从语义到语法》，中国社会科学出版社 2011 年版。

戚年升、查中林：《"闻"对"嗅"的历时替换》，《宜宾学院学报》2010 年第 2 期。

任科雄：《〈朱子语类〉"诛杀"概念场研究》，《长江师范学院学报》2010 年第 5 期。

［日］太田辰夫：《中国语历史文法》，蒋绍愚、徐昌华译，北京大学出版社 2003 年版。

［瑞士］索绪尔：《普通语言学教程》中译本，高名凯译，商务印书馆 1980 年版。

邵丹：《汉语情绪心理动词语义场的历史演变研究》，博士学位论文，北京大学，2006 年。

邵天松：《〈法显传〉词汇研究——兼谈汉译佛典词汇的中土化》，硕士学位论文，南京师范大学，2007 年。

施真珍：《〈后汉书〉"羽"语义场及"羽、毛"的历时演变》，《语言研究》2009 年第 2 期。

施真珍、赖成彬：《〈后汉书〉中"树"语义场研究》，《现代语文》（语言研究版）2011 年第 9 期。

石安石：《语义研究》，语文出版社 1994 年版。

——《语义论》，商务印书馆 2005 年版。

石睿：《"握持类"动词的历史演变研究》，硕士学位论文，山西大学，2013 年。

石毓智：《古今汉语动词概念化方式的变化及其对语法的影响》，《汉语学习》2003 年第 4 期。

史光辉：《常用词"焚、燔、烧"历时替换考》，《古汉语研究》2004 年第
　1 期。

史文磊：《汉语运动事件词化类型的历时考察——基于书面语的初步调
　查》，博士学位论文，南京大学，2010 年。

束定芳：《语言的认知研究——认知语言学论文精选》，上海外语教育出版
　社 2004 年版。

——《认知语义学》，上海外语教育出版社 2008 年版。

双丹丹：《"种植"类动词语义场的历史演变》，硕士学位论文，河南大学，
　2009 年。

宋新华：《汉语"穿戴"语义场的历史演变》，硕士学位论文，北京大学，
　2003 年。

苏新春：《汉语词义学》，广东教育出版社 1992 年版。

孙淑娟：《大型辞书"忧"、"愁"条义项分合商兑》，《南昌工程学院学报》
　2014 年第 5 期。

——《"挖""掘"的历时替换及其相关问题》，《南昌大学学报》（人文社
　会科学版）2015 年第 1 期。

——《从常用词的更替看〈朱子语类〉一书的方言背景》，《南昌大学学报》
　（人文社会科学版）2016 年第 3 期。

——《常用词"掘"对"凿"、"穿"的历时替换及其原因考》，《江西师范
　大学学报》（哲学社会科学版）2016 年第 6 期。

——《{割刈}概念域上位词概念结构的历时演变及其替换》，《江西师范
　大学学报》（哲学社会科学版）2019 年第 3 期。

孙小晶：《从概念整合角度解析汉语双音节心理动词的词汇化过程》，硕士
　学位论文，北京语言大学，2007 年。

孙欣、李敬巍：《〈尔雅·释地〉语义场分析》，《吉林省教育学院学报》（学
　科版）2009 年第 3 期。

孙颖颖：《"跳跃"类常用词演变研究》，硕士学位论文，广西师范大学，
　2014 年。

谭代龙：《义净译经卧睡概念场词汇系统及其演变研究》，《语言科学》2007
年第 3 期。

——《义净译经身体运动概念场词汇系统及其演变研究》，语文出版社
2008 年版。

谭代龙、张富翠：《汉语起立概念场词汇系统及其演变研究》，《西南民族
大学学报》（人文社会科学版）2007 年第 10 期。

汤传扬：《汉语"夹菜"概念表达方式的现状与历史》，《河南科技学院学
报》2019 年第 9 期。

唐莉：《近代汉语词语发展的更替现象》，《古汉语研究》2001 年第 4 期。

唐莹莹：《语义理论和英语词汇教学》，《安徽师大学报》（哲学社会科学版）
1997 年第 3 期。

滕华英：《先秦汉语服饰词汇系统研究》，硕士学位论文，华中师范大学，
2005 年。

田启涛：《〈睡虎地秦墓竹简〉中两组同义词研究》，《重庆三峡学院学报》
2010 年第 6 期。

汪维辉：《常用词历时更替札记》，《语言研究》1998 年第 2 期。

——《几组常用词历史演变的考察》，载四川大学汉语史研究所编《汉语
史研究集刊》（第 1 辑），巴蜀书社 1998 年版。

——《汉魏六朝"进"字使用情况考察——对〈"进"对"入"的历时替
换〉一文的几点补正》，《南京大学学报》（哲学·人文科学·社会科学）
2001 年第 2 期。

——《汉语"说类词"的历时演变与共时分布》，《中国语文》2003 年第 4 期。

——《〈老乞大〉诸版本所反映的基本词历时更替》，《中国语文》2006 年
第 1 期。

——《汉语常用词演变研究的若干问题》，《南开语言学刊》2007 年第 1 期。

——《汉语词汇史新探》，上海人民出版社 2007 年版。

——《〈齐民要术〉词汇语法研究》，上海教育出版社 2007 年版。

——《撰写〈汉语 100 基本词简史〉的若干问题》，载中国社会科学院语
言研究所编《历史语言学研究》（第 1 辑），商务印书馆 2008 年版。

——《〈现代汉语方言大词典〉"说"条读后——关于分地词典如何处理"通用词"的一点想法》,《澳门语言学刊》2008年第31—32期。

——《"遐—迩"与"远—近"》,《语言研究》2009年第2期。

——《〈大唐三藏取经诗话〉、〈新雕大唐三藏法师取经记〉刊刻于南宋的文献学证据及相关问题》,《语言研究》2010年第4期。

——《东汉—隋常用词演变研究》(修订本),商务印书馆2017年版。

汪维辉、秋谷裕幸:《汉语"站立"义词的现状与历史》,《中国语文》2010年第4期。

王枫:《"言说"类动词语义场的历史演变》,硕士学位论文,北京大学,2004年。

——《"问答"类动词语义场的历史演变》,《内蒙古大学学报》(人文社会科学版)2007年第1期。

王凤阳:《古辞辨》(修订本),中华书局2011年版。

王福堂、王洪君:《从"实心馒头"到"淡面包"再到"淡包"——词语语义场归属变化一例》,《语文研究》2000年第1期。

王国珍:《"喫""食""饮"历时替换的不平衡性及其认知》,《古汉语研究》2010年第1期。

王红斌:《绝对程度副词与心理动词组合后所出现的程度义空范畴》,《烟台师范学院学报》1998年第1期。

——《谓宾心理动词与其后的非谓宾动词所表动作的语义所指》,《盐城师范学院学报》2001年第2期。

——《包含名宾心理动词的事件句和非事件句》,《南京师范大学学报》2004年第2期。

王洪君:《动物、身体两义场单字及两字组转义模式比较》,《语文研究》2005年第1期。

——《从两个同级义场代表单字的搭配异同看语义特征和语义层级——以"锅"和"碗"为例》,《世界汉语教学》2010年第2期。

王家璐:《中古汉语人体感官感知类形容词语义场研究》,硕士学位论文,宁波大学,2011年。

王建喜:《"陆地水"语义场的演变及其同义语素的叠置》,《语文研究》
2003 年第 1 期。

——《先秦至魏晋南北朝腿部语义场的演变》,《周口师范学院学报》2006
年第 6 期。

王力:《汉语词汇史》,商务印书馆 1993 年版。

——《汉语史稿》,中华书局 2003 年版。

王宁:《现代汉语双音合成词的构词理据与古今汉语的沟通》,载中国语文
编辑部编《庆祝中国社会科学院语言研究所建所 45 周年学术论文集》,
商务印书馆 1997 年版。

王荣:《"树""木"的历时演变及其演变动因》,《三门峡职业技术学院学报》
2019 年第 2 期。

王盛婷:《"干湿"义反义词聚合演变研究》,《语言研究》2007 年第 2 期。

——《汉语"冷类语义场"变迁史考》,《宁夏大学学报》(人文社会科学版)
2010 年第 2 期。

王树金:《〈二年律令〉法律内容制定年代考——兼谈"二年"的时间问题》
http://www.jianbo.org/admin3/2005/zhoubo001.htm.,2005 年 5 月 9 日。

王彤伟:《常用词"疾""病"的历时替代》,《北方论丛》2005 年第 2 期。

——《常用词焚、烧的历时替代》,《重庆师范大学学报》(哲学社会科学版)
2005 年第 5 期。

——《"豕、彘、猪"的历时演变》,《四川大学学报》(哲学社会科学版)
2010 年第 1 期。

王希杰:《"想"类动词的句法多义性》,《汉语学习》1992 年第 2 期。

王洋:《"烹煮"语义场的历史演变研究》,硕士学位论文,西北大学,
2008 年。

王毅力:《常用词"窃"、"盗"、"偷"的历时演变》,《语言科学》2009 年
第 6 期。

——《两晋汉语词汇研究》,博士学位论文,中山大学,2010 年。

——《二十年来古汉语语义场研究述评》,《广东技术师范学院学报》2011
年第 4 期。

王毅力、徐曼曼：《"颈"语义场的历时演变》，《宁夏大学学报》（人文社会科学版）2009 年第 6 期。

王寅：《语义理论与语言教学》，上海外语教育出版社 2001 年版。

王又新：《试论〈说文〉以概念场为背景的语言观》，《贵州师范学院学报》2010 年第 4 期。

王云路：《辞书失误考略》，《古汉语研究》1993 年第 1 期。

——《汉魏六朝诗歌语词论稿》，陕西人民教育出版社 1997 年版。

——《六朝诗歌语词研究》，黑龙江教育出版社 1999 年版。

——《中古常用词研究漫谈》，载浙江大学汉语史研究中心编《中古近代汉语研究》（第 1 辑），上海教育出版社 2000 年版。

——《百年中古汉语词汇研究述略》，《浙江大学学报》（人文社会科学版）2001 年第 4 期。

——《词汇训诂论稿》，北京语言文化大学出版社 2002 年版。

——《中古汉语词汇史》，商务印书馆 2010 年版。

——《中古汉语论稿》，中华书局 2011 年版。

王云路、方一新：《中古汉语语词例释》，吉林教育出版社 1992 年版。

——《中古汉语研究》，商务印书馆 2000 年版。

吴宝安：《西汉"头"的语义场研究——兼论身体词频繁更替的相关问题》，《语言研究》2006 年第 4 期。

吴宝安、黄树先：《先秦"皮"的语义场研究》，《古汉语研究》2006 年第 2 期。

伍谦光：《语义学导论》，湖南教育出版社 1988 年版。

武歌：《南北朝隋—唐五代"购买"义概念场研究》，硕士学位论文，郑州大学，2019 年。

武艳茹：《〈容斋随笔〉心理动词研究》，硕士学位论文，河北师范大学，2010 年。

武振玉：《两周金文心理动词试论》，《华夏文化论坛》2009 年第 1 期。

向熹：《简明汉语史》，商务印书馆 2010 年版。

解海江、张志毅：《汉语面部语义场历史演变——兼论汉语词汇史研究方法论的转折》，《古汉语研究》1993 年第 4 期。

解海江、章黎平：《面部语义场词典释义的历史演变》，《烟台师范学院学报》（哲学社会科学版）1999 年第 4 期。

邢义田：《张家山汉简〈二年律令〉读记》，载侯仁之主编《燕京学报》新第 15 期，北京大学出版社 2003 年版。

徐国庆：《现代汉语词汇系统论》，北京大学出版社 1999 年版。

徐磊：《汉语"跌倒"类常用词历史演变的描写与解释》，硕士学位论文，华中师范大学，2010 年。

徐烈炯：《语义学》，语文出版社 1990 年版。

徐曼曼、王毅力：《从词汇史看〈列子〉的成书年代补略》，《西南交通大学学报》（社会科学版）2011 年第 2 期。

徐时仪：《古白话词汇研究论稿》，上海教育出版社 2000 年版。

——《鼎、鬲、釜、镬、锅的演变递嬗考探》，《湖州师范学院学报》2002 年第 2 期。

——《"忙"和"怕"词义演变探微》，《中国语文》2004 年第 2 期。

——《〈朱子语类〉若干口语词源流考探》，载浙江大学汉语史研究中心《汉语史学报》（第 12 辑），上海教育出版社 2012 年版。

——《〈朱子语类〉执拗概念词语类聚考》，《南阳师范学院学报》2017 年第 2 期。

徐通锵：《历史语言学》，商务印书馆 1991 年版。

——《语言论》，东北师范大学出版社 1997 年版。

徐艳：《〈春秋左氏传〉军事义名词语义场研究》，硕士学位论文，西北大学，2010 年。

徐朝华：《上古汉语词汇史》，商务印书馆 2003 年版。

徐子亮：《认知与释词》，《华东师范大学学报》（哲学社会科学版）1994 年第 3 期。

许威汉：《二十世纪的汉语词汇学》，书海出版社 2000 年版。

闫春慧：《汉语"洗涤"类动词语义场的历史演变》，硕士学位论文，内蒙古大学，2006 年。

——《从〈史记〉〈论衡〉等看汉魏晋南北朝"洗涤"语义场》,《阴山学刊》2011年第4期。

颜洽茂:《〈辞源〉(修订本)罅漏拾补》,《杭州大学学报》(哲学社会科学版)1987年第4期。

——《利用六朝佛典编写汉语语文辞书》,《辞书研究》1988年第5期。

——《魏晋南北朝佛经词释》,《杭州大学学报》(哲学社会科学版)1996年第1期。

——《佛教语言阐释:中古佛经词汇研究》,杭州大学出版社1997年版。

——《中古佛经借词略说》,《浙江大学学报》(人文社会科学版)2002年第3期。

——《说"逸义"》,《古汉语研究》2003年第4期。

颜洽茂、荆亚玲:《试论汉译佛典四言格文体的形成及影响》,《浙江大学学报》(人文社会科学版)2008年第5期。

颜洽茂、卢巧琴:《中古译经年代与"感染生义"的判别》,《中国语文》2010年第1期。

杨春:《汉语中的阴阳语义场》,《华东理工大学学报》(社会科学版)2009年第3期。

杨明泽:《几组汉语常用词的演变研究》,硕士学位论文,广西民族大学,2011年。

——《常用词"泣、啼、号、哭"的演变研究》,《保定学院学报》2011年第1期。

杨明泽、曾利斌:《常用词"追、逐"之演变研究》,《广西民族师范学院学报》2011年第2期。

杨琴:《"责怪"类动词的历时演变研究》,硕士学位论文,湖南师范大学,2010年。

——《常用词"让""数""责""怪"的历时考察》,《桂林航天工业高等专科学校学报》2010年第3期。

杨荣贤:《汉语六组关涉肢体的基本动词发展史研究》,博士学位论文,南京大学,2006年。

杨永龙：《〈朱子语类〉完成体研究》，河南大学出版社 2001 年版。

杨振华：《汉语"愚痴"类语义场成员的历时演变与共时分布》，《中北大学学报》（社会科学版）2017 年第 3 期。

殷晓杰、张家合：《"找""寻"的历时替换及相关问题》，《汉语学报》2011 年第 3 期。

殷晓杰、吴瑞东、赵娟等：《"饥""饿"历时替换考》，《浙江师范大学学报》（社会科学版）2018 年第 1 期。

殷晓杰、张家合、张文锦：《汉语"躺卧"义词的历时演变研究》，《语言研究》2019 年第 1 期。

尹戴忠：《上古"窥视"语义场研究》，《唐山师范学院学报》2008 年第 1 期。

——《上古汉语"张目看"语义场研究》，《鸡西大学学报》2008 年第 3 期。

——《上古汉语"向上看"概念场研究》，《重庆三峡学院学报》2009 年第 5 期。

——《上古"远看"概念场研究》，《湖南科技大学学报》（社会科学版）2010 年第 5 期。

［英］简·奥斯丁：《理智与情感》，孙致礼译，世界知识出版社 2001 年版。

［英］利奇：《语义学》，李瑞华、王彤福、王自俭等译，上海外语教育出版社 1987 年版。

游汝杰：《汉语方言学导论》，上海教育出版社 2000 年版。

于丽娟：《语义场的时代特征：从"和谐"看"和"的语义的流变》，《内蒙古财经学院学报》（综合版）2010 年第 2 期。

于正安：《〈荀子〉心理动词研究》，《黔西南民族师范高等专科学校学报》2002 年第 9 期。

余嘉锡：《四库提要辨证》，中华书局 2007 年版。

俞理明、谭代龙：《共时材料中的历时分析——从〈根本说一切有部毗奈耶破僧事〉看汉语词汇的发展》，《四川大学学报》2004 年第 5 期。

袁义林：《心理动词刍议》，《烟台师范学院学报》（哲学社会科学版）1988 年第 1 期。

袁毓林：《语言的认知研究和计算分析》，北京大学出版社 1998 年版。

曾石飞：《中古汉语感官感知类动词语义场研究》，硕士学位论文，宁波大学，2011 年。

翟希钰：《汉语"愤怒"类语义场核心动词演变研究》，硕士学位论文，南宁师范学院，2015 年。

詹伯慧：《汉语方言及方言调查》，湖北教育出版社 2001 年版。

张海媚：《从〈世说新语〉的"目"看词义的时代性》，《南开语言学刊》2008 年第 2 期。

张积家、陆爱桃：《汉语心理动词的组织和分类研究》，《华南师范大学学报》（社会科学版）2007 年第 1 期。

张家合：《试论古汉语心理动词研究》，《学术论坛》2007 年第 6 期。

张家山二四七号汉墓竹简整理小组：《张家山汉墓竹简［二四七号汉墓］》（释文修订本），文物出版社 2006 年版。

张建国：《试析汉初"约法三章"的法律效力——兼谈"二年律令"与萧何的关系》，《法学研究》1996 年第 1 期。

张荆萍：《试论古汉语"出售"语义场的历史演变》，硕士学位论文，浙江大学，2008 年。

张晶晶：《〈论语〉心理动词简析》，《安徽文学》2009 年第 4 期。

张楠、白云：《汉语常用词的稳定性与变异性》，《兰州大学学报》（社会科学版）2010 年第 1 期。

张黎：《汉语"燃烧"类动词语义场历史演变研究》，硕士学位论文，四川外语学院，2010 年。

张联荣：《汉语词汇的流变》，大象出版社 1997 年版。

——《古汉语词义论》，北京大学出版社 2000 年版。

张美兰：《汉语常用词演变研究与个性化语料选用》，《阅江学刊》2017 年第 6 期。

——《反复问句结构的历时演变与南北类型关联制约——以〈官话指南〉及其沪语粤语改写本为例》，《语言研究》2018 年第 3 期。

张萍：《〈史记〉中心理动词的语法、语义研究》，硕士学位论文，山西师

古汉语心理活动概念场词汇系统演变研究

范大学，2010 年。

张庆庆：《近代汉语几组常用词演变研究》，博士学位论文，苏州大学，2007 年。

——《近代汉语"寻找"义动词更替考》，《苏州大学学报》（哲学社会科学版）2007 年第 3 期。

张全生：《现代汉语心理活动动词的界定及相关句型初探》，《语言与翻译》（汉文）2010 年第 2 期。

张婷：《〈西厢记〉和〈刘知远诸宫调〉卧睡类概念场词汇系统研究》，《语文学刊》2015 年第 15 期。

张显成：《先秦两汉医学用语研究》，巴蜀书社 2000 年版。

张相：《诗词曲语词汇释》，中华书局 2008 年版。

张晓玲：《〈醒世姻缘传〉单音节心理动词用法初探》，《山东电大学报》2008 年第 3 期。

张小艳：《论语体转换对词义的影响——以书札用语为例》，《古汉语研究》2008 年第 2 期。

张雁：《近代汉语复合动词研究》，博士学位论文，北京大学，2004 年。

张永言：《词汇学简论》，华中工学院出版社 1982 年版。

——《语文学论集》（增补本），语文出版社 1999 年版。

——《从词汇史看〈列子〉的撰写时代》（修订稿），载浙江大学汉语史研究中心《汉语史学报》（第 6 辑），上海教育出版社 2006 年版。

张永言、汪维辉：《关于汉语词汇史研究的一点思考》，《中国语文》1995 年第 6 期。

张涌泉：《汉语俗字研究》（增订本），商务印书馆 2010 年版。

张志毅、张庆云：《词汇语义学》（修订本），商务印书馆 2005 年版。

章黎平、解海江：《论汉语词汇共时和历时比较研究的意义》，《同济大学学报》（社会科学版）2018 年第 1 期。

章新传：《先秦情绪动词"惧"的几个语法问题》，《江西社会科学》2002 年第 9 期。

赵倩：《汉语"谋划"义动词研究》，硕士学位论文，西南大学，2014 年。

赵艳芳：《认知语言学概论》，上海外语教育出版社 2005 年版。

赵永超：《古代汉语"快速"语义场研究》，硕士学位论文，浙江大学，2010 年。

钟明立：《汉语"洗涤"义语义场的演变》，第十三届全国近代汉语学术研讨会论文，杭州，2008 年 9 月。

——《汉语"持拿"义语义场的演变》，第九届全国古代汉语学术研讨会论文，湛江，2008 年 10 月。

——《汉语"胜—败"义语义场的历时演变》，《华南师范大学学报》（社会科学版）2011 年第 4 期。

周国光：《语义场的结构和类型》，《华南师范大学学报》（社会科学版）2005 年第 1 期。

周荐：《汉语词汇研究史纲》，语文出版社 1995 年版。

周绍珩：《欧美语义学的某些理论与研究方法》，《语言学动态》1978 年第 4 期。

周有斌、邵敬敏：《汉语心理动词及其句型》，《语文研究》1993 年第 3 期。

周作明：《从概念场看文献中新旧词语的语用地位》，《西南民族大学学报》（人文社科版）2009 年第 9 期。

朱芳毅：《〈说文解字〉心理动词语义网络研究》，硕士学位论文，广西师范大学，2008 年。

朱红：《语义焦点与语言的历时演变——以上古汉语"我""吾"的分化为例》，《南开语言学刊》2010 年第 1 期。

朱红林：《张家山汉简〈二年律令〉研究》，黑龙江人民出版社 2008 年版。

朱坤林：《现代汉语"猜测"类动词的多角度分析》，硕士学位论文，延边大学，2006 年。

朱文豪：《〈说苑〉心理动词同义连用现象考察》，《鸡西大学学报》2008 年第 3 期。

朱艳丽：《常用词"畏""惧"/"怕"的历时更替考》，《语文学刊》2009 年第 8 期。

朱莹莹：《手部动作常用词的语义场研究》，硕士学位论文，四川大学，

2007 年。

二　工具书

北京大学中国语言文学系语言学教研室:《汉语方音字汇》(第 2 版重排本), 语文出版社 2003 年版。

北京大学中文系语言学教研室:《汉语方言词汇》(第 2 版), 语文出版社 1995 年版。

曹先擢、苏培成:《汉字形义分析字典》, 北京大学出版社 1999 年版。

曹志耘:《汉语方言地图集》(词汇卷), 商务印书馆 2008 年版。

陈章太、李行健:《普通话基础方言基本词汇集》, 语文出版社 1996 年版。

辞源修订组:《辞源》修订本, 商务印书馆 1995 年版。

丁福保:《说文解字诂林》, 中华书局 1988 年。

郭锡良:《汉字古音手册》, 商务印书馆 2010 年版。

汉语大词典编辑委员会:《汉语大词典》(缩印本), 汉语大词典出版社 1997 年版。

汉语大字典编辑委员会:《汉语大字典》(缩印本), 四川辞书出版社、湖北辞书出版社 2010 年版。

季恒铨、冯瑞生主编:《汉语常用字详解字典》, 湖北教育出版社 2002 年版。

李荣主编:《现代汉语方言词典》(42 卷), 江苏教育出版社 1994—1998 年版。

李荣主编:《现代汉语方言大词典》(6 卷本), 江苏教育出版社 2002 年版。

林杏光、菲白:《简明汉语义类词典》, 商务印书馆 1987 年版。

梅家驹:《同义词词林》, 上海辞书出版社 1983 年版。

石汝杰、[日] 宫田一郎:《明清吴方言词典》, 上海辞书出版社 2005 年版。

王力:《同源字典》, 商务印书馆 2002 年版。

——《王力古汉语字典》, 中华书局 2007 年版。

许宝华、[日] 宫田一郎:《汉语方言大词典》, 中华书局 1999 年版。

许少峰:《近代汉语词典》, 团结出版社 1997 年版。

——《近代汉语大词典》，中华书局 2008 年版。

张永言：《简明古汉语字典》（修订本），四川人民出版社 2001 年版。

中国社会科学院语言研究所词典编辑室编：《现代汉语词典》（第 7 版），
　　商务印书馆 2016 年版。

周定一：《红楼梦语言词典》，商务印书馆 1995 年版。

宗福邦、陈世铙、萧海波主编：《故训汇纂》，商务印书馆 2003 年版。

附 录

附录一 本书所讨论的心理概念场词汇系统主导词
更替情况总表

忧虑类	先秦至西汉	患
	东汉至五代	忧
	宋元	虑
	明清	愁
思念类	先秦至西汉	思
	东汉至隋代	念
	唐宋	忆
	元明清	想
猜度类	先秦	意
	西汉至隋	度
	唐至明初	料
	明中期至清末	猜
思谋类	先秦至东汉	思
	魏晋至隋	思惟
	唐至宋末元初	思量
	元明清	想

意欲类		先秦至唐代	欲
		五代至清代	↓ 要

附录二　本书所讨论的主导词的主导义位演变总表

忧虑类		春秋至战国前期	忧虑
	患	战国中期至元代	↓ 祸患
		明清	↓ 生病
	忧	春秋至战国中期	忧愁
		战国后期至隋	↓ 忧虑
		唐宋元明清	↓ 忧愁
	虑	先秦至东汉	思考
		魏晋至清代	↓ 忧虑
	愁	战国至清代	忧愁
思念类	思	先秦	思考
		西汉	↓ 怀念
		东汉至清代	↓ 思考
	念	先秦至隋代	思考
		唐宋元明清	↓ 诵读
	忆	东汉至隋代	回忆
		唐宋	↓ 思念
		元明清	↓ 回忆
	想	战国至东汉	想象
		魏晋至宋代	↓ 料想
		元明清	↓ 思考

续表

猜度类	意	春秋至战国中期	意料
		战国后期至隋	意志
		唐宋元明清	意思
	度₂	先秦	丈量
		西汉至隋	推测
		唐五代	丈量
		元明清	推测
	料	战国至清代	估量
	猜	战国至五代	怀疑
		宋元明清	猜测
思谋类	思惟	东汉至宋代	思量
	思量	魏晋至清代	考虑
意欲类	欲	先秦至清代	想要
	要₃	先秦至隋代	关键
		唐代至清代	想要

（猜度类"意"：意料→意志→意思；"度₂"：丈量→推测→丈量→推测；"猜"：怀疑→猜测。思谋类"思惟"：思量；"思量"：考虑。意欲类"要₃"：关键→想要。）

附录三　本书所讨论的概念场非典型成员使用情况总表①

		春秋	战国	西汉	东汉	魏晋	南北朝	唐五代	宋	元	明	清	现代
忧虑类	疾	←							→				
	恐	←											→
	恩（慁）		←		→								
	勤		←					→					
	卹（恤）	←											→
	病		←									→	
	懼		←									→	
	闵		←								→		

---

① 参见郭晓妮《古汉语古汉语物体位移概念场词汇系统及其发展演变研究——以"搬移类""拖曳类"等概念场为例》(博士学位论文,浙江大学,2010年,第235—236页)。

		春秋	战国	西汉	东汉	魏晋	南北朝	唐五代	宋	元	明	清	现代
	虞												
	畏												
	羞												
	㥀（惔）			?									
	念												
	焦												
	怕												
	担心												
思念类	悲												
	存												
	服												
	怀（褱）												
	慕												
	谂												
	愿（願）												
	著		?										
	感												
	挂（掛）												
	恋												
	恁												
	悬												
	忖												
	惦												
	缅						?						
	忺												
	思念												
	思想												
	想念												
	念想												
	惦记												
	惦念												
	记挂												
猜度类	葵、揆（葵）												
	拟（擬）												
	茹												
	仪												
	虞												

	春秋	战国	西汉	东汉	魏晋	南北朝	唐五代	宋	元	明	清	现代
忖（刌、寸）		←—————————————————→										
图		←—————————————————→										
逆		←?										
商（謪）		←?										
策		←—————————————————→										
论		←—————————————————→										
悬		←—————————————————→										
卜		←———————————————————————→										
测		←—————————————————→										
揣（歂、传、团）		←———————————————————————→										
期		←———————————————————————→										
见		←?										
疑		←?										
知			←———————————————→									
准			←———————————————→									
量			←—————————————————————→									
想			←—————————————————————→									
占			←—————————————————————→									
裁		←?										
臆		←?										
谅（亮）				←—————————————————→								
况				←?								
分						←———————————————→						
计						←———————————————→						
揣测						←—————————————————→						
算						←?						
谓							←———————————→					
筹（籌）						←?						
言						←?						
道							←—————————→					
估							←———————————→					
约摸（莫）							←———————————→					
看							←———————————→					
约							←?					
忖（匡）										←→		
估量										←———→		

488

续表

	春秋	战国	西汉	东汉	魏晋	南北朝	唐五代	宋	元	明	清	现代
猜想											←	→
估摸											←	→
思谋类　惟（维、唯）	←										→	
论	←											→
虑		←									→	
意		←										→
隐		←	→?									
訾		←				→						
谋（谟）		←						→				
心	←							→				
念		←										→
计			←									→
量			←									→
思想				←								→
寻思				←								→
忖					←					→		
言					←?							
憕					←?							
思谋										←	→	
意欲类　觊（冀）		←						→				
偷		←	→									
期	←											→
望		←								→		
思			←				→					
幸			←							→		
觊	←									→		
愿	←									→		
将					←				→			
企				←							→	
希					←						→	
想				←							→	
待								←	→			
忾							←		→			

489

附录四　调查文献简称表

B

《白居易诗集》、《百喻经》、《抱朴子》（内篇）、《碧岩录》

C

《唐才子传》《三朝北盟会编》《重刊老乞大谚解》《楚辞章句》

D

《大明度经》《大戴礼记》《灯指因缘经》《文心雕龙》《敦煌变文校注》

E

《儿女英雄传》

F

《法显传》《风俗通义》《封神演义》《佛本行集经》

G

《高僧传》《清史稿》《谷梁传》《管子》《鬼谷子》

H

《韩非子》、《汉书》、《论衡》、《红楼梦》（前八十回，记为红₁，后四十回，记为红₂）、《白虎通义》、《华阳国志》、《话本选》、《淮南子》、《黄帝内经》、《敦煌歌辞总编》

J

《张家山汉简》《金瓶梅词话》《晋书》《太玄经》《镜花缘》《旧唐书》

K

《孔丛子》《金匮要略》

L

《历代三宝纪》《聊斋志异》《梁书》《列女传》《刘子》《六度集经》《论语》《大方广十轮经》《洛阳伽蓝记》《吕氏春秋》

M

《朱子语类·训门人》、《孟子》、《北梦琐言》、《妙法莲华经》、明代民歌《明史》（记为明₁）、《摩诃止观》

N

《南村辍耕录》《孽海花》

P

《朴通事谚解》

Q

《七修类稿》《齐民要术》《歧路灯》《老乞大谚解》《朝野佥载》《清平山堂话本》《全唐诗》

R

《容斋随笔》《儒林外史》《入唐求法巡礼行记》

S

《三国志》、《全元散曲》、《诗经》、《史记》、《世说新语》、《南齐书》《水浒全传》、《四分律》、《宋书》、《宋史》（记为"宋₁"）、《孙子》、《隋书》

T

《太平经》《唐摭言》《陶渊明集》《朴通事新释谚解》《僮约》

W

《韩诗外传》《万历野获编》《王梵志诗校注》《魏书》《文殊师利佛土严净经》《无量寿经优婆提舍愿生偈注》《五灯会元》

X

《西游记》、《全元南戏》、《三侠五义》、《贤愚经》、《小孙屠》、《老乞大新释》、《新书》（记为"新₁"）、《新论》（记为"新₂"）、《新唐书》（记为"新₃"）、《醒世姻缘传》、《修行本起经》、《续资治通鉴长编》、《妙法莲华经玄义》、《荀子》、《训世评话》

Y

《盐铁论》、《颜氏家训》、《晏子春秋》、《出曜经》、《大宋宣和遗事》、《文史通义》、《华音启蒙谚解》、《殷芸小说》、《新校元刊杂剧三十种》、《元史》（记为"元₁"）、《新元史》（记为"元₂"）、《原本老乞大》、《说苑》、《侠义风月传》

Z

《杂宝藏经》《大唐三藏取经诗话》《战国策》《张协状元》《正法华经》《中本起经》《周易》《朱子语类》《水经注》《祖堂集》《左传》

后　记

　　我 2009 年考入浙江大学，随颜洽茂老师读博，2012 年 6 月顺利通过答辩。本书是在博士学位论文基础上申报的国家社会科学基金项目"古汉语心理活动概念场词汇系统演变研究"的最终成果。

　　关注心理活动概念场词汇系统的演变，始于 2010 年，时至今日已经过去十一年了。回首十一年的研究历程，发现陪伴我一路走来的，是一份深沉的关爱，心中满是感激。

　　首先要感谢我的博士导师颜洽茂先生。蒙先生不弃，得以忝列其门下，研习汉语词汇史。词汇学是此前我从未接触过的新领域，一切从零开始，指导这样一个学生其艰难可想而知，但先生对我从来就是耐心而宽容的。我是一个性急的人，常常在先生给出修改意见后，便迫不及待地修改，加之资质驽钝，以致经常不能领会先生的指导精髓。对此，先生总是耐心教导我学问不能操之过急，并且还不时在书稿修改处标注"想想为什么要这样改"的字样以提醒我应仔细揣摩。我书稿的写作，就是在先生的悉心指导下完成的。从选题到框架以至行文中字句、标点符号的驾驭，都凝聚着先生无数的心血。记得每当将心中萌生的不成熟想法和先生交流时，他都不急于肯定也不急于否定我的想法，而是慢慢引导我向纵深思考，鼓励我要站在词汇史甚至汉语史的角度看问题。正是先生的循循善诱，才让我慢慢揭开了主导词界定标准的面纱，拨开了笼罩于主导义位演变类型的云雾。可以说，没有先生的悉心指导，也就不会有我书稿的初步完成。我也深知，由于自己愚懦，这部不成熟的书稿距离先生的要求还甚远，实在有负于他的期望。先生不仅是一位严师，更似一位慈父，给学生无微不至的关爱。读博期间每次回家，先生都要叮嘱代向家人问好；返校回来，都要问家人还好吧？毕业之后每次和先生打电话，先生也总要问问家人最近怎样？小朋友怎样？殷殷嘱托，声声问候，传递出先生的深切关怀。先生治学的态度和为师的风范，是我一生学习的榜样。

也非常感谢浙江大学汉语史研究中心的方一新先生、汪维辉先生、黄笑山先生、池昌海先生、真大成老师、史文磊老师，他们以其无私博大的情怀给予了我很多关爱和指导。是方先生忙前忙后，为我争取到了让人羡慕的读博机会。入学以后，方先生仍一直很关心我的成长。每每见到我，都要细心过问我的学习。还记得在先生训诂学课上的一篇小文（即我转型后的处女作），课堂讨论时，先生匡正良多。之后，我按讨论意见修改并作为课程论文交给了先生，让我没想到的是先生又认真帮我批阅了全文，还把我叫到办公室，对着电脑逐条帮我指正。惭愧之余，心中满是感激。是汪先生利用周末休息时间，给我上了第一堂生动的常用词演变研究课，使我少走了许多弯路。汪先生还于百忙之中帮我审阅了第一个个案研究的全文，并提出了很多宝贵的修改意见，使我悟出了其中的一些"道道"。概念场词汇系统研究的论文不少，所以思路上很容易落入俗套，这也多亏汪先生的及时指点，使我的研究可以紧扣主导词替换和主导义位的演变问题。是黄先生终于让我轻松厘清了古今字、假借字、异体字三者的关系。诸位先生的拨冗赐教，使我受益匪浅，将是我一生的宝贵财富，我将永远铭记于心。

读博期间，我有幸聆听了多位先生的教诲，在此谨向蒋绍愚老师、王云路老师、张涌泉老师、崔富章老师、黄华新老师、彭利贞老师、陈东辉老师、陈玉洁老师等表达衷心的感谢。

还要感谢我的硕士导师曹跃香老师，是她把我引进了语言学殿堂。硕士期间，受教于老师处甚多。即便是毕业后，她仍一直惦记着我的成长，并不时给予我鼓励与支持。记得刚去浙江大学读博时，曹老师因放心不下我在那里的学习，不顾旅途劳累，到上海出差拐道杭州看望我。这种不遗余力关心后学的精神令我感动，催我进取。在学业和生活上，黄金贵老师、张学军老师、谢晓红老师、颜森老师、陈顺芝老师、黄增寿老师、刘楚群老师和朱习文老师等都给予了我不少关爱，在此一并致以诚挚的谢意。

本书的相关章节曾以论文的形式在《南昌大学学报》（人文社会科学版）、《江西师范大学学报》（哲学社会科学版）、《福州大学学报》（哲学社会科学版）等刊物上发表，编辑部及匿名审稿专家不吝提出宝贵意见。同时，拙作的出版得到了国家社会科学基金一般项目（14BYY104）资助，责任编辑王丽媛老师为之付出了辛苦劳动，在此一并致以由衷的谢意。

还要感谢同门熊娟、王浩垒、谭勤、尚磊明、阮玉协、牛李艳、邱琳等帮我核对书证。感谢同窗好友孙尊章、邓小琴、谢维维、吴倩华、肖菊梅等的亲切鼓励与幸福陪伴。感谢南昌工程学院人文与艺术学院和学报编辑部的领导与同人对我的关爱。

最后，我还要感谢我的亲人，是他们的理解和支持才让我有了追逐梦想的机会。感谢父母的养育之恩，感谢夫君对我学业一如既往的支持，也正是他们的付出才让我有了今天的点滴收获。

孙淑娟

2012 年 5 月写于浙江大学西溪图书馆

2021 年 8 月改于南昌工程学院